大数据时代
档案数据治理研究

金波 杨鹏◎著

科学出版社
北京

内 容 简 介

本书立足大数据时代浪潮，对接国家治理和数字中国战略，洞察档案事业数字化数据化转型与智能化智慧化升级态势，归纳分析档案数据管理实践与运行障碍，着力探究档案数据的本质属性、演化机理、运行规律、要素价值和利用方式，深入解析档案数据治理理论内涵，科学构筑集质量控制、资源整合、共享利用、安全保障与运行机制于一体的档案数据治理体系，指导档案数据治理实践。坚持理论与实践相结合，强化学科交叉与数智赋能，综合运用数据科学与社会治理理论，开辟档案数据研究新论域，系统创建档案数据治理理论知识架构，有效提高档案数据治理效率效能，推动档案数据要素赋能新质生产力创新发展，提升档案事业生态位、话语权与社会影响力。

本书适合于数据科学、社会治理、信息资源管理、档案信息化建设等学科领域的理论与实践工作者参考借鉴，也可供高等学校师生学习参考。

图书在版编目（CIP）数据

大数据时代档案数据治理研究 / 金波，杨鹏著. -- 北京：科学出版社，2025.3. -- ISBN 978-7-03-081504-0

Ⅰ. G270.7

中国国家版本馆 CIP 数据核字第 20255P4E30 号

责任编辑：陶　璇 / 责任校对：姜丽策
责任印制：张　伟 / 封面设计：有道设计

科 学 出 版 社 出版
北京东黄城根北街 16 号
邮政编码：100717
http://www.sciencep.com

北京中科印刷有限公司印刷
科学出版社发行　各地新华书店经销

*

2025 年 3 月第 一 版　开本：720×1000　1/16
2025 年 3 月第一次印刷　印张：28 1/2
字数：450 000
定价：238.00 元
（如有印装质量问题，我社负责调换）

　　大数据时代，随着信息技术和人类生产生活交汇融合，社会数字化、网络化、智能化水平不断提升，人类信息的形成方式、记录方式、存储方式发生重大变化，信息资源的空间结构发生颠覆性改变，数据资源指数增长，催生大量新产业、新业态和新模式，促使经济生产方式、社会运行方式和国家治理方式结构性重塑。数据日益成为国家基础性战略资源、关键生产要素和新质生产力，是大数据时代最突出和最核心的价值载体。在国家治理时代背景下，档案事业发展必然由传统的管理型模式向现代的治理型模式转变。档案是社会活动的原始记录，是宝贵的信息资源和独特的历史文化遗产。数据化浪潮从源头上改变了档案信息的生成、记录、读取、存储和传播方式，档案资源正在从模拟态向数字态、数据态“质变”，档案数据逐渐成为大数据时代档案信息资源的重要存在形态。与此同时，档案数据急剧增长与管理缺失、社会需求与保管分散、服务创新与技术薄弱、海量资源与价值实现等之间的矛盾日益凸显，数据离散、数据壁垒、数据异构、数据冗余、数据质量、数据安全等问题依然存在，造成档案数据“不可控、不可联、不可用”，给档案数据资源建设、互联互通、开放共享、安全保障带来巨大挑战。究其根源，在于档案数据治理的缺失、滞后和失衡，难以适应档案事业发展需求与国家治理要求，亟待加强档案数据治理研究。

　　本书从档案数据管理实际出发，以档案数据为研究对象，以档案数据治理为研究主题，综合运用治理理论和数据科学等学科专业知识，创建档案数据治理理论体系和知识体系，开辟档案数据治理研究新领域。本书研究内容由九章组成。第一章为绪论，主要介绍课题的研究背景、研究意义、研究思路和研究创新；第二章为档案数据治理研究进展，系统梳理国内外档案数据治理理论研究和实践动态，凝练档案数据治理理论基础和实践成果；第三章为大数据时代档案数据生态环境分析，立足档案数据生态境况，分析档案数据生态平衡与失衡的动因，探索档案数据生态平衡调适方法；第四章为档案数据治理理论与治理体系，运用治理理论和数据科学的知识方法，聚焦档案数据治理对象、治理主体和治理目标，探究档案数据治理理论基础，构筑集档案数据质量控制、资源整合、共享利用、安全保障和运行机制于一体的档案数据治理理论体系；第五章为档案数据质量控制研究，揭示档案数据质量内涵及问题表现，探索分析档案数据质量影响因素，系统探究档案数据全流程质量控制路径；第六章为档案数据资源整合研究，阐释档案数据资源整合概念，探索档案数据资源整合动力、整合模式和整合策略，打造档案数据资源建设空间新格局；第七章为档案数据共享利用研究，探索档案数据共享利用内涵，分析档案数据共享利用现实阻碍，构筑新时期档案数据公共服务转型与创新路径；第八章为档案数据安全保障研究，以总体国家安全观为指引，系统梳理档案数据安全风险因素，建构档案数据安全治理能力成熟度模型，探究档案数据安全治理举措；第九章为档案数据治理运行机制研究，揭示档案数据治理运行机理，构建宏观多维度综合治理机制、中观多主体协同治理机制、微观多要素融合治理机制等运行机制，全面提升档案数据治理能力。

开展大数据时代档案数据治理研究，既是激发档案学研究活力，拓展档案学研究空间与视角的学术增长点；也是提高档案数据治理效率效能，推动档案数据资源建设，促进档案治理创新发展的重要路径。围绕档案数据治理这一研究题域和实践前沿，综合应用数据科学、数据管理、国家治理、社会治理、组织治理、生态治理、社会学、政治学、信息技术等学科知识，推进档案学理论与治理理论、数据科学交叉渗透融合，创建档案数据治理理论体系和话语体系，形成档案数据治理研究新范式，推动档案学理论创新与学术发展。理论与实践相结合，着力探究档案数据这一新生事物的本质属性、演化机理、运行规律、潜在价值和利用方式，建构科学合理、系统完善的档案数据治理体系与运行机制，打破档案数据建设困境与发展瓶颈，优化档案数据治理生态，提高档案数据科学管控能力，充分释放档案数据要素价值，实现档案数据善治，推动新质生产力创新发展。

目　录

第一章 绪 论

大数据时代，全球数据爆发增长、海量集聚，数据成为继土地、劳动力、资本、技术等生产要素之后的第五种新型生产要素，推动经济运行方式、生产生活方式和社会治理方式全方位变革。在技术驱动和数据驱动下，信息存在方式越来越数据化，各类档案数据不断累积和急剧增长，成为档案信息资源的新形态和档案管理的新场域，档案数据治理成为档案管理的新视角和新职能。开展大数据时代档案数据治理研究，一方面，有助于开辟档案数据治理研究新领域，推动档案数据治理理论创建，拓展档案学研究内涵，促进档案学学术创新，为建立档案数据治理理论范式提供新思维；另一方面，有助于创建档案数据治理体系，深入系统探究档案数据治理机制和实现路径，优化档案数据生态环境，增强档案数据治理能力，实现档案数据善治，促进档案治理现代化。

一、研 究 背 景

随着信息技术与经济社会加速融合渗透，互联网普及应用，数据指数增长、海量汇聚，数据的核心价值、核心地位和核心动力日益凸显，成为国家基础性战略资源和关键生产要素。海量数据的空前聚集和计算能力的指数增长极大地激发了数据活力，数据资源在提升生产效率、促进政府管理和服务社会民生等方面的作用越来越大，成为经济社会发展的全新引擎，以数据为基础形成治理力与生产力，数据治理能力成为衡量国家和地区竞争力的重要标志。

"信息是国家治理的重要依据"①，在全面建设社会主义现代化国家新征程中，档案作为战略性信息资源、基础性文化资源的价值越来越突出，对社会主义现代化国家各项事业的支撑作用越来越明显。档案事业是国家治理体系的重要组成部分，国家管理方式的调整必然引起档案管理方式的变革。大数据时代，人类社会正在经历一场广泛而深刻的数据化变革与转型，信息资源空间结构也发生颠覆性改变，数据成为信息社会信息资源的主要存在方式，档案数据成为档案信息资源的新形态和档案管理的新对象。面对数据飞速膨胀、分布广泛、价值多元、深度共享的特征，迫切需要开展档案数据治理，充分挖掘和释放档案数据价值，实现档案数据善治。

（一）数据为王：大数据强势崛起

一切事物的运动规律与时间、空间息息相关。开展档案数据治理研究，需要从全局高度，把握其特定的时代背景和社会情境，深入了解档案数据产生运行的历史方位。纵观漫长的人类文明史进程，从农业文明到工业文明，从刀耕火种到声光化电，每一次生产关系的重大变革，必然催生也必须依赖新的生产要素。农业时代以劳动力和土地为生产要素，工业时代以机械和能源为生产要素，大数据时代以数据和技术为生产要素。随着移动互联、大数据、区块链、人工智能等现代信息技术的快速发展，全球数据呈现井喷式、指数级增长，数据对社会生活的广泛渗透与流动传播，推动各类资源高速运转与重组，给各行各业带来颠覆性影响，深刻改变人类的生产方式和生活方式，产生大量新产业、新业态和新平台，促使经济生产方式、社会运行方式和国家治理方式结构性重塑。大数据开启了一次重大的时代转型，正在催生和形成一种全新的文明形态，引导整个社会全方位升级和系统性变革。

1. 数据海量生成

随着信息通信技术的突飞猛进，计算机技术的迅速发展，电脑、移动终端、各类数据采集设备的不断普及迭代②，人类存储信息能力和计算机数据处理能力急剧增强，全球数据呈现爆炸式增长。在"数化万物""量遍天下"的环境下，数

---

① 习近平在网络安全和信息化工作座谈会上的讲话[EB/OL]. (2016-04-26)[2023-06-10]. http://www.xinhuanet.com/zgjx/2016-04/26/c_135312437.htm.

② 梅宏. 数据治理之论[M]. 北京：中国人民大学出版社，2020：6.

据量的增长往往无法再用 GB 和 TB 来衡量，而是以 PB、EB、ZB，甚至 YB 为计量单位。国际数据公司（International Data Corporation，IDC）发布的《数据时代2025》预测，到 2025 年，全球数据体量将拓展至 163 ZB（1 ZB 相当于 1 万亿 GB），是 2016 年 16.1 ZB 数据的 10 倍[①]。从"数量"角度看，社会各领域都不断产生并贡献数据，数据海量产生与急剧增长；从"能量"角度看，各行各业都在利用并受益于数据，数据化正在改变社会工作业态，数据作为经济社会发展关键性生产要素的角色日益凸显；从"流量"角度看，依托互联网技术和移动通信技术的快速发展，数据大量流动与快速传播，整个社会宛如一个数据循环交换系统。随着新一代信息技术的快速发展和广泛应用，人类掌握数据、处理数据的能力实现质的跃升，万物数字化构建现实世界的数字空间映像已成为可能，为人类认识世界和改造世界提供了一种颠覆性手段。将劳动、土地、资本、技术、管理、知识等各类要素数字化并数据化，将对提高生产效率发挥着乘数倍增作用，并形成新型数据生产力[②]。

大数据是信息技术发展的必然产物，是信息化发展的新阶段。大数据是以大体量（volume）、多样性（variety）、高价值（value）、时效性（velocity）、准确性（veracity）为主要特征的数据集合，"正快速发展为对数量巨大、来源分散、格式多样的数据进行采集、存储和关联分析，从中发现新知识、创造新价值、提升新能力的新一代信息技术和服务业态"[③]。大数据不仅仅是一次颠覆性的技术革命，更是一场思维方式、行为模式和治理理念的全方位变革，加速各类资源畅通流动、高效运转、流程重组与价值再生，对经济高质量发展、社会治理能力提升、国家竞争力增强具有重要意义。

第一，大数据成为推动经济转型发展的新引擎。数据作为一种新型生产要素，是网络空间不断流动的血液和知识经济的原材料。以数据流引领物质流、能量流、技术流、资金流、人才流，重塑人类生产方式、经济运行机制和社会分工协作模式，促进社会生产要素网络化共享和高效化利用，推动生产组织方式集约化整合和协作化创新，助力网络购物、移动支付、共享经济等新业态新平台蓬勃发展。大数据是新的经济增长点，是商业模式创新、信息产业格局演变、企业业务创新

① 王兆君，王钺，曹朝辉. 主数据驱动的数据治理：原理、技术与实践[M]. 北京：清华大学出版社，2019：1.
② 梅宏. 构建数据治理体系培育数据要素市场生态[J]. 科学中国人，2021(16)：36-37.
③ 国务院关于印发促进大数据发展行动纲要的通知[EB/OL]. (2015-08-31)[2023-06-11]. https://www.gov.cn/gongbao/content/2015/content_2 929345.htm.

增值的重要驱动力，能够有效提升经济运行水平和效率。近年来，贵州省抢抓大数据建设机遇，深入实施大数据行动战略，建设国家大数据（贵州）综合试验区，以大数据助推数字产业化和产业数字化，数字经济成为推动贵州省经济增长的重要引擎。2014 年至 2017 年，大数据对贵州省经济增长的贡献率超过 20%，成为支撑贵州省生产总值增长的重要因素①。

第二，大数据成为提升社会治理能力的新手段。大数据不仅是一场技术和产业革命，也带来社会治理的深刻变革。通过建立健全大数据辅助科学决策和社会治理的机制，推动政府数据开放共享、社会数据资源整合，促进政府管理方式和社会治理模式创新，增强政府数据分析能力，用数据说话、用数据决策、用数据管理，实现政府决策科学化、社会治理精准化、公共服务高效化，助推社会治理体系和治理能力现代化。2020 年，上海市通过了《上海市城市运行"一网统管"建设三年行动计划》，明确未来三年"一网统管"建设将依托市、区两级大数据资源平台，推动"一网统管"业务数据、视频数据、物联数据及地图数据的集中统一管理，实现"治理要素一张图、互联互通一张网、数据汇聚一个湖、城市大脑一朵云、城运系统一平台、移动应用一门户"②。"一网统管"融合数字化技术与治理理论，运用大数据、云计算、区块链、人工智能等前沿技术赋能城市治理结构性创新，既有技术手段的进步革新，也推行相应的管理模式创新、行政方式重塑、体制机制变革，是对城市治理服务的结构性重塑③。

第三，大数据成为塑造国家竞争优势的新源泉。当今世界，信息技术发展日新月异，以数字化、网络化、智能化为核心特征的各类新兴科技集群融合与聚变发展，推动万物互联、智慧创新。数字化奠定基础，实现数据资源的获取和积累；网络化构造平台，促进数据资源的流通和汇聚；智能化展现能力，通过多源数据的融合分析呈现信息应用的类人智能，帮助人类更好地认知事物和解决问题④。不断汇聚的数据、迭代更新的网络平台以及不断智能优化的逻辑算法推动信息化持续升级。在全球信息化快速发展的大背景下，作为数字技术的关键要素，数据是实现创新发展、重塑生活方式、驱动治理变革的动力源泉和引擎燃料，大数据已

---

① 罗以洪. 大数据助力经济社会发展的实践与探索[EB/OL]. (2019-03-20)[2023-06-11]. https://m.gmw.cn/baijia/2019-03/20/32657739.html.

② "一网统管"：超大城市治理现代化"上海方案"[J]. 经济展望, 2020(7): 62-70.

③ 郑国. "一网统管"提升城市治理能力[N]. 青岛日报, 2020-08-07(8).

④ 梅宏. 建设数字中国：把握信息化发展新阶段的机遇[J]. 网信军民融合, 2018(8): 11-13.

成为国家重要的基础性战略资源，数据在链接服务国内大循环和国内国际双循环中的引领型、功能型、关键型要素地位不断突出，正引领新一轮科技创新和产业变革。数据的保有、管理和利用水平标志着一个国家科技发展与现代化治理能力，是国家核心竞争力的重要体现。依托海量数据资源优势，借助大数据、人工智能、移动互联等现代信息技术，充分发掘和释放数据资源的潜在价值，实现数据规模、质量和应用水平同步提升，有利于更好发挥数据资源的战略作用，增强网络空间数据主权保护能力，维护国家安全，有效提升国家竞争力。

2. 全球掀起"数据革命"浪潮

在万物互联、数化万物的大数据时代，世界正处在新一轮科技革命和产业变革蓄势待发的历史时刻。大数据正日益对全球生产、流通、分配、消费活动以及经济运行机制、社会生活方式和国家治理能力产生重要影响[1]。未来国家层面的竞争力将部分体现为一国拥有数据的规模、活性以及解释、运用的能力，数据将成为继边防、海防、空防之后另一个大国博弈的空间[2]。全球正在经历一场由"数据洪流"引发的"数据革命"。运用大数据推动经济转型发展、社会治理方式优化、政府服务能力提升正成为世界潮流，各国都将大数据视为"21世纪的钻石矿"，通过出台国家数据战略、完善数据立法、扶持数据产业等方式大力推动数据发展和应用，抢占大数据发展良机。

数据价值日益凸显，国际社会高度重视。2009年，联合国秘书长执行办公室发起"全球脉动"（Global Pulse）倡议项目，旨在推动数字数据快速收集，推动数据处理分析方式创新，为各国数据开发与利用提供支持，借助大数据解决全球性危机，维护弱势群体利益，增进人类福祉，促进全球发展[3]。2012年，作为"全球脉动"项目的重要研究成果，《大数据开发：机遇与挑战》报告发布。该报告借助数据科学理论方法，勾勒大数据促进全球发展的美好愿景，希望利用大数据促进全球经济发展、辅助科学决策，为解决经济危机、疾病蔓延、气候变化、人口老龄化等问题提供新方式；探讨大数据在法律、伦理和技术等层面的主要挑战，

---

① 国务院关于印发促进大数据发展行动纲要的通知[EB/OL]. (2015-08-31)[2023-06-11]. https://www.gov.cn/gongbao/content/2015/content_2929345.htm.

② 吕廷君. 大数据时代政府数据开放及法治政府建设[M]. 北京: 人民出版社, 2019: 4.

③ Letouzé E. Big data for development: challenges & opportunities[EB/OL]. (2012-05-30)[2023-06-12]. https://unstats.un.org/unsd/trade/events/2014/Beijing/documents/globalpulse/Big%20Data%20for%20Development%20-%20UN%20Global%20Pulse%20-%20June2012.pdf.

包括敏感隐私保护、数据合法采集、数据检测异常、数据共享访问等；进一步审视大数据应用的发展路径，提出要注重数据语义环境，制定数据应用标准规范，强化数据计算和知识发现，释放数据潜能；最后指出，大数据正如纳米技术和量子计算一样，使人类社会生活发生巨大变化，塑造全新的 21 世纪。通过数据挖掘、语义关联、聚合分析、可视化呈现，科学可以被推向一种新的方法论范式，超越理论和实验之间的界限。这种从大数据集揭示程式化事实的新能力可以被框定为科学研究的"第四范式"。

美国政府对大数据的重视走在世界前列，通过实施一系列大数据发展战略，力争成为全球大数据技术和产业的领导者。2010 年，实施主题为"我的大数据"战略规划（My Data Initiatives）；2012 年，奥巴马政府启动"大数据研究和发展计划"（Big Data Research and Development Initiative），将大数据定义为"未来的新石油"；2014 年，制定发布《大数据：把握机遇，维护价值》白皮书，对美国大数据管理状况、政策框架和发展态势进行阐释说明；2019 年，美国白宫发布《联邦数据战略与 2020 年行动计划》，"将数据作为战略资源开发"[1]成为美国新的数据战略核心目标。如今美国在政府数据公开、大数据隐私保护、数据社会化开发共享等方面已形成较为成熟的法律体系和实践经验，有力地促进了信息产业发展升级、社会保障机制完善、政府运行效率提升。

当前，大数据已在欧盟经济、医疗、交通等领域产生广泛影响，欧盟正在加紧大数据政策部署。早在 1995 年，欧盟就已通过《数据保护指令》，加强对个人隐私数据的保护；2010 年，欧盟委员会围绕《欧盟 2020 战略》，颁布《欧洲数字议程》，第一次正式提出发展"大数据"，号召各成员国积极迎接大数据时代；2015 年，启动"地平线 2020"计划，创建开放式数据孵化器，为大数据应用提供支撑[2]；2016 年，欧洲议会通过《一般数据保护条例》，以法规形式明确对个人数据的保护原则和监管方式；2019 年，欧盟推出《开放数据指令》，建立公共数据资源开放利用的法律框架；2020 年，欧盟委员会正式发布《欧洲数据战略》，提出从数据保护、网络安全、公民基本权利等方面完善治理架构和法律框架，更好地利用数据造福社会；2024 年，欧洲数据保护委员会（European Data Protection Board，EDPB）发布《2024—2027 行动计划》，建立新的数据监管框架，推动个人数据保护。

---

①杨晶，康琪，李哲. 美国《联邦数据战略与 2020 年行动计划》的分析及启示[J]. 情报杂志，2020(9): 150-156，94.

②单志广，房毓菲，王娜. 大数据治理: 形势、对策与实践[M]. 北京: 科学出版社，2016: 23.

新加坡政府认为，数据就是未来流通的货币，以项目驱动模式发展大数据战略，打造全球数据管理中心。2006 年，新加坡资讯通信发展管理局公布"智能城市 2015"计划，从基础设施、产业链、人才培育、技术支撑和立法保障等方面系统规划数据发展战略；2011 年，新加坡科技研究局与劳斯莱斯合作成立计算工程实验室，加强智能数据分析利用；2014 年，新加坡在原有计划基础上升级制定"智慧国家 2025"计划，勾勒出全球第一个智慧国家发展蓝图，秉持"大数据治国"理念，推动智慧政府、智慧交通、智慧医疗等不断发展。

此外，英国颁布《国家数据战略》《把握数据带来的机遇：英国数据能力战略规划》《数字政府战略》等政策，迎接数字未来；澳大利亚制定《大数据战略——问题报告》《公共服务大数据战略》《数据与数字政府战略》等政策，应对海量数据的冲击；日本发布《数字政府实施计划》《数字程序法》等文件，推动政府数据转型。

3. 大数据战略助推数字中国建设

目前，我国互联网、移动互联网用户规模居全球第一，拥有丰富的数据资源和应用市场优势，大数据部分关键技术研发取得突破[①]。《全国数据资源调查报告（2023 年）》指出，2023 年，全国数据生产总量达 32.85 ZB，同比增长 22.44%。我国数据资源"产-存-算"规模优势基本形成，数据"供-流-用"各环节主体逐渐丰富，海量数据和丰富场景优势潜力亟须释放[②]。为了充分释放数据红利，推动经济转型发展，我国围绕政府数据开放共享、数据产业基础建设、数据创新应用等方面展开一系列顶层设计和统筹规划，深入实施国家大数据战略，强化法律法规建设，激发数据要素潜能，助推数字中国建设。

2013 年，习近平视察中国科学院时提出，"大数据是工业社会的'自由'资源，谁掌握了数据，谁就掌握了主动权"[③]，指出了大数据具有的重要战略意义。2014 年，国务院首次将"大数据"写入政府工作报告。2015 年，《国务院关于印发促进大数据发展行动纲要的通知》（简称《促进大数据发展行动纲要》），从发展形势和重要意义、指导思想和总体目标、主要任务和政策机制等方面对我国大数

①国务院关于印发促进大数据发展行动纲要的通知[EB/OL]. (2015-08-31)[2023-06-11]. https://www.gov.cn/gongbao/content/2015/content_2929345.htm.

②《全国数据资源调查报告（2023 年）》发布[EB/OL]. (2024-05-24)[2024-10-11]. https://www.cics-cert.org.cn/web_root/webpage/articlecontent_101006_1793458699935682562.html.

③国家大数据战略——习近平与"十三五"十四大战略[EB/OL]. (2015-11-12)[2023-06-21]. https://www.xinhuanet.com/politics/2015/11/12/c_128422782.htm.

据发展和应用进行战略擘画。2016 年，《中华人民共和国国民经济和社会发展第十三个五年规划纲要》提出从国家层面实施国家大数据战略，"把大数据作为基础性战略资源，全面实施促进大数据发展行动，加快推动数据资源共享开放和开发应用，助力产业转型升级和社会治理创新"①。此后，大数据战略正式成为我国一项基本的国家战略方针，予以全面推进。2020 年，《中共中央 国务院关于构建更加完善的要素市场化配置体制机制的意见》首次将数据要素纳入市场化改革范畴，进一步强化了数据资源的战略价值。2021 年，《中华人民共和国国民经济和社会发展第十四个五年规划和 2035 年远景目标纲要》明确提出，"迎接数字时代，激活数据要素潜能，推进网络强国建设，加快建设数字经济、数字社会、数字政府，以数字化转型整体驱动生产方式、生活方式和治理方式变革"②；我国第一部针对数据安全的法律——《中华人民共和国数据安全法》颁布施行，提出"保障数据安全，促进数据开发利用，保护个人、组织的合法权益，维护国家主权、安全和发展利益"③；第四届数字中国建设峰会在福州市举办，会议主题为"激发数据要素新动能，开启数字中国新征程"，全面展示了数据资源在推动数字政府、数字经济、数字文化、数字生态、数字健康等方面建设的驱动功能。2023 年，《数字中国建设整体布局规划》印发，提出按照"2522"的整体框架进行布局，即夯实数字基础设施和数据资源体系"两大基础"，推进数字技术与经济、政治、文化、社会、生态文明建设"五位一体"深度融合，畅通数据资源大循环。构建国家数据管理体制机制，健全各级数据统筹管理机构。推动公共数据汇聚利用，建设公共卫生、科技、教育等重要领域国家数据资源库④；《"数据要素×"三年行动计划（2024—2026 年）》发布，提出通过实施"数据要素×"行动，发挥我国海量数据规模和丰富应用场景优势，数据要素通过与劳动、资本等其他要素协同，以数据流引领物资流、人才流、技术流、资金流，提高全要素生产率，提升经济社会运行效率⑤，为进一步激活数据要素价值提供政策指引。

---

①中华人民共和国国民经济和社会发展第十三个五年规划纲要[EB/OL]. (2016-03-17)[2023-06-21]. https://www.gov.cn/xinwen/2016-03/17/content_5054992.htm.

②中华人民共和国国民经济和社会发展第十四个五年规划和 2035 年远景目标纲要[EB/OL]. (2021-03-13)[2023-03-13]. https://www.gov.cn/xinwen/2021-03/13/content_5592681.htm.

③中华人民共和国数据安全法[N]. 人民日报, 2021-06-19(7).

④中共中央 国务院印发《数字中国建设整体布局规划》[EB/OL]. (2023-02-27)[2023-06-21]. https://www.gov.cn/xinwen/2023-02/27/content_5743484.htm.

⑤十七部门关于印发《"数据要素×"三年行动计划(2024—2026 年)》的通知[EB/OL]. (2024-01-05)[2024-06-21]. https://www.cac.gov.cn/2024-01/05/c_1706119078060945.htm.

各地也紧跟国家大数据战略步伐，制定一系列政策规划，推动大数据深入发展。广东省是全国率先启动大数据发展战略的省份，早在 2012 年，就颁布了《广东省实施大数据战略工作方案》，建立省大数据战略工作领导小组，保障大数据战略有效实施。近年来，浙江省加快数字化改革，推动整体智治、高效协同，加快数字浙江建设。2016 年，浙江省人民政府印发《浙江省促进大数据发展实施计划》，强调运用大数据推动经济转型升级、完善社会治理、提升政府服务和管理能力。贵州省高度重视大数据产业发展，力图将大数据培育成本地的支柱产业。先后制定《贵州省大数据产业发展应用规划纲要（2014—2020 年）》《贵州省大数据战略行动 2019 年工作要点》等文件，推动贵州省大数据产业稳步快速发展。中国国际大数据产业博览会已连续多年在贵阳市举办，大数据俨然成为"世界认识贵州的新名片"。上海市在《关于全面推进上海城市数字化转型的意见》中明确提出，"坚持全方位赋能，构建数据驱动的数字城市基本框架""到 2035 年，成为具有世界影响力的国际数字之都"①。

（二）数据赋能：驱动档案事业范式转型

数据是信息的原材料，以"0"或"1"的二进制字符串存储，用于表达和描述客观事物，能够被机器访问和处理，是当前更为日常和主流的信息记录存在形式，包括字母、数字符号、图像、声音等。2021 年，颁布施行的《中华人民共和国数据安全法》指出，数据"是指任何以电子或者其他方式对信息的记录"②。大数据发展的核心动力来源于人类测量、记录和分析世界的渴望。计量和记录一起促成了数据的诞生，它们是数据化最早的根基③。记录信息的能力是衡量社会先进程度的分界线之一。新思维、新工具和新技术大大增强了人类记录信息的能力，促进了测量事物和记录数据的繁荣，人类生产数据能力的增强也在倒逼保存、管理和利用数据能力的提高，作为原始记录性信息的档案不可避免地需要融入大数据浪潮。

习近平总书记强调，"档案工作存史资政育人，是一项利国利民、惠及千秋万代的崇高事业"④。档案作为人类在社会实践活动中直接形成的原始记录，是确

---

① 关于全面推进上海城市数字化转型的意见公布[EB/OL]. (2021-01-08)[2023-06-21]. https://ghzyj.sh.gov.cn/gzdt/20210108/4dc5093a51e2462293a1a4ea104b1b71.html.

② 中华人民共和国数据安全法[N]. 人民日报, 2021-06-19(7).

③ 舍恩伯格 V M, 库克耶 K. 大数据时代[M]. 盛杨燕, 周涛, 译. 杭州: 浙江人民出版社, 2013: 97, 105.

④ 国家档案局印发《通知》要求认真学习贯彻习近平总书记对档案工作重要批示[EB/OL]. (2021-07-29) [2023-06-21]. https://www.saac.gov.cn/daj/yaow/202107/4447a48629a74bfba6ae8585fc133162.shtml.

凿的原始明证、可信的事实存照、有效的决策资鉴和重要的社会记忆，是国家的重要信息资源和独特历史文化遗产。档案工作承担着为党管档、为国守史、为民服务的重要职责，对维系人类社会生存与发展、传承人类文明与文化、延续历史脉络与轴线、捍卫历史信度与尊严有着重要的支撑和建构作用。档案资源拥有量和管理水平不仅反映出一个国家的文明程度，也体现出一个国家的文化软实力、信息竞争力和知识生产力。新时期，档案价值日益凸显，档案工作在推进国家治理体系和治理能力现代化中的基础性、战略性作用更加突出，档案事业发展处于重要战略机遇期，同时也面临资源分散流失、统筹发展和安全难度加大等诸多挑战。大数据、人工智能、区块链、移动互联等新一代信息技术与档案事业各项工作深度融合，档案工作环境、对象、内容发生巨大变化，迫切要求创新档案管理理念、方法、模式，全面加快档案事业数据转型和智能升级。2020 年，国家档案局局长陆国强在全国档案局长馆长会议上强调，"档案工作面临着从传统载体向数字管理转型升级的巨大挑战"[①]；2021 年《"十四五"全国档案事业发展规划》提出，"主动融入数字经济、数字社会、数字政府建设，推动档案全面纳入国家大数据战略"[②]。当前，信息存在方式越来越数字化、数据化，各类档案数据不断累积和汇聚，档案数据开始成为大数据时代档案信息资源的主体，档案管理对象进一步向档案数据延伸。以数据为核心研究对象、数据管理为重要管理方法的数据科学兴起，将对档案管理理论、内容、模式产生系统性重塑，需要借助数据科学理论与方法构建档案数据管理体系，推动档案管理在理论、技术、方法等方面的全方位变革，形成一套系统的世界观、方法论和实践样态，驱动档案事业开启"数据范式"转型。

1. 理念变革

"现代管理学之父"德鲁克曾说："当前社会不是一场技术革命，也不是软件、速度革命，而是一场观念和思维方式的革命。"[③]大数据为人类带来整体思维、关联思维、精准思维和计算思维等，从而为把握复杂事务、探究客观规律、改造社会现实提供全新的思维方式和认知空间。大数据给档案事业带来的不仅仅是档

---

①陆国强. 推动档案事业在高质量发展轨道上迈出坚实步伐: 在 2020 年全国档案局长馆长会议上的报告[J]. 中国档案, 2021(1): 19-25.

②中办国办印发《"十四五"全国档案事业发展规划》[J]. 中国档案, 2021(6): 18-23.

③闵玉清. 文化管理是 21 世纪企业管理的发展趋势[J]. 生产力研究, 2019(12): 1-5, 11.

案管理技术的迭代升级、档案管理方式的高效便捷，还有档案管理理念的革新、档案工作意识的转变。

一是从相对封闭向开放创新转变。大数据发展日新月异，我们应该审时度势、精心谋划、超前布局、力争主动[①]。传统档案管理体制下，档案工作较为封闭保守，档案开放程度、档案工作创新力度不足，无法及时满足公众需求，与社会发展不相适应。大数据时代具有开放包容性，在技术赋能、数据驱动和社会需求刺激下，倒逼档案部门强化数据思维、智慧理念、开放意识、创新精神，推动档案工作与大数据等现代信息技术深度融合，加快档案数据开放共享，借助大数据技术创新档案开发利用方式，促进治理决策科学、治理流程优化、治理信息公开，彰显社会公平正义。

二是从经验判断向循数推理转变。传统档案事务决策往往依据行为经验展开，在问题发生后才能感知、处理、解决和整改，难免出现偏差、失误。大数据时代，基于大体量、多维度的数据资源，高性能存储、运算、分析能力，以及更加智能的算法模型[②]，能够有效揭示传统技术方式难以呈现的社会关联关系，形成网络状的事物联结格局。借助数据实时采集、挖掘关联、聚类分析等技术，对档案事务涉及的全域数据、全程数据进行深度整合、信息比对和演变观测，发现数据背后的洞见，进行事前预测、超前研判、主动防御、规避风险，提升微观洞察和宏观把握能力，形成循数推理、依数治理的新模式，增强决策科学性、有效性。

三是从部门主义向多元协作转变。数字化创造了普惠包容、平等信任的社会环境，推动档案管理由等级式的集权变为参与式的分权，赋予公众参与表达和分享的机会。大数据技术的广泛性、参与性、可持续性，网络空间的虚拟性、延展性、包容性，数据无处不在无孔不入的渗透性、带动性、非线性，使得社会公众可以超越物理时空限制，通过网络享受档案服务，施展自身才能，形成基于网络化的治理合力。档案部门需要转变理念，扮演"掌舵者"而非"划桨者"的角色，将部分权力让渡社会。以数字平台建设、数据资源赋能突破行政层级边界，向广阔的市场和社会渗透，吸纳公民、企业、社会组织、科研院所等参与治理，形成多元协同、共建共享的"群体智慧"。

四是从以馆藏为主向以用户为主转变。传统档案管理"重藏轻用"，以馆藏

---

①审时度势精心谋划超前布局力争主动 实施国家大数据战略加快建设数字中国[N]. 人民日报, 2017-12-10(1).

②梅宏. 数据治理之论[M]. 北京: 中国人民大学出版社, 2020: 28.

为中心，注重档案资源的收集、保管和存储，档案开放服务、开发利用相对薄弱。在信息社会，互联网的普及极大地改变了人们的工作方式、生活方式和消费方式，大众的信息获取方式、信息服务需求也随之变化。大数据时代的来临，数据对社会生活的广泛渗透与传播流动客观上赋予了公众包括数据权在内的个体权利[①]，公民意识的崛起、数据获取的便捷，使得社会公众的公共文化需求、信息服务需求日趋精细化、个性化、多样化。档案部门借助大数据等现代信息技术创新档案服务方式，提升档案服务质量，满足档案用户便捷化、知识化、高效化的档案信息需求和档案文化需求，从以资源为中心的供给导向转向以用户为核心的需求导向。

2. 资源转型

技术环境的变化推动了信息记录方式的变化，信息记录方式由书写打印到磁光电，信息记录形态从"模拟"到"数字""数据"，信息记录载体从纸张胶片到磁盘光盘，给档案部门带来了新的管理对象，促使档案工作正在经历一个从管理档案实体到管理数字档案、档案数据的转型过程。为了适应大数据时代社会信息需求和"数据化生存"，迫切需要档案部门强化档案信息化建设，推动数据资源建设和档案数据管理，从"档案数字化"向"档案数据化"转型。在信息技术的驱动下，档案资源从"模拟态"的传统档案到"数字态"的数字档案，再到"数据态"的档案数据，形成多态并存的档案资源体系格局。三种档案资源模态对象比较分析如表1-1所示。

表1-1　传统档案、数字档案、档案数据对比分析

资源对象	传统档案	数字档案	档案数据
档案类型	模拟态	数字态	数据态
支撑技术	机电设备	互联网、计算机等	大数据、人工智能、移动互联等
记录方式	纸质记录、胶片记录	磁光电记录	磁光电记录
业务形态	物理管理	信息管理/内容管理	知识管理/智慧管理
管理手段	人工化、机械化	数字化、信息化	数据化、智能化
利用效果	实地查询，利用方式较单一	档案信息处理更高效、检索更便捷、利用方式更多元	细粒度、可视化、内容级开发，数据化、智慧化服务
组织模式	传统档案馆	数字档案馆	智慧档案馆

以往档案部门主要依靠人工手段对纸质"模拟态"档案进行收集、整理、鉴

---

①夏义堃. 试论政府数据治理的内涵、生成背景与主要问题[J]. 图书情报工作, 2018(9): 21-27.

定、保管、检索和利用等加工处理，注重档案实体有序化，管理利用方式较为单一。计算机技术的普及应用，使得档案信息的载体形态从传统纸质记录、胶片记录的"模拟态"向磁光电记录的"数字态"转变；网络技术推动档案信息传播打破时空限制，档案业务从实体管理走向信息管理、数字管理，档案信息处理更高效、检索更便捷、开发利用方式更多元。

目前，人类已经从传统的书卷时代进入了大数据时代，这一时代数据飞速膨胀、数据深度共享、数据高度分散①，以数据要素为核心，形成新治理力和生产力。现代信息技术的应用和各种移动终端的生成，促使电子文件、社交媒体、数字文本、用户踪迹等移动信息、泛在数据大规模生成，信息资源的空间结构发生颠覆性变革。大数据技术引发了传统信息资源生产方式的创革、文本结构形态的新变和知识获取方式的延展，加速信息资源由纸质变数"质"，改变了对信息资源的把握尺度和价值追求，赋予信息管理者知识挖掘、组织、管理与再造的能力②。在数据驱动和模型驱动的技术环境下，以颗粒度存在的"数据态"档案信息大量累积和生成，截至2023年底，全国各级综合档案馆馆藏电子档案2289.6 TB，其中，数码照片211.4 TB，数字录音、数字录像1207.6 TB。馆藏档案数字化成果28 849.2 TB③。体量浩大、来源广泛、类型多样、结构多元、价值丰裕的档案数据开始成为大数据时代档案信息资源的新形态和档案管理的新对象。

3. 管理重塑

大数据时代，社会生产关系和组织结构形式发生深刻变化，突破原有的单点连接模式，形成网状立体结构，推动档案管理架构优化、职能拓展、场域延伸和方法创新。

一是管理架构优化。传统档案管理体制是以科层制为主导的"条块分割"，科层制的行政管理体制通过设置纵向行政层级和横向职能部门，完成了对行政权力运行的纵向和横向分工④。在大数据、人工智能、移动互联等数字技术的推动以及数据流动联通特性的嵌入下，打通数据壁垒、信息孤岛、部门藩篱和条块隔阂，促进业务流程再造和部门关系重塑，推动档案管理架构从"科层制"

---

①金波，晏秦. 从档案管理走向档案治理[J]. 档案学研究，2019(1): 46-55.

②刘石，李飞跃. 大数据技术与传统文献学的现代转型[J]. 中国社会科学，2021(2): 63-81, 205-206.

③2023年度全国档案主管部门和档案馆基本情况摘要（二）[EB/OL]. (2024-09-20)[2024-10-29]. https://www.saac.gov.cn/daj/zhdt/202409/a277f8b3bfe942ca88d3b7bcf6ddf120.shtml.

④陈鹏. 人工智能时代的政府治理：适应与转变[J]. 电子政务，2019(3): 27-34.

走向"扁平化",提升数据、技术、业务融合能力和跨区域、跨部门、跨层级、跨系统协作共治能力,形成信息共享、资源互用、纵向贯通、横向联动的治理格局。

二是管理职能拓展。大数据时代,档案部门既要"管档案",也要"管数据"。档案部门履行数据管理职能,不仅有利于保持人类记录的连续性、社会记忆的完整性,更有利于保障数据管理工作的有效性,能够使档案工作的业务场域、发展空间、社会价值得到根本性扩展,对推动档案资源建设模式、管理手段、服务机制创新,提高档案事业生态位、话语权和社会影响力具有极其重要的意义。例如,2012 年,湘潭市针对数据资源大量累积、数据整合利用亟须加强等问题,先后颁布《湘潭市档案数据管理试行办法》《关于加强新形势下档案和数据资源建设的意见》等文件,首次明确了档案部门管理数据的职能。明确湘潭市的档案和数据资源体系建设由档案部门归口负责,档案行政管理部门履行数据资源监督管理职能[①],在湘潭市档案馆基础上建设湘潭市区域性数据中心,创新了档案和数据资源管理运行新模式。2021 年,《"十四五"全国档案事业发展规划》提出,"在国家相关政策和重大举措中强化电子档案管理要求,实现对国家和社会具有长久保存价值的数据归口各级各类档案馆集中管理"[②],为大数据时代档案部门强化数据管理职能提供了方向指引。

三是管理场域延伸。以往,档案部门主要针对实体档案进行物理空间的线下管理,管理场景主要面对实体档案馆,较为单一稳定。大数据时代,数字科技变革此起彼伏,创造出一个全新的数字融合世界,人们的经济活动、社会关系越来越多地转向线上,万物互联、人机交互的数字空间成为档案管理的重要场域,推动管理疆域从现实世界、实地、近端扩展至虚拟世界、云上、远端,时空维度极大拓展,管理的动态性、复杂性、交叉性不断增强。新场景下,新问题、新风险随之涌现。例如,新媒体社交平台、各种智能终端、时空传感器、可穿戴设备等产生的档案数据如何管理尚待探索;随着数据重要性的不断提升,数据安全与个人权利、公共利益、国家主权愈发相关,数据伪造、算法黑箱、网络攻击等新型风险相继出现,如何确保档案数据主权、档案数据真实可靠和信息安全成为亟待解决的现实问题。

---

① 湘潭市人民政府机关刊物[EB/OL]. (2015-06-21)[2024-11-22]. https://www.xiangtan.gov.cn/uploadfiles/editor/20150709063704473.pdf.

② 中办国办印发《"十四五"全国档案事业发展规划》[J]. 中国档案, 2021(6): 18-23.

四是管理方法创新。大数据时代，档案管理形态从文本信息、数字信息向多源信息、数据信息延伸[①]，数据关联意义强、数据共享程度高、数据管理空间广的液态化管理方式成为档案管理的新方式。档案管理进一步向知识管理、智慧管理升级。数据科学理论、数据管理方法正在深度融入档案管理内容和档案业务体系，借助数据挖掘、机器学习、关联分析、知识图谱等技术方法，对标准化、结构化、碎片化的档案数据进行细粒度、可视化、内容级深度开发，促进数据的信息关联与知识发现，从而激活档案数据的潜在价值。

4. 服务创新

档案工作是一项人文、管理与服务等生态要素集聚交互的公共文化事业。大数据时代，档案用户的信息和知识需求发生深刻变化，档案部门需要借助大数据、人工智能、区块链、移动互联等现代信息技术对档案数据资源进行分析处理、挖掘利用，提供精准式服务、知识化服务和智慧型服务，满足社会公众日益丰富多元的档案信息需求和档案文化需求。

一是精准服务。以往由于技术局限和存储能力等因素限制，档案部门难以全面收集、系统分析档案服务诉求，档案信息服务是"模糊的影像"，具有同质性、普适性，服务效率较低。依托数据的精准质性、细粒度特质和数字技术的关联分析、主动推送等功能，可以"致广大而尽精微"，进行数据汇聚性扩展和颗粒度缩放，提高对用户诉求的反应能力、回应能力，使数据信息、档案服务顺着数据颗粒抵达每一个微观个体，提供针对性、个性化、一站式服务，实现精准施策、精益供给、精细治理，提升公众体验感、满意度和治理绩效，推动档案服务从粗放普适走向高效精准。当前，档案部门借助数字化平台开展"一网查档、异地出证"等"互联网+档案服务"，实现让"数据多跑路、群众少跑腿"。2018 年，上海市档案局（馆）接入"一网通办"后，民生档案全市通办整体服务效能大幅度提升，当年服务市民 8.7 万余人次，2019 年为 15.8 万余人次[②]。

二是知识开发。知识创新已成为推动经济发展、科技进步、文化复兴、治理变革的重要驱动力。档案部门以国家重大发展战略为导向，洞察社会知识需求与信息需求，借助数据挖掘、关联分析、知识聚合、可视化呈现等技术方法，加强

---

①金波. 紧抓新文科建设机遇 推动学科转型发展[J]. 图书与情报, 2020(6): 6-9.
②杨锋, 张新. 主动融入服务大局 实现更高质量发展："十三五"上海档案事业发展回望[J]. 中国档案, 2020(8): 36-37.

档案数据知识化开发，充分挖掘档案数据中的隐性知识元素、潜在知识微粒，形成知识单元、知识细胞、知识产品，构建知识地图，汇聚知识源泉，打通档案资源与知识创新间的连接渠道。创建档案数据知识集成仓储、开发系统、服务平台，提供档案知识智慧化服务，将"档案库""数据库"变成"信息库""知识库""创新源"，实现知识发现、转化、传播和增值，助力国家科技创新和知识再生产。

三是智慧决策。档案作为国家重大活动、政府行政监管、企业创新发展的宝贵信息资源，在战略咨询、政府决策、智库建设等方面发挥着不可替代的支撑作用。档案部门利用智能化数据挖掘和分析工具，建立集多源数据实时采集、大数据分析处理、数据可视化展示、多载体档案信息发布、战略政策协同研究于一体的智慧决策咨询体系；构筑专题档案数据库、特色档案数据库，对海量数据信息进行提炼聚合、语义关联、智能分析，揭示数据间蕴含的规律，发挥数据溢出效应与研报能力，形成"用数据说话、用数据决策"新模式；深化智库服务，借助现代信息技术对档案信息进行加工处理、深度分析，挖掘档案数据价值，把"档案数据库"变成"思想库""智囊团""参谋部"，不断优化公共决策流程和决策体系，增强决策前瞻性、有效性、科学性。2021年，中国人民大学信息资源管理学院成立中国人民大学档案事业发展研究中心，致力于打造最具贡献力的中国特色新型档案智库。中国人民大学档案事业发展研究中心将建成为档案学理论创新的研究基地，档案事业发展政策研究的高端智库，档案科技赋能的研发中心，档案政产学研用合作的交流平台①。

（三）档案数据治理：大数据时代档案治理的重要使命

数据是描述、记录、认识客观世界的重要载体。大数据时代，档案数据急剧增长、海量汇聚，数据价值日益凸显。与此同时，数据质量、数据烟囱、数据泄露、数据权益等问题愈发突出，实施档案数据治理势在必行。档案数据治理是档案治理体系的重要组成部分，档案部门履行数据治理职能是大数据时代档案治理的必然要求，是档案事业高质量发展的必经之路。

---

①中国人民大学信息资源管理学院. 中国人民大学档案事业发展研究中心成立大会 暨首届中国档案事业发展论坛成功举行[EB/OL]. (2021-10-17)[2023-10-18]. https://www.mbachina.com/html/中国人民大学信息资源管理学院/197001/366777.html.

1. 国家治理深入推进

"治理"的历史源远流长，尧舜时期就有关于治世的思考，春秋战国时期开始出现"治理"一词。《现代汉语词典》（第七版）将"治理"解释为："统治；管理"和"处理；整修"。在中国古代，"治理"强调"治国理政"之道，可供现代治理理论及实践发展借鉴的内容主要有：一是法律是治理的基础。《韩非子》有述"其法通乎人情，关乎治理也"，彰显了中华法治文明的深厚底蕴。二是安民是治理之本。班固的《汉书》记述了"奉顺天德，治国安民之本"，刘安《淮南子》有"为治之本，务在安民"。三是和谐是治理的目标。将"修身齐家治国平天下"作为治理之道的目标，强调治理路径的综合性以及核心价值体系的功能①。

当今世界正经历百年未有之大变局，新一轮科技革命和产业变革席卷全球，国际经济、科技、文化、安全、政治等格局发生深刻调整，我国正处于实现中华民族伟大复兴的关键时期，经济已由高速增长阶段转向高质量发展阶段。在高质量发展的时代背景下，国家治理体系和治理能力现代化在很大程度上决定了高质量发展的目标的顺利实现。2013 年，中国共产党第十八届中央委员会第三次全体会议通过《中共中央关于全面深化改革若干重大问题的决定》，并指出，"全面深化改革的总目标是完善和发展中国特色社会主义制度，推进国家治理体系和治理能力现代化"②。2017 年，党的十九大报告提出，"加强社会治理制度建设，完善党委领导、政府负责、社会协同、公众参与、法治保障的社会治理体制，提高社会治理社会化、法治化、智能化、专业化水平"③。2019 年，中国共产党第十九届中央委员会第四次全体会议通过《中共中央关于坚持和完善中国特色社会主义制度　推进国家治理体系和治理能力现代化若干重大问题的决定》，并提出，"到二〇三五年，各方面制度更加完善，基本实现国家治理体系和治理能力现代化；到新中国成立一百年时，全面实现国家治理体系和治理能力现代化，使中国特色社会主义制度更加巩固、优越性充分展现"④。2021 年，《中华人民共和国国民经济和社会发展第十四个五年规划和 2035 年远景目标纲

---

① 李龙，任颖. "治理"一词在中国古代的使用[EB/OL]. (2017-11-27)[2023-06-22]. http://www.360doc.com/content/17/1127/22/345789_707716618.shtml.

② 中共中央关于全面深化改革若干重大问题的决定[N]. 中国青年报，2013-11-16(1).

③ 习近平：决胜全面建成小康社会 夺取新时代中国特色社会主义伟大胜利——在中国共产党第十九次全国代表大会上的报告[EB/OL]. (2017-10-27)[2024-08-09]. https://www.gov.cn/zhuanti/2017-10/27/content_5234876.htm.

④ 中共中央关于坚持和完善中国特色社会主义制度 推进国家治理体系和治理能力现代化若干重大问题的决定[EB/OL]. (2019-11-05)[2023-06-21]. https://www.gov.cn/zhengce/2019-11/05/content_5449023.htm.

要》提出，"加强国家治理体系和治理能力现代化建设，破除制约高质量发展、高品质生活的体制机制障碍，强化有利于提高资源配置效率、有利于调动全社会积极性的重大改革开放举措，持续增强发展动力和活力"①。2022 年，党的二十大报告指出，到 2035 年，我国发展的总体目标之一是"基本实现国家治理体系和治理能力现代化，全过程人民民主制度更加健全，基本建成法治国家、法治政府、法治社会"②。

"治理"是一个新的概念、新的提法，从"管理"到"治理"，一字之差凸显了我们党执政理念的升华、治国方略的转型,将对中国未来发展产生重大影响③。从"管理"到"治理"是全面深化改革、转变政府职能、发展市场经济、激发社会活力的必然要求，是中国特色社会主义理论的重大创新，有利于推动政府决策科学化、社会运行高效化、公共服务精细化。

2. 档案治理持续展开

在全面推进国家治理体系和治理能力现代化的背景下，我国各个领域、各个方面都在全面深化改革，强化治理体系和治理能力建设。档案是国家治理的重要基础和文明传承发展的重要载体，档案事业是国家治理体系的重要组成部分，国家管理方式的调整必然引起档案管理方式的变革，推动档案管理走向档案治理。当前，围绕档案治理体系和治理能力建设，从国家到地方大力推进，为档案治理持续开展提供方向指引和政策保障。2016 年，《全国档案事业发展"十三五"规划纲要》指出，"加快完善档案治理体系、提升档案治理能力，为夺取全面建成小康社会决胜阶段的伟大胜利作出积极贡献"④。2020 年，陆国强在全国档案局长馆长会议上强调，"要统筹'四个体系'建设，在进一步推进档案资源体系、利用体系、安全体系基础上，着力构建以党的领导为根本、以依法治理为关键、以数字化信息化为依托的档案治理体系"⑤。2021 年，《"十四五"全国档案事业

---

①中华人民共和国国民经济和社会发展第十四个五年规划和 2035 年远景目标纲要[EB/OL]. (2021-03-13)[2023-03-13]. https://www.gov.cn/xinwen/2021-03/13/content_5592681.htm.

②高举中国特色社会主义伟大旗帜 为全面建设社会主义现代化国家而团结奋斗——在中国共产党第二十次全国代表大会上的报告[EB/OL]. (2022-10-16)[2023-06-21]. https://www.gov.cn/gongbao/content/2022/content_5722378.htm.

③刘新如. 从"管理"到"治理"意味着什么[N]. 解放军报, 2013-11-26(9).

④国家档案局印发《全国档案事业发展"十三五"规划纲要》[EB/OL]. (2016-04-07)[2023-06-21]. https://www.saac.gov.cn/daj/xxgk/201604/4596bddd364641129d7c878a80d0f800.shtml.

⑤陆国强. 推动档案事业在高质量发展轨道上迈出坚实步伐: 在 2020 年全国档案局长馆长会议上的报告[J]. 中国档案, 2021(1): 19-25.

发展规划》指出，"全面推进档案治理体系建设，提升档案治理效能"①。《上海市档案事业发展"十四五"规划》提出，以更强的法治思维、法治方式推进档案事业发展，不断完善档案治理体系，提升档案治理能力，进一步提高档案工作科学化规范化法治化水平②。《浙江省档案事业发展"十四五"规划》指出，"以数字化改革为牵引，全面推进档案治理、资源、利用、安全体系建设""深化法治浙江建设和新修订档案法贯彻实施，迫切要求全面深化依法治档，推进省域档案治理体系和治理能力现代化"③。《"十四五"湖南省档案事业发展规划》提出，"深入推进档案治理体系建设，切实提升档案治理效能""展望2035年，全省档案资源建设质量、档案利用服务水平、档案治理效能和管理现代化程度得到大幅提升"④。《"十四五"黑龙江省档案事业发展规划》指出，"实施档案治理效能提升工程，加快形成党的领导更加坚强有力的档案治理体系"⑤。档案治理是治理理论在档案领域中的应用，是档案管理的升华，对档案事务社会力量参与、档案工作法治化规范化建设、档案事业高质量发展具有推动作用，推进档案治理成为国家档案事业建设和发展的重要任务，也是时代赋予档案人的神圣使命⑥。

3. 档案数据治理悄然兴起

大数据时代，量大源广、价裕型多的档案数据成为档案管理的新对象，档案数据治理开始兴起。在实践方面，档案数据治理已成为档案事业发展规划关注的前沿阵地。2021年，《"十四五"全国档案事业发展规划》提出，着力开展新时代档案治理相关理论及政策研究，重点开展对"档案数据治理"等重大课题的研究①。《浙江省档案事业发展"十四五"规划》也指出，"完善电子文件归档机制，优化电子档案管理流程，加强数据治理，提升档案数据质量""聚焦服务一体化智能化公共数据平台和党政机关整体智治、数字政府、数字经济、

---

① 中办国办发《"十四五"全国档案事业发展规划》[J]. 中国档案, 2021(6): 18-23.

② 上海市档案局关于印发《上海市档案事业发展"十四五"规划》的通知[EB/OL]. (2021-08-04)[2023-09-13]. https://www.archives.sh.cn/tzggg/202112/t20211213_62551.html.

③ 省发展改革委 省档案局关于印发《浙江省档案事业发展"十四五"规划》的通知[EB/OL]. (2021-06-24)[2023-06-21]. https://fzggw.zj.gov.cn/art/2021/6/24/art_1229539890_4671279.html.

④ 刘笑雪. "十四五"湖南省档案事业发展规划[N]. 湖南日报, 2021-08-13(1).

⑤《"十四五"黑龙江省档案事业发展规划》[EB/OL]. (2021-08-31)[2023-09-04]. http://www.chinaarchives.cn/home/category/detail/id/36246.html.

⑥ 金波, 晏秦. 从档案管理走向档案治理[J]. 档案学研究, 2019(1): 46-55.

数字社会、数字法治五大综合应用，强化档案数据支撑"①。《上海市档案事业发展"十四五"规划》提出强化数字赋能，加强档案数据资源建设，推动档案信息数据化②。上海市档案局为对接全市数字化改革，制定《上海市档案事业数字化转型工作方案》，提出"积极融入全市政务服务'一网通办'、城市运行'一网统管'，进一步增强档案公共数据治理能力，完善档案数据治理规则，拓展数据归集门类，有效提升各区档案馆民生档案及开放档案目录数据归集率和归集质量"③。档案数据治理是大数据时代档案治理的新使命，旨在强化数据赋能，实现信息化与档案事业深度融合，激活档案数据潜力，释放档案数据能量，充分发挥档案数据价值。

二、研究意义

大数据时代，档案形成环境发生新变化，档案数据逐渐成为档案信息资源的重要形态，加强档案数据治理研究具有现实必要性和迫切性。通过借鉴数据科学、数据管理、社会治理、生态系统等理论方法，对档案数据治理进行跨学科综合性研究，系统探索档案数据治理理论体系与知识体系，深化档案数据研究内涵，推动档案学创新发展。

（一）丰富档案学研究内涵

大数据、云计算、人工智能、5G、物联网、虚拟现实、区块链等现代信息技术蓬勃发展，对人类生产方式、生活方式、工作方式和学习方式等各个方面产生深刻影响，给学科发展带来了新理论、新技术、新方法，开拓了学科全新的理论和应用空间。以数据和信息为核心、以技术为驱动、以管理为主导的图书情报与档案管理学科体系正在重塑转型，扩展到几乎可以涵盖一切领域的一切信息形态，包括公共的、商业的和私人的；原生的和数字转换的；文本、音视频及多媒体的；单一主体形成的和多主体协同互动形成的；固化为一本书一

---

① 省发展改革委　省档案局关于印发《浙江省档案事业发展"十四五"规划》的通知[EB/OL]. (2021-06-24)[2023-06-21]. https://fzggw.zj.gov.cn/art/2021/6/24/art_1229539890_4671279.html.

② 上海市档案局关于印发《上海市档案事业发展"十四五"规划》的通知[EB/OL]. (2021-08-04)[2023-09-13]. https://www.archives.sh.cn/tzgg/202112/t20211213_62551.html.

③ 上海市档案局关于印发《上海市档案事业数字化转型工作方案》的通知[EB/OL]. (2021-04-01)[2023-06-21]. https://www.archives.sh.cn/dayw/jszj/202301/t20230105_67869.html.

份文件的和非独立单元的数据形态。所有用于传播文化的文字或其他信息符号记录都可以作为图书文献，所有被传递的知识和事实都可以作为情报，所有社会生活的原始记录都可能留存为档案①。大数据时代，数据资源数量庞大、形态各异、内容浩繁，成为信息链研究的核心元素，各类数据资源成为图情档学科研究的新对象。学科对象的拓展必然引发知识体系的扩张与立体化。随着"数据态"信息的大量累积和生成，作为信息资源管理学科的档案学需要积极适应信息资源空间的结构性变化，将量大源广、价裕型多的档案数据作为档案学研究的新对象和新题域，借助数据科学的理论知识、数据管理的技术方法，探索研究档案数据的内涵特征、形成生态、演化机理、运行规律与治理模式，拓展档案信息资源管理空间和范围，延伸档案学研究视野和论域，推动档案学学科口径与学术疆域延展。从实践层面拓展信息链空间，对接国家战略和社会需求，凸显学科价值，充分发挥学科的社会功能；从理论层面重构信息链场域，探索数据、信息和知识之间的关联逻辑和转化机理，回归学科本质，深化学科内涵，夯实学科数据范式的理论根基②，推动档案学转型发展，提升学科生态位、话语权和社会影响力。

（二）推动档案数据治理理论创新

新时期社会、经济、文化等领域所面临的问题更加错综复杂，解决这些问题往往不是单一学科可以胜任的，有些新问题甚至不隶属于任何学科，这对跨学科研究提出了现实需求。各大学科门类的学术发展也呈现出明显的交叉综合化趋势，学科要健康发展，必须有跨学科研究的意识和自觉③。档案数据治理是一项复杂系统工程，涉及范围广，技术要求高，社会联系强。聚焦大数据时代档案数据治理对象、治理需求、治理主体、治理目标等题域，将数据思维、治理理论、生态系统与档案管理关联起来，打破学科壁垒，开展跨学科交叉研究，分析档案数据管理与档案数据治理之间的逻辑关联，全方位揭示档案数据治理环境、定义、特征与功能，探索档案数据治理的机制、方法与路径，创建档案数据治理理论体系、知识体系与话语体系。以质量控制为基础，探索档案数据质量管控新模式；以资源整合为核心，探讨档案数据资源建设新路径；以共享利用为目标，打造档案数

---

① 冯惠玲. 学科探路时代：从未知中探索未来[J]. 信息资源管理学报, 2020(3): 4-10.

② 金波. 紧抓新文科建设机遇 推动学科转型发展[J]. 图书与情报, 2020(6): 6-9.

③ 马费成, 李志元. 新文科背景下我国图书情报学科的发展前景[J]. 中国图书馆学报, 2020(6): 4-15.

据社会共享与公共服务新范式；以安全保障为基石，构筑档案数据安全保障新策略；以公共参与为导向，推进多元、协同、融合为一体的档案数据治理新机制，形成科学合理、内容完善的档案数据治理体系，推动档案数据治理学术研究与理论创新，指导档案数据治理实践。

（三）提升档案数据治理能力

大数据时代，数据资源急剧增长，数据污染、数据异构、数据冗余、数据安全、数据依赖、数据孤岛等问题普遍存在，给档案资源建设、服务创新、开放共享、安全合规、隐私保护等带来巨大挑战。为此，需借助数据管理和治理理论，开展档案数据治理研究，创新档案数据治理模式与机制，推动档案数据治理实践开展，提升档案数据治理能力，实现档案数据善治。一是推动档案数据资源建设与质量控制。深化建设档案数据资源体系，树立"大档案观"，改变以往主要收集体制内、机构、文本等档案资源的行为，以开放协同、集成共享的理念拓展数据采集方式，广泛收集电子数据、民生数据、社交媒体数据等体制外档案资源，实现档案数据"应归尽归、应收尽收、应管尽管"，把新时代党领导人民推进实现中华民族伟大复兴的奋斗历史记录留存得更全面、更系统、更立体；强化档案数据质量管控，保障档案数据来源可靠、程序规范、要素合规，形成数量丰富、结构合理、质量上乘、安全可用的档案数据资源库，有效拓宽档案工作的辐射能力和覆盖范围，拓展档案部门的管理职能与生存空间。二是完善档案数据管理规则与治理机制。加强档案数据治理顶层设计与战略规划，建立健全档案数据管理规则标准体系，推动档案数据生成、采集、处理、存储、利用等全流程管理法治化、规范化；着力探究档案数据治理运行机制及实现路径，创新档案数据治理模式，实现档案部门、数据管理机构、社会组织、信息技术企业和公民协同共治，有效提高档案数据管理效率效能，推进档案数据治理体系和治理能力现代化建设。三是创新档案数据利用方式与服务手段。借助数据挖掘、数据分析、数据计算、数据可视化等技术方法创新档案数据利用方式与服务模式；搭建档案数据共享利用服务平台，加大数据统一管理和应用力度，推动档案数据开放流通、信息共享，增加档案数据公共服务供给，减少"数字鸿沟"和"数字不平等"，激发档案数据资源活力，充分释放档案数据价值潜能。

（四）优化档案数据生态

"生态文明建设是关系中华民族永续发展的千年大计。"①随着大数据作为新的基础设施和新的生产要素，"行行产生并贡献数据、业业使用并受益于数据"的社会生态图景越发清晰。"数据化"正在推动信息技术革新、社会秩序变革、生产模式创新和工作业态再造，进而深刻塑造档案的生态环境，推动档案工作与数据关联融合。在数据驱动和技术驱动下，以颗粒度存在的"数据态"档案信息大量累积和海量生成，"原生环境数据化、形成方式数据化、来源形态数据化"的档案形成生态正在演化，档案资源由"模拟态"向"数字态""数据态"转变。当前，档案数据来源广泛、种类多样、结构多元、内容复杂，面临着各种挑战风险。运用生态系统思想与治理理论分析档案数据生态环境与管理状况，探寻档案数据指数增长与管理落后、社会需求与保管分散、长期保存与载体脆弱、海量资源与价值实现等之间的矛盾，分析造成档案数据异构、分散、孤立的技术因素、行业因素、制度因素及管理因素，找准档案数据管理"痛点"，揭示档案数据的来源形态、形成过程、逻辑结构、演化原理，从本质上探索发现档案数据的形成规律、运行机理和驱动机制。通过剖析档案数据治理动因，制定档案数据治理策略，推动各治理要素的相互作用与功能耦合，消除信息孤岛和数据壁垒，营建健康可持续发展的档案数据生态系统，提升档案数据治理效能，提高档案事业的生态能级和社会生态位。

三、研 究 思 路

档案数据治理是一项涉及资源、技术、管理、人文的系统性工程，需要正确的方法论予以指导。档案数据治理研究秉持跨界融合理念、战略系统思维、辩证统一方法、生态底线意识，立足国内外数据化发展大局和档案事业转型态势，从档案数据管理实际出发，运用数据管理和治理理论等专业知识，以档案数据为研究对象，科学阐释档案数据治理内涵，从质量控制、资源整合、共享利用、安全保障与运行机制等方面系统构筑档案数据治理体系，深入探索研究大数据时代档案数据治理机制和实现路径，推动档案数据善治。档案数据治理研究思路框架如图 1-1 所示。

---

①中共中央关于坚持和完善中国特色社会主义制度 推进国家治理体系和治理能力现代化若干重大问题的决定[EB/OL]. (2019-11-05)[2023-06-21]. https://www.gov.cn/zhengce/2019-11-05/content_5449023.htm.

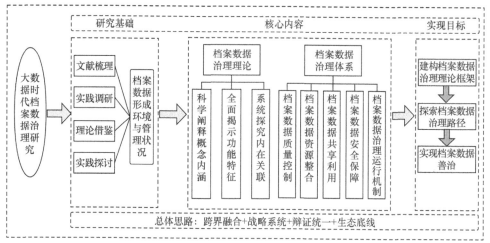

图 1-1　档案数据治理研究思路框架图

（一）秉持跨界融合理念

学科融合或者说学科理论互渗是当代学科发展的趋势，也是开展科学研究、提高学术创新能力的动力机制[1]，随着科学整体化的不断发展，多学科方法的互补与融合是自然、社会和人文学科方法论演化的必然趋势[2]。当今世界，社会问题日益综合化、复杂化，应对新变化、解决新问题亟须跨学科专业的知识整合和学科交叉。学科交叉是学术思想的交融，实质上是交叉思维方式的综合、系统辩证思维的体现。自然界现象复杂、多样，仅从一种视角研究事物，必然具有很大的局限性，不可能揭示其本质，也不可能深刻地认识其全部规律。因此，唯有从多视角，采取交叉思维的方式，进行跨学科研究，才可能形成正确完整的认识。著名物理学家海森伯认为："在人类思想史上，重大成果的发现常常发生在两条不同的思维路线的交叉点上。"[3]随着大数据等新一代信息技术的发展，学科交叉融合与知识汇聚成为时代潮流。

在档案学的发展历程中，借鉴其他学科的理论知识和技术方法，对档案现象进行分析和阐释，是档案学理论发展的成功经验[1]。16 世纪，法学方法帮助人们从法律凭证角度认识了档案的功能；18 世纪，古文书学方法帮助人们从事实记录角度认识了档案的功能；19 世纪，历史学方法帮助人们从原始史料角度认识了档

---

①金波，丁华东，倪代川. 数字档案馆生态系统研究[M]. 北京: 学习出版社, 2014: 16.

②梅宏. 数据治理之论[M]. 北京: 中国人民大学出版社, 2020: 114.

③路甬祥. 学科交叉与交叉科学的意义[J]. 中国科学院刊, 2005(1): 58-60.

案的功能；20 世纪，社会学方法帮助人们从人类记忆角度认识了档案的功能，信息学的方法又帮助人们从信息资源角度认识了档案的功能①。大数据时代，档案形态发生深刻变化，电子文件、数字档案、档案数据成为档案学新的研究对象，需要借鉴相关学科的理论知识和技术方法，开展学术创新，重塑档案管理理论体系与知识体系。档案数据治理是一个涉及档案学、数据科学、信息科学、计算机科学、社会学、政治学、法学、管理学、生态学、传播学等多学科的研究领域，需要突破学科藩篱与专业壁垒，进行跨学科交叉研究。从不同视角、不同维度对档案数据治理进行综合研究和广泛探索，拓展研究思维、论域和空间，丰富和深化研究内涵，促进档案学研究的知识交叉融合和学科理论渗透，推动大数据时代档案学理论创新与学科发展。

开展档案数据治理研究，需要充分借鉴、吸收、融合不同学科领域的理论、方法和智慧。例如，吸纳社会治理、组织治理、信息治理、协同治理等治理理论，运用"元治""共治""善治"等治理思维，结合档案数据内涵特点，科学构建档案数据治理体系，创建档案数据治理理论体系和话语体系，提高档案数据治理能力，实现档案数据治理现代化；借鉴数据科学中数据治理的理论与技术、数据管理的原则与方法，创新档案数据治理理论与实践；吸纳生态学中的生态系统思想、生态位理论等，对档案数据生态环境进行分析，构建档案数据治理运行机制，优化档案数据治理生态，推动档案数据生态系统可持续发展；参考法学中财产权、知识产权和人格权的相关理论以及图书馆学、情报学关于数据权、数据主权、数据权利的相关论述，构建档案数据权体系，保障各主体的档案数据权益；借助计算机科学的原理、技术、方法，探索大数据、人工智能、区块链等数字技术在档案数据治理中的应用。

（二）贯彻战略系统思维

战略思想早期运用于军事作战、经济生产、企业管理等领域，旨在帮助制定和实施计划以实现组织目标的一系列决策和行动，后逐渐发展成为现代管理学的重要理论。通过对组织内外部环境的分析，制订战略规划，明确组织发展战略目标，确定战略实施路径，充分发挥组织的资源价值，提高组织的核心竞争力和协同创新能力。运用战略系统思维，加强档案数据治理顶层设计与整体规划，厘清

---

①冯惠玲，安小米. 第十四届国际档案大会的学术特点及主要议题[J]. 档案学通讯，2000(6): 4-6.

档案数据管理面临的机遇和挑战，明确档案数据治理目标与实施策略，推动档案数据治理可持续发展。

系统观念就是应用系统思维、系统方法着眼于整体与部分、系统与外部环境之间的相互联系和作用，从整体上综合地、精准地考察事物的方法[①]。树立系统思维，用好系统方法，把系统观念贯穿档案事业发展全过程，以体系化、集成化、工程化、项目化为抓手，推动档案工作形成更多系统性、整体性、协同性成果[②]。运用系统观念审视档案数据治理，打通部门、行业、区域等数据壁垒，整合档案部门、数据中心、信息机构、业务单位等数据资源，从政策、标准、技术、管理、应用等多维度进行综合考量、整体施策、协同发力，打造共建、共治、共享的档案数据治理体系，有力支撑档案数据治理现代化。

战略系统思维就是从总体上把握事物发展态势和治理走向的方法论，具有根本性、全局性、长远性等特征，对国家、企业、社会组织整体发展具有指导引领作用。坚持系统观念是档案数据治理基础性的思想方法和工作原则。档案数据治理作为基础性、综合性、系统性工作，需要借助数据分析、战略分析、系统分析等战略系统理论与方法，整体把握档案事业数据转型发展中的主要因素、关键变量、薄弱环节和存在的问题，从档案数据质量控制、资源整合、共享利用、安全保障与治理运行机制等方面系统构筑档案数据治理体系，形成梯次接续、环环相扣的整体布局。聚焦档案数据治理体系和治理能力现代化目标，加强顶层设计和总体规划，从宏观上分析把握档案数据治理结构，统筹运用和科学配置战略资源，明确档案数据治理行动路线和实施策略，实现"立治有体、施治有序"。

（三）遵循辩证统一方法

辩证统一，是唯物主义辩证法的基本观点。唯物辩证法认为，矛盾是普遍存在的，矛盾是事物内部及事物之间既对立又统一的两个方面，在认识事物的时候，既要看到事物统一的一面，又要看到事物对立的一面，要坚持全面的、发展的、运动的观点，即辩证统一。遵循辩证统一方法，是开展档案数据治理研究的重要思路。

---

① 王香平. 系统观念是具有基础性的思想和工作方法: 学习领悟习近平总书记关于系统思维方法论的重要论述[J]. 中国纪检监察, 2021(8): 4-6.

② 《"十四五"黑龙江省档案事业发展规划》[EB/OL]. (2021-08-31)[2023-09-04]. http://www.chinaarchives.cn/home/category/detail/id/36246.html.

一是坚持理论与实践的辩证统一。在研究过程中，既通过知识借鉴与方法融合，进行理论创新；又通过实证调研、专家访谈、问卷调查、案例分析，对档案数据形成环境、管理动态、运行机理、治理实践进行归纳梳理，探寻档案数据指数增长与管理落后、社会需求与保管分散、长期保存与载体脆弱、海量资源与价值实现等之间的矛盾，分析造成档案数据异构、分散、孤立的技术因素、行业因素、制度因素及管理因素，找准档案数据管理"痛点"，剖析档案数据治理动因，增强理论的包容性和解释力，实现理论与实践有机统一。

二是坚持开放与保密的辩证统一。档案数据只有在开放流通中才能充分释放价值，需要加强档案数据开放共享与开发利用；与此同时，档案工作具有较强的保密性，档案数据依据不同密级实施不同保密等级的管理，防止数据窃取泄露，确保国家、社会、个人权益不受侵犯。在确保档案数据安全保密的前提下，最大限度地开放档案数据，推动档案数据共享利用。

三是坚持技术应用与人文价值的有机统一。档案工作不仅具有天然的技术应用特质，更具有传统的人文价值关怀，在档案数据治理过程中既需要积极借助现代信息技术，强化技术应用和技术治理，也需要凸显档案文化价值和档案管理人文精神，规避技术风险，实现技术理性和人文价值的有机耦合。

（四）树立生态底线意识

安全重于泰山。当前，数据是支撑国家安全的重要战略资源，数据安全是国家重要的安全战略。档案工作是一项人文、管理与技术等生态要素集聚交互的公共文化事业，安全是档案工作的第一要务、生命底线和根本塔基。档案数据安全关乎国家安全、社会安全和人民安全，无论是信息泄露丢失还是实体盗取损毁，都会给国家经济、社会民生和公民隐私带来巨大威胁。大数据时代，档案数据在数据质量、集成管理、开放共享、知识产权保护、信息伦理等方面面临着越来越多的安全挑战和风险，造成档案数据"不可知、不可控、不可取、不可联、不可用"，需要立足档案数据全生命周期，树立生态底线意识，确保档案数据信息安全、实体安全与运行安全。

档案部门必须牢固树立档案数据安全意识，从总体国家安全观出发高度认真研究与应对当前档案数据面临的复杂安全形势，从基础设施、运行过程、系统平台、规章制度等内外部生态环境出发系统分析档案数据管理的风险要素，梳理档案数据管理风险成因，强化顶层设计、制度管理和风险防控，从国家主权、法治伦理、管理制度、基础设施、技术策略等方面探索构建档案数据治理安全防范体系，多维度、全方位、立体化保障档案数据质量要素合规、运行过程安全、价值有效释放，形成健康安全、可持续发展的档案数据生态系统，构筑大数据时代坚不可摧的社会记忆殿堂。

四、研究创新

档案数据治理研究属于跨学科综合性交叉研究，需要多学科、多维度、多视角剖析档案数据治理研究范畴和研究内容，探索档案数据治理基本规律与运行原理，构建科学合理、系统完善、内容翔实的档案数据治理体系。课题研究以档案数据为研究对象，以档案数据治理为研究主题，在实际调研的基础上，引入治理理论与方法，推进档案学理论与治理理论、数据科学交叉渗透融合，对档案数据治理进行理论探索和学术创新，并提出了一些新的见解和观点。

（一）开辟档案数据治理研究新领域

大数据时代，信息技术与经济社会加速融合渗透，社会数字化、网络化、智能化水平不断提升，人类信息的生成方式、记录方式、保管方式发生重大变化，信息资源的空间结构发生颠覆性改变，数据爆发增长、海量集聚，对国家治理、科技创新、经济发展、社会运行产生重大影响，数据的资源特性更加突出，成为国家基础性战略资源和关键生产要素。档案是社会活动的真实记录，数据化浪潮从源头上改变了档案信息的记录、读取、存储和传播方式，档案数据大量形成，档案资源形态正在从模拟态向数字态、数据态质变，档案数据将成为大数据时代档案信息资源的主体，档案工作正在经历一个从管理档案实体到管理档案数据的应变过程[①]。在全面推进国家治理体系和治理能力现代化进程中，档案工作的基础性、支撑性作用更加明显。档案事业作为国家治理体系的重要组成部分，国家管理方式的调整必然引起档案管理方式的变革。档案数据作为一种原生性数据资源，理应在国家治理中发挥重要作用。当前，档案数据指数增长与管理落后、社会需求与保管分散、长期保存与载体脆弱、海量资源与价值实现等之间的矛盾日益凸显，重创造轻管理、重数量轻质量、重保存轻利用等现象突出，数据污染、数据

---

①金波, 添志鹏. 档案数据内涵与特征探析[J]. 档案学通讯, 2020(3): 4-11.

异构、数据安全、数据孤岛等问题普遍存在，造成档案数据不可知、不可控、不可取、不可联、不可用，给档案资源建设、服务创新、开放共享、安全合规、隐私保护等带来巨大挑战。究其根源，在于档案数据治理的缺失、滞后和失衡，难以适应档案事业发展需求与国家社会治理要求[①]，亟待加强档案数据治理，推动档案数据治理理论探索与实践创新。

开展档案数据治理研究，是对档案数据资源建设的新探索，是档案学新的学术增长点。综合应用数据科学、数据管理、社会学、政治学、信息技术等学科知识，广泛借鉴国家治理、政府治理、社会治理、组织治理、信息治理、数据治理、生态治理等治理理论，将治理理论与档案数据关联起来，推进档案学理论与治理理论、数据科学交叉渗透融合，创建档案数据治理理论和话语体系，开辟档案数据治理研究新领域，形成档案数据治理研究新范式，促进档案管理走向档案治理，丰富档案学研究内涵，为档案学研究提供新理念、新思路、新路径，推动档案学研究新发展。

（二）创建档案数据治理理论体系

大数据时代，档案数据治理不仅关系到档案数据质量，而且关系到档案数据资源战略价值的实现，是档案事业可持续发展的重要保障。档案数据治理是一项涉及政治、法律、管理、技术、人文等领域的系统性工程，档案数据治理研究具有多学科综合性交叉性特征，需要立足档案数据资源状况与管理实际，综合运用数据科学的技术方法和治理理论的思想知识，聚焦大数据时代档案数据治理主体、治理客体、治理环境、治理目标与治理路径等内容，对档案数据治理的概念、特征、功能等进行全方位揭示，对档案数据运行规律、内在机理、治理体系、治理方式、治理手段等进行深层次审视和多维度思考，分析档案数据管理与档案数据治理间的逻辑关联，探索从档案数据管理走向档案数据治理的动因及实现路径，厘清档案数据治理的研究内涵，建构档案数据治理理论体系与话语体系。

创建大数据时代档案数据治理体系，着力探究档案数据治理运行机制及实现路径，是提升档案数据治理能力的必然要求。重点围绕档案数据质量控制、资源整合、共享利用、安全保障与运行机制等内容，系统探索构建档案数据治理框架，以档案数据质量控制为基础，构建档案数据质量管控新规范；以整合集成为核心，

[①] 金波，杨鹏. 大数据时代档案数据治理研究[J]. 档案学研究, 2020(4): 29-37.

探索档案数据资源建设新范式；以共享利用为牵引，创新档案数据公共服务新路径；以档案安全为基石，构筑档案数据安全保障新举措；以协同共治为导向，推进集多维度、多主体、多要素于一体的档案数据治理运行新机制，形成科学合理的档案数据治理理论体系，指导档案数据治理实践，实现档案数据善治。

（三）探索基于全流程视角的档案数据质量控制路径

档案资源是档案事业赖以发展的水之源、木之本、塔之基，档案资源质量决定着档案信息资源开发的广度和深度，也决定了档案工作的服务内容和服务水平。大数据时代，数据形成环境发生了重大变化，档案数据不仅要重视数量，更要注重质量。目前，档案数据来源广泛、形态多样、结构复杂，面临着规模不足、失真失读、污染冗余、离散异构、孤岛壁垒、冷藏深闺等档案数据质量问题，质量已成为当前档案数据管理利用中的重点和难点问题，唯有向质量转型才能破解当前发展困境。数据质量是档案数据资源建设的生命线，应通过治理确保档案数据始终处于高质量状态，更好地为数字中国建设与国家治理现代化赋能。

档案数据质量控制是档案数据治理的关键，是档案数据规范管理与有效开发的基础。档案数据质量控制是一项系统性工程，需要整体布局、协同推进、有序实施。业务流程再造理论认为，流程决定组织。全程管理是档案部门开展业务活动的重要指导原则。从流程维度看，档案数据质量贯穿于整个档案数据生命周期，忽视收管存用任何一个环节，都可能影响到档案数据质量。围绕档案数据运行全程，探索构建集"前端—过程—效果"于一体的档案数据质量控制路径，健全档案数据全流程质量管控体系，全面提升档案数据质量治理能力，保障大数据时代档案数据资源建设质量，确保档案数据来源可靠、程序规范、要素合规、安全可用。

（四）构建档案数据安全治理能力成熟度模型

数据安全是档案数据治理的"生命线"，是档案工作的第一要务。当前，档案数据存在资源分散、信息伦理、数据污染、黑客攻击、病毒侵袭、系统平台漏洞等安全风险，需要聚焦档案数据安全主题，树立档案数据风险意识，全面梳理档案数据管理风险成因，借鉴风险管理理论、信息安全理论、数据安全理论等知识方法，多维度、全方位、立体化综合开展档案数据安全治理研究，探索档案数据安全治理防范体系，营造健康稳定的档案数据安全生态，确保档案数据存储安全、利用安全和运行安全，构筑大数据时代坚不可摧的社会记忆殿堂。

能力成熟度模型是战略规划最有价值的工具之一。通过借鉴数据安全能力成熟度模型（data security capability maturity model，DSMM），结合治理理论，以档案数据安全为核心，以档案数据安全治理需求为导向，构建由档案数据安全治理能力维度、过程维度、能级维度组成的档案数据安全治理能力成熟度模型。档案数据安全治理能力成熟度模型体现了档案数据安全治理从萌芽到成熟、从起始到优化、从不完善到可持续的体系化发展路径和梯度成长框架，为评估档案数据安全状况、确立治理战略愿景、规划治理行动蓝图、构筑治理策略提供方向指引，推动档案数据安全治理能力与治理能级提升，助力实现档案数据安全善治。

（五）揭示档案数据治理运行机理

档案数据治理是一项涵盖"多元""互动""融合"等诸多新要素的系统性工程，需要建立一套科学系统、体系完备、行之有效的运行机制，指导档案数据治理实践，推进档案数据治理能力与治理体系现代化，实现档案数据善治。档案数据治理运行机理是档案数据治理运行机制的核心，是档案数据治理内在的、本质的运行过程和运行原理。从本质上理清档案数据治理兴起、发展和运作的缘由和道理，对于构建科学合理、功能完善的档案数据治理运行机制十分必要。

档案数据治理运行机理是指档案数据治理运行机制在实现档案数据善治目标过程中的工作方式与作用路径。通过解析档案数据治理运行机理，有助于揭示档案数据治理运行规律与运作方式，为档案数据治理有效运行提供路径。档案数据治理作为一项科学性、综合性、体系性很强的活动，其治理运行机制必然是在遵循档案事业基本原理与档案数据运行特征的基础上，集客观规律性、主观能动性与社会科学性于一体，从而将机制优势转化为治理效能，推动机制科学性和治理有效性同步提升。围绕档案数据治理运行发展，从总体与具体（统筹性设计与具象性对焦）、整体与部分（系统性重构与离散性解构）、张力与引力（伸张性活跃与聚合性链接）、相同与相异（同质性融合与异质性协作）、量变与质变（渐变性积累与突变性进阶）等不同视角解析档案数据治理运行逻辑，凝练档案数据治理所遵循的辩证统一社会运行规律、"收管存用"资源建设运行规律和"管理→治理→善治"治理运行规律，夯实档案数据治理理论根基，推动档案数据治理研究深化。

第二章　档案数据治理研究进展

　　大数据时代开展档案数据治理研究，既是提高档案数据治理效能、推动档案治理创新发展的重要路径，也是激发档案学研究活力、拓展档案学研究空间的重要方式。围绕档案数据治理这一研究题域和实践前沿，通过文献搜集和实践调研，对国内外档案数据治理理论研究和实践动态进行梳理分析、归纳总结，系统掌握档案数据治理研究进展，凝练档案数据治理理论基础和实践成果，为创建档案数据治理体系提供理论借鉴和实践依据，为深入开展档案数据治理理论研究与创新发展提供思维导图。

一、国外档案数据治理研究动态

　　大数据时代，档案数字化、数据化态势愈发明显，档案数据总量呈"爆炸式"增长，档案数据的核心地位、核心价值和核心动力日益凸显，已成为重要的战略资源和无形资产。档案数据资源急剧增长，数据异构、数据质量、数据权属、数据壁垒、数据污染等问题普遍存在，给档案数据资源建设、整合集成、开放利用、服务共享、伦理保护等带来巨大挑战，强化档案数据治理成为国际档案界共识。通过文献梳理和实践调查，对国外档案数据治理理论研究和实践动态进行归纳分析。

（一）理论研究

　　为了掌握国外对档案数据治理研究的现状，以 Web of Science、SpringerLink、EBSCO 数据库作为文献来源，以"archiv*+data+governance""record*+data+

governance""file*+data+governance"为主题词进行检索。通过对国外相关文献进行梳理总结和内容分析,可将国外档案数据治理研究归纳为档案数据治理背景、档案数据治理主体、档案数据治理机制、档案数据法治建设与质量管控、档案数据存储保管与资源整合、档案数据开放利用与安全防护等题域。

1. 档案数据治理背景

档案数据治理有其特定的时代背景和发轫动因,国外对档案数据治理背景的研究主要集中在时代取向与技术发展、国家治理和科学研究需求、档案数据价值凸显与风险汇聚等方面。

（1）时代取向与技术发展

大数据时代的蓬勃发展和现代信息技术的日新月异是档案数据治理兴起的重要时代背景。相关研究主要体现在两方面:一是大数据时代给档案管理带来的冲击与变革。McDonald 和 Léveillé 认为,大数据时代,档案是有价值的原始数据信息,开放性是大数据时代的显著特征,需要建立开放共享的档案数据管理框架,支持数据流通共享和开发利用[1]。McKay 和 Mohamad 认为,大数据正在深刻改变着社会治理模式和商业运行方式,大数据时代的数据存档、管理、检索和应用等正成为全球范围内的重要议题[2]。二是大数据、云计算等现代信息技术助推档案数据治理开展。Lee 等提出,信息革命后,电子政务的出现推动档案管理体制机制变革。现在的档案管理应主动面对大数据、云计算、移动互联、物联网等现代信息技术的快速发展,建立适应新环境、新技术、新变化的档案管理体系[3]。Upward 指出,互联网环境下,数据信息的生产正在飞速发展,加速从纸质记录向数字记录过渡,以信息为基础的专业领域出现了分化和危机。治理为解决信息危机带来契机,通过信息技术、数据存档、社会参与和知识传播的协同运作,将政府、团体、组织、个人的思想、行动和道德统一起来,从而形成连续性的凝聚力[4]。

---

①McDonald J, Léveillé V. Whither the retention schedule in the era of big data and open data?[J]. Records Management Journal, 2014(2): 99-121.

②McKay E, Mohamad M B. Big data management skills: accurate measurement[J]. Research and Practice inTechnology Enhanced Learning, 2018(1): 5.

③Lee J R, Mi J H, Yim J H. A study on the improvement legal system for next-generation records management[J]. The Korean Jouranl of Archival Studies, 2018, 55: 275-305.

④Upward F. The monistic diversity of continuum informatics: a method for analysing the relationships between recordkeeping informatics, ethics and information governance[J]. Records Management Journal, 2019(1/2): 258-271.

（2）国家治理与科学研究需求

政府部门在政府管理和社会治理过程中对档案数据利用的需求是激发档案数据治理的重要动因。一是公共管理的数字化变革对政府治理、档案治理提出新要求。Hjelholt 和 Schou 认为，数字改革不仅仅是政府机构的技术升级，更是深层次的社会治理实践。对丹麦数字化政策进行系统研究，发现经济效率、数据竞争力和信息服务创新等日益成为丹麦数字治理的主要价值导向①。二是从国家信息资源、数字社会建设角度呼吁开展档案数据治理。档案数据是重要的国家信息资源，Krishnan 和 Teo 从资源互补视角，提出需要加强国家信息资源治理，推动法治、话语、问责、监管、效能等治理行为融入国家信息资源建设②。Schafer 等指出，对突发事件及其网络舆论留下的数字痕迹，包括原始网页、推文、图像等存档数据的治理是数字社会的重要使命③。三是探索文件管理对促进国家善治的作用。Kargbo 以塞拉利昂为例，探讨了文件管理和善治之间的关系，认为促进善治需要国家建立一个科学的文件管理政策框架，使政府职能部门和文件管理人员将信任、问责、廉洁和透明的民主价值观延续下去④。

数据洪流也涌到了科学研究领域，科学数据是支撑科学研究、推动科学发现、促进科学进步的重要基础。在国外科学数据管理过程中，科学数据通过数据采集、数据存档、数据存储等成为档案数据，在科学数据归档后，国外大多采用"档案数据"或"数据档案"来指代科学数据。Rani 等认为，需要建立卫生研究数据存档和共享系统，强化卫生研究数据治理职能，以实现卫生研究投资回报的最大化⑤。Akmon 等通过研究证明，科学数据管理是大数据时代档案学的重要发展方向之一⑥。Poole 认为，档案学原理如来源原则、选择与鉴定、真实性、元数据、风险管理及

---

① Hjelholt M, Schou J. Digital lifestyles between solidarity, discipline and neoliberalism: on the historical transformations of the danish IT political field from 1994 to 2016[J]. TriplecC: Communication, Capitalism & Critique Open Access Journal for a Global Sustainable Information Society, 2017(1): 370-389.

② Krishnan S, Teo T S H. Moderating effects of governance on information infrastructure and e-government development[J]. Journal of the American Society for Information Science and Technology, 2012(10): 1929-1946.

③ Schafer V, Truc G, Badouard R, et al. Paris and nice terrorist attacks: exploring Twitter and Web archives[J]. Media War & Conflict, 2019(2): 153-170.

④ Kargbo J A. The Connection between good governance and record keeping: the Sierra Leone experience[J]. Journal of the Society of Archivists, 2009(2): 249-260.

⑤ Rani M, Bekedam H, Buckley B S. Improving health research governance and management in the Western Pacific: a WHO expert consultation[J]. Journal of Evidence-Based Medicine, 2011(4): 204-213.

⑥ Akmon D, Zimmerman A, Daniels M, et al. The application of archival concepts to a data-intensive environment: working with scientists to understand data management and preservation needs[J]. Archival Science, 2011(3): 329-348.

可信性在科研数据治理中将发挥关键作用①。

（3）档案数据价值凸显与风险汇聚

大数据时代，档案数据快速积累，在民主治理、公共决策、社会共建等方面发挥着日益重要的作用，与此同时，各种风险日益加剧，倒逼档案数据治理开展。一方面是阐释档案数据重要价值，提出开展数据治理的必要性。Woolfrey 对调查数据档案在非洲地区治理中的作用进行了研究，认为调查数据档案可以在政策制定、社会研究与知识挖掘中发挥重要作用②。Alreshidi 等提出，建设项目涉及多方，在其生命周期中生成大量数据。这些数据通常是敏感的、重要的，体现了创造者的所有权和知识产权，需要从数据治理的角度，加强团队协作，构建科学合理的建设项目档案数据治理方案③。另一方面是对档案数据存在的风险隐患进行分析。Cunningham 和 Phillips 认为，数字时代，政府机构、社会组织、公众等正产生海量数据格式的公共信息。民主治理、公共咨询和社会参与都依赖于这些真实可靠的数据资源。与此同时，公共数据记录的识别、获取、保存和长期使用面临载体脆弱、信息丢失等诸多挑战，需要加强数据风险治理④。Ngulube 和 Tafor 认为，有效的公共档案信息管理是促进政府善治的基石。借助访谈、问卷调查等对非洲东南部公共档案管理状况进行研究，发现非洲东南部国家档案馆的电子数据记录管理不容乐观，缺乏法律标准的约束和职业道德规范的指导，存在丢失、泄露等风险；档案管理人员没有得到相应培训，公共服务能力不足⑤。

2. 档案数据治理主体

档案数据治理需要档案部门、档案数据形成单位、社会组织、信息技术产业、公众等多元主体的协同合作。国外对档案数据治理主体的探讨主要集中在各类型档案馆、图书馆、数据中心、公众等方面。

①Poole A H. How has your science data grown? Digital curation and the human factor: a critical literature review[J]. Archival Science, 2015(2): 101-139.

②Woolfrey L. Knowledge utilization for governance in Africa: evidence-based decision-making and the role of survey data archives in the region[J]. Information Development, 2009(1): 22-32.

③Alreshidi E, Mourshed M, Rezgui Y. Requirements for cloud-based BIM governance solutions to facilitate team collaboration in construction projects[J]. Requirements Engineering, 2018(1): 1-31.

④Cunningham A, Phillips M. Accountability and accessibility: ensuring the evidence of e-governance in Australia[J]. Aslib Proceedings, 2005(4): 301-317.

⑤Ngulube P, Tafor V F. The management of public records and archives in the member countries of ESARBICA[J]. Journal of the Society of Archivists, 2006(1): 57-83.

（1）一元核心：档案部门

档案部门是档案数据治理的核心主体，发挥着"元治"的重要作用。因此，档案馆及其管理人员在档案数据治理中的作用是国外研究的焦点。一是档案馆在社会治理中的功能研究。Schellnack-Kelly 和 Van der Walt 探讨了档案工作者和文件管理人员在社会治理和地方发展中所承担的关键角色，认为治理、消除贫困问题取决于信息的可获取性[①]。二是对档案馆保存管理档案数据作用地位的研究。Woolfrey 强调，非洲缺乏能够作为数据生产者与数据使用者之间的中间组织，从而阻碍数据获取，而档案馆可以通过保存和分享原始数据在国家政策制定中发挥积极作用[②]。Perryman 等分析了罗瑟姆斯特德电子档案馆作为永久性在线数据库，在存储、传播和提供利用野外实验和气象档案数据方面扮演的重要角色[③]。三是对数据信息急剧增长与档案馆角色缺位的研究。Giralt 等指出，当前组织中数字内容呈指数级增长，需要确保档案数据真实、完整和安全的需求日益显现。以巴塞罗那市政厅档案馆为例，分析其在档案数据管理方面的地位缺失[④]。当前，社交媒体平台被广泛应用到公共管理中，由此产生大量社交媒体数据信息，Mosweu 通过数据分析发现，博茨瓦纳政府尚未制定治理政策来确保对社交媒体生成的记录负责，其社交媒体数据信息由公共关系官员管理，国家档案局并未参与其中，导致对社交媒体数据信息的保存和管理薄弱，建议相关部门建立完善的社交媒体数据信息治理框架，以维护国家数字遗产的完整[⑤]。

（2）多元参与：图书馆、数据中心、公众等

国外对其他档案数据治理主体的研究比较分散，主要分布在图书馆、数据中心、公众等方面。

一是图书馆。图书馆是与档案馆具有相似信息管理功能的机构，Cunningham

①Schellnack-Kelly I S, Van der Walt T B. Role of public archivists and records managers in governance and local development under a democratic dispensation[J]. ESARBICA Journal: Journal of the Eastern and Southern Africa Regional Branch of the International Council on Archives, 2015, 34: 1-20.

②Woolfrey L. Knowledge utilization for governance in Africa: evidence-based decision-making and the role of survey data archives in the region[J]. Information Development, 2009(1): 22-32.

③Perryman S A M, Castells-Brooke N I D, Glendining M J, et al. The electronic Rothamsted Archive(e-RA), an online resource for data from the Rothamsted long-term experiments[J]. Scientific Data, 2018, 5: 180072.

④Giralt O, Vidal-Pijoan C, Pérez-Soler C. Seguridad de los documentos de archivo:estudio de caso del Archivo del Ayuntamiento de Barcelona[J]. EI Profesional de la Información, 2011(2): 202-205.

⑤Mosweu T. Accountability for governance of liquid communication generated through the use of social media in Botswana: whose duty is it?[J]. Archival Science, 2021, 21: 267-280.

和 Phillips 对图书馆协同开展治理进行了研究,探索了澳大利亚国家图书馆和档案馆的信息管理举措, 强调图书馆和档案馆等信息管理机构在支持数字时代的透明和负责任的治理方面发挥着重要作用, 图书馆员和档案馆员需要更加积极主动地影响政府机构的行为, 确保公共数字信息这一重要文献遗产长期安全保管, 方便今后利用①。

二是数据存储库、数据中心。Vassilev 等介绍了罗马尼亚草原数据库(Romanian Grassland Database,RGD), 该数据库在全球植被图谱数据库下注册, 旨在收集罗马尼亚境内所有可用的草原和其他开放环境的植被图谱数据, 通过欧洲植被档案馆和全球数据库等平台, 为国内外生态科学研究和生态环境保护提供数据服务②。Sterzer 和 Kretzer 提出, 数据服务中心 Qualiservice 是德国充分保存有关民族学研究档案数据的主要场所, 阐述了其在民族学研究数据存档方面的实践、伦理和法律问题③。

三是志愿组织、公众等。美国环境数据治理倡议（Environmental Data and Governance Initiative，EDGI）是一个由 175 名研究人员、技术员、档案员和活动家组成的分布式、基于共识的志愿组织, 在 2016 年 11 月美国总统选举后发起, 致力于创新更加公正的环境监管和政府问责形式。其主要职能之一就是对联邦环境机构的网页和在线科学数据等进行归档, 据此分析环境政策的转变, 督促政府采取行动④。EDGI 将数据正义和环境正义结合提出环境数据正义, 即不对联邦环境数据进行人为"萃取"与刻意"粉饰", 创建社会参与的环境数据应用体系, 体现公平公正、科学规则、公开透明的数据关怀⑤。Evans 等指出, 随着我们进入一个算法时代, 共享信息所有权和管理权、拓展信息互操作性和参与性是解决社会信息不对称和信息孤岛的紧迫任务。为此, 提出参与式信息治理的概念, 促进记录保存和档案管理基础设施建设向多元参与模式转变, 以回应社会记忆、身份

①Cunningham A, Phillips M. Accountability and accessibility: ensuring the evidence of e-governance in Australia[J]. Aslib Proceedings, 2005(4): 301-317.

②Vassilev K, Ruprecht E, Alexiu V, et al. The Romanian Grassland Database(RGD): historical background, current status and future perspectives[J]. Phytocoenologia, 2018(1): 91-100.

③Sterzer W, Kretzer S. Archivierungsstrategien anpassen–herausforderungen und lösungen für die archivierung und sekundärnutzung von ethnologischen Forschungsdaten[J]. Bibliothek Forschung und Praxis, 2019(1): 110-117.

④Vera L A, Dillon L, Wylie S, et al. Data resistance: a social movement organizational autoethnography of the Environmental Data and Governance Initiative[J]. Mobilization, 2018(4): 511-529.

⑤Vera L A, Walker D, Murphy M, et al. When data justice and environmental justice meet: formulating a response to extractive logic through environmental data justice[J]. Information, Communication and Society, 2019(7): 1012-1028.

认同和文化承续等方面的新需求①。Mallet-Poujol 从法律、通信和档案的角度探讨了档案信息获取权和隐私权所带来的问题，强调了公众参与数据保护的重要性，公众需要提高安全意识、加强数据监管和检举违法行为②。

3. 档案数据治理机制

通过文献梳理发现，国外开展档案数据治理，主要可以归纳为档案馆治理模式、数据中心治理模式、协同共治模式三种。

（1）档案馆治理模式

档案馆治理模式即以档案馆等政府部门为主体开展的档案数据治理活动。欧洲植被档案馆由欧洲植被调查工作小组于 2012 年开发，是一个集中的欧洲植被综合档案馆，2014 年投入使用。它在一个系统平台上存储欧洲国家和地区的植被地块数据。欧洲植被档案馆借助数据分类，根据数据属性、数据治理规则，合理设置数据鉴定、处理、保管、利用等程序。截至 2015 年 6 月 30 日，已采集涵盖 57 个国家的 1 027 376 个植被地块，其中 82%带有地理坐标信息。欧洲植被档案馆为欧洲植被多样性大规模数据分析和基础性生态研究提供了独特丰富的数据源，对自然环境保护具有重要意义③。美国国家海洋和大气管理局通过制定环境数据管理框架文件，依据数据生命周期，围绕数据资源、数据治理、数据标准、数据归档、数据存储、数据评估、元数据等内容制定数据管理规划，发布相关指令。当前，已建立数据目录，为档案数据提供可追溯、可访问、长期保存的技术保障规划也在顺利开展，为其他组织改进数据管理实践和治理流程提供参考指导④。

（2）数据中心治理模式

以数据中心为代表的各种数据系统、数据库是存储和维护数据的集中位置。国外依托各种数据中心、数据存储库、数据系统等实施档案数据治理的相关研究较为丰富。

一是数据中心。智能医疗信息技术（smart medical information technology for

---

①Evans J, McKemmish S, Rolan G. Participatory information governance: transforming recordkeeping for childhood out-of-home care[J]. Records Management Journal, 2019(1/2): 178-193.

②Mallet-Poujol N. Internet and the right to digital oblivion[J]. Revista Ibero-Americana de Ciência da Informação, 2018(1): 145-171.

③Chytrý M, Hennekens S M, Jiménez-Alfaro B, et al. European Vegetation Archive(EVA): an integrated database of European vegetation plots[J]. Applied Vegetation Science, 2016(1): 173-180.

④Beaujardière J D L. Noaa environmental data management[J]. Journal of Map & Geography Libraries, 2016(1): 5-27.

healthcare，SMITH）由德国医学信息学倡议资助，旨在建立一个由大学、医院、研究机构和互联网公司组成的联盟。SMITH 的目标是在每个伙伴医院建立数据集成中心，Winter 等对数据集成中心的架构设计进行了探索。互联网公司为数据集成中心的治理结构和信息系统架构实施了一个联合方法，通过互操作性方式方便数据访问和使用。具体而言，数据集成中心对收集的健康医疗数据进行处理、整合、存储、托管，发挥医院电子医疗数据的利用服务和隐私管理功能。为了共享医疗信息和科研数据，SMITH 的开放档案信息系统是基于通信和存储标准开发的，有效支撑了医疗数据的传输流通、开放共享和隐私保护。数据集成中心对结构化数据进行分类注释与统计分析，对非结构化的文本数据进行自然语言处理和整合集成，借助电子病历计算决策系统改善患者治疗效果。数据集成中心的优势在于基于互操作性标准的模块化、可重复使用的数据治理架构，对医疗数据涉及的信息管理部门、技术企业和社会组织进行整合，提升医疗数据服务效能[①]。

二是数据库。国际合作的 Neotoma 古生态学数据库是一个整合多类型数据的分布式科学数据资源库，其管理模式具有灵活性、可扩展性，吸纳数据生产者、管理者和研究团体参与，降低数据管理成本。获取公开可用的古生态学数据档案有多种途径，包括基于地图的资源管理器接口、应用编程接口、Neotoma 数字对象标识符等。利用开放数据档案，对过去环境变化中群落分布、种群多样性和生态演化等进行分析，支持全球环境变化的跨学科研究。随着科学数据的数量和种类不断增加，诸如 Neotoma 这样的数据资源库已成为大数据科学的基础架构[②]。

三是数据系统。AusCover 数据系统是提供澳大利亚生物遥感数据共享服务的数据基础设施。AusCover 通过时间排序、大尺度地图定位和高分辨率数据集识别，借助虚拟数据中心对遥感档案数据进行统一收集、分布式存储和可视化利用。AusCover 数据系统通过提供框架协议和方法工具来辅助数据生产者、保管人和利用者，方便数据组织、描述、开放和访问。使用 GeoNetwork 和 ANZMetLite 等工具优化元数据和数据目录，将多结构多格式数据文件、元数据记录以及源信息集中存储，允许跨平台统一访问，并提供完全自动化的迁移路径。AusCover 数据系统团队正在改善数据治理体系，强化数据内容治理。通过与数据产品企业合作，制定

---

①Winter A, Stäubert S, Ammon D, et al. Smart medical information technology for healthcare(SMITH)[J]. Methods of Information in Medicine, 2018(S01): 92-105.

②Williams J W, Grimm E C, Blois J L, et al. The Neotoma Paleoecology Database, a multiproxy, international, community-curated data resource[J]. Quaternary Research, 2018(1): 156-177.

数据文件质量保证指南，统一数据格式；完善数据治理框架，建立多方参与协同治理机制，确保数据的合规性；明确 AusCover 数据系统在数据发现、数据收集、数据保管、数据服务等方面的职责，减轻用户负担，方便用户利用[①]。

（3）协同共治模式

在国外，档案数据不仅保存在档案馆，图书馆、数据中心等组织同样也拥有大量档案数据，因此档案馆、图书馆、数据中心等机构协同共治成为档案数据治理的模式之一。数字策展是国外信息行业中一个新兴的理论和实践领域，包括数字保存、数据治理和信息资产全生命周期管理等内容。数字策展是处理数据洪流、发掘数据价值潜力、增进学术交流的重要战略，也是数据协同治理的体现。Solís 和 Budroni 分析了"奥地利电子基础设施"项目的运作过程，指出其基本要求是促进不同人群、策略和技术的交互。为了确保档案数据保持长期安全、可访问、可利用，通过采用各种数据管理计划、政策和技术，明确图书馆、档案馆、IT 服务商、研究人员和出版商等不同主体的责任和权限，以维护所有相关方的合法权益[②]。Poole 对数字策展的定义进行了描述，剖析了数字策展的关键问题和争论，进一步分析了数字策展的总体框架，如标准体系、治理政策、风险管理、权利保障、可持续性评估等内容；数据资源，如数据生命周期、元数据等；多元主体的角色责任，包括档案馆、图书馆和数据中心、机构数据存储库等。最后，认为数字策展不仅需要各部门、各学科和各领域的协同配合，也要考虑资金利用、媒介宣传、档案管理员数据素养提升等其他方面[③]。

4. 档案数据法治建设与质量管控

（1）档案数据法治建设

国外对档案数据法律标准的直接研究相对较少，主要围绕数字档案管理法治化、档案数据标准建设等内容展开。

一是数字社会下的档案管理法制变革。Banat-Berger 和 Meissonnier 认为，社会逐步走向信息化和数字化，公共机构必须主动迎接数字时代的信息治理挑战，

---

①Paget M, King E, Edwards L. TERN/AusCover-Remote sensing data management for terrestrial ecosystem research[R/OL]. Perth: 19th International Congress on Modelling and Simulation. [2023-11-12]. https://www.mssanz.org.au/modsim2011/H4/paget.pdf.

②Solís B S, Budroni P. E-infrastructures Austria-a national project for the preparation, sustainable provision and re-use of data at scientific institutions[J]. Information Wissenschaft & Praxis, 2015(2/3): 129-136.

③Poole A H. The conceptual landscape of digital curation[J]. Journal of Documentation, 2016(5): 961-986.

制定数字化生存的法律规则，维护公共电子数据的法律凭证价值[1]。Lee 等提出，随着电子数据的大量生成累积，需要重新设计和制定档案管理法律标准，为新对象情境下的档案管理制度革新奠定法理基础[2]。二是数据法律背景下的档案管理法治要求。Hofman 等依据《通用数据保护条例》中的信息治理要求，将《通用数据保护条例》原则与档案管理原则相结合，探索应用区块链等新技术加强档案数据隐私保护、防篡改等问题的解决方案[3]。三是档案数据标准建设。Gutiérrez-Martínez 等认为，除了在防火墙、加密和数据封装等方面的标准有助于保护档案数据，ISO/IEC 27002：2013《信息技术　安全技术　信息安全管理实施规程》和《医学数字成像和通信》（Digital Imaging and Communications in Medicine，DICOM）标准等规范也可以被用来保护患者的临床数据[4]。

（2）档案数据质量管控

数据质量是档案数据治理的基础和关键，质量管控是档案数据治理的重要内容，国外对档案数据质量研究主要集中在以下几个方面。

一是档案数据质量标准和保障机制。有效的档案管理对支撑现代民主社会善治至关重要。Seol 首先界定了电子档案数据的概念和结构；其次，分析了电子数据记录的四个特征，包括真实性、可靠性、完整性和可用性；最后，根据 ISO 15489、BS ISO 15489、InterPARES 项目指南等，提出了衡量电子数据记录的质量标准，以及在创建、维护和保存电子档案数据过程中符合质量标准的方法[5]。结构化数据在关系数据库中的集成改进了业务流程的效率，并提高了数据质量。但组织管理的近 90% 的信息都是非结构化的，无法集成到传统数据库中，有必要针对非结构化数据构建质量信任保障机制。Van Bussel 通过分析信息科学、组织科学和档案科学的相关文献，提出构建集非结构化数据处理、存储、传播和审计于一体的质量问责机制，以满足非结构化数据的真实性、可控性和证据性等质量要求，确保

①Banat-Berger F, Meissonnier A. Records management in health sector in digital era[J]. Medecine & Droit, 2015(2): 36-49.

②Lee J R, Mi J, Yim J H. A study on the improvement legal system for next-generation records management[J]. The Korean Jouranl of Archival Studies, 2018, 55: 275-305.

③Hofman D, Lemieux V L, Joo A, et al. "The margin between the edge of the world and infinite possibility" : blockchain, GDPR and information governance[J]. Records Management Journal, 2019(1/2): 240-257.

④Gutiérrez-Martínez J, Núñez-Gaona M A, Aguirre-Meneses H. Business model for the security of a large-scale PACS, compliance with ISO/27002:2013 standard[J]. Journal of Digital Imaging, 2015(4): 481-491.

⑤Seol M W. Quality criteria for measuring authenticity, reliability, integrity and usability of records[J]. The Korean Journal of Archival Studies, 2005, 11: 41-89.

非结构化数据可信可用[①]。

二是档案数据质量控制技术方法。保障数据质量是数据高效利用的前提。Larsen 等回顾了记录数据质量的相关方法，阐释了如何协同合作伙伴，鼓励多方参与治理，保持水域数据的完整可靠性[②]。Akhtarkavan 等针对保密数据质量问题，提出一种新的脆弱数据隐藏技术，在保证数据质量前提下，提高档案数据的传输和保密性能[③]。Usha 和 Tamilarasi 指出，借助基于信任的多属性匿名身份安全验证技术能够保障档案数据的可用性、机密性和完整性[④]。

三是档案数据质量评价体系。Shabou 基于 QADEPs（qualités des documents et des données électroniques publics，电子文件档案化质量）控制模型和体系化的评价方法，对公共机构的电子档案数据质量进行界定和测量。第一阶段是概念阶段，即确定电子数据的质量维度，并以特定的指标和变量集来定义；第二阶段是实证阶段，在瓦利斯州档案馆和日内瓦州档案馆，利用部分公共机构的真实电子文件对 QADEPs 模型的相关性和适用性进行测试，以此证明在公共机构中测量电子档案质量的可行性；第三阶段是归纳阶段，QADEPs 模型通过三个维度分析了公共电子档案的质量：可靠性、可利用性和完整性。这些维度进一步被划分为 8 个子维度，包括 17 个指标，46 个变量，以涵盖电子数据和公共文件质量标准的主要方面。QADEPs 模型提供了公共电子档案数据具体的衡量标准及可信度的测量工具，以评估和确定电子数据的价值，辅助档案鉴定，管控档案信息风险[⑤]。

5. 档案数据存储保管与资源整合

（1）档案数据存储保管

在线政务、社交媒体等网络平台的应用，导致海量数据指数级增长，大规模

①Van Bussel G J. Accountability and the reconstruction of the past[R/OL]. Como: Proceedings of the 5th European Conference on Information Management and Evaluation. [2023-11-12]. https://pure.hva.nl/ws/portalfiles/portal/16953438/ECIME_2011_Proceedings_G J._van_Bussel.pdf.

②Larsen S, Hamilton S, Lucido J M, et al. Supporting diverse data providers in the open water data initiative: communicating water data quality and fitness of use[J]. Journal of the American Water Resources Association, 2016(4): 859-872.

③Akhtarkavan E, Majidi B, Manzuri M T. Secure communication and archiving of low altitude remote sensing data using high capacity fragile data hiding[J]. Multimedia Tools and Applications, 2019(8): 10325-10351.

④Usha S, Tamilarasi A. Retracted article: a trust based security framework with anonymous authentication system using multiple attributes in decentralized cloud[J]. Cluster Computing, 2019, 22: 3883-3892.

⑤Shabou B M. Digital diplomatics and measurement of electronic public data qualities: what lessons should be learned?[J]. Records Management Journal, 2015(1): 56-77.

文本信息、图像、音视频等数据需要归档存储，存储载体和空间要求不断提升，给档案部门带来诸多挑战。国外对档案数据存储的研究主要体现在以下几个方面。

一是档案数据的保存和删除。Tinati 等强调，互联网环境下，产生数据的速度、数量和异构性显著增加，实施更智能、更高效的数据存储和归档策略势在必行。网络数据的归档涉及政策规划、技术应用和治理方式等多方面。当前，在"被遗忘权"等政策推动下，档案管理人员面临最突出的挑战是从现有存储数据中删除数据，如消费者请求删除个人隐私数据等①。二是档案数据存储技术。为提高数据传输速度和数据存储效率，需要运用不同的数据压缩技术。Javed 等总结了不同的数据压缩技术，设计了一种压缩数据的文档图像识别分析模式，为不经过解压直接识别数据提供了研究视角②。三是档案数据存储系统。Rajala 等通过开发医疗档案系统——TARAS（Tampere research archival system，坦佩雷档案研究系统），来解决病患档案数据在管理、伦理方面的安全问题③。Bhandarkar 等设计了一种基于 SAN（storage area network，存储区域网络）的集中式数据存储系统，旨在解决档案数据安全存储和检索的需要④。Chi 等针对存储中鲜被访问的数据即冷数据，提出了一个大规模的、可靠的、具有能源和成本效益的存储系统⑤。

（2）档案数据资源整合

当前，档案数据资源分散、结构异化、类型多元等现象突出，掣肘档案数据开发利用与价值释放。就此，国外对档案数据资源整合的技术、方式和平台等展开一系列研究。

一是档案数据资源整合的平台技术。通过运用异构档案数据归档、应用程序系统平台接口、关联数据技术来推动档案数据资源在机构和部门之间的整合，从而提高档案数据资源整合的智能化和自动化水平。Neto 等阐述了关联数据技术在图书馆、档案馆、博物馆资源整合中的应用可能，并建立了不同馆藏系统之间的

---

①Tinati R, Madaan A, Hall W. InstaCan: examining deleted content on instagram[R]. New York: Proceedings of the 2017 Acm on Web Science Conference, 2017: 267-272.

②Javed M, Nagabhushan P, Chaudhuri B B. A review on document image analysis techniques directly in the compressed domain[J]. Artificial Intelligence Review, 2018(4): 539-568.

③Rajala T, Savio S, Penttinen J, et al. Development of a research dedicated archival system (TARAS) in a university hospital[J]. Journal of Digital Imaging, 2011(5): 864-873.

④Bhandarkar M, Masand H, Kumar A, et al. Archiving and retrieval of experimental data using SAN based centralized storage system for SST-1[J]. Fusion Engineering and Design, 2016, 112: 991-994.

⑤Chi M, Liu J, Yang J. ColdStore:a storage system for archival data[J]. Wireless Personal Communications, 2020, 111: 2325-2351.

互操作框架，促进了资源在各个系统平台上无障碍地共享①。Janes 提出，使用应用程序接口（application program interface，API）来为欧洲和美国的档案馆信息整合与共享提供统一的数据接口，用户只需访问一个节点就可以浏览所有档案馆已公开的信息资源②。

二是档案数据资源整合语义互操作。语义互操作（semantic interoperability）通过对数据和数据之间关系进行规范化概念表达来消除资源之间的异构性。Damnjanovic 等通过研究声像档案在语义表达和描述方面的内容，开发了一套基于本体的实验系统 EASAIER，能够对图片、音频、视频等多媒体档案资源开展在线检索和服务③。Bountouri 和 Gergatsoulis 提出，CIDOC-CRM（International Committee for Documentation-conceptual reference model，国际文献工作委员会概念参考模型）作为一种语义本体的概念参考模型，突破了以往元数据操作句法、系统、主题等方面的限制，逐渐实现了数据之间语义层面的交换和集成④。元数据互操作研究集中在研究元数据互操作方法及相关标准规范方面。元数据作为不同系统之间档案数据资源沟通的中介，能够有效地实现分散、异构、孤立的档案数据资源在不同平台和系统之间的互联互通，消除语义识别的障碍，推动资源整合。

三是数据资源协同整合。Newman 认为，公众参与档案数据资源建设，能够提供政府所不具备的档案数据信息，促进档案数据资源的整合。重温档案收藏项目是用户参与档案目录著录的一个典型项目，用户通过著录档案内容，能够有效地扩大与之相关联的档案数据范围，丰富档案元数据内容，在提高用户吸引力的基础上促进档案数据资源整合⑤。Marcum 认为，用户需要集中性的主题信息，用户信息利用需求和消费行为的改变，促使图书馆、博物馆、档案馆进行资源整合⑥。

①Neto A L D S, Marcondes C H, Pereira D V, et al. Using open data technology to connect libraries, archives and museums: a Machadian case[J]. TransInformação, 2013(1): 81-87.

②Janes A. Linked data for libraries, archives and museums: how to clean, link and publish your metadata[J]. Archives and Records, 2015(1): 96-99.

③Damnjanovic I, Landone C, Kudumakis P, et al. Intelligent infrastructure for accessing sound and related multimedia objects[R]. New York: Proceedings of the 2008 International Conference on Automated Solutions for Cross Media Content and Multi-Channel Distribution, 2008: 121-126.

④Bountouri L, Gergatsoulis M. The semantic mapping of archival metadata to the CIDOC CRM ontology[J]. Journal of Archival Organization, 2011(3/4): 174-207.

⑤Newman J. Revisiting archive collections: developing models for participatory cataloguing[J]. Journal of the Society of Archivists, 2012(1): 57-73.

⑥Marcum D. Archives, libraries, museums: coming back together?[J]. Information & Culture, 2014(1): 74-89.

6. 档案数据开放利用与安全防护

（1）档案数据开放利用

国外十分重视档案数据的实际价值，围绕档案数据开放共享、资源开发、服务创新等内容展开广泛研究，尤其是对科研档案数据利用的研究较多。

一是档案数据开放共享。Borglund 和 Engvall 提出，在互联网环境下，数据开放共享成为时代趋势。档案馆作为可靠记录的保管者和维护者，需要以用户为中心，推动档案数据开放利用[①]。Chorley 指出，开放式政府数据环境的不断发展，给英格兰档案管理带来诸多挑战，如确保公布档案数据的准确性和完整性等[②]。Krishnan 等利用技术-组织-环境（technology-organization-environment，TOE）理论，建立了一个多重中介模型，探究数据基础设施、组织治理行为、公众参与程度等因素对电子数据共享利用的影响程度[③]。

二是档案数据资源开发与公共服务。一方面是基于档案数据的资源开发与信息利用。Harris 利用分类变量、文本挖掘、定量分析等方法，对公司档案数据集进行了回归分析，以此探究绩效激励对公司财务的影响[④]。Wiktor 使用乌克兰中央国家公共组织档案馆的统计数据，运用机器学习、空间分析和自然语言处理等，对 1946—1964 年的乌克兰社会特征进行了分析[⑤]。另一方面是借助各种新兴技术开发档案数据资源。Clough 等介绍了英国国家档案馆开展的一个基于地点的历史数据访问项目。通过诸如地理信息的信息检索和文本挖掘等技术，提供档案信息获取和知识服务[⑥]。

三是科研档案数据的研究利用。Caron 等对数字海洋（digital ocean，DO）项目进行了介绍，旨在为科学研究和知识共享提供数据服务平台。DO 平台使用

①Borglund E, Engvall T. Open data? Data, information, document or record?[J]. Records Management Journal, 2014(2): 163-180.

②Chorley K M. The challenges presented to records management by open government data in the public sector in England: a case study[J]. Records Management Journal, 2017(2): 149-158.

③Krishnan S, Teo T S H, Lymm J. Determinants of electronic participation and electronic government maturity: insights from cross-country data[J]. International Journal of Information Management, 2017(4): 297-312.

④Harris J D. Financial misrepresentation: antecedents and performance effects[J]. Business & Society, 2008(3): 390-401.

⑤Wiktor K. Between the "tradition" and "modernization"：Ukrainian nomenclature in 1946-1964[J]. Pamiec I Sprawiedliwosc, 2017, 30: 319-339.

⑥Clough P, Tang J, Hall M M, et al. Linking archival data to location: a case study at the UK National Archives[J]. Aslib Proceedings, 2011(2/3): 127-147.

Drupal 内容管理系统进行建设，其核心功能主要包括社交媒体数据归档、科研数据利用和科学出版、知识传播共享和用户档案保存。DO 平台可以改善研究团队的合作环境，促进科学信息的过滤聚合，为科学家开展研究提供数据支撑和信息服务[①]。Link 等对全球开放数据环境下的科学数据归档保存、开放共享、质量标准、伦理安全、治理机制进行了探究，认为科学数据开放能够扩展知识传播范围，促进科学进步和技术创新[②]。

（2）档案数据安全防护

数据安全是档案数据治理的"生命线"，是档案工作的第一要务。国外针对档案数据安全的研究相对较多，主要集中在以下几个方面。

一是档案数据风险分析与安全架构。Stepanov 介绍了美国国家档案馆下属的信息安全监督办公室的结构职责、管理框架和工作活动，其权力包括在坚持信息自由和国家安全的基本原则下，研制保护机密档案数据的安全技术、监管机制和方法策略，这对确保联邦机构、州、地方政府和社会组织档案数据安全发挥着重要作用[③]。Mullon 和 Ngoepe 认为，南非尚未建立负责信息治理的总体结构和整体框架，由各种监督部门和组织机构分散负责，不同部门行使不同职能，如南非国家档案馆负责信息保存管理，国家信息技术局负责信息技术应用，新成立的信息监管机构则负责信息自由和数据隐私保护。缺乏统一的协作机制，导致各领域争夺有限的资源，带来一系列数据风险[④]。

二是档案数据备份与隐私保护。Malin 等从技术和政策的角度回顾当前和未来使用公共档案数据库中存储数据的隐私问题，从技术角度讨论了数据隐私和可识别性的各个方面，提出建立涵盖各种技术、法律和政策的安全保障机制，以加强数据隐私保护[⑤]。Chiang 和 Huang 通过探索独立于时间演变、技术发展和环境变化的档案数据备份制度，得出其基本要求来自存储介质、数据集成、技术保障、

---

① Caron B, Toole D, Wicks P, et al. DigitalOcean: building a platform for scientific collaboration and social and media sharing on the Drupal content management system[J]. Earth Science Informatics, 2011(4): 191-196.

② Link G J P, Lumbard K, Conboy K, et al. Contemporary issues of open data in information systems research: considerations and recommendations[J]. Communications of the Association for Information Systems, 2017, 41: 587-610.

③ Stepanov V A. Classified and declassified records management: structure and activities of the Information Security Oversight Office of the U.S. National Archives and Records Administration[J]. Herald of an Archivist, 2017(1): 76-90.

④ Mullon P A, Ngoepe M. An integrated framework to elevate information governance to a national level in South Africa[J]. Records Management Journal, 2019(1/2): 103-116.

⑤ Malin B, Karp D, Scheuermann R H. Technical and policy approaches to balancing patient privacy and data sharing in clinical and translational research[J]. Journal of Investigative Medicine, 2010(1): 11-18.

人员素质等方面，并以此为基础建立档案数据备份长效机制[①]。Kim 等认为，随着健康移动设备的普及，个人生物数据泄露和伪造的风险加大，越来越需要制定隐私保护对策，以便在移动健康应用程序和个人生物数据存档中安全传输个人生物数据[②]。

三是档案数据载体安全与保护技术。档案数据需要依托一定的载体介质存在，载体媒介的使用寿命、是否兼容和存储容量等问题都会影响档案数据安全。Fusco 等介绍了一种基于网络流信息的档案数据高速存储、索引和查询的解决方案，能够显著降低中央处理器（central processing unit，CPU）负载和磁盘消耗，延长档案数据载体寿命[③]。Petrie 等提出了一种基于磁导率差异的不可擦除存储介质，该种类型介质可以立即用于无限期地安全存储档案数据[④]。Sayahi 等认为，档案数据化催生了各种新的数据类型，如三维网格，在使用高速计算机网络和多媒体数据库远程用户之间共享这种数据类型会带来很大的安全问题。针对这一问题，提出一种新的加密水印算法，将密码学与数字水印相结合，实现了三维多分辨率网格的安全[⑤]。Jayabal 和 Bhama 推出一个多层联盟区块链网络，具有私有区块链的隐私优势与公共区块链的去中心化治理特点。在物联网环境中采用半私密系统，使数据监管公开透明，还可以支持物联网数据的异构性，促进异构数据处理、共享和分析，从而解决技术层面的信息和隐私安全、法律层面的合法性、操作层面的合理性等问题，构建符合数据归档逻辑的智能合约方案，防范互联网环境下的数据安全漏洞[⑥]。

（二）实践动态

大数据时代，档案数据价值日益凸显，成为支撑社会治理、助推经济发展、

---

①Chiang J K, Huang K. Developing governmental archival system on semantic grid[J]. Journal of Internet Technology, 2012(5): 749-755.

②Kim J T, Kang U G, Lee Y H, et al. Security of personal bio data in mobile health applications for the elderly[J]. International Journal of Security and Its Applications, 2015, 9: 59-70.

③Fusco F, Vlachos M, Stoecklin M P. Real-time creation of bitmap indexes on streaming network data[J]. The VLDB Journal, 2012, 21: 287-307.

④Petrie J R, Wieland K A, Burke R A, et al. A non-erasable magnetic memory based on the magnetic permeability[J]. Journal of Magnetism and Magnetic Materials, 2014, 361: 262-266.

⑤Sayahi I, Elkefi A, Amar C B. Crypto-watermarking system for safe transmission of 3D multiresolution meshes[J]. Multimedia Tools and Applications, 2019(10): 13877-13903.

⑥Jayabal C P, Bhama P R K S. Performance analysis on diversity mining-based proof of work in bifolded consortium blockchain for Internet of Things consensus[J]. Concurrency and Computation: Practice and Experience, 2021(16): 1-18.

促进文化传播的国家基础性、战略性支撑资源和文化遗产。联合国教科文组织（The United Nations Educational，Scientific and Cultural Organization，UNESCO）、国际档案理事会（International Council on Archives，ICA）等国际组织提倡利用档案数据增进人类福祉、保护档案遗产、留存社会记忆。美国、欧盟、英国、澳大利亚等积极开展数字转型与数据治理，制定档案数据政策法规、开展档案数据建设项目，强化档案数据开发利用，助推档案事业数据转型，迈向数字信息和数据管理的新时代。

1. 国际组织：保护数字遗产，强化治理效能

（1）联合国教科文组织

联合国教科文组织是联合国在国际教育、科学和文化领域成员最多的专门机构，旨在通过教育、科学和文化促进各国合作，推动世界和平与发展。联合国教科文组织十分重视对数字遗产的治理。根据联合国教科文组织的定义，数字遗产包括从现存的任一种形式的知识转化成的数字产品或只以数字形式存在的产品，包括线性文本、数据库、静态或动态图像、相关的在线或离线软件等，涉及从病历到 DVD（digital versatile disc，数字通用光盘）影碟，从卫星监视数据到网站呈现的多媒体，从超市收银机里的消费数据到人类基因组的科研数据文件，从新闻组的档案到图书馆的目录等内容[①]。早在 2003 年，联合国教科文组织第 32 届大会就保护非物质文化遗产、人类基因数据研究、保护数字化遗产等问题，通过《保存数字遗产宪章》，对数字遗产风险管理、保存鉴定、权利职责、协作关系、保护利用等内容作了详细规定[②]。此后，联合国教科文组织持续关注数字遗产保护发展。2015 年，联合国教科文组织通过《关于保存和获取包括数字遗产在内的文献遗产的建议书》，成为在文献遗产保护工作领域的里程碑。2020 年，为庆祝联合国教科文组织与国际音像档案协会协调理事会发起的世界音像遗产日，联合国教科文组织以线上形式组织了保护濒危文献遗产政策对话会，邀请世界各地文献遗产专家共同探讨数字档案保护政策[③]。

①小军. 联合国教科文组织颁布《数字化遗产宪章》[J]. 中国档案, 2004(1): 52.

②保存数字遗产宪章[J]. 中国档案, 2004(2): 51-52.

③联合国教科文组织举办保护濒危文献遗产政策对话会：探讨数字档案保护政策[EB/OL]. (2020-10-30) [2023-07-22]. https://www.saac.gov.cn/daj/yaow/202010/e8c3134aec4d4c6781191f03788ca035.shtml.

（2）国际档案理事会

国际档案理事会是非政府间的国际档案专业组织，与联合国教科文组织有咨询性的合作关系，旨在通过国际合作，促进档案学发展，保护人类的档案遗产不受损害，鼓励人们利用和研究档案。作为国际档案界首个引领全球档案工作的专业化组织，国际档案理事会自成立便肩负着联通各国档案工作，推进全球档案事业持续、协调发展的重任[①]。国际档案理事会主动迎接数字化变革，积极参与全球档案治理进程，强调数字文件、档案数据的治理利用。2008 年，第 16 届国际档案大会以"档案，治理与发展：描绘未来社会"为主题，推动同行开始关注社会治理模式对档案工作的深刻影响[②]。2016 年国际档案大会上，签署了延续"档案、和谐与友谊"精神的《首尔公报》，其向全球档案工作者提出数字转型的行动倡议，号召各国制定数字文件管理方针，采取有力措施开展数字保存，并通过数字技术提升档案利用的契机，为数字时代的社会做出更为有力的贡献[③]。国际档案理事会2018 年年会主题为"治理、记忆和遗产"，立足档案的社会功能和文化价值，讨论负责任、透明有效和可持续的档案治理活动，探索在数字技术迅速发展背景下，日益增多、转瞬即逝的数字信息和证据的生成、管理与保护[②]。

面对疫情危机，2020 年国际档案理事会和国际信息专员会议发表联合声明《新冠疫情昭示：危机时刻记录职责愈发重要不能停摆》，围绕应急状态下的决策记录、数据保存和提供利用，提出文件与数据应在所有机构得到安全保护和妥善保存，应以可保存、可访问的方式生成和捕获文件与数据，确保相关记录和数据的准确性；就疫情报告标准、相关规范和定义达成全球协议至关重要，有必要将档案馆认定为原始数据的保管者，将原始数据作为复合数据、报告信息的基础支撑；利用各类数据辅助决策的益处愈发凸显，因而更不能减少对语境化信息（如纸质文档、数据、算法、代码和音像）予以记录的需求，也不能减免各级政府记录其数据分析过程、捕获关键信息的职责[④]。该声明得到文件管理者和行政管理者

①李子林，王玉珏，龙家庆，等. 国际档案理事会参与全球档案治理：特色、工具与成绩(1948—2018 年)[J]. 档案学通讯，2019(5): 93-100.

②黄霄羽，杨青青，黄静，等. 持辩证思维 显精神慰藉 融社会治理：2018 档案年会主题折射国内外档案工作的最新特点和趋势[J]. 档案学研究，2018(3): 133-140.

③ICA. Archives, harmony and friendship: sustaining the spirit of Seoul[EB/OL]. [2023-07-22]. https://www.ica.org/en/archives-harmony-and-friendship-sustaining-spirit-seoul.

④危机时刻记录职责愈发重要不能停摆 国际档案理事会等国际组织发表联合声明[EB/OL]. (2020-05-11) [2023-11-12]. https://www.saac.gov.cn/daj/yaow/202005/5422fa5525e34ee48084a6970a34a413.shtml.

国际协会、国际数据科学委员会、数字保存联盟、研究数据联盟以及联合国教科文组织世界记忆和世界数据系统等国际组织的支持。国际档案理事会发布《赋能档案事业和档案职业——国际档案理事会2021年至2024年战略规划》，指出，档案与档案工作者、文件管理专业人员对于实现善治、提高公信力与透明度，发展文化事业都至关重要；探索建立新的伙伴关系，如数据和计算机科学领域[1]，以适应数据化趋势，实现档案善治的目标。国际档案理事会2020年年会受疫情影响，推迟至2021年举行，主题为"赋能知识社会"，聚焦知识社会中大数据、人工智能、数据保存、网络治理等议题[2]。

2. 美国：技术赋能，驱动档案"数据转型"

美国作为全球经济、科技、文化实力最强的国家，积极面对大数据、人工智能等现代信息技术给档案工作带来的冲击，制定一系列档案数据收集、开放、管理、利用政策，不断推动档案事业数字化、数据化转型。

（1）顶层擘画，强化电子档案数据接收与管理

美国国家档案与文件署（National Archives and Records Administration，NARA）是一个独立机构，成立于1934年，负责鉴别、保护、保存和公开联邦政府所有的三个分支机构的历史文件[3]。2018年，美国国家档案与文件署发布《美国国家档案与文件署2018—2022年战略规划》，提出其愿景是与其他联邦机构、私营部门和公众合作，提供文件、数据、背景等信息，领导档案和信息行业，确保档案在数字世界中蓬勃发展[3]，并表示未来美国国家档案与文件署将不再接收模拟格式的永久和短期档案。2019年，美国行政管理与预算局、美国国家档案与文件署发布《M-19-21备忘录：向电子记录过渡》，提出"2022年12月后美国国家档案与文件署将不再接收纸质记录，而是以电子方式管理包括数字化文件在内的所有永久记录，包含电子文件的元数据"[4]，从而使联邦机构完全过渡到电子文件，全面推行电子化管理模式，简化文件管理流程，助推政府数字化转型，提高政府工作效率和开放透明度。

（2）加强网络数据存档，留存数字记忆

美国依托现代信息技术优势，强化社交媒体数据、网络数据等信息记录的归

---

①刘双成. 国际档案理事会发布2021年至2024年战略规划[N]. 中国档案报, 2020-12-03(1).

②黄霄羽, 管清潇. 顺应数字变革 展望职业前景 强调多元价值: 2020档案年会主题折射国内外档案工作的最新特点和趋势[J]. 档案学研究, 2020(5): 92-100.

③王红敏, 柴培, 张巾. 美国国家档案与文件署2018—2022年战略规划（上）[N]. 中国档案报, 2021-04-05(3).

④黄蕊. 国外档案部门数字转型举措探析[J]. 中国档案, 2020(4): 72-73.

档、存储和利用。数字技术的迭代演进、数据信息的爆炸式增长，让互联网承载的记忆面临迅速被遗忘的风险，互联网档案馆由此兴起。互联网档案馆（Internet Archive）是世界上最大、最知名的在线非营利性数字档案馆，于 1996 年 5 月由美国人布鲁斯特·卡利创办，总部位于旧金山。其宗旨是打造虚拟世界的连接中枢和知识中心，保存数字化知识中的历史文化瑰宝，留存、延续网络原始记忆，为公众提供海量免费的网络数字信息。互联网档案馆采用了多数据中心和数据冗余性设计，目前拥有 3 个数据中心，分别坐落于美国旧金山、红木城和里士满市。此外，在埃及的亚历山大图书馆和荷兰阿姆斯特丹也设立了数据存储备份设施。通过设立多个数据存储中心，减少数据丢失损害的风险。互联网档案馆的"时光机"具有强大的基础架构，通过网络爬虫自动搜集数据，用不同方法标识 URL（unified resource location，统一资源定位符）存档，实现大规模网页抓取。截至 2021 年 4 月，互联网档案馆在网页时光机中保存了超过 3000 万册图书和文本，890 万部电影、视频和电视节目，649 000 个软件程序，13 225 000 个音频文件，380 万张图片和 5800 亿个网页[①]。互联网档案馆凭借其海量、丰富、免费的数字馆藏成为全球网络数据存档的典型范例。

此外，美国还积极探索大数据存储归档的技术方法，留存大数据印记。例如，美国航空航天局艾姆斯研究中心采用动态归档技术管理和保存其不断产生的大数据。针对中心每月产生的约 2 PB 的数据资源，艾姆斯研究中心采用 Spectra Logic 公司的企业级磁带库，结合硅图公司的 DMF（data management file，通用数据管理文件格式）分层存储虚拟化系统来实现动态归档架构，以保证大数据安全、可靠、可用地存储。运用动态归档技术，数据迁移不再需要用户交互。即使数据已根据相应的管理政策被系统迁移到别处，文件使用者也可在原来的地方找到所需文件。动态归档给研究者提供了快速便捷的在线获取数据体验，并提供了有效的工具来扩展系统的数据存储能力。随着大量存储数据呈指数型增长，动态归档会发挥更大的价值[②]。

（3）政策保障，推动档案数据开放共享

美国国家档案与文件署在美国联邦政府数据治理中承担着数据开放职能，高度重视档案数据的开放共享。2010 年，发布《开放政府计划 1.0（2010—2012）》

---

①李俊哲，等. 国际视野|互联网档案馆建立 25 周年：网页存证、当下官司与未来之路？[EB/OL]. (2021-11-19) [2023-11-20]. https://mp.weixin.qq.com/s/XGmmboLvv-0oDTWLAssW4w.

②国外档案新闻集萃[J]. 中国档案，2014(8): 66-67.

（Open Government Plan 2010—2012），旨在鼓励用户线上参与、促进馆藏的利用，并发展社交媒体，即促进"线上档案馆"的发展[①]。2014 年，颁布《开放政府计划 3.0（2014—2016）》（Open Government Plan 2014-2016），明确提出了美国国家档案与文件署的开放数据政策（open data policy），计划提供更多的开放数据服务平台并引领创新[②]；发布《美国国家档案与文件署 2014—2018 财政年度战略计划》（U.S. National Archives and Records Administration Fiscal Year 2014-2018 Strategic Plan），提出大数据、社交媒体、政府数据的公共利用正在改变美国国家档案与文件署的文件管理模式和业务形态，需要强化电子文件和电子档案管理，实现数字转型，推动联邦政府机构文件档案管理政策和实践的现代化，加强数据开放，以机读形式提供档案数据的直接获取和利用[③]。此外，美国研发了全国性档案目录数据库和档案全文数据库。截至 2014 年，美国数据库已接收超过 1 万 TB 的电子文件[④]。2016 年，美国国家档案与文件署还在国家档案馆网站首页设立了针对开放政府计划的链接"Open Government"，公众可以通过美国国家档案与文件署提供的路径直接下载政府数据，对开放政府计划添加问题或进行编辑并给出反馈[⑤]。2018 年，在《美国国家档案与文件署 2018—2022 战略计划》（National Archives and Records Administration 2018-2022 Strategic Plan）[⑥]中提出，美国国家档案与文件署战略规划的重要目标之一是通过与其他平台组织的合作，实现数字化馆藏目录中档案数据的开放共享。截至 2020 年 11 月，美国国家档案与文件署根据用户细分数据服务平台，已确定了 30 个数据开放合作平台。美国国家档案与文件署还召开了专题研讨会，集中探讨联邦政府和国会在数字化治理与档案数据开放方面采取的创新举措[⑦]。

---

①周文泓，吴霜，耿越. 档案机构的开放政府构件与策略研究：基于 NARA 开放政府旗舰计划的分析及启示[J]. 档案管理，2017(6): 16-20.

②NARA. Open Government Plan 2014-2016[EB/OL]. [2023-07-24]. https://www.archives.gov/files/open/open-government-plan-3.0.pdf.

③NARA. U.S. National Archives and Records Administration Fiscal Year 2014-2018 Strategic Plan[EB/OL]. [2023-07-24]. https://www.archives.gov/files/about/plans-reports/strategic-plan/2014/nara-strategic-plan-2014-2018.pdf.

④胡可征. 从美、英、澳、加、新 5 国看网上档案馆资源建设发展方向[EB/OL]. (2014-11-25)[2023-11-12]. http://www.wdjj.cn/info/info_3966.html.

⑤NARA. Open Government Plan 2016-2018[EB/OL]. [2023-07-26]. https://usnationalarchives.github.io/opengovplan.

⑥NARA. National Archives and Records Administration 2018-2022 Strategic Plan[EB/OL]. [2023-07-24]. https://aotus.blogs.archives.gov/2020/12/14/maximizing-naras-value-to-the-nation-wide-scale-use-of-naras-data/.

⑦国外档案新闻集萃[J]. 中国档案，2018(5): 76-77.

3. 欧盟：发挥数据档案中心优势，探索多元数据存档管理

欧盟作为全球经济实力最强、一体化程度最高的国家联合体，档案工作整体发展水平较高，在科学数据档案管理、数据权利保护、数据存档等方面取得丰富成果。

（1）欧盟：数据档案中心建设

欧盟数据档案中心建设起步较早。欧洲国家在 20 世纪 60 年代就开始建立集中的数据档案中心，并逐步进行数据的整合和服务[①]。数据档案部门负责搜集、存储各类社会科学数据并向社会提供服务，在社会科学数据的保存、管理、利用等方面发挥着重要作用。目前，欧盟已经建立相对完善的科学数据档案管理机制。比较有代表性的数据档案中心包括德国科隆实证社会研究中心档案馆、荷兰数据归档和网络服务中心等。德国科隆实证社会研究中心档案馆成立于 1960 年，并于 1987 年成为德国社会科学基础设施服务部门的成员[①]。其主要任务是提供社会数据的保存管理和服务，推动社会科学研究的发展。有特色的数据包括：德国社会调查、欧洲测度调查、国际社会调查计划等重要数据集。荷兰数据归档和网络服务中心成立于 2005 年，由荷兰皇家艺术学院和荷兰研究委员会共同组建，以促进人文、艺术、社会科学等领域的数据开放获取和持续访问为使命[②]。此外，欧盟相继颁布《通用数据保护条例》《一般数据保护法案》等，对各类数据主体权利进行明确规定，尤其注重个体隐私信息的保护。

（2）德国：开展医疗和生物档案数据管理

医疗档案是档案的重要门类，德国医疗档案的大数据建设成效显著，具有鲜明特色。医疗档案馆最早于 20 世纪初出现在德国，据统计，截至 2017 年 12 月，德国各类医疗档案馆达 2260 家，分布在全德各地[③]。德国医疗档案馆通过统一医疗档案数据格式，建设统一的数据信息服务平台，实行分类利用的方式开放档案数据，强化患者隐私数据保护，充分发挥医疗档案数据的价值，促进医疗水平提升。2018 年，德国推出首个电子医疗档案应用软件[④]，通过一款名为 Vivy 的应用

---

①蒋颖. 欧洲社会科学数据的服务与共享[J]. 国外社会科学, 2008(5): 84-89.

②耿志杰, 陈佳慧. 荷兰数据归档和网络服务中心的科学数据长期保存机制[J]. 图书馆论坛, 2021(11): 128-135.

③王卓. 德国医疗档案馆的信息大数据建设与外溢效应[J]. 中国档案, 2018(6): 72-73.

④德国推出首个电子医疗档案应用软件[EB/OL]. (2018-09-19)[2023-07-26]. https://baijiahao.baidu.com/s?id=1611998315312171020&wfr=spider&for=pc.

软件，能够确保医疗档案数据安全储存，在保障治疗医生共享医疗档案数据的同时，严格控制数据的保密性，防止敏感数据泄露传播。

德国还积极探索生物档案数据的保护管理。2020 年，德国马克斯·普朗克（Max Planck）动物行为研究所的数据馆馆长莎拉·戴维森（Sarah Davidson）等领导国际团队建立了一个记录北极和亚北极地区动物迁徙行为的全球数据档案馆，用于研究北极气候变化对动物造成的影响。17 个国家和地区的 100 所大学、政府机构和保护组织的研究人员参与了建档工作。目前，档案馆的数据涵盖 1991 年至今的 200 多个相关项目，已保存 8000 多种海洋和陆生动物的运动数据。这些数据在研究所的 Movebank 平台上发布[①]。

（3）法国：推出 ADAMANT 数字转型项目

随着数字技术的不断革新，法国国家档案馆（Archives Nationales de France）积极推广跨部门、可持续的国家数字转型战略。2018 年，法国文化部、法国国家档案馆和法国国家信息系统安全局共同推出国家档案馆档案及其元数据管理（administration des archives et de leurs métadonnées aux archives nationales dans le temps，ADAMANT）项目，旨在创新数字存档手段，保证数据的可靠性和真实性，留存数字记忆[②]。法国国家档案馆举办数字节，庆祝全新数字归档平台 #ProjetADAMANT 的推出。当前，法国国家档案馆面临着数据信息日益复杂，档案数据化管理愈发迫切的形势。向法国国家档案馆提供数据的部门包括法国 15 个部委和近 700 个法国运营商，法国国家档案馆已经拥有近 2 亿份文件，即 50 TB 的原生数字数据[③]。#ProjetADAMANT 平台将在保存法国国家部委等政府数据的基础上，更多地存储管理移动运营商、民间社团、社会人士的档案数据，力争构建高度安全的数据基础设施，并确保法国国家档案馆提供公共服务的连续性。

（4）爱尔兰：探索 3D 数据归档利用

爱尔兰数字存储库（Digital Repository of Ireland，DRI）是保存爱尔兰历史文化遗产和科学研究成果的国家级数字档案馆。该存储库保存了来自各组织（如高校、文化机构、政府机构和专业档案馆）的大量人文、社会科学数据。除了提供可信任的数字存储库服务，DRI 还是爱尔兰数字归档的研究中心，在存储库基础

---

①国外档案新闻集萃[J]. 中国档案, 2020(12): 80-81.

②Archives Nationales. Du projet au prototype #BetaADAMANT[EB/OL]. [2023-07-26]. https://www.archives-nationales.culture.gouv.fr/fr/web/guest/archiver-les-donnees-numeriques-adamant.

③国外档案新闻集萃[J]. 中国档案, 2019(2): 74-75.

结构、保存政策、研究数据管理和宣传方面为本国乃至欧洲层面提供了先进经验①。当下，3D 打印成为一种广泛应用的技术，3D 数据也大量产生。如何确保生成的 3D 数据长久访问、查看和交互成为档案部门面临的现实问题。DRI 致力于收集和保存 3D 文化遗产数据。通过广泛收集 3D 物理实体数据、生产过程数据、模型与产品元数据等资源，进行数据分离、数据整合、写入文件与归档备份，建立 3D 数据归档标准规范以及统一的归档系统，使 3D 数据实现有效归档和高效利用。

（5）丹麦：创新数据存档和保护策略

丹麦国家档案馆（Danish National Archives）是丹麦的数字记忆保存机构，针对技术升级和资源变化，制定了新的数据存档和保护策略，内容包含数字保存策略、数据创建、数据接收和长期保存、数据可访问性、保护规划和方法、合作与标准化、可信数据及创新等②，为丹麦国家档案馆未来几年数据存档工作指明了方向。新的数据存档和保护策略要求加强数据资源归档，明确丹麦国家档案馆应致力于保护具有历史、研究和法律价值的各类数据，协调数据创建者、供应商及用户等多方主体的利益，以用户需求为导向，保障档案数据的真实性和可用性，方便用户快速访问和利用。

4. 英国：加强档案数据开放利用，打造数据档案馆

英国作为大数据的积极拥抱者，高度重视进行国家层面的大数据战略布局，力争成为数据开放利用的引领性国家。英国档案部门融入开放数据环境，推动档案数据化进程，积极参与政府数据治理活动。2011 年，英国内阁办公室（Cabinet Office）发布《促使开放数据成为现实：公共咨询》，面向英联邦及爱尔兰档案与文件协会［Archives and Records Association(UK & Ireland)］、苏格兰国家新档案馆（National Records of Scotland）、英国数据档案馆（UK Data Archive）等咨询并征集关于数据权、开放数据标准、开放数据利用创新等意见③。英国档案部门还为政府数据开放平台提供档案数据支持，自 2010 年起，英国国家档案馆为 Data.gov.uk. 提供了近 50 条档案数据集供公民下载④。2014 年，英国国家档案馆在其 2014 年到 2015 年的年度报告的第 5 项战略优先事项中提出：加强公共部门信息转换计划

---

①丹麦国家档案馆官网网址为 https://www.dri.ie/。

②国外档案新闻集萃[J]. 中国档案, 2019(2): 74-75.

③Making open data real: a public consultation[EB/OL]. (2013-02-07)[2023-07-25]. https://assets.publishing.service. gov.uk/media/5a79d6c7e5274a684690c790/Open-Data-Consultation.pdf.

④陈展. 档案数据开放推进路径探略[J]. 浙江档案, 2019(1): 20-22.

的监管模式，与开放数据、透明及信息获取方案保持协调一致①。2015 年，英国国家档案馆在其 2015 年到 2019 年的年度业务发展规划中提出，档案工作者致力于物理的及数字的档案记录保存、历史学科及数据科学的跨学科合作研究，未来 5 年的目标之一是通过数据的利用，提升服务效率，改善服务水平，进一步推进政府治理的透明度②。

此外，英国重视对档案数据的保护与开发利用。英国政府相继颁布《公共档案法》《信息自由法》《数据保护法》等法规条例，对数据信息保护作出详细规定。例如，《数据保护法》规定，如果具有营利性质的档案机构侵犯了公民的隐私权，最高将处罚其全球营业额的 4%③。英国注重对档案数据进行深度挖掘，于 2012 年成立世界上首个开放式数据研究所（Open Data Institute，ODI），运用大数据技术将公众感兴趣的档案数据资源进行融合汇聚，通过 ODI 网站平台向公众提供档案信息服务④。2020 年，英国数字、文化、媒体和体育部发布《国家数据战略》，明确提出改变政府对数据的使用以提高效率和改善公共服务，确保数据在收集、存储和传输过程中得到充分保护⑤。

英国数据档案馆（UK Data Archive，UKDA）成立于 1967 年，在英国经济和社会研究委员会（Economic and Social Research Council，ESRC）的资助下于埃塞克斯大学成立，最初旨在收集高质量的科学研究数据进行分析和利用。后来经济和社会研究委员会继续为数据存档提供资助与支持，是英国数据基础设施的重要组成部分。2005 年英国数据档案馆成为英国国家档案馆的指定数据存放地点，允许其管理社会经济类的公共记录，成为世界上顶级的国家数据档案馆⑥。UKDA 是英国最大的综合性数据管理平台和数据档案的管理部门，负责全国范围内社会、经济、人口、科学等数据的收集保存和服务利用，拥有 5000 多个计算机可读的主题数据集，并以每年 200 多个数据集的速度增长⑦。英国数据档案馆以及旗下的经

---

①Annual report and accounts 2014/15 (for the year ended March 2015)[EB/OL]. (2015-08-06)[2023-07-25]. https://assets.publishing.service.gov.uk/government/uploads/system/uploads/attachment_data/file/445393/FCO_Services_Annual_Report_2014-15_web_version.pdf.

②The National Archives. Archives inspire: the National Archives plans and priorities 2015−19[EB/OL]. [2023-07-25]. https://studylib.net/doc/11112562/archives-inspire--the-national-archives-plans-and-priorit....

③杨宝章. 英国档案工作的特色与启示: 赴英培训的收获与思考[J]. 中国档案, 2019(1): 80-81.

④ODI 官网网址为 https://theodi.org/。

⑤青秀玲, 董瑜. 英国政府发布《国家数据战略》[J]. 科技中国, 2021(1): 101-104.

⑥海啸. 英国数据档案馆的发展现状及其借鉴[J]. 山东档案, 2019(6): 19-22.

⑦覃丹. 英美社会科学数据管理与共享服务平台调查分析[J]. 图书情报工作, 2014(16): 67-75, 142.

济和社会数据中心，历经多年建设发展，在数据档案管理方面积累了丰富的经验，形成较为成熟的数据档案管理体系。从数据生命周期角度，制订数据发展计划、数据格式化及存储标准、数据伦理及版权政策等，对定量、定性、多媒体等馆藏数据实施全面高效的管理规划，提供高质量数据产品研发、数据组织存档、数据检索获取、数据安全控制、科学数据素养教育、国际数据交换等服务[1]，满足用户需求，释放数据价值。

5. 澳大利亚：多措并举，开展信息和数据治理

随着大数据时代的来临和开放政府的推行，澳大利亚明确提出将"数字转型""数字连续性"等目标作为澳大利亚国家档案馆（National Archives of Australia，NAA）的重要使命，开展信息和数据治理。

澳大利亚国家档案馆是唯一获得法律授权的具有政府数据信息管理职能的联邦政府机构，在整个联邦政府数据信息可用性和质量保障等方面处于领导地位，是澳大利亚政府信息治理框架中的重要组成部分。2011 年，澳大利亚总理和内阁部门制定了《政府数字转型政策》，推动联邦政府机构的文件信息管理数字转型，以提高政府运作效率，澳大利亚国家档案馆是实施该政策的牵头机构[2]。2015 年，澳大利亚国家档案馆发布《数字连续性 2020 政策》，提出把政府数据和信息作为公共资产管理，从数字转型过渡到具有连续性的数字信息管理，并借助信息管理标准、数据互操作性成熟度模型、业务系统评估框架、元数据标准、数字授权框架、信息管理与数据能力模型等工具方法改善信息和数据治理[3]。2016 年，澳大利亚国家档案馆以政府信息资产为核心制定了政府信息治理框架（information governance framework），将多元治理、绩效评估和风险管理等先进理念融入政府信息策略，并将其贯彻落实，通过问卷调查形式定期核查政府机构信息治理策略的执行情况。2019 年，澳大利亚国家档案馆发布了最新的信息和数据治理框架（information and data governance framework），该框架适用于档案馆管理的所有信息、数据和记录，旨在帮助澳大利亚国家档案馆对档案资源进行有效治理，确保档案馆的信息和数据管理实践符合其法律义务、责任要求、业务需求和利益相关

---

①UKDA 官网网址为 http://ukdataservice.ac.uk/。

②Previous policies–information management[EB/OL]. [2023-07-24]. http://www.naa.gov.au/information- management/ information-management-policies/digital-continuity-2020-policy/digital-transition-policy.

③National Archives of Australia. Digital Continuity 2020 Policy[EB/OL]. (2019-09-02)[2023-07-24]. https://www. naa.gov.au/sites/default/files/2019-09/Digital-Continuity-2020-Policy.pdf.

者的期望。该框架明确了包括档案工作人员、信息技术人员、首席信息治理官、信息管理委员会等在内的多元治理主体的角色与责任，结合相关的立法、政策、战略和标准为数据治理提供指导，开展数据库系统治理和风险管理，共同对档案馆的信息数据资产进行治理[①]。

澳大利亚国家档案馆顺应大数据时代发展趋势，推动数字化向数据化转型，成为澳大利亚数据革命的中心。2020年，澳大利亚国家档案馆公布《建立对公共文件的信任：为政府和社区管理信息和数据》，这是一项针对政府信息数据治理的全新政策，是澳大利亚文件信息数据转型的里程碑。该政策充分重视数据的价值，认为数据是一种越来越重要的信息，日益成为政府科学决策、公共服务创新、经济高速运行的核心资源，需要从战略高度管理数据资产。通过成立国家数据专员办公室，负责制定公共部门数据政策框架，最大限度地实现数据共享和发布，保障数据的真实可靠和完整可用；建立公众对政府数据的信任，优化对公共部门数据的访问和利用流程；构建支持数据使用的技术基础设施，改善公共部门数据的管理架构，以支撑澳大利亚公共服务部门的数据能力改革[②]。

6. 其他国家

（1）加拿大

加拿大国家图书馆与档案馆（Library and Archives Canada，LAC）隶属于国家遗产部，是一个创新型的知识机构，由加拿大国家图书馆和加拿大国家档案馆于2004年合并而成，其职能主要是为社会公众提供简便综合的文献遗产和信息知识服务。2022年，加拿大国家图书馆与档案馆发布《LAC数据战略》（LAC Data Strategy），擘画未来几年重点工作的愿景、任务、目标、原则等，致力于以最佳方式创建、管理和使用数据，从而实现对数据的便捷获取、长期保存和高效访问[③]。

近年来，加拿大渥太华市档案馆基于文件连续体的理念，将电子数据与背景信息、档案价值联系起来，加强文件形成者、管理者和利用者在内的多元主体之间的合作联结，创建了一支由档案管理者、信息管理者、利用服务专家、数字化

---

① Information and data governance framework[EB/OL]. [2023-07-25]. https://www.naa.gov.au/about-us/our-organisation/accountability-and-reporting/information-and-data-governance-framework.

② Previous policies–information management [EB/OL]. [2023-07-24]. https://www.naa.gov.au/information-management/information-management-policies/digital-continuity-2020-policy.

③RUC 电子文件管理. 加拿大国家图书馆和档案馆发布新修订《LAC 数据战略》[EB/OL]. (2023-03-07) [2023-07-24]. https://mp.weixin.qq.com/s/3kl_KPILzkg9eMCbvsgPYw.

专家和信息技术人员建立的跨部门团队。通过凝聚多元主体力量来弥合过去的纸张资源与未来的数字资源之间的鸿沟，并通过系统协同管理城市的所有数据，将政府、私人与城市广大的公众用户充分结合起来，形成了一种基于文件连续体模型的、多元主体协同的城市信息治理新模式①。

（2）俄罗斯

俄罗斯联邦国家档案馆是俄罗斯最大的联邦级档案馆，于 2016 年发布《2018年前俄罗斯联邦国家档案馆贯彻和实施开放机制计划》，提出实施信息透明原则，要求开放 27 类档案数据集，并明确 2016 年至 2018 年每年的数据开放指标②。2020年，在俄罗斯联邦国家档案馆成立 100 周年之际，规划建设俄罗斯档案馆新馆，计划新建的保管和数据处理中心将配备高科技设备，电子档案存储总数据量为 16 PB（千万亿字节），最大可容纳 270 PB 的数字化档案和进馆电子档案③。

（3）日本

近年来，日本政府积极推进数字政府建设，相继颁布《促进公共和私营部门数据利用基本法》（2016 年）、《数字政府行动计划》（2018 年）、《数字程序法》（2019年），指引政府数字化转型。为适应数字时代转型，日本国立公文书馆（National Archives of Japan）不断优化软硬件系统，加强电子档案数据接收与管理，增强处理数据的能力。自 2011 年以来，日本国立公文书馆开始接收、保管并利用电子化的档案数据，接收数据量不断增长，2018 年接收的数据量与 2013 年相比增长了 6倍④。日本国立公文书馆积极使用各种智能设备，确保任何时间、任何地点、任何用户都可以方便快捷地查询利用其保存的数据记录。目前，日本国立公文书馆已通过启用平板电脑等设备支持、改进大尺寸图像显示器、提供图像下载和社交网络服务共享等功能，并通过与 Japan Search（日本搜索引擎）元数据连接、向全日本 17 个档案机构的系统提供跨文件搜索链接等各种手段，进一步改善开放数据的应用环境④。

日本借助大容量数据存储、冷存储技术等开展洲际数据共享中心和文化遗产档案数据库建设。日本富士通公司与大阪大学、美国 Scality 公司合作，在 2016

---

①Henry P J, 祁天娇, 嘎拉森. 从纸质到增值: 渥太华市的信息治理和电子文件[J]. 档案学通讯, 2020(2): 26-31.

②肖秋会. 俄罗斯联邦档案署的开放机制建设与开放数据方案[J]. 档案与建设, 2017(4): 21-23, 35.

③张乔. 百年记忆, 不只是档案: 俄罗斯联邦国家档案馆纵览[EB/OL]. [2023-08-08]. http://www.scsdaj.gov.cn/scda/default/infodetail.jsp?infoId=873aa44e66184219be8921df137eb9e9.

④黄蕊. 国外档案部门数字转型举措探析[J]. 中国档案, 2020(4): 72-73.

年 11 月—2017 年 12 月进行基于冷存储技术的洲际数据共享中心建设实验[①]，对访问利用较少的"冷数据"进行复制备份、迁移整合、分层冗余，推动"冷数据"的社会化和商业化利用。2010 年，由日本文化厅和日本国立情报学研究所共同策划及运营的"文化遗产数据库"正式对外开放，免费向公众提供数据检索等业务。从数据类别来看，"文化遗产数据库"包括建筑物、传统建筑群、绘画、版画、雕刻、考古、手工艺、历史等 16 大类 74 小类文化遗产数据资料[②]，数据资源十分丰富。

二、国内档案数据治理研究动态

大数据时代，档案数据海量生成，加强档案数据治理，提升档案数据治理能力，有利于提高档案数据管理效能，推动档案管理升级和服务模式创新。开展档案数据治理研究，既是档案学守土尽责、承担数字记忆保存使命的时代要求，也是激发档案学研究活力、拓展档案学研究空间的重要方向。围绕档案数据治理这一研究热点和实践前沿，档案界在档案数据治理能力、策略、模式与路径等方面进行了有益探索与积极实践。

（一）理论研究

以中国知网（China National Knowledge Infrastructure，CNKI）中国学术期刊网络出版总库为数据源，以南大核心期刊（Chinese Social Sciences Citation Index，CSSCI）、北大核心期刊为来源刊，采用高级检索方式，检索式为：主题="档案治理" OR "档案数据" OR "档案数据治理"，对相关文献进行梳理，按研究内容进行分类总结，归纳如下。

1. 档案治理

档案治理是档案事业适应国家治理体系与治理能力现代化要求而提出的时代命题，是治理理论在档案领域的运用，近年来成为档案学领域新兴的研究热点。在国家社科基金立项方面，"社会治理视角下的档案制度变迁研究"（2014 年）、"基于信息治理视阈的档案服务质量优化控制研究"（2016 年）、"总体国家安全观下档案风险治理研究"（2018 年）、"智慧社会背景下数字档案资源治理体系研究"

[①]国外档案新闻集萃[J]. 中国档案, 2017(1): 72-73.

[②]赵婷, 陶信伟. 日本文化遗产档案数据库建设的经验及启示[J]. 中国档案, 2018(5): 78-79.

（2020 年）、"雄安新区档案治理研究"（2021 年）、"档案治理生态系统优化及治理效能提升研究"（2022 年）、"面向高质量发展的档案治理效能评估及提升研究"（2023年）等"治理"课题获得立项，体现出学界对档案治理的持续关注与深入探索；《档案学通讯》《档案学研究》等专业顶级期刊也发表大量文章对档案治理进行系统论述。总体来看，档案治理已形成较为成熟的理论基础与研究框架。

（1）档案治理体系与治理能力现代化

2014 年，孙钢提出，档案工作是全面深化改革总目标的有机组成部分，必须推进档案治理体系和治理能力现代化[1]，将"档案治理"率先引入档案界视野，成为档案治理研究的发轫点。2016 年，《全国档案事业发展"十三五"规划纲要》将"加快完善档案治理体系、提升档案治理能力"作为指导思想，引起档案界广泛关注。随着档案治理研究的深入和档案治理实践的开展，2020 年，陆国强在全国档案局长馆长会议上将档案治理体系与档案资源体系、档案利用体系、档案安全体系并列，从"三个体系"拓展至"四个体系"，指出要统筹"四个体系"建设，在进一步推进档案资源体系、利用体系、安全体系基础上，着力构建以党的领导为根本、以依法治理为关键、以数字化信息化为依托的档案治理体系[2]，档案治理体系的话语力度进一步增强。2021 年，《"十四五"全国档案事业发展规划》提出，"全面推进档案治理体系和档案资源体系、档案利用体系、档案安全体系建设"，并将"全面推进档案治理体系建设，提升档案治理效能"作为主要任务，档案治理体系成为国家档案工作体系的重要内容。

学界针对档案治理内涵、特征、功能、主体、方式等论域展开系列研究，形成成果丰富、较为成熟的档案治理理论体系。常大伟和李宗富从档案治理评估视角，构建由档案治理成熟度评估、治理效能评估、治理环境评估、治理能力评估等构成的档案治理评估指标体系[3]，助力档案治理成效提升。王萍认为，乡村档案治理体系是乡村治理体系的子体系，应构建村级档案协同治理体系[4]，服务国家乡村振兴战略。徐拥军以《"十四五"全国档案事业发展规划》为依

---

[1] 孙钢. 推进档案治理体系和治理能力现代化: 2014 年国家档案局档案馆(室)司工作重点[J]. 中国档案, 2014(1): 35.

[2] 陆国强. 推动档案事业在高质量发展轨道上迈出坚实步伐: 在 2020 年全国档案局长馆长会议上的报告[J]. 中国档案, 2021(1): 19-25.

[3] 常大伟, 李宗富. 我国档案治理研究的现状与展望[J]. 档案与建设, 2020(9): 6-10.

[4] 王萍. 乡村振兴战略背景下村级档案协同治理的生成逻辑、核心问题与体系建构[J]. 档案与建设, 2020(5): 32-36.

托，解析档案治理体系建设内涵，将档案治理体系建设分解为档案治理组织结构体系、档案治理功能目标体系、档案治理运行方式体系和档案治理制度保障体系四个维度[①]。赵嘉庆认为档案治理体系是宏观体系，是针对整个档案事业发展的一套管理体系[②]。张帆和吴建华从国家治理视角出发，认为档案治理体系是指围绕档案治理事务形成的制度体系，即围绕全社会范畴档案事业形成的制度体系[③]。沈洋等以国家档案馆为研究对象，在厘清档案治理的内在逻辑关系基础上，提出以档案法治建设为依托、以档案自治建设为根本、以档案共治为手段，档案自治、法治、共治建设三者相互支撑，密不可分，共同构成了"自治—法治—共治"三位一体的档案治理体系[④]。

档案治理现代化是推进国家治理体系和治理能力现代化的内在要求，是档案治理的科学过程和追求目标，是推进档案事业高质量发展的重要举措和必然之路。相关学者从理论基础、内涵意蕴、国家治理、评价体系等方面对档案治理现代化展开探究。陈忠海和宋晶晶从档案治理与档案事业关系角度提出档案治理与档案事业具有一体两面的同构关系，将二者有机结合，有助于实现档案事业发展和档案治理体系现代化的相互促进[⑤]。徐拥军和熊文景从理论内涵、价值追求和实践路径角度出发，认为档案治理现代化是档案治理体系和档案治理能力的现代化，档案治理现代化是一个档案价值导向调整优先于档案治理技术革新的过程，档案治理现代化的推进需要价值引领[⑥]。张卫东和张乐莹在系统综述档案治理评价相关研究成果基础上，提出构建科学的国家档案馆治理能力评估体系，对加快推动档案治理现代化建设具有重要意义[⑦]。张帆和吴建华从国家治理现代化视角出发，将档案治理现代化理解为：民主化、法治化、规则化、高效化和协调化的全社会范畴档案事业存在状态[⑧]。

（2）档案治理内涵

一是档案治理动因。陈忠海和宋晶晶提出，国家治理与社会治理的实践是推

---

①徐拥军. "十四五"时期档案治理体系建设的内涵解析[J]. 档案与建设, 2021(6):15-16, 29.

②赵嘉庆. 论档案治理体系[J]. 中国档案, 2021(7): 72-74.

③张帆, 吴建华. 国家治理现代化视域下档案治理概念体系研究[J]. 档案学研究, 2021(1): 23-31.

④沈洋, 赵烨橦, 张卫东. 现代化档案治理体系构建研究：以国家档案馆为主体的视角[J]. 浙江档案, 2020(10): 17-19.

⑤陈忠海, 宋晶晶. 档案治理：理论根基、现实依据与研究难点[J]. 档案学研究, 2018(2): 28-32.

⑥徐拥军, 熊文景. 档案治理现代化：理论内涵、价值追求和实践路径[J]. 档案学研究, 2019(6): 12-18.

⑦张卫东, 张乐莹. 我国档案治理能力评价体系研究[J]. 浙江档案, 2021(4): 26-28.

动档案治理发展的根本因素①。金波和晏秦从外部环境和内部结构两方面系统探析了从档案管理走向档案治理的动因，指出从档案管理走向档案治理是应对治理环境变化的必然要求，是破解档案工作困局的必然选择②。二是档案治理定义。晏秦从工具价值和功能发挥两个角度出发，分别将档案治理定义为档案在政府、社会组织和公民共同对公共事务进行管理以实现社会善治的活动中发挥作用的过程；档案部门、社会组织和公民等多个主体协同合作，基于一定的行动规则，共同已对档案事务进行科学、规范管理，实现档案领域善治的活动和过程③，后一概念已得到学界广泛认可与使用。三是档案治理特征。晏秦认为档案治理具有治理主体的多样性、治理客体的扩展性、治理方式的法治性、治理目标的包容性、治理效果的规训性等特征③。黄霄羽等认为档案治理积极倡导尊重人性、以人为本，发挥档案的人文关怀作用，其体现的开放透明、社会民主、身份认同与公平正义等文化底蕴彰显柔性调和与精神慰藉④。常大伟认为档案治理具有四个基本特征，即治理依据的法制性、治理主体的互动性、治理内容的整体性和治理目标的公共利益性⑤。档案治理作为档案事业管理的新形态，具有社会学治理理论中的"人本元素"和档案价值的文化基因，文化特征显著。四是档案治理目标。档案治理的目标是实现善治。祝哲淇运用比较研究法、综合分析法和逻辑分析法等方法，对档案善治的内涵维度进行分析，并建立档案善治评价体系⑥。

（3）档案治理主体

依据治理理论，档案治理主体多元，不仅包括档案部门等主要角色，也包括数管机构、社会组织、信息技术企业、公众等辅助主体，从而形成档案部门"元治"、多元主体协同共治的良性格局。一是档案部门"元治"。万山磅礴，必有主峰。金波和晏秦强调，档案部门是集中保管党和国家档案的重要机构，档案事务只能由档案部门来主导②，要树立档案部门元治理念，强化档案治理职能。卢芷晴对元治理视阈下的档案行政部门治理能力现代化进行探究，提出档案元治理是指通过调适档案行政部门的权力，以期达到"自治"和"控制"平衡的治理形式，

①陈忠海，宋晶晶. 档案治理：理论根基、现实依据与研究难点[J]. 档案学研究, 2018(2): 28-32.

②金波，晏秦. 从档案管理走向档案治理[J]. 档案学研究, 2019(1): 46-55.

③晏秦. 论档案治理的内涵、特征和功能[J]. 档案管理, 2017(4): 4-7.

④黄霄羽，杨青青，黄静，等. 持辩证思维 显精神慰藉 融社会治理：2018 档案年会主题折射国内外档案工作的最新特点和趋势[J]. 档案学研究, 2018(3): 133-140.

⑤常大伟. 档案治理的内涵解析与理论框架构建[J]. 档案学研究, 2018(5): 14-18.

⑥祝哲淇. 基于善治的我国档案治理及分析框架研究[D]. 杭州：浙江大学, 2018: 11.

需要从法治、智治、创新治理三个方面提升档案行政部门治理能力[①]。二是多元协同共治。华林等对档案中介服务机构依法治理的必要性和治理要素进行了分析[②]。徐东华和李晓明借助平衡计分卡中国化模式，提出构建集战略协同、目标协同与主体协同于一体的档案协同治理运行机制[③]。邢慧针对档案部门、社会组织、公民等档案治理主体，通过分析多元主体在档案治理中"扮演"的角色，探究各主体之间协调合作的类别与渠道，并解析档案治理协同机制的要素[④]。

（4）档案法治建设

习近平总书记提出，"贯彻实施好新修订的档案法，推动档案事业创新发展"[⑤]，为档案治理法治化建设提供指导方针。2020 年，《中华人民共和国档案法》的修订颁布，为新时代档案事业高质量发展提供坚强法治保障[⑥]。2021 年，《"十四五"全国档案事业发展规划》明确提出"坚持依法治档"的工作原则，"坚持在法治轨道上推进档案治理，不断提高档案工作法治化、规范化、科学化水平"[⑦]。围绕新档案法颁布实施、档案法治完善、档案标准建设等内容，档案界展开了广泛讨论。陈忠海和宋晶晶对档案治理视域下的公民利用档案权利进行探索，提出档案治理要以保障公民利用档案权利为核心要义[⑧]。徐拥军提出，档案治理法治化化是治理体系和治理能力现代化的本质要求[⑨]，需要完善档案法规制度体系，强化化普法执法。郑金月从档案治理体系视角出发，认为《中华人民共和国档案法》的颁布施行在构建国家档案治理体系中起到了发端性作用，两次修正进一步优化完善了档案法律制度体系[⑩]。

（5）档案治理策略

当前，学界对档案治理方式方法、实现策略等内容研究较多。陈辉认为，用

---

①卢芷晴. 元治理视阈下档案行政部门治理能力现代化策略探析[J]. 档案与建设, 2020(6): 25-28, 33.

②华林, 赵局建, 成灵慧. 基于档案安全体系构建的档案中介服务机构依法治理研究[J]. 档案学通讯, 2018(2): 100-105.

③徐东华, 李晓明. 档案协同治理运行机制与实现路径[J]. 中国档案, 2018(8): 74-75.

④邢慧. 档案治理多元主体角色分析及其协同创新探究[J]. 档案管理, 2020(6): 25-27.

⑤国家档案局印发《通知》要求认真学习贯彻习近平总书记对档案工作重要批示[EB/OL]. (2021-07-29) [2023-06-21]. https://www.saac.gov.cn/daj/yaow/202107/4447a48629a74bfba6ae8585fc133162.shtml.

⑥陆国强. 为新时代档案事业高质量发展提供坚强法治保障[J]. 中国档案, 2020(7): 18-19.

⑦中办国办印发《"十四五"全国档案事业发展规划》[J]. 中国档案, 2021(6): 18-23.

⑧陈忠海, 宋晶晶. 论档案治理视域下的公民利用档案权利实现[J]. 北京档案, 2018(5): 12-15.

⑨徐拥军. 机构改革后档案工作面临的问题与对策[J]. 档案学通讯, 2019(5): 101-103.

⑩郑金月. 从档案治理体系视角看新修订档案法[J]. 浙江档案, 2020(7): 14-17.

档案治理思维推动档案治理体系与治理能力建设、改革档案信息资源开发制度、实现档案信息资源利用网络化与数字化是现阶段档案治理实践亟待解决的问题[①]。金波和晏秦提出从档案管理走向档案治理的实现路径，包括树立档案治理理念念是先导、强化档案工作系统开放是前提、培育扶持社会力量是基础、创新档案治理方式是关键、建设档案法治环境是保障[②]等方面。陈永生等提出以治理观为导导向的政务服务档案管理策略，即立足档案化观念，建立分布式档案管理与利用模式，以技术化、规范化方式部分取代传统档案借阅利用的管理程序，促进档案利用服务平等协同，从而在有效支撑政府治理与公共治理的同时，完善档案治理[③]。杨智勇和贺奕静分析全球化背景下中国参与国际档案治理的路径，提出需要提提升档案治理国际化意识、积极融入国际档案组织、构建国内外信息交流平台、探索确保档案内容真实可靠的技术运用以及建构中国特色档案学理论体系[④]。倪丽丽娟认为，完善档案治理体制及其实现机制、完善档案法规体系、强力推进档案治理能力建设是档案治理建设应有的现实着力点[⑤]。

2. 档案数据

在大数据及数据管理的强势渗透下，人类的科学研究继实验科学、归纳总结、计算机仿真之后，已经进入数据密集范式[⑥]，即基于海量数据的信息分析、知识发发现和智能决策的"第四范式"。在此背景下，作为信息科学的档案学积极借助数据科学理论和知识，融入数据管理方法和技术，开辟档案数据研究领域，成为学界研究热点和前沿课题。"大数据背景下的档案数据管理理论重构、技术选优与实践创新研究"（2018 年）、"价值驱动的档案数据知识发现与服务模式研究"（2020 年）、"国家文化数字化战略下档案数据资源挖掘与智慧服务研究"（2023 年）、"基于数据流通利用的档案数据空间构建研究"（2024 年）、"档案数据范式建构的基础问题研究"（2024 年）等课题获得国家社科基金立项，《中国图书馆学报》《档案学通讯》《档案学研究》《图书情报与工作》等学科权威期刊刊发档案数

---

①陈辉. 治理视域下的档案工作发展对策探究[J]. 档案学研究, 2017(4): 22-25.

②金波, 晏秦. 从档案管理走向档案治理[J]. 档案学研究, 2019(1): 46-55.

③陈永生, 王沐晖, 苏焕宁, 等. 基于互联网政务服务平台的文件归档与管理: 治理观[J]. 档案学研究, 2019(6): 4-11.

④杨智勇, 贺奕静. 全球化背景下中国参与国际档案治理的路径探析[J]. 档案学研究, 2020(2): 37-42.

⑤倪丽娟. 档案治理问题思考[J]. 档案学研究, 2021(1): 58-63.

⑥冯惠玲. 融入数据管理做电子文件管理追风人[J]. 北京档案, 2020(12): 6-7.

据相关文章，体现出学界对该领域的广泛关注与持续探索。

（1）档案数据概念特性

针对档案数据，学界尚未形成统一认识。通过文献检索，"档案数据"一词首次出现在 1979 年耿立大的《电子计算机的应用——情报检索》[①]中；1986 年王学文在《交通监理业务通用软件包》[②]一文中进行使用。对档案数据作出具体阐释的是 1992 年冯惠玲和李华发表的《档案工作现代化的重大课题——论档案计算机检索的数据准备》一文，认为档案数据主要是指根据国家有关标准，将一次文献档案通过著录、标引转换成二次文献，并输入计算机，转换为机读形式[③]。"档案数据"一词产生于 20 世纪八九十年代办公自动化阶段，与计算机的应用息息相关，主要指输入计算机系统并被检索的档案资源。

进入大数据时代，档案数据迅速成为档案领域关注的焦点，对档案数据内涵外延的理解也日益丰富，相关学者从不同视角进行理论诠释。于英香从数据与信息关系演化出发，提出从内涵看，档案数据是一种具备档案属性的数据；从外延看，档案数据包括电子文档、数字资源等[④]。钱毅从技术变迁视角出发，提出数据态成为档案记录的新形式，认为数据态档案对象普遍存在于以数据为尺度的业务系统空间中，业务的原始记录脱离了传统介质的载体、解除了文件格式的"封装"，可直接以离散的数据形式存在[⑤]。刘庆悦和杨安莲从档案工作实践角度出发，将档案数据理解为承载档案信息的数据以及在档案信息管理利用活动中产生的数据[⑥]，具有真实性、完整性、体系性、保密性和高价值性等特征。金波和添志鹏提出，档案数据是数据化的档案信息及具备档案性质的数据记录，具有广源性、共生与互生性、累积性、扩展性和易算性等新的特征形态[⑦]，这是目前学界对档案数据最具代表性的理解。

（2）档案数据产生背景

档案数据的巨量生成、海量汇聚，有其特定的时代背景和社会情境，明确档案数据产生背景有助于从源头上洞察档案数据的生成环境和内在关联，把握档案数据的演化规律和运行态势。一是大数据时代的浪潮。冯惠玲在第十一届中国电

---

① 耿立大. 电子计算机的应用: 情报检索[J]. 档案学通讯, 1979(3): 44-45.

② 王学文. 交通监理业务通用软件包[J]. 交通与计算机, 1986(2): 32-36.

③ 冯惠玲, 李华. 档案工作现代化的重大课题: 论档案计算机检索的数据准备[J]. 档案学通讯, 1992(1): 41-45.

④ 于英香. 从数据与信息关系演化看档案数据概念的发展[J]. 情报杂志, 2018(11): 150-155.

⑤ 钱毅. 数据态环境中数字档案对象保存问题与策略分析[J]. 档案学通讯, 2019(4): 40-47.

⑥ 刘庆悦, 杨安莲. 档案数据: 概念、分类及特点初探[J]. 档案与建设, 2019(10): 4-7.

⑦ 金波, 添志鹏. 档案数据内涵与特征探析[J]. 档案学通讯, 2020(3): 4-11.

子文件管理论坛上指出，任何人无法抗拒世界正在一步一步走向更加深入且泛化的数据时代，面对数据的全方位爆发乃至泛滥，数据管理自然成为一个大口径的大领域，越来越流行和通用[①]，作为重要数据源的文件档案需要融入数据管理，汇入计算型社会的资源体系。金波和添志鹏提出，数据化浪潮正在改变档案形成生态环境，推动档案工作与数据关联融合[②]。刘越男提出，大数据时代已经来临，越来越多的新增数据是过去没有的新型形式，换言之是档案部门不熟悉的数字对象，如机器自动采集的科学观测数据、关系复杂的社交媒体数据、内容极为丰富的 3D 数据等[③]。二是技术环境的变迁。钱毅认为，技术环境变迁导致档案管理对象变化。以大数据、云计算为首的新技术的不断发展，导致各行各业业务形态发生巨大变化，数据驱动与模型驱动形成的数据尺度的数据态信息大量生成，前端业务系统的"数据化转型"必将产生大量数据态档案记录[④]。于英香认为，大数据技术不断断进步，互联网平台模式从 Web 2.0 变迁到 Web 3.0，档案馆从数字档案馆发展到智慧档案馆，这些技术、环境的变化使得档案数据来源越来越复杂[⑤]。三是社会需求的变化。周耀林和常大伟提出，大数据语境下的档案信息服务需要档案馆将档案数据转化为信息和知识，提高档案信息服务广度与深度[⑥]。赵跃认为，档案数据化有助于突破档案信息资源深度开发瓶颈、创新以需求为导向的档案服务模式以及推动档案管理业务流程实现智慧化[⑦]。

（3）档案数据形成机理

对档案数据来源形态、形成过程、底层逻辑、颗粒结构、演化原理等内容的研究，有助于从本质上探索发现档案数据的形成规律、运行机理和内在驱动机制。围绕档案数据形成机理，钱毅提出，档案管理对象演进的"三态两化"理论。"三态"是指"模拟态"，即以模拟信号（连续的物理信号）进行记录和保存的、基于文件形式的信息记录，包括纸质档案、缩微档案、照片档案等传统载体类型的档案；"数字态"，即以离散的数字信号进行记录和保存的、以文件为容器、语义连续的信息记录，包括电子公文、电子邮件、网页等类型的数字档案；"数据

---

①冯惠玲. 融入数据管理做电子文件管理追风人[J]. 北京档案, 2020(12): 6-7.

②金波, 添志鹏. 档案数据内涵与特征探析[J]. 档案学通讯, 2020(3): 4-11.

③刘越男. 数据管理大潮下电子文件管理的挑战与对策[J]. 北京档案, 2021(6): 4-9.

④钱毅. 从"数字化"到"数据化"：新技术环境下文件管理若干问题再认识[J]. 档案学通讯, 2018(5): 42-45.

⑤于英香. 大数据视域下档案数据管理研究的兴起：概念、缘由与发展[J]. 档案学研究, 2018(1): 44-48.

⑥周耀林, 常大伟. 我国档案大数据研究的现状分析与趋势探讨[J]. 档案学研究, 2017(3): 34-40.

⑦赵跃. 大数据时代档案数据化的前景展望：意义与困境[J]. 档案学研究, 2019(5): 52-60.

态"，即以数字信号进行记录和保存的、以数据为颗粒度、语义离散的信息记录，包括关系型数据库文件、GIS（geographical information system，地理信息系统）数据、三维数据、数字交付模型等类型的数据档案。"两化"是指"数字化"，即将模拟信号转换为数字信号的技术过程，实现传统档案转换为数字档案资源；"数据化"，即对档案内容的语义表达、本体描述与关联建设，实现数字档案转换为数据态档案[①]。模拟态档案逻辑结构与物理结构统一，实行以载体为中心的物理管理；数字态档案信息（逻辑结构）与载体（物理结构）分离，实行以内容为中心的文件管理；数据态档案具有复杂关联的逻辑结构和模型要素，实行基于数据的规则、模型与本体管理[②]。于英香和孙逊从文件结构的技术演化角度出发，认为从纸质文件的物理结构与逻辑结构的统一到数字时代电子文件结构的二重性再到数据时代电子文件结构的数据化[③]，推动了文件与数据的融合。赵跃从"开发"视角出发，认为档案数据化是档案部门以用户需求和业务需要为导向，将数字档案资源（包括数字化转换形成的数字档案资源和归档电子文件）转换为可供阅读、分析和处理的档案数据资源的过程[④]。

（4）档案数据管理与技术应用

一是档案数据管理体系构建。于英香从概念、缘由与发展等角度阐述了大数据时代档案数据管理范式的兴起[⑤]。周枫和杨智勇运用 5W1H 分析法，对档案数据管理背景、对象、主体、路径等基础问题进行了分析[⑥]。张宁构建了主数据驱动的企业档案数据资产管理体系[⑦]。二是科研档案数据管理。于英香和张雅颉认为，大数据引发的数据洪流率先在科研领域兴起了科学数据监管的研究浪潮，作为科学数据监管利益相关方之一的档案工作者及档案部门如何应对，成为档案界在大数据时代的重要课题[⑧]。王宁和刘越男认为，档案学视角下的数字文档连续性保障、背景信息管理、鉴定处置和长期保存对科学数据管理具有支撑作用[⑨]。何

[①] 钱毅. 在"三态两化"视角下重构档案资源观[J]. 中国档案, 2020(8): 77-79.

[②] 钱毅. 数据态环境中数字档案对象保存问题与策略分析[J]. 档案学通讯, 2019(4): 40-47.

[③] 于英香, 孙逊. 从文件结构演化看电子文件数据化管理的发展：基于技术变迁的视角[J]. 档案学通讯, 2019(5): 20-26.

[④] 赵跃. 大数据时代档案数据化的前景展望：意义与困境[J]. 档案学研究, 2019(5): 52-60.

[⑤] 于英香. 大数据视域下档案数据管理研究的兴起：概念、缘由与发展[J]. 档案学研究, 2018(1): 44-48.

[⑥] 周枫, 杨智勇. 基于5W1H分析法的档案数据管理研究[J]. 档案学研究, 2019(4): 21-25.

[⑦] 张宁. 主数据驱动视角下的企业档案数据资产管理[J]. 档案学研究, 2019(6): 47-52.

[⑧] 于英香, 张雅颉. "档案参与"科学数据监管：缘起、现状与动因[J]. 档案学研究, 2021(2): 104-110.

[⑨] 王宁, 刘越男. 档案学视角下的科学数据管理：基于国际组织相关成果的研究[J]. 图书情报工作, 2021(5): 88-97.

何思源和刘越男对科学数据和科研档案的协同管理框架与路径进行了分析①。三是档案数据处理开发。相关学者围绕档案数据公众参与②、保全③、开放④、智慧管理⑤、知识发现⑥、挖掘利用⑦、服务创新⑧等方面展开一系列研究。四是档案数据技术应用。现代信息技术的发展，推动大数据、人工智能、区块链、5G 等新一代信息技术在档案工作中的广泛应用，档案数字化、数据化、智能化水平不断提升，学界为此展开了系列研究。陶水龙探究了大数据技术、人工智能技术等在档案数据挖掘分析、可视化展现等方面的应用⑨。谭海波等对区块链应用于档案数据保护共享进行了探析⑩。曲春梅和何紫璇对数字人文技术应用进行了探析，认为利用数字人文技术对档案数据进行挖掘，并通过标准化手段建立起档案数据之间的关联关系，可以实现更深层次的档案资源聚合⑪。

3. 档案数据治理

大数据时代，档案数据资源急剧增长，档案数据资源集成、权益保障与价值实现等问题亟待破解，开展档案数据治理势在必行。"大数据时代档案数据治理研究"（2019 年）、"国家大数据战略背景下档案数据治理体系构建研究"（2019 年）、"大数据环境下档案数据治理标准体系构建研究"（2020 年）、"档案数据资源长期保存多领域协同治理研究"（2022 年）、"国家数据治理背景下档案数据治理的融入路径研究"（2023 年）、"数据要素化背景下档案数据可信治理研究"（2024 年）等获国家社科基金立项，其中重点项目 1 项。《"十四五"全国档案事业发展规划》提出，重点开展"档案数据治理"等重大课题研究，可见档案数据治理已成为档案学研究的前沿热点与重要论域。

---

① 何思源, 刘越男. 科学数据和科研档案的管理协同: 框架和路径[J]. 档案学通讯, 2021(1): 49-57.

② 王协舟, 王露露. "互联网+"时代档案工作改革的几点思考[J]. 档案学通讯, 2016(5): 94-100.

③ 丁家友. 大数据背景下的档案数据保全探析[J]. 档案学通讯, 2019(1): 34-39.

④ 马海群. 档案数据开放的发展路径及政策框架构建研究[J]. 档案学通讯, 2017(3): 50-56.

⑤ 王金玲. 档案数据的智慧管理与应用研究[J]. 中国档案, 2018(4): 61-63.

⑥ 夏天, 钱毅. 面向知识服务的档案数据语义化重组[J]. 档案学研究, 2021(2): 36-44.

⑦ 牛力, 高晨翔, 张宇锋, 等. 发现、重构与故事化: 数字人文视角下档案研究的路径与方法[J]. 中国图书馆学报, 2021(1): 88-107.

⑧ 金波, 晏秦. 数据管理与档案信息服务创新[J]. 档案学研究, 2017(6): 99-104.

⑨ 陶水龙. 大数据视野下档案信息化建设的新思考[J]. 档案学研究, 2017(3): 93-99.

⑩ 谭海波, 周桐, 赵赫, 等. 基于区块链的档案数据保护与共享方法[J]. 软件学报, 2019(9): 2620-2635.

⑪ 曲春梅, 何紫璇. 数字人文环境下档案文化价值释放特点与实现方式[J]. 北京档案, 2021(4): 7-11.

（1）档案数据治理环境

相关学者从数据环境、政策环境、社会环境和技术环境等方面系统分析推动档案数据治理开展的动力因素[①]。刘越男从全局、资产、融入、生态等视角出发，提出数据治理是大数据时代档案管理的新视角和新职能[②]。常大伟和潘娜认为，为了顺应数据时代发展要求，亟须在治理理论和治理技术支撑下促进档案数据资源价值的发挥[③]。王国才从广域数字档案馆建设需求出发，认为数据治理是广域数字档案馆建设的重中之重[④]。倪代川和金波从数字记忆视角，探讨数字记忆与档案数据治理之间的互动关系，认为实施档案数据治理，有助于守护好数字时代的档案记忆[⑤]。

（2）档案数据治理结构与治理主体

一是档案数据治理结构体系。常大伟和潘娜在分析档案数据治理能力要求的基础上，构建了由档案数据质量管控能力、组织管理能力、开发利用能力、开放能力、处置能力和档案数据治理制度建设能力、统筹协调能力、综合保障能力、创新发展能力组成的档案数据治理能力结构体系[③]。二是综合档案馆档案数据治理。李波提出加快浙江省档案数据中心建设，实现档案数字资源、档案工作共建共享、互联互通，为全省档案馆搭建展示协作平台、民生和开放档案的利用服务平台、服务党委政府的决策智能辅助平台，提升档案馆平台一体化、数据共享化、业务协同化、管理智慧化、服务知识化水平[⑥]。三是企业档案数据治理。主要涉及企业档案数据治理体系建设[⑦]、治理框架构建[⑧]、治理模式创新[⑨]等内容。四是高校档案数据治理。主要围绕高校档案数据治理模式[⑩]、治理过程[⑪]等方面展开。五是电子健康档案数据治理。刘璐瑶和曹航对电子健康档案数据治理发展方向进行了分析[⑫]。

---

① 金波，杨鹏. 大数据时代档案数据治理研究[J]. 档案学研究, 2020(4): 29-37.

② 刘越男. 数据治理：大数据时代档案管理的新视角和新职能[J]. 档案学研究, 2020(5): 50-57.

③ 常大伟，潘娜. 档案数据治理能力的结构体系与建设路径[J]. 浙江档案, 2020(2): 27-29.

④ 王国才. 广域数字档案馆数据治理与区块链[J]. 中国档案, 2020(6): 40-41.

⑤ 倪代川，金波. 数字记忆视域下档案数据治理探析[J]. 档案管理, 2021(1): 41-44.

⑥ 李波. 加快建设省档案数据中心 为我省努力成为新时代全面展示中国特色社会主义制度优越性的重要窗口贡献档案力量[J]. 浙江档案, 2020(4): 9-11.

⑦ 杨晶晶. 设计企业档案数据治理体系研究[J]. 北京档案, 2020(2): 26-28.

⑧ 符京生，刘汉青，苏兴华，等. 大型企业档案与数据协同治理框架与实现路径[J]. 浙江档案, 2020(12): 56-57.

⑨ 谢国强，黄新荣，马云，等. 基于档案数据观的企业档案治理创新[J]. 档案与建设, 2020(8): 49-52.

⑩ 李振华，陈梦玲. 高校档案数据治理的区域联盟发展模式研究[J]. 档案管理, 2021(2): 44-45.

⑪ 曹琳. 智慧校园建设中的高校档案馆数据治理路径研究[J]. 浙江档案, 2020(5): 25-27.

⑫ 刘璐瑶，曹航. 电子健康档案数据治理发展方向分析[J]. 北京档案, 2021(6): 14-19.

（3）档案数据治理路径

刘越男针对多部门协同治理档案数据问题，提出建议国家档案局增补为促进大数据发展部际联席会议成员单位，并主导建立高层次电子档案治理协作组；基层档案部门以机构内容管理为职责定位；档案行业成为内容管理系统研发和实施的支撑行业[①]。展倩慧对协同治理视域下的档案数据开发模式进行探究，认为应构建包含理念上的相互信任、行动上的相互协同、结果上的相互共赢三方面的档案数据协同开发新模式[②]。杨茜茜认为，以档案文化数据为概念范畴的整体性治理思路，包括档案文化数据的横向与纵向整合，以及面向档案文化数据开放共享的制度完善[③]。

（4）档案数据安全治理

相关学者认为，安全是档案工作的第一要务，数据安全是档案数据治理的"生命线"[④]，并对档案数据面临的安全风险因素进行分析，结合数据安全治理已有的的理论、技术和经验，探究大数据时代档案数据安全治理策略，提出加强档案数据安全法治建设、完善档案数据安全管理制度、构筑档案数据安全技术壁垒、推进档案数据安全协同共治、提升档案数据安全自治效能等策略[⑤]，提高档案数据安全治理能力和治理水平，保障档案数据安全。周林兴和韩永继以能力成熟度模型为依据，构建档案数据安全治理能力成熟度模型，提升档案数据安全治理能力[⑥]。[⑥]。倪代川和金波认为，保障档案数据安全是维护数字记忆安全的重要体现[⑦]。赵跃和孙寒晗认为，从宏观上看，档案数据资源的权属问题成为档案数据治理当中的一大挑战[⑧]。

（二）实践动态

习近平总书记强调，"信息是国家治理的重要依据""要以信息化推进国家

[①] 刘越男. 数据治理: 大数据时代档案管理的新视角和新职能[J]. 档案学研究, 2020(5): 50-57.

[②] 展倩慧. 协同治理视域下档案数据开发模式探究[J]. 档案与建设, 2020(4): 33-37.

[③] 杨茜茜. 档案文化数据的整体性治理初探[J]. 浙江档案, 2021(1): 25-27.

[④] 金波, 杨鹏. 大数据时代档案数据治理研究[J]. 档案学研究, 2020(4): 29-37.

[⑤] 金波, 杨鹏. 大数据时代档案数据安全治理策略探析[J]. 情报科学, 2020(9): 30-35.

[⑥] 周林兴, 韩永继. 档案数据安全治理能力成熟度模型构建研究[J]. 档案与建设, 2020(7): 24-27, 19.

[⑦] 倪代川, 金波. 数字记忆视域下档案数据治理探析[J]. 档案管理, 2021(1): 41-44.

[⑧] 赵跃, 孙寒晗. "数据"范式演进中的档案数据治理多维解析[J]. 档案管理, 2021(3): 107-109.

治理体系和治理能力现代化"①。随着现代信息技术的迅速发展，人类社会进入大数据时代，传统的档案工作必将转向数据资源建设和档案数据管理。在全面建设社会主义现代化国家新征程中，档案数据作为战略性信息资源、基础性文化资源的价值越来越突出，对国家治理体系和治理能力建设的支撑作用越来越明显，档案部门以国家治理战略、经济社会文化发展需求为导向，主动对接数字中国建设，推动大数据等新技术与档案工作深度融合，开展一系列档案数据治理实践。

1. 国家层面：发展档案事业，推动数据转型

习近平总书记对档案工作作出重要批示，指出"档案工作存史资政育人，是一项利国利民、惠及千秋万代的崇高事业""加强党对档案工作的领导，贯彻实施好新修订的档案法，推动档案事业创新发展，特别是要把蕴含党的初心使命的红色档案保管好、利用好，把新时代党领导人民推进实现中华民族伟大复兴的奋斗历史记录好、留存好，更好地服务党和国家工作大局、服务人民群众"②，这为新时代档案工作提供了方向指引。国家十分重视档案事业发展，不断加强档案信息化建设力度，推动档案服务创新，满足公众档案信息和档案文化需求。《中华人民共和国国民经济和社会发展第十四个五年规划和 2035 年远景目标纲要》从国家战略层面对档案事业进行总体布局，强调"完善公共文化服务体系""发展档案事业"③。新修订的《中华人民共和国档案法》新增"档案信息化建设"章节，提出"电子档案与传统载体档案具有同等效力，可以以电子形式作为凭证使用"④，明确电子档案的法律地位，奠定了档案数据化发展的法理根基。《"十四五"全国档案事业发展规划》对档案数据化发展的形势、目标、路径等进行科学阐释和系统部署，提出要加快全面数字转型和智能升级，推动档案全面纳入国家大数据战略，建立档案数字治理新模式，着力开展新时代档案治理相关理论及政策研究⑤。2024 年，《中华人民共和国档案法实施条例》规定，"国家档案主管部

①习近平在网络安全和信息化工作座谈会上的讲话[EB/OL]. (2016-04-26)[2023-07-27]. http://www.xinhuanet.com/zgjx/2016-04/26/c_135312437.htm.

②国家档案局印发《通知》要求认真学习贯彻习近平总书记对档案工作重要批示[EB/OL]. (2021-07-29) [2023-06-21]. https://www.saac.gov.cn/daj/yaow/202107/4447a48629a74bfba6ae8585fc133162.shtml.

③中华人民共和国国民经济和社会发展第十四个五年规划和 2035 年远景目标纲要[EB/OL]. (2021-03-13) [2023-03-13]. https://www.gov.cn/xinwen/2021-03/13/content_5592681.htm.

④中华人民共和国档案法[N]. 人民日报, 2020-07-16(16).

⑤中办国办印发《"十四五"全国档案事业发展规划》[J]. 中国档案, 2021(6): 18-23.

门应当制定数据共享标准，提升档案信息共享服务水平，促进全国档案数字资源跨区域、跨层级、跨部门共享利用工作""电子档案管理信息系统应当按照国家有关规定建设，并符合国家关于网络安全、数据安全以及保密等的规定"[①]。

国家档案局负责全国档案工作统筹规划、宏观管理，通过政策话语导向、法规标准制定、行政监督指导等方式，推动档案数据化建设与档案数据治理开展。2015 年，国家档案局主办档案信息化"十三五"发展方向研讨会，探讨《促进大数据发展行动纲要》对档案信息化发展带来的全方位、立体化、整体式变革，提出大数据环境下档案事业面临从管档案到管数据的转型，需要强化档案数据资源收集、档案数据中心建设、档案数据开放共享和档案数据安全保障等[②]。这次会议是档案事业融入大数据战略、迈向档案数据化转型的重要标志。2016 年，《全国档案事业发展"十三五"规划纲要》明确提出，"制定档案数据开放计划，落实数据开放与维护的责任；优先推动与民生保障服务相关的档案数据开放""建立档案数据安全管理制度，保障安全高效可信应用"[③]。2018 年，国家档案局局长李明华对我国档案工作转型趋势进行了分析，指出档案工作正在经历一个从接收保管纸质档案到接收保管电子档案，从管档案实体到管档案数据，从手工操作到信息化智能化操作，从档案资源分散利用到联网共享的变革过程[④]。2020 年，国家档案局局长陆国强在全国档案局长馆长会议上强调，"着力构建以党的领导为根本、以依法治理为关键、以数字化信息化为依托的档案治理体系""探索大数据、区块链、人工智能等新一代信息技术在档案管理中的应用"[⑤]，对新技术赋能档案治理现代化作出整体研判。2024 年，国家档案局局长王绍忠在全国档案工作暨表彰先进会议上强调，"重点围绕档案基础理论创新、传统载体档案抢救保护、电子档案单套管理保障、档案数据治理开发、新一代信息技术安全应用等关键问题，组织开展科研攻关""以最严措施加强档案数据管理，任何单位或个人不得擅自留存、使用、泄露或者向他人提供档案数据"[⑥]。

①中华人民共和国档案法实施条例[N]. 人民日报, 2024-01-29(15).

②杨博文. 档案信息化"十三五"发展研讨会议综述[J]. 档案时空, 2016(2): 27-29.

③国家档案局印发《全国档案事业发展"十三五"规划纲要》[EB/OL]. (2016-04-07)[2023-06-21]. https://www.saac.gov.cn/daj/xxgk/201604/4596bddd364641129d7c878a80d0f800.shtml.

④李明华. 奋力开创全国档案事业发展新局面[J]. 中国档案, 2018(7): 17-19.

⑤陆国强. 推动档案事业在高质量发展轨道上迈出坚实步伐: 在 2020 年全国档案局长馆长会议上的报告[J]. 中国档案, 2021(1): 19-25.

⑥王绍忠. 全面提高档案工作质量和服务水平 为推进强国建设民族复兴伟业贡献力量: 在全国档案工作暨表彰先进会议上的报告[J]. 中国档案, 2024(2): 8-13.

此外，国家档案局还制定了一系列档案数据相关法规标准，发挥标准化的导向作用，支撑档案数据的存储管理与开发应用，推动档案数据治理规范化、可持续化。国家档案局先后颁布《文书类电子文件元数据方案》（DA/T 46—2009）、《照片类电子档案元数据方案》（DA/T 54—2014）、《档案关系型数据库转换为 XML 文件的技术规范》（DA/T 57—2014）、《录音录像类电子档案元数据方案》（DA/T 63—2017）、《档案数据硬磁盘离线存储管理规范》（DA/T 75—2019）、《基于文档型非关系型数据库的档案数据存储规范》（DA/T 82—2019）、《档案数据存储用 LTO 磁带应用规范》（DA/T 83—2019）、《电子档案单套管理一般要求》（DA/T 92—2022）、《电子档案移交接收操作规程》（DA/T 93—2022）、《电子档案证据效力维护规范》（DA/T 97—2023）等行业标准，指导档案数据管理应用。针对当前档案数据化建设中标准缺失滞后、交叉重复等问题，2020 年，国家档案局编写了《档案信息化标准体系建设指南（研究报告）》①，根据档案资源体系的建设要求和大数据的发展趋势，提出加快档案业务数据归档、档案数据整合、档案数据化、档案数据安全共享等标准制定，如加快《档案数据目录格式》《档案资源数据化规范》《档案数据交换标准》《档案数据异地异质备份要求》《档案数据共享指南》《科学数据档案管理》等标准规范的制定。

2. 浙江省：数字赋能，整体智治，构建全国首个省级档案数据共享中心

近年来，浙江省政府积极推进政府数字化转型，深化"最多跑一次"改革，打造"整体智治，唯实惟先"的数字政府。浙江省档案部门主动对接服务政府数字化改革，在全国率先开展政务服务事项电子化归档和省域"异地查档、跨馆服务"，出台政务大数据归档等系列标准规范，加强档案数据共享中心建设，以平台和数据为主要驱动力推进档案业务创新，促进档案工作数字化转型与政府数字化改革的融合对接。

（1）政策引领

浙江省对档案工作融入大数据发展作出系统部署与整体规划。2016 年，浙江省人民政府发布《浙江省促进大数据发展实施计划》，提出由浙江省档案局牵头实施档案管理和开放共享示范工程，推进档案大数据聚合，构建查阅利用档案大数据服务平台，完善档案数据共享开放标准，促进档案数据通过浙江政务服务网向

---

① 档案信息化标准体系建设指南(研究报告)[EB/OL]. (2020-11-19)[2023-08-15]. https://www.saac.gov.cn/daj/bzhgz/202011/52ac0e279c7f4776b4447108afc45215.shtml.

社会开放共享。加强大数据归档管理，制定大数据归档范围、标准，建立统一归档平台，对具有保存利用价值的大数据按照档案管理要求进行及时归档和登记备份，促进大数据证据保全、长期保存和再利用[①]，给档案工作融入大数据发展指明方向。2017 年，浙江省人民政府印发《加快推进"最多跑一次"改革实施方案》，指出"加强电子证照、电子印章应用，做好电子文件归档工作""加快推进公共数据整合和共享利用，建设公共数据平台和统一共享交换体系"[②]。2018 年，浙江省人民政府颁布《浙江省深化"最多跑一次"改革推进政府数字化转型工作总体方案》，强调"推进各部门专业档案的数字化、数据化，建设共建共享的档案信息库""打破档案数据孤岛，完善一网查档、百馆联动的网上查档机制，推动掌上查档、电子出证"[③]。2021 年，《浙江省档案事业发展"十四五"规划》提出，到 2025 年全面实现档案工作整体智治，"建成运行档案工作智能监管应用系统和全省档案数据共享中心，档案核心业务 100% 实现网上协同，全面贯通业务流、数据流和执行链，构建形成数字治理、科学精准、协同高效的档案工作运行体系"[④]。2023 年，浙江省委办公厅、浙江省人民政府办公厅印发的《关于推进新时代档案事业现代化先行的意见》提出，制定档案数据汇流标准和安全策略，全面打造以省档案数据共享平台、区域一体化监管服务平台为主体，各级各类数字档案馆室一体联网、档案数据分级分类、安全可控、高效畅流的"溪湖河江海"数字档案"水系"；全面深化数字档案数据治理，支持利用信息化、数字化、智能化等技术构建档案行业知识服务与知识管理平台，建立人工智能海量训练资源库、标准测试数据集；支持打造区域性专业性档案数据大脑，开发推广电子档案区块链存证、四性检测等组件；支持发展档案数据可信存证、多模态大模型等数据治理新业态[⑤]。

---

①浙江省人民政府关于印发浙江省促进大数据发展实施计划的通知[EB/OL]. (2016-03-01)[2023-06-21]. https://www.zj.gov.cn/art/2016/3/1/art_1229621638_2406657.html.

②浙江省人民政府关于印发加快推进"最多跑一次"改革实施方案的通知[EB/OL]. (2017-02-22)[2023-06-21]. https://www.zj.gov.cn/art/2017/2/22/art_1229019364_55225.html.

③浙江省人民政府关于印发浙江省深化"最多跑一次"改革推进政府数字化转型工作总体方案的通知[EB/OL]. (2018-12-28)[2023-06-21]. https://www.zj.gov.cn/art/2018/12/28/art_1229019364_55369.html.

④省发展改革委 省档案局关于印发《浙江省档案事业发展"十四五"规划》的通知[EB/OL]. (2021-06-24)[2023-06-21]. https://fzggw.zj.gov.cn/art/2021/6/24/art_1229539890_4671279.html.

⑤浙江省委办公厅省政府办公厅印发《关于推进新时代档案事业现代化先行的意见》[EB/OL]. (2024-03-28)[2024-08-20]. http://www.da.dl.gov.cn/html/JuJiaoQianYan/3a4c349a05d74ed29b2e693937de1c48.html.

（2）政务服务事项数据归档

2017年，浙江省人民政府办公厅印发了《浙江政务服务网电子文件管理暂行办法》，以规范浙江政务服务网电子文件管理的原则与职责分工、形成与办理、归档与移交、安全保管与共享利用等工作，确保电子文件的真实、完整、有效和安全①。《浙江省公共数据和电子政务管理办法》规定，省档案行政管理部门负责制定公共数据和电子文件的归档、移交、保存、利用等具体规定。各级档案行政管理部门负责本行政区域内公共数据和电子文件归档统一平台建设②。2018年，《浙江省保障"最多跑一次"改革规定》明确提出，"行政机关按照规范形成的电子档案与纸质档案具有同等法律效力"③。浙江省档案部门制定《政务办事"最多跑一次"工作规范 第3部分：政务服务网电子文件归档数据规范》《浙江政务服务网电子文件归档移交业务需求与技术规范（试行）》《浙江省行政执法文书材料立卷规范（试行）》等制度，从数据包结构、归档模块功能需求、行政策划文书归档范围等方面对政务服务事项电子文件归档进行规范。浙江省数字档案馆系统平台实现与省直单位自建平台、浙江政务服务网统建平台、省直单位 OA（office automation，办公自动化）之间的功能连接。以杭州市为例，2016年建设完成"最多跑一次"事项电子化归档系统，实现对各机关、各类行政权力事项和部分公共服务事项数据的在线归档，截至2020年9月，在线归档电子数据1052万条，有力服务政府数字化转型④。

（3）开展档案数据协同治理

浙江省档案局是档案数据治理的主体，对全省档案数据治理工作进行统一规划和统筹安排，各市县档案部门负责区域内档案数据治理。浙江省档案部门还积极对接大数据战略，与数据管理部门（如浙江省大数据发展管理局）、信息技术企业协同合作，共同开展档案数据治理。档案部门在数据归档收集、管理存储、开发利用等方面积极与数据管理部门展开合作，共同推动档案数据协同治理。浙江省档案部门积极与阿里巴巴、科大讯飞等互联网企业展开合作，在电子归档系统、

①浙江省人民政府办公厅关于印发浙江政务服务网电子文件管理暂行办法的通知[EB/OL]. (2017-01-18) [2023-11-29]. https://www.zj.gov.cn/art/2017/1/18/art_1229019365_61566.html.

②浙江省公共数据和电子政务管理办法[EB/OL]. (2023-06-08)[2023-11-29]. https://www.zj.gov.cn/art/2023/6/8/art_1229621099_2478874.html.

③浙江省保障"最多跑一次"改革规定[N]. 浙江日报, 2018-12-12(7).

④范飞. 档案信息化助推城市治理现代化：杭州以"三个走向"重要论述为根本遵循积极发挥档案工作基础性作用[N]. 中国档案报, 2020-11-16(1).

非关系型数据库建设、数据可视化等方面引入现代信息技术。2020 年，杭州市档案局、市档案馆联合市数据局开展"城市大脑"运行数据归档工作，现已完成社会管控、城市运营、企业复工、健康码等 7 类共计 1.76 GB 的电子档案收集工作①。

（4）推动档案数据集成利用

浙江省档案部门积极践行"最多跑一次"改革，打破档案数据壁垒，构建全省共享利用服务平台，建成浙江档案服务网，推动档案数据开放流通和集成共享，实现"一网查档、百馆联动"，让"数据多跑路，群众少跑腿"、利用者查档"零上门"，显著提高档案服务效率效能。杭州市档案馆通过跨馆服务平台互联互通，按照"平台共享、一窗受理、一网办理、一站集成"的思路，建设了"杭州市档案资源信息共享平台"，整合全市档案馆馆藏和馆外共计 243 项 125 万条民生档案数据目录，形成全市域馆与馆之间服务协同、业务协同、管理协同、数据协同的管理格局，打破"信息孤岛"，实现档案"掌上"查阅②。

（5）建设档案数据共享中心

2021 年，《浙江省档案事业发展"十四五"规划》提出，"加快区域档案信息资源共享服务平台建设，到 2023 年底，省档案馆建成省档案数据共享中心"②。2020 年，浙江省档案馆启动档案数据共享中心建设。其总体目标是发挥省档案馆优势，以省档案馆为基地，依靠大数据和区块链技术，利用各地数字档案馆建设成果，搭建涵盖档案目录、开放档案全文、档案业务工作的全省档案数据总库和应用平台，实现互联互通共享③。主要内容包括：通过档案云安全保障、数据服务实施、业务支撑开发，以数据归集上云为基础，实现数据治理、数据打标、数据建模和数据分层，由 AI 中心、业务中心、创新中心和协同中心通过统一接口为前台业务系统提供数据服务支撑，应用光学字符识别（optical character recognition，OCR）、自然语言处理（natural language processing，NLP）、智能语音等 AI 手段提升档案业务服务的智慧化，通过区块链保障档案业务调用和开放的安全可靠，建设"一仓、双中台、三系统"，实现档案数据、应用质量的螺旋迭代的双赢局面④，推动档案平台一体化、数据共享化、业务协同化、管理智慧化、服务知识化。浙江

---

①范飞. 档案信息化助推城市治理现代化：杭州以"三个走向"重要论述为根本遵循积极发挥档案工作基础性作用[N]. 中国档案报, 2020-11-16(1).

②省发展改革委 省档案局关于印发《浙江省档案事业发展"十四五"规划》的通知[EB/OL]. (2021-06-24) [2023-06-21]. https://fzggw.zj.gov.cn/art/2021/6/24/art_1229539890_4671279.html.

③王原. 浙江省档案馆 启动省档案数据中心建设[N]. 中国档案报, 2020-07-20(1).

④加快档案资源数字化转型 提升档案数字治理水平[J]. 浙江档案, 2020(11): 9-12.

从省级层面研究制定档案目录数据库结构标准和利用范围图解表，形成一体化、标准化的管理体系。打造了全国首个省级档案数据共享中心，2023 年初步实现省、市、县 101 个综合档案馆民生数据全部联通。全省各级档案馆馆藏民生档案、可开放文书档案、编研成果等跨地区汇集顺理成章。不仅如此，通过对接人社、民政、教育、卫健等部门业务档案数据接口，未进馆民生档案群众利用难的问题得以解决[①]。

3. 山东省：推动档案数据管理，开辟档案工作与大数据融合发展的新思路

山东省创新档案工作与大数据融合发展的新思路，推动档案工作与全省大数据建设融合发展，提高档案信息化、网络化、智能化、社会化水平。山东省档案馆立足本职、抢抓机遇、主动作为，秉持"数据即档案"的理念，以政务信息系统整合共享为突破口，主动融入电子政务建设，推动政务数据和电子文件归档规范化标准化建设。2019 年，山东省数据大厅在山东省档案馆建成启用。山东省数据大厅是省政府办公厅、省档案馆和省大数据局在省档案馆政府公开信息查阅中心基础上改造升级而成的，负责整合、共享全省政务信息资源，为各级部门的政务服务应用和辅助决策提供大数据支撑，并为人民群众查阅和利用政府公开信息提供全新的信息化服务平台[②]。借助场景化、互动式解决方案，通过实时调用政务大数据，实现资源配置、决策支持、展示交流、运行调度、融合应用、宣传普及等 6 项功能，展示大数据的应用成果，为人民群众提供政务信息服务[③]。

山东省数据大厅的建成启用，有力地打破了部门藩篱、数据垄断、数据分割和信息烟囱，强化了数据就是档案的意识，推进档案部门与大数据管理部门的协同合作，开辟了档案工作与大数据融合发展的新思路，实现数据开放共享、便民利民。山东省档案馆将充分发挥省数据大厅功能作用，建好用好全省档案目录中心，更好融入全省电子政务建设，推进全省电子档案集约化规范化管理和应用，为加快数字山东、数字政府建设做出档案部门应有的贡献。

4. 湘潭市：注重档案数据资源建设，建立全国首家区域性档案数据中心

大数据时代，数据成为一种新兴战略资源和生产要素，对民主法治建设、区

---

①全国档案工作暨表彰先进会议论述之二 2 亿余卷（件）开放档案，如何利用好[N]. 中国档案报，2024-02-22(1).

②李相杰. 山东省委书记刘家义到省档案馆调研大数据建设和应用[J]. 中国档案，2019(2): 10.

③李相杰. 山东省数据大厅在省档案馆建成启用[EB/OL]. (2019-03-04)[2023-07-29]. http://www.chinaarchives.cn/home/category/detail/id/18512.html.

域经济发展、社会治理创新的重要价值日益彰显。近年来，湖南省湘潭市档案局把目光从纸质档案转向数字资源，从馆库存储转向数据仓库，从资料查阅转向数字资讯，主动应对数字技术和数据时代的挑战，探索政府职能从"管档案"向"管数据"拓展[①]。2012 年，湘潭市档案局率先在全国建立区域性档案数据中心，负责全市档案数据的存储、维护、管理和利用工作。

（1）建设背景

随着社会数字化、网络化、智能化的快速发展，各行各业产生大量具有保存价值的数据记录，涵盖政务数据和社会数据的方方面面。来源多元、大量累积的档案数据以不同的形式和格式存储于各个软硬件系统之中，加强档案和数据资源建设成为新形势下档案工作的客观需要。在湖南省湘潭市，这些电子数据大都散存于各单位的办公系统、业务系统、网站、政务微博、信息平台以及多媒体、数码设备上，没有综合性数据管理机构、人员、制度实施统一管理，数据随意删除、丢失，甚至损毁、盗卖等现象时有发生，迫切需要尽快建立完善的数据资源管理制度体系[②]。基于对大数据战略价值的把握与认识，湘潭市档案局主动作为，从2011 年开始，对数据资源管理进行了积极探索。湘潭市档案局从加强治理体系和治理能力建设、抢抓大数据资源的战略机遇，主动对接国家数据中心建设举措，努力探索档案和数据资源有效建设和管理利用的新途径、新形式，创新性地提出和开展现代化档案资源体系建设，在湘潭市档案馆基础上成立湘潭市档案数据中心，切实推进档案和数据资源建设，充分发挥档案数据资源的价值和作用，更好地服务经济社会发展。

（2）顶层设计

湘潭市政府高度重视档案数据资源体系建设，出台了一系列档案数据管理利用的政策规划。2012 年，湘潭市档案局超前谋划、主动作为，制定了《湘潭市现代化档案资源建设体系纲要（2012—2020 年）》，明确了互联网时代、大数据时代档案事业发展的战略目标、原则与任务，把数据资源体系建设提升到战略层面[①]，成立湘潭市档案数据中心。湘潭市人民政府办公室印发《湘潭市档案数据管理试行办法》，阐释了档案数据的定义与范围、数据管理机构与职能、管理原则与流程方法、支撑技术与安全保障等内容，指出"档案数据包括各门类档案的电子文档

①胡建略. 从"管档案"到"管数据" [N]. 中国档案报, 2013-11-08(2).

②沈友志. 湘潭市建立数据资源管理长效机制[EB/OL]. (2014-02-28)[2023-07-29]. http://sdaj.hunan.gov.cn/xxgk_70959/gzdt/ xdzx/201512/t20151215_1975765.html.

和数字化成果""市档案局设立湘潭市档案数据中心,负责全市档案数据的接收、存储、维护、利用等管理工作"①,成为全市档案数据资源体系建设的宏观指导和实施方案,是全国首部地方性档案数据管理规范。2014年,湘潭市档案局积极对接市政府举措,发布《关于建立数据资源管理制度的通知》,其包括了建立数据资源管理制度的重要性、建设原则和内容、保障措施等,提出"有条件的单位还可开展档案、数据、信息资源'三位一体'示范工程建设"②。2015年,湘潭市委办、市政府办联合印发《关于加强新形势下档案和数据资源建设的意见》,全面部署新时期档案和数据资源建设、管理、开发利用工作,明确档案和数据资源建设的原则和目标,提出"到2025年,建立起覆盖全面、内容丰富、形式多样、标准统一的档案和数据资源体系,运行高效、管理规范、安全可靠、保障有力的资源管理体系,功能强大、方便快捷的资源利用体系"③。2016年,《湘潭市档案事业发展"十三五"规划》提出,将档案和数据资源建设作为未来五年湘潭市档案工作的七大任务之一,并将档案数据中心建设工程作为重点实施的七大工程之一④。

（3）运行模式

科学构建档案和数据资源管理运行体系,归纳为"1系统+1中心+2平台+2举措"。"1系统"是指建立档案数据管理系统,将档案数据管理系统与全市电子政务内网对接,实现电子公文数据的在线即时接收。"1中心"是指在湘潭市档案馆基础上建设湘潭市档案数据中心,统筹全市各单位数据中心（数据库）建设,明确各单位数据资源的收集范围与内容。湘潭市档案数据中心作为全市性的档案数据综合管理部门,主要负责全市机关事业单位、企业和个人以及市县区机关档案数据中心的档案数据接收、存储、整合、挖掘等工作,利用交换平台和共享服务网站平台及时共享利用档案数据,满足社会需求⑤。通过实施档案数据集中管理和分级管理相结合、档案实体与档案数据同时整理、先移交数据后移交实体、定

---

①湘潭市人民政府办公室关于印发湘潭市档案数据管理试行办法的通知[EB/OL]. (2018-08-31)[2023-07-29]. https://www.xiangtan.gov.cn/1085/1082/1083/21604/content_928549.html.

②湘潭市档案局关于建立数据资源管理制度的通知[EB/OL]. (2014-01-22)[2023-07-29]. https://www.xiangtan.gov.cn/1085/1082/1084/content_82939.html.

③王徐球. 湘潭科学构建档案和数据资源管理运行体系[EB/OL]. (2015-03-27)[2023-07-27]. http://www.chinaarchives.cn/mobile/category/detail/id/22728.html.

④王徐球. 《湘潭市档案事业发展"十三五"规划》印发实施[EB/OL]. (2016-09-06)[2023-07-27]. http://sdaj.hunan.gov.cn/xxgk_70959/gzdt/xdzx/201609/t20160906_3255452.html.

⑤欧阳静芝. 市级档案数据中心建设实证研究: 以湘潭市档案数据中心为例[D]. 湘潭: 湘潭大学, 2016: 16.

期接收各单位档案数据、培训数据管理人员等措施，强化了档案数据的有序有效管理利用，中心机房容量达到 10 TB，数据存储量达到 4 TB[①]。其组织结构如图 2-1 所示。"2 平台"是指湘潭档案资讯平台和湘潭诚信平台。湘潭档案资讯平台通过整合各类数据资源，进行分类处理、权威发布，实现档案数据的在线浏览、查询、查阅一体化。2013 年，湘潭市档案局牵头建设湘潭市诚信资讯公共网络平台。湘潭市计划通过资讯平台发布、档案馆和数据中心终端查询等方式，力求全方位、全天候提供数据内容服务，满足不同主体对数据的利用需求[②]。"2 举措"是指启动"湘潭记忆"工程和开展网络媒体数据收集。"湘潭记忆"工程分为历史与现代两个时段，现代时段重点收集 1000 个人物、100 个事件、100 项活动的数据[②]。湘潭市档案馆和数据中心还通过网络数据自动化采集和数据云存储，对互联网上

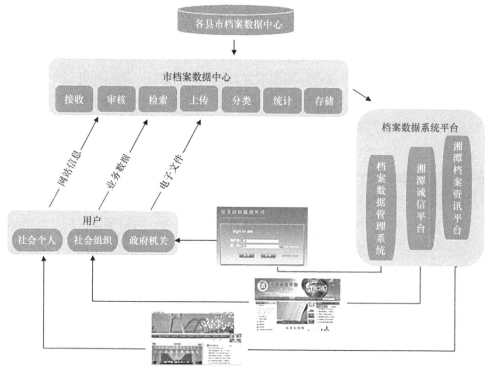

图 2-1　湘潭市档案数据中心组织结构图[③]

---

①孙昊. "建立档案数据中心并将其纳入国家数据中心建设"：访全国人大代表、农工党湖南省委专职副主委蒋秋桃[N]. 中国档案报, 2016-03-07(1).

②胡建略. 从"管档案"到"管数据"[N]. 中国档案报, 2013-11-08(2).

③欧阳静芝. 市级档案数据中心建设实证研究：以湘潭市档案数据中心为例[D]. 湘潭：湘潭大学, 2016: 16.

反映湘潭政治、经济、文化等活动的文档、图片、视频等数据信息进行收集归档，留存互联网记忆。湘潭市以档案数据管理系统为依托，以湘潭市档案数据中心为核心架构，以湘潭档案资讯平台和湘潭诚信平台为数据开放门户，强化重要数据、网络数据的归档保存，有力推动了档案数据的集成共享，服务区域政治经济发展。

（4）数据治理

湘潭市针对档案数据资源建设的一系列探索具有重要的实践意义和理论价值，可从档案数据治理理念、治理制度、治理主体、治理策略等方面对其进行归纳分析。

一是创新引领，制度护航。湘潭市政府及档案部门具有高度的责任感、使命感和革新意识，顺应大数据时代潮流，重视数据价值和数据管理，把档案和数据资源协同建设置于信息化、网络化、智能化、社会化的重要位置，全面谋划、系统布局、分步推进，提出全市各级档案行政管理部门、数据管理部门和广大档案、数据工作者要解放思想，转变观念，进一步坚定现代化档案事业的发展道路，明确档案和数据两个资源建设，档案和数据资源、资源管理、资源利用、资源保障四个体系建设目标[①]。加强战略规划和顶层设计，制定一系列政策制度，先后颁布《湘潭市现代化档案资源建设体系纲要（2012—2020年）》《湘潭市档案数据管理试行办法》《湘潭市档案馆大楼——湘潭数据大厦数据集成及应用功能建设设计需求》《关于加强新形势下档案和数据资源建设的意见》等文件，对档案数据管理进行整体规划与具体指导。

二是以档案部门为主导，创建档案数据中心。目前，政府数据、社会数据呈几何级数增长，数据管理各自为政、分散保存，档案数据开放利用程度不高，数据壁垒、信息孤岛现象大量存在，难以满足社会利用需求。档案数据资源建设管理和整合开发涉及部门多、统筹难度大、技术要求高，需要明确数据资源主管部门和数据管理职能机构，统筹规划数据资源建设。大数据时代，档案部门需要履行数据管理职能，不仅有利于保持人类记录的连续性、社会记忆的完整性，还有利于保障数据管理工作的有效性。湘潭市政府创新档案和数据协同管理体制机制，明确提出，明确湘潭市的档案和数据资源体系建设由档案部门归口负责，档案行政管理部门履行数据资源监督管理职能。要求各县市区、园区、示范区、机关、企事业单位，以及重点行业、重要领域，设立数据中心或数据管理办公室，负责

---

① 左晶. 湘潭市推进现代化档案和数据资源建设[EB/OL]. (2015-05-14)[2023-01-17]. http://www.chinaarchives.cn/mobile/category/detail/id/22684.html.

数据集成、管理、利用等工作；建立政府和社会互动的数据采集形成机制，鼓励采用行政收集、征集交换、网络获取、传感采集等多种方式、技术，持续收集、更新数据，丰富数据内容[①]。档案行政管理部门履行数据资源监督管理职能，负责对数据资源行使统筹规划、组织协调、指导监督等职责。湘潭市档案数据中心由湘潭市档案局于2012年6月牵头成立，对各单位和个人在公务活动中产生的数据，实行集中统一管理，突出区域性数据集中存储、集约管理、整合集成、开放共享、利用服务等功能，使档案工作的资源对象、业务场域、发展空间和社会价值得到极大扩展，推动档案资源建设模式、管理手段、服务机制创新，有力助推档案事业生态位、话语权和社会影响力提升。

三是加强档案数据收集处理、集成利用。湘潭市档案部门在档案数据资源建设过程中，坚持大数据、大档案、大平台、大服务观念，要求各单位设立数据中心或数据管理办公室，负责数据归档、集成、管理、可视化利用等工作，采用行政收集、征集交换、网络获取、传感采集等多种方式，做到应归尽归、应收尽收，统一收集、集中存储。以需求为导向，建立合作联动机制，加强统筹协调，由档案数据中心实施区域性数据集成与应用模式建设，推动区域性、行业性和单位内部档案数据资源集聚、管理集约、应用集成，以湘潭档案资讯平台和湘潭诚信平台建设为依托，打造全市基础数据、信用信息共享平台。以海量数据存储为基础，不断优化数据内容、结构和背景信息，建设智慧管理系统，加强对档案数据的信息开发、深度挖掘和分析利用，把"死档案"变成"活资讯"，把"数据库"变成"思想库"，将档案数据中心打造成党委和政府的资政平台、经济社会发展的资讯库、人民群众共享的信息库。

四是强化数据安全防护。湘潭市档案数据中心坚持真实、完整、安全、效能的原则，通过一系列举措对档案数据资源进行强有力的安全防范。首先，编写"湘潭市档案数据中心安全管理分析报告"，提高管理人员的安全防范意识和安全操作技能。其次，建立健全各项安全管理制度，加强网络日常安全监督和系统账号安全管理。配备各种安全管理设备，通过全局性的安全防护、安全监测、快速响应、集成的安全管理与安全设施的联动控制[②]，改善档案库房、数据机房、软硬件

①王徐球. 湘潭科学构建档案和数据资源管理运行体系[EB/OL]. (2015-03-27)[2023-07-27]. http://www.chinaarchives.cn/mobile/category/detail/id/22728.html.

②葛睿. 湘潭市档案数据中心加强安全建设[EB/OL]. (2016-09-21)[2023-01-17]. http://sdaj.hunan.gov.cn/ xxgk_70959/gzdt/xdzx/201609/t20160920_3271125.html.

设备、管理系统的安全防护和保密条件。最后，建立容灾备份系统、档案数据安全应急处置机制，对重要数据、机密数据、敏感数据进行异质异地备份保管，防止数据非法生成、损毁破坏、丢失泄露和删除变更，及时有效地弥补数据缺失、数据失真等漏洞，保障数据真实完整、长期可用。

（5）社会影响

近年来，湘潭档案部门从记录管理的角度、档案管理的职能拓展入手，全面切入档案数据管理，数据资源建设取得丰硕成果，尤其是档案数据中心建设的行动探索对档案部门转变职能、强化职能、拓展职能具有重要的理论价值和实践指导意义。据统计，截至2016年，以面向政府机关用户为主的档案管理系统，自上线以来办理档案服务事项达38万余件；以面向社会公众和企业为主的档案资讯平台和诚信平台，自开通运行以来办理档案服务事项达4万余件[①]。湘潭市档案数据中心建设的实践经验受到广泛关注，被中国档案资讯网、《中国档案报》、《湘潭日报》、《档案时空》等媒体报道，对档案部门开展档案数据治理具有引领示范作用。2016年，全国两会期间，全国人大代表、农工党湖南省委专职副主委蒋秋桃对湘潭市档案数据建设经验给予充分肯定，并就如何在大数据时代探索档案管理新方式，提出了"建立档案数据中心并将其纳入国家数据中心建设"的建议，认为"实现档案数据资源的有效整合和管理，就需要加强档案数据中心建设""档案数据中心建设应作为国家数据中心建设布局的重要内容"[②]。

5. 成都市：对接档案资源目录数据平台，开展档案数据治理

2020年，四川省委书记彭清华在四川省档案馆调研时强调，"加快推进档案信息化建设，将档案信息化建设纳入全省信息化发展规划，建立全省档案资源目录数据统一平台，整合汇集全省各级各类档案资源，实现全省档案资源的统筹管理和共建共享"[③]。成都市档案馆作为全国示范数字档案馆，积极开展档案数据治理，推动新时代档案信息化工作高质量发展。

一是馆藏目录数据规范化。成都市档案馆数字化起步较早，2020年底数字化

---

①欧阳静芝. 市级档案数据中心建设实证研究：以湘潭市档案数据中心为例[D]. 湘潭：湘潭大学，2016：20.

②孙昊. "建立档案数据中心并将其纳入国家数据中心建设"：访全国人大代表、农工党湖南省委专职副主委蒋秋桃[N]. 中国档案报，2016-03-07(1).

③四川省委书记、省人大常委会主任彭清华在省档案馆调研时强调通过档案铭记奋斗历史记录伟大征程讲好中国故事[N]. 中国档案报，2020-10-26(1).

率达 73% 左右，文件级目录达 100%[①]。但目录数据规范化、标准化程度较低，成都市档案馆对馆藏档案资源进行全面摸排，将档案实体和系统数据比对，对文件级目录著录错误进行筛查、网格化清理、修改纠正等，切实做好档案馆目录数据规范化工作，为对接全省档案资源目录数据统一平台打好基础。

二是借助数据迁移，强化档案资源数据化。2021 年，成都市档案馆电子档案在线管理平台建设项目终验通过，耗时一个半月时间，共迁移数据 4300 多万条[①]。通过档案数据迁移，对存量档案数据目录及全文进行规范化、标准化，解决了部分数据电子全文与实际关联数据不符、专题档案数据库数据量不对应等问题，有效提高了档案数据质量。将迁移到新系统的 JPEG（joint photographic experts group）文件格式的存量档案进行 OCR 识别，生成双层 PDF（portable document format，便携文件格式），实现全文检索，将市档案馆档案数字资源由数字化向数据化转变，力争年底实现 20% 数据化率[①]。

三是筑牢生态底线，保障数据安全。安全是档案工作的生命线，是档案管理的首要任务。成都市档案馆重视档案数据安全工作，不断优化档案数据安全管理方案，严格按照《涉及国家秘密的信息系统分级保护管理规范》要求，建立馆藏系统的"三员分立"安全机制，对网络安全设备、光盘硬盘等存储介质进行定期检测，评估安全等级，查缺补漏，开展档案数据异地备份工作，确保档案数据安全。

6. 中石油：实施业务数据归档，强化档案数据管控

随着信息技术不断向纵深发展，社会经济和企业生产经营活动呈现出数字化、智能化趋势，数字转型已成为企业转型升级的内在要求和必然趋势。2020 年，中国石油天然气集团有限公司（简称中石油）明确提出构建"数字中国石油"总体目标，以数字转型作为战略举措。中石油档案部门积极拓展档案管理职能，将数据管理作为档案管理的重要内容，开展数字化转型实践。目前信息化正从应用集成阶段迈向共享服务与数据分析应用的数字化新阶段，数据驱动业务决策的工作机制基本形成[②]。

（1）推进业务系统数据归档

数字中国石油的深入推进使得档案管理对象从模拟态纸质文件向数字态文件

①提档升级　迈向高质量发展：成都市数字档案馆建设纪实[EB/OL]. (2021-07-12)[2023-07-28]. http://www.gysdag.cn/New/Detail/20210712085340901.html.

②王强. 企业档案工作数字化转型：实践探索与理论框架[J]. 浙江档案, 2020(9): 16-20.

和数据态文件转变。一方面，中石油档案部门积极配合业务部门深入推进业务活动全流程数据化，将归档功能与前端业务需求深度融合，实现业务系统与档案管理系统归档集成。根据业务系统数据形成特点，将 87 个统建业务系统划分为综合管理型系统、经营管理型系统、生产运行型系统、连续监测型系统等四大类，对每类系统的数据归档范围、归档方式及长久保存模式制定不同方案[①]，确保归档数据的真实性和完整性。另一方面，在业务系统数据分类归档理念指导下，按照条件成熟和分批集成原则，稳步开展综合管理类系统和经营管理类系统的数据归档。目前已完成电子公文系统、财务 ERP（enterprise resource planning，企业资源规划）系统和财务管理信息系统（financial management information system，FMIS）、合同管理系统与档案管理系统的集成，部分数据仅以电子形式归档。电子采购系统、工程项目管理系统、勘探与生产技术管理系统数据归档工作正在试点并取得阶段性成果。以档案数据资产价值为导向，重新调整数字化策略，改变原来扫描加著录的方式，根据基于应用场景的实际需要开展纸质档案内容数据化工作，方便后续挖掘分析。目前，全系统共有实体档案资源 2591 万卷 4612 万件，电子数据超过370 T，年均利用 21.3 万人次 260 万卷次，有效发挥了档案资源的支撑作用[②]。

（2）开展档案数据质量管控与资源整合

2020 年，中石油建成全集团统一应用的数字档案馆，开展数据治理和长期保存。一是建立归档数据质量管控平台。针对巨量归档数据，开发针对数据归档环节、数据办结环节和数据长期保存环节的档案数据"四性"检测功能，实施电子档案长期保存文件格式维护、长久数据包封装设置、档案数据包管理、档案导出日志等活动。二是建立档案数据资源平台。从电子档案资源体系建设全局出发，优化整合全系统档案资源，以"数据资源平台"为核心实现全集团归档数据资源的集中统一管理，为档案资源的集约化管理和大数据分析利用奠定基础。为推进业务系统数据归档工作，在业务系统设置归档功能并纳入竣工验收内容，实现电子公文、合同、财务、工程项目等系统在线集成归档，建成11 大类的数字档案资源库。稳步推进勘探开发、采购、产品等业务信息系统数据归档和电子档案管理，通过档案管理要求的前置、"四性"要求的融入，进一步规范前端业务流程，提升数据质量，为企业数据治理和各项业务数字化转

---

① 王强, 高强. 业务系统数据归档研究: 以中国石油业务系统数据归档实践为例[J]. 浙江档案, 2019(12): 36-39.
② 王强. 推动档案事业现代化 赋能世界一流企业建设: 中石油的实践与探索[N]. 中国档案报, 2023-12-14(1).

型提供高质量的档案支撑[①]。

（3）强化档案数据利用服务

档案数据化才能激活、关联、重组档案中的信息，让档案从地下油藏增值为石油资源[②]。一是建立"一站式"检索窗口。实现档案数据的分类检索、高级检索、全文检索和联动查找，利用 BI（business intelligence，商业智能）分析工具提供高效计算能力和强大数据分析能力，对档案数据内容和用户行为数据进行多维度数据分析，通过系统推送等方式提供精细服务，提高服务精准度和用户满意度。二是建设各类专题档案数据库。基于人工智能技术，根据业务需求，通过分析档案著录项和电子文件内容实现自动聚类，建立各类专题档案库，提供集成化的档案知识服务。三是建设内容丰富的档案数据展示平台。将档案数据运行状态在电子大屏上进行实时直观展示，通过数据分析，对档案数据运动规律进行总结发现，定期输出系统化的数据分析报告，为管理者提供决策参考，让档案数据价值从"保存备查"的"地下油藏"增值为"知识利用"的"石油资源"。探索开展档案数据化，对油气勘探开发档案、设计档案、竣工图等进行数据化处理，激活档案数据资产价值。在馆藏数字资源基础上，建设人事任免、重要会议、重大科技专项、重要人物、工业遗产、大事记等专题数据库，有力发挥档案资源价值[①]。

三、研究思考与前瞻

通过文献梳理，国内外关于档案治理、政府数据治理、档案数据治理等研究成果为档案数据治理研究提供理论参考与方法借鉴，国内外档案数据相关建设实践为档案数据治理研究提供实践素材与典型案例。在对相关理论研究和实践动态分析归纳的基础上，系统凝练档案数据治理理论基础和实践经验，为进一步思考档案数据治理发展态势和研究取向提供思维导图。

（一）对档案治理的认识

2022 年，党的二十大报告提出，到 2035 年"基本实现国家治理体系和治理能力现代化，全过程人民民主制度更加健全，基本建成法治国家、法治政府、法

①王强. 推动档案事业现代化 赋能世界一流企业建设: 中石油的实践与探索[N]. 中国档案报, 2023-12-14(1).

②冯惠玲. 融入数据管理做电子文件管理追风人[J]. 北京档案, 2020(12): 6-7.

治社会"①,为国家治理现代化建设指明方向、绘制蓝图。档案是国家重要的信息资源和独特的历史文化遗产。档案治理是国家治理的重要组成部分,档案治理体系和治理能力现代化是新时期推动档案事业发展的重要保障②。学界对档案治理动因、治理主体、治理方式、治理体系和治理现代化等内容进行持续探索,档案治理研究深入推进并形成广泛共识。

1. 治理动因

治理是随着现代社会、政治、经济、文化高度发展而产生的,是后工业社会的产物。2013 年,我国提出"推进国家治理体系和治理能力现代化",在此背景下,各领域、各行业都在全面深化改革,强化治理体系和治理能力建设。档案事业是国家治理体系的重要组成部分,国家管理方式的调整必然引起档案管理方式的变革,推动档案管理转型发展,促进档案管理走向档案治理。从档案管理走向档案治理具有必然性,从外部环境来看,是应对国家治理要求、公众意识崛起、信息技术发展等环境变化的必然要求;从内部结构来看,是破解档案事业社会参与度较弱、档案事务管理效能有待提升、档案服务创新不足等档案工作困局的必然选择。

2. 治理要素

档案治理是一项涵盖治理理念、治理主体、治理过程、治理内容、治理手段等多要素的系统性工程。在治理理念上,档案治理秉持"社会本位"理念,注重通过与社会进行更多的协商、合作,强调尊重利益相关者的平等参与,档案部门放权,让更多的档案事务由社会组织和公民来承担③。在治理主体上,档案治理具有多中心化,由档案部门对档案事务的单向管理转变为档案部门与社会的协同共治,治理主体呈现出广泛性。在治理过程上,由以往单一向度、垂直化管理向多向度立体互动、多主体协商合作转变。在治理内容上,档案治理以"大档案观"为牵引,扩展至体制内档案事务和体制外档案事务两方面的综合治理。在治理手段上,档案治理注重采用"自治""法治""元治""共治"等多样化手段来管

---

① 高举中国特色社会主义伟大旗帜 为全面建设社会主义现代化国家而团结奋斗——在中国共产党第二十次全国代表大会上的报告[EB/OL]. (2022-10-16)[2023-06-21]. https://www.gov.cn/gongbao/content/2022/content_5722378.htm.

② 李宗富, 董晨雪, 杨莹莹. 国家档案治理: 研究现状、未来图景及其实现路径[J]. 档案学研究, 2021(4): 17-24.

③ 金波, 晏秦. 从档案管理走向档案治理[J]. 档案学研究, 2019(1): 46-55.

理档案事务，通过市场化、法治化和社会化机制开展治理。

3. 治理目标

档案治理是国家治理的重要组成部分，加快推进档案治理体系和治理能力建设，推动档案事业走向依法治理、走向开放、走向现代化，成为档案工作适应国家治理、促进档案事业高质量发展的时代要求。推进档案治理体系和治理能力现代化，实现档案善治是档案治理的目标导向。实现档案治理现代化，需要以档案部门为主导，转变管理本位观念；以社会参与为协同，规范社会行为方式；以技术创新为突破，提升综合治理能力[①]；借助现代信息技术建立档案治理新模式，提升档案治理网络化、智能化、精细化水平；强化档案法治建设，贯彻实施新《中华人民共和国档案法》，增强依法治档能力，提高档案工作规范化、科学化水平。

（二）对档案数据的认识

在"数据为王"的大数据时代，档案信息资源的空间结构发生颠覆性变革，体量浩大、来源广泛、类型多样、结构多元、价值丰裕的档案数据成为档案管理的新对象，成为驱动档案事业数据化转型、档案治理方式变革的战略性信息资源，档案工作业务形态正在向数据资源建设和档案数据管理转型。

1. 生态环境

随着大数据作为新的基础设施正在重塑社会生态与生产要素，"行行产生并贡献数据、业业使用并受益于数据"的数据生态图景越发清晰。"数据化"正在推动信息技术革新、社会秩序变革、生产模式创新和工作业态再造，进而深刻塑造档案工作的社会生态环境，促进档案管理与数据管理深度融合。档案是社会背景的真实反映和社会活动的原始记录，数据化浪潮从源头改变了档案信息的记录、读取、存储和传播方式。在数据驱动和模型驱动的技术环境下，以颗粒度存在的"数据态"档案信息大量累积和海量生成，原生环境数据化、形成方式数据化、来源形态数据化的档案形成生态正在演化，档案资源形态由"模拟态""数字态"向"数据态"转变，档案数据逐渐成为大数据时代档案信息资源的主体，档案工作正在经历一个从管理档案实体到管理档案数据的应变过程[②]。

[①]徐拥军，熊文景. 档案治理现代化：理论内涵、价值追求和实践路径[J]. 档案学研究, 2019(6): 12-18.
[②]金波，添志鹏. 档案数据内涵与特征探析[J]. 档案学通讯, 2020(3): 4-11.

2. 内涵质性

当前，关于档案数据尚未形成统一认识，本书认为，档案数据是数据化的档案信息及具备档案性质的数据记录。档案数据既反映了档案形态的客观变化和拓展，也推动着档案管理范式由信息管理向数据管理转型。从内涵上看，档案数据首先属于档案信息，是档案信息的基本构成元素，具备档案性质，满足档案的所有基本要求；从外延上看，档案数据是一个广义的数据集合；从形式上看，档案数据是数据化的档案信息资源，以数据形式记录和保存，能够为数据设备、数据技术识别和处理，在满足档案性质的同时也满足数据的一般属性，这是档案数据区别于传统档案信息的关键所在。档案数据除具有档案的原始记录性、历史性、社会性等固有特性以外，还具有广源性、共生与互生性、累积性、扩展性与易算性等新特征[①]。

3. 管理流程

从文明之初的"结绳记事"，到文字发明后的"文以载道"，再到近现代科学的"数据建模"[①]，数据成为信息社会信息资源的主要存现方式。人类生产数据能力增强的同时也在要求保存和利用数据的能力相应提高，档案信息从"数字空间"向"数据空间"迁移，档案管理形态从文本信息、数字信息向多源信息、数据信息延伸，档案工作从"数字化"向"数据化"演进。大数据技术引发了传统信息资源生产方式创革、文本结构形态新变和知识获取方式延展，加速信息资源由纸质变"数质"，改变了对信息资源的把握尺度和价值追求，赋予信息管理者知识挖掘、组织、管理与再造的能力[②]。面对数据化社会加速和技术环境升级变迁，需要借鉴数据科学的理论知识，融入数据管理技术方法，对档案数据生成、采集、处理、存储、利用等运行周期进行深入分析、全程管控，探究档案数据管理方法，创建科学合理的档案数据管理体系，形成一套结构完备、运行顺畅的档案数据生存法则，推进档案事业数据转型和智能升级。

（三）对档案数据治理的认识

大数据时代，数据资源急剧增长，数据污染、数据异构、数据冗余、数据安全、数据依赖、数据孤岛等问题普遍存在，造成档案数据"不可知、不可控、不

---

①梅宏. 建设数字中国：把握信息化发展新阶段的机遇[J]. 网信军民融合, 2018(8): 11-13.

②刘石, 李飞跃. 大数据技术与传统文献学的现代转型[J]. 中国社会科学, 2021(2): 63-81, 205-206.

可取、不可联、不可用"，给档案资源建设、服务创新、开放共享、安全合规、隐私保护等带来巨大挑战。究其根源，在于档案数据治理的缺失，难以适应档案事业发展需求与国家社会治理要求，强化档案数据治理已势在必行。

1. 治理背景

档案数据治理的兴起与国家治理的持续推进、数据治理的全面铺开、档案治理的深入开展密不可分。在国家治理层面，《中华人民共和国国民经济和社会发展第十四个五年规划和 2035 年远景目标纲要》提出国家治理效能得到新提升，到2035 年"基本实现国家治理体系和治理能力现代化"[①]。在国家治理持续深化下，各行各业都在强化治理体系和治理能力建设。在数据治理层面，随着数据资源的爆炸式增长，数据权属、数据伦理、数据安全、数据流通等问题日益突出，全球数据安全事件频发，实施数据治理已成为国际广泛共识。在档案治理层面，档案治理体系建设已上升为国家行动规划，予以全面推进。档案数据作为大数据时代数据资源的重要类型和档案管理的新对象，面临着指数增长与管理落后、社会需求与保管分散、长期保存与载体脆弱、海量资源与价值实现等之间的矛盾，重创造轻管理、重数量轻质量、重保存轻利用等现象日益突出，有必要借鉴数据治理已有的经验、技术、工具以及方法，创建档案数据治理体系，推动档案管理走向档案治理，提升档案治理能力和水平，促进档案治理现代化。

2. 治理机制

档案数据治理需要以大数据时代档案工作数字转型为契机，突破传统档案管理藩篱，采用档案部门"元治"、多主体协同治理、多要素综合治理等机制，强化治理要素配置，创新档案数据治理方式，优化档案数据治理生态，提高档案数据治理能力。一是档案部门"元治"，档案部门是档案数据的聚集地，应主导档案数据资源建设、整合集成、公共服务等。二是多主体协同治理，需要强化档案部门与政府、社会、公众等多主体协同合作，形成多元化、多层次、多维度的立体协同治理模式，促进档案部门与社会之间的深度融合，形成多元主体共建共治共享的治理格局[②]。三是多要素综合治理，需要运用市场、法治、行政、文化、技

---

①中华人民共和国国民经济和社会发展第十四个五年规划和 2035 年远景目标纲要[EB/OL]. (2021-03-13) [2023-03-13]. https://www.gov.cn/xinwen/2021-03/13/content_5592681.htm.

②金波，杨鹏. 大数据时代档案数据治理研究[J]. 档案学研究, 2020(4): 29-37.

术、道德等多种治理要素，多措并举，多管齐下，综合发力，着力构建整体联动、相互协调的治理体系，实现档案数据科学管理与有序治理。

3. 治理路径

实施档案数据治理既需要宏观层面的战略规划、顶层设计、法制完善，也需要微观层面的技术应用和方法创新。在理念方面，树立档案数据治理理念，强化数据思维、治理意识、创新精神，从档案数据管理向档案数据治理转变，推动档案数据治理现代化。在组织架构方面，完善档案数据治理组织体系，明确档案数据形成单位、档案部门、数据管理机构等各方的治理职责分工。在法治建设方面，健全档案数据治理规章制度和标准规范，优化档案数据治理流程，确保档案数据治理合法合规。在技术方法方面，着力探索大数据、云计算、人工智能、区块链、虚拟现实等新一代信息技术在档案数据质量管控、资源处理、安全防护、开发利用等方面的应用推广，创新档案数据治理方法，提升档案数据治理能力，提高档案数据治理效能，推动档案数据善治目标的实现。

（四）档案数据治理研究前瞻

大数据时代，档案数据治理研究尚处于"破题"阶段，面临着诸多问题：一是理论研究深度不足，已提出的观点和看法有待进一步完善和验证。二是未能全面分析档案数据治理面临的机遇和挑战，对档案数据治理的内涵、方式、实现路径缺乏深度思考，档案数据治理理论有待探索建立。三是缺乏整体性思维，相关研究内容较为零散，不系统、不完整，一些核心问题、关键问题未能取得突破性进展，整体理论框架尚未建立。从传统档案到数字档案，再到档案数据，概念的变迁只是表象，背后必然蕴含着深刻的时代背景和精神内核，迫切需要探索研究大数据时代档案数据治理理论体系和实现机制，深化档案数据治理内涵，开辟档案数据治理研究新领域。

1. 档案数据治理理论与治理体系创新发展

大数据时代，档案数据治理不仅攸关档案数据质量，而且关系到档案数据资源战略价值的实现，是档案事业高质量发展的重要保障。需要系统分析档案数据管理与档案数据治理之间的逻辑关联，探索从档案数据管理走向档案数据治理的动因，对档案数据运行规律、内在关联、治理体系、治理方式、治理手段等进行深层次审视和多维度思考，对档案数据治理的内涵、特征、功能等进行全方位揭示，构建科学有效的档案数据治理研究框架与治理体系，形成档案数据治理研究范式；需要借鉴社会治理、生态治理、组织治理、信息治理、数据科学、数据管理等理论方法，聚焦档案数据治理环境、治理对象、治理主体、治理客体、治理目标、治理路径等内容，深入分析档案数据治理体系的构成要素，从档案数据的质量控制、整合集成、共享利用、安全保障与运行机制等方面，探索创建大数据时代档案数据治理的理论体系、知识体系与话语体系，指导档案数据治理实践，实现档案数据善治。

2. 档案数据治理运行机制研究

运行机制关系到档案数据治理的成效，档案数据治理涵盖"多元""互动""融合"等要素，需要系统分析和深入探究大数据时代档案数据治理的运行机制，创新档案数据治理模式，探索档案数据治理实现路径，推进档案数据治理社会化、专业化、现代化。随着国家治理时代的到来，需要充分借助现代治理理念、治理方式、治理手段，构建档案数据多主体协同治理、多手段融合治理和多维度综合治理等机制，广泛利用社会资源协同共治，优化档案数据治理生态环境，增强档案数据治理能力。通过政府、组织、社会、个人等治理主体的广泛参与，大力培育扶持合作伙伴，探讨多主体协同共治、众筹众创等治理策略，形成纵横交错、互联互通、互助共赢的档案数据协作治理机制；通过综合运用法治、行政、市场、社会等治理方式，创新档案数据治理模式，探究档案数据多手段融合治理机制；通过理念、法规、标准、制度、技术、流程、人才等治理要素多管齐下，着力构建协调配合、整体联动的治理环境，探究档案数据综合治理机制，创建良好的"建数""管数""用数"生态。

3. 档案数据治理路径方法研究

档案数据治理是一项体系化的系统工程，需要统筹兼顾和整体规划，系统分析档案数据治理中的主要因素、关键变量和重要环节，探究档案数据治理路径，创新档案数据治理方法。一方面，需要从战略规划、组织体系、资源建设、主体协作、制度规范、监督评估等方面系统构筑档案数据治理路径，擘画档案数据治理图景，实现立治有体、施治有序。另一方面，需要强化技术应用和方法创新。围绕档案数据质量控制、资源整合、共享利用和安全保障等内容，加强各类现代信息技术应用的可行性、适应性研究，积极探索大数据、人工智能、知识管理、数字人文、区块链等技术在档案数据内容信息深度开发、结构化数据归档、非结构化数据处理、档案数据"四性"保障等方面的应用，提高档案数据治理网络化、智慧化、精细化水平，增强档案数据治理能力，促进档案数据治理体系和治理能力现代化。

4. 档案数据治理实践创新研究

2021 年，《"十四五"全国档案事业发展规划》提出，"推动档案全面纳入国家大数据战略""实现对国家和社会具有长久保存价值的数据归口各级各类档案馆集中管理"①，明确档案部门在档案数据治理中的核心地位。在档案数据治理实践深入推进的背景下，需要对实践过程中出现的新模式、新样态、新技术进行总结分析，深入探索实践活动中蕴含的客观规律、基本原理、先进经验、典型案例，凝练成可指导档案数据治理实践的理论方法，弥合理论与实践的现实隔阂，实现理论与实践的有机统一。系统探索档案数据治理实践策略，创新档案数据治理体制机制、方式方法、技术路径，为各级档案行政管理部门和业务部门开展档案数据治理提供经验借鉴和决策支持，释放档案数据价值。

5. 档案数据生态系统研究

在一定时间和空间范围内，生物与生物之间、生物与物理环境之间相互作用，通过物质循环、能量流动和信息传递，形成特定的营养结构和生物多样性，这样一个功能单位就被称为生态系统②。档案数据生态系统是从生态学视角审视档案数据管理而提出的创新型概念，借鉴生态学思想与理念，用生态系统理论与方法探讨档案数据的结构、功能和管理运行，认为档案数据生态系统是指档案数据空间范围内的人、资源与其生存环境相互作用而形成的统一复合体。档案数据生态系统是信息生态系统、社会生态系统的重要组成部分，肩负着保存人类文化遗产、守护社会记忆、促进文化传承的重要使命。未来档案数据生态系统研究主要内容有：一是档案数据生态系统结构功能研究。档案数据生态系统结构是分析档案数据生态系统的基础，有必要对档案数据生态因子进行科学揭示，了解和把握档案

---

①中办国办印发《"十四五"全国档案事业发展规划》[J]. 中国档案, 2021(6): 18-23.

②刘增文, 李雅素, 李文华. 关于生态系统概念的讨论[J]. 西北农林科技大学学报(自然科学版), 2003(6): 204-208.

数据生态系统的结构、特征和功能，为档案数据生态系统的资源组织、运行管理和生态培育提供分析路径。二是档案数据生态环境研究。生态环境是档案数据赖以生存的基础和保障，是档案数据形成和管理中各类环境要素的综合体，包括技术环境、政策环境、制度环境、社会环境等。系统分析档案数据生态环境，有助于掌握档案数据生成机理、形成规律、演化路径，为档案数据治理提供依据。三是档案数据生态系统运行机理研究。机理是为实现某一特定功能系统结构中各要素的内在工作方式以及诸要素在一定环境条件下相互联系、相互作用的运行规律和原理[1]，是系统内在的、本质的运行过程。系统分析档案数据生态系统运行机理，有助于破除档案数据生态系统运行障碍与风险，推动系统中各生态因子的相互作用与功能耦合，保障档案数据生态系统物质流、能量流、信息流、价值流的有序流动，提升档案数据生态系统运行效率。

①金波, 丁华东, 倪代川. 数字档案馆生态系统研究[M]. 北京: 学习出版社, 2014: 244.

第三章　大数据时代档案数据生态环境分析

任何人无法抗拒世界正在一步一步走向更加深入且泛化的数据时代，人类将越来越与数据深度连接为伍，不可分割[①]。人们的工作方式、生活方式、学习方式、交流传播方式正在发生变革，人类迎来了大数据时代，开启了用数据探索世界规律的新纪元[②]。新一代信息技术的广泛应用，档案工作环境、管理对象、治理内容发生了巨大变化，需要创新档案工作理念、方法、模式，加快档案事业数据转型和管理升级。大数据时代，档案数据成为档案资源新形态，迫切需要系统分析档案数据的生态环境，探究档案数据生态平衡与失衡的动因，运用调控手段方法推动档案数据生态系统可持续发展。

一、大数据时代档案数据生态境况

档案数据生态是指档案数据在大数据环境下的生存、运动、变化状态，主要表现在"形成""管理""利用"三个方面，蕴含了档案数据主体、档案数据资源与档案数据环境的有机统一。实际上，档案工作正在经历由管实体到管数据，这正是大数据时代档案数据生态发展的直接结果和境况的集中体现。

（一）档案数据形成生态

大数据时代推动了信息资源生成的全新变革，深刻影响并制约着档案数据的

---

①冯惠玲. 融入数据管理做电子文件管理追风人[J]. 北京档案, 2020(12): 6-7.

②朱琳, 赵涵菁, 王永坤, 等. 全局数据: 大数据时代数据治理的新范式[J]. 电子政务, 2016(1): 34-42.

形成生态，档案数据生产与再生产能力空前加强。

第一，数据化社会浪潮持续推进。随着大数据作为新的基础设施正在重塑社会生态与生产要素，"数据化"开始接力"数字化"，推动着社会新一轮的、基于数据维度的空间与秩序变革①。从广度而言，数据化浪潮不断波及着现实社会的各个场域维度，数据疆域不断拓展；从深度而言，数据化浪潮深刻改变着生产模式、工作业态和生活方式，数据渗透力不断加深。由此带来数据生产、采集、传播、利用的广泛进行，数据记录呈爆炸式产生与增长状态。"数据化社会空间"与"数据世界"为档案数据的广泛形成奠定了基础，档案数据大量生成。

第二，数据技术广泛应用。大数据时代，信息技术从最初的辅助工具演变为核心引擎。以数字化、网络化、智能化为主线的信息化发展进程以及数据技术与工具的普及迭代，使得人类建立连接的方式向数据式交互变迁，渐趋规模式地营造了以数据为驱动、以数据化为手段、以数据技术为支撑、以数据设备为依托的新业务、新履职、新生活环境。电子政务、电子商务、电子业务、无纸化办公等数据化业态蓬勃发展，塑造了新的上游文件形成技术场景。在数据化的工作系统、技术环境和管理空间中，"数据"已经成为新的"文件"和"档案"。正因如此，大数据时代，越来越多的档案将趋向于以数据流的方式产生、处理和归档②，档案数据日益增多。

第三，数据态记录方式普遍呈现。自古至今，档案形成的记录方式变化体现了生产力发展的时代印记。当下，大数据的发展不仅将社会活动引向数据空间，也将社会活动的记录和表现方式向数据维度迁移迭代，整个社会犹如一个数据生产、交换和循环系统，数据已然成为大数据时代客观世界的真实映射和社会发展进程的动态呈现。数据化社会背景下，记录信息无时无处不在，其中有些失去了图书、文献、档案原有的确定形制和生成流程③，电子文件、电子数据、数字档案等以数据态记录方式产生的档案数据无处不在，存储形态和形成场域不断拓展。

第四，档案信息资源建设由"数字化"向"数据化"转型。大数据时代，档案工作面临"数据化生存"问题，而时下广泛开展的档案数字化工作、数字档案馆建设、电子文件管理以及电子档案单套制等实践的积累与铺垫，已经让档案部门的一只脚自觉或不自觉地迈入了"数据之门"。档案工作自身的档案信息管理

①金波，添志鹏. 档案数据内涵与特征探析[J]. 档案学通讯，2020(3): 4-11.
②徐辛酉. 大数据时代档案数据素养高校教育研究[J]. 教育现代化，2019(55): 137-139.
③冯惠玲. 学科探路时代：从未知中探索未来[J]. 信息资源管理学报，2020(3): 4-10.

手段和资源建设方式不同程度地向"数据化"转型，不论是原生档案数据，或是经过数字（据）化加工转换而来的档案数据，或是档案业务过程中同步记录并形成的档案管理和利用数据、用户数据等，产生于档案工作系统内部的档案数据量同样也在不断增长。

综上，大数据时代，档案数据的形成生态呈现出明显的数据化特征和泛在化趋向，档案数据海量产生与急剧增长，已成为档案管理工作面临的现实挑战和重要对象。

（二）档案数据管理生态

面对大数据时代档案数据化、泛在化的形成生态，需要档案工作对档案数据这一管理对象做出态势感知与积极反应，开展档案数据管理。目前来看，档案数据管理总体正在经历态势明显但范式初立、理论构建与要素适配、示范先行与探索创新的生态发育期，档案数据管理生态尚不成熟稳定。

第一，档案数据管理态势明显。随着档案工作中存量数字化、增量电子化的长足推进，电子档案单套制管理的复制推广，数字档案馆室的广泛布局，智慧档案馆建设的起步探索等，档案数据已然真真切切地成为档案管理的重要对象，档案管理正在经历从传统的管理档案实体到管理数字档案再到管理档案数据的态势历程，数据科学与数据管理来势汹汹。然而，仅仅档案管理对象向档案数据的变迁并不足以说明档案数据管理范式的真正完全确立，从本质来看，档案数据管理中数据管理理论的引入塑造、数据管理方式的嫁接融合、数据管理技术的选优应用都亟待系统研究和深入思考，是未来档案学研究的重要方向，需要探索建立档案数据管理范式。

第二，档案数据管理实践逐渐开展。尽管档案数据管理总体生态尚不成熟，但档案部门已经意识到开展数据管理的紧迫性与必要性，并在电子档案管理、数字档案馆建设、智慧档案馆建设中融入数据管理，这也使得在档案数据管理实践探索创新上走在前列的档案机构在整体生态中格外亮眼。例如，青岛市档案馆在2018 年就启用了"数据化档案信息资源发布平台"，支持直接复制、保存、下载使用以及检索、查找，在全国档案系统尚属首次；而目前也开始对非结构化档案数据进行结构化形式化处理，以解决档案内容控制与信息开发两大关键问题。再如中国商飞、中国石油等企业在国家档案局开展的第二批企业电子文件归档和电子档案管理试点中加强数据管理方法、技术的研究应用，为开展档案数据管理奠定了坚实基础。这些先行探路的档案机构利用自身可以调配的各项资源所进行的大胆有效探索，不仅为当前档案数据管理的要素建配提供了范本借鉴，而且也发挥了典型的样板效应。从生态视角来看，这些有益探索不仅会提高档案部门自身的信息生态位宽度，也会提高档案部门应对档案数据管理的生存竞争能力与生态能级，从而发挥生态效益，无形中导向和带动着整体档案数据管理生态的建设和发展，吸引越来越多的档案管理机构乃至其他数据信息部门加入到档案数据管理阵营。

第三，档案数据管理理论处于创建阶段。从纸质到电子再到数据，档案管理工作无一例外都需要适应技术环境变迁而不断更新档案对象管理空间。不同的技术环境拥有不同的档案对象管理空间，我们需要建立与之匹配的思考方式，构建对应的管理环境，创建适当的技术工具[①]。为了适应大数据时代档案数据管理需求，亟待创建档案数据管理理论方法体系。目前，数据态档案对象管理空间的塑造也正处于起步和奠基阶段，具体表现在档案数据管理理论构建与管理要素适配上。一方面，着眼于"数据"而非"信息"的档案数据管理已经进入档案学界和业界的视野，围绕档案数据概念内涵、性质特点、管理空间、处理方法等基本问题的基础理论研究已经取得了部分成果。只是这些研究目前看来还比较零星和分散，并且既有共识也有争议，尚未形成一套系统成熟的理论体系。另一方面，尽管面对日益激增的数据量和数据潜藏的巨大价值，近年来以数据为标识的政策法规不断汇拢，推动各行各业的数据管理不断向前发展。但是档案行业针对档案数据的制度化、体系化的管理策略并未建立起来，基础设施、应用系统、政策规定、标准规范、安全保障等管理要素还处在摸索和建设当中。另外，数据态档案管理与数字态档案管理虽然存在较大联系和诸多相同点，但档案数据管理应在数字档案管理基础上，以数据科学、数据管理理论为指导，开展理论创建，加强对数据体本身构成规律和特点的分析，依据数据、模型、规则、本体等的特点，创新资源建设思路[②]。当下的档案数据管理很多是在数字档案管理的基础上进行调整、改造和注新，难以适应档案数据管理实践。

（三）档案数据利用生态

对于档案价值发挥而言，利用是基本手段和永恒途径。进入大数据时代，数

---

①钱毅. 技术变迁环境下档案对象管理空间演化初探[J]. 档案学通讯, 2018(2): 10-14.

②钱毅. 基于三态视角重新审视档案信息化建设[J]. 浙江档案, 2019(11): 18-21.

据价值最大化实现愈加强调数据的利用与再利用，因而构建大数据环境下健康的档案数据利用生态是推动档案数据价值实现与增值的必由之路。当前，档案数据利用既存在对传统档案开发方式、传播渠道、利用手段的继承，也存在顺应大数据时代的理念、管理、技术以及精细化、深层化、智能化利用需求而进行的探索改革与创新，传统与现代并行，呈现出由档案信息服务向档案数据服务转型的初级生态景观。

第一，档案数据利用方式由粗放式向精细化初步转变。长期以来，档案管理对象偏向于文件级与案卷级，档案管理内容强调载体管理和形式管理，档案管理思维倾向于实体管理和文件思维，档案管理目标侧重于存储与保管，如此管理方式的粗放同样致使利用服务方式的粗放，档案馆在档案信息服务过程中基本依靠经验判断，采取的是"拥有什么资源，就提供什么资源"的服务策略[①]。然而，伴随着档案管理从形式特征管理走进内容管理和数据管理的世界当中，档案利用的粗放式特征也有了初步改观，逐步向个性化、精细化、智能化转变。当前，档案数据管理促使档案管理与数据管理相融合，不仅将文件档案与数据关联起来，也在档案管理利用过程中注重数据驱动。档案部门开始在业务工作中关注档案资源的数据化、档案内容的知识化以及基于数据的辅助决策，推动智慧档案馆建设，从而满足差异化、精深化的档案数据利用需求。例如，档案馆通过对档案内容数据、档案利用数据、档案用户数据的关联分析，洞察用户偏好、兴趣、需求，预测利用趋势，开展针对性、精准式利用服务。

第二，档案数据利用层次由表层式向深层化渐进转变。传统档案信息利用服务以档案显性信息获取传递式利用为主，服务内容归于浅显和表面。虽然目前基础性的档案信息传递式利用仍然占据着主流地位并且始终是档案利用服务的主要内容。但是，自档案信息化建设以来以档案数据库建设为基础，以信息管理系统为支撑，以局域网、政务网、互联网等为主要平台的网络利用方式在档案利用生态网络中的普遍布局，使得档案数据传递本身无论是在数量还是在水平上都提升到了一个新台阶。更重要的是，面对大数据时代复杂、多元、个性的档案数据利用需求，用户关注的已不再是简单地获取文献，而是如何从繁杂的信息环境中捕获和析取解决所面临问题的信息内容，并将这些信息融化或重组为相应的知识或解决方案[②]。因此，以数据分析、数据关联、数据挖掘、数据可视化为主要内容的

---

① 金波, 晏秦. 数据管理与档案信息服务创新[J]. 档案学研究, 2017(6): 99-104.

② 杨力, 姚乐野. 基于知识管理的数字档案馆服务体系构建[J]. 档案学通讯, 2010(1): 58-60.

数据开发式利用也在不断蓄力，基于档案数据的知识化、智慧化服务得到重视与体现。例如，档案馆综合运用多种数据组织、分析和挖掘技术，开展档案数据化编研，对档案数据颗粒进行关联集成建立知识元和知识库，将原生档案数据加工成为初级或高级的数据产品进行展示与传播。尽管这种数据服务模式在当下实践中还存在较大的提升与优化空间，但这一利用模式创新引发的刀刃向内的供给侧结构性改革已经深刻改变了档案服务的方式与途径，为档案数据服务内容从表层向深层不断拓展提供了诸多可能。

第三，档案数据利用手段由机械式向智能化加速转变。传统手工管理或计算机辅助管理下的机械式档案利用服务本质上主要还是基于人工操作，能级较低，效率不高。随着档案信息化和数字档案馆建设的持续推进，如今档案数据利用生态中的"技术赋能"特点已经较为明显，移动互联、大数据、云计算、物联网、人工智能等现代信息技术、数据技术在档案数据服务中得到积极布局与应用，档案数据网办式利用、远程式利用、一站式利用、协同式服务、推送式服务等智能化利用手段已经成为档案部门的重要服务方式。自《全国档案事业发展"十三五"规划纲要》中提出"持续推进数字档案馆建设"和"加快档案信息资源共享服务平台建设"的主要任务以来，依托全国省级、地市级、县级数字档案馆建设的逐层逐步推进和馆际互联互通平台的有序搭建，目前已经形成数字档案馆生态群落和生态圈，档案数据利用方式逐步进入互联共享时代。而且，随着区域公共服务一体化的实践，区域档案工作一体化也进入布局提速阶段，诸如"异地查档""跨馆取证""一网通办"等不断落地实现，档案数据利用的智能化水平也在不断提高。

二、大数据时代档案数据生态平衡与调适

生态平衡是生态系统健康运行的基础和条件，也是生态系统演进发展的准则和目标。大数据时代，档案数据生态平衡可以理解为在大数据时空背景下，档案数据生态系统中各种生态因子相对稳定、结构合理、功能完善，形成有效输入输出关系的一种动态均衡状态。目前，大数据时代，档案数据生态的形成和演化正处于初步发展时期，可塑性强，可塑空间大，把握档案数据生态平衡，增强档案数据生态调控适稳，是档案数据生态走向成熟和平衡的必然要求与内在动力。

（一）档案数据生态平衡稳态

"稳态"是生理学的一个核心概念，1926年美国生理学家坎农（Cannon）在《躯体的智慧》（*The Wisdom of the Body*）一书中提出机体稳态的概念，将稳态定义为机体一种可变而又保持相对恒定的状态。后来，生理学逐渐认识到稳态存在于生命机体和生命系统的各个层次[①]。"稳态"概念虽衍生于生理学，之后延伸运用于控制论、生态学、社会学等学科。生态系统稳态的核心是稳定的营养结构和完善的能量流动、物质循环及信息传递，涵盖了生态系统中复杂的种间关系、生物与无机环境相互影响，以及在此基础上形成的一定程度的抵抗力稳定性，并通过负反馈机制达到或保持稳态[②]。档案数据生态稳态是指在档案数据生态系统运行中所具有的稳定性、抵抗性、适应性状态。具体表现为档案数据生态因子稳健、档案数据生态结构合理、档案数据生态功能完善三个方面。

1. 档案数据生态因子稳健

生态因子是档案数据生态系统组成结构中的基本元素。档案数据生态系统可分为主体、客体、资源三个部分，其生态因子稳健是档案数据生态平衡的基础。

一是档案数据主体能动。档案数据主体包括档案数据形成者、管理者和利用者。档案数据形成者应自觉履行档案数据归档移交责任，保障档案数据前端收集齐全完整、要素合规、来源可靠、真实有效；档案数据管理者具备良好的档案数据管控能力，能够对档案数据资源进行科学、有序、智能管控并提供高效优质的利用服务；档案数据利用者表现出良好的档案数据意识与数据素养，消费意愿强烈、消费需求旺盛、消费市场广阔，推动档案数据高效利用，激活档案数据价值。

二是档案数据客体适宜。档案数据客体是档案数据赖以生存发展的环境。档案数据政策法规健全，档案数据基础设施完备，档案数据技术应用成熟，档案数据运行机制顺畅，社会政治、经济、文化、科技等环境有利于档案数据生态平衡、和谐发展。

三是档案数据本体优化。档案数据本体即档案数据资源，是档案数据生态系统核心生态因子，主要表现在档案数据资源的广度、深度、亮度以及数据健康上。在档案数据生态系统中，档案数据来源广泛、类型多样、分布均衡；结构合理、

---

①高峰，俞梦孙. 稳态与适稳态[J]. 生理学报，2020(5): 677-681.

②张旭，毕诗秀. "生态系统的稳态"中核心概念梳理及案例分析[J]. 生物学通报，2017(2): 38-41.

内容丰富、数量充裕；特色鲜明、亮点突出、价值多元；保存完好、载体可靠、质量上乘，不存在档案数据失真、数据污染、数据超载、数据孤岛、数据烟囱、数据壁垒、数据失控等"数据疾病"。

2. 档案数据生态结构合理

一是档案数据主体相互协同。一方面，档案数据生态系统中档案数据形成者、管理者、利用者缺一不可，组成完备的档案数据生态链与生态网，决定着档案数据资源质量，直接影响档案数据生态系统健康运行。另一方面，档案数据主体各自占据着不同的时空、功能、资源生态位，需要相互协同、共建共治共享，构建档案数据生产—分解—消费的完整链式结构与交流循环系统，推动档案数据生态系统可持续发展。

二是档案数据客体相互匹配。一方面，强化顶层设计和战略规划，协调政策法规、经济文化、基础设施、技术应用等方面的关系，为档案数据资源建设创造良好生态环境。另一方面，档案数据是现代信息技术的产物，大数据、人工智能、区块链、移动通信等新一代信息技术应用至关重要，需要结合档案数据的属性特点，实现传统技术与现代技术的有效对接、传统馆室库舍等实体基建与现代数据系统平台等虚拟基建相互支撑、信息技术与组织文化有机融合，促进技术因素、人文因素、效益因素、制度因素均衡投入、协同发展。

三是档案数据资源建设合力推进。档案数据资源是档案数据生态系统形成、演化、运行和发展的基石，是档案数据生态系统建设的核心，在档案数据生态系统建设中居于首要地位。档案数据主体、客体都是围绕档案数据资源建设开展工作，需要相互协同、相互匹配、相互适应，打造纵横交错、上下贯通、互联互通的档案数据资源网，创建优质、丰富、独特、安全的档案数据资源体系，促进档案数据资源生态健康。

3. 档案数据生态功能完善

一是档案数据流转通畅。大数据时代，档案部门依托现代信息技术，加强档案数据从形成到归档保存、开发利用全生命周期管控，推动档案数据流转渠道通畅、流转内容准确、流转过程受控、流转速度及时，有序开展档案数据生成、采集、处理、存储、利用、消费等一系列数据活动，做到档案数据"应归尽归""应收尽收""应管尽管""应用尽用"，让档案数据充分、有效、安全地"动起来"。

二是档案数据控放平衡。档案数据既需要开放满足社会需求，实现档案数据价值；也需要做好档案数据安全保密工作，确保档案数据在安全可控的管理环境下得到有效开放利用，实现控放平衡。一方面，档案安全是档案工作的生命线和底线。档案信息是受控信息，其开放并非毫无节制，需要有效地加以控制[①]。一部分档案数据涉及国家秘密、组织权益、个人隐私等，需要严格执行保密制度，强化技术防范手段，落实安全责任，严防档案数据失密失读、开放失控、滥用传播，确保档案数据载体、信息安全。另一方面，开放利用是档案工作的最终目标，档案数据应尽量开放，满足社会利用需求，避免控制过死、交流受阻导致信息垄断、利用不便，最大限度地释放档案数据价值。控制过死和开放失控都会对数字档案馆生态系统产生消极的、破坏性的影响。这种失衡在信息生态系统、组织生态系统中也是经常遇到的问题，具有普遍性[①]。

三是档案数据红利释放。信息是和谐社会的黏结剂、显示器和调节器[②]。档案数据作为信息的重要组成部分，发挥其价值助建和谐社会是档案数据生态功能的重要表现。大数据时代，数据的资源特性更加突出，奥巴马把数据定义为未来的石油，是美国综合国力的一部分，是与陆权、海权、空权同等重要的国家核心资产[③]。以社会知识需求与信息需求为导向，通过数据分析、数据关联、数据挖掘、数据可视化等技术方法，加强档案数据知识化开发，提供开放的、针对性的、多样化的信息服务，激活档案数据资源价值，充分释放档案数据红利，实现从传统信息服务向数据化服务、精准式服务、一站式服务、知识化服务和智库型服务转变，满足档案用户的信息和知识需求，为社会公众提供可供处理的原始档案数据信息和数据产品，发挥档案数据在助推业务、支持决策、服务民生、参与治理等各方面的作用，将"档案库"变成"数据库""信息库""知识库""创新源"，助力国家科技创新和知识再生产。

（二）档案数据生态平衡调控

从"稳态"到"适稳态"是生态系统动态平衡的运动状态。机体一方面致力维持稳态，另一方面还有一定的适应性。当内外环境持续改变时，机体可通过生理和行为的一系列调节逐渐适应新环境，在新的水平上形成稳态，这种通过自身

---

①金波，丁华东，倪代川. 数字档案馆生态系统研究[M]. 北京：学习出版社，2014: 334-335.

②娄策群，赵桂芹. 信息生态平衡及其在构建和谐社会中的作用[J]. 情报科学，2006(11): 1606-1610.

③尹明华. 大数据时代的报业转型[J]. 中国报业，2013(21): 46-48.

改变和适应形成的新稳态及其过程称为适稳态①。面对大数据时代的环境变化，档案数据生态系统会通过"以动维稳，以变适稳"的调节过程，最终建立并维持与环境相适的新稳态。信息生态系统是一个人工系统，人类的积极干预是使信息生态系统在失衡与平衡之间变化的主导力量②，档案数据生态系统平衡既需要自我调控，更需要人工调控。档案数据生态平衡具有合目的性与趋利性，以满足人类社会多方面的档案数据需求。为此，现阶段档案数据生态系统适稳调控的举措主要表现在以下几个方面。

1. 规则调适

规则是治理的依据，运用法律、行政、政策、标准、制度等规则是档案数据生态平衡调控的重要手段。

在国家层面，已出台相关法律法规、政策规划、标准规范等，为档案数据治理提供制度保障，有利于档案数据健康成长和生态培育。《中华人民共和国档案法》指出，"保障电子档案、传统载体档案数字化成果等档案数字资源的安全保存和有效利用"③。《"十四五"全国档案事业发展规划》指出，推动档案全面纳入国家大数据战略，在国家相关政策和重大举措中强化电子档案管理要求，实现对国家和社会具有长久保存价值的数据归口各级各类档案馆集中管理。完善政务服务数据归档机制，强化全流程一体化政务服务平台数据归档功能建设要求，切实推进政务服务数据归档。研究解决三维电子文件及数据文件归档等难题，促进各类电子文件应归尽归。全面开展电子档案移交接收工作，实现电子档案应收尽收。重点开展大数据环境中电子文件与电子档案一体化管理、电子档案长期安全保存、自主可控环境下档案数字资源管理、档案数据治理等重大课题研究。加大在电子档案凭证价值保障、结构化数据归档、档案内容信息深度开发、纸质档案去酸技术及其效果评估等技术方面的攻关力度，力争实现突破④。

在地方层面，在档案事业发展规划、任务目标中制定相关政策条文，内容涉及档案数据归档、整合、流通、共享、利用等方面，有力促进了档案数据生态健康和良性运行。例如，《浙江省档案事业发展"十四五"规划》提出研究建立档案

①高峰, 俞梦孙. 稳态与适稳态[J]. 生理学报, 2020(5): 677-681.

②靖继鹏. 信息生态理论研究发展前瞻[J]. 图书情报工作, 2009(4): 5-7.

③中华人民共和国档案法[N]. 人民日报, 2020-07-16(16).

④中办国办印发《"十四五"全国档案事业发展规划》[J]. 中国档案, 2021(6): 18-23.

数据共享机制，推动全省政务数据归档交换平台迭代升级，拓展档案数据智慧服务场景，加强档案数据管理与应用，探索建设一批智慧档案馆；同时提出省档案馆建成省档案数据共享中心，各市、县（市、区）建成互联互通的区域数字档案管理服务一体化平台，实现数字档案管理和服务区域全覆盖，推进档案数字资源跨部门、跨层级、跨区域共享利用；完善电子文件归档机制，优化电子档案管理流程，加强数据治理，提升档案数据质量①。

在行业层面，金融、交通、教育、医疗卫生、科学研究等行业领域都会产生大量档案数据，根据行业领域数据特性和管理要求，也会制定颁布相关的数据管理政策，对行业、领域档案数据进行规则调适。为进一步加强和规范科学数据管理，保障科学数据安全，提高开放共享水平，更好支撑国家科技创新、经济社会发展和国家安全，国务院办公厅印发《科学数据管理办法》，明确了包括国务院科学技术行政部门、国务院相关部门、省级人民政府相关部门、有关科研院所、高等院校和企业等法人单位、科学数据中心等主体在科学数据管理方面的主要职责，规定了科学数据采集、汇交与保存，共享与利用，保密与安全等方面要求②，为建构健康有序的科学数据生态提供政策指引。

2. 管理调适

作为大数据时代档案信息资源的新形态，档案数据与传统档案、数字档案在记录方式、存在粒度、价值特性等方面存在明显差异，需要根据档案数据的内涵特征、形成环境、运行规律、保管方式创建档案数据管理体系，推动档案实体管理、档案信息管理向档案数据治理迈进。

一是数据驱动。随着"前端"业务部门大量数据体的产生，驱使作为"后端"的档案部门必须拓展管理范围，重新审视对数据体如何进行"档案化"管理。数据驱动乃至模型驱动型业务系统普遍出现，将不同来源、不同系统、不同业务环境且相互关联的数据集成到一起，形成各类专门的数据体、数据湖、数据球、数据大脑等。二是协同联动。强化档案部门与业务部门、文书部门、信息部门、大数据部门等之间的协同联动、多元共治；以档案数据集中和共享为途径，推动技

---

① 省发展改革委 省档案局关于印发《浙江省档案事业发展"十四五"规划》的通知[EB/OL]. (2021-06-24)[2023-06-21]. https://fzggw.zj.gov.cn/art/2021/6/24/art_1229539890_4671279.html.

② 国务院办公厅关于印发科学数据管理办法的通知[EB/OL]. (2018-04-02)[2023-06-21]. https://www.gov.cn/zhengce/content/2018-04/02/content_5279272.htm.

术融合、业务融合、系统融合，打通数据壁垒，弥合不同层级和部门之间的鸿沟，重构碎片化的治理格局，形成覆盖全国、统筹利用、统一接入的档案数据共享大平台；加强档案数据的整合与融合，构建全国档案数据共享体系，实现跨层级、跨地域、跨系统、跨部门、跨业务的档案数据协同管理和服务，形成档案数据治理生态。三是精准高效。借助数据分析、数据关联、数据挖掘技术，深入了解公众需求，对社会需求进行多维度、多层次细分，实时、全面、准确地预测和发现社会公众的需求热点；建构档案数据库，优化档案业务流程，增强决策前瞻性，为公众提供更有针对性，更加个性化、精准化、一站化、知识化、智能化的档案数据服务，提升治理绩效。四是安全为重。充分利用各种技术、管理和制度，加强档案数据安全治理，促进档案数据安全风险预测化、管控精准化、防御纵深化、应对即时化，确保档案数据安全存储和利用[①]。

3. 技术调适

工欲善其事，必先利其器。档案数据是数据设备和信息技术在社会活动中形成的产物，档案数据资源管控在生成、采集、处理、存储、利用等诸多场景中都需要技术保障，技术赋能是驱动档案数据生态平衡的引擎，需要借助大数据、人工智能、云计算、区块链、5G、物联网、VR（virtual reality，虚拟现实）、移动互联等现代信息技术，实现数据管理技术与档案业务相融合，促使从管档案技术向管数据技术拓展，推动档案管理转型升级，优化档案数据技术生态。例如，沈阳市建立基于区块链技术的民生档案跨馆出证平台，沈阳市档案馆、各区（县）档案馆联合组建"沈阳市民生档案共享联盟"，整合了全市 13 个区县的 120 多万条民生档案数据信息，市档案馆与各区（县）档案馆各作为一个授权节点，通过共识机制和智能合约共同维护联盟区块链运行，将民生档案的目录数据、检测数据、授权数据、利用数据等记录在区块链上，经过全联盟公认形成不可篡改的记录，从而实现民生档案的来源可查、利用可控、责任可究，形成民生档案跨馆服务网络[②]。青岛市档案馆在智慧档案馆二期建设中，遵循大数据时代信息技术发展趋势，运用主流的 H5、Flex、Bootstrap 技术，采用 1 个开放数据接口面向 N 个应用程序的服务模式，对青岛档案信息网进行改版建设，致力于实现跨网络、跨终端的开

① 金波，杨鹏. 大数据时代档案数据治理研究[J]. 档案学研究，2020(4): 29-37.
② 袁嘉新，杨安荣. 基于区块链技术的电子档案管理应用实践：上海信联信息发展股份有限公司成功实践[J]. 中国档案，2020(10): 28-30.

放档案资源数据同步,构建走向开放、共享、服务的资源型档案网站①。

4. 人才调适

人是生产力中最活跃的因素,也是保持档案数据生态平衡的能动因子,通过实施人才策略机制为档案数据生态平衡提供智力支持,是当前大数据时代档案数据生态适稳的重要举措。

一是推动档案人员知识更新。档案数据作为大数据时代档案工作新的管理对象,对档案工作者的知识结构和业务能力均提出了全新要求。对此,大数据时代,档案管理人员知识转型尤为重要,需要档案管理人员超前识变、积极应变、主动求变,适应档案管理数字化、数据化,掌握信息技术、数据技术、数据管理、电子文件管理、档案数据管理等知识技能,增强信息化管理能力和数据处理能力,提高数据素养和数据本领。

二是加强数据人才引育。一方面,在档案学专业教育、学术研究和干部培训中,注重档案学与计算机科学、数据科学、传播学、生态学等学科交叉融合,开设数据管理、数据技术、数字人文等课程,重构档案学专业人才培养方案,培养兼具传统档案管理、数字档案管理、档案数据管理能力的专业人才。另一方面,档案工作实践部门在培训提升档案人员数据素养的同时,也要注重引进掌握数据管理业务工具、方法和技术的数据专业人才,充实档案工作队伍,完善档案管理人才知识结构。

三、大数据时代档案数据生态失衡及其归因

平衡是相对的,不平衡是绝对的。在大数据时代档案数据生态建设、演化、发展过程中,不适应、不协调、不匹配等现象实际存在,导致档案数据生态出现结构性、功能性问题,使得档案数据生态负效能、低效率、亚健康运行。档案数据生态失衡往往隐含在档案数据生态建设运行中存在的相关问题与不足上,必须从数据生态平衡和组织生态平衡的双重角度出发,结合生态"阈限""阈值",科学把握大数据时代档案数据生态失衡现象,认识档案数据生态失衡后果,探究档案数据生态失衡原因。

---

①魏福翠, 高菊梅. 档案实务|青岛档案信息网改版建设探索: 构建走向开放、共享、服务的资源型档案网站 [EB/OL]. (2021-01-25)[2023-08-05]. https://mp.weixin.qq.com/s/kNrYMD654sEiewF5Q4-N9A.

（一）大数据时代档案数据生态失衡表征

结合当前大数据时代的档案数据生态境况可以发现，与广域产生和海量增长的档案数据形成生态相比，档案数据的管理和利用生态均还处于培育成长期，二者之间未能达到高度适应、协调统一的状态，档案数据生态因子、结构与功能均存在较大的优化空间。更为紧要的是，相较于档案数据形成增长的体量与速度，档案数据管理利用演进转型的步伐与进度相对处于落后状态，档案数据资源规模与档案数据处理能力之间的"剪刀差"随时间推移持续扩大。综上，档案数据生态失衡集中表现为海量产生、急剧增长的档案数据资源同不到位、不匹配、不充分的档案数据治理间的矛盾。

1. 指数增长与收管不足的矛盾

数字信息数量庞大，形态各异，内容浩繁，边界不断突破。我们不必一一追问某种信息形态是不是我们的管理对象，立足于广义的信息管理是本学科生存发展的根本出路和方向[①]。大数据时代数据资源量大面广，档案机构和档案工作也必然在实践倒逼下走向全方位的数据管理。然而，大数据时代档案数据"多点、多体、多域、多源"的形成生态与档案部门有限的档案数据收管能力之间形成了对比。而且，延伸来说，正是档案部门未能对大数据时代具有保存利用价值的数据进行前瞻性收管，未及时捕捉到社会对数据的强烈需求，没有认识到数据隐含的巨大资源潜力，没有及时开展满足社会对数据强烈需求的数据管理业务，导致社会对数据的巨大需求得不到满足，促使社会有关方面开展数据管理，有关领域的数据管理业务应运而生[②]，大数据局（中心）以及各领域数据管理机构得以发展壮大。

第一，档案数据识别不足。档案数据是大数据时代对档案存在范围和存在形态的重新认知，直指大数据时代的档案意识问题。档案部门或多或少存在的停留在传统官方"小档案"的认识思维，或局限于"数字（化）档案""电子文件"范畴的档案数据认知，或忽视业务活动、管理运行中所产生数据（如网站网页、微博微信、用户记录等）的档案属性，使得很多档案数据没有得到充分的识别认

①冯惠玲. 学科探路时代: 从未知中探索未来[J]. 信息资源管理学报, 2020(3): 4-10.

②蔡盈芳. 数据管理业务与档案融合管理研究[J]. 档案学研究, 2021(3): 40-46.

定和妥善的归档处置，以致数据流失或者"被体制外"①。而且，面对数据激增和量大面广的现实情况，目前在档案数据的鉴定和甄别上也存在较大差异，对于档案数据收管范围是从严（选择性收管）还是放宽（全面性收管）没有明确的方向，不同单位有着不同的理解和实践。

第二，档案数据接收不畅。档案数据需要应用现代信息技术、数据管理理论进行管理存储，由于部分档案部门的管理能力和技术水平有限，未能跟上数据时代发展，因此，存在"不想收、不敢收、不会收"现象。同时，由于档案数据生成形态多样，缺乏针对性的管理办法，因此，存在档案数据收集标准不一致、格式不统一等问题，系统平台互操作性面临挑战。

第三，档案数据采集有限。当前，档案数据采集主要有两个方向：一是传统档案数据化，通过数据化加工将传统档案转换为档案数据；二是档案数据实时采集，通过计算机从网络和系统等平台当中实时接收数据。相较而言，第一种方式是在存量档案的基础上进行的，比较稳定和成熟；而第二种方式是在增量档案的基础上进行的，由于牵扯识别、捕获、提取等多个步骤，也涉及数据抓取处理等技术工具，又需要考虑同平台系统的对接或是同平台运营商的协作等，更加复杂和困难，如社交媒体文件、网页文件等有保存价值的网络数据收集目前在档案管理中仍是亟待探索的新领域，大量的档案数据未能得到及时全面采集。

第四，档案数据归档复杂。由于文件档案管理最终需要归入数据管理的家族中，文件归档和数据归档的概念也需要整合②，因此，相比于传统档案文件的归档，档案数据需要同时考虑文件归档与数据归档的双重要求。数据归档除了数据内容本身以外，还包括背景信息等元数据，是一个结构化的、内容完整的、要素合规的数据包。加上档案数据来源广、类型多，且部分数据权属并不清晰，因而档案数据归档面临判断来源、识别构成要素、明确数据管理权责等诸多挑战。现阶段档案数据归档的复杂性和弱成熟性，使得档案数据在收管上存在瓶颈。

综上，档案数据指数增长与有限收管之间的矛盾，使得档案数据的"应收尽收、应归尽归、应管尽管"存在较大困难，大量的档案数据其实还游离于档案保管部门之外，有效收管的体量、速度远不及档案数据的产量、增速。

---

① "被体制外"，是指一部分本来在档案工作体制内且具有保存价值的档案数据，由于认识不足或者鉴定不善，而被人为地排除在档案保管范围之外。

② 刘越男. 大数据政策背景下政务文件归档面临的挑战[J]. 档案学研究, 2018(2):107-114.

2. 形态更新与管理失配的矛盾

随着档案管理对象由"模拟态""数字态"向"数据态"嬗变，可以看到管理维度的收敛与管理手段的专深是其主要趋势[①]。由于目前档案工作的"数据化"变迁和档案信息资源的"数据化"管理仍然处在初始发育时期，档案数据管理面临着不小的失配缺口。

第一，档案数据管理理论与管理体系待创建。大数据时代，档案数据的内涵、外延、技术环境均发生了改变，管理档案数据需要新的理论支撑[②]。档案数据管理是档案管理与数据管理的交接与碰撞，需将数据科学、数据管理、大数据等理论知识同档案数据、档案信息化建设相结合，传统档案、电子文件的管理理论和方法难以适应档案数据管理，档案数据管理理论亟待创新。从目前来看，"在探索中前进"还是档案数据管理建设发展的主节奏，关于档案数据生成、采集、处理、存储、利用等管理问题在学界业界仍在讨论争论当中，需要全面系统探索档案数据的形成过程和内涵特征，掌握档案数据的运行规律，研究档案数据的管理方法与技术，创建档案数据管理体系，建立"档案数据管理"或"档案数据科学"课程。

第二，档案数据管理意识不到位。一方面，档案部门尚未培育起档案数据文化，从"数据"层面思考和看待档案信息资源建设和档案数据管理发展的氛围尚未形成。另一方面，对档案数据管理缺乏系统全面探索，档案数据管理=档案数据+数据管理，即在数据管理理论的范畴内研究如何管理纷繁复杂的档案数据[②]。由于档案管理在客观上逐渐处于"模拟态""数字态""数据态"三态并存的局面，"数据态"作为新的管理对象，在档案部门的实际工作中，存在对"数据态"与"数字态"的态别感知不敏锐、对"数字化"与"数据化"技术手段应用相混淆、对数据管理理论方法理解不到位等认知困境，对档案数据管理存在一定误区，认为档案数据管理就是对"数字态"档案的管理，尚未涉及数据挖掘、知识关联、智慧创造等内容。

第三，档案数据管理战略需建立。在顶层设计上，以国家层面为起点，统领地区、行业、机构层面的自上而下的档案数据管理网络体系仍需布局；在中观规划上，以总体框架为起点，指导具体档案数据管理实施的全方位管理方略仍需构

---

① 钱毅. 从"数字化"到"数据化"：新技术环境下文件管理若干问题再认识[J]. 档案学通讯, 2018(5): 42-45.
② 于英香. 大数据视域下档案数据管理研究的兴起：概念、缘由与发展[J]. 档案学研究, 2018(1): 44-48.

建；在微观要素上，技术、设施、人才等客观要素在档案数据管理中的引入应用还处于初始阶段，与档案数据管理工作的磨合还在进行。总之，由于档案数据管理仍处于管理要素的新建和适配阶段，实现档案数据管理从机构层面向地区层面和国家层面的转变，建立与档案数据管理相配套、相适应的生态环境及战略体系仍在路上。

3. 跨界流通与机制失调的矛盾

大数据时代，数据价值的发挥是一个让数据"动起来"的过程。数据流通形式的创新，同样也是数据价值创造模式的创新[①]。档案数据流通不但是档案数据生态中的正常现象，更是档案数据价值实现的必然路径。由数据"流通"到数据"共享""整合""共治"等，必然涉及双方及多方的"跨界"，在一个成熟、完整、全景的档案数据生态圈内，档案数据的跨界流通包括两个方面：一是跨档案部门之间的流通，指档案数据在档案行业系统中的流通传递；二是跨数据部门之间的流通，指档案数据在档案部门与数据管理部门之间的流通共享。然而现实情况是，档案数据的跨界联通面临着机制失调的突出矛盾，不得不引起重视。

第一，档案行业系统自身运行机制内卷化。内卷化呈现"三性"：内部性，只有发生在事物内部并产生关联才称得上内卷；有限性，卷出来的结果往往是因为资源有限、机会稀缺；重复性，内卷化在很多领域被赋予了"简单地生产""不断地重复""机械地运转"等标签。当内卷化出现在某一特定领域、特定阶段时，会阻滞新事物出现、限制新活力迸发[②]。档案事业发展内卷化现象指档案事业发展在现有的结构框架内已经达到相当的水平，但由于缺乏深刻的自我变革需求和强有力的外力介入，档案事业发展难以实现实质性突破的现象[③]。档案事业的内卷化制约了档案工作在档案数据资源流通上的变革。首先，推动档案数据流通共享是档案事业发展的任务和目标，但由于缺乏整体性、统一性的机制规划和治理安排，各省市、各地区的档案数据共建共享步伐、手段、水平等并不一致，不协调，也不平衡，越是下至基层，很多市县一级档案馆封闭运行的特征就越加明显，保护主义、本位主义、单边主义突出，出现"独占式"档案数据生态现象，导致档案

---

①刘海波. 人民日报新论: 动起来, 数据才能创造价值[N]. 人民日报, 2015-06-04(5).

②本刊特约评论员. "内卷化"为什么会产生[J]. 前线, 2021(7): 53.

③常大伟, 陈璟. 从部门空间走向公共场域: 档案事业发展"内卷化"现象及破解之道[J]. 浙江档案, 2019(9): 19-21.

数据共享利用困难。因此，档案部门自发性、分散性、独立性和内部性的机制特点，使得档案数据在更大生态圈中的跨界流通融合存在较大障碍。其次，"统一领导，分级管理"的工作体制，潜存着地方档案行政管理部门和系统专业主管部门双重管理与指导的矛盾之处①，导致不同专业系统在管理功能整合、档案资源共享、档案资源流动等方面存在严重的体制壁垒②。虽然同属档案行业，但却存在"档案工作空间"与"专业系统空间"之间条块分割的矛盾，影响了综合档案部门和专业系统内档案部门之间档案数据的跨界流通。因此，机制内卷导致档案数据在纵向系统内流动尚不充分，横向跨部门之间档案数据也缺乏共享。

　　第二，档案部门与数据管理部门缺乏协同对接机制。大数据时代，在一定程度上信息技术应用对于档案领域的根本性冲击并不在于管理对象的巨变，或是管理方法的革新，而在于整个世界信息管理格局的变化③。信息资源管理的主体多元化和角色多样化，使得档案部门不再成为社会信息资源管理部门的少数之一，也不可能是唯一。其他信息资源管理主体，特别是时下各级数据管理部门相继设立，存储了大量的档案数据，与各级档案部门之间形成了一定竞合关系。档案机构与大数据局的优化协同关系的探究是后机构改革时代档案机构在中观政府改革层面面临的主要问题之一④。立足于档案事业可持续发展，构建良好的档案数据生态链和生态圈，巩固和提高自身生态位，需要加强与数据管理主体的协同合作。一是管理对象交叉。数据管理部门所管的"电子文件""电子数据""政务信息""公共数据"等与"档案数据"大面积交织。二是管理职责重叠。数据管理部门同档案部门在政务数据资源管理范围、管理内容、数据开放等工作内容上存在交融。三是相互协商协调机制尚未建立。在国家和地方大数据、政务信息资源管理领导体制和协调机制中，档案部门基本被忽视；在国家和各省（自治区、直辖市）关于促进大数据发展政策法规文件中，鲜有档案部门承担任务⑤，如此一来，对于档案数据跨界流通来说，如果不及时明确两部门定位并建立合作协调机制，

①罗军. 我国档案管理体制改革研究[J]. 档案学通讯, 2009(5): 46-49.

②常大伟, 陈璟. 从部门空间走向公共场域：档案事业发展"内卷化"现象及破解之道[J]. 浙江档案, 2019(9): 19-21.

③刘越男. 数据治理：大数据时代档案管理的新视角和新职能[J]. 档案学研究, 2020(5): 50-57.

④陈艳. 后机构改革时代：档案机构定位的重塑：基于山东省省级机构档案工作者的调查[J]. 档案学研究, 2020(3): 39-45.

⑤徐拥军, 张臻, 任琼辉. 国家大数据战略背景下档案部门与数据管理部门的职能关系[J]. 图书情报工作, 2019(18): 5-13.

解决复杂的档案数据管理问题，就会造成档案数据在档案部门与数据管理部门被分割成两个"信息孤岛"的风险，档案部门在档案数据生态中的主导生态位和核心竞争力也将受到冲击。

4. 体量庞大与价值创升的矛盾

海量档案数据的战略意义不仅在于掌握庞大的数据信息，而且在于对这些有较高价值的饱含历史意义的数据进行专业化处理①，从而实现档案数据的"增值"。如果档案数据资源的拥有和档案数据价值的创升不成正比，那么这种矛盾就会越积越深，愈演愈烈。尤其是在档案数据海量产生而又十分强调发挥数据价值的大数据时代，这种矛盾将会被明显放大。

第一，从管理层面而言，传统档案由于存储空间限制，档案管理的内容和范围受到制约，"大档案观"理念难以施展，大量的档案信息资源无法进馆保存。大数据时代，数据存储能力极大增强，有能力保存各类档案数据资源，实现档案资源应归尽归、应收尽收、应管尽管。但是，由于组织管理方式局限，体量庞大的档案数据资源分散保管现象普遍存在，档案数据资源整合集成困难，难以充分激发档案数据价值，让档案数据"动起来""联起来""活起来"。第二，从技术层面而言，虽然大数据时代下数据处理技术与利用方式的转变，使得隐藏在数据背后的信息、知识不断显现②，能够为档案活动提供更加多样化的工具，这使得档案活动日趋自动和智能化，也能实现此前无法实施甚至想象的档案活动③。但档案部门对于数据技术在档案数据价值创升中的应用总体较为谨慎与犹豫，面对海量覆盖社会生活各领域、各方面的档案数据资源，在数据分析、内容关联、知识提炼等方面采用的技术方法还比较落后。第三，从开发利用模式层面而言，档案部门现有"研史""资政""为民"的单一型档案信息开发利用模式难以释放档案数据的多重价值。大数据时代，开放互动的社会特征为档案资源多主体参与式开发营造了良好的环境。尽管当前档案工作社会化的呼声高涨，可我国的档案参与研究绝大多数还停留在外部环境和技术的变化对档案参与的观察与解释层面④，以合作参与和开放创新为特征的档案数据社

---

① 陶水龙. 大数据视野下档案信息化建设的新思考[J]. 档案学研究, 2017(3): 93-99.
② 童楠楠, 朝乐门. 大数据时代下数据管理理念的变革：从结果派到过程派[J]. 情报理论与实践, 2017(2): 60-65.
③ 周文泓, 代林序, 贺谭涛, 等. 计算档案学的内涵解析与展望[J]. 档案学研究, 2021(1): 49-57.
④ 张江珊, 蔡非凡. 档案学语境下的"参与"研究[J]. 档案学研究, 2019(6): 19-24.

会化开发实践还比较稚嫩，通过社会化开发模式实现更多的基于档案数据的知识生产和价值创升图景还未广泛形成。

（二）档案数据生态失衡归因

档案数据生态平衡是指数据—环境—主体之间的均衡状态。在一个良好的档案数据生态系统中，档案数据的输入输出存在着相对平衡的关系，档案数据生态系统各部分的结构与功能均处于相互适应与协调的动态平衡之中，即通常所说的生态平衡。相反，档案数据生态失衡是指数据—环境—主体之间的非均衡状态，生态失衡本质上是档案数据生态系统"熵"的增加。一方面，表现在档案数据生态系统内部的新陈代谢，使得生态系统结构有序和无序相互交替；另一方面，表现在当外力对生态系统的干扰超过一定的限度时，也会产生破坏作用。"熵"的变化主要来自档案数据生态系统三个基本构成要素的平衡状态以及互相调适情况，档案数据生态平衡其熵较小，反之生态失衡其熵较大。所以，档案数据生态失衡可以从档案数据本体、档案数据客体、档案数据主体三个方面探寻归因。

1. 档案数据本体因素

作为档案数据生态系统存在、运行与发展的核心因子，档案数据本体的客观状况与动态趋势是档案数据生态平衡内在、固有的影响因素，档案数据生态失衡的本体因素主要来自档案数据质性、档案数据体量和档案数据质量三个方面。

（1）档案数据质性因素

档案数据质性是指档案数据本身的属性特点，直接塑造着档案数据生态的底层代码和空间样态，决定着档案数据管理的思维、方法、手段，自然对档案数据客体和主体也提出了相应的要求。若技术体系、管理环境、适用规范等主客体不能适应档案数据质性需求，那么档案数据生态失衡现象便会因为逆差的出现而产生并加剧。

第一，档案数据以"数据"为单元的存在粒度使得对档案数据管理精细化的要求提升。档案数据形成于数据化的技术环境，相对于文件形式的粗颗粒度的传统档案信息，档案数据组织粒度细化，是一个个可以独立存在的数据单元[①]。传统

---

①金波, 添志鹏. 档案数据内涵与特征探析[J]. 档案学通讯, 2020(3): 4-11.

粗颗粒度的档案管理理论和管理方式捉襟见肘，难以适应档案数据管理需求，档案数据往往处于无序、游离、失调的生态状态。

第二，档案数据"数据态"的技术属性对档案数据管理技术要求提高。档案数据具有特殊的生成和运行环境，是现代信息技术的产物，"数据态"的技术属性对数据处理技术和系统平台高度依赖，需要利用规则、模型、算法等数据管理技术方法进行处理分析，而现阶段档案数据管理中的技术应用薄弱，动能不足、势能有限。

第三，档案数据"共生互生"的离散特点对档案数据组织关联要求加强。数据态在信号性质和内容语义方面存在离散特点，共生互生的依赖性明显，在档案数据管理上更加注重挖掘聚合档案数据的强关联性、细关联性、多关联性，提供理解这些离散数据所需要的各类关联管理，包括描述数据关联、模型管理、本体管理、规则管理、关系管理等①。这类管理在目前的档案数据生态系统中是比较欠缺的，大量的档案数据由于缺乏组织关联而无法形成蕴藏更大、更多价值的"数据球""数据湖"。

（2）档案数据体量因素

大数据时代，数据已经渗透到每一个行业和业务领域，成为重要的生产要素。随着数据规模的指数增长，档案数据也海量产生、急剧增长，是社会记忆的重要组成。档案管理和利用能力的滞后成为档案数据生态失衡的重要诱因。

从增量上看，档案数据海量产生导致档案管理超载负荷。大数据时代，社会活动中形成的档案数据碎片化和细颗粒化明显，数据信息爆发式增长，要求对具有保存价值的增量数据持续不断采集和积累。源源不断产生的档案数据使得档案数据生态系统运行过程中的物质流、能量流、数据流、价值流等输入输出负载加重、交织叠加程度加深、集聚消耗压力加大，存在着海量数据资源与收管能力不足之间的矛盾，难免出现生态失衡现象。

从增速上看，档案数据急剧增长导致档案管理数据失忆。档案数据的"爆炸式"增长和技术环境变迁使得档案数据形成流动节奏加快，档案部门的数据管理能力滞后于档案数据产生的速度与体量，超出档案部门的数据接收能力、吸收能力、消化能力、处理能力，使得增量档案数据的管理无法及时跟进、效能无法正常发挥，档案数据变化"积极性"与主客体应变"惰性"之间的矛盾加剧，造成

①钱毅. 数据态环境中数字档案对象保存问题与策略分析[J]. 档案学通讯, 2019(4): 40-47.

档案数据生态失衡。同时，档案数据具有即时性和易逝性，由于数据记录的实时变化、社会活动的不断拓展、技术环境的更新换代及业务职能的更替转型等，档案数据生成周期缩短，如果不及时累积保存，便会造成档案数据流失和消逝，影响档案数据的完整性。目前，档案数据生态系统对档案数据的持续累积性管理有待加强，需要提高档案数据管理的时效性，避免"数据失忆"。

从类型上看，档案数据结构多元导致档案管理多样化。档案数据产生环境更趋网络化、数据化、立体化，结构化、半结构化、非结构化的档案数据多元交织，如各种格式的文本、图片、图像、音视频、网页、社交媒体等，要求档案数据生态系统能够吸收消化各种类型的档案数据资源，并使之发挥效用。而目前的档案数据生态系统难以做到对各类档案数据资源的有效管理，一些新媒体档案数据资源仍处于游离状态。

从范围上看，档案数据边界拓展导致档案管理复杂化。档案数据具有广源性，体现在产生环境的广泛性和覆盖范围的广泛性两个方面。档案数据的广源性给档案数据资源管理和建设带来了复杂性，一方面，很多以往不被关注、不受重视却具有保存价值的数据需要重新认定，泛在地存在于多种环境尤其是技术环境之中的档案数据，增加了采集、获取和处理的难度，而目前的档案数据生态系统对于多元档案数据的捕获能力还处在初级阶段。另一方面，档案数据覆盖范围的广泛性意味着档案管理范围的拓展和多元主体的互动，目前很多档案数据仍分散在档案部门可管控的视野和权限之外，属于"体制外"的事务；同时，各类大数据管理机构不断涌现，管控着大量的档案数据资源。档案数据的广源、分散、泛在现状倒逼档案数据主体开展合作，而协同化、联盟化、区域化的档案数据共建、共治、共享生态尚未健全。

（3）档案数据质量因素

档案数据质量是档案数据资源满足相关要求的程度，也是档案数据生态系统健康运行的重要前提，档案数据质量问题引发的档案数据生态失衡现象也并非鲜见。由于缺乏总体规划、管理规范和质量控制，数据规范性、一致性、唯一性、完整性、可用性等存在漏洞，使得档案数据质量参差不齐，数据冗余、数据污染、数据异构、数据冲突、数据断层、数据残缺等问题阻碍了档案数据生态系统良性运行。在档案数据生命周期的每个阶段，都会存在一定的质量隐患，这些质量问题都是档案数据生态失衡的诱因。

档案数据生成阶段，主要存在数据错误、数据失真、数据异构、数据流失、数据冗杂、数据垃圾等质量问题；档案数据采集阶段，主要存在数据丢失、要素缺失、内容缺损等质量问题；档案数据保管阶段，主要存在数据保全、数据篡改、数据损毁、数据失效、数据失联、数据泄密等质量问题；档案数据利用阶段，主要存在数据失控、数据泄露、数据读取、数据伦理、数据安全等质量问题。所有这些问题，都会给档案数据质量带来不可逆的负面影响，造成档案数据生态的局部"病态"，甚至扩散蔓延，影响档案数据生态系统的健康运行以及生态功能的有效发挥。

2. 档案数据客体因素

档案数据客体因素是指档案数据生态环境，包括自然环境和社会环境。自然环境主要是指地质环境、气候环境、生物环境等自然因子，其影响往往是持久的、长期的、不可抗拒的，主要是由档案数据形成、存储的地理位置决定的，相对固化，对此不做过多论述。社会环境包括政治、经济、文化、科技、教育等环境，具体影响档案数据生态的社会环境主要有制度、机制、技术等要素，这些环境要素的变化或欠缺，也会导致档案数据生态失衡。

（1）档案数据管控制度因素

档案数据管控制度，主要包括法规、政策、标准等，是档案数据生态系统健康发展的重要保障，能够调动和约束相关主体力量，运用各种调适手段为档案数据生态良性运行提供必要的资源支持和行动规约。而现阶段档案数据管控制度的滞后和缺位，恰是档案数据生态失衡的重要原因。

在法规环境方面，针对档案数据的体系化法律法规尚未建立。在档案领域，《中华人民共和国档案法》及相关档案法规中尚未涉及档案数据，档案数据更多地暗含于"电子档案""数字档案资源"管理规定之中。在公共事业和相关专业领域，出台了诸如《中华人民共和国数据安全法》《促进大数据发展行动纲要》《科学数据管理办法》《浙江省公共数据和电子政务管理办法》《福建省政务数据管理办法》《重庆市公共数据开放管理暂行办法》《天津市促进大数据发展应用条例》等规定，未将档案数据明文纳入并做专门规定。可见，目前没有专门针对档案数据的法规，现有法规涉及档案数据的条文较少。

在政策规划环境方面，涉及档案数据的政策生态尚不成熟。《"十四五"全国档案事业发展规划》以及地方省市档案事业发展规划中虽然涉及档案数据管理的一些规定，但相对而言比较边缘、零散、宏观，对档案数据及其管理缺乏全面系统的规划，往往将档案数据置于档案信息化等语境场域中，专门针对档案数据的政策规划相对较少。

在标准环境方面，针对档案数据的标准规范体系亟待构建。在档案领域，针对档案数据存储的标准有《档案数据硬磁盘离线存储管理规范》（DA/T 75—2019）、《档案数据存储用 LTO 磁带应用规范》（DA/T 83—2019），而对档案数据管理还没有明确的标准规范。在其他领域，诸如《信息技术　大数据　政务数据开放共享》（GB/T 38664—2020）、《政务服务平台基础数据规范》（GB/T 39046—2020）、《工业数据质量　通用技术规范》（GB/T 39400—2020）、江西省《政务数据开放平台技术规范》（DB 36/T 1098—2018）等标准，虽然与档案数据存在一定的关联，但并不直接指向档案数据。可见，关于档案数据的标准规范体系尚不健全，且客观上存在行业之分、场域之别。

（2）档案数据治理机制因素

机制是指复杂系统在运行过程中具有总体性特征的运行方式、运行规律，及其系统组织结构与外部环境之间相互作用的方式与呈现的状态[①]。档案数据治理机制决定着档案数据治理活动中所关涉的多种复杂社会关系的基本形态，是处置这些复杂关系的基本准则和基本依据。档案数据生态的优劣在很大程度上依赖于档案数据治理机制的合理性与有效性。

一是组织机制困境。档案数据是档案资源的新形态，一方面，受管理体制的影响，档案部门目前较少设有针对档案数据的管理机构，档案数据常处于多头管理、分散管理状态，与现代公共治理不相适应；另一方面，受档案部门管理能力的影响，未能及时应对档案数据的大量形成，促使社会有关方面接管档案数据，大数据局（中心）以及各领域数据管理机构不断涌现，导致档案部门与行业数据管理机构、大数据管理部门存在资源重叠、目标冲突、职责不清等情况，致使在解决复杂的档案数据治理时步履维艰。

二是协同机制困境。现代公共治理强调社会共治，协同机制是关键抓手。档案部门需要加强与档案数据形成部门、大数据管理部门、行业数据管理机构、信息管理部门、信息技术公司、档案中介机构等社会组织协同，协调不同治理主体之间的利益，实现档案数据的多元共治。目前，缺乏引导多元档案数据治理主体协同共治体制机制、激励机制和考核机制，合作的积极性、主动性、意愿性不强，

---

①金波，丁华东，倪代川. 数字档案馆生态系统研究[M]. 北京: 学习出版社，2014: 244.

容易产生协同行动的形式主义和"协同惰性"，档案数据治理"同频共振"效应不突出。

三是文化机制困境。培育发展档案数据意识和档案数据治理文化对档案数据生态系统健康运行具有重要作用。第一，社会档案数据意识薄弱，人们在业务活动、社会活动、管理活动中大量形成的数据处于分散、游离、失控中，未能充分认识数据的价值和活性，大量的档案数据未能及时完整归档，处于自生自灭状态。第二，档案部门数据意识薄弱，没有深刻认识到大数据时代信息资源的数据态别与态势，对社会各行各业产生的具有保存利用价值的数据资源缺少管理意识，没有主动出击，管控滞后。第三，治理主体协同意识薄弱，协同合作是美国建筑学家理查德·巴克敏斯特·富勒（Richard Buckminster Fuller）提出的一个概念，用来形容团队联盟建立起来之后，以共同的信念和目标来鞭策集体的行动[①]。以档案部门为核心的档案数据治理主体间没有形成常态化、多元化、立体式的合作沟通氛围与格局，协同文化机制尚未建立。

四是安全机制困境。网络技术环境下，档案数据潜在安全隐患增加，呈现出隐蔽关联性、泛在模糊性、跨域渗透性、交叉复杂性和集群扩散性等特点，安全保障形势严峻、难度加大。当前的档案数据生态系统在技术因素、组织因素、环境因素、叠加因素等方面，面临着安全法规体系不健全、安全管理制度不完善、顶层设计规划不到位等障碍，存在着技术应用风险、系统运行风险、载体存储风险、网络传输风险、数据利用风险等一系列安全生态问题，亟待强化档案数据安全风险意识，建立档案数据安全治理机制。

（3）档案数据技术方法因素

档案数据是现代信息技术的产物，技术密集度高，技术依赖性强，其生成、传递、交换、运行离不开系统平台和软硬件技术支撑。目前，档案部门在档案数据管控中的技术应用能级较低，没有发挥出技术优势和技术生产力，在档案数据管理技术方法层面存在不足。

在技术应用方面，在技术引进上，大数据、云计算、区块链、人工智能、5G等新兴数据技术应用火热，但考虑到档案工作的特殊性以及档案数据的长期保存性，引进新技术时要充分考虑其成熟性、稳定性、安全性、可靠性、拓展性、可控性等一系列技术问题，这致使目前新兴数据技术未能在档案部门广泛使用。在

[①]科多瓦 D C, 戴萨特 C, 林伟贤. 创业者的赚钱系统[M]. 北京: 北京大学出版社, 2009: 118.

技术选优上，层出不穷的数据技术客观上造成了档案数据管理技术的"选择困难症"，如何选择稳定可靠、安全适用、性能先进的数据技术成为档案数据管理的又一难题。在技术推广上，目前新一代信息技术在档案数据管理中总体处于试点探索状态，应用环节、应用范围、应用领域均有待拓展。

在系统对接集成方面，当下，数字档案馆（室）建设如火如荼，智慧档案馆建设厉兵秣马，各级各类档案部门基本建有档案管理系统与平台。然而，由于技术标准不一、底层架构不同、数据接口各异，系统平台异构现象普遍存在，互操作性弱，资源整合集成难，直接影响到档案数据流转信道与信息链的畅通，限制了档案数据的互联互通与共享利用。

3. 档案数据主体因素

档案数据生态系统不单单是一种信息生态系统和社会生态系统，也是一种人工生态系统，因人的需要建立和发展，其生成、运行、演化、平衡主要依托人类的智慧。档案数据生态系统是由档案数据本体、档案数据主体、档案数据客体三部分构成，它们相互耦合、相互作用，共同推动着档案数据生态系统的健康运行。其中，占据核心地位的是档案数据主体，各个主体在整个档案数据运行过程中扮演着不同的角色，发挥着不同的作用。档案数据生态失衡往往是由档案数据主体缺位或主体间配合衔接缺失造成的。

（1）档案数据形成者因素

档案数据形成者是指产生档案数据的国家机构、社会组织或公民个人，档案数据的海量产生与急剧增长同档案数据形成者的社会实践活动密切相关。一方面，不同的档案数据形成者因其规模、性质、体量不同，所形成的档案数据数量和种类也千差万别；另一方面，不同的档案数据形成者因其工作方式、技术手段、职业道德、教育水平、数据意识的不同，所形成的档案数据管理质量也千差万别。这些都决定着档案数据的数量和质量，也影响着档案数据的移交接收和管理存储。例如，业务活动中形成的数据指数增长、分布广泛、结构复杂、类型多样，档案数据形成者未能对生成的数据实施有效的前端控制，做到正确识别、完整捕获、及时采集、按时归档，致使大量档案数据未能移交进馆（室），导致产生数据流失、数据失控等现象。

由此可见，档案数据形成者是档案数据生态系统中不可或缺的生态因子，当然也是档案数据生态平衡的重要节点。虽然档案数据形成者不直接参与档案数据管理，但是作为档案数据资源的生产者、制造者，是档案数据资源形成的基础，决定着档案数据生态系统中档案数据资源的数量与质量，直接影响档案数据生态系统的后续运行。

（2）档案数据管理者因素

档案数据管理者是指管理档案数据的人员，主要包括档案行政部门、档案保管部门、数据管理部门等机构的相关工作人员，直接参与档案数据的管理和运行，是整个档案数据生态中的核心主体。档案数据管理者一方面通过计划、组织、管理、领导和控制等方式确保档案数据生态系统正常运行；另一方面通过采集、处理、存储、利用等环节推动档案数据有效管理和有序运行。由于档案数据是档案资源的新样态，相关管理者缺乏管理理念、业务能力和技术手段，在档案数据业务管理、跨界流动、共建共享等方面功能缺失，往往形成不敢管、不想管、不能管的现象。例如，档案数据形态更新与管理失配的矛盾，档案数据管理者面对"数据态"的档案，尚未建立起与之相适应的管理体系与技术环境；档案数据跨界流通与机制失调的矛盾，档案数据管理者未能充分协调档案数据生态链、生态网乃至生态圈中的主体互动关系；档案数据体量庞大与价值创升的矛盾，在档案数据价值实现与价值创造过程中，档案数据管理者在利用数据管理技术和方法、动用各方力量和手段、创新开发模式和路径等方面存在不足。

由此可见，档案数据生态平衡稳定与否，在很大程度上有赖于档案数据管理者作用的发挥，需要档案数据管理者通过科学的管理、有效的组织、合理的控制，充分挖掘档案数据生态系统中各生态因子的功能，优化档案数据生态环境，推动档案数据生态系统良性运行。

（3）档案数据利用者因素

档案数据利用者是档案数据用户，即档案数据消费者，是指在政治、经济、科技、文化、管理等各类社会实践活动中需要利用档案数据的机构、组织或个人，是档案数据生态系统服务的对象。利用需求是驱动档案数据生态系统运转的动因，也是体现档案数据价值的重要形式，档案数据只有被用户广泛利用并创造效益，才能实现其价值。

档案数据利用对档案数据生态位的提升具有重要影响。当前，档案数据利用存在的生态失衡主要表现在三个方面：一是档案数据利用意识薄弱，档案数据利用者的利用意愿不够强烈，使得档案数据"藏"多"用"少，"存""用"

失衡，档案数据资源价值未能有效发挥。二是档案数据利用需求倒逼力度有限，社会各方面重视并利用档案数据解决实际问题的氛围并不浓厚，缺乏深度开发利用档案数据资源的技术手段和专业能力，不足以对档案数据管理部门形成威慑震慑作用，从而不能有效督促档案部门提高档案数据管理水平和服务效能，提升档案数据生态位。三是参与融入档案数据资源建设管治的广度深度不足，档案数据利用者仅仅作为档案数据消费者存在，没有更多地、自觉地承担起档案数据分解者等功能。

（4）档案数据主体联动因素

除了档案数据形成者、管理者、利用者各自的自身因素之外，各主体间的互动关系也直接影响档案数据生态的平衡与发展。在档案数据生态中，各主体担负着不同的生态功能，也占据着不同的生态空间和生态位，主体间的有效匹配和耦合是档案数据生态平衡与良性运行的必要条件。正因如此，档案数据主体间匹配度差、耦合度低、关系不顺等自然而然也会成为档案数据生态失衡的重要因素。

事实上，档案数据生态中的档案数据主体间存在着合作、协同、指导、服务、竞争、监管等一系列关系，档案数据主体失衡也主要表现在这些关系节点上的失衡。一是档案数据主体协作失衡。主要发生在档案数据管理者之间，表现为档案部门与档案部门之间、档案部门与数据管理部门之间在档案数据资源的共建、共享、共治上缺乏协同、合作和联动，没有形成共识、凝聚力和共同体，档案数据互联互通困难，继而产生"数据孤岛""数据打架"等不良生态现象，这是档案数据生态失衡的重要原因。二是档案数据主体指导失衡。主要发生在档案数据管理者与档案数据形成者之间，表现为档案数据管理者对档案数据形成者在档案数据的前端控制上没有履行好监督指导责任，致使档案数据未能有效积累、完整采集、及时归档，致使大量的档案数据资源流失和管理失控。三是档案数据主体服务失衡。主要发生在档案数据管理者与档案数据利用者之间，表现为档案数据资源服务不能有效满足社会各方面利用需求，档案数据资源价值没有充分激活，未能最大限度地实现档案数据价值和档案数据生态效益。四是档案数据主体监管失衡。主要发生在档案行政管理部门（档案数据监管者）与其他档案数据主体之间，表现为档案数据监管者未能就档案数据资源管控出台科学合规的政策、规划、制度、标准等，未能对档案数据主体依法进行有效监管，致使档案数据生态系统处于低效运行状态。

综上，在深入剖析档案数据生态环境的基础上，全面考察档案数据形成与管理现状，系统梳理档案数据生态失衡归因，探寻档案数据指数增长与管理落后、社会需求与保管分散、长期保存与载体脆弱、海量资源与价值实现等之间的矛盾，分析造成档案数据异构、分散、孤立的技术因素、行业因素、制度因素及管理因素，找准档案数据管理"痛点"，探寻档案数据治理的行动方案和实践路径，建构档案数据治理理论体系与话语体系，推动档案数据生态良性运行与健康成长。

第四章　档案数据治理理论与治理体系

　　档案数据治理是一项涉及政治、法律、管理、技术、人文等领域的系统性工程，档案数据治理研究具有多学科综合性交叉性特征，需要综合运用数据科学的技术方法和治理理论的思想知识，聚焦档案数据治理对象、治理主体和治理目标，探究档案数据治理理论基础，构筑集档案数据质量控制、资源整合、共享利用、安全保障和运行机制于一体的档案数据治理体系，推动档案数据治理理论创新，指导档案数据治理实践。

一、数据科学与治理理论

　　档案数据治理研究具有综合性和交叉性。一方面，融入数据科学的理论知识、数据管理的技术方法，创新档案数据治理手段方式，创建档案数据治理模式；另一方面，运用社会治理、信息治理、生态治理、组织治理、协同治理等治理理论和思想分析档案数据治理原则、目标、框架和运行机制，揭示档案数据治理内涵和架构，建构档案数据治理理论和治理体系。

（一）数据科学理论

1. 数据科学

　　1974 年，著名计算机科学家、图灵奖获得者彼得·诺尔（Peter Naur）首次明确提出数据科学（data science）的概念：数据科学是一门基于数据处理的科学[①]。

---

①朝乐门, 邢春晓, 张勇. 数据科学研究的现状与趋势[J]. 计算机科学, 2018(1): 1-13.

随着大数据的发展，数据科学的内涵不断丰富，逐渐成为一门综合信息科学、计算机科学、数学、统计学、传播学等专业理论知识的科学领域。目前，数据科学是一门以数据，尤其是大数据为研究对象，并以数据统计、机器学习、数据可视化等为理论基础，主要研究数据加工、数据管理、数据计算、数据产品开发等活动的交叉性学科[①]。数据科学主要研究内容有：大数据及其运动规律的解释、从数据到知识和智慧的提炼转化、数据洞见及决策支持、数据业务化和数据故事化、数据呈现及数据智能、数据产品研发和数据生态系统建设等。数据科学将"数据现象"和"数据问题"从信息科学中独立和凸显出来，从数据出发，让数据说话，用数据导控，使信息科学不再直接受限于信息论、控制论和系统论等底层基础理论，而更加依赖于数据科学层次的理论创新[②]。

可以将数据科学类比成一只雄鹰，其理论体系如图 4-1 所示。鹰的翅膀和脚是统计学、机器学习和数据可视化，这是数据科学的理论基础。脱离了统计学、机器学习和数据可视化，数据科学这只"鹰"就"飞不起来"，也"落不了地"。鹰的躯体是基础理论、数据加工、数据计算、数据管理、数据分析、数据产品开发，这些是数据科学的核心内容。领域知识是鹰的头脑，决定着数据科学的主要

图 4-1 数据科学的理论体系

---

① 朝乐门. 信息资源管理理论的继承与创新：大数据与数据科学视角[J]. 中国图书馆学报, 2019(2): 26-42.

② 朝乐门, 卢小宾. 数据科学及其对信息科学的影响[J]. 情报学报, 2017(8): 761-771.

关注点、应用领域和未来发展态势，与领域知识高度融合是数据科学的重要特征。大数据带动了数据科学的蓬勃发展，而数据科学的兴盛又对信息科学及信息资源管理产生深刻影响。档案学属于信息科学研究范畴，数据科学的兴起促使档案管理对象进一步向档案数据延伸，借鉴数据科学理论，探索数据计算、数据管理、数据监管、数据产品开发等技术方法在档案管理中的应用，建立科学合理的档案数据管理体系，促进档案学与计算机科学、统计学、管理学、社会学、传播学等学科的交叉融合。

（1）本体论：从记录计量到数据计算

从本体论审视数据科学，需要深入探究"数据"一词的本义和来源。"数据"一词在拉丁文里是"已知"的意思，也可以理解为"事实"。如今，数据代表着对某件事物的描述和记录，是信息的原材料。记录信息的能力是原始社会和先进社会的分界线之一。早期文明最古老的信息记录工具就是基础的长度测量和物重计量。计量和记录一起促成了数据的诞生，它们是数据化最早的根基①。千百年来，计量从长度和重量不断扩展到颗粒、面积、体积、方位、时间和空间的测算；信息记录从文明之初的结绳记事，到文字发明后的文以载道，再到近现代科学的数据建模②，信息存在方式越来越数字化、数据化。开放和新技术应用促进了测量事物和记录数据的繁荣，人类进入一切事物都需要被测量、记录和计算的时代，而数据化就诞生于这片沃土之中。大数据发展的核心动力来源于人类测量、记录和分析世界的渴望①。信息存储空间的极大拓展、人类算术能力的飞跃，推动人类进入"量化一切"的计算型社会，通过数学分析、算法处理、统计计算来赋予数据新的意义，挖掘数据潜在价值，充分释放数据能量，成为数据科学的核心要义。

（2）认识论：大数据、大科学与大发现

从认识论视角阐释数据科学，主要是探究数据科学蕴含的科学哲学内涵。大数据开启了一场重大的时代转型，是人类认识的一次根本性转变。大数据成为人们获得新认知、创造新价值的源泉，标志着人类在寻求量化和认识世界的道路上取得了重大突破。过去不可计量、存储、分析和共享的很多事物都被数据化了，海量数据为科学研究打开了一扇新的大门，科学研究的数据化能力得到进一步提升，改变了人类探索科学世界的方法。以大数据为推动力的科学研究范围、情境、方法、模式等发生了极大改变，形成自然科学、社会科学、信息技术跨界交叉融

---

① 舍恩伯格 VM，库克耶 K. 大数据时代[M]. 盛杨燕，周涛，译. 杭州：浙江人民出版社，2013：97，105.
② 梅宏. 建设数字中国：把握信息化发展新阶段的机遇[J]. 网信军民融合，2018(8)：11-13.

合的大科学。通过数据化，可以全面采集和计算有形物质和无形物质的存在，并对其进行处理，万物皆数成为渗透到所有生活领域的世界观。大数据时代的到来，为科技创新与知识服务提供新契机和新动力，推动形成大交融的大科学，促进知识和智慧的大发现。大数据的核心就是预测，通过计算分析，发现海量数据背后的信息关联，提供新的智慧和洞见。

大数据时代，随着档案信息存储能力的增强、档案管理技术方法的改进，需要以"大数据""大档案"的开放包容观念审视档案资源建设和档案数据管理，扩展档案管理边界，扩大档案保存范围，延展档案工作的辐射能力和覆盖空间，尽可能收集多元数据、全面数据、完整数据和综合数据，关注底层化、碎片化、复杂化的数据信息[1]，实现应归尽归、应收尽收、应管尽管，全面完整地保存社会记忆，构建大数据时代反映国家和社会变迁的实时全景图，真正建立覆盖人民群众、满足国家社会长远发展需要的档案资源体系。

（3）方法论：数据密集型科学范式

2017年，图灵奖获得者吉姆·格雷（Jim Gray）在美国加利福尼亚州山景城召开的美国国家研究委员会计算机科学与电信委员会（National Research Council-Computer Science and Telecommunications Board，NRC-CSTB）上，发表题为"科学方法革命"的主旨演讲，提出著名的第四范式理论，即人类的科学研究继以经验总结为特征的实验科学范式、以模型归纳为特征的理论科学范式和以模拟仿真为特征的计算科学范式后，已经进入数据密集型科学范式，以大数据挖掘分析进行预测和研判成为当今科学研究的重要依据[2]。数据密集型科学范式的特点是针对科学研究活动面临的大量通过设备采集、仿真模拟、传感网络生成汇聚的多源数据集，通过系列技术和工具支持数据关联，进行数据组织建模、分析挖掘与可视化探索，发现需要的信息和知识，实现有效的学术交流与知识传播。与传统基于信息的内容揭示和管理或基于小样本数据的演绎和统计相比，拓展到基于大数据的深度分析与知识发现或基于全样本数据挖掘发现的因果关系与关联关系[3]。这种"科学始于数据"的新型科学范式的形成，推动现实空间中的元素映射到一个与物理空间平行的数字孪生世界中，通过对数据世界的获取、挖掘与分析，实现反向导控物理空间和人类社会中的决策行为。在该科学范式下，数据挖掘是最重要

---

①金波，添志鹏. 档案数据内涵与特征探析[J]. 档案学通讯，2020(3): 4-11.

②冯惠玲. 融入数据管理做电子文件管理追风人[J]. 北京档案，2020(12): 6-7.

③金波. 紧抓新文科建设机遇 推动学科转型发展[J]. 图书与情报，2020(6): 6-9.

的方法，数据规律是最重要的研究成果，强调让数据自己说话，增加了该范式中知识生产的新方式①。在此背景下，作为信息科学的档案学，借助数据分析、数据挖掘、数据可视化等技术方法，推动数据密集型科学范式开启，激活档案数据价值，积极融入数据科学共同体。

2. 数据管理

数据管理是数据科学的重要内容，不仅是一种先进的管理技术方法，更是一种全新的管理理念，是以数据为管理对象，以提高管理效能、实现数据价值为目标的管理方式。面对数据的全方位爆发乃至泛滥，数据管理自然成为一个大口径的大领域，越来越流行和通用，数据管理的法律法规政策、组织机构人员不断涌现，管理框架日益丰满规范并涵盖广泛，数据互联、数据驱动、数据交易、数据市场要素、数据馆员等新状态新事物不断生长。档案数据作为国家和社会重要的信息资源，是数据管理的重要对象和特定场域，数据管理必将对档案管理理论、方法、模式产生系统性变革。

（1）数据管理内涵

数据管理并不是一个新概念，自从人类计数开始，数据管理活动就已经产生，如刻契计数、结绳计数、贝壳计数等都是数据管理活动的雏形。随着大数据时代的到来，数据管理的重要性日益凸显，数据挖掘、数据分析和数据应用成为人们关注的焦点，"万物皆数"的理念深入人心。数据管理是指将数据视为重要的信息资源，运用云计算、物联网、大数据、智慧工程等现代技术对数据资源进行有效的收集、处理、存储、挖掘和利用，保障数据长期可用，实现数据价值，提高组织运行效率和核心竞争力。数据管理先后经历了人工管理阶段、文件系统阶段和数据库系统阶段，现已进入大数据阶段。数据管理具有以下四个方面的特点：一是管理空间广阔。通过对结构化数据、半结构化数据、非结构化数据、抽象化数据和暗数据进行有效管理，扩展数据管理范围。二是数据深度关联。开展数据管理，就是要从数据的高度关联中去提取价值，探索知识和智慧，分析解决问题，使数据在集聚中发挥更大的价值和能量。三是数据高度共享。数据只有高度共享、高速流动，相互之间不断地进行碰撞才能充分发挥价值。四是管理环境液态化。通过搭建开放式、无边界的生态环境，吸纳创新型组织广泛参与，塑造液态化的

---

①巴志超, 李纲, 周利琴, 等. 数据科学及其对情报学变革的影响[J]. 情报学报, 2018(7): 653-667.

数据管理组织①。

（2）数据管理能力成熟度评估模型

2018 年，国家标准《数据管理能力成熟度评估模型》（GB/T 36073—2018）发布实施，提出了数据管理能力成熟度评估模型以及相应的成熟度等级，定义了数据战略、数据治理、数据架构、数据应用、数据安全、数据质量、数据标准和数据生存周期等 8 个能力域，为组织机构进行数据管理能力成熟度评估提供重要参考依据②。数据战略是从宏观层面掌控数据管理，包括数据战略规划、实施和评估等能力项；数据治理从组织体系、制度建设、沟通协调等角度强化数据管理活动；数据架构则是通过建立数据模型，进行数据发布、资源集成与元数据管理；数据应用通过数据开放共享，进行数据分析与服务；数据安全是数据管理的重要内容，涵盖数据安全策略制定、管理实施与审计评估等内容；数据质量是数据有效利用的基础，需要明确数据质量需求，进行数据质量检查与分析，从而提升数据质量；数据标准包含业务术语、参考数据和主数据、数据元、指标数据等方面；数据生存周期则包括数据需求、数据设计开发、数据运维、数据退役等过程。数据管理能力成熟度评估等级分为初始级、受管理级、稳健级、量化管理级、优化级等五个层级，搭建起评估组织数据管理实践、数据管理政策、数据管理成效等的结构化、标准化、递进式的层级框架，用于识别和量化不同组织的数据管理成熟度，并为组织的数据管理提供具体的流程化指导。

（3）文件档案与数据管理

2021 年，《中华人民共和国数据安全法》颁布实施，指出"本法所称数据，是指任何以电子或者其他方式对信息的记录"③。大数据时代，数据海量生成，作为重要信息记录的文件档案，毫无疑问是数据的重要来源，是数据管理的重要内容，需要积极融入数据管理浪潮，把文件档案和数据关联起来，汇入数据资源管理体系。国际数据管理协会在其标志性出版物《DAMA 数据管理知识体系指南（第二版）》（DAMA-DMBOK2）中将文件档案与内容管理放在了数据管理框架中显著的位置，凸显了文件档案与内容管理对于数据管理的重要性④。作为文件档案管

①金波，晏秦. 数据管理与档案信息服务创新[J]. 档案学研究, 2017(6): 99-104.

②数据管理能力成熟度评估模型 [EB/OL]. (2018-03-15)[2024-12-06]. https://std.samr.gov.cn/gb/search/gbDetailed?id=71F772D82C6CD3A7E05397BE0A0AB82A.

③中华人民共和国数据安全法[N]. 人民日报, 2021-06-19(7).

④数据管理中的文件档案与内容管理白皮书(2020 年)[EB/OL]. [2023-08-16]. https://www.macrowing.com/static/upload/file/20220516/1652686982488930.pdf.

理重要职能机构的档案部门，需要明确在数据管理大潮中的定位，借助数据管理的理论、技术和方法，强化海量数据归档与管理，通过推动结构化数据的文件档案化进程，加强非结构化文件档案的数据化处理，细化颗粒度管理，利用语义关联、数据挖掘、算法分析等技术，充分释放档案数据价值潜能，创新档案数据开发形式和服务方式。

3. 数据治理

在万物互联、数化万物、量遍天下的大数据时代，数据爆炸式增长，与此同时，数据确权、数据垄断、数据壁垒、数据质量、数据安全等问题频现，数据危机日益加深。从表象上看，与法律政策、制度机制、技术体系、人才队伍滞后相关；但从根源上看，是对数据这一新型生产要素的本质属性、存在形态、潜在价值、运行机理、利用方式等认识还不到位，尚未建立科学系统的数据治理规则秩序，因此强化数据治理成为国际社会广泛共识。档案数据作为国家和社会重要的数据资源，是数据治理的重要子集，与数据治理存在天然契合，在数据质量把控、资源整合集成、共享平台建设、风险安全防范、价值深度挖掘等方面具有共性，可以利用数据治理理论方法，推动档案数据治理技术手段创新。

（1）数据治理的综合性、交叉性

数据治理具有综合性、交叉性，已成为多学科跨领域共同探索的科学命题。数据治理问题的综合性主要指数据治理所涉及事物的种类具有高度的多样化特征，它是由多种多样不同性质组合为一个整体的[①]，既涉及自然界的各种事物，又涉及社会各种事物，类型纷繁多元、关系复杂多变。数据治理的交叉性主要指数据治理相关事物的跨领域纵横交织特征，它涉及的各种关系大都是跨领域、呈现交错叠加和部分相重态势的[①]。数据的形成、管理和利用基本上是有领域归属的，但同时又是跨领域的，数据资源价值放大效用更多的是在跨领域交叉应用中得以实现，这就使得数据治理活动既有领域限制，又是跨界展开的。由于数据治理具有高度的综合性、交叉性、复杂性，需要打破学科界限，构建跨界融合的多学科探索研究机制，搭建跨学科合作研究的空间平台，从不同视角探究数据治理蕴含的基本原理，揭示数据治理的内在逻辑规律，破解数据治理面临的瓶颈障碍，促进学科交叉融合，推动学科知识体系优化与方法集成创新。数据科学视角下，数

①梅宏. 数据治理之论[M]. 北京: 中国人民大学出版社, 2020: 171.

据集成汇聚、质量控制、组织建模、挖掘关联、计算分析、可视化呈现等理论技术是数据治理的重要方法；经济学视角下，数据产品、数据交易、数据资产、数据流通等议题是释放数据价值的研究热点；法学视角下，数据权属、数据伦理、算法安全、信息保护等问题成为数据法治建设的要点；管理学视角下，统筹规划、科学决策、组织建设、制度完善、标准规范制定等举措是数据治理的关键内容。

从信息资源管理的角度看，数据是大数据时代信息资源的主要存在形式，数据治理实际上是信息资源管理的新样态。数据治理以"数据"为对象，是指在确保数据安全的前提下，建立健全规则体系，理顺各方参与者在数据流通的各个环节的权责关系，形成多方参与者良性互动、共建共享共治的数据流通模式，从而最大限度地释放数据价值，推动国家治理能力和治理体系现代化[1]。数据治理是数据资源战略价值实现过程中一系列特殊社会关系相互作用的产物，是对数据管理的新发展，是一种具有新功能、新内容、新态别的数据管理。数据管理之所以需要升级为数据治理，固然与大数据这个新生事物出现后同步衍生出诸多"乱象"有关，更关键的是要充分释放数据的战略价值。只依靠传统的管理体制、手段、方法和模式难以彻底解决问题，需要数据管理再管理，激活数据价值潜能。数据治理需要在数据管理的基础上，立足全局性、体系性和长远性，合理配置资源、协调多方关系、科学管控进程，破解和应对一系列管理痼疾、难症、堵点，创造实现数据价值的生态环境，推动数据善治。

（2）数据治理规范

数据治理是组织中涉及数据使用的一整套管理行为[2]。2019年，国家标准《信息技术服务 治理 第5部分：数据治理规范》（GB/T 34960.5—2018）正式实施，提出了数据治理的总则和框架，规定了数据治理的顶层设计、数据治理环境、数据治理域及数据治理过程的要求[3]，从治理和管理两个层面为组织在实现数据价值的过程中运营合规和风险可控提供了方法与思路[4]，丰富了大数据时代数据治理的内涵。

数据治理主要内容包含：一是数据治理环境，可分为内部环境和外部环境。外部环境包括政策环境，如各项数据法律法规、行业标准、制度规范等；社会环

---

①梅宏. 数据治理之论[M]. 北京: 中国人民大学出版社, 2020: 66.

②张宁, 袁勤俭. 数据治理研究述评[J]. 情报杂志, 2017, 36(5): 129-134, 163.

③数据管理能力成熟度评估模型[EB/OL]. (2018-03-15)[2024-12-06]. https://std.samr.gov.cn/gb/search/gbDetailed?id=71F772D82C6CD3A7E05397BE0A0AB82A.

④张绍华, 杨琳, 高洪美, 等. 《数据治理规范》国家标准解读[J]. 信息技术与标准化, 2017(12): 25-29.

境，如社会数据获取、利用需求等；技术环境，如各种数据挖掘、开发、安全保障等技术工具和技术方法；文化环境，即驱动数据治理的创新文化、理论思维等；内部环境包括满足组织数据治理所需的人员、经费、基础设施等各类资源。二是数据治理框架，主要包括治理规划、治理架构、治理目标等内容。治理规划是从顶层设计、战略规划角度，立足数据应用现状，宏观统筹和设计数据治理路线，明确治理方向，确保数据治理规划与组织业务规划、信息技术规划保持一致，合理制订数据治理方案。治理架构主要是明确数据治理多元主体权责关系，科学构建治理组织架构、技术架构和管理架构，合理划分执行、控制和监督等职能，构建集授权、决策、沟通于一体的协作机制。治理目标是指通过实施数据治理实现数据善治，即确保数据质量可靠、要素合规、运行安全和价值实现。三是数据治理策略。围绕数据生成、采集、处理、存储、共享、利用等环节，建立数据治理体制机制和实施路径，完善数据确权、分级、评估、监督等制度规则，促进数据伦理保障、知识产权维护、跨境跨界流通、市场交易配置，持续改进和优化数据治理过程，确保数据治理有效性、安全性，满足组织数据资产运营和应用需求，支撑数据价值转化和实现。

（3）数据治理生态体系

2017年，习近平总书记在实施国家大数据战略第二次集体学习时强调，"集中优势资源突破大数据核心技术，加快构建自主可控的大数据产业链、价值链和生态系统"[①]。数据治理涉及政治、经济、社会、技术、文化、安全等诸多方面，是一项各种要素集聚交互的系统性工程，需要强化生态思维，提升治理成效，构建健康平衡、可持续发展的数据治理生态体系。一是资源生态，主要包括数据资源的采集、积累、归档和保存等。大数据时代，需要广泛收集多类型、多载体、多结构数据，实现应归尽归、应收尽收，不断优化数据资源结构和质量，营造良好的数据资源生态。二是管理生态，建立多元主体协同共治的体制机制，优化数据治理组织架构和管理流程，完善数据管理的法律制度和标准规范，形成开放共享、法治化的管理生态。三是技术生态，强化大数据、人工智能、区块链等现代信息技术的应用，从技术生态层面充分思考技术环境、技术决定论、技术伦理、迭代升级、安全适用等问题，加强自主技术研发，创新数据开发形式和服务手段，形成积极探索、大胆试验、谨慎使用、持续完善的技术生态。四是安全生态，通

———————————
①审时度势精心谋划超前布局力争主动　实施国家大数据战略加快建设数字中国[N]. 人民日报, 2017-12-10(1).

过数据安全治理，明确数据权属，管控数据质量、数据污染、数据伦理、数据泄密、数据侵害等各种安全风险，确保数据安全可控、安全可信、安全可用。

（二）治理理论

治理是随着现代社会、政治、经济、文化高度发展而产生的，是后工业社会的产物。"治理"一词源于拉丁文和古希腊语，原意是控制、引导和操纵。治理和管理一字之差，体现的是系统治理、依法治理、源头治理、综合施策[①]。治理是区别于管理的新管控思路和方式，是更高层次、更全要素、更近社会、更趋主动的管理，是管理的升华。1995年，全球治理委员会在《我们的全球伙伴关系》研究报告中指出，治理是各种公共的或私人的个人和机构管理其共同事务的诸多方式的总和。它是使相互冲突的或不同的利益得以调和并且采取联合行动的持续的过程。它既包括有权迫使人们服从的正式制度和规则，也包括各种人们同意或以为符合其利益的非正式的制度安排[②]。治理理论作为一种新的管理范式，已广泛运用在国家治理、社会治理、政府治理、组织治理、公司治理、信息治理、生态治理等诸多领域，在各类问题复杂性程度提高、相关利益关联性增强、各种社会矛盾冲突性加大的时代背景下，为各类事务管理提供新理念、新思想、新方式和新要求。通过引入社会治理、信息治理、生态治理、协同治理、组织治理、善治等治理理论方法，将治理理论与档案数据关联起来，从治理理论审视档案数据管理，推动档案学与治理理论交叉渗透融合，探索档案数据治理的内涵、特征、目标、方式和运行机理，构建档案数据治理研究框架和理论体系，形成档案数据治理研究范式，拓展档案学研究论域，推动档案学研究创新发展。

1. 社会治理

社会治理理念肇始于西方国家，是一种"以人为本"的治理方式，以各行为主体间的多元合作和主体参与为治理基础，从而合理配置社会资源，满足社会治理需求。随着社会治理理念在理论研究与实践探索中的深入发展，共建、共治、共享逐渐成为社会治理的整体逻辑框架。一是治理主体的共建。传统的社会管理强调政府的主体性，社会治理强调政府部门、社会组织、公众等多元化主体的广

[①] 青连斌. 习近平总书记创新社会治理的新理念新思想[EB/OL]. (2017-08-17)[2023-06-29]. http://theory.people. com.cn/n1/2017/0817/c83859-29476974.html.

[②] 俞可平. 全球治理引论[J]. 马克思主义与现实, 2002(1): 20-32.

泛参与，激发社会有机体的活力，形成合作型的多中心、扁平式权力格局。共建的主体规避了传统社会管理中常见的横向层级政府与纵向主管单位条块分割现象，是对政治体制管理方式进行的有力补充，也是应对当前社会秩序调整、社会问题解决所采取的适应性办法和创新性措施①。二是治理方式的共治。共治是社会治理的核心方法。从传统的政府统一性行政指令或"一刀切"模式，到多要素、多渠道综合性共同治理，发挥行政、法治、市场、社会、技术等多种治理方式的共融效应，提升治理科学性、有效性。三是治理成果的共享。社会治理强调遵循公平正义的社会价值取向，注重治理成果在不同社会阶层的普惠分享，促进社会利益共享，增强广大民众的获得感，缓解贫富差距及其衍生的社会问题。

2017 年，党的十九大报告提出，"打造共建共治共享的社会治理格局。加强社会治理制度建设，完善党委领导、政府负责、社会协同、公众参与、法治保障的社会治理体制，提高社会治理社会化、法治化、智能化、专业化水平"②，绘制了新时代社会治理的新蓝图新方略。档案数据治理作为一项复杂的社会性工程，需要运用社会治理的理论和思想，探讨其治理体系和治理机制，综合思考和分析各种治理要素的社会联系、耦合机理和互相影响，推动社会化参与，营造更加开放包容、协调有效的档案数据治理生态。

2. 信息治理

为应对信息高速增长带来的管理、文化、社会与技术等多方面的挑战，有效形成、开发与利用信息资源，信息管理优化与转型成为学术与实践领域的焦点③。在此背景下，国际著名咨询公司 Gartner 率先提出信息治理（information governance），用以丰富信息管理相关理论与指导实践，迅速成为热门议题。美国档案管理者协会（Association of Records Managers and Administrators，ARMA）认为，信息治理是为了达成组织目标使得组织和个人能够负责形成、组织、保护、维护、利用和处置信息的标准、流程、职责和评估工具组成的战略性框架④。信息治理是一个综合性概念，涵盖政府信息治理、企业信息治理、公民个人信息治理

①麦伟杰. 社会治理的基本内涵和实践启示[J]. 理论与现代化, 2019(2): 58-66.

②习近平: 决胜全面建成小康社会 夺取新时代中国特色社会主义伟大胜利——在中国共产党第十九次全国代表大会上的报告[EB/OL]. (2017-10-27)[2023-06-22]. https://www.gov.cn/xinwen/2017-10/27/content_5234876.htm?eqid=c50f8720000036020000000003645999e1.

③周文泓, 张宁, 加小双. 澳大利亚的信息治理能力构建研究与启示[J]. 情报科学, 2017(8): 113-117, 152.

④罗明, 王爱莲. 基于信息治理的档案服务质量优化机制研究[J]. 浙江档案, 2018(7): 10-12.

等多方面，旨在通过运用一系列政策、法规、标准、技术、文化等优化信息资源管理流程，强化信息内容管控，保障信息安全，促进信息增值和服务共享。近年来，澳大利亚、美国、加拿大、英国等国家纷纷将信息治理能力建设上升至国家战略层面予以推进。其中，澳大利亚基于整体政府概念提出信息治理框架，从政策与实践层面积累了丰富的信息治理经验。

澳大利亚的信息治理框架主要可分为信息治理内容、治理目标与治理保障[①]。信息治理的内容主要包括：以信息资产管理为核心，将信息治理界定为跨组织的治理活动，从政策、主体、流程、标准、业务、职责等方面系统构建信息治理框架，规避信息风险。信息治理的目标涵盖三个层面：第一，强化信息质量控制，保障信息的真实性、完整性、可靠性、可用性；第二，通过信息治理，提高信息的可检索率和利用程度，满足业务运行全程的信息需求；第三，延展信息价值，发挥信息增值效益，推动政府治理优化、经济快速发展、科技创新升级和公共文化服务。信息治理的保障需要有明确的治理架构，如建立信息治理委员会，负责宏观统筹规划，也需要信息基础设施、信息法规标准、现代信息技术、信息治理人员及资金等方面的支持，从技术、司法、管理、人文等多维度构建信息治理的策略矩阵，保障信息治理顺利实施。澳大利亚国家档案馆是澳大利亚政府信息治理的重要主体，2016 年，澳大利亚国家档案馆以政府信息资产为核心制定了政府信息治理框架（Information Governance Framework），将多元治理、绩效评估和风险管理等先进理念融入政府信息策略，并将其贯彻落实，推动数字社会转型与电子政府建设。

习近平总书记强调，"信息是国家治理的重要依据"[②]，信息治理是国家治理的重要组成部分。信息治理通过社会、经济、技术、教育、管理、信息等多学科综合集成管理视角，从管理的理念、机制和工具多维度进行社会协同创新和共同治理[③]，维护信息安全、挖掘信息价值、创新信息服务。档案数据是重要的战略性、基础性信息资源，档案数据治理是信息治理的重要组成部分，信息治理理论与方法为档案数据治理提供指引，在治理规划、治理框架、治理手段、治理方法、治理评估等方面具有指导作用，推动档案数据治理理论创新。

---

①Jubb M. Survey of profession's information needs[J]. The Veterinary Record, 2014(9): 232.

②习近平. 习近平在网络安全和信息化工作座谈会上的讲话[EB/OL]. (2016-04-26)[2023-08-10]. http://www.xinhuanet.com/zgjx/2016-04/26/c_135312437.htm.

③王露露, 徐拥军. 澳大利亚政府信息治理框架的特点研究及启示[J]. 图书情报工作, 2017(8): 33-42.

3. 生态治理

国外生态治理研究始于 20 世纪 60 年代为抗争严重污染的绿色运动。美国著名学者雷切尔·卡森在《寂静的春天》中试图探寻经济和生态协同发展之路，这标志着生态治理研究的萌芽①。随着生态理念的兴起和发展，生态治理逐渐应用到政治学、管理学、经济学、社会学、自然科学、信息技术等多领域，衍生出社会生态治理、城市生态治理、企业生态治理、组织生态治理和信息生态治理等，理论内涵不断充实，实践成果不断丰富。生态治理具有狭义与广义之分。狭义的生态治理立足自然生态，是指在生态文明建设过程中，以生态环境保护实现生态文明为目标，以绿色技术创新为动力，以政府为主导、企业为主体、社会组织和公众共同参与，以法治为保障，对生态环境进行整治、清理、修葺、美化的活动和过程②；广义的生态治理拓展至政治生态、经济生态、文化生态、技术生态、社会生态等更广域的视野，用生态思维理念开展治理活动，指的是在健康的治理共同体中，多元治理主体以绿色价值理念为基本导向，通过多元参与、对话协商等治理方式合作共治涉及生态层面的公共事务，做出符合大多数人利益的绿色决策③。

2012 年，党的十八大报告提出，"建设生态文明，是关系人民福祉、关乎民族未来的长远大计"④，将生态文明建设上升到国家战略。"生态治理，道阻且长，行则将至。"⑤有关生态文明建设的新理念、新思想、新实践不断涌现，生态治理理念、方法、手段被广泛运用于社会治理的诸多方面，生态文明理念日益深入人心。在当前治理"生态化""绿色化"发展态势下，引入生态治理理论，分析档案数据形成、管理和利用的生态环境，归纳档案数据生态失衡表征，剖析档案数据生态失衡归因，实施档案数据生态治理，优化档案数据治理生态，推动档案学与生态学的交叉融合。

---

① 朱喜群. 生态治理的多元协同: 太湖流域个案[J]. 改革, 2017(2): 96-107.

② 龚天平, 饶婷. 习近平生态治理观的环境正义意蕴[J]. 武汉大学学报(哲学社会科学版), 2020(1): 5-14.

③ 史云贵, 孟群. 县域生态治理能力: 概念、要素与体系构建[J]. 四川大学学报(哲学社会科学版), 2018(2): 5-13.

④ 胡锦涛. 坚定不移沿着中国特色社会主义道路前进 为全面建成小康社会而奋斗: 在中国共产党第十八次全国代表大会上的报告[EB/OL]. (2012-11-17)[2023-11-23]. http://www.npc.gov.cn/npc/c2/c30834/202410/t20241017_440084.html.

⑤ 习近平. 共谋绿色生活, 共建美丽家园[EB/OL]. (2019-04-29)[2023-11-23]. https://m.gmw.cn/baijia/2019-04/29/32789 893.html.

4. 协同治理

多元主体协同共治是治理理论的核心要义，协同治理理论是创建档案数据治理体系的重要依据，主要涵盖元治理（meta-governance）和协同共治两方面。

（1）元治理

元治理是指治理的治理①，1997 年由英国学者鲍伯·杰索普（Bob Jessop）最早提出。元治理对于"元治理者"的战略、协调、协商、信息化沟通、互动、信任构建、动员和平衡等技能要求较高②。关于元治理，存在两种认识倾向③。一种是以杰索普为代表，强调政府在元治理中的重要作用，虽然治理强调去国家、去政府、去中心化，但元治理需要国家政府在治理中发挥监管、干预、驾驭和协调等关键作用，动员、汇集、凝聚必要的治理资源和要素，以保证治理的合法性、责任性和协作性。另一种认为元治理应当超越政府的局限，其他多元主体同样可以承担"元治理者"的角色。元治理并非政府的特长，私人组织同样具有巨大的影响力，在治理的过程中同样可以担负"元治理者"的职能④。元治理偏好柔和间接的控制，多使用软法、协调、奖励、激励、诱导、敦促、规劝、绩效管理、制定规则、意识形态灌输、独立的第三方审计机构和优先次序的设定等非直接的柔和的影响方式③。元治理为治理活动制定基本规则，创造良好环境，确保不同主体、不同机制在同一治理场域、同一治理情景中和睦共处。

（2）协同共治

协同（synergy）是一个存在于系统演化过程中的普遍原理。协同区别于一般意义上的合作与简单的协调，是更高层次、更深联系的集体行动。真实有效的协同具有目标一致、资源共享、互利互惠、责任共担、深度交互等特征④。协同治理是公共管理范式由单一垄断向多元治理发展的产物，强调合作治理的协同性，是指处于同一治理网络中的政府、社会组织、市场、公民等利益相关主体，为解决社会问题、应对公共事务、增进公共利益，以协调合作的方式进行互动、共担责任。协同治理就是寻求有效治理结构的过程，在这一过程中虽然也强调各个组织的竞争，但更多的是强调各个组织行为体之间的协作，以实现整体大于部分之和

---

①李澄. 元治理理论综述[J]. 前沿, 2013(21): 124-127.

②孙珠峰, 胡近. "元治理"理论研究: 内涵、工具与评价[J]. 上海交通大学学报(哲学社会科学版), 2016(3): 45-50.

③张骁虎. "元治理"理论的生成、拓展与评价[J]. 西南交通大学学报(社会科学版), 2017(3): 81-87.

④张贤明, 田玉麒. 论协同治理的内涵、价值及发展趋向[J]. 湖北社会科学, 2016(1): 30-37.

的效果①。关于协同治理主体，通常认为在协同治理多元主体格局中，主要包括政府、企事业单位、社会组织、市场部门、人民团体、公民等。

协同治理理论对档案数据治理研究具有重要意义。一方面，引入元治理理论，有助于规避档案数据治理失灵的风险。由于档案数据覆盖档案工作体制内外，必然导致档案数据治理的触角向外延伸、场域向外拓展，而主体多元、利益不同、理念不一、协商困境等客观因素存在，使得档案数据治理同样面临潜在的无效和失灵风险，因此在档案数据治理中需要明确"元主体"。档案部门应直接承担起"元治理者"角色，担负起制度设计和战略规划的统筹责任，构建完善的档案数据治理语境和环境，充分发挥档案数据治理主体的能动性，促进各方依存，建立共同目标，引导治理方向，保证档案数据治理的安排持续实施和有效实现，避免"协同"落入"混同"困境。另一方面，档案数据治理涉及多元主体，如档案数据形成者、档案数据管理者、档案数据利用者等，各个主体之间的理念、定位、意识等不尽相同，各个主体内部的视野、思维、能力等千差万别。不同于档案数据管理，档案数据治理作为一个治理网络，涵盖"多元""互动""融合"等诸多新要素，需要从系统角度整体看待档案数据治理中存在的政府、档案部门、市场、社会、个人等诸多主体，厘清不同主体之间的职责及其相互作用关系，建构档案数据多主体协同共治体系，使多元主体互相协调、互相影响，采取有序有效的集体行动，增强向心力，实现档案数据共建共治共享。

5. 组织治理

组织治理是制度治理思想的延伸与深化，反映的是一种市场主体自我组织的治理机制，是社会特殊复杂系统的相关主体为了媾和相关主体利益、达成组织目标所采取的契约、协调、控制、激励等方法措施制度化的过程与成果体现②，其本质是借助治理结构平衡组织内外公平、控制、效率、激励之间的关系。良好的组织治理能够确保组织的有效性、可持续性和高绩效性，提高组织在价值链中的可靠度和信任度。

当前，组织治理日益受到重视，相关标准、规则与指南日臻完善。经济合作与发展组织（Organization for Economic Co-operation and Development，OECD）发布的《公司治理原则》，国际公司治理网络（International Corporate Governance

---

①李汉卿. 协同治理理论探析[J]. 理论月刊, 2014(1): 138-142.

②郑石桥. 组织治理、机会主义和内部审计[J]. 中国内部审计, 2012(1): 24-31.

Network，ICGN）发布的《全球治理原则》、联合国贸易和发展会议（United Nations Conference on Trade and Development，UNCTAD）发布的《关于实体报告为实现可持续发展目标所作贡献的核心指标指南》等对组织治理提供了规则借鉴。相关标准相继出台，如《公司治理良好治理原则》（AS 8000：2003）、《合规管理体系指南》（ISO 19600：2014）、《信息技术——组织的 IT 治理》（ISO/IEC 38500：2015）、《组织治理指南》（ISO 37000：2021）等为组织治理提供了规范指导。

自组织理论是组织治理的重要内容。自组织是自然界、生态系统和人类社会运动演化的一个普遍现象。自组织理论是 20 世纪 60 年代末发展起来的一种系统理论，它首先作为研究解决自然界和社会中自组织现象的理论工具而出现[1]。自组织理论主要从组织系统内部出发，阐明组织系统在发展过程中，系统内各个子系统之间相互作用、相互影响、相互配合，形成协调合作的和谐关系，塑造整体优势，推动组织系统实现由无序向有序发展进化。组织系统自组织功能越强，系统内部自我调节、循环、修缮、恢复、升级的能力也就越强。借助自组织理论，可以进一步探索档案数据组织自治能力提升路径，构建档案数据"自律性、自觉性、自强性、自省性"治理机制。

档案数据治理涉及档案部门、社会团体、信息技术机构等不同组织，随着技术变革和社会变革的发展，档案数据治理的组织结构、组织形态、组织文化等要素均在发生变化，对档案数据组织治理提出新要求。以组织治理理论为指导，分析档案数据治理组织发展与运行状况，掌握档案数据治理组织的分布密度、规模、数量，科学阐释档案数据组织治理内涵与特征。从治理力度、治理深度以及治理广度等角度探索分析档案数据组织协同共治、互联互通、共建共享、机构改革、队伍优化、制度建设等治理策略，解决档案数据组织治理中内部协调、内外部融合等问题，制定档案数据组织治理愿景和使命，激发各层次组织活力，实现档案数据组织治理绩效提升与功能优化，为档案数据治理有效运行提供良好的组织保障。

6. 善治理论

善治是治理的目标，是治理所能呈现的最佳状态。在善治维度下分析档案数据治理，有助于明确治理目标和实现路径，合理评估治理成效，提升档案数

---

[1] 曾春春，詹庆东. 区域性图书馆联盟的自组织治理[J]. 图书馆论坛，2017(2): 83-91.

据治理体系和治理能力现代化水平。欧盟委员会认为，善治是为了实现公平、可持续的经济社会发展而进行的透明负责的管理①。俞可平在《治理与善治》《走向善治》等著作中对善治理论进行了系统阐释和详细分析，被广泛引用，认为"善治就是好的治理，也可以理解为越来越好的治理。善治是国家治理现代化的一种理想状态，是实现公共利益最大化的治理活动和治理过程"②。善治的本质在于塑造政府和社会良好的联结关系，囊括合法透明、公平正义等要素③。善治的基本要素主要包括六个方面：一是合法性，即社会秩序和权威被人们自觉认可和服从的性质和状态，增强治理合法性需要增加公民的共识和认同感；二是透明性，是指信息的公开程度。透明性要求在治理过程中通过各种媒介传播讯息，维护公民知情权，方便公民参与公共决策和监督；三是责任性，是指各治理主体需要对治理行为负责，以确保管理人员及管理机构切实履行职能和义务，增强责任感；四是法治，法治是治理的最高准则，也是善治的基本要求，通过依法治理规范公民行为，管理社会事务，维持正常的社会生活秩序；五是回应，从某种意义上说是责任性的延伸，公共管理人员和管理机构需要对社会治理诉求做出及时负责的反应；六是有效，指治理的效率效能，用最小的成本获取最大化的治理成效④。

概括地说，善治就是使公共利益最大化的社会管理过程。善治的本质特征就在于它是政府与公民对公共生活的合作管理④。善治是国家权力向社会的回归，是政府与公民之间的良好合作状态，善治的实现有赖于公民的积极合作和对权威的自觉认同，让所有利益相关者共同参与、共管共治，以实现公共选择和公共博弈的有效性，政府与民间的互动性。档案数据治理的最终目标就是实现档案数据善治，因此善治理论是指导档案数据治理研究的重要理论依据之一。依据善治理论，需要各级各类档案机构、社会组织和公众等多元主体在一定准则下，通过合作协商对档案数据进行公正透明、科学有效的治理，营造崇尚法治、高效协作、稳定和谐的档案数据治理生态。

---

①周红云. 国际治理评估指标体系研究述评[J]. 经济社会体制比较, 2008(6): 23-36.

②俞可平. 《走向善治》[J]. 理论学习, 2017(4): 64.

③俞可平. 治理与善治[M]. 北京:社会科学文献出版社, 2000: 8.

④俞可平. 治理和善治引论[J]. 马克思主义与现实, 1999(5): 37-41.

二、档案数据与档案数据治理

（一）档案数据

大数据时代，现代信息技术快速发展，档案数据大量形成，档案数据管理成为档案工作的新样态，档案数据研究成为档案学领域的前沿课题。一个全新的知识体系及相应的工作模式的建立不是旧事物的简单修补，甚至也不是新策略的谋划，而必须以基本概念、基本理论、基本定义的根本转换为前提[①]。档案数据一方面是档案与数据交叉研究的逻辑起点和理论基础，另一方面也是档案数据管理实践的基本单元。作为大数据时代档案领域出现的新概念，档案数据虽被档案界普遍使用，但其概念内涵并不明朗，有必要对档案数据的内涵进行专门解读和深入探析，揭示档案数据的本质特征。

1. 档案数据与传统档案信息的差异

相对于传统档案信息，档案数据的不同之处突出表现在以下三个方面。

第一，存在粒度。传统档案信息一次信息居多，依附于传统介质，信息索引方式单一，粗粒度明显；即便是经数字化后的档案信息，也只是中粒度水平，内容检索困难。档案数据形成于数据化的技术环境，相对于"文件"形式的粗颗粒度的传统档案信息，档案数据组织粒度细化，是一个个可以独立存在的数据单元，具有基于文本的数据拆分、组合、关联、交互等细颗粒特性，能够通过计算机进行内容检索和提取，运用大数据处理技术进行分析、集成和可视化，挖掘档案数据中的隐性知识、"弱"信息、"暗"数据，形成档案知识单元，并对其进行连接、组合，充分挖掘档案数据价值。

第二，开发方式。数字时代传统档案信息的"数字化"一直是档案信息资源建设的重要内容，将依附在传统载体上的档案信息变为可机读和在线传输的"数字态"，改变记录和存储方式，便于档案信息的流动与传播，属于形式控制。而档案数据则是通过数据化，将档案信息变为可精准定位和识别的"数据态"，方便利用计算机进行数据单元的读取、关联、重组和提炼，有利于档案资源的整合集成、挖掘分析、知识组织，满足社会精准化、个性化、知识化的利用需求，属

---

①库克 T, 刘越男. 电子文件与纸质文件观念: 后保管及后现代主义社会里信息与档案管理中面临的一场革命 [J]. 山西档案, 1997(2): 7-13.

于内容控制。

第三，价值特性。首先，在价值形态上，档案数据除了兼有传统档案最基本的凭证和参考价值以外，还突出表现在数据要素价值上，即通过数据技术处理、挖掘和应用获得衍生的价值，如决策价值、预测价值、资产价值、情报价值等，是档案在数据时代的价值新发现。档案数据要素价值是指档案数据所具有的生产要素价值，作为独具特色的经济要素、管理要素、知识要素、文化要素、生态要素等，发挥着支撑经济运行、行政决策、知识创新、文治教化、生态和谐的功能作用。其核心要义是档案数据资源要素化与要素价值化的交互融合，形成"数据+算力+算法"的档案数据要素生产力，从而提高生产运行效率和服务质量。其次，在价值活性上，不同于传统档案信息难以被计算机直接进行内容识别和处理，档案数据作为一种数据资源，便于计算、分析、显现和关联，价值活性较强。最后，在价值实现上，传统档案信息侧重于通过信息查考和信息整合实现其信息价值，满足档案用户的信息需求，如档案查阅、证明、咨询、展览等方式比较机械化和表层化；档案数据由于其数据特性，可以通过数据关联和数据挖掘，建立档案知识库，构建知识地图，使档案信息资源管理和利用的场景从简单的"检索与查阅"转向深层的"洞见与增值"，满足多样化、差异化、精细化、深层化的档案信息需求，提供知识输出和智慧服务。

2. 档案数据概念

当前，关于档案数据尚未有明确的概念定义。通过档案数据与传统档案信息的比较，将档案数据定义为数据化的档案信息及具备档案性质的数据记录。从内涵上看，档案数据首先属于档案信息，具备档案性质，满足档案的所有基本要求。档案数据是一个偏正短语，档案为本，数据为形，对于档案数据的定义应该以档案作为逻辑起点，切合档案管理范围，不能让数据的光环掩盖了档案的本来面目，以致脱离档案的性质而使其外延过于泛化和无限化。故而，档案数据一要具备档案的基本属性，包括原始记录性、历史性、社会性；二要具备档案的基本价值，包括凭证价值、参考价值。从外延上看，档案数据是一个广义的数据集合，属于数据的一类，具有数据的一般概念和属性特征：需要载体，具有多种表现形式，划分为数值型和非数值型，由结构和具体值构成。由于档案数据来源构成的广泛、表现形式的多元，档案数据的外延比较广泛，不仅包括档案部门已经掌握和积累的各类数字化档案资源、电子档案等，还包括具有长久保存价值但还没有纳入档案部门保管范围的数据，如网络档案信息资源、社会档案信息资源、新媒体档案信息资源等；不仅包括内容、结构、背景等档案元数据，还包括档案部门在档案管理业务过程中产生的档案管理数据、档案利用数据、档案用户数据等累积性数据；从形式上看，档案数据是数据化的档案信息资源，以数据形式记录和保存，能够被数据设备、数据技术识别和处理，在满足档案性质的同时也满足数据的一般属性，这是档案数据区别于传统档案信息的关键所在。本身以数据形式存在的档案信息自然是档案数据；值得一提的是，对于传统档案、数字档案而言，只有经过数据化处理之后才可称之为档案数据。

3. 档案数据特质形态

理清档案数据的基本特征，无论是从理论上还是实践上都意义重大，不仅能够加深对于大数据时代档案资源的认知，也是探索档案数据管理和治理的基础。档案数据除了具有档案的原始记录性、凭证性、真实性、历史性、社会性等固有特性以外，还具有广源性、共生与互生性、累积性、扩展性与易算性等新特征。

一是广源性。一方面是产生环境的广泛性。档案数据广泛地产生于网络环境下的电子办公、信息系统、网站网页、新媒体及传感设备等新环境中，生成方式多样，生成内容多维，生成形态多种，生成速度迅捷，数量巨大。档案数据中除了馆藏档案数据化这一存量档案数据来源外，增量档案数据也是不容忽视的重要来源，增量档案数据是指档案部门在开展档案业务活动过程中，以及档案数据生成部门或个人，在社会实践中生成的档案数据。存量档案数据和增量档案数据都是社会组织或个人活动的历史记录和真实凭证。另一方面是覆盖范围的广泛性。档案数据关注社会发展中的全景数据，无论是档案工作体制内体制外、宏观微观、官方民间还是正式组织非正式组织形成的档案信息资源，都在档案数据范畴中。随着大数据技术的发展，档案数据无论是存量还是增量都会达到新的历史水平。

二是共生与互生性。档案数据就其来源而言虽然泛在而离散，但相关的档案数据本身却构成了一个共生共存的档案数据生态群落和生态圈。一方面，档案数据需要保持其之间的有机联系，将同一活动中产生的一个个数据聚类成一个齐全完整的档案数据集。另一方面，在共生之上，每一条档案数据其价值都与其他档案数据的价值以及其所在档案数据群落的整体价值相关联，每一个基于同一历史活动形成的档案数据在档案数据群落里进行着价值共享和互补，所有的档案数据群落又共同构成了档案数据生态圈，每一个独立分散的档案数据和分割的档案数据群落在档案数据生态圈中都发挥着独特的作用，相互关联、相互依存。档案数据的共生与互生性，要求档案数据管理必须重视档案数据整体价值作用的发挥，挖掘档案数据之间的关联性，打造档案数据生态圈，实现档案数据的共享。

三是累积性。累积性是指在累积达到一定程度后而产生状态改变、规模递增、程度加深及价值回馈等现象的演变过程。从数据资源形态上看，在数据化时代社会活动当中形成的档案数据碎片化和细颗粒化明显，每一条档案数据都是反映数据时代真实活动面貌的组成部分，在同一活动当中形成的具有有机联系的数据经过不断累积从而形成数据群组，构成档案数据库；从数据资源规模上看，由"数据"到"小数据"再到"大数据"的跃升，取决于数据累积，海量档案数据资源也正是通过对存量档案信息的数据化，以及有保存价值的增量数据的不断采集、积累和沉淀而形成的，档案数据长期连续累积才能达到档案大数据的效果；从数据资源价值上看，由档案数据全集中挖掘出的档案数据价值远大于单个档案数据价值之和，档案数据的累积性也就成为档案数据价值得以展现和提升的重要特性。档案数据的累积性作为其基本属性，是"档案大数据"建设的促成要素，也是档案数据价值充分实现的必要条件。档案资源建设应当在"存量数字化、增量电子化"的基础上逐步开展"总量数据化"，对传统档案资源进行全文本的数据转换、对电子文件和其他原生数字档案资源进行全要素的数据采集保存，形成丰富、完整、立体的档案数据生态集群。

四是扩展性。传统档案信息由于受技术条件、存储空间和管理方式等因素的制约，可扩展性有限，档案信息价值难以充分发挥。作为新的档案资源形态的档案数据，扩展性已成为其重要特质。第一，档案数据体量的扩展性。存量档案数字化的不断推进、电子文件的大量生成，以及网络环境下数据档案资源的爆炸式增长，使得档案数据无论是从数量上还是增速上都呈现出极强的扩展性。第二，档案数据结构的扩展性。档案数据的产生环境更趋网络化、数据化、立体化，半结构化、非结构化的档案数据越来越多。第三，档案数据价值的扩展性。数据管理的发展和数据技术的应用推动产生了新一代的信息增值方式，一方面，传统档案信息经数据化处理和加工后，其价值能够得到新的发现、挖掘和展示；另一方面，档案数据资源也能得到进一步的组织、赋能和激活，使档案的知识属性在数据管理中得到揭示和彰显。

五是易算性。档案数据因其具有数据态的技术属性，使得信息的处理由相对冗余和庞杂的文件尺度开始降维到更容易解析和处理的数据尺度①。档案数据的易算性集中表现在易于被现代算法技术所加工处理，进行信息分析、价值挖掘、知识发现，捕捉潜在、精细、微妙、未知的关系和知识，激活档案数据的一切可能价值。档案数据的易算性是提升档案资源价值、促进档案利用和档案信息消费的重要保障。档案数据易算性优势的发挥，一方面，需要开展档案数据的结构化处理，将档案文件信息转换成独立于系统与软件、开源兼容、不带格式的纯净档案数据，方便计算时数据项的读取、迁移和关联；另一方面，需要提高计算力，引入本体、模型、规则、算法等数据处理方法，充分借助数据技术开展灵活多样的数据组织、数据挖掘和数据分析，加强内容管理与开发，为组织机构输出知识产品，为社会公众提供增值服务，全面提升档案服务品质。

（二）档案治理

档案作为一种原生性信息资源，理应在国家治理中发挥重要作用。档案事业是国家治理的特定场域，也是国家治理的重要支撑。推进档案治理体系和治理能力现代化已成为档案事业转型发展的重要任务，也是时代赋予档案部门的重要使命。

1. 档案治理内涵

档案产生于阶级统治的需要，与生俱来就具有治理的作用，与治理密不可分。《周易》中记载着中国古代最早关于档案与治理关系的描述，"上古结绳而治，后世圣人易之以书契"，结绳和书契等档案形成的最初目的都是作为一种治理社会的重要工具。随着档案机构的建立，档案更是成为社会治理过程中不可缺少的工具，正如《周礼》"以官府之八成经邦治：一曰听政役以比居；二曰听师田以简稽；三曰听闾里以版图；四曰听称责以傅别；五曰听禄位以礼命；六曰听取予以书契；七曰听卖买以质剂；八曰听出入以要会"。这里的"比居""简稽""版图""傅别""书契""质剂"都是档案的指代。档案在西方也被称为"插入鞘中的剑""社会的甲胄"，是保持主管职权及其一切权力、利益和财产的文字根据，是"君主的心脏、安慰和珍宝"②。可以说，小到社区治理、大到社会治理、

---

① 钱毅. 技术变迁环境下档案对象管理空间演化初探[J]. 档案学通讯, 2018(2): 10-14.
② 聂云霞, 晏秦. 档案开放与档案控制：档案利用辩证关系探析[J]. 湖北档案, 2014(9): 18-20.

国家治理甚至全球治理，都离不开档案。

档案事业作为国家治理功能发挥的重要阵地，立足档案工作实践，运用治理理论，将档案治理定义为，档案部门、社会组织和公民个人等多个主体协同合作，基于一定的行动规则，共同对档案事务进行科学、规范管理，实现档案善治的活动和过程[①]。据此，档案治理主体包括档案部门、社会组织、公民个人等；档案治理客体是档案事务，包括体制内档案事务和体制外档案事务；档案治理机制是基于一定规则的协同共治；档案治理目标是实现档案事业科学管理、规范管理，达到善治。档案治理是以档案管理为基础，对档案管理理念、方式、手段、机制进行创新与发展，是档案管理的升级，是促进档案事业高质量发展的重要举措。档案管理与档案治理的比较如表 4-1 所示。

表4-1　档案管理与档案治理的区别

比较维度	档案管理	档案治理
管理理念	国家本位	社会本位
管理主体	档案部门	档案部门、社会组织、公民
管理过程	单向管理	双向互动
管理内容	体制内档案事务	体制内和体制外档案事务
管理手段	档案部门包办	协商合作
管理目的	保障国家利益	保障利益相关者的多元利益

资料来源：金波，晏秦. 从档案管理走向档案治理[J]. 档案学研究，2019(1): 46-55

2. 档案治理特点

档案治理以档案管理为基础，是档案管理的深化与发展，具有以下特点。

一是治理主体的多元性。档案管理追求权力自上而下的一维性，管理主体相对单一，主要体现为政府及档案部门。治理天然具有多中心特质，因此档案治理主体并不唯一，范围大为扩展，主要体现为档案部门与社会的多元共治，档案部门与社会主体处于平等地位，共同对档案事务进行治理。社会组织和普通公众只要具备特定资质，有参与档案事务管理的意愿，就可以参与到档案事务管理与决策过程中，成为档案治理主体。各种信息管理机构、志愿者组织、行业协会、档案中介机构、信息技术企业等都是档案治理的重要参与者，治理主体呈现出多元性。

二是治理过程的互动性。由于档案管理主体的单一性，档案管理过程主要体

[①]晏秦. 档案治理及其实现路径研究[D]. 上海：上海大学，2018: 17-18.

现为档案部门单一向度、垂直化管理，往往通过增设机构、增加人员实现对档案事务的管理。档案治理由于主体的广泛性，通过多元主体之间的沟通协作，建立多向度、多形式的互动网络体系，形成自上而下、自下而上、水平传动、纵横交互的档案治理格局，实现对档案事务的科学治理。

三是治理内容的广泛性。档案管理受其自身能力限制，主要是对体制内档案事务的管理，管理范围有限，管理内容相对单一。档案治理由于治理主体的多元化，管理能力大幅提升，能够管好长期以来档案部门"管不了、管不好"的档案事务，实现对体制内外档案事务的治理，如民营企业档案、社群档案、家庭档案、个人档案等体制外档案事务，治理范围大为扩展，治理内容更加广泛。

四是治理手段的多样性。档案管理往往通过下发文件、颁布政策等单一的行政手段和强制方式进行管理，这种管理方式充满行政色彩，缺乏弹性。档案治理通过法治化、市场化、社会化机制，灵活运用法律、制度、经济、网络、技术、文化、伦理等多种方式和手段，多管齐下、多措并举，实施综合治理，提高治理效率效能。

3. 档案治理目标

俞可平提出，治理的目标是达成善治，善治是使公共利益最大化的社会管理过程[1]。档案治理的目标是实现档案善治，即促进档案领域公共利益最大化，统筹兼顾所有治理主体的共同利益。档案善治应满足档案部门、社会组织和公民个人三者的利益需求，主要体现在以下三个层面。

（1）国家层面：推动档案工作高效开展

在社会政治生活中，治理是一种偏重工具性的政治行为。也就是说，追求效率最大化是实施治理的内在要求和根本目标[2]。推动档案工作高效开展，一方面，全面推进档案治理体系建设。主要体现为健全档案管理体制机制，增强各级档案部门统筹谋划、监督指导、协调合作能力，强化局馆协同，鼓励、引导、规范社会力量参与档案事务，提升档案治理效能。另一方面，全面推进档案治理现代化建设。主要体现为加快推进档案信息化，对接国家大数据战略，加强档案数字化、数据化，推进档案信息资源共享平台建设，促进档案信息资源共建互通、共享利用，提升档案服务质量和服务水平。

①俞可平. 中国治理变迁 30 年(1978—2008)[M]. 北京: 社会科学文献出版社, 2008: 8-9.
②张建. 教育治理体系的现代化: 标准、困境及路径[J]. 教育发展研究, 2014(9): 27-33.

（2）社会层面：提升档案公共服务效能

从全社会的角度来看，档案治理的目标是构建多元主体共治格局，提升档案公共服务能级。一方面，体现为档案治理主体的扩展。档案治理主体不仅局限于档案部门，还应积极引入外部力量开展档案治理，构建包括档案部门、社会组织和公民个人的档案多元治理主体格局。另一方面，不断提升档案公共服务社会化和均等化水平，提供更为优质的档案信息服务和档案文化服务，满足社会公众日益丰富多元的档案需求。档案服务社会化是指基于不同服务项目的性质和特点，以社会需求为取向，鼓励各种社会力量共同参与，形成以政府为主导、各种社会主体共同参与的公共服务供给格局①。档案服务均等化则包括档案信息资源的公平配置、快捷获取和合理利用。

（3）个人层面：保障公民档案权利实现

国家治理的本质是依法治理，治理现代化要求良法善治。公民档案权利是从公民诸多权利中演化出来的一种权利，是公民的基本人权，与公民文化权、发展权、自由权等息息相关。在新修订的《中华人民共和国档案法》中，一个重要的修订理念就是对公民档案权利意识的唤醒②。保障公民档案权利实现是档案善治在公民个人层面的重要内容。档案权利是指法律赋予档案特定相关人的权利，主要包括档案利用权、档案事务参与权、档案隐私权、档案著作权等，是公民信息权利的重要组成部分，需要加强公民档案权利建设，保障公民档案权益。

（三）档案数据治理

大数据时代，档案数据大量形成、急剧增长，强化档案数据治理成为档案治理的新视角和新职能。围绕档案数据生成环境、形成机理、运行规律、演化路径，运用治理理论方法，探讨档案数据治理内涵特征。

1. 档案数据治理环境

一是数据环境。大数据时代，档案数据的时空环境发生显著变化。从时间上看，大数据时代的档案数据是传统档案数据和大数据时代产生的实时新数据

---

①李小刚. 公共管理视阈下档案服务社会化研究[D]. 合肥: 安徽大学, 2014: 14.

②徐拥军, 熊文景. 国家治理现代化视角下新《档案法》立法理念的转变[J]. 中南大学学报(社会科学版), 2021(1): 112-119.

的整合①。数量急剧增长，规模迅速膨胀，资源总量巨大，时效特征明显。全国而言，有抽样调查结果显示，截至 2018 年，我国已有 33.1%的国家综合档案馆数据存储量达到了 1 TB 以上②。地方综合档案馆以青岛市为例，截至 2017 年 2 月底，青岛市档案馆目录数据库的目录数据总量达到 1600 万条、全文数据库达 4600 多万页、照片数据库近 100 万张、音视频数据库达 25 万多分钟，数据量已经超过 25 TB，而且还将以每年 2 TB 的速度增加③。从空间上看，大数据时代档案数据的空间范围不断延展，数据获取的范围和边界日益开放，数据的来源更加分散、结构更加复杂、类型更加多样、形式更加多元、管理难度更大、开发要求更高。档案数据时空环境的变化，迫使档案界必须高度重视对这些体量巨大、稍纵即逝、价值集聚的数据的治理。二是政策环境。当前，国家、行业政策话语体系的大数据转向引领档案数据治理开展。在国家层面，《促进大数据发展行动纲要》（2015 年）、《大数据产业发展规划（2016—2020 年）》（2016 年）、《中华人民共和国国民经济和社会发展第十四个五年规划和 2035 年远景目标纲要》、《中华人民共和国数据安全法》（2021 年）等法规政策指导大数据治理有序开展；档案部门也积极对接国家重大战略，推动档案与大数据深度融合，《全国档案事业发展"十三五"规划纲要》《"十四五"全国档案事业发展规划》《上海市档案事业发展"十四五"规划》《浙江省档案事业发展"十四五"规划》等政策纷纷对档案数据及其治理作出部署。总体而言，逐步完善的政策环境为档案数据治理的深入开展提供顶层设计、战略指导和方向引领。三是社会环境。随着信息技术的广泛应用和经济社会的飞速发展，人民生活水平显著提高，使档案资源更加丰富、档案利用主体日益多元、档案利用需求更加多样，都需要档案管理对日益增长的档案信息、档案文化需求作出积极应对，以加快档案开放、扩大档案利用、为社会各界提供优质高效的档案服务，发挥档案存史留证、资政育人的作用④。面对档案用户需求日益网络化、便捷化、多样化，需要以用户需求为导向，拓展档案数据收集范围，广泛收集电子数据、民生数据、社交媒体数据等体制外档案资源，形成数量丰富、结构合理、质量上乘的档案数据

---

①于英香. 从数据与信息关系演化看档案数据概念的发展[J]. 情报杂志, 2018(11): 150-155.

②刘庆悦, 杨安莲. 档案数据: 概念、分类及特点初探[J]. 档案与建设, 2019(10): 4-7.

③王金玲. 档案数据的智慧管理与应用研究[J]. 中国档案, 2018(4): 61-63.

④上海市档案局关于印发《上海市档案事业发展"十四五"规划》的通知[EB/OL]. (2021-08-04)[2023-09-13]. https://www.archives.sh.cn/tzgg/202112/t20211213_62551.html.

资源库，创新档案数据开发利用方式，提供知识化、高效化、智慧化的档案数据服务。四是技术环境。随着新一代信息技术迅猛发展，社会数字化、网络化、智能化程度越来越高，大数据、云计算、移动互联、人工智能、区块链、物联网等现代信息技术为档案数据治理提供强大的技术支撑和保障。比如，依托大数据技术建立高效、便捷的档案数据处理模式；借助人工智能、文本挖掘、语义分析、数字人文等技术挖掘海量数据的潜在价值，将数据转化为知识；利用VR、AR（augment reality，增强现实）、MR（mixed reality，混合现实）等可视化技术将结构复杂、类型多样的档案数据以清晰明朗、直观生动的方式呈现出来，提高档案数据资源的利用效率。

2. 档案数据治理定义

档案数据不仅是一种重要的数据记录，也是重要的社会记忆，是国家经济和社会发展重要的战略性信息资源，在国家治理现代化、政府治理重塑、社会政策优化、公共服务提升等各项工作中发挥着基础信息支撑作用。档案数据治理是指档案部门、社会组织和公民等主体协同合作，依据一定的法规标准，充分利用大数据等新一代信息技术，对档案数据生成、采集、处理、存储、利用全生命周期进行管控，激活档案数据价值，实现档案数据善治的活动和过程。档案数据治理需要坚持协同共治、互联互通、全程治理、风险可控等原则，推动治理主体协同化、治理决策科学化、治理流程标准化、治理手段智能化、治理技术迭代化[①]，促进多元主体互信互任互动、治理方式合法合规合约，实现档案数据全流程、全要素、全方位的综合集成管理。档案数据治理围绕档案数据展开，形成以档案数据为资源和基础的网络化、扁平化、共享化、平台化的数据型生态环境，推动档案价值实现、资源禀赋创新、社会秩序重构、国家治理变革。档案数据治理需要利用各种现代信息技术、严密有效的管理制度，形成多元共治、精准治理的治理架构，构建以档案部门为主导，多元主体协同治理，集制度、管理、技术于一体的动态治理体系。档案数据治理的目标是实现档案数据善治，即确保档案数据真实完整、质量可靠、安全合规、运行高效，实现档案数据可知、可控、可取、可联和可用。档案数据治理是档案治理的重要构成部分，构建大数据时代档案数据治理体系，有利于推动档案管理走向档案治理，对完善档案治理体系、提升档案治

---

①石火学, 潘晨. 大数据驱动的政府治理变革[J]. 电子政务, 2018(12): 112-120.

理能力和水平、促进档案治理现代化具有重要意义。

3. 档案数据治理特征

档案数据治理具有以下几个方面的特征：一是数据驱动。大数据推动生产要素的集约化整合、网络化共享、协作化开发和高效化利用，数据已成为社会各个领域业务创新增值、提升核心价值、推动产业变革的重要引擎，是推动社会治理有序展开的重要驱动力[①]。档案数据治理以档案数据为核心，借助大数据、云计算、人工智能、区块链、机器学习、数字人文等新一代信息技术，发挥数据潜在的系统性、流动性、精准性、开放性、共享性等特征，打破信息孤岛和业务藩篱，促使技术融合、业务融合、系统融合，弥合不同层级和部门之间的鸿沟，推动治理手段创新、治理模式变革、治理架构重塑，充分释放数据价值，有效提升治理能力。二是协同互动。档案数据治理主体多元化，需要档案部门、数据管理机构、社会组织、信息技术企业、社会公众等多元主体通过合作、协商、认同等方式实施治理，构建内外协同、上下互动、纵横互通、共治共享的整体性治理大格局，形成档案数据治理的强大合力。三是规则推动。档案数据的形成，首先是由于基于规则的业务系统的发展，这些规则本身的发展推进着系统的演化，使得自主式、模型驱动式的业务系统开始逐步成熟。数据态需要将业务规则或模型本身作为主要管理对象进行描述与管理，这样才能有效理解围绕该规则/模型形成的数据体，实施数据尺度层面的管理[②]。因此，推动档案数据本体、模型、结构、系统、业务等方面的法规标准体系建设，规范档案数据管理流程，塑造科学合理的档案数据管控规则空间，成为档案数据治理"立治有体、施治有序"的关键。全国档案工作标准化技术委员会第二十九次年会将《ERP 数据归档和管理规范》列入 2021年档案行业标准制订修订计划。四是需求牵动。大数据时代，在社会公众日益精细化、多元化的档案信息需求和档案文化需求牵引下，借助数据分析、数据关联、数据挖掘、数据计算、数据可视化等技术方法，深入了解公众需求，发现社会公众的需求热点，为公众提供更有针对性，更加个性化、精准化、一站化、知识化、智能化的档案数据服务，提升治理绩效[①]。五是安全联动。数据安全是档案数据治理的底线和根基。围绕档案数据存在的信息伦理、系统平台漏洞、技术更新换代、黑客病毒侵袭、载体寿命不确定等各种安全风险，需要树立总体国家安全观，融

---

①金波，杨鹏. 大数据时代档案数据治理研究[J]. 档案学研究, 2020(4): 29-37.

②钱毅. 从"数字化"到"数据化"：新技术环境下文件管理若干问题再认识[J]. 档案学通讯, 2018(5): 42-45.

合法律、制度、管理、技术等手段，形成多元化、多层次、多维度的安全大联合、大行动，构筑档案数据安全治理新机制，促进档案数据安全风险预测化、防御纵深化、管控精准化、应对高效化，确保档案数据安全。

三、档案数据治理体系

档案数据治理体系的建立，有助于创建档案数据治理理论，推动档案学研究新发展。从档案数据管理实际出发，运用治理理论与方法，聚焦大数据时代档案数据治理需求，围绕档案数据治理目标与实现策略，探索构建大数据时代档案数据治理体系，如图 4-2 所示。以档案数据质量控制为基础，构建档案数据质量管控新规范；以整合集成为核心，探索档案数据资源建设新范式；以共享利用为牵引，创新档案数据公共服务新路径；以档案安全为基石，构筑档案数据安全保障新举措；以协同共治为导向，推进集多维度、多主体、多要素于一体的档案数据治理运行新机制，形成科学合理的档案数据治理理论体系，指导档案数据治理实践，实现档案数据善治。

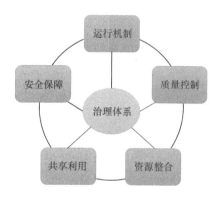

图 4-2　档案数据治理体系框架图

（一）档案数据质量控制

数据质量是档案数据治理的关键，是档案数据规范管理与有效开发的基础。当前，档案数据来源广泛、形态多样、结构复杂、格式不一、系统异构等现象普遍，数据失真、数据冗余、数据污染、数据壁垒等问题愈发突出，档案数据质量不容乐观。为此，需要立足档案数据运行环境与管理实践，归纳剖析档案数据质量问题，探索分析档案数据质量影响因素，深入解析档案数据质量控制内涵，探索构建集"前端—过程—效果"于一体的档案数据全流程质量控制路径，保障大数据时代档案数据资源建设质量，确保档案数据来源可靠、程序规范、要素合规、安全可用。

档案数据质量控制的主要研究内容包括：第一，档案数据质量问题剖析。作为档案管理新对象，档案数据在运行过程中面临着一系列质量问题，将其归纳为数量有限、失真失读、污染冗余、离散异构、孤岛壁垒、冷藏深闺等方面。第二，档案数据质量影响因素分析。档案数据质量问题的产生有着复杂的影响因素，围绕档案数据质量管理现状，从制度、组织、技术、文化四个方面系统探究档案数据质量问题成因，为档案数据质量控制提供现实依据与决策参考。第三，档案数据质量控制内涵解析。档案数据质量是档案数据的固有特性满足相关规定要求和社会公众需求的程度。档案数据质量控制是指档案部门等多元主体协同合作，依据相应的法规标准，借助现代信息技术提升档案数据质量水准的过程，需要以目标导向、问题导向、标准导向和安全导向为价值引领，从而高质量赋能数字中国建设。第四，基于全流程视角的档案数据质量控制路径探析。围绕档案数据运行全流程，从前端、过程和效果三阶段系统构筑档案数据质量控制路径，强化事前事中事后全链条全领域管控，把好档案数据质量源头，筑牢档案数据质量中坚，提升档案数据质量水准，保障档案数据来源可靠、程序规范、要素合规、安全可用。

（二）档案数据资源整合

当前，数据资源急剧增长、海量产生，多种格式和类型的档案数据被分散保存在各个存储系统和平台中，档案数据资源管理与共享难度大。通过对档案数据资源现状与管理实践进行分析，探究档案数据资源管理无序与有序、分散与集成、孤立与互通、异构与统一之间的矛盾，探索档案数据资源整合动力、整合模式和整合策略，力争将离散、多元、异构的档案数据资源通过逻辑方式或物理方式组织成一个有机整体，填平不同地区、不同层级、不同部门之间的"数字鸿沟"，构建档案数据资源共享空间，推动档案数据资源集成管理与共享服务。

档案数据资源整合的主要研究内容包括：第一，阐释档案数据资源整合概念。在梳理档案数据资源整合相关研究成果的基础上，揭示档案数据资源整合的内涵，探索档案数据资源整合的原则和意义，为档案数据资源整合提供理论基础。第二，探究新时期档案数据资源整合的动力要素。档案数据资源整合在实践中受到多种因素的推动，主要涵盖国家政策支持、现代信息技术应用、社会信息需求拉动、档案资源整合实践等方面。第三，建构档案数据资源整合模式。根据档案信息资源整合实践，通过调研分析和探索研究，提出一体化整合、系统整合、跨界整合三种档案数据资源整合模式。第四，构筑档案数据资源整合策略。档案数据资源整合是一项系统性工程，需要从理念、管理、技术、平台、人员等方面综合发力，提升档案数据资源整合能力，为档案数据资源互联互通和开发利用提供支撑。

（三）档案数据共享利用

共享利用是实现档案数据价值的重要渠道，是档案数据治理的关键内容。聚焦大数据时代用户需求，探索新时期档案数据公共服务转型与创新路径，促进档案数据资源的深度开发及有效利用。围绕大数据时代档案数据资源开放、挖掘及服务创新等主题，探究档案数据资源共建共享路径，构建精细、精简、精准、智慧的档案数据公共服务体系，优化档案数据服务生态环境，把档案"资源库""数据库"变成"知识库""思想库""智库"。

档案数据共享利用的主要研究内容包括：第一，揭示档案数据共享利用内涵。在梳理分析档案数据共享利用研究现状和相关理论的基础上，阐释档案数据共享利用的内涵特征。第二，分析档案数据共享利用现实阻碍。立足档案数据共享利用实践现状，分析归纳档案数据共享利用存在的法规标准缺失、管理体制机制制约、数据技术能力薄弱、数据资源问题突出等现实阻碍。第三，探索档案数据共享利用实现路径。从法规建设、机制创建、平台打造、技术赋能四个方面，系统构筑档案数据共享利用实现路径，促进档案数据共建共享与互联互通，释放档案数据价值潜能。

（四）档案数据安全保障

数据安全是档案数据治理的"生命线"，是档案工作的第一要务。当前，档案数据存在管理分散、伦理权益侵害、系统平台漏洞、技术更新换代、黑客病毒攻击、载体寿命不确定等安全风险，造成档案数据"不可知、不可控、不可取、不可联、不可用"，实施档案数据安全治理势在必行。以总体国家安全观为指引，充分认识维护档案数据安全的重要性和紧迫性，提高档案数据安全风险防范意识，多维度、全方位、立体化综合开展档案数据安全协同治理，营造健康稳定的档案数据安全生态，构筑大数据时代坚不可摧的社会记忆殿堂。

档案数据安全保障的主要研究内容包括：第一，科学分析档案数据安全保障定义。对档案数据安全保障概念进行界定和辨析，系统阐释档案数据安全保障特征、原则和目标。第二，系统梳理档案数据安全风险因素。结合国内外档案数据安全案例，分析档案数据面临的主要安全风险、形成因素和演化特点。第三，建构档案数据安全治理能力成熟度模型。以国家标准《信息安全技术 数据安全能力成熟度模型》（GB/T 37988—2019）为依据，从能力、过程和能级三个维度构建档案数据安全治理能力成熟度模型，为制定档案数据安全治理策略、增强档案数据安全治理能力、提升档案数据安全治理能级提供路线指引。第四，探究档案数据安全治理举措。从法治、制度、协同、技术、智力等五个层面出发，探索档案数据安全治理能力提升策略，形成系统科学、立体多维、严密有效的档案数据安全防治体系，实现档案数据安全善治。

（五）档案数据治理运行机制

档案数据治理运行机制是档案数据治理体系的重要组成部分，是档案数据治理有效开展的基础和保障。档案数据治理是一项涵盖"多元""互动""融合"等诸多新要素的系统性工程，需要建立一套科学系统、体系完备、行之有效的运行机制，指导档案数据治理实践，创建良好的"建数""管数""用数"环境，推进档案数据治理现代化。应用生态系统与治理理论，揭示档案数据治理运行机理，探索构建以宏观多维度综合治理机制、中观多主体协同治理机制、微观多要素融合治理机制为主体的档案数据治理运行机制框架，营造整体联动、相互协调的档案数据治理生态，保障档案数据治理健康运行。

档案数据治理运行机制的主要研究内容包括：第一，档案数据治理运行机制构建。聚焦档案数据善治目标，从宏观、中观和微观三个层次系统构建档案数据治理运行机制，进一步阐释档案数据治理运行机制的内涵特征、结构功能和作用原理，推动档案数据治理资源优化配置、治理主体协同互动、治理要素有机耦合，助力档案数据生态系统机体优化、健康发展与有序演进。第二，宏观多维度综合治理机制。宏观层级的档案数据治理主要是指向档案数据治理顺利开展所需要和依赖的各种手段，强调从治理的不同维度构建"善治"引领、"法治"保障、"德治"熏陶、"元治"主导、"自治"调适、"智治"支撑的多维度综合治理机制，在宏观上构筑档案数据治理的导向与蓝图。第三，中观多主体协同治理机制。中观层面的档案数据治理，旨在构建多主体协同共治机制，推动跨区域、跨层级、跨业务、跨部门、跨系统合作，促进档案部门、业务单位、数据管理机构、社会组织、新闻传媒、信息技术企业、公众等多元主体协同共治，建立相互协作、相互制约的共生关系，提升档案数据整体治理合力。第四，微观多要素融合治理机制。在微观层面，档案数据治理是一项融合多种治理要素的系统性整体工程，需要全面把握各治理要素之间的内在关系和外部联系，着力构建以目标牵动为引领、以需求带动为导向、以资源驱动为核心、以流程联动为关键、以平台互动为支撑、以人才推动为根本的多要素融合治理机制，塑造治理力量多方面凝聚、治理资源全方位协调、治理空间立体化延展的新格局，促进各治理要素相互联系、有机融合、共同发力，助推档案数据治理现代化。

第五章　档案数据质量控制研究

　　档案资源是档案事业赖以发展的水之源、木之本、塔之基，档案资源质量决定着档案信息资源开发的广度和深度，也决定了档案工作的服务内容和服务水平。《"十四五"全国档案事业发展规划》提出，"加强档案资源质量管控""促进档案信息资源共享规模、质量和服务水平同步提升"[①]。《上海市档案事业发展"十四五"规划》也指出，加强档案数据资源建设，推动档案信息数据化，大幅提升电子档案数量和质量[②]。档案数据作为大数据时代档案信息资源新形态，是具有高价值的数据资源，也有着较高的质量要求。当前，受制度、组织、技术、文化等多重因素影响，档案数据质量参差不齐，掣肘档案数据要素价值发挥，亟待加强档案数据质量控制。档案数据质量控制是档案数据治理体系的重要组成，立足档案数据运行环境与管理实践，归纳剖析档案数据质量问题，探索分析档案数据质量影响因素，深入解析档案数据质量控制内涵，系统探析档案数据全流程质量控制路径，确保档案数据来源可靠、程序规范、要素合规、安全可用，以优质档案数据赋能新质生产力发展。

一、档案数据质量问题剖析

　　世界著名管理学大师朱兰博士提出，20 世纪是生产率的世纪，21 世纪是质量的世纪[③]。质量是档案资源固有属性，一般包括真实性、完整性、有效性、安全性

---

　　①中办国办印发《"十四五"全国档案事业发展规划》[J]. 中国档案, 2021(6): 18-23.

　　②上海市档案局关于印发《上海市档案事业发展"十四五"规划》的通知[EB/OL]. (2021-08-04)[2023-09-13]. https://www.archives.sh.cn/tzgg/202112/t20211213_62551.html.

　　③朱兰 JM, 德赞欧 JA. 朱兰质量手册[M]. 6 版. 焦书斌, 苏强, 杨坤, 译. 北京: 中国人民大学出版社, 2014: 41.

等内容[1]。作为档案管理新对象，档案数据来源广泛、形态多样、结构复杂，在运行过程中，面临着规模不足、失真失读、污染冗余、离散异构、孤岛壁垒、冷藏深闺等质量问题，唯有质量转型才能破解资源建设困境。

（一）档案数据数量有限

数量是质量的前提和基础，没有一定的数量就难以保证质量。大数据首先在于数据量大，单个孤立的档案数据价值含量较低，只有大规模、大体量的数据集合，才有语义关联、挖掘开发、计算分析的应用价值。随着现代信息技术迅猛发展，数量庞大、类型多样、形态各异的新型数据资源急剧增长，数据规模激增的现实状况，对档案部门数据管理能力提出挑战，档案数据资源收管范围不广、力度不足，大量具有保存价值的数据尚处于失散失存状态，未能及时完整归档，游离于档案管理范畴之外，如网络数据、三维数据、多媒体数据、传感数据等，造成档案数据整体数量仍较匮乏，馆藏结构较为单一，难以满足社会大众丰富多元的档案信息需求。据统计，截至 2023 年底，全国各级综合档案馆馆藏电子档案2289.6 TB，其中，数码照片 211.4 TB，数字录音、数字录像 1207.6 TB。馆藏档案数字化成果 28 849.2 TB[2]。然而，纵观国家整体数据规模，根据《全国数据资源调查报告（2023 年）》，2023 年，全国数据生产总量达 32.85 ZB，同比增长 22.44%。5G、AI、物联网技术的创新发展及智能设备的规模应用，推动数据生产规模快速增长。2023 年，全国数据存储总量为 1.73 ZB，生产总量中 2.9% 的数据被保存。存储数据中，一年未使用的数据占比约 4 成，数据加工能力不足导致大量数据价值被低估、难以挖掘复用[3]。可见，档案数据馆藏数量与国家数据增长数量相比，仍有巨大鸿沟。档案数据急剧增长与有限收管之间的"剪刀差"愈发突出，有效收管的体量、速度远不及档案数据的产量、增速。美国国家档案馆是电子文件存储量较高的档案馆，按旧的、以 TB 为级别的大数据标准，美国国家档案馆达到了大数据级别，但目前大数据的级别已经从 TB 级跃升到 PB 级，再说其电子文件数达到大数据级别就比较勉强了。而我国多数文件与档案管理机构电子文件的存

① 徐华，薛四新. 云数字档案馆安全风险评估研究[M]. 北京: 中国社会科学出版社, 2022: 104.

② 2023 年度全国档案主管部门和档案馆基本情况摘要（二）[EB/OL]. (2024-09-20)[2024-10-09]. https://www.saac.gov.cn/daj/zhdt/202409/a277f8b3bfe942ca88d3b7bcf6ddf120.shtml.

③ 《全国数据资源调查报告（2023 年）》发布[EB/OL]. (2024-05-24)[2024-09-30]. https://www.cics-cert.org.cn/web_root/webpage/articlecontent_101006_1793458699935682562.html.

储量远远达不到大数据级别①。

数量是塑造容量的前提、筑牢质量的基础和释放能量的关键，量变才会引起质变。《"十四五"全国档案事业发展规划》提出，"推动档案全面纳入国家大数据战略""实现对国家和社会具有长久保存价值的数据归口各级各类档案馆集中管理"②。现代信息技术的应用和各种移动终端的生成，促使电子文件、社交媒体、数字文本、用户踪迹等移动信息、泛在数据大规模生成，信息资源空间结构发生颠覆性变革。为此，需要强化档案数据规模建设，科学规划、合理布局、统筹发展、系统推进，加强部门协调联动，拓展档案部门数据采集捕获功能，应收尽收、应归尽归、应管尽管，广泛采集政务活动、社会民生、社交媒体、智能终端、地理空间等新型档案资源，建立特色档案资源库、专题档案资源库，构建数量丰富、结构优化、质量丰裕、特色鲜明、门类齐全的档案数据资源体系，夯实档案馆运行的物质基础与货源仓储。

一方面，拓展资源归集范围。秉持大资源观、大数据观、大档案观，以开放协同、集成共享的理念拓展档案数据资源采集方式和范围，加快推动传统档案数字化数据化，使传统载体档案的模拟信息向数字信息、数据信息转变，为实现档案信息高速流转、互联互通与深度开发奠定基础。持续推广电子文件单套制管理，加大电子档案接收力度，建立规范、标准、科学的电子档案数据接收管理机制，保证电子文件即时有序归档。主动融入国家文化数字化战略，加强濒危档案、珍贵档案、高龄档案的调查、抢救和征集，保护国家档案文化遗产安全，及时开展档案文化遗产数字化数据化工程，筑牢国家红色记忆基因库。加强重点领域、重要行业、重大事件档案数据收集归档工作，借助接收、征集、捐献、购买、代存、寄管等多种方式全方位、多领域采集党政建设、国计民生、公共服务、突发事件、科技创新等各方面的档案数据资源。注重流失海外等档案的收集追回，维护国家档案信息资源的完整，探索通过档案数字化数据化实现"副本"移交、信息共享、权利共有、资源共用，助力国际档案权属争端解决。强化档案数据采集与捕获，形成集档案目录数据库、档案全文数据库、多媒体档案数据库、特色档案数据库、元数据库等于一体的档案数据资源库群，推动档案数据资源的整合集成与共建共享，打造集中统一的国家或区域性档案数据资源总库。

①赵屹. 数字时代的文件与档案管理[M]. 上海: 世界图书出版公司, 2013: 76.

②中办国办印发《"十四五"全国档案事业发展规划》[J]. 中国档案, 2021(6): 18-23.

另一方面，优化馆藏资源结构。长期以来，我国传统档案馆馆藏档案资源内容、结构单一，存在"四多四少"现象，即行政类文件多，经济、文化、知识类文件少；红头公文类文件多，非公文类文件少；文字单媒体文件多，音像多媒体文件少；纸质文件多，电子文件少。这种不合理的资源结构在数字档案馆资源建设中，会有一定的改观，但难免会产生惯性影响，并进一步影响数字档案馆生态系统的运转与功能发挥①。为此，需要丰富档案馆馆藏资源结构类型，广泛收集不同来源、不同载体、不同形式的档案数据资源，形成内容丰富、形式多样、特色鲜明的馆藏结构。坚持内容齐全与独树一帜相结合，既全面收集符合时代要求与用户需求的档案数据资源，又注重采集捕获具有区域特色、文化特色、民族特色、专业特色的专题资源、稀缺资源，吸引公众眼球，凝聚社会人气；坚持体制内与体制外相结合，既要注重收集党政机关、公共部门产生的体制内档案数据资源，也要加强与社会大众密切相关的民生医疗、文化休闲、家庭个人等社会档案数据资源的收集，构建反映新时代社会记忆全景图。例如，湖北省档案馆充分利用信息化技术开展电子档案数据采集工作，重点是反映重大"记忆"的电子业务数据、照片档案、音视频档案等特殊载体的电子档案。采集脱贫攻坚、疫情防控档案目录数据 800 多万条，30 TB，采集楚菜制作视频资料时长 30 小时，进一步优化了馆藏结构，丰富了馆藏资源②。

（二）档案数据失真失读

大数据因为量大而可能混杂有一定数量的虚假信息，这就有可能因数据失真而导致人们的误判③。因此，如何防范数据失信或失真是大数据时代遭遇的基准层面的伦理挑战④。2021 年，据中国人民大学信息资源管理学院课题组调研发现，各级档案馆的电子档案移交接收都面临质量问题。电子公文、数码照片、音视频占据移交接收的主体，面临不完整、不可读、不真实的质量风险。省级档案馆面临的问题按存在的普遍性高低排序包括不完整（缺文件、附件等）（72.73%）、未移交特定格式电子档案的相应软件平台（27.27%）、无法确认真实性（18.18%）、

①金波, 丁华东, 倪代川. 数字档案馆生态系统研究[M]. 北京: 学习出版社, 2014: 225.

②刘晓春. 全面加强档案资源体系建设[EB/OL]. (2023-08-30)[2023-12-22]. http://daj.fuzhou.gov.cn/zz/daxw/yjdt/202308/t20230830_4664620.htm.

③吕耀怀. 大数据时代信息安全的伦理考量[J]. 道德与文明, 2019(4): 84-92.

④林子雨. 大数据导论: 数据思维、数据能力和数据伦理(通识课版)[M]. 北京: 高等教育出版社, 2020: 166.

无法读出（18.18%）、压缩文件受损（18.18%）、加密文件无法解密（9.09%）①。成都市档案馆对存量档案进行数据治理，规范目录及全文数据，提高数据质量。处理了迁移中遇到的部分问题，如部分数据的电子全文数与实际关联的数据不符问题，城乡统筹专题档案数据库中数据量和旧系统中显示的数据量不一致问题，全文路径有中文的点"·"的问题，民国档案全宗号有中文问题等②。

原始可靠、来源真实、完整有效是档案最本质的特征，也是档案数据基本的质量要求。相较于传统模拟态档案而言，档案数据对特定技术的依赖性和载体的脆弱性，具有易复制、易传播、易修改、易扩散、易损坏等特点，导致其来源难以确定、质量难以管控，虚假数据、错误数据、残缺数据屡见不鲜，造成档案数据不完整、不系统、不准确。云环境下档案数据在迁移过程中容易遭受人为破坏、恶意篡改且不留下任何踪迹，这便很可能造成数字档案失真、造假等问题，进而引发档案用户的信任波动③。例如，如果有人担心个人健康数据或基因数据对个人职业生涯和未来生活造成不利影响，当有条件采取隐瞒、不提供或提供虚假数据来玩弄数据系统时，这种情况就可能出现，进而导致电子病历和医疗信息系统以及个人健康档案不准确④。

此外，档案数据主要依靠磁光电等记录载体存储读取，材料性质、读写技术、人为破坏等因素都有可能导致档案数据失真失实与失密失效。信息技术发展迅速，许多技术使用没过几年就被新的技术替代，导致过去保存下来的许多档案数据无法准确读取。有调查显示，20 世纪 80 年代我国开展的一次重要普查活动的原始数据有 99%已经完全损失，20 世纪 90 年代举办的一次重大国际体育赛事的电子文件已经完全无法读取⑤。2023 年，《政务服务电子文件归档和电子档案管理办法》提出，"各级档案馆应当做好政务服务电子档案接收工作，提升安全管理水平，按照国家有关规定对接收的政务服务电子档案进行检测，确保真实性、完整性、可用性和安全性"⑥。2024 年，《中华人民共和国档案法实施条例》规定，"档案

---

①孙昊. 我国电子档案移交接收工作亟待突破: 访中国人民大学信息资源管理学院院长刘越男[N]. 中国档案报, 2023-12-11(1).

②提档升级 迈向高质量发展: 成都市数字档案馆建设纪实[EB/OL]. (2021-07-12)[2023-06-22]. http://www.gysdag.cn/New/Detail/20210712085340901.html.

③聂云霞, 卢丹丹. 云环境下数字档案资源利用的伦理审视[J]. 档案学通讯, 2021(6): 22-30.

④林子雨. 大数据导论: 数据思维、数据能力和数据伦理(通识课版)[M]. 北京: 高等教育出版社, 2020: 166.

⑤李明华. 关于建立国家电子档案战略备份中心的提案[J]. 中国档案, 2022(3): 20.

⑥国务院办公厅关于印发《政务服务电子文件归档和电子档案管理办法的通知[EB/OL]. (2023-08-22)[2024-06-21]. https://www.gov.cn/zhengce/zhengceku/202308/content_6899494.htm.

馆应当在接收电子档案时进行真实性、完整性、可用性和安全性等方面的检测，并采取管理措施和技术手段保证电子档案在长期保存过程中的真实性、完整性、可用性和安全性""档案馆对重要电子档案进行异地备份保管，应当采用磁介质、光介质、缩微胶片等符合安全管理要求的存储介质，定期检测载体的完好程度和数据的可读性。异地备份选址应当满足安全保密等要求"①。为此，需要明确档案数据生成源头，一数一源，可识别、可追溯、可审计、可验证、去粗取精、去伪存真，保证档案数据内容、逻辑结构、背景信息与形成时的原始状况相一致，正确表达其所反映的活动或事实。防止人为破坏、记录篡改、数据裁剪和信息造假，确保在档案数据转化、迁移、流转、备份过程中准确无误，不失真、不失信、不失效、不失读、不失密，维护档案数据的真实可靠性和权威凭证性。

（三）档案数据污染冗余

类似于工业文明带来了环境污染，现代信息技术也带来数据信息的污染问题，成为大数据时代一种新的社会公害。数据污染是指人为有意地制造和发布有毒有害、过时过效、超载冗余、虚假伪劣、垃圾不良的数据，从而污染网络空间，降低数据利用效率，对数据生态系统造成负面效应。数据污染主要表现在三方面：一是有用数据污染，主要包括重复性和图像性数据的交叉复制、网络传输中的数据废弃物等；二是无用数据污染，即老化畸变、拼凑伪造、没有传播利用价值的数据造成网络通道梗阻，降低大数据价值属性；三是有害数据，主要表现为违法不良数据、违反公共道德的骚扰数据、具有潜在危害的数据等。信息污染对信息生态环境的危害表现为：信任危机加剧、信息决策失误、信息匮乏、网络出现负教育功能②。

大数据环境下，网络的开放性与虚拟性、数据的流动性与交互性使得有害不良信息快速滋长蔓延。档案信息系统的共享性和开放性，使档案信息系统成为一个鱼目混珠的地方，无用信息、过时信息、虚假信息铺天盖地③。信息烟尘和数据污染，造成档案数据真伪难辨，严重影响档案数据质量水平，对档案数据互联互通与开放利用造成很大障碍。信息在生产和传播过程中由于多种因素

---

①中华人民共和国档案法实施条例[N]. 人民日报, 2024-01-29(15).

②李娟, 李卓. 智能时代信息伦理的困境与治理研究[J]. 情报科学, 2019(12): 118-122, 133.

③马仁杰, 张浩, 马伏秋. 社会转型期档案信息化与档案信息伦理建设研究[M]. 上海: 世界图书出版公司, 2014: 140.

导致其内容失去"原貌"，缺少可信度，由此导致信息内容虚假化①。信息化、网络化、数字化和智能化的发展带来的最大悖论却是低质量信息泛滥成灾，各种水军和社交机器令人真假莫辨，大量虚假信息和数据面对后真相时代的芸芸众生束手无策②。此外，大量有害性、误导性和无用性的数据泛滥，给档案数据甄别鉴定和优质筛选带来诸多不便。面对掺杂大量无用、有害信息的数据汪洋，档案管理人员面临着不知道应该收集哪些数据、不该收集哪些数据的窘境，对于海量芜杂的数据缺乏整理和利用的数据思维，陷入无力抓取的迷茫和焦虑之中；或只对数据作简单堆积，不做任何有效的分析解读，对受众造成信息负荷、消化不良的负面影响③。

（四）档案数据离散异构

大数据环境下，可联可用是档案数据资源价值的生命线，是档案数据质量控制的内在要求，集中体现在档案数据资源的可识别、可关联、可转换、可获取等方面，也就是档案数据资源结构化、语义关联化。数据结构是数据存在的形式，也是数据的一种组织方式，其目的是提高算法的效率，也是达到数据语义化的最好方式④。从结构来看，数据可分为结构化、半结构化、非结构化三种类型。结构化数据是可以用关系型数据库存储和表示的二维形式数据，数据格式规范、数据排列有序、数据长度统一，如统计信息系统、财务管理系统形成管理的数据、元数据等；半结构化数据是以自描述文本方式记录的数据，其结构内容混合在一起，如日志文件、XML（extensible markup language，可扩展标记语言）文档等；非结构化数据是难以用数据库二维逻辑表示的数据，异构可变性较大，包括各种格式的文本、图像照片、电子邮件、流媒体、音视频等。

当前，档案数据以半结构化、非结构化数据居多，其内容描述与结构格式仍是粗颗粒度的无序状态，没有统一的数据模型，语义不关联、不连续，无法进行语义层面的识别理解和建模分析。由于扫描后的数字化档案没有进行文本识别，其信息未与载体分离，形式上仍然处于图像状态，还未真正达到计算机可读、可理解的细颗粒度，档案检索、挖掘、利用等更多依赖于元数据或著录信息。例如，

①梁宇，郑易平. 大数据时代信息伦理的困境与应对研究[J]. 科学技术哲学研究, 2021(3): 100-106.

②段伟文. 信息文明的伦理基础[M]. 上海: 上海人民出版社, 2020: 4.

③罗弦. 网络新闻生产中大数据运用的伦理问题及编辑对策[J]. 科技与出版, 2015(1): 67-70.

④大数据战略重点实验室. 块数据 2.0: 大数据时代的范式革命[M]. 北京: 中信出版社, 2016: 38.

2020 年 6 月，上海市档案馆官网公布了 93 万卷馆藏开放档案的案卷级目录和 2.3 万余件档案及史料编研成果的数字化全文，供用户查阅利用。然而，其案卷目录中提供的档案数据仅包括题名、档号、保管机构、年度等数据信息，数字化全文则是图片形式，尚未深入到档案内容层面，难以进行深度挖掘分析。结构化数据则是小颗粒、有逻辑、可关联、易分析的有序状态，用于构建一个语义正确、独立且无歧义的特定概念的数据语义单元[①]。高质量档案数据是可进行内容分析的结构化、细粒度数据单元，语义连续统一。为了适应大数据时代社会信息需求和档案事业数据化生存，需要加强半结构化非结构化档案数据资源的结构化处理，以用户需求和业务需要为导向，将数字档案资源转换为可供阅读、分析和处理的档案数据资源[②]。借助数字扫描技术、OCR 识别技术、数据库技术、数据压缩技术等方法，通过技术兼容、迁移转化、资源整合、集成汇聚、深度挖掘、语义关联、智能计算、可视化展演等手段，形成能够语义连续、深度挖掘和计算分析的结构化数据资源，确保档案数据可联可用，提升档案数据开发利用能力和服务能级，夯实馆藏资源基础，发挥档案数据要素价值与功能，扩大档案数据资源竞争力和社会影响力。例如，近年来，青岛市档案馆开始对非结构化档案数据进行结构化形式化处理，解决档案信息内容控制和开发两个关键问题，包括全文检索、文本挖掘和开放划控等[③]。

（五）档案数据孤岛壁垒

大数据时代，数据资源在各种平台和系统中大量形成，档案数据资源分散保管在各个部门和各个机构中，呈现来源广泛性、形式多样性、结构复杂性、系统异构性、管理离散性等特征，不同地区、不同层级的档案部门各自为政，部门藩篱和条块隔阂突出，数据孤岛、数据壁垒、数据烟囱、数据割裂、数据垄断等现象大量存在，致使档案系统、档案部门之间数据孤岛林立、彼此隔离阻阂，难以互联互通和开放共享。数据孤岛是制度、技术等多重因素共同作用的结果[④]。在管理层面，一方面，档案管理体制造成数据资源分散。我国条块分割的科层式档案管理体制导致各级档案部门管理系统相对独立，使得档案数据资源难以兼容、关

①王益民, 等. 数据论[M]. 北京: 中共中央党校出版社, 2021: 68.

②赵跃. 大数据时代档案数据化的前景展望: 意义与困境[J]. 档案学研究, 2019(5): 52-60.

③冯惠玲. 融入数据管理做电子文件管理追风人[J]. 北京档案, 2020(12): 6-7.

④周俊. 以整体智治消除基层"数据烟囱"[J]. 国家治理, 2020(30): 24-26.

联困难、孤立隔离；另一方面，不同行业之间的固有壁垒与业务藩篱，使得各行业档案数据管理系统差异较大，数据烟囱丛生，数据信息难以流通。在技术层面，由于缺乏统筹规划和统一管理，各级各类档案部门在选取和应用档案数据管理系统平台时具有较大的自主性，各平台之间孤立异构、难以兼容、对接不畅。此外，在档案数据的生成来源、操作处理、存储管理等技术应用过程中都可能导致档案数据格式异构、标准异构、语义异构。

《中华人民共和国档案法实施条例》规定，"国家档案主管部门应当制定数据共享标准，提升档案信息共享服务水平，促进全国档案数字资源跨区域、跨层级、跨部门共享利用工作"①。针对数据孤岛，需要借助现代信息技术将分散异构的档案数据加以集中汇聚、整合融通，破除管理、技术、系统等造成的数据壁垒，促进业务流程再造和部门关系重塑，推动档案管理架构从"科层制"走向"扁平化"，促进跨区域、跨部门、跨层级、跨系统档案数据共建共享与互联互通。例如，浙江省档案部门积极践行"最多跑一次"改革，打破档案数据壁垒，构建全省共享利用服务平台，建成浙江档案服务网，推动档案数据开放流通和集成共享，实现"一网查档、百馆联动"，让"数据多跑路，群众少跑腿"、利用者查档"零上门"。杭州市档案馆通过跨馆服务平台互联互通，按照平台共享、一窗受理、一网办理、一站集成的思路，建设了杭州市档案资源信息共享平台，整合全市档案馆馆藏和馆外共计 243 项 125 万条民生档案数据目录，形成全市域馆际之间服务协同、业务协同、管理协同、数据协同的管理格局，打破了信息孤岛，实现档案掌上查阅②。江西省档案部门着力打通民生档案数据壁垒，纵向上，依托"赣服通"、江西档案共享利用平台、各地政务服务大厅异地通办专窗，开展档案查阅利用"省内通办"工作，实现群众查阅利用民生档案、开具档案证明"最多跑一次"。横向上，省档案部门与民政部门联合开展全省婚姻登记系统与江西档案共享利用平台对接工作，实现婚姻登记档案数据互通、共享共用，切实解决了群众查阅利用婚姻登记档案中的堵点、难点问题，扩大了民生档案信息共享利用覆盖面③。

---

①中华人民共和国档案法实施条例[N]. 人民日报, 2024-01-29(15).

②范飞. 档案信息化助推城市治理现代化: 杭州以"三个走向"重要论述为根本遵循积极发挥档案工作基础性作用[N]. 中国档案报, 2020-11-16(1).

③聂文胜. 档案工作要在中国式现代化建设中奋发有为[N]. 中国档案报, 2023-04-13(3).

（六）档案数据冷藏深闺

档案开放不足、利用不够是档案数据质量中一个不可回避的问题。尽管尚未面向社会公众的档案很难直接发现质量问题，但数据资源的有无是用户需求能否得到满足的前提，从这点来看，档案数据开放程度低、利用程度弱显然也是一个很重要的质量问题。开放是共享利用的前提，建立健全基本公共服务均等化体系，持续增进民生福祉，迫切要求加快档案开放，提升档案公共服务水平。档案数据深藏闺中、闭而不开，就难以实现流通共享和价值释放，档案数据质量水平也就难以提升。《中华人民共和国档案法》规定，"县级以上各级档案馆的档案，应当自形成之日起满二十五年向社会开放。经济、教育、科技、文化等类档案，可以少于二十五年向社会开放""档案馆不按规定开放利用的，单位和个人可以向档案主管部门投诉，接到投诉的档案主管部门应当及时调查处理并将处理结果告知投诉人"[①]。《中华人民共和国数据安全法》规定，"国家制定政务数据开放目录，构建统一规范、互联互通、安全可控的政务数据开放平台，推动政务数据开放利用"[②]。《中华人民共和国数字经济促进法（专家建议稿）》也提出，"公共数据开放应当坚持需求导向、分类分级、统一标准、安全可控、便捷高效的原则，按照规定逐步扩大公共数据开放范围。国家鼓励依法依规利用数据资源开展科学研究、数据加工等活动，引导各类主体通过统一的开放平台开放数据资源"[③]。《中华人民共和国档案法实施条例》规定，"国家档案馆应当建立馆藏档案开放审核协同机制，会同档案形成单位或者移交单位进行档案开放审核"[④]。《"十四五"全国档案事业发展规划》提出，"加快推进档案开放。建立健全机关、企业事业单位档案开放审核建议机制以及各级国家档案馆馆藏档案解密和开放审核有关制度，实现档案开放审核工作法治化、规范化、常态化"[⑤]。《国家档案馆档案开放办法》也强调，"国家档案馆应当建立健全档案开放工作制度，积极稳妥地推进档案开放，加强档案利用服务能力建设，保障单位和个人依法利用档案的权利""国家档案馆的档案应当依照有关法律、行政法规以及本办法的规定，进行开放审核，

①中华人民共和国档案法[N]. 人民日报, 2020-07-16(16).

②中华人民共和国数据安全法[N]. 人民日报, 2021-06-19(7).

③中华人民共和国数字经济促进法(专家建议稿)[EB/OL]. (2023-05-06)[2024-05-12]. http://www.cbdio.com/BigData/2023-05/06/content_6172984.htm.

④中华人民共和国档案法实施条例[N]. 人民日报, 2024-01-29(15).

⑤中办国办印发《"十四五"全国档案事业发展规划》[J]. 中国档案, 2021(6): 18-23.

分期分批向社会开放"①。

尽管国家在积极推动档案开放利用，但档案的封闭期制度以及档案的密级制度、公布权制度，包括各种利用档案的获取条件的限制等，使得档案信息的实际开放比例远低于开放的理想状态②。近几年，我国档案开放率虽有平缓增长态势，但总体开放率仍较低，与西方发达国家差距较大，百分之八十几的档案仍尘封在档案库房沉睡度日，未向社会开放利用，成为"冷数据""死档案""灰文献"，数据深闭、数据冷藏、数据休眠等问题突出，严重掣肘档案信息资源开发与社会档案需求满足。就档案数据开放情况而言，以 31 个省、自治区、直辖市档案馆官方网站（港、澳、台除外）开放档案数据类型为例，截至 2021 年 10 月 31 日，31 个省级档案馆中有 9 个档案馆建设了全文数据库，分别是北京市档案馆、天津市档案馆、黑龙江省档案馆、上海市档案馆、浙江省档案馆、福建省档案馆、江西省档案馆、湖北省档案馆、重庆市档案馆。就全文数据格式来看，上述省级档案馆仅将档案数据以文本形式上传网络，或仅提供档案数据的图片，格式较为单一。同时，档案数据更新不够及时③。

为推动档案数据开放流通与共享利用，需要建立健全档案数据开放审核机制，严格按照《中华人民共和国保守国家秘密法实施条例》《各级国家档案馆馆藏档案解密和划分控制使用范围的暂行规定》《国家档案馆档案开放办法》等法规要求开展馆藏档案数据解密、划控和开放。按照先解密、后审核、再开放的原则，优化档案数据审核程序和开放方式，加大档案数据资源开放力度，加强档案部门、保密部门和档案数据形成单位业务协同，促进档案数据在安全可控下最大限度地开放，不断扩大档案数据开放范围。档案部门需要制订档案数据开放计划和开放数据目录，落实数据开放和维护责任，推进档案数据统一汇聚和集中开放，优先推动科技、交通、医疗、卫生、就业、教育、文化、信用、社保、金融等民生保障服务相关领域档案数据向社会开放。通过建立统一接入、多级联动、资源集成的全国档案数据共享利用平台，加强对开放档案数据更新维护，推动跨部门、跨区域、跨行业档案数据资源互联互通和开放共享。

随着大数据、人工智能等数智技术飞速发展，借助深度学习、自然语言、语义分析、算法训练等技术方法开展档案数据智能鉴定、智能审核、智能开放，能

①国家档案馆档案开放办法[J]. 中国档案, 2022(7): 36-38.

②陆阳, 等. 社会治理视角下的档案制度变迁研究[M]. 武汉: 武汉大学出版社, 2022: 86.

③张东华, 尹泷杰. 数据伦理视域下档案数据开放规范发展探析[J]. 档案与建设, 2022(3): 21-24.

够极大地提升档案开放审核效率效能。例如，福建省档案馆承担的"基于数字档案的人工智能档案开放审核系统实现研究"项目，通过设计训练深度神经网络辅助开放审核算法模型，编制了档案开放审核关键词表，提升了档案开放审核工作效率。截至 2023 年 1 月 5 日，福建省档案馆已借助该系统辅助完成 120 多万件开放档案的审核任务[①]；江西省档案馆数字档案集成管理系统通过对接人工智能辅助开放审核接口，实现了 25% 的一审替代率、20% 的二审替代率，非直接替代的人工智能审核总准确率为 70.68%，总精确率为 67.6%，大大提高了档案开放审核工作效率[②]。此外，在积极推动档案数据开放共享过程中，需要注意维护档案数据所有者的合法权益，避免其隐私权、知识产权等合法权益受到侵犯。

二、档案数据质量影响因素分析

作为重要的信息资源和生产要素，档案数据能否促进社会的发展和生产力的提高，能否为人们提供决策支持，在很大程度上取决于其质量的高低[③]。在档案数据建设发展过程中，质量问题如影随形，成为档案数据治理的重要内容。智者虑事，虽处利地，必思所以害。档案数据质量问题的产生有着复杂的影响因素，围绕档案数据质量管理现状，从制度、组织、技术、文化四个方面系统探究档案数据质量问题成因，为档案数据质量控制提供现实依据与决策参考。

（一）制度因素

制度的作用在于架起理论与实践之间的桥梁。它不在于揭示人们行为规范的规律，而在于规范人们的行为界限，允许什么，制止什么，提倡什么，反对什么，应该怎么做，不应该怎么做；它不追求对社会现象得出某种规律性的认识，而追求对社会现象进行有效的协调与控制[④]。制度之所以必需，是因为它能够为解决问题提供方向指引。社会需要发展，社会总能通过整合形成社会目标引导社会前进，但如果没有制度系统的支持，没有制度功能的发挥，社会目标就难以实现。长期以来，国家和地方出台与发布了一系列直接或间接有关档案事业的政策规划、法

①郑富豪. 进一步提升档案管理智能化水平[N]. 中国档案报, 2023-09-25(3).
②胡志斌, 李鹏达, 罗贤明. 江西: 档案大数据分析应用[J]. 中国档案, 2023(8): 28-29.
③马费成, 赖茂生. 信息资源管理[M]. 2 版. 北京: 高等教育出版社, 2014: 315.
④梁平. 政策科学与中国公共政策[M]. 重庆: 重庆大学出版社, 2009: 19.

律法规、行业标准，不断充实和完善了档案资源建设发展的政策储备工具箱，为档案数据治理提供了不可缺少的思路导向。制度是保障档案数据质量的关键，战略规划、法律法规、标准规范已成为影响档案数据质量的重要因素。档案数据是大数据时代的新生事物，档案数据管理是档案管理的新职能。针对档案数据质量问题，需要法治引领，加强档案数据制度规则建设，健全档案数据法律法规体系，强化法治管控与行政监管，推动档案数据质量优化。国家立法及行业政策法规对档案工作具有明显的引导作用，是档案数据管理的重要标杆，同时也是实施档案数据质量控制的依据①。

1. 战略规划

人类发展带着许多不确定性，我们正处于一个混沌的世界之中，尤其是当进入繁杂社会和风险社会之后，全球发展的未来格局更趋错综复杂，各种挑战不断加剧，战略规划成为把秩序加给这个混沌世界的手段，成为推进国家治理、迈向兴盛的必需之举②。自古以来，战略思维深深植根于中国文化之中，不谋全局者不足谋一域。战略规划作为一种前瞻性、宏观性、导向性的政策，是政府对国民经济和社会发展在时间和空间上的一种战略布局和具体的安排，也是对未来的一种谋划、安排、部署或展望③。2018 年，党中央、国务院明确了"三级四类"的规划体系④，即国家、省（自治区、直辖市）、市县级的总体规划、专项规划、区域规划、空间规划，在强化国家总体规划统领作用的基础上，推动专项规划从"条"上进行深化、区域规划从"块"上予以细化、空间规划从"地"上加以落实，形成定位准确、边界清晰、功能互补、统一衔接的规划体系⑤。依据此规划体系，档案事业发展规划属于专项规划。围绕档案事业发展制定相关规划，通过分步实施、接力推进、滚动落实，能够有效推动国家档案事业全面可持续发展，为档案数据资源高质量建设提供方向指引。业已形成的档案事业发展规划在横向上可分为两个层级。位于上位的是全国档案事业发展规划（自"十一五"开始，全国档案事业发展把"计划"改为"规划"），依据国家五年发展规划，结合档案事业建设实

---

①周林兴，崔云萍. 大数据视域下档案数据质量控制实现路径探析[J]. 档案学通讯, 2022(3): 39-47.

②秦德君. 战略规划能力: 国家治理现代化的重要支点[N]. 学习时报, 2016-10-24(6).

③杨伟民. 发展规划的理论和实践[M]. 北京: 清华大学出版社, 2010: 2.

④中共中央国务院关于统一规划体系更好发挥国家发展规划战略导向作用的意见[EB/OL]. (2020-08-24)[2024-07-15]. https://plan.cumt.edu.cn/__local/3/BD/BE/637FCD72B69BD37A241F64F89A0_9C6AAC96_33077.pdf.

⑤杨伟民, 等. 新中国发展规划 70 年[M]. 北京: 人民出版社, 2019: 88.

践，制定档案事业五年发展规划，短期、中期与长期发展规划相互衔接，使档案事业发展战略规划设计更具操作性、科学性、稳定性和连续性。位于下位的是地方档案事业发展规划，是对全国档案事业发展规划在特定行政区域内的细化与落实。较之于地方制定的发展规划，国家级制定的发展规划，往往具有宏观性特征，而地方可根据自身的特殊性和地区性进行制定。伴随着科学技术水平的提升以及现代信息技术的广泛应用，档案资源建设逐步迈向数据化、智能化新阶段。与此同时，由于社会环境的复杂多变、信息技术的现实风险等原因，档案数据质量难以保障，需要完善档案事业发展规划，从中央到地方各级档案部门积极探索、广泛实践，科学谋划档案数据质量控制方案与实施路径，为档案数据质量提升提供方向引领。

2. 法律法规

法律是治国之重器，良法是善治之前提。法治是规则之治和理性之治。没有基本的法律制度和制度机制，善治的每一个要素都有可能发生性质的改变，危害公共治理。法治是善治的前提，没有法治，便无善治，也没有国家治理的现代化[①]。2011 年，国家档案局发布《国家档案法规体系方案》，它是由各种不同形式和效力等级的规范性法律文件构成的有机联系、相互协调的统一整体，提出"档案法律具有最高法律效力，其他任何档案行政法规、地方性档案法规和规章不得与之相抵触；地方性档案法规和档案规章不得与档案行政法规相抵触；国务院部门档案规章与地方政府档案规章具有同等效力，在各自的权限范围内施行"[②]。我国档案法规体系的不断完善既是国家档案事业可持续发展和档案治理现代化的必然要求，也是档案数据高质量发展的重要保障，有利于全面提升我国档案法治化水平，保证档案数据资源建设的规范化、有序化与制度化。法律法规对档案数据质量的影响主要体现在以下三个方面。

一是档案法律。法律是治国之重器，法治是国家治理体系和治理能力的重要依托[③]。根据《国家档案法规体系方案》，档案法律是由全国人民代表大会及其常务委员会制定的，并由国家主席签署主席令予以公布。主要有《中华人民共和国档案法》以及刑法、民法等基本法律及其他专门法律中涉及档案的内容或条款。

①俞可平. 没有法治就没有善治: 浅谈法治与国家治理现代化[J]. 马克思主义与现实, 2014(6): 1-2.

②国家档案法规体系方案[J]. 中国档案, 2011(8): 28-30.

③习近平: 关于《中共中央关于全面推进依法治国若干重大问题的决定》的说明[EB/OL]. (2014-10-28)[2024-05-11]. https://www.gov.cn/xinwen/2014/10/28/content_2771717.htm.

《中华人民共和国档案法》是我国唯一一部专门的档案法律，经历了从 1988 年正式实施、1996 年和 2006 年的局部修改以及 2020 年的修订，根据时代环境和社会需求变化不断完善，为我国档案事业发展保驾护航。在档案数据治理中，无论是方向性引导还是软硬件设施，都离不开《中华人民共和国档案法》的全方位保障。基于社会信息化程度持续加深，新的组织和治理形态不断催生新的档案记录形式和管理方式，档案工作面临从传统载体管理向数字管理转型升级的巨大挑战①。新修订的《中华人民共和国档案法》增加"档案信息化建设"专章，规定，"档案馆负责档案数字资源的收集、保存和提供利用"②，为档案数据高质量发展提供了最高法律层面的保障。其他涉及档案数据资源安全、个人档案信息保护、电子档案真实性等与档案数据质量相关联的法律，还包括《中华人民共和国数据安全法》《中华人民共和国个人信息保护法》《中华人民共和国电子签名法》《中华人民共和国网络安全法》《中华人民共和国保守国家秘密法》等。在法律层面，无论是《中华人民共和国数据安全法》《中华人民共和国个人信息保护法》，还是《中华人民共和国档案法》，均未对档案数据及其质量管控作出明确规定，档案数据更多地暗含于"公共数据""政务数据""电子档案""数字档案"等语义中。档案法律法规的不健全给各种利益主体的社会活动提供了较为自由宽松的制度环境，许多反社会的档案信息行为难以从法律上找到惩处的依据。违法的人和事不能得到及时有效的制裁和追究，从而产生了不良的档案信息行为③。

二是行政法规。由于档案法律较为笼统概括，不能将具体事务全部涵盖，与之配套的档案行政法规可以实现档案法律的细化、深化与具化，便于档案法律的贯彻实施。根据《国家档案法规体系方案》，档案行政法规是由国务院根据宪法和法律制定的，并由总理签署国务院令予以公布④。除此之外，还有地方性档案法规，在遵循良法善治精神、确保国家法制统一的前提下，各地可以因地因时因事制宜，为档案数据质量建设提供制度补给。我国目前档案行政法规共有 3 部，包括《中华人民共和国档案法实施条例》《机关档案工作条例》《科学技术档案工作条例》，为档案事业发展提供了有力的依据和原则。2024 年 1 月，国务院正式公布《中华

---

①陆国强. 为新时代档案事业高质量发展提供坚强法治保障[J]. 中国档案, 2020(7): 18-19.

②中华人民共和国档案法[N]. 人民日报, 2020-07-16(16).

③马仁杰, 张浩, 马伏秋. 社会转型期档案信息化与档案信息伦理建设研究[M]. 上海: 世界图书出版公司, 2014: 144.

④国家档案法规体系方案[J]. 中国档案, 2011(8): 28-30.

人民共和国档案法实施条例》，旨在贯彻落实新修订的《中华人民共和国档案法》各项规定，进一步优化档案管理体制机制，完善档案资源齐全收集、安全保管以及有效利用的制度措施，提升档案工作科学化规范化水平，科学精准保障《中华人民共和国档案法》的有效实施，为档案事业创新发展提供有力的法治保障[①]，为档案数据质量控制提供方向指引。档案规章包括国务院部门档案规章和地方政府档案规章。前者由国家档案局依据法定权限制定或者国家档案局与国务院其他专业主管机关或者部门联合制定，并由部门首长签署命令予以公布。后者由省、自治区、直辖市和较大的市的人民政府依据法定权限制定，并由省长或者自治区主席或者市长签署命令予以公布。截至 2020 年 7 月，我国档案部门规章有 37 件，其中由国家档案局单独或牵头发布的有 20 件；我国拥有地方政府档案规章 135 件，其中省级 58 件，州市级 77 件[②]。这些档案规章是根据各部门、各系统和本地区的具体情况和实际需要制定的，具有较强的可操作性，对档案数据质量建设发展也起到了良好的保障和促进作用。

三是规范性文件。规范性文件指法律、法规和规章以外有法律效力的抽象性文件[③]。具体而言，规范性文件是除国务院的行政法规、决定、命令以及部门规章和地方政府规章外，由行政机关或者经法律、法规授权的具有管理公共事务职能的组织依照法定权限、程序制定并公开发布，涉及公民、法人和其他组织权利义务，具有普遍约束力，在一定期限内反复适用的公文[④]。档案规范性文件在档案法规体系中数量可观，从档案法规建设过程上来看，一般先出台规范性文件，等其成熟完备后，再将规范性文件上升为行政法规或行政规章；从档案工作实践上看，档案工作不断发展变化，新的情况和问题不断涌现，档案规范性文件最大的优势就是快速回应发展新态势，弥补正式法规标准的空白，及时指导档案数据质量管控具体实践工作。

3. 标准规范

2021 年，中共中央、国务院印发《国家标准化发展纲要》指出，"标准化在推

---

①李强签署国务院令 公布《中华人民共和国档案法实施条例》[EB/OL]. (2024-01-25)[2024-08-12]. https://www.gov.cn/yaowen/liebiao/202401/content_6928242.htm.

②抓紧完善档案法配套法规制度 推动档案法治建设步入新时代[N]. 中国档案报, 2020-07-16(1).

③黄金荣. "规范性文件"的法律界定及其效力[J]. 法学, 2014(7): 10-20.

④规范性文件清理结果解读[EB/OL]. (2019-10-09)[2024-07-17]. https://www.saac.gov.cn/daj/fzgz/201910/27ae0306e51f4db18948fb18ae901a89.shtml.

进国家治理体系和治理能力现代化中发挥着基础性、引领性作用"①。档案数据有关标准规范既是档案数据质量建设的前提，也是确保档案数据高质量发展的保障。为了避免各自为政、互不兼容、系统异构、数据离散等不规范现象，需要有一个可相互衔接、共同适用的标准规范，以减少资源建设成本。按照标准的使用范围，可以将其划分为国际标准、区域性标准、国家标准、专业或行业标准、企业标准等②。

在国家标准方面，为顺应我国当前档案信息化发展趋势，推进档案事业数据化转型进阶，在国家层面上出台了一系列与档案数据建设相关的标准规范，如《CAD电子文件光盘存储、归档与档案管理要求 第一部分：电子文件归档与档案管理》（GB/T 17678.1—1999）、《信息与文献 文件管理过程 文件元数据 第1部分：原则》（GB/T 26163.1—2010）、《电子文件归档与电子档案管理规范》（GB/T 18894—2016）、《党政机关电子公文归档规范》（GB/T 39362—2020）、《电子档案管理系统通用功能要求》（GB/T 39784—2021）、《政务服务事项电子文件归档规范》（GB/T 42727—2023）等。这些国家标准不仅是档案数据质量建设所必须遵守的宏观准则，也是破解档案数据质量困境的重要依据，对推动档案数据质量善治具有重要意义和参考价值。

在行业标准方面，有关档案数据质量建设的行业标准是直接能够为档案数据质量管控起到指导作用的标准规范。这些标准对于规范档案数据健康运行、实现档案数据质量提升、促进档案事业数据化转型具有重要指导作用。档案数据标准从业务环节维度出发，旨在提升档案数据质量控制效率，保障档案数据规范有序运行。有关档案数据的收集标准，主要是通过规范化的采集移交方式和档案质量管控，保证所收集档案信息的内容真实可靠和要素齐全完整。例如，《电子档案移交接收操作规程》（DA/T 93—2022）明确了电子档案移交接收的工作流程，规定了电子档案移交接收准备工作和电子档案移交接收操作的要求③。有关档案数据的管理标准，主要是通过建立严格的档案数据分类、整序、集合、归档等规则，保证档案数据管理科学有序。例如，《电子档案单套管理一般要求》（DA/T 92—2022）确立了电子档案单套管理的基本原则，规定了实现单套管理需要在制度建设、系统建设、资源建设与管理、安全管理等方面达到的要求，提出了可行性评估的方式

---

①中共中央 国务院印发《国家标准化发展纲要》[EB/OL]. (2021-10-19)[2023-07-17]. http://www.gov.cn/zhengce/2021-10/10/content_5641727.htm.

②冯惠玲, 张辑哲. 档案学概论[M]. 2版. 北京: 中国人民大学出版社, 2006: 141-145.

③电子档案移交接收操作规程[EB/OL]. (2022-04-07)[2024-01-02]. https://hbba.sacinfo.org.cn/attachment/onlineRead/056d74169b1411f560bb29d89aea24bb80b887b9ff20edf64b5c76b6c637cc0f.

方法①。有关档案数据的存储标准，主要是通过对存储介质、存储格式、存储技术、存取交换方式等的标准化，实现档案信息资源的有效存取。例如，《版式电子文件长期保存格式需求》（DA/T 47—2009）适用于各级各类档案馆、机关、团体、企事业单位和其他社会组织遴选归档保存版式电子文件格式，明确了版式电子文件长期保存格式的特征，从而保证电子档案数据的长期可读、可解析、可理解②。有关档案数据的利用标准方面，没有专门的标准规范，而是通过嵌入在不同标准规范内，来规定档案利用的内容，保证档案数据合法合规使用。例如，《电子会计档案管理规范》（DA/T 94—2022）规定电子会计档案的权限设置应科学、合理，可根据授权提供在线或离线利用等；《产品数据管理（PDM）系统电子文件归档与电子档案管理规范》（DA/T 88—2021）明确了方便用户查询、浏览电子档案功能的电子档案管理系统设计要求，其中包括电子档案利用权限规定。此外，有关硬件基础设施建设技术标准，如《纸质档案数字复制件光学字符识别（OCR）工作规范》（DA/T 77—2019）规定了"纸质档案数字复制件光学字符识别（OCR）工作的组织、实施和管理"③，有利于保障档案数字化数据化进程中档案 OCR 的过程管理和质量控制，确保档案 OCR 过程规范、成果可靠、数据安全；《档案数据存储用 LTO 磁带应用规范》（DA/T 83—2019）规定了"档案数据存储用 LTO 磁带的技术要求、选择、条形码标签、使用、保管、运输以及磁带的复制、更新和转换等要求"④，确保存储档案数据的 LTO（Linear Tape-Open，线性磁带开放协议）磁带安全保管、长期可读。

（二）组织因素

管理学家哈罗德·孔茨（Harold Koontz）提出，为了使人们能为实现目标而有效地工作，就必须设计和维持一种职务结构，这就是组织管理职能的目的⑤。档案馆具有内在的组织结构、组织设置、组织制度，包括信息主体（档案形成者、

①电子档案单套管理一般要求[EB/OL]. (2022-04-07)[2024-01-02]. https://hbba.sacinfo.org.cn/attachment/onlineRead/056d74169b1411f560bb29d89aea24bbbe923033a0e028202ba44c05c65abbc5.

②版式电子文件长期保存格式需求 DA/T 47-2009[EB/OL]. (2015-01-12)[2024-01-02]. http://daj.shantou.gov.cn/daj/0200/201501/eda8cdb56ed5497298d59c72e283f388.shtml.

③纸质档案数字复制件光学字符识别(OCR)工作规范[EB/OL]. (2019-12-16)[2024-01-02]. https://hbba. sacinfo.org.cn/attachment/onlineRead/0ece50eed933551dabe0919c66aff402c222d2159a8a2c2b907abfb259bc6d27.

④档案数据存储用 LTO 磁带应用规范[EB/OL]. (2019-12-16)[2024-01-02]. https://hbba.sacinfo.org.cn/attachment/onlineRead/e43d83e4e77d11934173d56edc87dd52deca4428d41e38a7dbed69881ab7f738.

⑤周三多, 陈传明, 鲁明泓. 管理学: 原理与方法[M]. 4 版. 上海: 复旦大学出版社, 2005: 385.

档案管理者、档案利用者)、档案信息资源、信息管理平台等各种组织因子,各种组织因子之间相互协调、相互关联,呈现出组织生态系统的基本特质[①]。有组织、有序地运行是保障档案数据质量的必然要求和基本条件。从组织层面看,档案数据质量主要受以下三个方面的因素影响。

1. 体制机制

体制是组织机构的组成体系与结构形式,机制则是组织运行中各要素相互作用的过程和方式。破除各方面体制机制弊端,建立与社会发展相适应的更为完善的体制机制,永远是人们改革中追求的目标和任务[②]。管理体制与运行机制直接关系到档案数据质量管控效率效能。档案事业管理体制是指档案事业管理的体系和组织制度,包括档案行政管理部门的设置及其隶属关系、权限划分等[③]。档案数据质量水平与组织的体制机制密切相关,如顶层规划是否健全、组织架构是否完善、工作机制是否顺畅、主体职责是否清晰、资金投入是否充裕等。

产生于数字环境中的档案数据在运行管理中存在一系列体制障碍与机制困境,如宏观管理与顶层设计不到位,一些地方对数字档案馆(室)建设内容认识不清,项目管理经验少,实施方案与资金分配不合理,功能定位不清楚,系统建设低水平重复[④],往往存在多头管理,安全主体责任不明、分工混乱、职责空缺、重叠矛盾,导致出现质量问题之后相互推诿,责任追溯困难。如何强化体制机制建设,加强整体规划与统筹发展,优化档案数据治理方案与行动路线;在坚持集中统一、条块分割档案管理体制下如何打破横向阻隔、纵向壁垒带来的部门垄断、系统异构和数据孤岛,统筹体制内与体制外、组织内与组织外数据资源,实现更大范围内的资源共享与互联互通;针对前端业务工作与后端档案工作脱节现象,如何建立协作沟通机制,与前端业务单位进行精准对接,实现一体化融合,加强电子文件实时归档管理,推动档案数据资源建设高效便捷等,这一系列问题仍需进一步探索。

2. 管理水平

档案管理水平的高低直接影响到档案管理部门提供档案服务、满足社会需求

---

① 金波, 丁华东, 倪代川. 数字档案馆生态系统研究[M]. 北京: 学习出版社, 2014: 4-5.

② 丁华东. 城乡档案记忆工程推进机制研究[M]. 北京: 人民出版社, 2021: 620.

③ 冯惠玲, 张辑哲. 档案学概论[M]. 2版. 北京: 中国人民大学出版社, 2006: 79.

④ 杨冬权. 在全国数字档案馆(室)建设推进会上的讲话[J]. 中国档案, 2013(11):16-21.

的能力，以及利用者获取所需档案信息的可能性①。因此，档案数据质量管理能力是档案数据质量水平提升、档案数据要素价值发挥的关键要素和重要条件。

从宏观而言，档案数据质量管理主要是针对档案数据资源建设运行的组织协调、监督指导、检查评估，涵盖档案数据质量管理体制的确立、调整和优化，档案数据系统平台与基础设施的规划布局与组织建设等，这些内容对档案数据质量整体水平具有决定性影响。为此，档案数据资源质量管控需要采取科学的管理方式，建立有效的组织领导体系和组织协调机制，强化组织能力建设与组织规则制定，优化组织角色分工与职能分配，创新组织运行体制与运作模式，不断提升组织战斗力、凝聚力、创新力，提高档案数据质量治理水平。

从微观而言，主要聚焦档案数据质量管理这一核心业务职能。当前，档案信息化业务推进也存在一定障碍，如重归档轻管理。档案工作包括整理、归档、保管、保护、鉴定、销毁等众多工作流程，目前电子文件和电子档案管理以归档为主，移交有所涉及，但其他流程均不深入，档案工作核心业务缺位严重②。档案管理基础工作是数字档案馆建设的前提条件，只有加强档案的收集、鉴定、整理、存储与保护、检索等基础工作，只有管理科学、结构合理、运行规范的管理工作，才能为数字档案馆建设提供资源和工作保障③。档案数据质量管理主要包括：具体设计和建立档案数据质量管理原则、方法和流程，强化档案管理系统、应用系统与服务平台建设，优化档案馆网络环境等软硬件设备，开展档案数据资源组织管理与集成运作，不断提高档案数据质量管理水平，深入开发档案数据资源，为用户提供优质高效的服务产品。

3. 人才队伍

人力资源是第一资源，人才队伍是影响档案数据质量的关键要素。档案数据作为档案管理新对象，对档案管理人员的创新变革思维、现代信息素养、知识融合能力、数据处理技能、系统操作水平等提出新要求。面对数字档案馆的快速发展，档案工作者队伍总体上无论是在管理能力、管理经验，还是在技术运用和现代服务意识上，都难以跟上社会发展。由传统档案工作者向数字环境下的现代档

---

①冯惠玲，张辑哲. 档案学概论[M]. 2 版. 北京：中国人民大学出版社，2006: 64.

②丁德胜. 新时代新征程档案工作呼唤智慧档案战略：从数字档案馆室建设角度探讨智慧档案战略的必要性[J]. 中国档案，2022(5): 36-37.

③金波，丁华东，倪代川. 数字档案馆生态系统研究[M]. 北京：学习出版社，2014: 52.

案工作者转变仍是一个长期的转型过程①。档案是社会组织或个人在社会实践活动中形成的，档案资源建设过程中涉及大量组织人员的智力工作。因此，档案数据质量在很大程度上取决于档案数据形成人员和档案数据管理人员，包括领导层的重视程度、业务人员的档案意识、档案人员的管理水平与专业技能等。

档案数据质量控制迫切需要擅长档案管理系统操作与信息技术应用的高水平专业人才，具备现代化、数字化、网络化信息管理的基本技能，尤其是网络技术、数据库应用技术、数据清洗技术、数据挖掘开发技术、数据计算分析技术、人工智能技术、计算机软硬件技术等方面的人才仍十分欠缺，制约档案数据质量管控水平提升。为了适应档案事业数据化转型，在档案管理人才队伍建设中，既要强调人才队伍结构的优化，配置相应的专业技术人员；又要强调档案人员知识结构的优化，在档案管理人员中尽量培养专才，特别是兼有计算机技术应用能力、网络维护与开发能力、数字档案信息资源集成整合能力的复合型人才①。大数据时代，数据科学的兴起推动着数据管理、数据思维、数据技术广泛应用于各行各业，加速社会数据化进程。档案数据运行需要配备综合素质高、技术能力强的工作人员，满足档案数据质量控制需求。档案部门专业技术人才缺乏，一方面会造成操作失误、管理漏洞、制度执行不到位等问题；另一方面许多系统管理、平台运维、信息存储、技术保障交给第三方机构承担，质量责任难以严格落实，存在一系列质量问题和安全隐患。例如，2021年，自贡市档案局档案行政执法检查通报中提到，有的单位人档分离，档案脱管、漏管、失管，有的未配齐保障档案安全所需的温湿度、消防、安防等调控设备，有的档案管理人员缺乏必要的安全知识，有的安全自查整改工作落实不到位，有的借阅利用履行的手续不规范②。面对急剧增长的档案数据，需要加强档案人才队伍建设，改善档案管理人员结构，提升档案人员数据管理理论知识和专业技能，提升档案数据质量管控能力，避免操作失误、管理疏忽、应对不足等带来的档案数据质量问题。

（三）技术因素

科学技术是第一生产力，无论是铁器时代、蒸汽时代，还是电气时代、数字

---

①金波，丁华东，倪代川. 数字档案馆生态系统研究[M]. 北京：学习出版社，2014: 55, 80.

②自贡市档案局关于2021年档案行政执法检查情况的通报[EB/OL]. (2021-12-09)[2024-03-22]. http://www.zg.gov.cn/cfjzxx/-/articles/14481793.shtml.

时代，技术始终是推动人类社会变革发展的第一动力，不仅促进了人类社会从原始社会走向现代社会，而且驱动着档案事业从手工管理走向自动化管理、从信息管理走向数据管理、从传统管理走向现代治理。无论是档案载体的革新还是档案内容的存储，无论是档案形态的变革还是档案利用的拓展等，技术始终如影随形，成为推动档案事业发展的重要驱动力[①]。纵观档案事业发展脉络，无论是档案形态的历史演变还是档案载体的时代变迁，无论是档案内容的呈现方式还是档案开发利用的转型变革，都与技术发展应用紧密相联，如造纸术与纸质档案、照相技术与照片档案、缩微技术与缩微档案、计算机技术与电子档案等，技术变化是档案治理变革的最深刻动因，档案治理现代化迫切需要以技术创新为突破，提升综合治理能力[②]。大数据本质上是一种技术，档案数据是大数据技术发展的产物，无论是档案数据资源的质量控制与整合集成，还是档案数据资源的深度开发与风险防控，技术始终是档案数据治理的重要驱动力。档案数据质量与技术紧密相联，技术是档案数据质量控制的核心动力和支撑要素，信息技术应用能力、系统平台建设水平和技术安全风险直接关系到档案数据质量水平。

1. 信息技术应用能力

科学技术的发展一方面改变了档案信息的生成方式，使档案资源以新的载体形态呈现，另一方面也改变了档案资源存储、提取、挖掘、开发、利用的业务流程，深刻影响档案价值的实现方式。早期，档案部门主要依靠人工手段对纸质"模拟态"档案进行加工处理，注重档案实体有序化，管理利用方式较为单一，档案价值开发能力有限；计算机、网络技术的普及应用，使得档案信息的载体形态从传统"模拟态"向"数字态"转变，档案利用方式更加多元、高效和便捷；大数据、人工智能、云计算、物联网、区块链、元宇宙等新一代信息技术的发展应用，使得各类数据资源大规模生成，以细粒度存在的"数据态"档案信息海量累积和增长，借助数据挖掘、机器学习、神经网络、关联分析、模拟仿真、知识管理、智能问答、地理信息等技术方法，对标准化、结构化、碎片化的档案数据进行细粒度、可视化、内容级深度开发，促进数据的信息关联与知识发现，从而激活档案数据的潜在价值[③]。

①倪代川，金波. 数字档案馆生态系统发展动力探析[J]. 档案学研究，2016(4): 97-102.

②徐拥军，熊文景. 档案治理现代化：理论内涵、价值追求和实践路径[J]. 档案学研究，2019(6): 12-18.

③金波，杨鹏. "数智"赋能档案治理现代化：话语转向、范式变革与路径构筑[J]. 档案学研究，2022(2): 4-11.

档案数据源于现代信息技术的发展，在其形成流转的整个过程中，无不渗透和潜含着技术的因素，科技已成为保障档案数据质量的基础条件和基本要素，也是开展档案数据质量控制的基本工具和基本手段。因此，对各类技术工具的选择、组合、应用能力已成为档案数据质量管控能力的关键衡量指标。信息技术发展日新月异，需要深化现代信息技术的优选优用，采取成熟、先进、适用的硬件设备、软件设施，完善各项技术标准规范，提升技术应用效能，加快新技术在档案数据质量管理中的投入使用，重塑档案管理流程与业务格局，创新档案数据质量治理模式，切实保障档案数据资源质量。

2. 系统平台建设水平

系统平台是档案数据赖以生存和价值实现的必要环境与活动场域，离开系统，档案数据采集、处理、存储、利用、传播等一系列运行活动就无从谈起。档案数据管理系统应当具备收集、管理、保存、利用四项基本业务功能，以及用户权限管理、系统日志管理、数据备份与恢复、系统及其数据安全维护等功能。还应当采取必要措施保证馆藏数字档案信息，特别是由电子文件归档形成的电子（数字）档案信息的可靠和可用[①]。良好的档案数据管理系统具有稳定性、安全性、兼容性、扩展性和互通性等特点，管理方便、操作简易、运行畅通，能够根据档案信息化发展要求与档案管理应用需求不断调整、优化、设计、升级功能模块、组件要素、服务平台和基础设施，推动不同系统之间架构统一、逻辑通用、标准规范，打破系统异构与信息壁垒，促进档案数据资源互联互通、开放共享与集约利用，实现档案数据增值增效与高质量发展。例如，山东省数字档案馆采用"四网一岛一库"的整体系统架构，即基于局域网的"收、管、存、用"基础应用平台，基于互联网的信息服务平台，基于政务外网的非涉密业务平台，基于政务内网的保密利用平台，基于安全岛的数据处理平台和基于数字资源总库的档案数据存储平台等[②]。

档案数据系统软件一般包括操作系统、数据库系统、应用系统和工具软件等；硬件设备配置主要包括服务器、终端、网络、存储及其他配套设备。如果软硬件基础设施老化陈旧、配置不到位，一方面，无法满足档案数据质量管理需求和业务需求，影响业务活动开展和工作效率；另一方面，会给档案数据安

---

①国家档案局办公室关于发布《数字档案馆建设指南》的通知[EB/OL]. (2019-10-09)[2024-01-22]. https://www.saac.gov.cn/daj/gfxwj/201910/664c740247e54ca19b06abf2700243ec/files/7624e24f178143ceb99f902e840e1229.pdf.

②李世华. 以数字化转型推动山东档案事业高质量发展[J]. 中国档案, 2021(12): 38-39.

全带来危害，如网络基础设施缺失或配备不全，易造成网络瘫痪、系统宕机、信息非法利用，给档案数据质量安全带来威胁。例如，2016 年 8 月的一个周六，徐汇区档案馆再度经历一轮软硬件换血。经过安装调试，设备重新启动、运行无误，然而就在当天晚上，系统重装的两三小时后，却突然发生了网络瘫痪、整体断网的情况①。2021 年 7 月，印度特伦甘纳邦档案馆建筑墙上出现明显裂缝，电线横生，许多设备损坏，但当地政府因缺乏预算无法拨款修缮②，对档案安全造成严重威胁。

3. 技术安全风险

信息技术是一把双刃剑，档案数据治理的融合发展、智慧化发展、可持续发展离不开现代信息技术的支撑。档案数据是依托网络运行的虚拟字节，大数据时代，档案数据面临一系列技术障碍，包括黑客攻击、网络病毒、设备故障失效、系统操作平台漏洞、自主研发技术滞后等问题，呈现出"高技术高风险"的特征，损害档案数据的真实可靠性和安全可用性，掣肘档案数据资源开发利用与价值释放。例如，2020 年 1 月，某航空公司向国家安全机关报告，该公司信息系统出现异常，怀疑遭到网络攻击。国家安全机关立即进行技术检查，确认相关信息系统遭到网络武器攻击，多台重要服务器和网络设备被植入特种木马程序，部分乘客出行记录等数据被窃取③。

同时，新技术由于自身缺陷、系统脆弱和性能不稳定，贸然使用，可能会给档案数据质量安全带来不确定性。安全保障体系建设是数字档案馆建设的基础性工作，数字档案馆的安全包括数字档案数据的安全和信息系统及其网络平台的安全。数字安全就是要保证数字档案信息的可靠、可用、不泄密、不被非法更改等，系统及其网络平台安全就是要保持系统软硬件的稳定性、可靠性、可控性④。档案数据具有系统依赖性、信息与特定载体可分离性、多种信息媒体集成性等特征，随着各种新兴技术快速迭代，档案数据资源产生与传播速度大幅提升，软硬件系统更新换代快，导致档案数据存储系统不兼容、技术设备不适配、技术过时，从

---

①耿洁玉. 厚积薄发 砥砺前行: 徐汇区建设"全国示范数字档案馆"纪实[J]. 上海档案, 2016(10): 8-10.

②黄霄羽. 国外档案事业同样具有"四大体系": 2021 年国际档案界回眸[J]. 中国档案, 2022(2): 80-83.

③国家安全部公布三起危害重要数据安全案例[EB/OL]. (2021-10-31)[2023-11-01]. https://news.cctv.com/2021/10/31/ARTI253eO5pn5Ht8dF3XfVeZ211031.shtml.

④国家档案局办公室关于发布《数字档案馆建设指南》的通知[EB/OL]. (2019-10-09)[2024-01-22]. https://www.saac.gov.cn/daj/gfxwj/201910/664c740247e54ca19b06abf2700243ec/files/7624e24f178143ceb99f902e840e1229.pdf.

而造成档案数据无法读取和利用。

因此，在利用各种现代信息技术的同时，需要树立"安全第一""安全底线"思维，建立健全档案数据技术保障机制与安全管控机制，完善档案数据安全管理制度、技术保护标准与系统防护措施，进行风险识别、风险评估、风险监控、风险应对，及时化解档案数据建设发展中的各类技术风险，增强档案数据风险抵抗能力，确保档案数据实体安全与信息安全，实现档案数据安全有序运行。从技术生态层面充分思考技术环境、技术决定论、技术伦理、迭代升级、安全适用等问题，关注社会语境和应用逻辑的结合，加强自主技术研发，协同开展技术安全治理，规避技术应用风险，形成积极探索、大胆试验、谨慎使用、持续完善的技术生态①。为此，在档案数据质量控制过程中，需要强化技术意识，增强技术本领，加强技术研发和技术攻关，促进档案数据技术应用推广，提高档案数据质量控制效率效能。同时，也要深刻认识技术风险和技术伦理问题，规避技术安全风险，克服唯技术论，增强技术风险防范能力，优化技术生态，保障档案数据安全。

（四）文化因素

文化是国家和民族之魂，也是国家治理之魂。2023年6月，习近平在文化传承发展座谈会上强调，"中国文化源远流长，中华文明博大精深。只有全面深入了解中华文明的历史，才能更有效地推动中华优秀传统文化创造性转化、创新性发展，更有力地推进中国特色社会主义文化建设，建设中华民族现代文明"②。文化作为一种更深层次的价值观和基本信念，凝结在"国家-社会"关系的理念和预设之中，会对"国家-社会"关系的现实策略和行动选择形成影响③，指导组织和个人的活动行为。文化在社会治理中具有治理对象的精神性、治理过程的渗透性、治理方式的自主性、治理效用的持久性等特征，发挥着价值导向、行为导向、社会整合、情感激励、社会协调和规范以及评价监督功能④，在推进国家治理能力与治理体系现代化进程中，文化的价值功能越来越突出。档案数据质量问题的产生

①金波，杨鹏. "数智"赋能档案治理现代化：话语转向、范式变革与路径构筑[J]. 档案学研究，2022(2): 4-11.

②习近平：担负起新的文化使命 努力建设中华民族现代文明[EB/OL]. (2023-06-03)[2024-01-12]. https://www.lsz.gov.cn/jrls/jdxw/202306/t20230603_2491899.html.

③向德平，苏海. "社会治理"的理论内涵和实践路径[J]. 新疆师范大学学报(哲学社会科学版)，2014(6): 19-25, 2.

④张国臣. 文化的社会治理功能及其实现路径[J]. 郑州大学学报(哲学社会科学版)，2016(6): 23-27.

在很大程度上源于相关主体思想意识、道德情操、文化信念、职业素养、价值取向的失衡，善恶、对错、是非的评价标准处于含糊缺失与冲突矛盾中。归结起来，就是档案数据运行过程中，各利益主体之间的价值利益冲突。大数据时代，档案工作人员应强化数据意识，更加全面深刻地认识档案数据的内涵，不断提高档案数据质量控制意识，以适应大数据时代的发展①。

1. 档案数据价值观念

"现代管理学之父"德鲁克曾说：当前社会不是一场技术革命，也不是软件、速度革命，而是一场观念和思维方式的革命②。档案数据是大数据时代档案信息资源新形态，直指档案部门的数据价值观。面对档案数据这一新对象，在理论研究方面，关于档案数据概念特征、价值属性、生成机理、运行规律、演化态势等元理论尚未清晰，档案数据理论知识体系与学术创新体系尚不完善；在业务实践方面，相较于"模拟态""数字态"而言，档案数据管理利用技术要求高、专业性强、颗粒度细。当前，与档案数据量身配套的管理政策、管理机制、管理制度、管理方法尚处于摸索调试阶段，管理标准欠缺、管控步伐滞后、管理能力不足③。

大数据时代，经济社会快速发展，网络的非中心化、虚拟化、多元化，数据的自由性、交互性、开放性，使得公众自主独立意识增强，现实社会道德标准的统一性和确立性在网络社会变模糊了，网络成为"游牧部落"的新边疆④，由此带来无视法律准则、道德规范、权利义务的"个人主义""绝对自由""彻底民主""利益至上"等畸形文化价值观，价值利益冲突矛盾不断涌现，带来社会关系的失调失控。虚拟生活在某种程度上构成对人们价值评价的善恶标准的消解，从而使价值标准出现缺失。同时，网际交往使人们的价值标准出现相互冲突的现象。延伸到档案信息活动中，便会给人们正常的档案信息行为带来极大的危害⑤。多元深刻的观念激荡碰撞，多学科思想方法的交叉浸入，对传统档案理念、原则、立场、方法提出许多叩问、反思乃至颠覆、重塑，需要进行必要的道德衡量和法

①葛泽钰. 基于 PDCA 循环的档案数据质量控制探究[J]. 档案与建设, 2023(8): 40-43.

②闵玉清. 文化管理是 21 世纪企业管理的发展趋势[J]. 生产力研究, 2019(12): 1-5, 11.

③金波, 杨鹏, 宋飞. 档案数据化与数据档案化: 档案数据内涵的双维透视[J]. 图书情报工作, 2023(12): 3-14.

④沙勇忠. 信息伦理学[M]. 北京: 北京图书馆出版社, 2004: 46.

⑤马仁杰, 张浩, 马伏秋. 社会转型期档案信息化与档案信息伦理建设研究[M]. 上海: 世界图书出版公司, 2014: 142.

理梳理，引导社会大众走向价值趋同，消解数据生命循环过程中可能产生的歧义，促进数据价值一致性的构建和道德信念的树立[①]。价值观念是内化于心、外化于行的力量源泉，对档案数据质量控制起到导向、引领、激励、约束作用。如果档案数据价值观难以确立和深入人心，那么档案数据质量控制也就难以有效开展。因此，档案数据质量控制需要围绕各利益相关方的价值冲突与利益矛盾，开展价值协调与利益平衡，消除冲突、化解矛盾、规避风险，净化档案数据质量文化环境，树立正确的档案数据价值观。文件管理的数字转型必然伴随观念更新，老思想老观念无法走进新体系新时代[②]。面对档案数据这一新型生产要素，需要顺应时代潮流，突破惯性思维，积极对接数字中国、智慧社会、大数据等国家战略，明确档案数据所具有的生产要素价值和高质量功能，探索档案数据要素价值实现新路径。

2. 档案数据质量意识

档案数据质量提升有赖于营造积极向上的社会文化氛围。文化意识是档案数据高质量发展的价值导向和动力之源。当前，社会档案数据质量意识仍较薄弱，制约着档案数据质量水平提升。社会档案意识是指人们对档案和档案工作这一客观事物的主观印象，也就是人们对档案的性质和价值的认识，对档案工作的性质、地位和作用的认识[③]。简单而言，就是公众对档案和档案工作的认识水平和重视程度。社会档案意识作为一种观念存在，是现实社会发展水平的映射，也是一个国家和地区文明程度的重要标志。社会档案意识的高低直接影响着档案价值的实现程度，在社会档案意识比较强的地方和单位，档案需求较大，档案利用政策明确，档案部门服务意识强，档案价值作用发挥得就比较好；反之，在不了解和不重视档案的地方和单位，人们既不注意保管档案，也不注意利用档案，档案的完整齐全尚难保证，开发利用更是开展不力，档案价值是难以形成和实现的[④]。

社会档案意识在档案数据质量建设中扮演着"阳光"与"空气"的重要角色，是档案形成者、管理者以及利用者的"档案数据质量自觉"。在数字档案馆生态系统中，社会档案意识反映了人们对数字档案馆及其功能、地位的认识水平和认识程度，它不仅关系到数字档案信息资源的管理，而且更直接关系到数字档

① 大数据战略重点实验室. 块数据 5.0：数据社会学的理论与方法[M]. 北京：中信出版社，2019：311.

② 冯惠玲. 走向单轨制电子文件管理[J]. 档案学研究，2019(1)：88-94.

③ 金波. 档案学导论[M]. 上海：上海大学出版社，2018：205.

④ 冯惠玲，张辑哲. 档案学概论[M]. 2 版. 北京：中国人民大学出版社，2006：64.

案信息资源的积累和利用①。为此，需要厚植档案数据质量文化氛围，提升全社会档案数据质量意识，为档案数据高质量发展营造适宜的"阳光"和"空气"。除档案宣传、档案倡导等提升档案意识的路径外，还应注重加强档案数据资源收集加工等基础性工作，科学开发档案数据资源，推动馆藏档案开放共享，让档案走进社会，拉近档案与社会的距离。通过不断培育档案数据质量意识，提升公众获取档案数据的素养技能，挖掘潜在用户，激发社会对档案的利用需求，更加快速、有效、便捷、公平地为社会大众提供档案数据服务，使社会各界在利用档案数据中获益，提高社会大众对档案数据质量建设的认同度、支持度和参与度，促使社会各领域持续关心、支持档案数据质量控制活动，为档案数据高质量发展创造良好的社会基础。

3. 档案数据职业素养

档案数据质量离不开人员管控，档案数据管理人员在履职过程中，需要严格遵守管理制度、职业伦理，按照岗位要求强化质量管控，提高管理技能。职业道德素养是影响档案数据质量的重要因素。职业是人们参与社会分工，利用专门的知识和技能所从事的具有特定分工形态与劳动技能要求的社会劳动，作为物质生活来源，并满足精神需求的工作。职业是人类社会发展过程中伴随社会分工出现的一种社会现象。档案职业是社会职业体系的组成部分，这一职业从古代起就在社会政治、科学文化、经济生活中发挥着重要作用，在当今的信息化社会中，档案职业的重要作用进一步凸显出来，维护和推动着档案事业乃至文化事业的发展②。2022 年，《中华人民共和国职业分类大典》进行全面修订，对档案领域来说，最大亮点是在"4-13 文化教育服务人员"类别中新增职业"档案数字化管理师S"③。《中华人民共和国职业分类大典》新增档案数字化管理师职业类别，并标识为数字职业。这是在数据资源成为国家基础性战略资源的大背景下，档案工作从传统档案管理向档案数据管理转型迈出的关键一步，将对档案事业发展产生深远影响④，也对档案职业建设提出了新要求。档案职业素养对档案数据质量具有重要

---

① 金波, 丁华东, 倪代川. 数字档案馆生态系统研究[M]. 北京: 学习出版社, 2014: 397.

② 金波. 档案学导论[M]. 上海: 上海大学出版社, 2018: 113.

③ 人才培养|《中华人民共和国职业分类大典(2022 年版)》全面修订公示征求意见: "数字职业"成亮点! "档案数字化管理师"来袭! [EB/OL]. (2022-07-16)[2023-08-02]. https://mp.weixin.qq.com/s/203GhDncMkCxM9w8Wb DUGw.

④ 刘丽珍, 蔡学美. 档案数字化管理师: 国家职业技能标准框架与培养路径[N]. 中国档案报, 2023-09-11(3).

作用，影响着档案数据资源的运行安全、管理安全与利用安全。据调查，互联网接入单位由于内部重要机密通过网络泄密而造成重大损失的事件中，只有1%是被黑客窃取造成的，而97%都是由于内部员工有意或者无意之间泄露而造成的[①]。例如，2017年，亚马逊公共储存Amazon Web Services（AWS）服务器泄露了美国陆军情报与安全司令部至少100 GB的军事机密文件，文件属于陆军情报项目"红色磁盘"，美国国家安全局相关机密信息曝光。这是首次发现保密信息暴露在AWS S3服务器上供公开访问。因亚马逊AWS S3服务器配置问题发生的数据泄露事件频频发生，美国陆军中央司令部和美国太平洋司令部也因为同样的问题导致数据泄露[②]。

三、档案数据质量控制内涵解析

资源质量是档案数据规范管理与开发利用的基础。大数据质量管理是组织变革管理中的一项关键支撑流程。大数据时代，在业务重点发生变化、整体战略进行调整的同时，也对大数据质量的治理能力提出了更高要求[③]。在推动档案事业高质量发展、创造档案工作高品质涵养、实现档案治理高效能运作指引下，强化档案数据质量控制，成为档案数据治理的必然需求。通过解析档案数据质量控制内涵，探究档案数据质量控制的基本概念、原则导向和赋能效用，夯实档案数据质量控制理论基础。

（一）档案数据质量控制的必要性

大数据时代，数据成为国家治理的重要原料与燃料，被视为与土地、劳动力、资本、技术等并列的五大生产要素之一。随着数字化浪潮的推进，信息技术与经济社会加速融合渗透，进而导致记录和读取社会生活方式的重大变化。档案数据化趋势愈发明显，档案数据总量呈"爆炸式"增长，同时，档案数据的核心地位、核心价值和核心动力日益凸显，档案数据已成为重要的战略资源和无形资产。档案是一种最真实、最可靠、最具权威性与凭证性的原生信息资源，理应在国家治

①各级国家综合档案馆电子文件与电子档案管理系统在档案信息利用过程中安全保护功能需求与实现方式的研究 第一部分[EB/OL]. (2021-01-08)[2024-02-10]. https://www.saac.gov.cn/daj/kjcgtg/202101/a5f0199e646241df9c049b598868433a/files/42a8f42afb72489d8deb052d7189ee28.pdf.

②又泄密了！美国防部100GB顶级机密在AWS上曝光[EB/OL]. (2017-11-30)[2024-03-16]. https://www.sohu.com/a/207567757_257305.

③张绍华, 潘蓉, 宗宇伟. 大数据治理与服务[M]. 上海: 上海科学技术出版社, 2016: 43.

理中发挥更大作用。数据质量是衡量数据价值的核心构件。档案数据作为一种重要的数据资源，本身就对数据质量有着极高的要求。大数据环境下，数据污染、数据异构、数据冗余、数据安全、数据失真、数据孤岛等问题普遍存在，造成档案数据"不可知、不可控、不可取、不可联、不可用"，给基于档案数据的数据分析、决策、创新带来不便。究其关键，实为档案数据质量不高；究其根源，在于档案数据质量控制缺失，难以适应档案事业发展需求与国家社会治理要求。

1. 建设质量强国的必然要求

唯物辩证法认为，矛盾是事物发展的源泉和动力。党的十九大报告提出，我国社会主要矛盾已经由"人民日益增长的物质文化需要同落后的社会生产之间的矛盾"转化为"人民日益增长的美好生活需要和不平衡不充分的发展之间的矛盾"[①]。前一个主要矛盾侧重于量的满足，着力解决从无到有；后一个主要矛盾着眼于质的提升，着力解决从有到优。当前，我国正由高速增长阶段向高质量发展阶段过渡，正在转变发展方式，建设质量强国已成为经济社会发展的必然要求。2012 年，国务院印发《质量发展纲要（2011—2020 年）》，提出"坚持以质取胜，建设质量强国"[②]。2014 年，李克强在首届中国质量（北京）大会上提出，"牢固确立质量即是生命、质量决定发展效益和价值的理念，把经济社会发展推向质量时代"[③]。2017 年，中共中央、国务院发布《关于开展质量提升行动的指导意见》，提出坚持以质量第一为价值导向，将质量强国战略放在更加突出的位置[④]。质量是善政的八个要素之一[⑤]，全球化背景下，质量在各国经济社会发展中发挥着越来越重要的作用。质量发展是兴国之道、强国之策。质量反映一个国家的综合实力，是企业和产业核心竞争力的体现，也是国家文明程度的体现；既是科技创新、资源配置、劳动者素质等因素的集成，又是法治环境、文化教育、诚信建设

---

①习近平: 决胜全面建成小康社会 夺取新时代中国特色社会主义伟大胜利——在中国共产党第十九次全国代表大会上的报告[EB/OL]. (2017-10-27)[2023-06-22]. https://www.gov.cn/xinwen/2017-10/27/content_5234876.htm? eqid=c50f872000003602000000003645999e1.

②国务院关于印发质量发展纲要(2011—2020 年)的通知[EB/OL]. (2012-02-06)[2024-03-26]. https://www.gov.cn/gongbao/content/2012/content_2068277.htm.

③王佳. 李克强在首届中国质量(北京)大会上强调 坚持标准引领、法制先行, 树立中国质量新标杆[J]. 标准科学, 2014(10): 2.

④中共中央 国务院关于开展质量提升行动的指导意见[EB/OL]. (2017-09-12)[2024-03-28]. http://www.gov.cn/zhengce/2017-09/12/content_5224580.htm.

⑤俞可平. 走向善治: 国家治理现代化的中国方案[M]. 北京: 中国文史出版社, 2016: 2.

等方面的综合反映。质量问题是经济社会发展的战略问题,关系可持续发展,关系人民群众切身利益,关系国家形象①。2021 年,《中华人民共和国国民经济和社会发展第十四个五年规划和 2035 年远景目标纲要》提出,"我国已转向高质量发展阶段""以推动高质量发展为主题""为实现高质量发展提供根本保证"②,表明提升质量成为经济社会发展重点,我国已经进入高质量发展的新时代。

大数据时代,针对数据质量的要求也引起了高度重视。2015 年,在《促进大数据发展行动纲要》中,"质量"作为高频词汇共出现了 22 次,实现大数据高质量发展成为题中之义。赛迪顾问分析显示,2020 年以来,与数据治理相关的词汇逐年增多,数据共享开放、数据孤岛、数据治理等话题成为当前大数据发展关注点③。2016 年,《"十三五"国家信息化规划》提出,加强数据资源目录管理、整合管理、质量管理、安全管理,提高数据准确性、可用性、可靠性④。2018 年,国务院办公厅印发的《科学数据管理办法》提出,法人单位应建立科学数据质量控制体系,保证数据的准确性和可用性;按照有关标准规范进行科学数据采集生产、加工整理和长期保存,确保数据质量⑤。2020 年,《中共中央 国务院关于构建更加完善的要素市场化配置体制机制的意见》也强调,"探索建立统一规范的数据管理制度,提高数据质量和规范性"⑥。2021 年,《"十四五"国家信息化规划》提出,"推进数据标准规范体系建设,制定数据采集、存储、加工、流通、交易、衍生产品等标准规范,提高数据质量和规范性。建立完善数据管理国家标准体系和数据治理能力评估体系"⑦。可见,数据质量问题已引起国家高度重视,成为数据治理的重要议题。档案数据治理作为数据治理的重要组成,必然也要强

---

① 国务院关于印发质量发展纲要(2011—2020 年)的通知[EB/OL]. (2012-02-06)[2024-03-26]. https://www.gov.cn/gongbao/content/2012/content_2068277.htm.

② 中华人民共和国国民经济和社会发展第十四个五年规划和 2035 年远景目标纲要[EB/OL]. (2021-03-13)[2023-03-13]. https://www.gov.cn/xinwen/2021-03/13/content_5592681.htm.

③ 2020 中国大数据产业发展白皮书[EB/OL]. (2020-11-10)[2023-01-09]. https://cjrh.sdws.edu.cn/2021/0326/c1297a27180/page.htm.

④ 国务院关于印发"十三五"国家信息化规划的通知[EB/OL]. (2016-12-27)[2024-04-02]. https://www.gov.cn/zhengce/content/2016-12/27/content_5153411.htm.

⑤ 国务院办公厅关于印发科学数据管理办法的通知[EB/OL]. (2018-04-02)[2023-06-21]. https://www.gov.cn/zhengce/content/2018/04/02/content_5279272.htm.

⑥ 中共中央 国务院关于构建更加完善的要素市场化配置体制机制的意见[EB/OL]. (2020-04-09)[2023-12-19]. http://www.gov.cn/zhengce/2020-04/09/content_5500622.htm.

⑦ "十四五"国家信息化规划[EB/OL]. (2021-12-27)[2024-04-02]. https://www.cac.gov.cn/2021-12/27/c_1642205314518676.htm.

化档案数据质量控制。

2. 推进档案事业高质量发展的必由之路

在高质量发展的时代背景下，治理体系和治理能力现代化在很大程度上决定了高质量发展的目标能否顺利实现。2013年，党的十八届三中全会审议通过的《中共中央关于全面深化改革若干重大问题的决定》指出，"全面深化改革的总目标是完善和发展中国特色社会主义制度，推进国家治理体系和治理能力现代化"[①]。档案事业作为国家治理的重要内容，国家管理方式的调整必然引起档案管理方式的变革。在全面推进国家治理体系和治理能力现代化背景下，2014年，国家档案局档案馆（室）司在工作重点中提出，档案工作是全面深化改革总目标的有机组成部分，必须推进档案治理体系和治理能力现代化[②]。2016年，《全国档案事业发展"十三五"规划纲要》提出，"加快完善档案治理体系、提升档案治理能力，为夺取全面建成小康社会决胜阶段的伟大胜利作出积极贡献"[③]。2020年，国家档案局局长陆国强在全国档案局长馆长会议上强调，要统筹"四个体系"建设，在进一步推进档案资源体系、利用体系、安全体系基础上，着力构建以党的领导为根本、以依法治理为关键、以数字化信息化为依托的档案治理体系[④]。2021年，《"十四五"全国档案事业发展规划》指出，"以高质量发展为主题，全面推进档案治理体系和档案资源体系、档案利用体系、档案安全体系建设"，并将"全面推进档案治理体系建设，提升档案治理效能"作为主要任务[⑤]，档案工作由"三个体系"拓展为"四个体系"，档案治理体系居首位，具有宏观统领指导作用。

档案数据治理是档案治理体系的重要组成，档案数据质量控制是档案数据治理的重要范畴。对于档案工作而言，尽管在新中国成立以来70多年里，档案事业的变化是迭代更新、超越千年的历史巨变[⑥]，但发展不平衡的问题仍比较突出[⑦]，

---

① 中共中央关于全面深化改革若干重大问题的决定[N]. 中国青年报, 2013-11-16(1).

② 孙钢. 推进档案治理体系和治理能力现代化: 2014年国家档案局档案馆(室)司工作重点[J]. 中国档案, 2014(1): 35.

③ 全国档案事业发展"十三五"规划纲要[J]. 中国档案, 2016(5): 14-17.

④ 陆国强. 推动档案事业在高质量发展轨道上迈出坚实步伐: 在2020年全国档案局长馆长会议上的报告[J]. 中国档案, 2021(1): 19-25.

⑤ 中办国办印发《"十四五"全国档案事业发展规划》[J]. 中国档案, 2021(6): 18-23.

⑥ 杨冬权. 档案事业迭代更新 超越千年的70年[J]. 中国档案, 2019(10): 23-29.

⑦ 李明华. 高举习近平新时代中国特色社会主义思想伟大旗帜 奋力开创全国档案事业发展新局面[J]. 人民论坛, 2018(15): 6-9.

如区域不平衡、行业不平衡、层级不平衡等普遍存在。也就是说，作为中国特色社会主义事业的重要组成，在档案事业发展过程中也鲜明地体现着社会主要矛盾，需要坚持质量导向来破局当前档案工作难题，需要坚持问题导向和改革精神，突出抓重点、补短板、强弱项、立足当前、着眼长远，不断提升档案事业发展质量和效益[①]，而其中，也必然包括档案数据质量提升。近年来，我国档案工作的重心逐渐转移到档案质量建设，提升档案质量水平、推动档案事业内涵式发展，已成为档案工作改革发展的重中之重。在档案数字化数据化进程中，存在法规标准缺失、技术应用滞后、数据壁垒林立、信息污染冗余等问题，亟须加强档案数据质量控制，进一步完善档案数据质量治理体系，丰富档案治理内涵，促进档案治理现代化。档案数据质量建设是新时期档案工作的重要内容，开展档案数据质量控制既符合国家治理体系与治理能力现代化总体建设要求，也是档案事业高质量发展的时代需求。保障档案数据质量就是把握档案数据管理的生命线，是实现档案治理优化的前提条件[②]。

3. 提升档案数据治理能级的必然选择

质量治理是释放数据价值的关键环节，对数据进行深度挖掘和有效分析的前提是确保数据质量。基于高质量的数据才能得出更加准确、有用的信息，否则只会"垃圾进，垃圾出"。然而，大数据时代，保证数据质量却非易事。庞大的体量、快速的增长、多样的类型、多元的结构，都给数据质量控制带来挑战，一个很小的、容易被忽视的数据质量问题在大数据时代将无限放大，甚至带来致命性的数据质量灾难。在档案数据总量呈爆炸式增长的同时，数据失真、数据冗余、数据污染、数据离散、数据孤岛等问题越来越普遍，档案数据质量问题已成为当前档案数据治理的重点和难点。档案馆是档案数据资源的保管场所，收集保管有价值的档案数据资源，而不是单纯的数据累积与集合，质量好坏与否直接影响到档案生命力是否可以延续。尤其是近年来档案工作数字化数据化转型，档案资源建设取得长足进展，档案数据资源也日益丰富，同时档案数据质量问题也越来越突出。

在档案资源建设过程中存在盲目追求数量的现象，进馆比例高、重复归档、

---

①李明华. 高举习近平新时代中国特色社会主义思想伟大旗帜 奋力开创全国档案事业发展新局面[J]. 人民论坛, 2018(15): 6-9.

②王平, 陈秀秀, 李沐妍, 等. 区块链视角下档案数据质量管理路径研究[J]. 档案学研究, 2023(2): 120-127.

馆藏单一等现象较为普遍。以进馆比例为例，目前，我国档案馆进馆档案数量达到归档文件的 50% 甚至更高，与许多国外档案馆 10% 左右的比例相比，整整高出了五倍[①]。对归档文件缺乏的严控，导致档案馆易出现容量危机，影响到档案馆的进一步发展。因此，迫切需要向质量发展转型，提高馆藏的"含金量"。从内容上看，综合档案馆馆藏资源质量低下主要表现为内容单一、载体单一、层次单一三个方面[②]，其中内容单一主要表现为文书档案偏多，科技档案、民生档案、专门档案偏少；载体单一表现为以纸质档案、数字副本为主，档案数据较少；层次单一主要表现为体制内政府机关档案多，体制外社会民生档案资源少。从形式上看，档案数据著录不规范、数据异构等问题突出。例如，青岛市数字档案馆以档案目录数据库和档案数字化成果数据库为对象，收集了大量典型的数据质量问题案例，并将问题案例归纳为完整性、准确性、规范性三种类型[③]。其中数据完整性问题包括目录数据必填项缺项或不完整、对应全文缺失；数据准确性问题包括目录数据不真实、全文挂接错误；数据规范性问题包括目录数据著录不符合相关标准规范等。档案数据质量直接决定着档案工作质量的好坏，数据质量跟不上，档案数据资源就是一个废品集合站。

　　质量问题伴随各个环节，若原有的老问题未得到彻底解决，在下一轮螺旋式上升进化过程中，会导致新一轮运转环节中问题越来越多，性质也越来越严重[④]。档案数据质量缺陷，将在很大程度上影响到档案数据的整理、保管等业务环节，更为严重的是，在扩大档案数据开放、用户需求多元、信息传播快速的背景下，档案数据质量问题将会急剧放大，导致档案查询困难、数据交互阻滞、难以挖掘分析，严重影响档案数据利用效果。习近平指出，改革是由问题倒逼而产生，又在不断解决问题中得以深化[⑤]。针对当前档案数据质量问题，应以改革的魄力，系统解决存在的诸多质量问题，从而促进档案工作高质量数据化转型。只有电子文件的真实性、可靠性、完整性和可用性得到切实保障，才能获得当代和后代人的信任，而只有人们真正信任了电子文件，才可以说实现了数字转型[⑥]。因此，档案资源建设亟须转向质量时代，唯有质量转型才能破解档案数据高质量发展困境，

①孙洁. 当前我国档案馆馆藏建设的挑战及策略分析[J]. 档案学通讯, 2013(3): 67-70.

②曹玉. 基于 ISO9000 标准的综合档案馆质量管理体系构建分析[D]. 哈尔滨: 黑龙江大学, 2012: 24.

③杨来青, 崔玉华, 王晓华. 数字档案馆数据质量控制方法研究[J]. 中国档案, 2016(1): 66-67.

④刁家久. 如何厘清质量问题[J]. 企业管理, 2016(2): 23-25.

⑤习近平: 改革是由问题倒逼而产生[J]. 党政论坛(干部文摘), 2013(12): 4.

⑥杨太阳. 掌握国际前沿项目话语权　展示专题研究阶段性成果[N]. 中国档案报, 2017-05-01(1).

提升档案数据治理能级。

（二）档案数据质量控制概念阐释

数据质量是档案数据管理、开放、共享利用的基础，对于提升管理水平、提高利用服务效果、满足公众信息需求至关重要。质量是一个多维度概念，并且质量本身就蕴藏着特有的价值取向，是一种主体建构的产物，如何认识和评价档案数据质量，是一个复杂甚至容易引发争议的问题。因此，对档案数据质量的基本概念及其内在逻辑进行梳理，有助于形成研究共识、搭建分析基础。

根据 ISO 9000：2015，质量是客体的一组固有特性满足要求的程度①。档案数据质量是指档案数据的固有特性满足相关规定要求和社会公众需求的程度。从质量特性上看，档案数据质量强调档案数据本身应具备的质量特征与属性。档案数据仍然属于档案，理应具备档案性质，满足档案基本要求。区别于外购性、加工性等数据形式，档案数据的固有属性是原始记录性，同时也应具备真实性、完整性、可用性、安全性等相关特性。从质量要求上看，档案数据质量强调档案数据之于用户的价值。首先，这种要求包括相关规定要求和社会公众需求。其中相关规定要求主要是指与档案数据保存管理相关的法律、法规、规章、政策、标准、制度等要求，社会公众需求主要是指政府部门、企事业单位、社会组织、公民个人等在利用档案数据过程中提出的相关要求。其次，这种要求在性质上体现为一种程度，程度的高低即意味着档案数据质量水平的高低。

随着数字经济、数字政府、数字文化、数字社会、数字生态加速推进，档案数据资源急剧增长、海量生成。与此同时，档案数据来源广泛、类型多样、格式异构、管理缺失等问题日益凸显，给档案数据信息安全与有序管理带来巨大挑战，亟须开展档案数据质量控制。档案数据质量控制是指档案部门等多元主体协同合作，依据相应的法规标准，借助现代信息技术提升档案数据质量水平的过程。档案数据质量控制是档案数据治理体系的重要组成部分，有利于推动国家档案事业数字化数据化转型，确保档案数据来源可靠、程序规范、要素合规、安全可用，满足档案用户信息需求。档案数据质量控制攸关档案数据资源质量，是实现档案数据资源善治的保障，需要加强档案数据质量规范化治理，不断提升档案数据质

①全国质量管理和质量保证标准化技术委员会. 质量管理体系 基础与术语: GB/T 19000—2016/ISO 9000: 2015[S]. 北京: 中国标准出版社, 2017: 15.

量水平，为后续档案数据整合集成和开发利用奠定基础。

（三）档案数据质量控制原则导向

党的二十大报告强调，要把握好新时代中国特色社会主义思想的世界观和方法论，坚持好、运用好贯穿其中的立场观点方法。必须坚持人民至上，坚持自信自立，坚持守正创新，坚持问题导向。不断提高战略思维、历史思维、辩证思维、系统思维、创新思维、法治思维、底线思维能力，为前瞻性思考、全局性谋划、整体性推进党和国家各项事业提供科学思想方法①。思维决定行动，档案数据质量控制需要树立科学合理的原则导向，指引行为开展。档案数据质量控制涉及范围大、涵盖主体多、牵涉内容广、技术要求高，需要立足时代发展潮流与数字化变革大局，以目标导向、问题导向、标准导向和安全导向为价值引领，系统性、立体式、全方位构建档案数据质量控制体系。

1. 目标导向

任何体系的有效运转，都取决于其使命和目标的清晰性，档案数据质量控制也不例外。目标是档案数据质量控制的旗帜导向，需要立足档案数据资源管理实际，制定可衡量、可操作、可执行的使命愿景和行动蓝图，强化目标实施过程控制与目标结果评价，确保目标顺利实现。档案数据质量控制目标即所需要达到的目的或结果，解决的是档案数据质量控制"发挥什么作用"的问题。档案数据质量控制是一项系统性工程，能否确保目标的清晰性和可行性将决定着治理工作成功与否。治理的最终目标是善治，善治不仅是解决治理失效的一种理论选择，更是实现治理活动持续推进、发展的必然选择。俞可平指出，善治就是使公共利益最大化的社会治理过程。善治的本质特征就在于它是政府与公民对公共生活的合作管理②。俞可平进一步指出，善治包括十大要素：合法性、责任性、透明性、法治、有效或效率、参与、回应、廉洁、稳定、公正。善治作为解决治理失灵乃至治理失败的一种最佳状态，也应成为档案数据质量控制的重要目标。

档案数据质量控制的善治目标应具备以下基本要求：一是合法合规性，数据

---

①高举中国特色社会主义伟大旗帜　为全面建设社会主义现代化国家而团结奋斗——在中国共产党第二十次全国代表大会上的报告[EB/OL]. (2022-10-16)[2023-06-21]. https://www.gov.cn/gongbao/content/2022/content_5722378.htm.

②俞可平. 走向善治: 国家治理现代化的中国方案[M]. 北京: 中国文史出版社, 2016: 249.

合规是数据质量的基础，很难想象不合规的档案数据，其质量能高到哪里去。对于档案数据质量控制而言，其目的和结果都需要符合国家法律法规和政策要求，与国家意志和公共利益保持契合；二是成本效益性，档案数据质量控制需要合理控制成本，控制投入产出比，以最小的成本获得最大的效益；三是科学可行性，即档案数据质量控制的目的和结果必须符合客观规律，是可以被信赖和依靠的，是科学合理、切实可行、准确可信的，治理过程必须风险可控，不能因为档案数据质量控制带来更多、更严重的问题；四是高度契合性，即档案数据质量控制的目的与结果必须要同社会发展保持高度契合，能够更好地适应社会需要；五是动态发展性，即档案数据质量控制的目的和结果不是一成不变的，而是需要根据国家和社会发展需要，不断进行动态的适应性调整。

2. 问题导向

问题是时代的回音，是一个学科研究的入口，无论学科发展还是研究实践，问题都是其首要环节和基础要素[①]。档案学作为一门实践性很强的应用型学科，带有很强的实践情怀和问题导向，在发现问题、分析问题中解决档案工作中的实际问题是档案学理论研究的根本任务。在数智技术加快我国档案利用工作智能化进程的同时，档案信息资源的安全风险也在成倍增加，包括来源风险、存储风险、载体风险等，具体表现为数据失真、数据失读、数据污染、数据泄露、载体漏洞等[②]。问题意识是开展档案数据质量控制所应具备的基本原则，需要探究档案数据质量问题与解决思路。针对档案数据运行中出现的一系列质量问题，需要立足档案数据价值特性，树立问题意识，通过问卷调查、实地探访和半结构化访谈等方式，对档案数据质量问题进行深入分析和系统梳理，把握时代环境、社会语境与行业情境，拓展档案学理论研究与实践发展的问题域，探索研究与推动解决档案数据污染冗余、失真失读、算法攻击、隐私泄露、孤岛壁垒、技术应用等实践难题，增强理论研究的现实解释力与科学指导性。

3. 标准导向

标准规范是档案数据质量控制的基础，是档案数据资源建设高质量发展必备的基本准则与行为依据。标准是经济社会生活中各种主体行为遵循的准则之一，

---

①马费成, 张瑞, 李志元. 大数据对情报学研究的影响[J]. 图书情报知识, 2018(5): 4-9.

②马仁杰, 许茹, 薛冰. 论数智技术浪潮下我国档案利用工作的优化路径[J]. 档案学研究, 2023(1): 124-131.

也是调节约束合作行为以实现共同目标的基本保障之一。档案信息化发展过程中需要解决的问题有很多，但相关标准体系的建设尤其重要，迫切性尤为突出①。我国十分重视档案标准体系建设，将标准体系建设视作国家档案治理体系建设的重要内容，加大标准研发力度，不断完善档案标准体系。回顾档案标准化建设历程，我国档案标准体系建设历经起步探索期、酝酿研制期、实施完善期和清理改革期四个发展阶段，标准体系从无到有不断发展、不断优化，从关起门来搞建设到高频率、深层次地参与到国际档案标准化工作中，中国档案标准体系建设的视野更加宽广②。随着档案数据资源的海量增长，档案数据资源结构多元、信息污染、失真失读、残缺冗余、冷藏深闺等质量问题普遍存在。标准规范的缺乏使得档案馆在数字档案信息资源建设中带有一定的盲目性，往往会根据自身情况确定不同的数据类型和数据格式，采用不同的开发技术和运行平台，从而导致数字档案资源异构现象严重，如格式异构、类型异构、标准异构、运行平台异构等，致使数字档案信息资源互联互通困难，难以共享③。

《"十四五"全国档案事业发展规划》提出，"健全以档案法为基础，以档案法规、规章为主干，内容科学、程序严密、配套完备、运行有效的档案法规制度体系""完善档案标准体系，加大电子档案、科研档案、建设项目档案、医疗健康档案、档案资源共享服务、档案馆服务、档案安全保护及风险防控、数字档案馆（室）建设等方面的标准供给"④。随着大数据时代深入发展，数字资源广泛生成并海量聚集，数字资源标准规范建设已不再仅局限于对单个标准规范的研究与应用，而是应从整个数字资源生命周期的角度，围绕数字资源的创建、描述、组织、服务、长期保存来建立完整的标准规范体系框架，从而促进标准规范间的相互支撑和互操作，保障数字资源的开放建设与集成服务⑤。当前，档案数据资源的战略地位与要素价值日益凸显，其质量优劣攸关国家数字信息资产质量高低，如果数字资源的标准不统一，根本谈不上数字档案馆的资源共享，也就必然降低了数字档案馆建设的社会效益和经济效益⑥。档案数据类型多样、结构复杂、格式不一，

---

①方昀. 全国数字档案标准规范化的现状及趋势[R]. 2012 年海峡两岸档案暨缩微学术交流会论文集, 2012: 40-45.

②倪晓春, 王英玮. 中国档案标准体系建设回顾与思考[J]. 北京档案, 2020(1): 20-24.

③金波, 丁华东, 倪代川. 数字档案馆生态系统研究[M]. 北京: 学习出版社, 2014: 224.

④中办国办印发《"十四五"全国档案事业发展规划》[J]. 中国档案, 2021(6): 18-23.

⑤赵悦. 数字资源标准规范建设研究[J]. 现代情报, 2009(3): 71-73, 77.

⑥王欢喜. 论数字档案馆数字资源的标准化建设[J]. 档案管理, 2002(6): 24-25.

在生成、流转、归档、保管、利用全生命周期中的每个环节都可能产生质量问题。档案数据质量控制离不开标准规范支撑，需要围绕档案数据真实性、完整性、可用性、一致性、关联性等质量目标，推进档案数据资源标准化建设，确保档案数据来源可靠、程序规范、要素合规。以档案数据标准建设为核心，全面剖析造成档案数据异构、分散、孤立的技术因素、行业因素、管理因素、制度因素，建立健全档案数据标准规范体系，为档案数据质量控制提供决策依据和行动指南，着力破解档案数据形态异构、结构异构、载体异构、系统异构、平台异构等现实难题，为档案数据收集、整合、保存、利用等提供标准支持，保障档案数据真实完整与安全可用。

4. 安全导向

安全是档案数据质量控制的底线和红线。风险已经成为我们这个时代的标志性特征和理解真实世界的背景，它不仅改变着社会，且改变着人类的思维和行为方式，甚至从制度和文化上改变了传统社会的运行逻辑[①]。大数据既是组织的价值来源，也是风险来源。有效的大数据治理有助于避免决策失败和经济损失，有助于降低合规风险。在大数据治理过程中，组织应该有计划地开展风险评估工作，重点关注安全和隐私问题，防止未授权或不恰当地使用数据[②]。档案数据潜在安全风险因素始终存在，不利于档案数据长期永久保存，给档案数据的真实完整性、长期可读性带来了严峻挑战。树立风险意识，加强风险管理，提高安全保障水平，已经成为档案数据质量控制的重要内容。当前，档案数据面临着内外部环境日趋复杂，事故诱因复杂多样，危及档案数据安全的传统风险与非传统风险因素日益增多，需要强化安全风险意识，科学构建档案数据风险管理体系与应对策略，防范档案数据失真、失效、失读、失密、丢失等风险，保障档案数据长期安全存储与规范有效利用，提高档案数据安全治理能力。大数据时代，档案数据具有天生的难以克服的脆弱性，在真实、完整和长期保存等方面受到前所未有的挑战，尤其是其存储载体风险、信息安全风险、服务利用风险等风险因子普遍存在，给数字档案资源管理带来了严重挑战，管理风险凸显[③]。一方面是档案数据载体寿命短、存储介质脆弱、存储环境安全性差等风险隐患；另一方面是黑客攻击、病毒蔓延、信息窃取、技术

---

①张成福，谢一帆. 风险社会及其有效治理的战略[J]. 中国人民大学学报，2009(5): 25-32.
②张绍华，潘蓉，宗宇伟. 大数据治理与服务[M]. 上海：上海科学技术出版社，2016: 39-40.
③戚颖，倪代川. 数字档案资源形态特征研究[J]. 兰台世界，2017(19): 28-33.

落后、制度不健全、管理不规范、措施不到位、治理不及时等风险隐患①。

2021 年，《"十四五"全国档案事业发展规划》提出，"贯彻总体国家安全观，统筹发展和安全，坚持底线思维，强化风险防控，加强应急管理，压实安全责任，确保档案安全""提升档案数字资源安全管理能力。提升档案信息化基础设施设备安全水平，实现系统和信息可管可控。加强对档案信息化软硬件产品适用性验证，引导信息技术在档案管理领域安全应用"②。2024 年，国家档案局局长王绍忠在全国档案工作暨表彰先进会议上强调，"坚持安全第一预防为主，坚决守牢档案事业发展安全底线""做好新技术应用过程中安全防护工作，应用人工智能等信息技术进行算法设计、训练数据选择、模型生成和优化等应当符合国家有关规定，严防算法攻击、数据污染、后门嵌入等安全问题。以最严措施加强档案数据管理，任何单位或个人不得擅自留存、使用、泄露或者向他人提供档案数据"③。为此，立足档案数据安全状况，制定安全风险应对策略措施，着重从档案数据管理层面、技术层面和业务层面构筑全方位的安全防范体系，有针对性地进行风险应对。档案数据质量控制的重要目标是保障档案数据资源安全的可防可控，强化档案数据载体安全管控与信息安全管控，确保电子档案存储载体和软硬件系统等运行环境稳定、存续，不被盗取、破坏，可以支持电子档案存储和读取④，建立集人防物防技防于一体的档案数据安全防范体系，形成严密有效、系统科学、立体多维的档案数据安全治理体系，不断提升档案数据安全治理能力，实现档案数据善治目标。

（四）高质量档案数据赋能价值

数据作为一种新型生产要素和新质生产力，是大数据时代最突出和最核心的价值载体。2023 年，《数字中国建设整体布局规划》实施，提出"按照'2522'的整体框架进行布局，即夯实数字基础设施和数据资源体系'两大基础'，推进数字技术与经济、政治、文化、社会、生态文明建设'五位一体'深度融合"⑤。高质量档案数据是赋能数字中国建设的基础性经济要素、战略性管理要素、原生

①陈永生, 薛四新. 数字化档案信息的安全保障体系研究[J]. 档案学通讯, 2005(4): 51-54.
②中办国办印发《"十四五"全国档案事业发展规划》[J]. 中国档案, 2021(6): 18-23.
③王绍忠. 全面提高档案工作质量和服务水平 为推进强国建设民族复兴伟业贡献力量: 在全国档案工作暨表彰先进会议上的报告[J]. 中国档案, 2024(2): 8-13.
④陈永生, 苏焕宁, 杨茜茜, 等. 电子政务系统中的档案管理: 安全保障[J]. 档案学研究, 2015(4): 29-40.
⑤中共中央 国务院印发《数字中国建设整体布局规划》[EB/OL]. (2023-02-27)[2023-06-21]. https://www.gov.cn/xinwen/2023-02/27/content_5743484.htm.

性文化要素、支撑性知识要素和关键性生态要素，能够拉动数字经济发展、驱动数字政府决策、牵动数字文化创新、驱动数字社会运行和推动数字生态平衡，如图 5-1 所示。在数字中国的战略大背景下，怎样挖掘档案数据和档案思想的潜在价值，可以称之为一项时代之问，具有重大时代意义[①]。

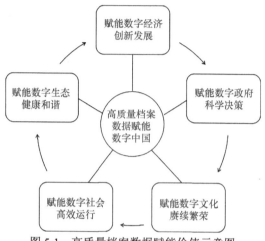

图 5-1　高质量档案数据赋能价值示意图

1. 赋能数字经济创新发展

数据要素作为企业重要的无形资产，是经济社会发展的强劲引擎。2023 年，浙江省发布国内首个针对数据资产确认制定的省级地方性标准《数据资产确认工作指南》，该标准的发布和实施，有效破解数据资产确认的难点堵点，为数据资产入账、入表提供了坚实基础，及时填补该领域标准空白[②]。档案数据是企业宝贵的数字资产和经济要素，是数字经济创新发展的重要原动力，能够给相关主体带来经济效益。从"必将"发生的未来趋势来看，档案价值实现的关键在于融入以市场作为资源配置基础的市场经济业态之中，以"产业"的胸怀来评价其价值，将是档案资产化的重要标准[③]。

通过明确档案数据产权归属，推动档案数据要素资产化、资本化转换，培育构建系统完善的档案数据产业发展体系和产业品牌联盟，开拓档案数据市场，优化档案数据企业营商环境，打造档案数据产品，提升档案数据要素产业贡献值与

①冯惠玲. 面向数字中国战略的档案数据产教融合[J]. 档案与建设, 2023(10): 4-6.

②《数据资产确认工作指南》浙江省级地方标准发布[EB/OL]. (2023-12-05)[2024-02-16]. http://www.zj.xinhuanet.com/20231205/775a59fb4c6b4eeaba181e949acd50da/c.html.

③王小云. 基于价值实现和权利保障的档案资产论建构研究[M]. 北京: 社会科学文献出版社, 2018: 141.

竞争力，推动档案产业升级优化。例如，中石油档案馆探索开展档案数据化，对油气勘探开发档案、设计档案、竣工图等进行数据化处理，激活档案数据资产价值。在馆藏数字资源基础上，建设人事任免、重要会议、重大科技专项、重要人物、工业遗产、大事记等专题数据库，有力发挥档案资源价值①。

2. 赋能数字政府科学决策

档案自形成以来就具有重要的凭证情报价值，是政府行使职能、履职问责的必要工具。档案数据作为真实可靠、权威有效的法律凭证，为政府决策、组织、协调、执行、监督等各项管理活动提供了参考依据。2022 年，国务院发布的《关于加强数字政府建设的指导意见》提出，"深化电子文件资源开发利用，建设数字档案资源体系，提升电子文件（档案）管理和应用水平"②。档案部门是政府数据管理的重要责任主体，通过完善档案数据治理体制机制，积极融入全国一体化政务大数据体系，加强政务数据采集处理和归档存储，促进档案数据汇聚融合、开放共享和开发编研，打造政务档案数据资源库，拓展统计分析、态势研判、信息研报、应急监测、行政监管等数字治理新场景，发挥高质量档案数据资政辅政效用，打造成为党委政府决策的智库大脑和指挥中枢，提升政府决策的科学化、精准化、前瞻化水平。例如，上海市将社会运行档案信息应用于智能化城市治理，通过 1.8 亿个感知端以及广大市民"随申拍"实时捕获的城市运行数据，建立了"城市数字体征系统"，当系统发现城市运行中的突出问题时便自动发出预警，相关部门则迅速、精准地加以解决③。这些城市运行的档案数据毫无疑问是政府决策的基础性资源要素，对于支撑城市治理现代化起着重要作用。

3. 赋能数字文化赓续繁荣

档案作为人类文明的"活化石"，具有丰厚的历史文化价值。档案的文化价值主要是指档案作为人类所创造的一种宝贵的精神文化财富，以及对于人类社会的存在、发展、变革与进步所具有的各种有用性、效益性④。高质量档案数据是珍贵的数字记忆和文化财富，是承载文化的受体、传播文化的导体、创新文化的供

①王强. 推动档案事业现代化 赋能世界一流企业建设：中石油的实践与探索[N]. 中国档案报, 2023-12-14(1).

②国务院关于加强数字政府建设的指导意见[EB/OL]. (2022-06-23)[2024-02-16]. https://www.gov.cn/zhengce/zhengceku/2022/06/23/content_5697299.htm.

③冯惠玲. 档案学概论[M]. 3 版. 北京：中国人民大学出版社, 2023：46.

④王英玮. 档案文化论[M]. 北京：中国人民大学出版社, 1998：3.

体。《"十四五"全国档案事业发展规划》强调,"档案作为重要信息资源和独特历史文化遗产,价值日益凸显""不断推出具有广泛影响力的档案文化精品"[①]。基于高质量档案数据厚重的文化价值,需要对接国家文化数字化战略,明确档案馆文化传承保护职能,重塑档案馆文化形象,融入国家文化大数据体系,推动档案文化产业数字化和档案数字文化产业化发展。借助大数据、人工智能、虚拟现实、数字孪生、元宇宙等现代信息技术,吸纳数字人文、数字叙事、数字文旅、数字文创、数字永生等新方法,开展档案数据文化循迹溯源、关联集成、全景拼图、创意展演、活化开发,打造民族文化宝库、红色文化阵地、科学文化殿堂和时尚文化地标,激发档案文治教化与休闲消费功能,提升档案公共文化服务水平,释放档案数据文化生产力,满足人民群众日益增长的精神文化需求。例如,2023年,上海市档案馆"跟着档案观上海"数字人文平台上线,该平台综合运用了人工智能、人机交互、知识图谱、数据库等技术,将档案知识图谱和时空地理信息系统、流媒体故事系统等有机融合,打造成一个独具海派特色的档案文化传播和档案查询平台。公众可通过 PC(personal computer,个人计算机)端、手机移动端在平台上读档学史,形象直观地了解上海城市发展历程[②]。

4. 赋能数字社会高效运行

数据是数字社会运行的核心资源和治理要素。自 21 世纪以来,人类社会进入了一个快速发展的知识经济时代和知识社会,知识和知识管理的重要性日益凸显[③]。档案是贮存和传播知识的重要源泉,走向知识管理是档案工作的重要发展态势。档案知识服务是指基于档案知识资源或知识产品,根据用户的需求和使用场景,有针对性地提炼知识和信息内容,构建知识体系,从而解决用户需求的过程[④]。高质量档案数据作为数字社会重要的知识要素,需要洞察社会知识需求,依托先进的算力、智能的算法,借助自动分类、数据挖掘、数据仓库、知识图谱、辅助决策等技术,加强档案数据知识化开发,推出档案数据知识产品,促进档案知识捕获、组织、共享和增值,助力国家科技创新和社会民生服务。例如,嵊州市档案馆建设"个人全生命周期档案"综合智治应用,深度挖掘数据价值,通过数据和

①中办国办印发《"十四五"全国档案事业发展规划》[J]. 中国档案, 2021(6): 18-23.

②张姚俊. 上海"跟着档案观上海"数字人文平台上线[N]. 中国档案报, 2023-06-15(1).

③姚乐野, 蔡娜. 走向知识管理与知识服务: 数字档案馆建设研究[M]. 成都: 四川人民出版社, 2010: 7.

④丁德胜. 电子档案管理理论与实务[M]. 北京: 中国文史出版社, 2023: 252.

算法了解个人收入分配结构，为企业及百姓帮扶政策提供数据支持[①]，有力提升档案服务社会民生水平。

5. 赋能数字生态健康和谐

生态文明建设是中华民族永续发展的千年大计。生态价值理念是协调人与自然关系的价值观，它不仅是对人与自然关系的价值认识和价值态度，还是追求人与自然和谐相处的价值理想和价值准则[②]。环境恶化、臭氧损耗、气候变暖、生物多样性减少等生态危机已成为当今世界面临的最严峻挑战之一。档案数据在数字生态建设中发挥着协调、优化、修复、调节的韧力作用。生态档案数据是生态文明建设过程中产生的数据记录，记载了生态文明建设中的具体情况、建设成果和经验教训，具有重要的凭证参考价值，能为生态文明建设提供决策依据。档案部门应当发挥自身优势，建立生态档案数据资源库，积极挖掘开发生态档案数据，为生态环境建设提供高质量档案数据，降低生态建设成本，提高生态文明建设效益，助力生态环境治理现代化，实现"绿水青山就是金山银山"，达到碳达峰与碳中和目标。秉持绿色节能理念，推动电子文件单套制普及，加大档案数据接收处理与安全保障，减少纸张、设备、场地、人力等资源的投入，降低业务运行成本和社会物流成本，打造低碳循环、安全稳定、可持续发展的绿色智慧档案馆，持续优化档案数据运行生态。例如，2022 年，法国国家档案馆成为全球首个储存DNA 文件的公共机构，DNA 存储是数据存储的未来，环境对数字技术的影响是无法避免的，目前数据中心所产生的温室气体甚至要多于航空行业，而且世界各地的数据中心仍在成倍增长。而 DNA 是解决生态问题的最佳技术，它可以在室温下存储，无须输入能量，在远离空气、水和光的条件下预计可稳定存储 5 万年以上[③]。

四、基于全流程视角的档案数据质量控制路径探析

大数据环境下，档案事业正加速数据范式转型，档案数据成为档案资源新形态。与此同时，档案数据质量问题复杂多样，档案数据质量控制亟须开展。业务

---

①汪伟民. 浙江嵊州："个人全生命周期档案"综合智治应用建设[J]. 中国档案, 2023(8): 30-31.

②孙特生. 生态治理现代化：从理念到行动[M]. 北京：中国社会科学出版社, 2018: 47.

③全球首例：储存在 DNA 上的数字档案已存入法国国家档案馆[N]. 中国档案报, 2023-06-06(3).

流程再造理论认为，流程决定组织①。档案数据质量控制应立足数据生命周期全过程，综合应用标准、技术、主体协同等手段保证档案数据在整个生命周期中始终保持质量效果稳定②。全程管理是档案部门开展业务活动的重要指导原则。从流程维度看，档案数据质量贯穿于整个档案数据生命周期，忽视收管存用任何一个环节，都可能影响到档案数据质量。围绕档案数据运行全流程，从前端、过程和效果三阶段系统构筑档案数据质量控制路径，如图5-2所示。其中，前端控制环节，强调通过需求分析、方案制订、运行监控，把好档案数据质量源头；过程控制环节，侧重通过分类分级、质性检测、清洗修复，筑牢档案数据质量中坚；效果控制阶段，旨在通过质量评估、反馈追溯、优化增强，提升档案数据质量水准。通过前端、过程、效果的全流程质量控制闭环，整体布局、协同推进、有序实施，强化事前事中事后全链条全领域管控，健全档案数据全流程质量管控体系，提高档案数据质量治理能力，保障档案数据来源可靠、程序规范、要素合规、安全可用，实现档案数据质量善治。

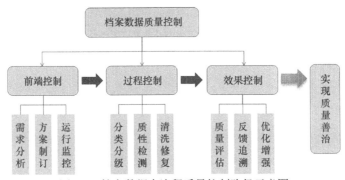

图 5-2　档案数据全流程质量控制路径示意图

（一）档案数据质量前端控制

前端控制是档案数据质量控制的重要原则，做好前端控制，可以保障后续工作的顺利开展。档案数据是由前端业务部门产生的，在前端阶段缺少质量控制环节，重数量、轻质量，容易产生脏数据、假数据、错数据。前端环节，主要采取前端控制的方法，抓好供给端，将档案数据质量要求有机嵌入前端业务系统中，在文件形成阶段监控档案数据资源质量。为此，需要加强档案部门与业务单位协

---

①马卫, 罗爱芳. 基于业务流程再造的企业组织结构创新: 中国电信的实践及启示[J]. 企业经济, 2007(3): 9-12.

②周林兴, 林凯. 大数据时代档案数据质量控制: 现状、机制与优化路径[J]. 档案与建设, 2022(2): 4-8.

同合作，科学分析档案数据质量需求，合理制定档案数据质量控制计划方案，加强档案数据运行监控。

1. 需求分析

大数据环境带来了一场信息社会的变革。在这个环境下，用户需求信息急剧膨胀，用户需求信息的表现形式更加多元化[①]。档案数据质量控制最终目的是满足用户高质量档案数据需求，实现供需平衡。数据质量改进的驱动因素首先来自需求，不能脱离实际需求谈档案数据质量，需要聚焦档案数据资源特性，以用户需求和业务需要为导向，保障档案数据资源质量。从需求目的上看，包括事务性需求、研究性需求、休闲性需求和认同性需求；从需求层次上看，包括初级需求与深度需求；从需求表现上看，包括显性需求与潜在需求。因此，在进行档案数据质量控制前，首先要明确：我们需要什么样的档案数据，或者说对档案数据质量有何需求。需求分析不仅能够掌握各主体显性或潜在的数据需求，而且能够识别需求所对应的数据质量标准及规则，为相关标准规范制定提供实践依据，因而对档案数据质量控制具有重要意义。

高质量数据必须是合乎需求的数据，可以根据数据是否合乎需求来衡量数据质量的高低。档案数据质量作为档案数据固有特性符合需求的程度，主要涉及档案部门和用户，因此其需求大体包括管理需求和用户需求。管理需求主要是档案保管部门对档案数据质量的要求，主要有真实性、完整性、可用性、安全性等指标，如档案数据来源是否可靠、是否"应归尽归、应收尽收、应管尽管"、元数据是否完整、格式是否通用、是否依赖于特定软件、是否有病毒等。同时，档案数据质量治理过程始于识别顾客的需要，终于满足顾客的需要[②]，用户需求也异常重要。用户需求主要是指社会公众对档案数据质量的要求，主要有可用性、准确性、一致性、关联性、时效性等指标，如数据是否开放、数据是否可读、查全查准率、数据之间是否存在关联、数据能否第一时间提供等。

需求分析时，应结合具体业务场景，围绕数据全生命周期，调查分析不同利益相关者对数据质量的需求及其现有数据质量状况，寻找其核心关注点和共性关注点，在此基础上形成档案数据质量需求明细，并以此为依据制定档案数据质量控制计划和标准规范。值得注意的是，档案数据质量需求不是一成不变的，应根

---

① 马费成，赵一鸣. 大数据环境下的知识组织与服务创新[M]. 武汉：武汉大学出版社，2021: 80.

② 中国质量协会. 全面质量管理[M]. 3版. 北京：中国科学技术出版社，2010: 24.

据技术发展和管理要求等及时调整修订。

2. 方案制订

项目管理上有一个重要的理念，即质量是策划出来的。数据管理计划是最重要的数据管理文件之一，是保证数据质量的根本文件[①]。当前，档案数据形成环境日趋复杂，数据管理各个环节都需要在一个更加科学严谨的流程体系下开展，并对可能影响档案数据质量的各种因素进行严格管控，这就要求明确档案数据质量控制计划方案，有步骤地执行档案数据质量控制工作。档案数据质量控制方案是围绕档案数据质量需求所确定的目标，细化、量化分配给各治理主体、各业务环节，明确档案数据质量控制各项任务的过程。档案部门与业务单位需要充分重视档案数据质量建设，强化顶层设计、政策安排、组织谋划、制度供给，为档案数据质量控制提供行动方案，推进档案数据质量控制有计划、有组织开展。

档案数据质量控制方案是指导档案数据质量控制工作有序开展的纲领性文件，能够使得档案数据的生成、采集、处理、存储、利用等管理工作有章可循、有据可依，同时也能保证档案数据的真实准确。一份完整的档案数据质量控制计划涵盖档案数据全生命周期，主要包括数据产生、获取、归档、存储、利用各环节等。档案数据质量控制方案提供了一个各主体认可的并可执行的系统规范文件，不仅能够帮助档案部门较早地介入到档案数据形成管理中，而且能促使各参与方遵循档案数据质量控制规范和流程，促进档案数据质量控制的规范化、透明度、连续性和高效率，确保档案数据的真实、完整、准确、安全、可用。

3. 运行监控

《电子文件归档与电子档案管理规范》（GB/T 18894—2016）规定，"应执行规范的工作程序，采取必要的技术手段，对电子文件归档和电子档案管理全过程实行监控"[②]。数据质量管理包括大数据质量分析、问题跟踪和合规性监控。监控大数据质量，根据监控结果进行差距分析，找出存在的问题和发生问题的主要原因[③]。加强环境监控是保障档案数据质量的重要方式。在前端档案数据形成产生与

①沈彤，徐列东，付海军，等. 数据管理计划的结构与内容[J]. 药学学报, 2015(11): 1388-1392.
②电子文件归档与电子档案管理规范: GB/T 18894—2016[S/OL]. (2016-08-29)[2023-10-02]. http://c.gb688.cn/bzgk/gb/showGb?type=online&hcno=EB1CC0500D91490B5D219823AC1F3D16.
③张绍华，潘蓉，宗宇伟. 大数据治理与服务[M]. 上海: 上海科学技术出版社, 2016: 43.

移交归档阶段，需要关注档案数据的生成环境是否符合质量要求，档案数据的内容、结构与背景信息等元数据是否准确无误、无缺损。按照《电子档案移交与接收办法》等相关标准中的基本要求、移交流程与方式将档案数据向档案馆进行移交归档，确保档案数据来源可靠、程序规范、要素合规和安全可用。同时，还要关注档案数据的流转日志，确保档案数据流转安全，严防泄密失密，方便后期追溯追责。还应强化档案数据管理系统、电子文件管理系统、办公自动化系统的融合对接，推动文档一体化与馆室一体化，提高档案数据资源质量监控的连续性。借助动态监管技术、日志跟踪技术全面记录档案数据资源生成过程，形成可追溯、可查找、可修正的监管机制，有针对性地开展质量监控，保证档案数据不被篡改损坏。

此外，需要加强档案数据化流程的监控。传统档案数字化数据化是档案数据的重要来源，因此对档案数据化流程的监控也是档案部门监控的重要内容。《中华人民共和国档案法》第二十四条规定，"档案馆和机关、团体、企业事业单位以及其他组织委托档案整理、寄存、开发利用和数字化等服务的，应当与符合条件的档案服务企业签订委托协议，约定服务的范围、质量和技术标准等内容，并对受托方进行监督。受托方应当建立档案服务管理制度，遵守有关安全保密规定，确保档案的安全"[1]。《中华人民共和国档案法实施条例》第四十二条规定，"档案馆和机关、团体、企业事业单位以及其他组织开展传统载体档案数字化工作，应当符合国家档案主管部门有关规定，保证档案数字化成果的质量和安全。国家鼓励有条件的单位开展文字、语音、图像识别工作，加强档案资源深度挖掘和开发利用"[2]。《"十四五"全国档案事业发展规划》提出，"建立档案服务外包安全工作监管机制，着力对安全风险较高的寄存托管、数字化、信息系统建设等重点领域实施监管"[3]。《档案数字化外包安全管理规范》也提出，"对档案数字化全过程实行严格监督和管理，确保档案实体与信息安全""建立监管机制，对数字化服务机构的保密、安全措施落实情况进行监督、检查，防止档案实体受损、丢失，杜绝数字化服务机构擅自复制、留存、使用档案信息的行为"[4]。当前，档

①中华人民共和国档案法[N]. 人民日报, 2020-07-16(16).
②中华人民共和国档案法实施条例[N]. 人民日报, 2024-01-29(15).
③中办国办印发《"十四五"全国档案事业发展规划》[J]. 中国档案, 2021(6): 18-23.
④国家档案局办公室关于印发《档案数字化外包安全管理规范》的通知[EB/OL]. (2019-10-20)[2024-03-19]. https://www.saac.gov.cn/daj/gfxwj/201910/0024a254088146028d1c1a6050f31400/files/84f5a563af184d65a36b2e62b3efee67.pdf.

案馆由于人员不足、工作繁重等原因，常常采取外包形式完成传统纸质档案的数字化数据化转换工作，从而降低成本、提高效率，加快实现存量数据化。然而，在数据化外包过程中，限于外包人员保密意识不够、专业素养不足、操作技能不强，档案馆监管不到位，有可能发生档案泄密、丢失、破损和数据化档案质量不高、编号不准、要素不全等现象。有些档案部门安全责任薄弱，一旦争取到项目经费、落实了外包服务机构后就认为万事大吉，放任由外包方安排人员、场地、设备、档案调卷、档案整理、校对检查等诸多工作，对数字化加工过程监管不到位，安全风险及隐患骤增①。档案数字化外包后，档案部门往往容易彻底地将业务委托给档案外包商，而忽略了整个过程的监管和档案成品验收问题②。为此，档案保管部门需要加强档案数据化的安全监控，建立档案数据化外包监管机制，适时制定《档案数据化技术规范》等标准规范，对承包方的人员管理、工作场所、技术设施、业务操作、成果质量等进行全方位监督检验，规范外包人员操作过程，规避各种质量风险，确保安全高质完成档案数据化工程，为档案数据治理奠定质量基础。

（二）档案数据质量过程控制

保证资源质量是档案数据运行发展的立足点。事中的重点是对运维数据生产过程的管理，一方面是围绕运维数据采、存、算、管、用的过程的流程设计与管理，另一方面是推动源端系统生产数据涉及的业务和技术流程的有效性③。档案数据质量过程控制主要是针对归档数据进行分类分级和质性检测，对不达标的档案数据进行清洗加工和处理修复，提升档案数据质量水准，为档案数据深度开发和共享利用奠定基础。

1. 分类分级

分类分级是开展档案数据质量精细管控的重要措施。《中华人民共和国数据安全法》第二十一条规定，"国家建立数据分类分级保护制度，根据数据在经济社会发展中的重要程度，以及一旦遭到篡改、破坏、泄露或者非法获取、非法利用，对国家安全、公共利益或者个人、组织合法权益造成的危害程度，对数据实行分

---

① 黄丽华，宋华. 规范管理 确保安全：《档案数字化外包安全管理规范》出台[J]. 中国档案，2015(2):32-33.
② 庞莉. 基于信息安全保障策略的档案外包业务过程监管研究[J]. 档案与建设，2016(3): 30-33.
③ 陆兴海，彭华盛. 运维数据治理：构筑智能运维的基石[M]. 北京：机械工业出版社，2022: 166.

类分级保护""各地区、各部门应当按照数据分类分级保护制度，确定本地区、本部门以及相关行业、领域的重要数据具体目录，对列入目录的数据进行重点保护"[①]。《中华人民共和国网络安全法》第二十一条规定，"网络运营者应当按照网络安全等级保护制度的要求，履行下列安全保护义务，保障网络免受干扰、破坏或者未经授权的访问，防止网络数据泄露或者被窃取、篡改""采取数据分类、重要数据备份和加密等措施"[②]。《中共中央　国务院关于构建数据基础制度更好发挥数据要素作用的意见》提出要加强数据分类分级管理，建立公共数据、企业数据、个人数据的分类分级确权授权制度，在国家数据分类分级保护制度下，推进数据分类分级确权授权使用和市场化流通交易[③]。《中华人民共和国档案法实施条例》也提出要建立档案分级制度，"国家档案馆馆藏的永久保管档案分一、二、三级管理，分级的具体标准和管理办法由国家档案主管部门制定""根据档案的不同等级，采取有效措施，加以保护和管理"[④]。在档案数据流转过程中，可能会出现残缺、冗余、异构等问题，需要制定档案数据分类分级标准，实现档案数据质量管控的精细化与精准化。

长期以来，档案工作在理论与实践中形成了一套比较成熟的档案分类整理方法。档案分类对档案整理的有序化组织排列具有重要意义，全宗内档案的分类，就是把立档单位所形成的档案，按其来源、时间、内容和形式的异同，分成若干层次和类别，使全宗内档案构成一套有机的体系[⑤]。档案数据分类也就是依据数据之间的内在联系和属性特征，采用来源分类法、年度分类法、组织机构分类法、问题分类法、专题分类法、职能分类法、复式分类法等分类方法，将归档数据汇集整合成具有逻辑性的数据集，形成有条理的分类系统，从而为档案数据的语义关联、集成利用奠定基础。

档案数据分级则是在分类基础上，从馆藏实际和管理实际情况出发，根据数据价值和机密敏感程度，将档案数据划分为不同等级的安全级别，进行针对性、多层次、差异化、细粒度分级防护和保管。数据分级是指根据数据的敏感程度和

①中华人民共和国数据安全法[N]. 人民日报, 2021-06-19(7).

②中华人民共和国网络安全法[EB/OL]. (2024-09-07)[2024-11-21]. http://www.gzdis.gov.cn/xwhc/yw/202409/t20240907_85672055.html.

③中共中央　国务院关于构建数据基础制度更好发挥数据要素作用的意见[EB/OL]. (2022-12-19)[2023-04-26]. https://www.gov.cn/zhengce/2022/12/19/content_5732695.htm.

④中华人民共和国档案法实施条例[N]. 人民日报, 2024-01-29(15).

⑤陈兆祦, 和宝荣, 王英玮. 档案管理学基础[M]. 3版. 北京: 中国人民大学出版社, 2005: 115-116.

数据遭泄露、破坏后，对国家安全、社会秩序、公共利益以及公民、法人和其他组织的合法权益的危害程度，将其确定为不同的安全等级，便于根据数据的不同安全等级采取相匹配的保护措施[①]。通过安全分级，按照国家信息安全等级保护标准和涉密档案信息系统分级保护管理规定建立档案数据管理系统和档案数据安全保密防护体系，加强对涉密档案信息系统、涉密计算机和涉密载体的保密管理。对涉密核心档案数据进行物理隔离和安全防护，综合运用身份鉴别、数据加密、访问控制等技术方法对保密级档案数据使用权限和获取内容进行严格把控，执行严格的安全保密管理制度，按照相关规范要求对涉密档案、重要档案存储介质进行检验和认证，严防档案在传输过程中失密泄密。例如，2020 年，济南市档案馆在数字档案馆建设过程中，加强数据安全等级管理，将涉密数据单独存储，定期对馆藏电子档案进行分类分级备份，并严格落实网络物理隔离要求，3 个在用综合管理系统安全等级保护测评全部达到二级保护水平[②]，有力保障电子档案数据安全。2023 年，网安部门发现某电商平台存在数据泄露隐患，经查，该企业服务器存在未授权访问漏洞，用户隐私数据存在泄露风险。通过进一步核实，该企业未制定数据安全管理制度、未充分落实网络安全等级保护制度。根据《中华人民共和国数据安全法》第二十七条、第四十五条第一款的规定，给予该企业警告，并处罚款五万元，对直接责任人处罚款一万元，责令限期改正[③]。

2. 质性检测

大数据时代，档案数据海量形成、急剧增长。相较于纸质档案资源，档案数据损坏篡改表现得更为容易且隐蔽。档案数据质量不仅代表档案数据资源本身满足性质方面的要求，同时还表示其满足特定用户期望的程度[④]。为此，需要加强对档案数据全维度质量检测，确保档案数据质量合规。档案数据质量高低是档案馆提供利用服务的前提，包括档案数据的真实完整、准确可靠、可长期保存与关联可用等，涵盖其满足档案本质属性与满足用户需求的契合程度[⑤]。《中华人民共和

---

①张平. 中华人民共和国数据安全法理解适用与案例解读[M]. 北京: 中国法制出版社, 2021: 71.

②奋力实现档案工作提质升级: 济南市数字档案馆创建全国示范数字档案馆纪实[N]. 中国档案报, 2020-10-05(1).

③湖南网安适用《数据安全法》对多个单位作出行政处罚[EB/OL]. (2023-04-07)[2024-12-08]. https://baijiahao.baidu.com/s?id=1762527940107169679&wfr=spider&for=pc.

④韩京宇, 徐立臻, 董逸生. 数据质量研究综述[J]. 计算机科学, 2008(2): 1-5, 12.

⑤周林兴, 崔云萍. 大数据视域下档案数据质量控制实现路径探析[J]. 档案学通讯, 2022(3): 39-47.

国档案法实施条例》第三十九条规定，"档案馆应当在接收电子档案时进行真实性、完整性、可用性和安全性等方面的检测，并采取管理措施和技术手段保证电子档案在长期保存过程中的真实性、完整性、可用性和安全性"[1]。根据统一的标准规范，对收集的档案数据资源进行质量检测，规范数据存储格式，确保其内容结构、元数据和背景信息齐全完整。

一是真实性。档案数据真实性是其作为档案所必须具备的基本特质，其真实性验证控制贯穿于整个生命周期。档案保管部门应当确保档案数据在流转、加工、保管和利用等业务流程后依旧保持初始状态，确保档案数据的内容信息未受网络攻击、变量操作和恶意篡改。针对档案数据真实性的验证，可采取较为常用的区块链技术，通过哈希计算获取档案数据唯一的特征值，作为档案数据的"数字指纹"。目前尚无技术可借助该特征值逆向还原档案数据，因此通过验证初始哈希值与当前哈希值是否保持一致，可以有效确认当前档案数据真实性状态。同时，也可通过验证档案资源元数据的真实性，证明档案数据真实性。例如，通过采用电子照片来源检测技术对编号为 M43（捕获设备）的子元数据 M44（设备制造商）和 M45（设备型号）的真实性进行检测，利用电子照片自身信息的关联性对编号为 M54（图像参数）的子元数据 M57（图像高度）和 M58（图像宽度）的真实性进行检测[2]，以此验证照片类电子档案的真实性。

二是完整性。档案数据完整性存在多层定义，在宏观方面是指档案馆归档范围内的档案数据资源实体及内容信息完整齐全；在微观方面针对细粒度的单份档案数据，其内容、结构、背景信息、元数据等处于未分割、未破坏的统一整体状态。档案数据完整性关系到其可理解性和关联性，对其法定效力、利用效果存在重要影响。例如，请示批复件中蕴含的因果关系、文件版本管理中体现的流程关系、科技档案归档范围体现的成套关系等都是未来在各层次利用活动中可以挖掘的知识[3]。为此，需要强化档案数据完整性的监督与控制。档案保管部门为确保部分档案数据的完整性，可采取区块链技术哈希验证方法实现判定，可将档案数据资源与其相关元数据信息等内容作为一个整体进行哈希验证，识别其是否符合完整性要求。

三是规范性。档案数据规范性是指其格式、类型、管理和保管方式等内容是否符合现有相关规范，以及符合规范的程度，如《电子文件归档与电子档案管理

①中华人民共和国档案法实施条例[N]. 人民日报, 2024-01-29(15).

②顾伟. 照片类电子档案元数据真实性研究[J]. 档案学研究, 2022(1): 92-96.

③钱毅. 基于完整性管控的数字档案对象全树结构模型研究[J]. 档案学研究, 2020(3): 115-121.

规范》（GB/T 18894—2016）、《电子档案管理系统通用功能要求》（GB/T 39784—2021）、《文书类电子文件元数据方案》（DA/T46—2009）等。规范性高的档案数据有利于跨区域、跨层级、跨系统、跨部门间的档案资源共享利用，减少因存储格式、分类标准、目录规范等方面的异构带来的制约，实现档案数据资源互联互通。档案数据规范性应当采取人工与自动化结合方式进行验证，重点对档案数据遵循的规范类型、档号命名、图像格式、数据包以及压缩格式进行检查[①]。

四是准确性。档案数据准确性是指档案数据记录的事实，以及档案数据著录等环节中形成的信息是否准确。一方面，记录内容的原始性、准确性关系到该档案数据的利用价值，如果该档案中的记录内容与事实存在较大出入，其可信度大大降低。另一方面，档案著录的准确性关系到用户能否精、准、快、全查找所需的档案数据。在档案加工和数据化过程中，档案人员著录时常出现著录项错误、缺失、漏填等问题，著录不准确涉及档号、页次、案卷题名、责任者及文件编号等关键著录项有误[②]；中介服务商作业不规范、人员水平不足等原因，可能造成数据化档案与档案实体不对应、档案标题或档案号与档案数据不对应等状况，严重影响档案数据利用效率。对此，档案保管部门可以借助人工智能、图像识别和信息抽取等技术，对档案数据内容进行识别、分析、抓取与记录，实现对著录内容的自动化提取与填写，结合人工审查，确保著录内容的准确性。此外，档案保管部门还要加强对档案中介服务商作业过程的监督，经常对数据化成果进行检查，建立事后追责制度，确保档案数据信息准确无误。

五是可用性。档案数据可用性即档案数据是否可以利用计算机设备正常读取和重复使用。档案数据保存在存储设备中，受外部环境、保管水平和设备寿命影响，可能导致档案数据出现失读、失联、失用等现象。《中华人民共和国档案法实施条例》第四十一条规定，"档案馆对重要电子档案进行异地备份保管，应当采用磁介质、光介质、缩微胶片等符合安全管理要求的存储介质，定期检测载体的完好程度和数据的可读性。异地备份选址应当满足安全保密等要求。档案馆可以根据需要建设灾难备份系统，实现重要电子档案及其管理系统的备份与灾难恢复"[③]。档案保管部门一方面可以采取异质备份、异地备份等方式避免存储问题带

[①]林空，黄彦. 档案数字化成果进馆时需要注意的若干要点[J]. 浙江档案，2019(9): 56-57.

[②]陈慧，罗慧玉，陈晖. 档案数据质量要素识别及智能化保障探究: 以昆柳龙直流工程项目档案为例[J]. 档案学通讯，2021(5): 49-57.

[③]中华人民共和国档案法实施条例[N]. 人民日报，2024-01-29(15).

来的危害；另一方面，需要加强对档案数据可用性检测，如利用人工智能技术自动化验证档案数据可用性，定期调用档案数据并读取其内容，对无法正常使用的档案数据及时反馈、进行恢复。同时，档案保管部门还应当对不同系统形成的异构档案数据进行格式统一与内容迁移，提高其可用性。

3. 清洗修复

数据清洗是数据质量控制的重要内容，致力于改进提升数据质量水平。由于数据归档后已脱离原始环境，很难再重新获取或返回修改，要提高数据质量，在很大程度上依赖于数据清洗修复技术。数据清洗是指在构建数据仓库和实现数据挖掘前对数据源进行处理，使数据实现准确性、完整性、一致性、适时性、有效性以适应后续操作的过程[①]，其原理是通过分析脏数据的产生原因及存在形式，对数据流的过程进行考察、分析，然后利用有关技术和方法（数理统计、数据挖掘或预定义规则等方法）[②]，对"脏数据"开展过滤与修复工作，将"脏数据"转化为满足质量要求的"纯数据"，以确保数据的可靠可用。数据清洗的主要类型包括缺失值的补全、无效值的修正、异常值的检测、重复值的合并等。对于档案数据而言，无论是档案数据生成时的元数据缺失，还是 OCR 识别时的不准确，抑或是著录标引时的错误，都需要采用数据清洗进行修正。

档案数据清洗的过程主要可分为五个步骤。一是准备阶段，主要包括要求分析、数据环境分析、任务定义、方法定义、基本配置等。要求分析明确数据清洗目标要求；数据环境分析明确数据环境特点；任务定义用于设置具体的数据清洗任务目标；方法定义确定合适的数据清洗方法；基本配置用于完成数据接口等的配置。在此基础上，最终形成完整的数据清洗方案。二是检测阶段，即从真实性、完整性、可用性、安全性等方面，对数据本身及其关系进行检测，具体包括①数据缺失，如某些字段为空；②异常数据，如某大学教职工人数为数百亿；③逻辑错误，如形成日期为 2019 年 2 月 31 日；④数据冗余，如某条记录或数据多次重复等。在检测阶段，还需对监测结果进行统计，获得全面的数据质量信息，并形成数据质量检测报告。三是定位阶段。包括定位数据质量问题、数据追踪分析，并结合检测结果对数据质量进行评估，分析问题数据及潜在对外影响，分析问题产生的根本原因。在此基础上，确定数据质量问题的性质及位置，提出数据修正

---

① 曹建军，刁兴春. 数据质量导论[M]. 北京：国防工业出版社，2017：42-43.
② 杜小勇. 数据科学与大数据技术导论[M]. 北京：人民邮电出版社，2021：179.

方案。在这个过程中，可视结果来定是否返回到检测阶段进一步检测分析。四是修正阶段。根据数据清洗方案，采用合适的清洗算法或工具对脏数据进行清洁，具体包括问题数据标记、不可用数据删除、重复记录合并、缺失数据填充等，并对数据修正过程进行数据溯源管理。当前数据修复技术的发展趋势是采用机器学习的方法，融合多源的信息，采用联合推理的方式来推测概率最大的数据[①]。五是验证阶段。验证清洗后的数据是否符合任务目标，如果结果与任务目标不符合，则需要执行进一步的定位、修正与检测，甚至返回"准备阶段"来调整相关工作。

（三）档案数据质量效果控制

大数据时代，数据有着海量、泛化和多样化的特征。数据的质量不仅决定着数据的价值，更影响着数据存储、数据分析和数据挖掘等后续工作的开展[②]。在档案数据运行后端，需要加强档案数据质量效果控制，通过档案数据质量评估、反馈追溯以及优化增强等手段，提高档案数据质量控制成熟度，打造档案数据质量控制闭环，提升档案数据质量水准。

1. 质量评估

档案数据质量控制是档案数据治理体系的重要构成，需要不断地修正、改进和完善，建立符合档案数据高质量发展需求的评价机制，以评促改、以改促优，持续增强档案数据质量控制能力。

（1）评估原则

档案数据质量控制是一项系统工程，涉及诸多生态因子，对其进行考核评价是一项复杂的专业性工作，需要遵循一定的原则方法，主要包括以下几个方面。

第一，科学规范原则。开展档案数据质量控制需要坚持科学合理原则，以相关国家政策、法律、标准、规章等为依据，建立健全档案数据质量评估指标体系，全面反映出档案数据质量状况、存在问题与发展趋势，引导档案数据质量控制规范运行。档案数据质量评价指标体系设计应具有全面性、协调性、连续性和先进性，科学合理，能反映档案数据质量的需求特点。同时，要维护档案数据质量评价指标体系的权威性和严肃性，保证档案数据质量评估的统一性和高效性，规范

---

①梅宏. 数据治理之论[M]. 北京: 中国人民大学出版社, 2020: 278.

②周耀林, 常大伟. 大数据资源规划理论与统筹发展研究[M]. 武汉: 武汉大学出版社, 2023: 410.

档案数据质量建设。

第二，公正透明原则。参与评价考核工作的相关主体应坚持实事求是、客观公正的原则，提高使命感与责任感，杜绝徇私舞弊、过场形式，维护社会公平正义，确保档案数据质量控制评估工作有效开展。被评单位应积极配合，不得瞒报谎报、篡改数据、伪造资料，避免评价考核结果失真失实，确保档案数据质量控制评估顺利开展。强化第三方监督与评价过程透明，及时发现评估过程中出现的不当行为，确保档案数据质量控制评估有序开展。

第三，动态灵活原则。档案数据质量评估应随着国家信息化战略的发展、档案工作的变革与档案数据建设的实际需要，不断地进行调整、改进与优化评估指标体系，以反映出现代信息技术在档案数据质量控制中的及时运用，体现评价考核的时代性、超前性与先进性。同时，档案数据质量评估方案与指标应具有灵活性和可扩展性，为今后的补充完善提供预留空间。

第四，奖惩并重原则。根据档案数据质量评估结果，对评估等级优秀、建设成效突出的地区、机构和个人给予表彰和奖励，树立标杆、宣传典型，发挥模范带头作用，调动档案工作人员的积极性与能动性。针对评估等级不合格、建设成效滞后、工作业务失职等，结合当地实际情况（如经济水平、发展基础、人员结构等）做出科学评判，依法依规通报、劝诫、警示、批评和惩处，实现奖惩并举，切实提高考核评价效力。

（2）评估方法

档案数据质量评估方法多样，依据不同的标准可划分为多种类型。例如，以性质区分，可分为定量评估、定性评估、定量定性评估相结合；以主体区分，可划分为自我评估与外部评估；以时间区分，可划分为定期评估与不定期评估等。档案数据质量控制是一项系统性、综合性很强的复杂工程，涉及硬件、软件、网络、管理、档案数据资源等众多要素，对其评估应综合运用一系列方法、模型和工具，实行综合性评估制度。在评估中可综合运用自我评估、专家评估、第三方评估、问卷评估、会议评估、现场评估、即时通信评估等多种评估方式，针对档案数据运行规律与质量要求，参照相关标准要求，明确档案数据质量评估内容，科学构建档案数据质量评估指标体系，合理划分评估等级，形成评估报告，及时反馈评估意见。档案数据质量评估的关键是指标体系的建构。指标体系设计要有明确的内涵与外延，能够准确度量和揭示档案数据质量状况、存在问题和发展趋势，全面反映档案数据质量控制成效，强化指标约束力，便于总结经验、克服不足，推动档案数据质量优化和改进。

2. 反馈追溯

有研究表明，与没有反馈相比，参与者如果能及时得到有关他们所做贡献的反馈，往往能提供更高质量的参与成果。参与者往往会根据反馈意见进一步修改他们的参与成果，或为继续参与积累更多有效的经验和知识，这可进一步保障他们产生更多质量更高的参与成果[①]。

质量作为事物的一组固有属性满足需求的程度，从利用角度而言涉及供需双方，在数据管理过程中牵扯到的主体多元。由于存在信息、资源、地位等方面的不对称，档案数据质量问题在所难免。解决问题的关键，可能不在于消灭问题，而是发现问题，并实现供需之间、不同主体之间的重新平衡。应建立档案数据质量控制反馈机制，破解原有主体间信息获取不平衡、沟通交流不顺畅等方面的问题，促使多元主体充分理解信任、顺畅开展信息交换与共享，从而促进档案数据质量控制的科学性与持续性。为提升档案数据质量水平，需要强化档案部门与用户之间的业务交流与成效反馈，构建档案部门与用户双向互动机制。一方面，通过及时有效的沟通反馈，档案部门可以就档案数据质量控制中的难点、堵点、痛点、疑点等问题开展交流；另一方面，档案部门通过收集用户档案数据质量诉求和意见，根据用户反馈结果，优化控制方式、创新治理模式，对工作中存在的不足进行补充完善和调整改进，提高档案数据质量水平。

此外，在档案数据管理应用过程中，由于来源复杂、类型多样、流程冗长，数据集成、处理、迁移、备份频繁等，其真实性、有效性、可信性等容易遭到质疑，仅凭独立的数据集合难以轻易判定其质量高低，必须结合溯源信息深入了解数据产生、演化的具体过程才能合理评估数据集合的质量[②]。数据质量溯源成为一项重要的数据质量控制技术手段和管理方法，不仅能够有效识别和查询数据来源，而且能够帮助用户理解数据质量需求，增强数据可信度，实现管理过程有记录、数据流动可追踪、风险隐患可识别、危害程度可评估、主体责任可追溯、监管信息可共享的数据质量追溯控制体系，提升档案用户满意度。数据溯源是对目标数据的源头数据以及流转过程中的变动加以追溯、确认、描述和记录保存的过程。数据溯源的目的是为用户提供当前数据的历史档案，通过溯源展现数据从产生到

①连志英. 数字档案资源社会化开发[M]. 北京: 中国人民大学出版社, 2023: 179.

②蔡莉, 朱扬勇. 大数据质量[M]. 上海: 上海科学技术出版社, 2017: 111.

最终状态的整个演变过程，确保数据的安全、可靠和完整，增强用户对数据的信任[①]。在档案数据质量控制过程中，由于归档前文件数量相对较少、相关主体众多、规则不一、约束性较弱，适合采取标注的溯源方法，尽量多角度、多形式、多层次地记录标注信息，从而更好地反映档案数据质量状况。档案数据入库后，可采取反向查询法，由档案保管部门基于相关质量规则设计逆查询语句，从而追溯数据质量管理过程。通过对指标数据从业务源头、责任源头、技术源头追根溯源，定位数据质量问题产生的根源，对指标数据的业务要求规范、数据责任归属、数据技术流向进行溯源，实现快速归因和及时治理[②]。

3. 优化增强

近年来，随着信息技术的发展及政府信息公开的推进，社交媒体数据、政府网站数据、商业网站数据等大量产生并共同促进了"新数据环境"的形成，为从多个维度补充、印证、提升数据质量与价值提供了数据基础和分析视角。数据增强是给数据集添加属性以提高其质量和可用性的过程[③]，是一种提高数据质量及价值的方式。数据增强通过对不同数据源尤其是外部数据源的提取、分析及预测，探究更精确、更真实的数据现状，增强人们对数据实体及其内涵的精准认知。常见的数据增强案例包括时间戳、参考词汇表、语境信息、地理信息、人口信息、评估信息等。以时间戳为例，通过时间戳能够记录数据创建、修改或停用的日期或时间，有助于证明档案数据自申请时间戳认证后保持内容完整、未被篡改，一旦发生质量问题，也能很快定位到发生问题的时间范围。数据增强通常用于改进数据质量，对档案数据质量改进具有借鉴参考意义。

档案数据质量增强通常包括三个层次。一是档案数据固有特性的增强，即通过标准化、数据合并、上下文信息等手段增强数据固有特性。以邮政编码和地址的标准化为例，通过将邮政编码与街道地址建立映射关系，当档案数据中出现邮政编码时，自动填补对应的地址信息，此时档案数据的完整性与准确性将得到提升，档案数据质量得到增强。二是用户质量需求的增强。档案数据中存在着大量的用户数据，如年龄、性别、职业等用户基本数据，浏览、借阅、下载等用户行为数据。通过对用户数据进行分析挖掘，更好地感知、明确、细化用户数据需求，

①王芳, 赵洪, 马嘉悦, 等. 数据科学视角下数据溯源研究与实践进展[J]. 中国图书馆学报, 2019(5): 79-100.
②陆兴海, 彭华盛. 运维数据治理: 构筑智能运维的基石[M]. 北京: 机械工业出版社, 2022: 171.
③Loshin D. 数据质量改进实践指南[M]. 曹建军, 江春, 等, 译. 北京: 国防工业出版社, 2016: 229.

用户档案数据需求质量得到增强。三是数据增值。基于增强后的档案数据固有特性和用户数据，可将用户数据与档案资源数据、档案管理数据等数据资源之间建立实体链接关系，提升档案数据的"含金量"和数据价值活性，实现数据智慧化、智能化，提供知识服务、智能服务、智慧服务。当前，数据增强已在档案领域有所应用，如在欧盟发起的大型欧洲数字文化遗产资源项目"Europeana"中，通过将现有元数据集中没有而参考数据集中有的数据项及其取值，添加到元数据集中，包括语义相同或相似的概念、超类或子类概念①，元数据的语义化与关联化得到增强。

---

①祁天娇, 冯惠玲. 档案数据化过程中语义组织的内涵、特点与原理解析[J]. 图书情报工作, 2021(9): 3-15.

第六章　档案数据资源整合研究

档案数据资源整合是档案数据资源建设的重要内容。随着社会信息化发展，社会对档案信息资源需求日益增长，档案信息资源分布的不均衡性、分散性、封闭性等成为共享利用的瓶颈。大数据时代，档案数据资源管理无序与有序、分散与集成、孤立与互通、异构与统一之间的矛盾日益凸显，需要立足档案数据资源现状与管理实践，探索档案数据资源整合动力、整合模式和整合策略，利用现代信息技术手段对分散独立的档案数据资源进行整合汇聚、集成管理，打破档案数据孤岛，力争将离散、多元、异构的档案数据资源通过逻辑方式或物理方式联结成一个有序化、系统化、结构化的整体，构筑档案数据资源共享空间，为档案数据资源互联互通和开发利用提供支撑。

一、档案数据资源整合概念

（一）档案数据资源整合定义

信息时代，信息资源蕴含着丰富价值，成为国家经济建设、社会发展、人民生活不可忽略的战略资源。然而，现实中得到的信息资源保管分散、质量参差不齐，如何使海量信息资源集中管理、集成利用，便于检索获取有价值的信息，是信息资源整合的主要内容。信息资源整合概念有广义和狭义两个方面。从狭义方面讲，它是指将某一范围内的，原本离散的、多元的、异构的、分布的信息资源通过逻辑的或物理的方式组织为一个整体，使之有利于管理、利用和服务。广义的信息资源整合概念，就是把分散的资源集中起来，把无序的资源变为有序，使之方便用户，它包含了信息采集、组织、加工以及服务等过程[①]。

随着档案信息化建设的开展，信息资源整合在档案界受到广泛关注。我国档案信息资源整合研究始于 20 世纪 80 年代中后期[②]，自此学界业界探索和积累了较为丰富的实践经验，如"顺德模式""和县模式""浦东模式""深圳模式"等，并逐渐朝深层次档案信息资源整合迈进。关于档案资源整合概念，学界展开广泛探索研究。周耀林等认为，面向公众需求的档案资源整合是指以满足公众的档案需求为目标，通过档案机构以及相关社会组织之间的协调与合作，利用一定的技术方法与管理手段，使分散管理的档案资源相互联结成为一个有序化、系统化、结构化的整体，实现档案资源的共建共享和充分利用[③]。张卫东等认为，档案资源整合就是指利用一定的方法和技术将分散的、异构的档案资源有序地组织起来，形成有效的知识单元或知识集合，以满足用户多元化、知识化和个性化的需求[④]。张东华认为，档案信息资源整合是促使多渠道、多载体、异构化信息资源有机结合，形成具有针对性、适用性、功能性更强的再生信息，实现深层次资源共享的关键。经过整合的信息资源可以使往来信息的强大功能得以充分发挥，给利用者带来极大方便[⑤]。

随着大数据时代到来，以及云计算、大数据、人工智能等新技术的发展和应用，档案管理工作对象逐渐由模拟态、数字态向数据态转型，档案数据成为档案学研究的新热点，档案数据资源整合逐渐成为新的研究领域。目前，对档案数据资源整合尚处于探索中，见雪冬认为，档案数据整合是指把原来通过各种渠道收集到的零散的档案数据，通过各种技术手段和方法，进行数据结构重构或数据结构匹配，以形成相对规范的档案数据[⑥]。

根据档案信息资源整合相关概念，结合数据整合理论，将档案数据资源整合概念定义为：档案部门与社会组织协同合作，利用一定的技术方法，使分散保管的档案数据资源相互连接成为有序化、结构化、系统化的整体，实现档案数据资源集成和融合汇聚。档案数据资源整合对象是档案数据；整合范围应根据整合要求确定，既可以是一定区域内的档案部门，也可以是档案部门与形成机构，或者

---

① 金燕. 网络信息资源整合研究[J]. 现代情报, 2007(7): 40-43.

② 吴艺博. 我国档案信息资源整合实践探索行为研究[J]. 档案学研究, 2012(4): 41-45.

③ 周耀林, 赵跃, 等. 面向公众需求的档案资源建设与服务研究[M]. 武汉: 武汉大学出版社, 2017: 276.

④ 张卫东, 左娜, 陆璐. 数字时代的档案资源整合: 路径与方法[J]. 档案学通讯, 2018(5): 46-50.

⑤ 张东华. 网络环境下档案信息资源整合探讨[J]. 档案学通讯, 2005(3): 74-77.

⑥ 见雪冬. 平谷区档案馆档案数据整合与存储策略分析[J]. 北京档案, 2016(4): 21-23.

是档案部门与数据部门、信息管理部门；整合方法是利用现代信息技术手段消除档案数据之间的资源异构、语义异构、格式异构和系统异构，打破档案数据孤岛，从而使档案数据资源从无序走向有序，从分散走向集成；整合目的是实现档案数据资源汇聚融合、互联互通、集成共享。

（二）档案数据资源整合原则

档案数据资源整合需要围绕一定原则，才能有规可循、有的放矢。档案数据资源整合的基本原则主要有客观性原则、整体性原则和协同性原则。

1. 客观性原则

档案数据资源整合的客观性原则是指一切从实际出发，根据档案数据资源现实状况，制定档案数据资源整合方案，促进档案数据资源集成共享。第一，档案数据资源整合要同国家相关法律法规、档案管理体制相适应。2017 年国务院出台的《政务信息系统整合共享实施方案》、2019 年国务院公布修订后的《中华人民共和国政府信息公开条例》以及 2016 年浙江省出台的《浙江省促进大数据发展实施计划》等一系列关于政务数据整合的政策文件，对档案数据资源整合具有指导意义。档案数据资源整合要依据相关政策规定，优化档案数据资源管理方式，创新档案数据资源整合机制与实施路径。第二，档案数据资源整合要同档案信息化发展水平相适应。档案数据管理是在信息化条件下开展的，只有高水平的档案信息化管理能力，才能有效地开展档案数据资源管理。因此，档案信息化平台是档案数据资源整合的基础条件，档案信息化人才队伍是档案数据资源整合的智力保障，档案数据资源共建共享是档案数据资源整合的目标导向。

2. 整体性原则

整体性原则是一个系统研究方法的基本出发点，整体性原则的核心是要求认识主体将对象视为有机整体①。档案数据资源整合的整体性原则就是要求从整体出发，全面系统思考档案数据的形成过程、运行规律、管理特点，去认识、研究档案数据资源整合，追求资源整合的最大效能。主要包括三个层面的含义：一是档案数据资源整合活动的系统性。档案数据资源整合是一项系统工程，在整合过程

---

①马文峰. 数字资源整合研究[J]. 中国图书馆学报, 2002(4): 63-66.

中，要从档案数据资源的整合主体、整合对象、整合内容、整合方式、整合工具、整合标准等方面系统构建档案数据资源整合体系。二是档案数据资源整合对象的完整性。档案数据资源往往分散在不同组织、不同机构（如档案馆、形成单位、大数据中心、信息部门等），需要将不同载体、不同类型、不同来源的档案数据集成为一个有机整体，确保档案数据来源可靠、程序规范、要素合规、齐全完整。三是档案数据资源整合系统的集成性。将分散、异构的档案数据资源管理系统通过数据交换与共享平台，进行优化组合和集成整合，实现档案数据资源无缝连接和互联互通。

3. 协同性原则

协同理论是一种研究不同学科中共同存在的以本质特征为目的的系统理论，具有普适性和广泛的应用性。协同的概念最早是由德国斯图加特大学教授、著名物理学家哈肯于 1971 年提出的[①]。协同是指协调两个或者两个以上的不同资源或者个体，使它们一致地完成某一目标的过程或能力[②]。档案数据资源整合的协同性原则是指多个整合主体密切配合与通力合作，协同推进档案数据资源集成共享，实现档案数据资源有效利用。

档案数据资源整合协同性原则重点表现在三个方面：一是档案部门间的协同。档案数据资源分散在不同层级、不同区域、不同部门的档案馆（室）内，各档案馆（室）在整合档案数据资源时应当做好整体规划、顶层设计和协调分工，构建起跨层级、跨区域、跨部门的标准化、一体化档案数据资源整合平台，实现档案数据资源的互联互通与集成共享。二是档案部门与数据机构间的协同。大数据局、大数据中心等数据机构存储有海量的数据资源，数据管理水平普遍较高，档案部门应加强同数据机构协同合作，充分利用数据机构人才技术优势，对档案数据资源集成整合，发挥档案数据的现实价值。三是档案部门与其他信息机构间的协同。图书馆、博物馆、新闻媒体等信息机构保存有一定数量的档案数据和文献资源，通过与这些信息机构进行协同合作，取长补短，相互借鉴建设经验，整合更为丰富的档案数据资源。

---

①马岩，徐文哲，郑建明. 我国数字图书馆协同管理研究进展[J]. 图书馆学研究, 2014(12): 2-7.

②哈肯 H. 高等协同学[M]. 郭治安，译. 北京: 科学出版社, 1989: 20.

（三）档案数据资源整合意义

第一，促进档案数据资源有效集成。档案数据资源进行整合的直接目的就是促进档案数据资源集成统一管理，解决档案数据资源管理无序与有序、分散与集成、孤立与互通、异构与统一之间的矛盾[①]，促进档案数据资源的互联互通，激活档案数据资源的潜在价值。大数据时代，数据资源在各种平台和系统中大量形成，档案数据资源分散保管在各个部门和各个机构中，由于管理体制、软硬件系统、技术标准的差异，部门与行业间形成了数据壁垒、数据鸿沟、数据孤岛，对分散异构的档案数据资源如何集成统一管理，是档案数据资源整合的首要任务。进行档案数据资源集成整合，不断完善和统一各种标准，实现档案数据资源结构标准化、管理系统标准化和运行平台标准化，使多源、异构的档案数据走向统一，破除档案数据管理壁垒，实现各部门、各保管机构档案数据资源间的互联互通和集成管理。上海市依托电子政务云，加强各类城市运行系统的互联互通，全网统一管理模式、数据格式、系统标准，形成统一的城市运行视图，推动硬件设施共建共用，加快形成跨部门、跨层级、跨区域的协同运行体系。为推动政务服务和城市管理更加科学化、精细化、智能化，上海市横向打通了公安、卫生等22个部门的3个系统数据，纵向推动了市、区、街道、村居四个层级的信息整合，实现了围绕群众高效办事的"一网通办"和围绕政府高效处置的"一网统管"[②]。

第二，提高档案数据资源管理与利用效率。对于档案部门来说，通过档案数据资源整合，一方面，能够在整合过程中全面、直观地了解当前档案数据存量、种类、保存的状况，发现管理环节中存在的漏洞与不足，以便对档案数据资源的管理进行完善与加强，有效提高档案数据资源管理效率。另一方面，档案数据资源由于分散、异构的特点，往往被存储在不同类型、不同地点的数据库中，用户为获取所需的档案数据资源常常需要访问多方数据库，不同数据库采用的查询语言、数据存储方式和数据表示形式往往也不一致，极大地降低了用户利用档案数据资源效率。通过档案数据资源集成处理，可以为用户提供统一通用的档案数据查询界面和检索语言，从而方便用户获得准确、完整、全面的档案数据资源，提高档案数据资源利用效率。例如，2019年，长三角三省一市签署《长三角地区档案部门重点协同项目备忘录》提出，建立完善长三角地区档案部门全面协同工作

[①] 金波, 杨鹏. 大数据时代档案数据治理研究[J]. 档案学研究, 2020(4): 29-37.

[②] 上海: "两网"并行推进数字政府建设[J]. 信息化建设, 2021(3): 29.

机制，协同推进长三角地区民生档案"异地查询、便民服务"项目，协同助推长三角区域档案工作全方位合作[①]。

第三，推动档案数据资源开放和共享。我国档案工作历来十分重视档案安全保密，存在"保密保险，利用危险"的观念，档案资源的开放度较低，与西方发达国家存在较大差距。大数据时代，数据来源更加多元、数据异构更加突出、数据流动越来越频繁快速，为了加强对档案数据资源的管理，满足公众对档案数据资源的需求，充分实现档案数据资源的价值，需要强化整体布局和战略规划，通过技术和管理手段整合各社会主体形成的有价值的档案数据资源，加大档案数据资源开放开发力度，构建起跨层级、跨区域、跨部门的一体化档案数据资源交换共享平台，促进档案数据资源的开放共享。例如，基于"一网通办"共享平台，将形成长三角三省一市"一网通办"档案服务区域性共享之"网"，这不仅打造了民生档案远程服务跨省馆际协作的格局，而且为后续其他区域推进远程共享服务模式、持续优化流程提供了方案，为在更大范围内档案资源共享提供了可复制、可推广的示范经验[②]。

二、档案数据资源整合动力

档案数据资源整合在实践中受到多种因素的推动，其中包括国家政策的支持、现代信息技术的应用、社会信息需求的拉动、档案资源整合的实践等方面。深入分析档案数据资源整合动力，有助于更加科学合理地开展档案数据资源整合工作。

（一）国家政策的支持

大数据时代，数据资源已成为国家经济社会发展的战略性信息资源，各国都高度重视数据资源建设，出台了一系列战略举措，为档案数据资源整合提供政策支持。在国家战略层面，2015年，国务院印发的《促进大数据发展行动纲要》提出，"大数据已成为国家重要的基础性战略资源，正引领新一轮科技创新""加快政府数据开放共享，推动资源整合，提升治理能力"[③]。2016年，《中华人民共

---

①长三角三省一市签署备忘录，将协同推进民生档案异地查询[EB/OL]. (2019-09-04)[2024-07-21]. https://baijiahao.baidu.com/s?id=1643735260604759986&wfr=spider&for=pc.

②张林华, 蔡莉霞. 长三角"一网通办"档案服务: 民生档案远程服务的新格局[J]. 浙江档案, 2020(2): 33-35.

③国务院关于印发促进大数据发展行动纲要的通知[EB/OL]. (2015-08-31)[2023-06-11]. https://www.gov.cn/gongbao/content/2015/content_2929345.htm.

和国国民经济和社会发展第十三个五年规划纲要》提出，"把大数据作为基础性战略资源，全面实施促进大数据发展行动，加快推动数据资源共享开放和开发应用，助力产业转型升级和社会治理创新"①。《全国档案事业发展"十三五"规划纲要》提出，"实施国家数字档案资源融合共享服务工程。建立开放档案信息资源社会化共享服务平台，制定档案数据开放计划，落实数据开放与维护的责任；优先推动与民生保障服务相关的档案数据开放"②。2021年，《中华人民共和国国民经济和社会发展第十四个五年规划和2035年远景目标纲要》提出，"建立健全国家公共数据资源体系，确保公共数据安全，推进数据跨部门、跨层级、跨地区汇聚融合和深度利用"③。《"十四五"全国档案事业发展规划》提出，"依托全国档案查询利用服务平台建立更加便捷的档案信息资源共享联动新机制，推动国家、地区档案信息资源共享平台一体化发展，促进档案信息资源共享规模、质量和服务水平同步提升，实现全国档案信息共享利用'一网通办'"④。数据资源整合已经成为完善国家治理能力的重要途径和手段，档案数据资源整合是数据资源整合的重要内容，国家出台的支持政策擘画了档案数据资源整合的发展蓝图。通过国家政策制度去推进和保障政务数据资源整合共享工作，确保政务数据资源整合共享执行有抓手、推进有依据、成效有标准、落实有责任⑤。

在地方规划层面，各地出台了许多涉及档案数据资源整合主体、整合标准、整合技术和整合平台的相关规定。2016年，浙江省出台的《浙江省促进大数据发展实施计划》首次提出由省档案局牵头，实施档案管理和开放共享示范工程，加强数字档案馆（室）建设，推进档案大数据聚合，构建查阅利用档案大数据服务平台，完善档案数据共享开放标准，促进档案数据通过浙江政务服务网向社会开放共享⑥。2017年，《江西省大数据发展行动计划》提出，"实施全省重要纸质档案数字化与电子档案接收工程，建成1.5亿页纸质档案数字副本、5000万条文件

①中华人民共和国国民经济和社会发展第十三个五年规划纲要[EB/OL]. (2016-03-17) [2023-06-21]. https://www.gov.cn/xinwen/2016-03/17/content_5054992.htm.

②全国档案事业发展"十三五"规划纲要[J]. 中国档案, 2016(5): 14-17.

③中华人民共和国国民经济和社会发展第十四个五年规划和2035年远景目标纲要[EB/OL]. (2021-03-13) [2023-03-13]. https://www.gov.cn/xinwen/2021-03/13/content_5592681.htm.

④中办国办印发《"十四五"全国档案事业发展规划》[J]. 中国档案, 2021(6): 8-23.

⑤袁刚, 温圣军, 赵晶晶, 等. 政务数据资源整合共享: 需求、困境与关键进路[J]. 电子政务, 2020(10): 109-116.

⑥浙江省人民政府关于印发浙江省促进大数据发展实施计划的通知[EB/OL]. (2016-03-01)[2023-06-21]. https://www.zj.gov.cn/art/2016/3/1/art_1229621638_2406657.html.

级目录数据，开展档案大数据开发与远程共享"①。2021 年，《江苏省"十四五"档案事业发展规划》提出，"深化全省档案共享平台建设，省内各级综合档案馆达到 100%互联互通，推动共享平台向机关单位、乡镇（街道）延伸，实现档案信息资源跨层级、跨部门共享利用。持续加大长三角地区民生档案'异地查档、便民服务'平台建设力度，让'数据多跑路、百姓少跑腿'，切实增强人民群众的便利感、获得感和满意度"②。地方相关政策的实施，为档案部门开展和参与大数据管理工作指引了方向，调动了档案部门主动开展档案数据资源整合的积极性，促进了档案数据资源的整合和共享。

（二）现代信息技术的应用

现代信息技术伴随着第三次科技革命浪潮逐渐发展起来，并且随着社会实践的发展，应用前景日渐广阔。现代信息技术的不断发展，特别是大数据、云计算、区块链、人工智能等新技术对档案数据资源整合具有重要的应用价值，不仅推动了档案数据资源整合技术的进步，而且变革了档案数据资源整合的方式。

1. 实现档案资源的数据化和虚拟存储

传统档案管理主要是对纸张等实体档案的管理，载体存储容量有限、保存体积大、查询检索效率低、档案利用困难，难以实现档案资源共享。现代信息技术广泛应用，为档案资源整合利用创造了条件。数字技术、大数据技术推动档案资源形态由模拟态向数字态、数据态转型。数字化是将文献从物理形态转化为电子形态，数据化是将电子形态进一步转换为可识别的文本与可分析的数据③。档案数字化主要解决档案资源的传递、存储、检索、共享利用等问题，大大提高了档案信息的存取能力，有利于档案信息资源的网络发布与传播，但未能实现档案资源内容层面的开发利用。档案数据化能够突破档案数字化的局限，实现对档案资源的语义识别、文本分析、内容挖掘、知识关联。档案数据组织粒度细化，是一个个可以独立存在的数据单元，具有基于文本的数据拆分、组合、关联、交互等细

---

① 江西省人民政府办公厅关于印发江西省大数据发展行动计划的通知[EB/OL]. (2021-01-06)[2024-06-21]. https://www.yichun.gov.cn/ycsrmzf/jxzc/202101/48ee77e3e71c4d7bb2670fea31e819dc.shtml.

② 江苏省"十四五"档案事业发展规划[EB/OL]. (2021-09-10)[2024-03-30]. http://www.dajs.gov.cn/art/2021/9/10/art_41_5796.html.

③ 赵思渊. 地方历史文献的数字化、数据化与文本挖掘：以《中国地方历史文献数据库》为例[J]. 清史研究，2016(4): 26-35.

颗粒特性，能够通过计算机进行内容检索和提取，运用大数据处理技术对档案数据进行分析、集成和可视化，挖掘档案数据中的隐性知识、"弱"信息、"暗"数据，形成档案知识元，并对其进行连接、组合，充分挖掘档案数据价值[1]，推动档案知识发现与知识创造，促进档案信息服务向数据服务、知识服务、智慧服务拓展。

大数据时代，云计算技术实现了海量信息资源的虚拟存储，实现信息的互联互通与共享利用。云计算是将各种软硬件设施按照用户需求集中统一管理，以云平台的形式处理分析海量、多源、异构数据的一种现代信息管理技术。云计算技术能够实现大量动态、实时档案数据的集成，有效存储数量巨大、种类多样、价值形态各异的档案数据，实现各种层次档案数据资源的分类存储和管理利用，从而保障档案数据资源的整合共享。建立档案云平台进行档案数据资源整合主要有三个方面的作用：第一，档案云平台能够存储大量、多样化的档案数据，如文本档案数据、图形图像档案数据、音频视频档案数据等，并可以根据主体需求进行存取，实现档案数据资源的集成。第二，档案云平台能够有效突破档案数据资源整合过程中的时间和空间限制，不仅能够实现现有历史档案数据的整合，而且也能够根据业务活动随时整合新的档案数据。第三，借助云平台，档案部门间、档案部门与数据机构间、档案部门与其他信息机构间也能够有效开展资源协同与合作，最大限度地减少数据鸿沟、数据孤岛，提高档案数据资源整合效率。

总之，现代信息技术的广泛应用，能够实现档案资源数据化和档案数据资源虚拟存储，为档案数据资源的集约存储、整合利用、集成共享创造条件，推动档案数据资源整合的顺利进行。

2. 保障档案数据资源的安全可靠

现代信息技术的发展为档案数据资源整合的安全可靠提供了坚实的防护壁垒，其中区块链技术能够有效防范档案数据安全风险。区块链技术有广义和狭义两种，狭义来讲，区块链是一种按照时间顺序将数据区块以链条的方式组合成特定数据结构，并以密码学方式保证的不可篡改和不可伪造的去中心化共享总账，能够安全存储简单的、有先后关系的、能在系统内验证的数据。广义的区块链技术则是利用加密链式区块结构来验证与存储数据、利用分布式节点共识算法来生

---

[1]金波, 添志鹏. 档案数据内涵与特征探析[J]. 档案学通讯, 2020(3): 4-11.

成和更新数据、利用自动化脚本代码（智能合约）来编程和操作数据的一种全新的去中心化基础架构与分布式计算范式①。区块链核心技术主要包括：共识机制、数据存储、网络协议、加密算法、智能合约等。其中数据存储是以区块的形式分别存储信息，各个区块（数据库）相互独立，即使一个区块出现问题，也不会影响其他区块的存储和使用。区块链是一个高可信的数据库，上链的机构信息系统无需"可信中介"即可点对点地直接完成数据的交互，区块链的数据信息一旦写入，任何人都不可篡改、不可否认，因此，比关系数据库管理系统具备更高的安全性②。

目前，我国政府部门和档案部门已开始应用区块链技术整合数据资源。例如，北京市利用区块链理念和技术，在北京市大数据行动计划的指引下，建成了职责为根、目录为干、数据为叶的"目录区块链"系统。截至 2020 年 1 月，除 4 个涉密单位外的北京市 60 个单位 1000 余个处室都已经上链③。同样，为解决民生档案的查询需求，沈阳市档案馆提出建设覆盖市、区（县）两级档案馆的民生档案跨馆利用平台，平台以区块链技术作支撑，探索基于区块链技术的民生档案跨馆利用新模式④。深圳市南山区医院将来自电子病历的诊疗核心信息的哈希摘要存储在区块链上，利用区块数据不可篡改和联盟节点广播的特点，一旦电子病历被修改过，即可做到电子病历数据在全网范围内的异地仲裁和可信比对⑤。在 2020 年 6 月 9 日国际档案日，国内首个"区块链电子档案平台"在东港瑞云数据技术有限公司揭牌、上线。其主要利用区块链技术解决了电子会计文件及其元数据的"四性"问题，作为数据总线解决了电子会计文件及其元数据的溯源问题和系统对接复杂度问题，利用区块链的分布式特性解决了电子会计档案存储过程中的安全性问题⑥。

区块链技术具有点对点、去中心化、链式数据结构、加密算法等特点，能有效满足对档案数据的监管和安全审计，保障档案数据信息安全、完整可信，解决档案数据信息链中安全保密技术障碍，实现档案数据有效整合和安全存储。

---

①袁勇，王飞跃. 区块链技术发展现状与展望[J]. 自动化学报，2016(4): 481-494.

②左晋佺，张晓娟. 基于信息安全的双区块链电子档案管理系统设计与应用[J]. 档案学研究，2021(2): 60-67.

③朱开云. 目录区块链覆盖本市 60 个单位[N]. 北京青年报，2020-01-12(A05).

④张春风，徐卫红. 基于区块链技术的民生档案跨馆利用模式的探讨研究：以沈阳市民生档案跨馆利用平台建设为例[J]. 中国档案，2020(7): 39-41.

⑤王小峰. 运用"联盟区块链"技术创新社会治理应用研究：以电子病历数据治理为例[N]. 深圳特区报，2019-12-24(C01).

⑥李奎涛，任晓康. 电子会计档案领域区块链技术应用探索：以东港瑞云中小微企业档案管理云平台为例[J]. 中国档案，2021(2): 30-31.

3. 推动档案数据资源的互联互通

现代信息技术的广泛应用与不断发展，为档案数据资源的互联互通创造了条件。档案数据来源于不同机构、不同部门、不同系统，数据类型多种、数据描述多样、数据内容多元，档案数据资源必然存在结构性异构和语义性异构等问题。其中，XML 已经成为异构系统之间数据交换的公认标准，这很好地解决了数据结构异构性的问题①。蒂姆·伯纳斯·李（Tim Berners-Lee）于 2006 年提出的关联数据技术，为档案数据资源语义层面的互联互通提供了一种有效的解决方案。关联数据是指以 URI（uniform resource identifier，统一资源标识符）作为数据标识，以 RDF（resource description framework，资源描述框架）的三元组结构作为数据模型，并基于 HTTP（hyper text transfer protocol，超文本传输协议）发布到互联网上的数据应用形式，是语义 Web 的一种简化实现，意图在目前以文档为基础的互联网之上构建"数据的 Web"②。利用关联数据技术建立数字档案多维语义关联框架，实现异构数字档案资源的互联互通和语义化组织③。关联数据能够实现分散、异构、跨界档案数据资源语义层的关联，有助于档案数据资源之间、档案数据资源与其他领域数据资源之间进行语义互操作。

档案数据资源的结构和语义层面的异构得到解决后，还需要运用人工智能技术、集群技术、数据交换技术等新一代现代信息技术贯通和联结多元、分散的档案数据平台，实现档案数据在各平台之间的无缝对接和自由流动。例如，湖州市档案局创建档案区域共享通道，完成"湖州市数字档案资源共享平台"建设，全市 6 个国家综合档案馆实现数字档案资源共享，同时积极开展档案数据共享到乡镇、行政村试点工作，实现民生类档案信息"一站式"服务④。

档案数据资源是现代信息技术的产物，现代信息技术只有采用统一的标准，才能从根本上解决档案数据资源互操作的问题。目前，与档案数据资源相关的标准主要有：①信息组织标准，如《文献主题标引规则》（GB/T 3860—2009）、《档案分类标引规则》（GB/T 15418—2009）、《文献分类标引规则》（GB/T 32153—2015）、《信息与文献　叙词表及与其他词表的互操作　第 1 部分：用于信息检索的叙词表》（GB/T 13190.1—2015）、《信息与文献　资源描述》（GB/T 3792—2021）、

①马费成，赵红斌，万燕玲，等. 基于关联数据的网络信息资源集成[J]. 情报杂志, 2011(2): 167-170, 175.
②刘炜，夏翠娟，张春景. 大数据与关联数据：正在到来的数据技术革命[J]. 现代图书情报技术, 2013(4): 2-9.
③王志宇，熊华兰. 语义网环境下数字档案资源关联与共享模式研究[J]. 档案学研究, 2019(5): 114-119.
④顾琪琪. "互联网+档案公共服务"的探索与实践[J]. 浙江档案, 2017(5): 56-58.

《标准文献分类规则》（GB/T 39910—2021）等；②元数据标准，如《信息与文献 都柏林核心元数据元素集》（GB/T 25100—2010）、《信息与文献 文件管理过程 文件元数据 第 1 部分：原则》（GB/T 26163.1—2010）、《党政机关电子公文元数据规范》（GB/T 33480—2016）、《标准文献元数据》（GB/T 22373—2021）、《文书类电子文件元数据方案》（DA/T 46—2009）等；③数字化标准，如《文献档案资料数字化工作导则》（GB/T 20530—2006）、《干部人事档案数字化技术规范》（GB/T 33870—2017）、《缩微胶片数字化技术规范》（DA/T 43—2009）、《纸质档案数字化规范》（DA/T 31—2017）、《录音录像档案数字化规范》（DA/T 62—2017）、《实物档案数字化规范》（DA/T 89—2022）等；④软硬件标准，如《电子档案管理系统通用功能要求》（GB/T 39784—2021）、《档案信息系统运行维护规范》（DA/T 56—2014）、《档案数据存储用 LTO 磁带应用规范》（DA/T 83—2019）、《档案数据硬磁盘离线存储管理规范》（DA/T 75—2019）、《档案移动服务平台建设指南》（DA/T 73—2019）、《产品数据管理（PDM）系统电子文件归档与电子档案管理规范》（DA/T 88—2021）、《电子档案单套管理一般要求》（DA/T 92—2022）、《电子档案移交接收操作规程》（DA/T 93—2022）、《电子档案证据效力维护规范》（DA/T 97—2023）等。统一的标准有助于更好地解决档案数据资源异构问题，提高档案数据资源整合效率。

4. 促进档案数据资源的有效传递

档案数据资源整合的目的是实现档案数据资源的集成共享与开放利用，提供高效、便捷、多元的档案数据资源服务。随着移动通信技术的发展及应用，档案信息资源传播方式更加多维、传播速度更加快捷、传播范围更加广泛。依靠互联网、卫星网等传输途径以及光盘、移动存储设备等传输体系，可以达成全方位、高速度传递档案资源整合成果的目的[①]。借助信息技术的支持，档案部门可以提供不受时空限制的档案数据资源服务。

互联网技术的出现，推动了档案资源传递方式的革新，档案服务开始向线上拓展，利用者无须进入档案馆（室）等物理场所，便可从互联网上获取所需档案资源。移动通信技术的运用，可以满足用户借助手机、平板电脑等移动设备获取档案资源，不受时空限制实现档案资源的有效传递。移动互联网从 3G、4G 向 5G

---

①张卫东, 左娜, 陆璐. 数字时代的档案资源整合: 路径与方法[J]. 档案学通讯, 2018(5): 46-50.

发展，为档案资源传递提供了更为坚实的保障。5G 是面向 2020 年以后移动通信需求而发展的新一代移动通信系统。根据移动通信的发展规律，5G 将具有超高的频谱利用率和能效，在传输速率和资源利用率等方面较 4G 移动通信提高了一个量级或更高量级，其无线覆盖性能、传输时延、系统安全和用户体验也将得到显著的提高①。在 2021 年世界移动通信大会上工信部副部长刘烈宏透露，中国累计建成 5G 基站超过 71.8 万个，约占全球的 70%，独立组网模式的 5G 网络已覆盖全国所有地市，5G 终端连接数超过两亿个②。5G 技术的发展与应用，将为档案数据资源提供更加广阔的传播平台，推动档案数据资源在更大范围、更广空间、更深领域整合集成。

（三）社会信息需求的拉动

1. 用户信息需求的转型

大数据时代，社会的信息利用、信息消费、信息需求发生巨大改变。档案用户的信息需求呈现出多样化、网络化等新的特点，其利用目的也呈现出了多元化的发展态势③，需要档案部门提供及时、精准、高效的档案信息资源。档案用户信息需求主要表现在以下三个方面。

一是通过网络在线利用。传统利用方式，用户需要到档案馆（室）现场查询利用。现代利用方式，用户直接通过档案网站、微博、微信、APP 等网络平台查询利用，在线获取所需的档案信息。为了满足用户多样化、个性化、品质化的档案信息需求，并适应现代信息利用方式，需要加强档案数据资源整合，提供多元、多样、多维的档案信息服务和档案文化服务。

二是获取档案知识产品。知识社会，用户信息需求由资源化向知识化转变，在生活节奏显著提高的网络时代，档案信息的利用者已没有耐心扎进档案堆里寻找信息，他们也不再满足于获得大量零散的信息资源，而要求获得整合后有序的知识资源④。因此，需要对档案数据资源整合集成，通过数据分析、数据挖掘、数

①尤肖虎，潘志文，高西奇，等. 5G 移动通信发展趋势与若干关键技术[J]. 中国科学: 信息科学, 2014(5): 551-563.

②工信部副部长刘烈宏: 中国累计建成 5G 基站超过 71.8 万个[EB/OL]. (2021-02-23)[2023-07-24]. https://baijiahao.baidu.com/s?id=1692467487755256171&wfr=spider&for=pc.

③周耀林，赵跃，等. 面向公众需求的档案资源建设与服务研究[M]. 武汉: 武汉大学出版社, 2017: 17.

④杨智勇，金波，周枫. "智慧型"档案信息服务模式研究[J]. 档案管理, 2018(6): 21-25.

据关联、数据可视化等技术手段对档案数据资源进行深度开发，挖掘档案数据中隐性知识和"弱"信息（隐形的、随机的、非主流的信息），形成知识元，通过更加灵活、多样的方式对档案知识元进行连接、组合，建立档案知识库，构建知识地图①，加快知识流动，推出内容优、形式好、价值高的增值型档案知识产品，以满足用户多元化的知识利用需求，把"死档案"变成"活知识"。

三是一站式利用民生档案。信息社会，大众更加关注与切身利益相关的档案信息资源，希望以精准、高效的方式获取民生档案。民生档案包括社会保险档案、婚姻档案、房产档案、知青档案等类别，这些档案往往分散保存在不同档案部门，各保管主体间需要通过协同合作，整合民生档案数据资源，才能满足社会大众对民生档案数据资源的"一站式"利用需求。例如，沪苏浙皖采取多种形式实现档案信息深度融合、整合民生档案信息，在信息收集、整理、归类、存储和利用等方面无缝对接，实现了长三角地区民生档案"异地查档，跨馆服务"信息共享的新模式②。

2. 组织管理决策的需求

进入大数据时代，政府组织决策时，面对的情况更为复杂多样，需要能够直接解决问题的知识方案。档案作为一种重要的信息资源和组织核心的知识资源，因其具有真实性、可靠性、历史性，成为组织机构进行管理决策的重要参考和分析依据。《促进大数据发展行动纲要》提出，建立"用数据说话、用数据决策、用数据管理、用数据创新"的管理机制，实现基于数据的科学决策，将推动政府管理理念和社会治理模式进步，加快建设与社会主义市场经济体制和中国特色社会主义事业发展相适应的法治政府、创新政府、廉洁政府和服务型政府，逐步实现政府治理能力现代化③。通过政务数据资源整合共享能够真实客观、多角度、多层次地反映实际情况，通过大数据分析能够更加精准反映深层次的原因，实现对政府科学决策的靶向治理，增强公共服务的有效性，提升国家治理的科学性④。因此，需要对档案数据资源整合集成，运用数据挖掘技术对档案数据资源进行分析、组织，从海量数据中揭示出隐含潜在价值的知识单元，将档案数据资源转化为能够直接支撑组织开展管理决策的档案知识资源，充分发挥档案资源的资政作用。随

① 金波, 晏秦. 数据管理与档案信息服务创新[J]. 档案学研究, 2017(6): 99-104.

② 张蓉. 长三角地区民生档案一体化管理策略研究[J]. 浙江档案, 2021(5): 62-63.

③ 国务院关于印发促进大数据发展行动纲要的通知[EB/OL]. (2015-08-31)[2023-06-11]. https://www.gov.cn/gongbao/content/2015/content_2 929345.htm.

④ 袁刚, 温圣军, 赵晶晶, 等. 政务数据资源整合共享: 需求、困境与关键进路[J]. 电子政务, 2020(10): 109-116.

着大数据技术的应用，档案馆可以根据政府和企业决策者的需求，对各类档案数据进行整合挖掘、提炼聚合，从中获取有价值的内容，为决策者提供专业化、系统化、智慧化的科学决策咨询服务[①]。2018 年，辽宁省委书记陈求发称赞辽宁省档案局（馆）2017 年围绕中心、服务大局所做的大量工作，尤其对利用档案资料为省委、省政府决策提供意见建议的做法给予了充分肯定，并要求辽宁省档案局（馆）充分挖掘利用档案资源、梳理辽宁振兴发展历程、总结辽宁振兴发展经验，为全省经济社会发展提出更多有价值的政策建议[②]。

3. 数字记忆建构的需要

受后现代主义思潮的影响，国际档案界开始对档案的记忆属性进行探索，提出"档案记忆观"，认为档案不仅是社会记忆的一种重要载体（工具），也是构建社会记忆的重要资源，在社会记忆建构中具有不可替代的作用，是一个国家、民族、社会的最真实表达[③]。我国档案学者也开始研究档案的记忆属性，提出档案是人类活动的记忆，档案工作是在构筑、塑造与维护人类历史的记忆，这是整个档案工作的根本作用和价值，也是档案作为一种事物的整体价值[④]，可见档案资源已经成为构建社会记忆的重要资源。在"档案记忆观"的指导下，各地档案部门陆续开展"城市记忆工程""乡村记忆工程"等项目，通过收集、加工、整合、开发、展示与城市和乡村有关的档案资源、历史文献，以传承、维护和重现城乡在社会发展不同时期的历史记忆。

大数据时代，社会各领域在进行实践活动的同时形成海量的数据，档案数据资源作为社会实践活动在数字世界的映射，成为构建社会记忆的基础性资源。档案馆作为记忆机构的主体之一，承担着守护社会记忆的责任，在信息时代更是顺势成为数字记忆项目的主要承担方[⑤]。因此，为建构完整的数字记忆，档案部门需要联合其他信息机构、数据机构和个人协同开展档案数据资源整合，构建数字记忆资源集成空间，借助数字技术再现历史记忆、编织数字记忆，通过设计、计算、挖掘、分析、关联、可视化等技术方法重塑档案形态、重绘档案轮廓、传承档案

---

①金波, 晏秦. 数据管理与档案信息服务创新[J]. 档案学研究, 2017(6): 99-104.

②充分利用档案资源为党委政府提供决策参考[EB/OL].(2018-01-19)[2023-06-11]. https://www.saac.gov.cn/daj/c100186/201801/f0f757fe64e7434fb999e9878f935a19.shtml.

③加小双, 徐拥军. 中国"城市记忆"理论与实践述评[J]. 档案学研究, 2014(1):22-32.

④丁华东. 档案记忆观的兴起及其理论影响[J]. 档案管理, 2009(1): 16-20.

⑤冯惠玲. 数字记忆: 文化记忆的数字宫殿[J]. 中国图书馆学报, 2020(3): 4-16.

文化、传播档案知识①。

（四）档案资源整合的实践

信息时代，为适应政府职能转变，优化政府管理方式，提高政府信息资源管理与利用效率，档案部门主动行动，积极推动档案资源整合。档案部门开展档案信息资源整合的早期实践主要有浦东模式、和县模式、深圳模式和顺德模式等。其中，浦东模式是 2001 年浦东新区提出整合档案管理体制、实行大档案机构框架的构想，把新区规划局属下的城建档案工作，建设局属下的房产、土地档案工作及隶属档案局（在区委办公室挂牌）的综合档案工作整合到新区档案局（馆），由区委办公室分管，在体制上实行档案局、档案馆、城建档案信息管理中心"三块牌子、一个机构、统一管理"②。顺德模式是广东省佛山市顺德区自 1992 年开始进行行政机构改革，实行精干的大系统管理模式，合并同类机构，不搞归口管理。与此相适应，顺德区于 2001 年、2002 年先后将城建档案室、房地产档案室并入综合档案馆，实现了"三档合一"的新体制、新模式③。

数字时代，在数字转型、电子政务等推动作用下，政府机构开始大力推行无纸化办公，数字档案资源体量增长十分迅速，为了能够满足公众多元化、跨区域的利用需求，档案部门针对数字档案资源也开展了一系列整合实践。例如，绍兴市档案局积极建设数字化档案室，实行文档一体化管理，建设绍兴市电子档案目录中心，建设全文数据库，构建照片、音频、视频数据库群，以整合区域内档案信息资源为手段，建设符合绍兴实际的数字化档案馆④。2013 年，浙江省丽水市建立"1+9+N"档案协同管理系统，将市级、9 个县（市、区）的党政机关和乡镇数字档案室整合到同一个网络平台上，形成了以市级为中心，9 个县（市、区）为节点的强大的云档案服务系统⑤。

2007 年，国家档案局印发的《关于加强民生档案工作的意见》提出，"要着力建立服务人民群众的档案利用体系，确保民生档案造福民生""要以民生需求为导向，以丰富民生档案资源为手段，不断整合各类民生档案资源，建立面向民

①金波. 新时期我国档案学专业高等教育发展取向[J]. 图书情报知识, 2020(5): 146-148.

②孙丽炜. 当前我国档案资源整合实践的比较研究[J]. 山西档案, 2011(3): 20-23.

③曹航, 谢敏. 条块分割、体制约束与机制创新: 对档案信息资源整合的再思考[J]. 档案管理, 2010(1): 7-10.

④李明娟, 吴建华, 沈芳. 数字时代档案资源整合的理论研究与实践模式评析[J]. 档案与建设, 2014(5): 4-8.

⑤吴加琪. 智慧城市建设背景下区域档案信息资源共建共享的思考[J]. 浙江档案, 2014(12): 9-11.

生的多元化档案资源体系"①,此后民生档案资源整合开始成为许多地区档案部门关注的重点。例如,濮阳县整合民生档案资源工作始于 2007 年末,经过两年多的努力,档案馆共接收各种民生档案共计 19 764 卷,这些档案对解决人民的实际问题、调解矛盾纠纷起到不可替代的作用②。上海市在各区县实现馆室联动、馆际联动的基础上,利用新开发的统一平台,将市、区、街道（社区）三级的民生档案信息互联起来,实现全市通办,努力为群众提供更为快捷高效的民生档案利用服务③。

多层次、多种类档案资源整合实践的开展,为档案数据资源整合提供了实践依据和宝贵经验。一是在档案数据资源整合过程中要建立统一的数据平台。通过平台发挥聚集效应,实现区域内多方档案资源整合力量的协作,将区域内不同主体的档案数据资源加以有效整合,以实现对档案数据资源集成管理和共享利用。二是顺应电子政务发展潮流。将档案数据资源集成整合融入电子政务中,依托电子政务系统收集政府档案数据资源,推进文件、档案资源的一体化管理和整合,实现档案数据资源整合的目标。三是重点关注民生领域档案数据资源的整合。档案数据资源整合的目的是满足公众日益增长的档案利用需求,民生数据资源直接关系到公众的根本利益,需要强化主体协同,整合就业、教育、社保、住房、医疗卫生等方面的民生档案数据资源,满足公众档案信息和文化需求。

三、档案数据资源整合模式

档案数据资源整合是一项系统工程,在实践中受到信息技术、标准法规、机构状况等多种因素的影响。在档案信息资源整合实践中,各个地区和部门因地制宜,不断完善档案信息资源整合工作,形成了一系列经验成果和特色模式。档案数据资源整合与传统档案信息资源整合相比有许多不同,但是以往档案信息资源整合实践为档案数据资源整合提供方法模式上的指引。根据档案信息资源整合实践,通过调研分析和探索研究,档案数据资源可以采取一体化整合、跨界整合、系统整合三种模式,力争将离散、孤立、碎化、多元、异构的档案数据资源通过逻辑方式或物理方式组织成一个有机整体,填平不同地区、不同层级、不同部门

①伊部. 国家档案局印发《关于加强民生档案工作的意见》[N]. 中国档案报, 2008-02-07(1).

②王富忠, 李凤莉. 濮阳县民生档案资源整合工作的问题与对策[J]. 档案管理, 2011(1): 84.

③崔穗旭. 民生档案信息如何实现社区查询: 由上海市"民生档案远程协同服务机制"说开去[J]. 中国档案, 2012(10): 68-69.

之间的"数字鸿沟"[1]。

（一）一体化整合模式

文档一体化是中国档案学长期研究的重要课题，中国档案学自发轫之初就产生了"文书档案连锁法"。后来，以文件生命周期理论为基础，开展了文档一体化管理研究与实践，强调对文件整个生命周期的全程管理和前端控制[2]。电子文件的形成与发展，以及电子文件单轨制管理和档案数据化的实践，推动了文档一体化的实质性进程[3]。文件连续体理论也是一体化整合的理论基础，指导开展档案数据一体化整合实践。在数据态环境中的管理要素将呈现出更紧密、强关联的状态，黏合数据态信息的技术要素、责任主体更为复杂，关联性、立体式的连续体理念将继续成为我们解决日益复杂的数据态对象管理问题的重要理论来源[4]。

2018 年，开展的机构改革将档案馆作为同级党委办公厅（室）的文化事业机构，使档案工作与党委系统的文书工作同时接受党委办公厅（室）的领导管辖，这为档案工作与文书工作之间构建联动配合运行机制实现治理主体协同化奠定了组织机构层面的基础，有助于在办公厅（室）层面对所辖文书机构与档案机构进行更深层次的整合优化[5]。2021 年，《"十四五"全国档案事业发展规划》中提出，重点开展"大数据环境中电子文件与电子档案一体化管理"重大课题研究[6]。大数据时代，档案数据具有粒度更细、价值活性更强、编程计算更易等特点[7]，这使其比传统档案信息形态更加有利于实现文档资源的整合集成。

一体化整合模式是指档案部门运用集成整合方法，对文件、档案管理进行有机协调，实现办公自动化系统与档案管理系统的无缝对接，推动档案数据从形成到保存利用的一体化整合。要实现档案数据资源一体化整合，在整合目标方面，需要对档案数据进行前端控制，通过办公自动化系统和档案管理系统的无缝对接，实现档案数据归档过程的自动化、规范化和智能化，确保档案数据的完整性、一致性和安全性；在整合主体方面，档案数据资源一体化主体包括各级各类各地区档案

①金波，杨鹏. 大数据时代档案数据治理研究[J]. 档案学研究, 2020(4): 29-37.

②冯惠玲. 电子文件时代新思维《拥有新记忆：电子文件管理研究》摘要之六[J]. 档案学通讯, 1998(6): 45-49.

③冯惠玲. 电子文件与纸质文件管理的共存与互动[J]. 中国档案, 2003(12): 40-42.

④钱毅. 新技术环境下电子文件管理纵深发展关键问题分析[J]. 档案学通讯, 2020(2): 4-9.

⑤杨霞. 档案机构改革后档案工作与文书工作协同机制探析[J]. 档案学通讯, 2020(2): 32-39.

⑥中办国办印发《"十四五"全国档案事业发展规划》[J]. 中国档案, 2021(6): 18-23.

⑦金波，添志鹏. 档案数据内涵与特征探析[J]. 档案学通讯, 2020(3): 4-11.

管理部门和文件形成部门，强化档案管理部门与文件形成部门主体间的协同合作，共同推动档案数据资源一体化管理；在整合客体方面，规范档案数据格式，遵循《电子公文归档管理暂行办法》、《党政机关电子公文格式规范》（GB/T 33476—2016）、《党政机关电子公文标识规范》（GB/T 33477—2016）、《党政机关电子公文应用接口规范》（GB/T 33478—2016）、《党政机关电子公文交换接口规范》（GB/T 33479—2016）、《党政机关电子公文元数据规范》（GB/T 33480—2016）、《党政机关电子印章应用规范》（GB/T 33481—2016）、《党政机关电子公文系统建设规范》（GB/T 33482—2016）、《党政机关电子公文系统运行维护规范》（GB/T 33483—2016）、《电子文件归档与电子档案管理规范》（GB/T 18894—2016）、《党政机关电子公文归档规范》（GB/T 39362—2020）、《电子档案管理系统通用功能要求》（GB/T 39784—2021）、《档案关系型数据库转换为 XML 文件的技术规范》（DA/T 57—2014）、《基于文档型非关系型数据库的档案数据存储规范》（DA/T 82—2019）、《产品数据管理（PDM）系统电子文件归档与电子档案管理规范》（DA/T 88—2021）、《电子档案单套管理一般要求》（DA/T 92—2022）、《电子档案证据效力维护规范》（DA/T 97—2023）等标准规范，确保档案数据来源可靠、程序规范、要素合规。

一体化整合模式已在档案资源整合实践中进行了探索，例如，浙江省档案馆制定了《政务办事"最多跑一次"工作规范》《浙江政务服务网电子文件归档功能需求和技术规范（试行）》《浙江政务服务网行政审批类电子文件归档元数据方案》《浙江省省直单位虚拟档案室电子档案管理办法》《浙江省档案馆政务服务电子档案接收办法》等标准规范。《浙江省公共数据和电子政务管理办法》明确规定"各级档案行政管理部门负责本行政区域内公共数据和电子文件归档统一平台建设"[①]。在实践中，浙江省档案馆积极开发部署数字档案馆系统应用平台，把浙江政务服务网电子文件归档模块、馆室一体化的电子文件归档接收系统、基于局域网的电子档案长久保存系统、基于不同网络的电子档案利用系统一起构成了一个适应电子文件"收、管、存、用"全流程管理的数字档案馆系统[②]。河南省依据国家档案局发布的电子文件、电子档案管理的标准规范，制定了河南省标准《政务服务"一网通办"前提下"最多跑一次"工作规范 第 5 部分：政务服务网电子文件归档数据规范》（DB41/T 1700.5—2019）；以省"两办"名义印发了《河南省电

---

①浙江省公共数据和电子政务管理办法[EB/OL]. (2023-06-08)[2023-12-29]. https://www.zj.gov.cn/art/2023/6/8/art_1229621099_2478874.html.

②郑金月. 将数字档案馆纳入数字政府大格局中统筹建设[N]. 中国档案报, 2019-12-23(3).

子文件归档与电子档案管理暂行办法》，依托省电子政务外网部署了办公自动化系统、电子档案接收移交系统、全省数字档案信息资源共享系统等应用系统，业务系统和信息资源通过政府网络实现了深度整合与共享[①]，在档案数据资源一体化整合上取得阶段性成果。2020 年，河南省人民政府印发了《河南省数字政府建设总体规划（2020—2022）》，"建立电子档案管理系统"作为统一共享公共支撑体系中一项重要内容被纳入其中，并明确将电子档案管理系统与省政务协同办公平台对接，实现电子文件从形成到归档全周期、全流程管理[②]，将进一步推动档案数据资源一体化整合。各地都在积极开展一体化整合实践，为档案数据资源一体化整合提供了经验借鉴和范例。

（二）系统整合模式

数字资源整合的理论基础是系统论方法[③]。系统论认为，系统是由相互作用和相互依赖的若干部分或要素结合而成的具有特定功能的有机整体，这些组成部分为子系统。运用系统论方法可以使得本来不协调的区域电子文件管理通过整合变得协调[④]。档案部门本身就是一个系统整体，不同层级、不同类型的档案馆都是其中的要素，可以通过系统论来建构档案数据资源整合模式。2017 年，习近平总书记在中共中央政治局第二次集体学习时强调，"要运用大数据提升国家治理现代化水平""以数据集中和共享为途径，推动技术融合、业务融合、数据融合，打通信息壁垒，形成覆盖全国、统筹利用、统一接入的数据共享大平台，构建全国信息资源共享体系，实现跨层级、跨地域、跨系统、跨部门、跨业务的协同管理和服务"[⑤]。2021 年，《"十四五"全国档案事业发展规划》提出，"加强部门协同、区域协同、行业协同，鼓励、引导、规范社会力量参与档案事务"[⑥]。系统整合模式是指运用系统论方法，对档案系统内部的档案数据资源进行整合集成，协同推进档案数据资源互联互通与共建共享。系统整合模式主要有纵向整合模式、横向整合模式和区域整合模式。

---

①李宝玲, 李珂. 电子政务背景下河南省数字档案馆建设与实践[J]. 中国档案, 2020(8): 74-76.

②李珂. 河南电子档案管理纳入"数字政府"建设[N]. 中国档案报, 2021-01-11(1).

③马文峰. 数字资源整合研究[J]. 中国图书馆学报, 2002(4): 63-66.

④于英香. "区域-国家"电子文件管理整合研究[M]. 上海: 世界图书出版公司, 2018: 56-57.

⑤审时度势精心谋划超前布局力争主动 实施国家大数据战略加快建设数字中国[N]. 人民日报, 2017-12-10(1).

⑥中办国办印发《"十四五"全国档案事业发展规划》[J]. 中国档案, 2021(6): 18-23.

1. 纵向整合模式

纵向整合可以理解为在不同的控制和管理层的系统之间的整合，从而打破上下级之间的沟通障碍，提升执行效率[①]。档案数据资源纵向整合是指具有隶属关系的档案机构之间，由上级档案机构牵头和统一协调，下级档案机构共同参与执行，通过自上而下的行政力量制定档案数据资源整合规划和方案，把不同层级的档案数据资源集成整合在统一平台上，实现档案数据跨层级的互联互通和共享利用。《"十四五"全国档案事业发展规划》提出，"各省（自治区、直辖市）综合档案馆加强本区域档案信息资源共享平台建设，实现本区域各级综合档案馆互联互通，推动共享平台向机关等单位延伸，促进档案信息资源馆际、馆室共建互通，推进档案信息资源跨层级跨部门共享利用"[②]。因此，加强系统内档案数据资源纵向整合势在必行。

2020 年，浙江省档案馆启动省档案数据中心建设项目，以省档案馆为基地，依靠大数据和区块链技术，利用各地数字档案馆建设成果，搭建涵盖档案目录、开放档案全文、档案业务工作的全省档案数据总库和应用平台，互联互通共享，实现档案载体数字化、档案接收网络化、档案管理智能化、档案利用实时化，提升全省档案平台一体化、数据共享化、业务协同化、管理智慧化、服务知识化水平。建设的主要内容包括档案数据共享服务和档案业务智慧治理两方面。通过统一业务标准、统一技术接口，统一汇总平台，省、市、县各级档案馆共同参与，将使全省档案馆对外开放、政务服务、便民服务和治理水平得到提升[③]。浙江省档案数据中心建设项目是对全省国家综合档案馆的档案数据资源进行纵向整合，建立跨层级的全省档案数据资源总库和应用平台，打破管理层级差别和数据壁垒，为档案数据资源纵向整合提供重要经验。

2. 横向整合模式

横向整合模式是为推动档案数据资源的合理配置和高效利用，对不同业务领域档案数据资源进行整合集成，组建跨部门、跨行业的档案数据集中保管和利用服务平台，实现档案数据资源的互联互通，促进档案数据资源的共享利用。这种整合模式可以实现组织部门之间的横向连接，消除部门之间的障碍，各个部门之

---

①于英香. "区域–国家"电子文件管理整合研究[M]. 上海：世界图书出版公司，2018：85.

②中办国办印发《"十四五"全国档案事业发展规划》[J]. 中国档案，2021(6)：18-23.

③王原. 浙江省档案馆启动省档案数据中心建设[N]. 中国档案报，2020-07-20(1).

间资源互用，信息自由共享[①]。

2011 年，上海市金山区档案馆建设"金山区集成式机关数字档案室管理系统"，通过统一的管理系统平台，进行区域内机关数字档案室的集成建设，将区域内机关数字档案室通过平台统一管理、统一授权、共建共享、分级利用，区档案馆能及时、全面地了解各立档单位的档案工作情况，将分散在全区各个立档单位的档案数据进行资源整合，实施集中统一管理；业务部门则可以随时对立档单位在文件归档整理、重点档案登记、档案进馆等过程中进行一对一、点对点远程在线监督指导，有效地减少和避免了档案在收集、整理、进馆等过程中出现错误，消除"信息孤岛"。2016 年，苏州市相城区成立"专业档案中心"，将住建、国土、民政、规划、地税、经信、财政、市场监督管理局 8 个部门的 11 类专业档案集中到专业档案中心进行统一管理。入驻的档案在体制上依然由各个主管部门自行管理，档案局只负责中心的日常管理、业务指导和服务保障，按照"档案数据大集中，应用系统大集群，档案服务大平台"的总体部署方案，突破各专业档案部门的信息孤岛封锁，推广建立中心专业档案的档案利用共享平台，设立中心一站式查档大厅，让老百姓一进门就能查找到城建、房产、税务等档案，享受"一站式""一门受理"的便捷优质档案服务[②]。苏州市相城区把多个部门、多个专业领域的档案数据进行横向整合，建立起一个跨部门、跨领域的专业档案中心，实现档案数据资源的共享利用，让老百姓从档案数据资源整合中切实受益。

3. 区域整合模式

区域整合是在横向整合或纵向整合基础之上，对不同行政区域的档案数据资源进行整合。区域整合可以根据经济状况和电子文件管理的相似度进行划分，也可以根据城市群或者根据发达地区与欠发达地区进行划分，多种划分方法可以结合使用[③]。区域整合模式是指某一区域创新协同机制，建立跨地域、跨层级、跨部门的档案数据资源整合利用平台，打破数据壁垒，消除信息孤岛，实现不同行政区域档案数据资源的集成共享。《"十四五"全国档案事业发展规划》提出，"围绕促进区域协调发展，完善区域档案管理体制，加强对京津冀协同发展、长江经

① 于英香. "区域-国家"电子文件管理整合研究[M]. 上海：世界图书出版公司，2018：84.

② 顾敏华，潘瑜，吴云花. 树立大档案理念 创资源整合新模式：苏州市相城区建设专业档案中心的探索和思考[J]. 档案与建设，2018(1)：76-77，72.

③ 于英香. "区域-国家"电子文件管理整合：内涵、原则与路径[J]. 档案学通讯，2013(2)：57-61.

济带发展、粤港澳大湾区建设、长三角一体化发展、黄河流域生态保护和高质量发展等区域档案工作监管，创新协同监管模式"[①]。积极响应国家发展战略，加强档案数据资源区域整合，为国家区域一体化发展战略贡献"档案力量"。

借鉴当前区域整合实践，档案数据区域整合模式重点应做好三个方面的内容。一是建立协同合作机制。围绕区域档案数据资源整合目标，强化顶层设计，统筹规划协调，制订落实方案，打破区域档案数据资源整合的体制机制障碍，推动档案数据资源横向联通、纵向流动、区域集成，推动馆际合作，实现档案数据资源系统整合。例如，长三角地区民生档案"异地查档、便民服务"工作合作意向协议签订后，三省一市工作协调小组随之成立，明确三省一市档案局（馆）分管领导和责任部门，细化工作目标和时间节点[②]。二是打通数据壁垒。运用关联数据、人工智能、数据交换等技术，破除数据资源之间的语义异构、格式异构、系统异构、平台异构等"堵点"，消除一个个数据壁垒和信息孤岛，推动互通互联和数据共享，实现"让数据多跑路，让民众少跑腿"。利用大数据技术，打破部门隔阂和"条块分割"的碎片化状态，针对不同来源的档案数据，统一数据格式，制定元数据标准与政策，构建数据标识，实施元数据管理；汇集和统筹数据资源，加强馆内、馆际数据资源融合和聚集，弥合部门之间、业务之间的"数据缝隙"，形成"数据集""数据链""数据湖""数据仓""数据群""数据云"等统一的档案数据资源平台，彻底打破档案部门"信息孤岛"的状态[③]。三是建立数据共享利用平台。《"十四五"全国档案事业发展规划》提出"推进档案信息资源共享平台建设"。档案部门应建立协同合作联动新机制，构建统一的档案数据资源信息库与共享利用平台，整合区域内各类档案数据资源，促进档案数据馆际共建互通，实现跨层级、跨地域、跨系统、跨部门、跨业务档案数据资源的集成利用。

长三角地区民生档案"异地查档、便民服务"项目是典型的档案数据资源区域整合实践。2018年3月，上海市档案局与浙江省档案局、江苏省档案局、安徽省档案局合作，在上海市档案馆外滩新馆正式签订民生档案"异地查档、便民服务"工作合作意向协议。三省一市群众可在长三角区域范围内任何一家国家综合档案馆跨地域、跨馆际查阅利用与自身利益密切相关的馆藏民生档案。着力建好"三通"，即网络通、平台通、数据通，提升异地查档智慧化水平。网络通：要

①中办国办印发《"十四五"全国档案事业发展规划》[J]. 中国档案, 2021(6): 18-23.
②杨红, 胡正秋. 长三角地区民生档案"异地查档、便民服务"未来可期[J]. 中国档案, 2018(11): 43-45.
③金波, 杨鹏. 大数据时代档案数据治理研究[J]. 档案学研究, 2020(4): 29-37.

在长三角地区各级综合档案馆之间架设"信息高速公路",让民生档案数据在安全加密的网络上"跑路";数据通:三省一市要对接民生档案数据标准,建立互认互通的档案专题数据标准体系,建设并整合处于分散、孤立、碎片化状态的馆藏数据;平台通:要有效对接三省一市民生档案服务信息系统,消除省、市之间信息交互壁垒,打破民生档案信息系统孤立运行状态[①]。为进一步拓展档案工作协同合作的深度和广度,2019 年,长三角三省一市签署《长三角地区档案部门重点协同项目备忘录》,提出,有计划分步骤逐步建立婚姻登记、独生子女、知青、退役军人等民生档案查询数据结构标准体系和检索数据库,建立民生档案查档服务操作标准体系,全面提升民生档案跨区域便民利民的服务效能[②]。长三角地区民生档案资源多主体协同合作,共同联手探索研究民生档案资源区域整合机制,把推动民生档案公共服务作为主攻方向,对不同地区的民生档案数据资源进行系统整合,实现民生档案数据资源跨区域、跨层级、跨部门共享利用,激发民生档案利用服务创新的潜力和创造力,为全国民生档案利用体系建设提供新路径。

(三)跨界整合模式

档案数据资源整合需要秉持多元共治理念,扩展治理主体范围,形成多元、多层的治理主体体系,实现档案部门和社会的合作共治[③]。2018 年,国家档案局副局长付华在全国档案工作者年会上提出,在今天一切讲究跨界的时代,档案工作中的许多问题已经不是档案部门自身的问题,而是需要各个行业相互配合、互相融合,共同研究解决[④]。档案部门要加强与其他社会主体间的协同合作,实现档案数据资源跨界整合,促进档案数据资源跨界流动与共享利用。跨界整合模式是指档案部门与档案系统之外的其他社会组织或机构密切配合、通力合作,协同推进档案数据资源集成整合,实现不同主体档案数据资源的互联互通与共建共享。

1. 档案部门与数据管理部门跨界整合

2015 年,国务院发布的《促进大数据发展行动纲要》指出,"统筹规划大数

---

①杨红, 胡正秋. 长三角地区民生档案"异地查档、便民服务"未来可期[J]. 中国档案, 2018(11): 43-45.

②沪苏浙皖推进民生档案异地查询[EB/OL]. (2019-09-07)[2023-07-24]. https://baijiahao.baidu.com/s?id=164398 0615049736823&wfr=spider&for=pc.

③金波, 晏秦. 从档案管理走向档案治理[J]. 档案学研究, 2019(1): 46-55.

④2018 年全国档案工作者年会在合肥召开[J]. 中国档案, 2018(11): 10.

据基础设施建设""结合国家政务信息化工程建设规划，统筹政务数据资源和社会数据资源"[①]。2016 年，《中华人民共和国国民经济和社会发展第十三个五年规划纲要》指出，"实施国家大数据战略""把大数据作为基础性战略资源，全面实施促进大数据发展行动，加快推动数据资源共享开放和开发应用，助力产业转型升级和社会治理创新"[②]。《国家信息化发展战略纲要》指出，"提高政府信息化水平。完善部门信息共享机制，建立国家治理大数据中心"[③]。《"十三五"国家信息化规划》指出，"建立国家关键数据资源目录体系，统筹布局区域、行业数据中心，建立国家互联网大数据平台，构建统一高效、互联互通、安全可靠的国家数据资源体系""建立国家治理大数据中心。统筹利用政府和社会数据资源，推动宏观调控决策支持、市场监督管理、社会信用、风险预警大数据应用，建设社会治理和公共服务大数据应用体系"[④]。2017 年 12 月 8 日，中共中央政治局就实施国家大数据战略进行第二次集体学习，习近平在主持学习时强调，"大数据发展日新月异，我们应该审时度势、精心谋划、超前布局、力争主动，深入了解大数据发展现状和趋势及其对经济社会发展的影响，分析我国大数据发展取得的成绩和存在的问题，推动实施国家大数据战略，加快完善数字基础设施，推进数据资源整合和开放共享，保障数据安全，加快建设数字中国，更好服务我国经济社会发展和人民生活改善"[⑤]。2021 年，《中华人民共和国国民经济和社会发展第十四个五年规划和 2035 年远景目标纲要》指出，"加快构建全国一体化大数据中心体系，强化算力统筹智能调度，建设若干国家枢纽节点和大数据中心集群，建设 E 级和 10E 级超级计算中心"[⑥]。在此背景下，各地纷纷成立大数据管理局、数据管理局、大数据中心、数据中心等数据管理部门。2023 年 3 月，根据国务院关于提请审议国务院机构改革方案的议案，组建国家数据局；10 月 25 日，国家

---

①国务院关于印发促进大数据发展行动纲要的通知[EB/OL]. (2015-08-31)[2023-06-11]. https://www.gov.cn/gongbao/content/2015/content_2 929345.htm.

②中华人民共和国国民经济和社会发展第十三个五年规划纲要[EB/OL]. (2016-03-17) [2023-06-21]. https://www.gov.cn/xinwen/2016-03/17/content_5054992.htm.

③中办国办印发《国家信息化发展战略纲要》[N]. 人民日报, 2016-07-28(1).

④国务院关于印发"十三五"国家信息化规划的通知[EB/OL]. (2016-12-27)[2024-04-02]. https://www.gov.cn/zhengce/content/2016/12/27/content_5153411.htm.

⑤审时度势精心谋划超前布局力争主动 实施国家大数据战略加快建设数字中国[N]. 人民日报, 2017-12-10(1).

⑥中华人民共和国国民经济和社会发展第十四个五年规划和 2035 年远景目标纲要[EB/OL]. (2021-03-13)[2023-03-13]. https://www.gov.cn/xinwen/2021-03/13/content_5592681.htm.

数据局正式揭牌。

数据管理部门的涌现对档案部门既是挑战也是机遇，档案部门需要抓住大数据发展机遇，主动谋求与数据管理部门"协同作战"。在复杂的数据管理格局下，管理好电子文件，协同是唯一的选择。文件档案管理领域需要和其他的数据管理主体合作[1]。档案部门与数据管理部门之间存在职责交叉，但并非零和博弈的关系，既为竞争点，亦为合作点，档案部门和数据管理部门之间需要不断磨合与探索开放共享、共建共赢的合作之道[2]。因此，档案部门需要加强与数据管理部门之间的协同合作，推动数据资源整合和开放共享，消除信息孤岛和信息壁垒，共同促进档案数据资源利用服务。

实践中，浙江省档案部门率先将档案工作较为妥善地融入了政府大数据发展战略，成为地方档案部门积极参与推动政府大数据改革的典型。2015年，浙江省政府成立了浙江省数据管理中心；2016年，浙江省政府发布《浙江省促进大数据发展实施计划》，以浙江省档案局为牵头单位的"档案管理和开放共享示范工程"被列入大数据发展计划，有力地推动了档案部门与大数据管理部门的交叉融合。例如，杭州市档案部门在当地大数据发展战略的支持下积极主动开展与大数据管理部门的协同合作，通过进行跨部门的信息共享、政务档案数据资源的长期归档保存、系统平台的相互兼容、数据的交换和共享来推动档案数据资源的整合[3]。

档案部门与数据管理部门都存有海量的档案数据，进行档案数据资源跨界整合既是应然也是必然。未来档案部门要主动融入国家大数据发展战略，积极与数据管理部门协同合作，加速档案数据中心建设，共同推动档案数据资源跨界整合与共享利用。

2. 档案部门与图书馆、博物馆、纪念馆等跨界整合

中国人民大学教授吴宝康在1986年就提出档案界要开展两个一体化研究，即文书、档案工作一体化研究和图书、情报、档案一体化管理研究[4]。吴宝康教授在《档案、档案工作和档案学概说提纲》一文中再次提出，图书、情报、档案管理

---

① 刘越男. 数据管理大潮下电子文件管理的挑战与对策[J]. 北京档案, 2021(6): 4-9.

② 徐拥军, 张臻, 任琼辉. 国家大数据战略背景下档案部门与数据管理部门的职能关系[J]. 图书情报工作, 2019(18): 5-13.

③ 徐拥军, 王露露. 档案部门参与大数据战略的必备条件和关键问题: 以浙江省为例[J]. 浙江档案, 2018(11): 11-14.

④ 傅荣校. 论"档案信息孤岛"产生的可能性[J]. 浙江档案, 1998(2): 5-6.

一体化是必然的历史趋势①。1993 年，国家教委第二次对本科专业目录进行修订，在历史学门类下设历史学和图书信息档案学两个一级学科，其中图书信息档案学类下设图书馆学、信息学、档案学、科技档案、图书出版发行学 5 个专业②。学科专业的调整，有力地推动了图书馆学、情报学、档案学交叉融合。大数据时代，图情档学科具有天然的技术应用特质，图情档部门工作的内容、方式和流程随技术应用不断变革升级，提升图书馆、情报机构、档案部门的信息化、数字化、数据化、智能化水平，推动各类数据资源整合利用。大数据技术提供了全新的数据环境和计算环境，数据化正在成为图情档工作的新常态，数据驱动已成为图情档服务模式变革的核心动能。大数据驱使图情档机构改变以往局限于体制内资源、机构资源、文献资源等固化、单向、封闭的逻辑资源导向，以开放协同、集成共享的理念拓展至科学数据、网络数据、时空传感数据、社交媒体数据、电子政务数据、民生舆情数据等各类数据资源，以全新的大数据资源观、全域数据资源观、社会数据资源观、智慧数据资源观为牵引，依托大数据挖掘、关联、计算、分析等技术，快速准确地预测、感知和研判用户隐性需求；以海量信息与数据为原料，通过高效、便捷的数据处理方式，将其转化为可供用户利用的知识和情报，提供数据化服务、精准式服务、一站式服务、知识化服务和智库型服务，将"书库""资料库""档案库"变成"思想库""知识库""智库"，推动图情档工作从封闭走向开放，从幕后走向前台，从被动、末端服务走向主动、超前服务，对接国家战略，支撑政府决策，推动时代变革③。

　　博物馆、纪念馆也是国家文化事业机构，也存有大量的档案文献资源。在理论初探方面，国内学者刘家真较早提出了图书馆、档案馆与博物馆进行资源整合的设想，图书馆、档案馆与博物馆是收藏我国民族文化资源的主要部门，它们有许多共同点与互补点，这是合作的基础和动力④。此后，图书馆学、档案学、博物馆学等领域学者都对开展 LAM（library、archive、museum，图书馆、档案馆、博物馆）馆际合作和资源整合进行了探索。在研究背景方面，《世界记忆项目总方针》提出，世界记忆项目需要承担保护世界文化遗产的任务，促进文化遗产利用，而作为记忆项目的承担主体，记忆机构可包括但不限于档案馆、图书馆、博物馆和其

①吴宝康. 档案、档案工作和档案学概说提纲[J]. 档案学通讯, 1993(6): 18-22.

②金波, 周枫. 我国档案学专业高等教育的发展、艰辛与责任[J]. 档案学通讯, 2018(2): 4-9.

③金波. 紧抓新文科建设机遇　推动学科转型发展[J]. 图书与情报, 2020(6): 6-9.

④刘家真. 我国图书馆、档案馆与博物馆资源整合初探[J]. 中国图书馆学报, 2003(3): 35-37.

他教育、文化和研究机构①。有学者提出档案馆参与非物质文化遗产的保护，可以进一步加快图书馆、档案馆、博物馆、文化馆、科技馆等公共文化服务机构之间在非物质文化遗产数字化保护领域的合作，它们通过资源整合、集成平台搭建、联合服务等方式将构成全面而强大的非物质文化遗产数字化服务体系②。在全球范围掀起的数字人文热潮也为 LAM 馆藏资源的传播利用、价值增值注入新的活力。LAM依托门户网站或系统平台对数字化馆藏进行组织、分类与呈现，社会公众、人文社科研究者借助互联网实现对数字文化遗产的访问、检索和利用③。世界范围内，对非遗保护与传承的项目和近年来兴起的数字人文项目大大促进了 LAM 进行馆际合作和资源整合。在法规政策方面，《"十四五"全国档案事业发展规划》也指出，要"推动档案馆与博物馆、图书馆、纪念馆等单位在档案文献资源共享方面加强合作，相互交换重复件、复制件或者目录等"④。美国的《博物馆和图书馆服务法案》（Museum and Library Services Act，MLSA）明确了图书馆与博物馆是促进教育的机构，需要相互协作，并提供了博物馆与图书馆间合作的基础⑤。因此，在未来进行档案数据资源整合实践中，档案部门要注重和图书馆、博物馆、纪念馆、文化馆等公共文化服务机构的协同合作，促进在馆际档案数据资源整合共享和技术应用上的优势互补，推动档案数据资源跨界整合。

　　档案馆与图书馆、博物馆、纪念馆、文化馆等公共文化服务机构开展资源整合已有许多实践成果。例如，江苏省为庆祝中国共产党成立 100 周年，举办"百年征程　初心永恒——中国共产党在江苏历史展（1921—2021）"，整合集成省内红色档案数据资源，丰富展陈内容，提升展陈效果。江苏省档案馆充分挖掘江苏红色档案资源，从全省各级各类档案馆、博物馆、纪念馆和爱国主义教育基地等单位甄选了大量的珍贵红色档案文献，这些档案全面展示了中国共产党在江苏百年历史上的重大事件、重要会议、重要人物、重大成果、重要文献等内容，展现了中国共产党在江苏的百年征程、巨大成就、宝贵经验和伟大精神⑥。国际敦煌项

①王红敏，李文栋，张轶哲，等. 世界记忆项目总方针（1）[N]. 人民日报，2021-07-19(3).

②谭必勇，徐拥军，张莹. 档案馆参与非物质文化遗产数字化保护的模式及实现策略研究[J]. 档案学研究，2011(2): 69-74.

③张斌，李子林. 图档博机构"数字叙事驱动型"馆藏利用模型[J]. 图书馆论坛，2021(5): 30-39.

④中办国办印发《"十四五"全国档案事业发展规划》[J]. 中国档案，2021(6): 18-23.

⑤朱学芳. 立足国情的图书、博物、档案数字化服务融合研究[J]. 情报理论与实践，2021(11): 1-7, 52.

⑥王伟伟，张辉. 江苏省档案馆：为省级大型党史展提供 800 多件档案[EB/OL]. (2021-08-04)[2023-04-08]. http://www.zgdazxw.com.cn/news/2021-08/04/content_323444.html.

目由大英图书馆发起，多个敦煌文献收藏机构参与，是同类项目中规模最大、最成功的项目，可为其他主题的 LAM 资源整合提供借鉴。国际敦煌项目的合作伙伴包括大英图书馆、中国国家图书馆、敦煌研究院、法国国家图书馆、高丽大学民族文化研究院、匈牙利科学院图书馆、大英博物馆、维多利亚与艾尔伯特博物馆、亚洲艺术博物馆和吉美博物馆等多个机构，其共同的愿景是向全世界各层次的使用者提供敦煌文献图像，促进互联网免费获取服务①。这些实践成果为档案馆与图书馆、博物馆、纪念馆等公共文化服务机构开展合作和档案数据资源整合提供了依据。

3. 档案部门与新闻媒体跨界整合

新闻媒体通过报刊、广播、电视、移动通信和网络媒介等形式进行信息的发布和传播，现代传媒的发展和媒体融合的变革使得新闻媒体跨越时空汇集、发布、传递信息，是信息与文化传播的重要途径。我们进入了媒体"宰制"时代，传媒日益深刻地卷入人们的日常生活②。《"十四五"全国档案事业发展规划》提出，要"深入推进档案资源体系建设，全面记录经济社会发展进程""鼓励开展口述材料、新媒体信息的采集"③。大数据时代，新闻媒体信息也是重要的档案数据资源，新闻媒体中大量的多媒体档案是档案的优质资源，多媒体档案具有记录的直接性、表现的生动性、编辑的灵活性、查找的简便性、传播的快捷性等纸质档案难以比拟的优势，属于优质档案资源，具有广泛的利用价值④，为了全面推进档案数据资源建设，完整留存数字记忆，需要加强同新闻媒体的跨界整合。

档案是一种真实、可靠、具有权威性和凭证性的原生固化信息，新闻是新近发生或发现并通过各种手段公之于众的社会化信息⑤，今天的新闻将成为明天的档案。大数据时代，新闻媒体不再只是纸质媒体和平面媒体，大量的新闻发布在网络空间和各类新媒体平台上，反映着国家和社会生活的不同方面甚至能够触及许多细微的角落，具有重要的档案价值，是全面留存数字记忆不可或缺的重要来源。这些新媒体信息往往处于自生自灭状态，所以迫切需要建立相关制度规范，

①贾琼, 王萍. 数字人文视角下 LAM 资源整合路径研究[J]. 情报科学, 2021(4): 157-164.

②丁华东. 档案与社会记忆研究[M]. 北京: 人民出版社, 2016: 312-343.

③中办国办印发《"十四五"全国档案事业发展规划》[J]. 中国档案, 2021(6): 18-23.

④金波, 等. 档案多媒体编研究[M]. 上海: 世界图书出版公司, 2021: 26.

⑤顾剑徵, 王佳. 档案与新闻[J]. 浙江档案, 2014(12): 40-41.

加强新媒体档案的归档保存。同时，档案部门需要加强同新闻媒体的合作，开展重大活动和突发事件档案的收集管理工作，档案馆可以根据需要，提前介入重大活动和突发事件档案工作，并采取拍照、录音、录像等方式直接形成重大活动和突发事件档案[①]。

2013 年，青岛市档案馆就与青岛广电影视有限责任公司签订战略合作协议。青岛广电影视有限责任公司将所拍摄的青岛市重大庆典、节庆活动的录像资料，自行摄制并拥有知识产权的纪录片、电视连续剧等影像资料无偿移交青岛市档案馆；青岛广电影视有限责任公司今后新形成的录像、影像资料于次年 2 月集中全部移交青岛市档案馆；青岛市档案馆向青岛广电影视有限责任公司提供研究青岛历史的专家人才服务和相关技术支持；青岛市档案馆为青岛广电影视有限责任公司生产、编辑电视节目积极给予馆藏支持。此外，2018 年上合峰会期间，青岛日报社、青岛报业传媒集团、青岛市档案馆联合主办"上合峰会 记忆有我"档案史料征集活动，活动通过与报社等传媒机构协作，共同征集上合峰会期间的档案资料，为城市保留了珍贵的"上合记忆"[②]。档案部门与各类新闻媒体跨界整合，充分利用多媒体档案图文声像并茂、生动鲜活、视听效果好的特点，传播档案文化，再现社会记忆。

四、档案数据资源整合策略

档案数据资源整合是一项需要理念、管理、技术、平台、人员多要素发力的系统性工程，通过强化档案数据意识、加强档案数据资源整合顶层设计、推进档案数据资源整合新技术应用、完善档案数据资源整合系统平台建设、构建人才保障体系等策略，全面促进档案数据资源整合活动的开展与落实，提升档案数据资源整合能力。

（一）强化档案数据意识

大数据时代，数据体量爆发式增长，数据潜藏的价值能量广为人知，各行各业越发重视数据意识培养。大数据时代的数据意识是精神层面更具自觉性、目的

①重大活动和突发事件档案管理办法[N]. 中国档案报, 2021-01-14(2).
②"上合峰会 记忆有我"档案史料征集活动启动[N/OL]. (2018-06-29)[2024-07-19]. http://epaper.qingdaonews. com/html/qdzb/20180629/qdzb1199136.html.

性和能动性的认识向导，是在大数据变革的切身体验以及量化研究的实践活动中逐渐形成的一种对数据的自觉重视、善于发现、敏感捕捉以及主动分析应用的意识倾向[1]。档案数据意识是从数据层面和数据形态去认识档案数据资源及其活动，强化数据观念，认识档案数据的价值，对档案数据具有敏感度。

第一，强化档案数据整体意识。大数据时代，数据化浪潮改变了档案的形成记录方式，档案信息资源由"模拟态""数字态"向"数据态"演变，强化档案数据意识是包括档案数据资源整合在内的一切档案数据管理活动的必然要求。档案数据是数据资源的特殊组成，档案数据资源整合是一项基于数据、围绕数据、面向数据的管理活动，强化档案数据整体意识是大数据时代做好档案数据资源整合的理念先导。一是重视"档案数据本体"，在认识档案数据原始记录性、历史性、社会性等固有特性外，还要充分认识档案数据具有的广源性、共生与互生性、累积性、扩展性、易算性等新特性，加深对大数据时代档案数据资源的认知[2]；二是重视"档案数据周边"，档案数据资源整合需要借鉴数据科学理论知识、数据管理技术方法、数据治理标准规范，洞察、分析、挖掘档案数据价值，激活档案数据资源。

第二，强化档案数据质量意识。数据质量是指数据的一组固有属性满足数据消费者要求的程度[3]，可以通过数据的完整性、及时性、有效性等一系列特征属性的集合来描述。档案数据质量关乎档案数据资源整合的可开展性、高效性、便捷性，既是基础也是关键。一是重视档案数据自身质量，如档案数据格式、要素、结构的准确性、规范性、完整性、关联性、一致性等，为整合提供优质档案数据资源；二是重视档案数据资源整合过程质量，如数据交换质量、数据共享质量、数据传输质量等，确保档案数据资源整合过程中的质量控制。

第三，强化档案数据安全意识。档案安全体系建设一直是档案工作的重要方向，其要求覆盖档案管理的各个环节、节点。档案数据在体现和创造价值的同时，由于管理不严、系统漏洞、黑客攻击、技术落后、人员疏忽等安全隐患，在档案数据资源整合过程中面临着数据缺失、篡改、泄露、破坏等不同类型以及不同程

---

①张瑞敏，王建新. 大数据时代我国数据意识培养路径探析[J]. 大连理工大学学报(社会科学版), 2020(1): 109-116.

②金波，添志鹏. 档案数据内涵与特征探析[J]. 档案学通讯, 2020(3): 4-11.

③熊兴江，马敬东，徐承中. 电子健康档案数据质量评估与治理的综述研究[J]. 中国卫生信息管理杂志, 2018(6): 637-642.

度的安全事故，严重影响档案数据安全。考虑到档案数据的独特性、有效性、保密性要求，强化档案数据安全意识势在必行，应当重视档案数据整合过程中的安全控制，围绕档案数据安全保障与安全维护，从基础设施、运行过程、系统平台、规章制度等内外部环境系统分析档案数据管理的风险因素，梳理档案数据管理风险成因，强化制度管理、技术应用和风险防控，确保档案数据安全，坚决杜绝档案数据安全事故的发生。

第四，强化档案数据服务意识。大数据时代，社会公众的利用需求更加多样化、个性化、便捷化，坚持"以人为本"理念，加强档案数据公共服务转型与创新，促进档案数据资源深度开发和有效利用。因此，在档案数据资源整合过程中应当强化档案数据服务意识，充分认识到档案数据资源整合对于填平不同地区、不同层级、不同部门之间的"数字鸿沟"，在更大范围内实现档案数据资源价值的重要意义，对接档案数据服务对象、服务内容、服务层级、服务要求，探索建立有效的档案数据资源整合策略、整合模式和整合方法，力争将离散、多元、异构的档案数据资源通过逻辑方式或物理方式组织成一个有机整体，形成档案数据资源群，以便更好地开发利用。

（二）加强档案数据资源整合顶层设计

"顶层设计"概念源于系统工程学自顶向下的设计原则，即从需要解决的问题出发，总问题分解为若干相对独立的子问题，子问题再逐级分解直到可以很容易地解决[①]。档案数据资源整合作为一项系统工程，需要通过顶层设计来谋划布局、指引方向、营造氛围、激励主体、规制行动，为档案数据资源整合提供整体方案与上层牵引。

1. 制定档案数据资源整合规划

作为对档案数据资源整合的宏观管控，顶层设计首先需要做好档案数据资源整合规划，即制定档案数据资源整合总体建设与发展的思路、进程、任务与目标，保证档案数据资源整合质量与效率，实质是强化相关主体在档案数据资源整合中的责任感、自觉性、能动力，将档案数据资源整合纳入科学、有序、

---

①孙俐丽，吴建华. 关于国家数字档案资源整合与服务机制顶层设计的初步思考[J]. 档案学研究, 2016(1): 57-61.

预设的轨道中运行，减少不必要的重复或冲突，指引档案数据资源建设，提高工作效率。

制定档案数据资源整合规划，需要有面向全国的统筹性和包容性，能覆盖中央与地方、不同地区和不同行业，对全国各级各类文件、档案管理机构具有普遍的适应性和约束力①。具体而言,制定档案数据资源整合规划应当聚焦于某一阶段,循序渐进，具体规划需考虑以下几方面内容：第一，厘清现阶段档案数据资源整合的发展环境与面临挑战，总结前一阶段发展情况，认清态势，在此基础上制定规划；第二，明确档案数据资源整合的战略定位，对档案数据资源整合的指导思想、需求、目标、价值做出基本界定与判断，作为档案数据资源整合的基本出发点；第三，制定档案数据资源整合的主要任务，明确相关主体责任目标，使档案数据资源整合实践更有方向性和针对性；第四，确立档案数据资源整合实现指标与分解点，以便对照检查，保证档案数据资源整合质量；第五，确定档案数据资源整合的保障措施与实施建议，如组织实施、科技支撑、人才培养、宣传推广、合作交流等，为档案数据资源整合提供行动指南。

2. 构建档案数据资源整合协同机制

档案数据资源整合要突破单一主体界限，在跨层级、跨地域、跨系统、跨部门的多主体间实现档案数据资源的流通集成。因此，在顶层设计中构建档案数据资源整合协同机制至关重要，通过协调和疏通档案数据资源整合的内外关系，强化多主体协同共建，提高档案数据资源整合的广度、深度、全度，破除数据壁垒，实现数据共享利用。

第一，构建档案部门间的协同机制。档案部门作为档案数据治理的"元治者"，是档案数据资源整合的主导者。因而，需要确定档案部门间的档案数据资源整合机制，推动馆际合作，实现资源集成，按照统一平台、互联互通、存量共享、增量共建、物理分散、逻辑集中的原则，利用大数据技术，打破部门隔阂和条块分割的碎片化状态②，通过目标协同、工具协同、规划协同等具体机制路径，优化完善档案数据资源整合模式，使档案数据资源在纵向、横向档案部门之间得以充分流通，打破层级隔阂、系统壁垒、区域限制，使各级各类档案部门成为档案数据资源整合的"共同体"。

---

① 冯惠玲. 我国电子文件管理国家战略的特点[J]. 档案学通讯, 2009(5): 9-12.
② 金波, 杨鹏. 大数据时代档案数据治理研究[J]. 档案学研究, 2020(4): 29-37.

第二，构建档案部门与信息（数据）管理部门间的协同机制。大数据环境下，档案部门不是唯一的档案数据保管部门，很多档案数据资源流向档案部门之外的数据保管机构，诸如信息中心、数据中心、大数据管理中心、大数据局、数据资源局、图书馆、博物馆等。如何与文件形成部门、其他数据管理部门协同，形成新的数据治理格局，将是档案部门在数据治理大潮中面临的首要挑战，也是档案界普遍关心的重要问题①。推动档案数据资源整合，需要档案部门主动出击，构建实施档案部门与信息（数据）管理部门间的协同机制，明确数据权责、共享方式、整合渠道，实施跨界整合，共同推动档案数据资源体系建设，实现档案数据资源的共建共享和有序流动。

第三，构建档案部门与其他社会主体间的协同机制。企事业单位、社会团体组织、民众个人等形成和保管了大量有价值的档案数据，诸如企业经营数据、公共健康数据、民情舆情数据、社交媒体数据等，也是大数据时代档案数据资源的重要组成部分，但这一部分档案数据资源通常游离于档案工作体制与档案部门管辖范围之外。实现对这部分档案数据资源整合，形成档案数据资源群，需要档案部门加强与社会主体间的协同，引导激励社会主体参与档案数据资源建设，通过宣传引导、开辟渠道、建立平台等措施，推动社会档案数据资源集成管理，保障社会产生的档案数据资源融入档案数据资源仓库中。

3. 健全档案数据资源整合标准规范

为促使档案数据资源整合有序高效开展，推进档案数据资源整合法治化、标准化建设必不可少。虽然目前已有档案资源建设的相关制度规章，但这些大多是针对传统档案资源的。大数据技术条件下，标准规范是档案数据资源整合的前提，传统档案资源相关的规章、制度、措施难以适应档案数据资源管理。因此，完善档案数据资源整合的标准规范建设显得尤为重要。

第一，加强档案数据资源整合法治化建设。档案数据资源法治化是实现档案数据资源整合的基础和保障。档案数据是档案信息资源的新形态，针对档案数据资源建设的相关法规制度缺乏，新技术条件下，档案数据资源日益增长，迫切需要制定专门的管理法规、指南、条例、规范，推动档案数据资源整合，促进档案资源建设。例如，在档案数据资源整合过程中，往往涉及档案数据资源的知识产

---

① 刘越男. 数据治理：大数据时代档案管理的新视角和新职能[J]. 档案学研究, 2020(5): 50-57.

权问题。在知识产权保护方面，虽然有《中华人民共和国民法典》《中华人民共和国专利法》《中华人民共和国著作权法》《中华人民共和国档案法》《信息网络传播权保护条例》等法律法规，但针对档案数据资源整合涉及的知识产权问题未有明确规定。需要在知识产权相关法律法规中，完善档案数据知识产权保护，明确档案数据管理和使用过程中的责任主体、权利和义务，维护档案数据所有者的权益，促进档案数据资源整合实施。

第二，加强档案数据资源整合标准化建设。档案数据的运行与管理依托一系列严密的信息技术标准作支撑，包括数据生成、存储、读取的格式标准，网络传输协议标准，检索语言标准等[①]，因此构建统一完善的数据标准体系对于促进档案数据资源的整合，保证档案数据资源完整、规范、可用具有重要意义。首先，要制定和完善档案元数据标准。元数据是数据的数据，完善档案元数据标准有助于推动档案数据在各个系统平台的交换和转换，实现档案数据关联集成，推动档案数据有序化整合利用；完善档案元数据标准要从本体的角度出发，合理构建由形式和内容组成的档案数据资源描述体系。其次，要制定统一的档案管理软硬件标准。在档案信息化建设发展过程中，早期各部门往往采用不同软硬件设施，相互之间难以兼容，档案数据难以进行转换和交换，档案数据存在丢失和失真的风险。因此，要不断推动档案信息化中的网络设施、档案数据化、存储系统、应用软硬件等设备的标准化建设，联合不同领域的专家学者开展相关标准调研分析，征求多方意见，制定完善档案数据管理软硬件标准。最后，标准制定要加强与行业、地方、国家、国际等标准的协调，做好标准的衔接工作，避免发生矛盾，维护标准的系统性，提高标准的前瞻性和适用性；追踪高科技的发展，适时制定和修订标准，电子计算机技术更新的速度非常快，每次技术设备的更新，都会对原工作标准产生影响。所以当一个标准制定过后，就需适时地修订标准，避免给新的工作环境带来困难，造成人力、资源的浪费，乃至造成管理落后的尴尬局面[②]。

（三）促进档案数据资源整合新技术应用

大数据时代，数据处理技术持续发展创新，数据处理效能不断提高。传统的

---

①金波，杨鹏. 大数据时代档案数据安全治理策略探析[J]. 情报科学，2020(9): 30-35.

②金波，丁华东. 电子文件管理学[M]. 上海：上海大学出版社，2015: 399.

数据资源整合共享技术主要是前置库采集方式、数据库对接方式、应用接口方式、XML方式、中间件方式和Agent代理方式等，虽然在技术上能够满足当前主流数据整合共享需求，但同时也存在处理效率低、实施过程复杂、执行结果不稳定、智能化程度不高等方面的问题[①]。在档案数据资源整合中，应当注重关键技术、新技术的引进、选优、应用与推广，推动技术升级与技术赋能，让技术成为档案数据资源整合的重要驱动力。

1. 利用关联数据技术实现档案数据资源关联集成

关联数据是指通过明确的语义表达发布数据资源，使数据之间能够相互关联和连接。作为语义网的一种实现，关联数据为构建一个富含语义、人机都可理解的、互联互通的全球数据网络奠定了基础[②]。关联数据技术在档案数据资源整合过程中很好契合了档案数据内容细粒度的整合需求，具有广阔的应用前景。首先，在档案数据资源整合集成过程中，可以从时空范围、内容属性、档案主题、类型格式等多个维度，通过相关度计算，建立档案数据资源之间定量化的语义关联，并能通过精准关联实现档案数据资源的智能管理和搜索。与此同时，利用关联数据技术，还可以根据用户的需求，实现不同专业领域、地理位置、时间阶段档案数据资源的关联聚合，形成具有高度关联、能够满足用户需求的档案数据块。其次，通过使用关联数据的URI标识与复用机制，确定档案数据实体对象的URI标识，利用关联数据的统一、标准、定位精确等特征不仅实现了信息资源的聚合、知识的关联，而且利用关联数据自身携带的大量URI链接可以关联到更多数据集的信息，有效地扩大信息挖掘的信息量、信息范围和深度[③]。最后，通过使用关联数据的RDF描述与链接机制，将各类资源对象及其关联关系以RDF形式发布到关联数据网络中，需要利用各种关联数据发布工具，将数据转换成关联数据所要求的RDF数据形式[④]。利用RDF将分散保存的档案数据资源形成集成共享的关联数据网络，从而提高档案数据资源整合的层次和深度。

---

① 袁刚, 温圣军, 赵晶晶, 等. 政务数据资源整合共享: 需求、困境与关键进路[J]. 电子政务, 2020(10): 109-116.

② 诸云强, 潘鹏, 石蕾, 等. 科学大数据集成共享进展及面临的挑战[J]. 中国科技资源导刊, 2017(5): 2-11.

③ 刘爱琴, 王慧满, 尚珊. 基于关联数据的图书馆信息挖掘与揭示[J]. 图书馆, 2016(9): 95-99.

④ 司莉, 李鑫. 基于关联数据的科学数据集成与共享研究: 以Bio2RDF项目为例[J]. 图书馆学研究, 2014(21): 51-55.

2. 利用知识图谱技术构建档案数据知识网络

知识图谱的本质是揭示实体间关系的语义网络，可以形式化地描述事物及其之间的相互关系[1]。大数据时代，档案数据资源整合将逐渐从传统的全宗级、案卷级、文件级过渡到语义层面，知识图谱技术对档案数据资源实现语义层面的整合具有重要意义。首先，知识图谱技术能够实现多元异构数据的快速汇聚，有序组织各相关部门档案数据。按照一定规则建立的知识图谱，在进行基于某种主题的档案数据资源整合过程中，基于知识图谱进行数据汇聚、融合、存储和集成。其次，知识图谱技术有利于建立档案数据形成的关系网。知识图谱可以在档案数据资源相关领域建立关系，揭示不同领域、不同主体之间，以及相关主体、数据资源和主题事件之间的交叉网络关系。最后，知识图谱技术能够依托互联网，高效采集社交媒体档案数据。当前我国各级政府普遍建立了微信、微博等社交媒体平台账号，在各社交媒体平台上形成的档案数据也是档案数据资源整合的重要内容。知识图谱可以帮助档案部门对某一主题的相关档案数据资源进行快速归集，建立知识图谱层级结构，全面记录关于某一主题事件的消息、图像、音视频等资料，保证社交媒体档案数据资源整合的完整性。

运用知识图谱技术实现档案数据资源语义层面的整合主要包括四个方面的内容：一是将多源异构档案数据进行结构化处理，统一成特定的格式。多源异构的档案数据既包括结构化数据、半结构化数据和非结构化数据，也有文本、图形、音视频等格式。二是进行知识抽取。知识抽取包括实体抽取、关系抽取和属性抽取，主要运用专家法、爬虫法、机器学习等方法，构建档案数据资源的实体、属性和关系三元组。三是进行信息融合。信息融合的目的是对多源异构的知识进行集成，优化知识结构，获取隐含的新知识，形成对目标的一致性解释和描述。档案数据信息融合不仅需要数据格式上的转换，而且还需要达到内容含义上的一致性，在信息融合过程中，通过对抽取的实体、属性和关系三元组与已构建的知识图谱进行语义相似度计算，确定最优概念匹配和关系匹配，实现信息融合[2]。四是进行知识建模和知识存储。将档案数据资源存储于相关的关系数据库中，使档案数据资源、属性、事件、关联完整地集成在一起。

①Nickel M, Murphy K, Tresp V, et al. A review of relational machine learning for knowledge graphs[J]. Proceedings of the IEEE, 2016(1): 11-33.

②陶坤旺，赵阳阳，朱鹏，等. 面向一体化综合减灾的知识图谱构建方法[J]. 武汉大学学报(信息科学版)，2020(8): 1296-1302.

3. 应用数据虚拟化技术实现多源异构档案数据集成

数据虚拟化技术是提供一个虚拟的视图来获取和查阅异构数据库中数据的技术[①]。数据虚拟化技术超越了原有的系统数据管理和存储环境，提供的中间层类似于一个统一、虚拟的整合数据库，用户可以通过同一页面和平台访问各个数据库中的多元异构数据，无须关注数据的存储位置、存储格式等，就能够便捷地获取所需数据资源。

数据虚拟化对推进多元异构档案数据的集成具有重要的技术优势。一是应用数据虚拟化技术可以让档案数据的关联性被自动发现或人工定义，无论是实时档案数据还是历史档案数据，无论是文本数据库还是多媒体数据库，无论是关系型数据库还是非关系型数据库，所有档案数据都将被重新分类和关联，并且在新的虚拟平台上进行展现。二是提供统一的数据访问接口。不同的档案数据存储可能使用不同的格式，如有的档案数据存储在 XML 文件中，有的存储在 HTML 网页中，有的存储在 Excel 电子表格中，数据虚拟化层可以提供一个统一的数据访问接口区，访问不同的存储格式，如 ODBC（open database connectivity，开放数据库连接）/JDBC（java database connectivity，Java 数据库连接）接口等，大大简化了档案数据的访问时间。三是运用数据虚拟化技术有助于对档案元数据进行规范，档案数据库中可能会存在一些不规范、不标准、不统一的格式，数据虚拟化层可以实现档案数据的集中转换和数据清洗。

（四）推动档案数据资源系统平台建设

大数据时代，档案数据资源整合需要借助一定的系统平台来实现。档案数据资源系统平台是档案数据运行、流转、保存、利用的场域，是档案数据资源的生存环境。因此，完善档案数据资源系统平台建设是推进档案数据资源整合的关键内容。

1. 创建统一的档案数据管理系统

档案数据管理系统是档案数据赖以生存的软硬件平台，离开系统，档案数据采集、处理、存储、利用等一系列处置活动就无从谈起。推进档案数据资源整合，

---

①范德兰斯 R F. 数据虚拟化: 商务智能系统的数据架构与管理[M]. 王志海, 韩萌, 孙艳歌, 等, 译. 北京: 机械工业出版社, 2017: 8.

需要创建统一的档案数据管理系统，其应具有可扩展性、可对接性、可关联性，从而有利于档案数据资源的快速响应和便捷调取。

加强档案数据融合是基础。多源、异构的档案数据是造成档案数据管理系统异构的重要原因，同时也是阻碍档案数据资源在更深层次整合集成的重要因素。信息集群理论强调对数据进行统一处理和逻辑整合，为了能够消除多源异构档案数据之间的差异，促进档案数据在各个系统平台之间顺畅流动和有效交换，形成以档案部门为核心的档案数据资源整合共享体系，就必须加强档案数据的融合。数据融合就是对各种异构数据进行统一的表示、存储和管理，以实现逻辑上或物理上的有机集中，即使用统一的数据模型描述各数据源中的数据，屏蔽其平台、数据结构等异构性，实现数据的无缝集成[①]。档案数据融合是将分散保存在不同数据库中的不同数据格式、不同数据类型、关联度低的数据进行统一架构、整合集成。一方面，有助于提高档案数据的质量，减少无用或错误的数据对档案数据资源整合的影响；另一方面，有助于加强档案数据之间的语义关联，为构建统一规范的档案数据管理平台奠定基础。开展数据融合可以从以下几个方面进行：一是统一档案数据格式，解决档案数据资源结构层面的异构，降低档案数据融合的难度。二是加强档案数据清洗与转换，提高档案数据质量，减少无用数据或价值密度低的数据对档案数据整合集成的影响。三是完善档案数据语义本体建设，通过领域本体建设，对档案资源管理领域的知识元进行提炼，形成共同理解并认可的词汇，同时明确这些词汇之间的关系[②]，建立由责任者、时间、地点、关键词、档号等组成的档案数据关联体系。

统一系统架构是关键。由管理系统异构导致档案数据整合共享障碍的现象普遍存在，有必要创建基于统一逻辑、统一接口、统一架构的档案数据管理系统，保障档案数据资源整合系统具有良好的耦合性、扩展性、互通性，确保档案数据传递便捷、运行通畅、利用方便、整合高效。可利用微服务的软件架构，对应用程序和服务进行拆分，建立每个数据项的细粒度标准接口，这样就可以解决传统统一标准接口不灵活、维护复杂的弊端，同时利用微服务的数据总线管理机制，实现数据共享交换过程中对数据的协同调度和全生命周期管理[③]。

---

①范灵俊, 洪学海, 黄晁, 等. 政府大数据治理的挑战及对策[J]. 大数据, 2016(3): 27-38.

②吕元智. 数字档案资源知识"关联"组织研究[J]. 档案学研究, 2012(6): 44-48.

③袁刚, 温圣军, 赵晶晶, 等. 政务数据资源整合共享: 需求、困境与关键进路[J]. 电子政务, 2020(10): 109-116.

2. 组建国家档案数据资源库

各级各类国家档案馆是我国档案事业的主体，承担着保存和管理国家档案资源、维护历史真实面貌的重要职责。大数据时代，海量档案数据资源被分散保存在不同主体和不同部门，给档案数据资源一站式利用服务带来障碍，需要强化档案馆在保存和管理档案数据资源中的主体地位，建立国家档案数据库，整合各类数据资源，构建统一的档案数据共享平台，提供档案数据的一站式服务①。

首先，加强档案数据化建设。强化档案数据资源规划管理和顶层设计，围绕"增量电子化""存量数据化"，开展档案数据资源建设，逐步建立以档案数据资源为主导的现代档案资源体系。加强新型档案资源建设，广泛开展业务数据、公务电子邮件、网页信息、社交媒体等的收集归档工作②，推动档案部门同数据管理机构、政府部门、社会组织等的有效协同，促进档案数据管理系统与业务系统的无缝对接，实现档案数据应归尽归、应收尽收、应管尽管，建立覆盖全面、种类齐全、内容丰富、质量上乘的档案数据仓储。推动档案信息数字化数据化建设，促进档案信息资源从"模拟态"向"数字态""数据态"转型，丰富档案数据资源数量和质量，强化数据赋能，为档案事业创新发展提供持久动力。

其次，创建档案数据一体化平台。加快档案数据管理系统平台建设，推进档案数据管理流程重构、技术融合和平台整合，推动国家、地区档案数据资源一体化平台建设，推进档案数据资源跨区域、跨层级、跨部门集成整合，实现各类信息内容、媒介资源、技术应用和系统平台有效整合、共融共通③。创建档案数据资源共享联动新机制，打造一站式、知识化、智慧型服务平台，探索智慧档案馆建设路径，拓展档案数据应用场景，从国家、地区多层面一体推进档案信息共享利用工作，建设以全国档案查询利用服务平台为支撑，档案查询"一网通办"的全国档案信息共享利用体系，推动档案数据资源规模、质量和服务能力同步提升。

最后，建设国家档案数据库。《"十四五"全国档案事业发展规划》提出，"统筹重大历史事件、重大活动、突发事件应对活动等档案专题数据库建

①金波，杨鹏. 大数据时代档案数据治理研究[J]. 档案学研究，2020(4): 29-37.

②上海市档案局关于印发《上海市档案事业发展"十四五"规划》的通知[EB/OL]. (2021-08-04)[2023-09-13]. https://www.archives.sh.cn/tzgg/202112/t20211213_62551.html.

③上海市档案局关于印发《上海市档案事业数字化转型工作方案》的通知[EB/OL]. (2021-04-01)[2023-06-21]. https://www.archives.sh.cn/dayw/jszj/202301/t20230105_67869.html.

设""普遍开展专题档案目录建设，推动重点地区、重点单位建设专题档案数据库，建设国家级专题档案记忆库"[①]。《上海市档案事业发展"十四五"规划》指出，支持鼓励国家综合档案馆通过国家重点档案保护与开发计划、与各类社会力量合作等方式开展档案文件级目录著录和专题数据库建设。将互联网端"数字档案公共查询平台"打造成为全国档案查询利用服务平台重要节点，汇聚全市所有开放档案案卷级和文件级目录，形成一批具有上海地方特色的专题档案资料全文数据库[②]。《江苏省"十四五"档案事业发展规划》提出，"加快建设档案数据资源总库、数字档案管理系统、机关单位数字档案室系统。大力推动档案数字化进程，县级以上综合档案馆馆藏传统载体档案数字化率达到90%，省级机关部门单位传统载体档案数字化率达到80%。至'十四五'末，全省114家综合档案馆全部完成数字档案馆建设，并实现100%互联互通；推动共享渠道向机关等单位延伸，拓展档案信息资源馆际、馆室共享平台。依托现有资源，建立全省数字档案安全备份中心"[③]。档案数据整合的基本任务是建立档案数据资源库，在档案数据资源库建设过程中，本着"利用优先、分步实施、集约高效"的原则，优先完成档案文件级目录数据库和案卷级目录数据库，进一步推进专题档案数据库、多媒体档案数据库、全文档案数据库建设，构建统一管理、分级共享的区域档案信息中心，逐步在全国建立起区域性、多层次、分布式、规范化的各类档案数据库群，并通过各类信息网络平台实现档案信息资源共享[④]，为档案数据"一站式"利用服务提供资源支撑。

（五）构建人才保障体系

大数据时代，数据科学的兴起推动着数据管理、数据思维、数据技术广泛应用于各行各业，加速社会数据化进程。面对不断增长的档案数据，需要加强档案人才队伍建设，改善档案管理人员结构，提升档案管理人员数据科学理论知识和信息化技能，适应档案数据资源整合管理。

---

① 中办国办印发《"十四五"全国档案事业发展规划》[J]. 中国档案, 2021(6): 18-23.

② 上海市档案局关于印发《上海市档案事业发展"十四五"规划》的通知[EB/OL]. (2021-08-04)[2023-09-13]. https://www.archives.sh.cn/tzgg/202112/t20211213_62551.html.

③ 江苏省"十四五"档案事业发展规划[EB/OL]. (2021-09-10)[2024-03-30]. http://www.dajs.gov.cn/art/2021/9/10/art_41_5796.html.

④ 金波. 档案学导论[M]. 上海: 上海大学出版社, 2018: 238.

1. 引育数据管理专业人才

引进数据管理专业人才是优化档案管理人员队伍结构，提高档案数据管理能力的重要途径和手段。一是注重人才引进质量。一方面，加强高层次档案数据管理人才引进力度。高层次档案数据管理人才熟练掌握大数据管理流程、技术和方法，专业理论知识水平高，具有战略思维和解决复杂问题能力，在档案数据管理方面有突出成果和丰富经验，引领档案事业创新发展。另一方面，加大有数据管理学科背景的硕博人才引进力度。通过硕士、博士数据管理人才的引进，优化档案管理人员队伍结构，弥补数据管理人才的短板，提升档案数据资源整合集成能力和治理水平。二是拓展人才引进渠道。微博客户端、微信公众号、档案网站、宣讲会等线上线下相结合的招聘方式，使更多的数据管理专业人才能够收到招聘信息。加强与高校、研究院所等学术科研机构的合作，定点定向招聘档案数据管理专业人才。三是构建科学合理的人才评价体系。多层次拓展人才晋升通道，建立绩效激励制度，解决专业人才的后顾之忧，提高数据管理专业人才工作的积极性、主动性。只有解决好引进质量、引进渠道、引进待遇等问题，用事业留人、感情留人、待遇留人，才会有更多优秀数据管理专业人才加入档案数据资源管理队伍，为档案数据治理不断输送新鲜血液。

此外，还需加强数据管理专业人才的培养力度，提高原有档案管理人员的数据素养和数据技能，培育档案数据管理专家。一方面，加大复合型档案人才的培养力度。复合型档案管理人才是指具备档案学、计算机科学、管理学、数据科学等学科知识，具有跨领域学科背景，能够从多种角度解决复杂问题的人才[①]，通过加强对大数据、云计算、物联网、人工智能等现代信息技术的学习训练，使档案管理人员全面系统掌握现代信息技术，成为档案数据管理实践专家。另一方面，开展档案数据管理项目研究。档案数据是档案管理新对象，推动档案管理人员参与档案数据管理与技术课题研究，通过具体的档案数据研究项目，提高档案管理人员的数据管理能力和技术素养，成为档案数据管理研究专家。

2. 提高档案管理人员档案数据资源整合能力

提高档案管理人员档案数据资源整合能力，有助于扩大档案数据采集范围，

---

①刘小瑛. 我国图书馆、档案馆、博物馆数字资源整合面临的主要问题及应对策略[J]. 图书馆学研究, 2014(12): 63-66, 45.

丰富档案数据资源馆藏结构；有助于集成整合档案数据资源，组建档案数据资源库；有助于促进同其他档案数据主体间的协同合作，推动档案数据资源共享利用。提升档案管理人员档案数据资源整合能力具体从以下三个方面开展。

一是加强档案数据专业理论学习。目前，大多档案工作者缺乏对数据科学、数据管理、档案数据治理等理论知识的了解。加强与高等学校合作，通过理论学习、专家报告、学术研讨等方式，提升档案管理人员的数据意识、档案数据管理和整合能力。例如，档案管理人员要转变管理思路和方法，从以往注重案卷级、文件级整合转变到档案数据内容和语义整合的层面，探索建立档案数据内容知识本体的管理范式，从关键词、形成者、时间、地点等要素建立档案数据的知识关联网络，聚集更多相关联的档案数据，从而使档案数据整合的内容更加全面、丰富、完整[①]。

二是开展档案数据技术能力培训。加强与高等学校、数据管理实践部门合作，开展技术能力培训，通过专业讲座、技能训练、业务实践等方式，让档案管理人员掌握数据关联、数据分析、数据挖掘、数据可视化、数据策展、数据安全、知识图谱等技术方法，不断提高档案数据资源整合能力和开发利用能力。

三是组织档案管理人员走出去考察实践。加强与数据软件公司、数据管理部门的沟通和协调，制订考察实施方案，组织档案管理人员开展考察调研活动，学习行业组织和实践部门的先进经验，取长补短，不断提高档案部门内部自身人员的技术素质和实践能力。

---

①常大伟, 潘娜. 档案数据治理能力的结构体系与建设路径[J]. 浙江档案, 2020(2): 27-29.

第七章 档案数据共享利用研究

利用服务是档案工作的目标和宗旨。档案数据共享利用是实现档案数据价值、释放档案数据能量的关键方式，是档案数据治理的重要环节。随着经济社会发展取得重大成就，综合实力显著提升，人民生活水平显著提高，社会各界和广大群众对档案信息、档案文化的需求日益增长，迫切要求加快档案开放、扩大档案利用、提供优质高效服务[①]。《中华人民共和国档案法实施条例》第四十四条规定，"国家档案主管部门应当制定数据共享标准，提升档案信息共享服务水平，促进全国档案数字资源跨区域、跨层级、跨部门共享利用工作"[②]。面对大数据时代社会公众日益便捷化、高效化、知识化、多样化的档案信息和档案文化需求，需要借助大数据、云计算、移动互联、人工智能、区块链、知识发现、虚拟现实、数字人文等现代信息技术，探索新时期档案数据公共服务转型路径，创新档案数据开发利用方式，促进档案数据资源的开放共享、深度开发及有效利用，构建精细、精简、精准的档案数据公共服务体系，优化档案数据服务生态，实现档案数据利用服务的智慧化、社会化、个性化，把"资源库"变成"知识库""思想库""智库"。

一、档案数据共享利用内涵

（一）档案数据共享利用概念

共享利用强调共同享有、发挥效用。档案数据共享利用是指充分利用现代信息技术和管理手段，注重多主体协同联动，强化档案数据资源建设，实现档案数

---

①省委办公厅省政府办公厅印发《"十四五"甘肃省档案事业发展规划》[N]. 甘肃日报, 2021-09-02(6).
②中华人民共和国档案法实施条例[N]. 人民日报, 2024-01-29(15).

据资源共建共享与互联互通。其中，各类现代信息技术是支撑，多主体协同联动是方式，档案数据资源建设是关键，档案数据资源共建共享与互联互通是目标。档案数据共享利用的实现基础：一是标准化。标准化是指通过制定法规标准，从管理和技术层面实现档案数据格式标准化、系统标准化、流程标准化，促进档案数据资源整合和互联互通。二是协同化。在数据治理环境下，需要以档案部门主导，数据管理机构、信息技术企业、公众等多主体协同参与档案数据共建共享过程，确保参与主体协同、共享资源协同、技术应用协同，成果共建共享，达到成本降低、效率提高、价值实现的共赢局面。三是资源化。档案数据资源是档案数据共享利用的核心，只有丰富多元、质量可靠的档案数据资源才能满足社会公众利用需求，才能充分发挥档案数据资源价值。

（二）档案信息开发利用与档案数据共享利用辨析

1. 从内涵上看

档案信息是由档案中的文字、数据、图表、符号、信号等形式和内容所构成的，档案的内容就是信息，档案信息的构成就是档案所记载的各种事物的状态及表征[①]。数据是记录信息的物理符号，是表达和传递信息的工具[②]，数据被称为信息的原材料，而信息被称为在上下文语境中的数据[③]。档案数据属于数据，具有数据的一般属性。档案数据是客观事物的原始记录"符号"，档案信息则是档案数据加工后的产物，档案数据是档案信息的基本构成元素。这里的"加工"并非指改变档案信息原始记录性的人为处理，而是指运用技术或人工手段，将数据辅以背景信息等描述，使之可被理解。

档案信息开发利用，指尽可能地挖掘潜在的档案信息，以满足利用需要的劳动过程[④]。档案信息开发利用，是对档案承载的信息进行采集、加工、存贮和输出的整个过程；是把档案承载的信息由静态转化为动态，为用户所接收的过程；是实现档案的价值，充分发挥档案的作用，为社会各项实践活动服务的关键途径[⑤]。档案信息开发利用是对已知档案信息资源进行有意识的组织和加工的活动和过

①黄子林. 档案信息资源开发[M]. 长沙: 湖南科学技术出版社, 1995: 24.
②李红. 数据库原理与应用[M]. 北京: 高等教育出版社, 2003: 2.
③DAMA 国际. DAMA 数据管理知识体系指南[M]. DAMA 中国分会翻译组, 译. 北京: 机械工业出版社, 2020: 3.
④徐元清. 试探档案信息的开发及其与利用的关系[J]. 档案学研究, 1991(2): 31-34.
⑤吴宝康. 档案学概论[M]. 北京: 中国人民大学出版社, 1988: 90-91.

程，着重于档案信息资源的编纂编研、展示传播，缺少深层次关联和细粒度挖掘，属于浅表化开发。档案数据共享利用则注重数据的开放性、流动性、关联性、精准性，强调运用知识发现、数字人文、数据挖掘、数据计算、数据分析、数据可视化等技术方法对细粒度数据进行识别处理、深度开发，在知识关联的基础上充分释放档案数据价值。

2. 从方式上看

档案信息开发利用与档案数据共享利用在开发利用方式上的区别有：一是从开发层次看，档案信息开发利用主要是浅表化开发利用。档案馆在档案信息开发利用中，主要通过陈列展览、编纂出版、网上展示等方式提供利用，注重档案信息显性价值的开发。大数据时代，档案数据共享利用追求深层次开发，主要采用新技术、新方法、新手段，在汇聚融合多种格式、多种类型、多种结构档案数据的基础上，追求档案信息服务的精益化、知识化、智慧化，充分挖掘档案数据价值潜能，在注重档案数据显性价值开发的同时，更加注重隐性价值的开发利用。有利于挖掘发现档案数据中的隐性知识，使档案信息服务内容从表层向深层拓展，实现档案数据资源的潜在价值，提高档案信息服务深度和质量[1]。二是从开发手段看，档案信息开发利用主要基于人工操作和自动化技术开展利用，开发能力有限，服务效率较低。档案数据共享利用采用大数据、云计算、人工智能、数字人文、虚拟现实、区块链等新一代信息技术对多元化档案数据资源进行整合、感知、挖掘、计算、关联、可视化，建立档案数据共享利用平台，实现档案数据开发手段智能化。例如，河南省数字档案馆建成基于自然语言处理技术的智能检索系统，深入挖掘河南省档案馆馆藏资源，将关联信息准确有效地从大量结构化和非结构化数据中挖掘出来，进行汇总、统计、分析，并关联形成知识图谱，进而形成档案知识库[2]。

3. 从效果上看

档案信息开发利用面向馆藏实体档案、数字档案等档案信息资源，通过传统加工手段和计算机处理技术，形成成果汇编、专题展览、电子文献等开发利用产

---

①金波, 晏秦. 数据管理与档案信息服务创新[J]. 档案学研究, 2017(6): 99-104.
②李珂. 提升档案信息化发展水平 实现远程利用社会共享: 河南省数字档案馆建设概述[N]. 中国档案报, 2020-06-11(1).

品。档案信息开发利用主要以馆藏为中心，属于"供给导向"服务模式，处于"等客上门""你查我调"的被动式服务状态。这种服务模式制约了档案信息开发利用的范围和水平，社会利用意愿不强烈、利用效果有限，不利于档案工作社会影响力和社会生态位的提升。

档案数据共享利用秉持以用户为中心的服务理念，追求的效果是实现档案数据的增值化和知识化。通过语义理解、知识发现、全景或 3D 建模等新技术新手段，依托档案数据共享利用平台，深入挖掘展示档案数据的深层次价值，知识增值能力显著增强，为用户带来便捷的档案信息服务。档案数据共享利用可根据用户的检索内容和历史行为轨迹，进行统计、分析、研究，从多维视角掌握用户群体信息，对用户行为识别并预测用户需求，定制个性化的服务方案，主动推送相关档案信息，达到"投其所好"的服务效果，进一步提升用户体验感，使档案信息服务由静态转向动态，由被动转向主动，由普适转向个性，由滞后转向超前。以实时数据为支撑，做到一切尽在掌握，基于数据分析结果，采取更为精细化的服务方式，全方位满足用户多样化、差异化的档案信息需求[1]。例如，山东省日照市档案馆以全域数字档案理念突破档案管理"最先一公里"，努力打通服务群众"最后一公里"。按照集约高效、共享开放、安全可靠、按需服务的原则，推动实现全域各种类型数字档案的数据聚合、智慧融合，打造市域数字档案运行"城市档案大脑"生态圈，形成完整生命周期的档案数据体系。牢固树立以用户、群众为中心的服务理念，深化"厅（现场查）+网（网上查）+掌（移动平板、手机APP查）"服务链，通过档案馆际互通、馆室互通、室室互通，线上线下交织交互，实现就近能查、同城通查、异地可查、多渠道"一网"通查，让信息多跑路、群众少走路甚至不跑腿[2]。

综上，档案数据共享利用是在档案信息开发利用基础上，依托新一代信息技术，深度挖掘档案数据价值，实现档案数据融合互联，提供档案数据化服务。根据档案数据生命周期理论，档案数据价值决定着档案数据生命周期的长度，档案数据共享利用通过深度开发、知识激活、价值增值，有助于延长档案数据生命周期。档案数据共享利用不仅实现了档案数据资源的集中汇聚、互联互通，而且有助于推动以用户需求为导向的服务模式转型，有助于突破当前档案资源开发瓶颈，

---

[1]金波，晏秦. 数据管理与档案信息服务创新[J]. 档案学研究, 2017(6): 99-104.

[2]田伟. 积极推进档案数字化工作 打通服务群众"最后一公里"：山东省日照市档案馆推进全域数字档案一体化工作纪实[N]. 中国档案报, 2020-12-31(3).

实现从"载体开发"到"内容开发"的转变，进而推动档案管理和服务模式创新。

二、档案数据共享利用现实阻碍

当前，档案数据共享利用面临观念障碍、制度缺陷、技术瓶颈和人才短板等诸多困境，数据污染、数据异构、数据冗余、数据安全、数据孤岛等问题普遍存在，给档案数据资源服务创新、开放共享、安全利用等带来巨大挑战，具体可归纳为法规标准缺失、管理体制机制制约、数据技术能力薄弱、数据资源问题突出等四个方面。

（一）法规标准缺失

法律是治档之重器，良法是善治之前提①。没有规矩，不成方圆。《中华人民共和国档案法》《国家档案馆档案开放办法》《各级国家档案馆馆藏档案解密和划分控制使用范围的暂行规定》等法规为档案开放利用提供了保障。但档案数据属于新生事物，关于档案数据共享利用的针对性法规政策尚未建立，尤其是微观层面数据共享技术、数据处理格式、数据平台架构等具体标准规范缺失。

随着大数据技术的广泛应用，档案数据来源除了馆藏档案数据化外，业务活动生成的档案数据呈爆发式增长，数据来源广泛、数据格式多样、数据结构多元、数据类型多种，给档案数据整合存储、共建共享、服务利用带来诸多困难，需要构建完善的档案数据共享利用法规标准框架。电子政务信息在线服务利用、政府数据资源共享利用等与档案数据共享利用关联密切，目前已出台《电子政务信息共享互联互通平台总体框架技术指南（试行）》《政务信息系统整合共享实施方案》《国务院关于在线政务服务的若干规定》《国家政务信息化项目建设管理办法》《广东省政务数据资源共享管理办法（试行）》《江苏省政务信息资源共享管理暂行办法》《辽宁省政务数据资源共享管理办法》等政策文件，指导政务信息服务和数据资源共享，对档案数据共享利用法规标准制定具有一定的借鉴意义。为此，一方面，要关注档案数据开放范围、共享机制、利用规则等规范制定；另一方面，要关注档案数据质量、档案数据格式、档案数据共享平台等标准建设。此外，还需关注档案数据国际流动、档案数据整合交换、档案数据伦理保护与安全保障等相

①徐拥军，熊文景. 档案治理现代化：理论内涵、价值追求和实践路径[J]. 档案学研究，2019(6): 12-18.

关政策法规的制定。2024 年 1 月，国务院正式公布《中华人民共和国档案法实施条例》，旨在贯彻落实新修订的《中华人民共和国档案法》各项规定，进一步优化档案管理体制机制，完善档案资源齐全收集、安全保管以及有效利用的制度措施，提升档案工作科学化规范化水平，科学精准保障《中华人民共和国档案法》有效实施，为档案事业创新发展提供有力的法治保障[①]。

（二）管理体制机制制约

档案管理体制是指在某系统内部围绕权力的划分和运行而形成的一种制度化的关系模式[②]。在档案事业"统一领导、分级管理"的原则指导下，国家档案主管部门主管全国的档案工作，负责全国档案事业的统筹规划和组织协调，建立统一制度，实行监督和指导。县级以上地方档案主管部门主管本行政区域内的档案工作，对本行政区域内机关、团体、企业事业单位和其他组织的档案工作实行监督和指导[③]，呈现出"条块分割"的特征。条块分割的档案管理体制符合我国疆域辽阔、行政区域层级管理的现实国情，但也造成了不同区域档案信息资源之间的隔阂，同属于党和国家的档案因为各自为政，互不往来，造成了信息难以被整合，其利用的效能也无法最大化；而由于过多地强调了"条"的从属关系，许多行政管理机关从"块"的管理中剥离出来，直接从属于上级政府部门领导[④]，阻碍了各区域、各档案馆的档案数据互联互通和共享利用。

此外，各行业、各部门、各类档案管理系统分散保存档案数据，政务档案数据和社会档案数据由于数据主体性质不同、利益不同，缺乏科学合理的协作机制，档案数据管理各自为政，各行业档案数据资源相互独立、互不相通，无法真正实现全社会层面的档案数据资源共享利用。例如，公安系统、金融系统、医疗系统、税务系统、民政系统、交通系统等，各自保管自行产生的档案数据，缺乏跨系统、跨部门、跨行业的档案数据共享利用平台，难以实现档案数据的互联互通和共建共享。从档案管理体制机制来看，管理体制条块分割，管理机制对接不畅，管理系统烟囱林立、重复建设等问题明显，跨区域、跨部门、跨层级、跨系统统筹协调难度

---

① 李强签署国务院令 公布《中华人民共和国档案法实施条例》[EB/OL]. (2024-01-25)[2024-08-12]. https://www.gov.cn/yaowen/liebiao/202401/content_6928242.htm.

② 罗军. 我国档案管理体制改革研究[J]. 档案学通讯, 2009(5): 46-49.

③ 中华人民共和国档案法[N]. 人民日报, 2020-07-16(16).

④ 郑鸥. 加强档案信息资源整合势在必行[J]. 新上海档案, 2006(5): 22-25.

大，难以形成整体合力，使得档案数据无法融合互通，阻碍共享利用的实现。

（三）数据技术能力薄弱

技术是档案数据共享利用的基础支撑，当前档案数据共享利用的技术应用能力相对薄弱，主要体现在以下几个方面。

一是档案数据共享利用平台欠缺。共享利用平台是档案部门向社会提供档案数据服务的重要窗口，是展现档案部门服务成效的关键场域。当前，我国各省市县综合档案馆大多建设了官方网站和微信公众号平台，微博、客户端等平台建设也越发普遍，各类平台主要提供馆藏目录查询、专题展览、成果展示、业界资讯、业务动态等服务，从平台功能、服务类型、资源范围来看普遍处于浅层次利用。缺乏统一的档案数据共享利用平台，集成整合各类档案数据资源，实现一站式档案信息服务，需要构建功能完备、运维高效、安全实用的档案数据共享利用平台。二是档案数据开发利用技术薄弱。当前，大数据、云计算、物联网、人工智能、区块链、虚拟现实、数字人文、知识发现等新一代信息技术广泛应用，档案工作环境、对象、内容发生巨大变化，迫切要求创新档案工作理念、方法、模式，加快全面数字转型和智能升级[1]。新一代信息技术是实现档案数据共享利用、互联互通的重要工具，但限于观念保守、经费投入不足、数据管理人员欠缺、技术风险高以及地区经济社会发展不平衡等因素制约，档案部门数据开发利用技术应用不充分、不普遍、不深入、不均衡等问题突出，东中西部区域差距明显，档案工作与新兴技术融合参差不齐，整体水平较低。同时，由于技术能力有限，档案数据资源深层次开发与高效化利用不足，档案数据知识化、智慧化服务能力不强，制约档案数据价值发挥与潜能释放。三是档案数据管理专业技术人才匮乏。随着档案数据急剧增长，档案数据共享利用的广度和深度不断拓展，档案数据应用场景更加广泛，迫切需要档案数据管理专业人才。当前，档案部门中数据管理、数据计算、数据分析、数据挖掘、数据开发等技术人才十分匮乏，尤其缺乏兼具数据管理技术与档案管理经验的复合型人才，队伍整体的数据处理技能和数据知识素养亟待提升。

（四）数据资源问题突出

一是数据质量。数据质量是档案数据规范管理、有效开发的前提。数据质量控

---

[1]中办国办印发《“十四五”全国档案事业发展规划》[J]. 中国档案, 2021(6): 18-23.

制是指根据数据质量维度的要求，对数据资源本身进行的一系列技术和管理方面的活动总和①。档案数据质量受到技术因素以及非技术因素的影响，当前档案数据质量标准体系尚未建立，未实现对档案数据质量的全方位、全流程控制。首先，档案数据的真实性、完整性、可读性、安全性等难以保障。档案数据采集获取主要以业务部门移交和馆藏档案数据化为主，对各平台系统和网络中产生的档案数据采集缺少"四性"检测标准与质量管控技术，难以保障来源广泛、类型多样的数据资源的安全完整与真实有效。其次，档案数据格式标准不统一。档案数据来源广泛、内容复杂、类型多样，大多是非（半）结构化档案数据。档案数据存储和管理系统各不相同，处理手段和技术存在差异，缺乏统一标准规范，导致档案数据异构现象严重，无法保证档案数据质量，严重影响档案数据融合互通和共享利用的实现。最后，档案数据的实时性影响档案数据共享利用效果。实时性是档案数据的基本特征之一，失时的档案数据的价值将大打折扣，为此对档案数据处理速度提出更高要求，如果数据处理不及时，有些变化速度快的数据就失去了其最有价值的阶段②。

二是数据孤岛。数据孤岛是制度、技术等多重因素共同作用的结果③，致使档案系统、档案部门之间数据孤岛林立，无法互联互通，影响档案数据价值发挥、降低档案数据利用效率。在管理层面，一方面，档案管理体制造成数据资源分散。我国条块分割的档案管理体制导致各级档案部门档案数据资源、档案管理系统相对独立、彼此隔离，使得档案数据资源难以兼容、关联困难、彼此孤立；另一方面，由于不同行业之间的固有壁垒，各行业档案数据管理系统差异较大，数据烟囱丛生，数据信息难以流通。在技术层面，大数据环境下，档案数据的生成、来源、操作系统、存储管理技术等都可能导致档案数据格式异构；各级各类档案保管单位的数据清洗、数据交换、数据关联等数据处理技术水平差异，导致档案数据质量参差不齐；由于缺乏统筹规划和统一管理，档案部门在选取和应用档案数据管理系统和利用平台时具有较大的自主性，导致各平台之间孤立异构。针对数据孤岛，需要借助现代信息技术将来源分散的档案数据加以集中汇聚、整合融通，破除管理、技术、系统等造成的数据壁垒，从而实现档案数据共建共享，达到深层次利用的目的。例如，丽水市档案局依托政务云资源，采取市、县联建的方式，建成覆盖全市所有机关部门、乡镇、村的"1+10+N 档案协同管理系统"。协同管

---

①童楠楠. 我国政府开放数据的质量控制机制研究[J]. 情报杂志, 2019(1): 135-141.

②宗威, 吴锋. 大数据时代下数据质量的挑战[J]. 西安交通大学学报(社会科学版), 2013(5): 38-43.

③周俊. 以整体智治消除基层"数据烟囱"[J]. 国家治理, 2020(30): 24-26.

理系统的建成，使各机关部门不再需要单独建设数字档案室系统，同时打破各机关档案室的数据壁垒，实现共建共享①。

三是数据安全。2021 年，《中华人民共和国数据安全法》提出，"国家统筹发展和安全，坚持以数据开发利用和产业发展促进数据安全，以数据安全保障数据开发利用和产业发展""构建统一规范、互联互通、安全可控的政务数据开放平台，推动政务数据开放利用"②。2024 年，《中华人民共和国档案法实施条例》规定，"电子档案管理信息系统应当按照国家有关规定建设，并符合国家关于网络安全、数据安全以及保密等的规定""电子档案移交接收网络以及系统环境应当符合国家关于网络安全、数据安全以及保密等的规定""档案馆应当在接收电子档案时进行真实性、完整性、可用性和安全性等方面的检测，并采取管理措施和技术手段保证电子档案在长期保存过程中的真实性、完整性、可用性和安全性"③。在档案数据共享利用过程中，由于网络环境的不确定性、操作流程的复杂性、涉及主体的多元性，黑客攻击、病毒侵袭、木马感染、信息非授权访问、管理疏漏等极易造成数据窃取丢失、篡改伪造和损坏泄露，安全问题日益复杂和突出，需要从组织规划、制度规范、日常管理、人才队伍、应急预案等方面构建动态、高效、立体的档案数据共享利用安全保护体系，促进档案数据的安全有效利用。首先是档案数据权属问题。数据作为生产要素转化为新型生产力尚处于初级阶段，数据资源的应用方式、管理模式、组织机制、运营环境等生产关系的调整仍有待探索④，档案数据在整合汇聚、流转迁移、交换传播、集成共享中涉及多部门、多主体，权属确定、权责划分、权益保障等问题越发凸显，尤其是不同应用场景、不同利用主体导致的责任划分不清、权限难以控制、数据溯源困难等引起档案部门关注。2020 年，国家档案局发布的《关于档案部门使用政务云平台过程中加强档案信息安全管理的意见》明确档案数据资源归属，提出"要明确档案部门部署在政务云平台上的档案数据及档案业务系统产生的数据归档案部门所有，未经档案部门授权，不得私自访问、修改、披露、利用、转让、销毁"⑤。其次是

---

①邱文峰. 构建档案协同管理系统 提升档案治理现代化水平[N]. 中国档案报, 2020-03-30(2).

②中华人民共和国数据安全法[N]. 人民日报, 2021-06-19(7).

③中华人民共和国档案法实施条例[N]. 人民日报, 2024-01-29(15).

④中国信通院发布《政务数据共享开放安全研究报告》[EB/OL]. (2021-01-21)[2023-08-16]. http://www.chuangze.cn/third_1.asp?txtid=3581.

⑤国家档案局办公室关于档案部门使用政务云平台过程中加强档案信息安全管理的意见[EB/OL]. (2020-05-28)[2023-08-16]. https://www.saac.gov.cn/daj/tzgg/202005/9885bb218bb9452eb56c30aa27e28e1a.shtml.

档案数据伦理风险。档案数据在开放共享、开发利用过程中涉及的安全保密、知情同意、知识产权、个人隐私、法律救济等问题也是档案数据安全防范的重要内容。《中华人民共和国数据安全法》《中华人民共和国个人信息保护法》颁布实施，对个人敏感数据信息处理利用作出详细规定，对档案数据伦理保护具有指导意义。最后是档案数据国际流动、跨境传输带来的安全风险。大数据时代，档案数据跨境流动、跨国传输带来的信息泄露、网络攻击等风险加剧，威胁国家主权和社会安全。为此，应积极开展档案数据共享利用等领域的国际交流与合作，参与档案数据安全相关国际规则和标准的制定，促进档案数据跨境传播、安全流动。

三、档案数据共享利用实现路径

根据档案数据共享利用现状，为解决档案数据共享利用面临的现实阻碍，需要从法规建设、机制创建、平台打造、技术赋能四个方面，构筑档案数据共享利用实现路径，推动档案数据共享利用有序开展。

（一）加强档案数据共享利用法规标准建设

1. 完善档案数据共享利用政策法规

政策法规建设是战略层设计，是推动档案数据共享利用顺利开展的重要保障，具有指导引领作用。当前，国家层面针对公共数据开放利用、政务数据互联互通、档案信息共建共享等方面颁布了一系列政策法规。2015 年，《促进大数据发展行动纲要》指出要加强顶层设计和统筹协调，"加快政府信息平台整合，消除信息孤岛，推进数据资源向社会开放，增强政府公信力，引导社会发展，服务公众企业"[①]。2016 年，《"十三五"国家信息化规划》提出，"完善政务基础信息资源共建共享应用机制，依托政府数据统一共享交换平台，加快推进跨部门、跨层级数据资源共享共用。稳步推进公共数据资源向社会开放"[②]；《政务信息资源共享管理暂行办法》对政务信息资源共享作出总体规划，强调"加快推动政务信息系

---

①国务院关于印发促进大数据发展行动纲要的通知[EB/OL]. (2015-08-31)[2023-06-11]. https://www.gov.cn/gongbao/content/2015/content_2 929345.htm.

②国务院关于印发"十三五"国家信息化规划的通知[EB/OL]. (2016-12-27)[2024-04-02]. https://www.gov.cn/zhengce/content/2016-12/27/content_5153411.htm.

统互联和公共数据共享，增强政府公信力，提高行政效率，提升服务水平，充分发挥政务信息资源共享在深化改革、转变职能、创新管理中的重要作用"①。2017年，《政务信息系统整合共享实施方案》提出，"加快建设国家电子政务内网数据共享交换平台，完善国家电子政务外网数据共享交换平台，开展政务信息共享试点示范，研究构建多级互联的数据共享交换平台体系，促进重点领域信息向各级政府部门共享"②。2020年，《关于构建更加完善的要素市场化配置体制机制的意见》强调要推进政府数据开放共享，加快推动各地区各部门间数据共享交换，制定出台新一批数据共享责任清单；研究建立促进企业登记、交通运输、气象等公共数据开放和数据资源有效流动的制度规范③。《中华人民共和国档案法》对档案开放公布、信息共享、开发利用、创新服务等作出明确规定，提出"档案馆应当通过其网站或者其他方式定期公布开放档案的目录，不断完善利用规则，创新服务形式，强化服务功能，提高服务水平，积极为档案的利用创造条件，简化手续，提供便利"④。2021年，《中华人民共和国数据安全法》在"政务数据安全与开放"章节中强调要统筹数据安全与发展，指出国家机关应当遵循公正、公平、便民的原则，按照规定及时、准确地公开政务数据；国家制定政务数据开放目录，构建统一规范、互联互通、安全可控的政务数据开放平台，推动政务数据开放利用⑤。

相关部门针对档案数据共享利用也开展了政策部署，推动档案数据共建共享、互联互通、有效利用。2016年，《全国档案事业发展"十三五"规划纲要》提出，"制定档案数据开放计划，落实数据开放与维护的责任；优先推动与民生保障服务相关的档案数据开放"⑥。《浙江省促进大数据发展实施计划》提出建设档案管理和开放共享示范工程，"推进档案大数据聚合，构建查阅利用档案大数据服务平台，完善档案数据共享开放标准，促进档案数据通过浙江政务服务网向社会开

①国务院关于印发政务信息资源共享管理暂行办法的通知[EB/OL]. (2016-09-05)[2024-04-02]. https://www.gov.cn/gongbao/content/2016/content_5115838.htm.

②政务信息系统整合共享实施方案[EB/OL]. (2018-06-28)[2024-04-02]. https://www.saac.gov.cn/daj/kjzcfg/201806/9f69185c975d4891a6e5581e49d57540.shtml.

③中共中央 国务院关于构建更加完善的要素市场化配置体制机制的意见[EB/OL]. (2020-04-09)[2023-12-19]. http://www.gov.cn/zhengce/2020-04/09/content_5500622.htm.

④中华人民共和国档案法[N]. 人民日报, 2020-07-16(16).

⑤中华人民共和国数据安全法[N]. 人民日报, 2021-06-19(7).

⑥全国档案事业发展"十三五"规划纲要[J]. 中国档案, 2016(5): 14-17.

放共享"①。2020 年，陆国强在全国档案局长馆长会议上强调，"各级综合档案馆要规范建设两类档案专题数据库，便于有效开发、实现共享共用""共同推进全国档案数字资源共享利用工作，最终实现全国范围内档案查询一网通办"②。2021 年，《"十四五"全国档案事业发展规划》将"档案利用服务达到新水平"作为发展目标之一，提出"以人民为中心的档案服务理念深入人心，档案开放力度明显加大、共享程度显著提高、利用手段更加便捷，档案资政服务、公共服务、文化教育能力明显提升"③。《北京市"十四五"时期档案事业发展规划》提出全面提升档案数据利用水平，积极利用档案数据为北京超大城市治理服务，为北京建成新型智慧城市作出贡献④。《上海市档案事业发展"十四五"规划》指出，将互联网端"数字档案公共查询平台"打造成为全国档案查询利用服务平台重要节点，汇聚全市所有开放档案案卷级和文件级目录，形成一批具有上海地方特色的专题档案资源全文数据库⑤。《浙江省档案事业发展"十四五"规划》提出，到 2023 年底，省档案馆建成省档案数据共享中心，各市、县（市、区）建成互联互通的区域数字档案管理服务一体化平台，实现数字档案管理和服务区域全覆盖，推进档案数字资源跨部门、跨层级、跨区域共享利用；加强国家综合档案馆与部门档案数据共享，推动实现档案数据在行政服务中心、社会矛盾纠纷调处化解中心和一线工作现场的推送应用⑥。

相关政策法规为档案数据共享利用提供制度保障，在此基础上，需要进一步完善档案数据共享利用政策法规框架。一是强化档案数据开放。开放是共享利用的前提，建立健全基本公共服务均等化体系，持续增进民生福祉，迫切要求加快档案开放，提升档案公共服务水平⑦。为此，需要加大档案数据资源开放力度，按

①浙江省人民政府关于印发浙江省促进大数据发展实施计划的通知[EB/OL]. (2016-03-01)[2023-06-21]. https://www.zj.gov.cn/art/2016/3/1/art_1229621638_2406657.html.

②陆国强. 推动档案事业在高质量发展轨道上迈出坚实步伐: 在 2020 年全国档案局长馆长会议上的报告[J]. 中国档案, 2021(1): 19-25.

③中办国办印发《"十四五"全国档案事业发展规划》[J]. 中国档案, 2021(6): 18-23.

④中共北京市委办公厅 北京市人民政府办公厅印发《北京市"十四五"时期档案事业发展规划》[EB/OL]. (2022-05-19)[2023-09-25].https://fgw.beijing.gov.cn/fgwzwgk/zcgk/ghjhwb/wnjh/202205/P020220519502441738988.pdf.

⑤上海市档案局关于印发上海市档案事业发展"十四五"规划的通知[EB/OL]. (2021-08-04)[2024-06-21]. https://www.archives.sh.cn/tzgg/202112/t20211213_62551.html.

⑥省发展改革委 省档案局关于印发《浙江省档案事业发展"十四五"规划》的通知[EB/OL]. (2021-06-24) [2023-06-21]. https://fzggw.zj.gov.cn/art/2021/6/24/art_1229539890_4671279.html.

⑦江苏省"十四五"档案事业发展规划[EB/OL]. (2021-09-10)[2024-03-30]. http://www.dajs.gov.cn/art/2021/9/10/art_41_5796.html.

按照先解密、后审核、再开放的原则，加强档案部门、保密部门和档案数据形成单位的业务协同，建立健全解密流程与开放审核机制，促进档案数据在安全可控下最大限度地开放；制定档案数据开放计划和开放数据目录，落实数据开放和维护责任，推进档案数据统一汇聚和集中开放，优先推动科技、交通、医疗、卫生、就业、教育、文化、信用、社保、金融等民生保障服务相关领域的档案数据向社会开放；加强对开放档案数据的更新维护，不断扩大档案数据开放范围，促进数据资源动态更新，推动档案数据安全运行、有效共享。二是推动档案数据资源共建和协同共享。强化政策引领和机制协同，明确各部门档案数据共享的范围边界和使用方式，厘清各部门档案数据管理及共享的义务和权利，建立政府和社会多元主体互动的档案数据采集制度；统筹规划档案数据基础设施建设，打造统一规范、多级联动的档案数据共享利用平台，推动跨部门、跨区域、跨行业档案数据管理系统互联互通和信息共享。三是促进档案数据安全利用。加强档案数据安全利用制度设计，增强档案数据深度挖掘与服务创新，鼓励和引导档案数据社会化开发利用，确保档案数据资源开发利用、共建共享安全运行。明确档案数据共享范围和使用权限，推动档案数据隐私保护和权益保障，强化对档案数据滥用、侵犯个人隐私和知识产权等行为的管理和惩戒，维护档案数据资源安全、网络安全和利用安全。

2. 建立健全档案数据共享利用标准体系

标准是档案数据共享利用的重要基础，迫切需要加强档案数据共享利用相关标准规范建设，构建内容完备、结构合理、协调一致、相互配套的档案数据共享利用标准体系，实现对档案数据资源开放、共享、利用的规范化管理，解决因技术不同、格式不一致、系统不兼容等导致的数据融合与融通困难等问题，充分发挥标准在推进档案数据共享利用中的保障作用。

目前，尚未出台专门针对档案数据共享利用的标准。2020 年，颁布实施的《信息技术 大数据 政务数据开放共享 第 2 部分：基本要求》（GB/T 38664.2—2020），对政务数据开放共享的总体架构、管理要求、网络平台、数据安全、评价体系进行了规划设计①。可参考借鉴该标准，结合档案数据管理实际，制定档案数据共享利用相关管理、技术与资源标准，形成系统完备、科学规范、操作性强的档案数

---

①信息技术 大数据 政务数据开放共享 第 2 部分：基本要求[EB/OL]. (2020-04-28)[2023-06-12]. https://openstd.samr.gov.cn/bzgk/gb/newGbInfo?hcno=1A541A4BAC02DBF5161BC10BB31DF9DD.

据共享利用标准体系。一是管理标准。制定档案数据共享利用管理标准，明确档案数据共享利用的职责权限、管理模式、安全保障、组织架构，规范多主体参与档案数据共享利用的行为方式与协作机制；建立档案数据共享利用评价指标体系，强化服务流程管理和考核评价。二是技术标准。制定档案数据共享利用技术标准，首先是明确网络传输、系统分级保密、内外网和局域网控制、网站门户运维等基础设施要求；其次是规范档案数据共享利用平台，包括平台架构功能、交换访问接口、部署模式、系统整合、业务衔接、数据流转监控、运行服务等内容，建设上下联动、纵横协管、安全高效的规范化标准化平台，推动档案数据统一汇聚、资源整合和集中开放；最后是档案数据开发利用，包括大数据、云计算、人工智能、区块链等新一代信息技术在档案数据开发利用中的操作应用。三是资源标准。制定档案数据共享利用资源标准，推进档案数据采集接收、组织描述、著录标引、交换共享、流通传输、分级分类、访问利用等标准制定和实施，统一档案数据生成格式和元数据格式，规范档案数据操作处理程序，确保档案数据来源可靠、程序规范、要素合规、质量上乘，建设覆盖广泛、内容丰富、形式多样、结构合理、动态更新的档案数据资源库，为实现同一标准采集数据、同一源头提供数据、同一系统共享数据打好基础①。

（二）创建档案数据共享利用机制

档案数据共享利用涉及主体多、应用范围广、协调难度大、技术要求高，围绕档案数据开放流通、共建共享、开发利用、安全监管等内容，从管理、组织、评价、人才等方面创建档案数据共享利用机制，加强档案部门、数据管理机构、社会组织、信息技术企业、公众等多元主体的协作，推进档案数据共享利用规范开展、高效运行。

1. 建立档案数据共享利用协同管理机制

建立档案部门主导、多主体协同共治的管理机制，是档案管理走向档案治理的时代要求。一方面，相较以往单一的档案管理，档案治理强调多元主体参与，博采众长，更具民主性、社会性、科学性以及高效性。另一方面，新技术、新平台、新

---

①中国信通院发布《政务数据共享开放安全研究报告》[EB/OL]. (2021-01-21)[2023-08-16]. http://www.chuangze.cn/third_1.asp?txtid=3581.

业态不断涌现，社会各领域对档案信息服务的及时性、可靠性、准确性、适用性提出更高要求，迫切需要档案部门发挥主导作用，联合社会力量，加大档案资源开放力度，创新档案开发利用方式，推动档案资源跨区域、跨部门共建共享，充分发挥档案资政襄政、公共服务、文化教育等功能。为此，需要建立档案数据共享利用协同管理机制，加强部门协同、区域协同、行业协同，鼓励、引导、规范社会力量参与档案事务①，发挥多主体资源、技术、智力等优势，提高档案数据开放共享程度，创新档案数据开发形式，提升档案数据知识化智慧化服务能力与水平。

第一，档案部门在档案数据共享利用中扮演"元治"角色，发挥主导作用。多主体协同共治并非无组织、无秩序，而是在档案部门主导下的多主体协同合作，从而保障共享利用的有序进行。档案部门需要加强统筹谋划和业务指导，充分发挥在档案数据资源建设、质量管控、平台搭建、安全保障等方面的主体作用，制定档案数据共享利用相关政策法规和标准规范，培育社会组织和公民个人参与档案数据共建共享，为档案数据社会共建、协作开发、全民共享营造良好环境，构建上下贯通、执行有力、运行通畅的档案工作体制机制，优化档案数据治理生态，实现档案数据善治。例如，绍兴市越城区档案馆建立健全档案开发项目社会参与机制，营造档案馆、社会组织、中介机构、公众间互动参与的合作治理格局，充分发挥多元主体在参与档案事务中相互配合形成的合力，协同构建档案多元共治新格局，发挥档案服务的最大公共价值。一是推出"越档码"。公众可通过扫描二维码，上传并分享自己的档案资源，从档案信息的被动接受者和利用者，转变为主动参与档案资源开发的"生产者"。二是组建"案志愿队伍"。积极借助高等院校、科研院校、文史机构及市场力量等方面的优势，鼓励他们参与家庭建档、村志编撰、遗存保护等农村档案文化建设工作，将档案业务工作的部分权力向社会过渡，利用大众智慧为档案资源的深层次开发提供支持。三是尝试外包公司"常驻制"。划定片区，择优为常驻村提供档案收集、整理和数字化等服务，延展党建"契约化"，将外包公司与村党组织、党员、村民等形成多方良性互动，推动治理资源力量整合，联动形成齐抓共管的共治态势②。

第二，政府机构、数据管理部门、社会组织等多元主体是档案数据共享利用的重要参与者、建设者，需要发挥各自优势，通过多渠道、多方式、多手段参与

---

① 中办国办印发《"十四五"全国档案事业发展规划》[J]. 中国档案, 2021(6): 18-23.
② 绍兴市越城区：用档案"智治"防控农村基层治理风险[EB/OL]. (2021-01-27)[2024-05-23]. http://www.zgdazxw.com.cn/news/2021-01/27/content_316437.html.

共建共享，形成多元主体协同互动的档案数据共享利用新格局。2018 年，浙江省档案局和浙江省民政厅联合下发《关于加快推进婚姻登记档案数据共建共享工作的通知》，在全省范围内部署推进婚姻登记档案的数据归集、交换共享、电子化归档、数字化和保护性抢救等工作，全面开启婚姻登记档案数据异地查档服务，实现全省婚姻登记档案数据的共建共享；此次与民政部门联合推进历史婚姻登记档案数据共建共享、现行婚姻登记数据电子化归档工作，是档案部门认准"最多跑一次"改革的堵点、推进专业档案数据共建共享的重要举措[①]。

第三，社会公众是推进档案数据共享利用不可或缺的重要力量。公众是档案数据的重要持有者和档案数据共享利用的重要受众者，对于共享利用需求、效果呈现等更具发言权，可通过志愿服务、众包众创等方式参与档案数据共建共享和开发利用，推动档案数据建设的社会化和民主性，拓展档案事业多维空间。例如，2020 年，美国国家档案与文件署推出印第安人电子照片检索平台，携手广大利用者和利益相关者开展合力建设，专门创建了美国原住民照片标记任务平台，国家档案馆提供标引指南，公众据此参与照片档案的标引工作，广大用户以及来自美国国家档案与文件署的技术开发专家、档案管理员和主题内容专家共同致力于这项检索工具开发项目[②]，实现了聚集社会力量参与档案项目众包的目的。

2. 构建档案数据共享利用组织保障机制

档案数据共享利用的有效开展离不开科学合理的领导机构和组织架构，协调各方关系，强化资金保障、政策支持和技术应用，推动形成职责明晰、协同共进、立治有体、施治有序的工作格局。

在政务信息资源共享方面，我国国家层面尚未有统一的信息资源管理立法和职能部门，在目前的体制安排下，近年来我国先后建立国家电子文件管理部际联席会议和促进大数据发展部际联席会议等协调机制来解决跨部门协调问题[③]。促进大数据发展部际联席会议负责组织、指导、协调和监督政务信息资源共享工作，指导和组织国务院各部门、各地方政府编制政务信息资源目录，组织编制国家政务信息资源目录，并指导国家数据共享交换平台建设、运行、管理单位开展国家政务信息资源目录的日常维护工作。各政务部门主要负责人是本部门政务信息资

---

①省档案局和省民政厅联合推进全省婚姻登记档案数据共建共享[J]. 浙江档案, 2018(4): 5.

②崔珍珍. 美国国家档案与文件署推出印第安人电子照片检索平台[N]. 中国档案报, 2020-12-28(3).

③刘越男. 数据治理: 大数据时代档案管理的新视角和新职能[J]. 档案学研究, 2020(5): 50-57.

源共享工作的第一责任人①。《广东省政务数据资源共享管理办法（试行）》针对政务数据资源共享，明确不同主体的职责义务，提出政务数据主管部门负责统筹、协调、指导和监督本行政区域内政务数据资源管理工作；政务部门应明确本部门负责政务数据资源管理的机构，承担本部门政务数据资源编目、采集、共享、应用和安全等相关工作；省级政务部门应当指导、监督本系统政务数据资源管理工作；运营中心和第三方机构作为服务提供方，为政务数据资源管理工作提供技术支撑②。

在数字档案信息共享方面，福建省人民政府发布《福建省数字档案共享管理办法》，在职责分工方面，《福建省数字档案共享管理办法》明确县级以上人民政府应当加强对本行政区域数字档案共享工作的领导，建立协调机制；县级以上人民政府档案行政管理机构负责本行政区域内数字档案共享的统筹规划、组织协调、建设管理和监督指导；县级以上人民政府发展和改革、工业和信息化、财政、人力资源和社会保障以及其他有关部门按照各自职责，做好数字档案共享的相关工作。《福建省数字档案共享管理办法》同时对综合档案馆、专业档案馆、档案形成单位以及公民、法人或其他组织参与数字档案共享作出规定，既促进了各部门各单位的协同配合，也鼓励社会力量参与其中③。《河南省档案馆数字档案资源共享管理暂行办法》规定，"河南省档案馆负责数字档案资源共享的统筹规划、组织协调，发挥龙头作用，带动省、市、县（区）三级综合档案馆开展开放数字档案资源的远程利用工作""河南省档案馆负责制定统一的开放数字档案数据标准，包括档案目录数据结构、档案全文格式要求等"④。

为此，需要建立健全档案数据共享利用组织保障机制，明确职责，理顺关系，加强统筹协调和战略规划，强化顶层设计、制度配套和资金投入，科学设计档案数据共享利用的整体框架、实施路线和行动方案，按照"谁主管，谁提供，谁负责"的原则，抓好措施落实和安全保障。具体而言，发挥国家档案局总揽全局、协调各方的核心领导地位，成立档案数据共享利用领导小组，负责档案数据共享利用战略规划和标准制定；地方各级档案主管部门组建实施小组，专门负责监督、指导和推

---

①国务院关于印发政务信息资源共享管理暂行办法的通知[EB/OL]. (2016-09-05)[2024-04-02]. https://www.gov.cn/gongbao/content/2016/content_5115838.htm.

②广东省人民政府办公厅关于印发广东省政务数据资源共享管理办法(试行)的通知[EB/OL]. (2018-11-29)[2024-04-02]. http://www.gd.gov.cn/zwgk/gongbao/2018/35/content/post_3366149.html.

③叶建强，武毅田. 福建省政府发布《数字档案共享管理办法》[N]. 中国档案报，2018-02-08(1).

④河南省档案馆数字档案资源共享管理暂行办法[EB/OL]. (2019-06-18)[2023-07-20]. http://hnda.haacee.org.cn/uploads/194/file/public/202003/20200319154626_u5bxu4hc02.pdf.

进本行政区域内档案数据共享利用活动开展。此外，档案部门需要积极融入政府数据开放共享、开发利用等治理活动，推动建立并加入数据管理委员会，数据管理委员会成员可以来自业务处室、数据管理部门、IT 部门和档案部门的负责人，数据管理委员会作为机构数据管理的议事机制，由此形成数据治理的高层对话机制[①]。

3. 落实档案数据共享利用评价机制

建立结构合理、内容完善、指标科学的档案数据共享利用评价机制，明确档案数据共享利用评价原则、评价方法和评价方式，有助于合理衡量档案数据共享利用成效、掌握用户体验，在效益反馈中不断改进档案数据共享利用服务策略，提升档案数据共享利用运行效果，提高档案数据服务能力与水平。

在档案数据共享利用评价过程中，应坚持科学实用、系统规范、动态灵活、针对有效、可操作性强的评价原则；为保证评价结果的科学性、全面性和客观性，可综合采用定量评估、定性评估、实地调研、平台监测、组织访谈、问卷调查和第三方评价等评价方式。

根据国家标准《信息技术 大数据 政务数据开放共享 第 3 部分：开放程度评价》（GB/T 38664.3—2020），结合档案数据共享利用实践，构建出档案数据共享利用评价指标体系，如表 7-1 所示。档案数据共享利用评价指标体系包括数据资源、平台设施、安全保障、管理机制和应用成效五个一级指标，数据资源主要对开放档案数据涉及的数量种类、数据质量等方面进行评价；平台设施主要对档案数据共享利用平台交互访问、运行服务等内容进行评价；安全保障主要对档案数据安全防护能力的有效性进行评价；管理机制主要对档案数据共享利用战略规划、体制机制、标准规范等内容进行评价；应用成效主要从档案数据满足利用需求角度进行评价。

表7-1　档案数据共享利用评价指标体系

序号	一级指标		二级指标		指标说明
	名称	权重	名称	权重	
1	档案数据资源	35	资源数量与类型	20	档案数据数量、种类、类型、特色、价值活性、开放范围、开放内容等
			数据真实性	4	档案数据原始准确、真实可靠程度
			数据完整性	4	数据背景内容、信息格式和逻辑结构完备程度
			数据可用性	4	数据可读可信、及时利用程度
			数据安全性	3	数据实体安全与信息安全

[①]刘越男. 数据治理：大数据时代档案管理的新视角和新职能[J]. 档案学研究, 2020(5): 50-57.

续表

序号	一级指标		二级指标		指标说明
	名称	权重	名称	权重	
2	平台设施	20	访问便捷性	5	网站设计可操作性、合理性、实用性
			功能完备性	5	服务功能丰富程度和满足利用情况
			系统稳定性	4	系统可持续服务、设施平稳运行
			开放手段多样性	3	提供数据服务手段、应用接口类型
			运维及时性	3	配套服务、管护修缮、优化升级能力
3	安全保障	15	数据安全预案	5	是否构建档案数据安全应急响应机制和应急预案
			数据安全预警	5	对潜在安全风险的监测预警能力
			数据安全防护	5	是否构建集人防、物防、技防于一体的安全防御体系
4	管理机制	15	法规标准	5	政策法规、标准规范完善程度
			组织制度	5	组织架构、权责划分、管理制度健全程度
			运行机制	5	运行流程畅通、联通、融通程度
5	应用成效	15	需求满足	5	政府、企业、社会组织、民众档案数据需求满足和体验程度
			数据应用	5	档案数据深层次开发与知识化智慧化服务程度
			技术应用	5	现代信息技术应用能力与发挥水平

4. 实施内外联动的人才培育机制

人才是档案数据共享利用的核心力量,加强档案数据共享利用专业人才培养,创新人才培育模式,建立健全多层次、多类型的档案数据管理人才培养体系,能够有效提升档案部门数据管理和档案数据共享利用能力。

(1)强化高校档案数据管理专业人才培养

高校是档案部门专业人才来源的重要渠道,需要创新档案专业人才培育机制,增强人才培养的针对性和实践性,培养适应大数据时代档案管理的复合型人才,助推档案数据共享利用科学高效地开展。首先,增设大数据、数据科学、数据管理、数据共享利用等数据技术课程,提升学生档案数据管理和数据处理能力。例如,中国人民大学信息资源管理学院适应数据管理浪潮,创建国内第一个信息分析本科、硕士及博士专业,创建国内第一个数字人文本科教育项目和硕士学位,创建国内第一个数据管理本科实验班项目和专业硕士项目,推出CCIT课程体系,融合了数据管理的案例(cases)、管护(curation)、行业(industry)、技术(technology)等四大核心模块[①]。其次,开展档案数据管理项目实践,创

---

①人大信管学院开招数据管理硕士 MlisDA[EB/OL]. (2021-09-17)[2023-09-25]. https://irm.ruc.edu.cn/xydt/tzgg/4beddc84751c4de08ce2f6a31f27293e.htm.

建档案数据管理技术实验室、档案数据治理创新项目和案例大赛，强化学生实践技能，推动大数据、人工智能、5G、知识管理、数字人文、量子计算等新一代信息技术在档案数据加工利用与知识发现中的实践应用。最后，强化国际交流合作，学习借鉴国外先进经验。21 世纪初，iSchools 运动兴起，成为图情档教育国际合作交流的新平台。目前已有 25 所学院开设与科学数据管理有关的课程，占成员总数近三分之二[①]，对我国图情档学科建立数据管理人才培育体系具有重要的参考借鉴意义。

（2）提升档案部门管理人员数据技能

大数据背景下开发利用海量档案数据资源，对档案工作人员的专业素养、职业技能提出更高要求，档案部门需要转变理念，强化数据意识和信息技能，推动档案管理人员数据管理能力提升。具体可从内部培育和外部引进两个层面展开。在内部培育层面，通过专业培训和实践锻炼，增强档案数据化处理、档案数据质量控制、档案数据分析挖掘、档案数据安全保护、档案数据知识组织与可视化等技能，提高档案人员数据管理能力，积极履行档案数据管理服务职能，打造一支业务精、实操强、技能硬的专业化人才队伍。在外部引进层面，重点引进数据管理专业人才和领军人物，推动档案部门人才结构优化升级，适应大数据时代档案管理要求。

（3）面向社会开展档案数据共享利用宣传教育

社会民众是档案数据共享利用的重要主体，需要面向大众开展档案数据共享利用宣传教育，提升社会民众档案数据共建共享能力。一方面是多渠道宣传。档案部门需要充分利用自媒体、新媒体、融媒体等，搭建多层次、立体化的宣传平台，全方位展示传播档案数据资源建设、开发成果、服务内容，扩大档案工作社会影响力，积极引导社会民众参与档案数据资源建设和共享利用，营造良好的档案数据治理生态。另一方面是教育培训。依托各类教育资源，通过线上线下多形式，面向社会民众开展档案数据管理技术专题培训和知识普及，提升社会民众档案管理意识和操作技能。例如，爱丁堡大学图书馆开发专门的线上平台并开设在线培训教程，课程内容包括数据管理计划、数据格式及其相互转换方式、了解元数据、管理知识产权等[②]。

---

①司莉，邢文明. 科学数据管理与共享的理论与实践[M]. 武汉：武汉大学出版社，2017：255.

②胡卉，吴鸣. 国外图书馆数据素养教育最佳实践研究与启示[J]. 现代情报，2016(8)：66-74，78.

（三）打造全国档案数据共享利用平台

当前，国家正在积极打造数据资源开放共享平台，推动数据资源共建共享与开发利用，助力数字中国、数字社会、数字政府、数字经济建设。2015 年，《促进大数据发展行动纲要》提出，"充分利用统一的国家电子政务网络，构建跨部门的政府数据统一共享交换平台，到 2018 年，中央政府层面实现数据统一共享交换平台的全覆盖"①。2017 年，习近平在实施国家大数据战略第二次集体学习时强调，"要以推行电子政务、建设智慧城市等为抓手，以数据集中和共享为途径，推动技术融合、业务融合、数据融合，打通信息壁垒，形成覆盖全国、统筹利用、统一接入的数据共享大平台，构建全国信息资源共享体系，实现跨层级、跨地域、跨系统、跨部门、跨业务的协同管理和服务""要加强政企合作、多方参与，加快公共服务领域数据集中和共享，推进同企业积累的社会数据进行平台对接，形成社会治理强大合力"②。2021 年，《中华人民共和国国民经济和社会发展第十四个五年规划和 2035 年远景目标纲要》进一步强调要加强公共数据开放共享，提出"健全数据资源目录和责任清单制度，提升国家数据共享交换平台功能，深化国家人口、法人、空间地理等基础信息资源共享利用。扩大基础公共信息数据安全有序开放，探索将公共数据服务纳入公共服务体系，构建统一的国家公共数据开放平台和开发利用端口，优先推动企业登记监管、卫生、交通、气象等高价值数据集向社会开放"③。

平台建设是档案数据共享利用的重要载体和关键渠道，为档案数据资源共享交换提供支撑。《中华人民共和国档案法》第四十一条提出，"国家推进档案信息资源共享服务平台建设，推动档案数字资源跨区域、跨部门共享利用"④，将推进档案信息资源共享服务平台建设上升到国家法律层面。《"十四五"全国档案事业发展规划》强调，"各省（自治区、直辖市）综合档案馆加强本区域档案信息资源共享平台建设，实现本区域各级综合档案馆互联互通，推动共享平台向机关等

---

① 国务院关于印发促进大数据发展行动纲要的通知[EB/OL]. (2015-08-31)[2023-06-11]. https://www.gov.cn/gongbao/content/2015/content_2929345.htm.

② 审时度势精心谋划超前布局力争主动 实施国家大数据战略加快建设数字中国[N]. 人民日报, 2017-12-10(1).

③ 中华人民共和国国民经济和社会发展第十四个五年规划和 2035 年远景目标纲要[EB/OL]. (2021-03-13)[2023-03-13]. https://www.gov.cn/xinwen/2021/03/13/content_5592681.htm.

④ 中华人民共和国档案法[N]. 人民日报, 2020-07-16(16).

单位延伸，促进档案信息资源馆际、馆室共建互通，推进档案信息资源跨层级跨部门共享利用。加大跨区域档案信息资源共享平台建设力度，扩大'一网查档、异地出证'惠民服务覆盖面。依托全国档案查询利用服务平台建立更加便捷的档案信息资源共享联动新机制，推动国家、地区档案信息资源共享平台一体化发展，促进档案信息资源共享规模、质量和服务水平同步提升，实现全国档案信息共享利用'一网通办'"[①]。《浙江省档案事业发展"十四五"规划》《江苏省"十四五"档案事业发展规划》《上海市档案事业发展"十四五"规划》等省市档案事业发展"十四五"规划也纷纷将档案信息资源共享服务平台建设作为重要内容。

大数据时代，档案数据成为档案信息资源的重要形态，建设档案数据共享利用平台是展现档案数据开发成果、释放档案数据价值潜能、满足用户知识信息需求的重要方式。为此，需要遵循需求导向、集约建设、安全可控、便捷高效的原则，从国家、地区多层面共同推进档案数据共享利用工作，运用现代信息技术，整合集成相互独立、保存分散的档案数据资源，打破各自为政、烟囱林立、数据壁垒，推动与业务办公系统、档案管理系统有效衔接，形成覆盖全国、统筹利用、统一接入、互联互通的档案数据共享利用平台，实现档案数据跨层级、跨区域、跨系统、跨行业、跨部门共享利用。

1. 建设方式：分布构建，逐步集成

为促进档案数据互联互通与开放共享，需要采用分布设置接口、逐步集成资源的建设思路，构建物理分散、逻辑集中的档案数据共享利用平台，实现分布性和集中性有机统一。分布性体现在物理层面，即档案数据来源于不同站点的档案数据库；集中性是从逻辑层面将地理分散的站点进行连接，整合集聚来源广泛、分散存储的各类档案数据资源，依据统一管理、分级负责的模式对平台业务活动进行管理，由各省级档案主管部门逐步推动本省内有条件的档案馆加入平台，最终实现全国各级档案馆全部接入[②]。

首先，建立档案数据共享利用标准体系。加强顶层设计和统筹规划，制定档案数据共享利用相关标准规范，明确各站点平台架构与业务流程、应用功能与交换接口、目录管理与用户服务、平台运维与网络安全、数据开放格式与数据质量

---

①中办国办印发《"十四五"全国档案事业发展规划》[J]. 中国档案，2021(6): 18-23.

②推进档案信息化建设　实施好"强基工程"[EB/OL]. (2021-09-22)[2023-08-12]. https://www.dapx.org/shownews.asp?id=1190.

要求等建设规则。在统一标准规范下，为各站点档案数据进行资源汇聚、格式转换与元数据描述标引提供行动指南。其次，建设各级各类档案馆站点。根据全国档案数据共享利用平台建设要求，结合本地信息化和档案工作实践，开展档案数据利用服务系统站点建设，明确档案数据开放条件、开放内容、开放流程、开放方式、更新频率等，建立档案数据开放共享目录清单，为对接全国档案数据共享利用平台夯实基础。最后，搭建全国档案数据共享利用平台。提供档案数据接口，连接各级各类档案馆站点，实现一站式档案数据查询利用；借助新一代信息技术加强档案数据深层次挖掘整合与高效化开发利用，促进知识关联和智慧服务。为了实现全国档案信息资源共享，国家档案局主导的全国性档案信息资源共享平台——国家开放档案信息资源共享利用系统，即中国开放档案共享平台，正式投入使用[①]。利用云计算等先进信息技术和管理模式，整合全国范围的国家综合档案馆馆藏开放档案信息资源，建设标准统一的共享服务平台和互联互通的网络服务体系，实现开放档案信息服务渠道和服务方式多元化，为全社会提供不受时间、空间限制的社会化、集约化、专业化的开放档案信息资源共享利用服务，提高档案服务民生的能力[②]。

2. 建设落点：形成多元档案数据资源库

档案数据共享利用平台建设，需要数量丰富、类型多样、结构优化、质量上乘的档案数据资源仓库支撑。例如，美国国家档案与文件署网站有数量巨大、检索功能齐全的数据库资源，通过美国国家档案馆网站可以充分利用美国国家档案馆馆藏超过 5000 万份的历史资料，为了方便用户利用，网站开发了一系列的网络数据库，如检索非电子文件的档案研究目录系统（Archives Research Catalog，ARC）、检索电子文件的档案数据库检索系统（Access to Archival Databases，AAD）、国家档案馆图书馆目录（NARA Library Catalog）[③]，丰富的数据库资源极大地满足了用户需求。

根据当前档案数据利用需求特征，运用语义挖掘、关联集成、聚类分析等技术手段，通过统一交换，对各站点数据库中符合特定主题的档案数据资源进行提

---

①姚乐野，丁琳玲. "中国开放档案共享平台"历史档案共享调查研究[J]. 兰台世界，2017(4): 22-26.

②程春雨. 云计算模式下的开放档案共享利用平台建设[J]. 中国档案，2013(12): 64-67.

③"大数据时代"环境下数字档案信息挖掘与传播实践之一[EB/OL]. (2019-08-22)[2023-06-14]. https://www.saac.gov.cn/daj/kjcgtg/201908/db1bbfad54d841eaaa7e890b75faa733.shtml.

取、汇聚和整合，形成以政务档案数据资源库、民生档案数据资源库和专题档案数据资源库为主的多元档案数据资源库群。

（1）政务档案数据资源库

政务档案数据是政府部门在履行职责过程中产生或获取的具有保存价值的数据资源，在档案数据资源中占据重要地位。政务档案数据涉及公共利益，与社会发展密切相关，利用需求大。整合汇聚、开放共享政务档案数据资源，能够为政府管理提供数据服务与科学决策，为政府快速反应提供智库保障[①]，充分发挥档案资政襄政功能，助力政府工作效率提升；能够为社会公众进行政务信息查询、保障民生权益、监督政府行政效率提供有效支撑。

当前，各地积极部署政务档案数据归集汇聚、开放共享、开发利用工作。上海市颁布了《上海市公共数据开放暂行办法》《上海市政务数据资源共享管理办法》《上海市公共数据和一网通办管理办法》《上海市公共数据资源开放 2020 年度工作计划》《2021 年上海市公共数据治理与应用重点工作计划》等政策文件来指导政务数据资源整合应用和开放服务。上海市档案部门积极融入全市政务服务"一网通办"、城市运行"一网统管"，加强公务电子邮件、政府网页信息等新型档案资源收集归档，通过重点档案登记和目录报送等举措，将本市各级各类档案馆、各机关、人民团体和国有企业档案目录资源汇集到政务内网端的"上海档案目录共享平台"[②]。浙江省发布《浙江省公共数据和电子政务管理办法》，提出，"省档案行政管理部门负责制定公共数据和电子文件的归档、移交、保存、利用等具体规定。各级档案行政管理部门负责本行政区域内公共数据和电子文件归档统一平台建设"[③]。浙江省档案部门主动对接政府数字化转型，积极推动全省政务数据归档交换平台迭代升级，在全国率先开展政务服务事项电子化归档工作，出台政务大数据归档等档案信息化系列标准规范[④]，通过电子档案交换系统，实现了与浙江政务服务网和省住建厅、省民政厅、省人社厅等部门 12 个自建业务系统的对接。

①牛力，王为久，韩小汀."档案强国"背景下的档案知识服务"云决策平台"构建研究[J]. 档案学研究，2015(5): 74-77.

②上海市档案局关于印发《上海市档案事业数字化转型工作方案》的通知[EB/OL]. (2021-04-01)[2023-06-21]. https://www.archives.sh.cn/dayw/jszj/202301/t20230105_67869.html.

③浙江省公共数据和电子政务管理办法[EB/OL]. (2023-06-08)[2023-12-29]. https://www.zj.gov.cn/art/2023/6/8/art_1229621099_2478874.html.

④省发展改革委 省档案局关于印发《浙江省档案事业发展"十四五"规划》的通知[EB/OL]. (2021-06-24)[2023-06-21]. https://fzggw.zj.gov.cn/art/2021/6/24/art_1229539890_4671279.html.

通过政务云，进一步联通省大数据中心，将查档服务平台接入浙江政务服务网和"浙里办"APP，给查档群众带来极大便利①。宁波市档案局馆以资源为核心，加强数据资源组织管理，统筹规划资源库、管理库、应用库建设，在局域网构建涵盖所有数字档案的资源总库，落实长期保存和安全保障措施，建成电子档案长期保存库和电子政务与公共数据的管理平台库；在各个网络平台分别设立利用库，实现档案信息资源分层、分级共享，满足各类用户的不同利用需求②。

（2）民生档案数据资源库

民生档案是社会公众利用需求最高的档案类型，加强民生档案数据库建设是档案数据资源建设的重要内容。整合各级综合档案馆的民生档案数据资源，形成民生档案数据资源库群，有利于打破时空限制，为社会公众提供便捷高效、丰富多元的民生档案信息服务，满足人民日益增长的档案信息需求和档案文化需求。例如，淄博市档案馆从2019年开始启动数据质量提升工程，每年投资约30万元，引进专业公司对部分利用率较高的档案数据进行质量提升，推动档案数字化向数据化转变。目前，已建成包含1000万页全文数据库、126万条目录数据库、50.29万条民生档案数据库的数字档案馆，与各区（县）档案馆签订馆藏档案跨馆利用服务协议，将馆藏3269卷民生档案全文数据全部下放到各区（县）档案馆，并牵头将各区（县）民生档案目录数据进行整合，实现了跨馆利用、异地出证。与周边地区档案馆签署档案资源共享协议，推动实现让数据多跑路、让群众少跑腿③。2020年以来，青岛市城阳区档案馆以群众需求为导向，以信息技术为支撑，加强共商共建，以各单位、各部门档案室为基点，利用城阳区档案馆数据平台，实现档案数据共享。特别是加强与区民政局、区人社局、区农业农村局等涉民单位合作，在区档案馆数据平台建立各种民生档案专题数据库，形成"馆室联动"的民生档案"一体化"利用服务平台，打破了区档案馆原来仅立足馆藏资源提供利用服务的固有路径依赖，推动了档案服务供给侧结构性改革，为人民群众提供"一站式"档案查阅利用服务。目前，"一体化"平台已建立婚姻、知青、毕业生登记、失业人员登记、环保、土地等10个专题民生档案数据库，共享档案数据12.7万余条④。

①郑金月. 将数字档案馆纳入数字政府大格局中统筹建设[N]. 中国档案报, 2019-12-23(3).

②詹锐. "五争共建"高质量推进数字档案馆建设：宁波市数字档案馆建设综述[N]. 中国档案报, 2021-04-08(1).

③王允永. 聚焦主责主业 全面提升新时代档案馆业务建设水平[N]. 中国档案报, 2020-11-02(3).

④吕成娟, 许立强. 青岛市城阳区：建平台 促共享 推进档案服务再升级[EB/OL]. (2020-12-16)[2023-07-12]. http://www.zgdazxw.com.cn/news/2020/12/16/content_314641.html.

（3）专题档案数据资源库

《"十四五"全国档案事业发展规划》提出，普遍开展专题档案目录建设，推动重点地区、重点单位建设专题档案数据库，建设国家级专题档案记忆库，统筹重大历史事件、重大活动、突发事件应对活动等档案专题数据库建设，引导支持地方各级综合档案馆重点围绕"四史"教育、历史研究、工业遗产保护、历史文化遗产传承、"一带一路"与跨文化交流等进行专题档案开发，更好发挥档案在服务国家治理、传承红色基因、建构民族记忆、文明交流互鉴等方面的独特作用[①]。专题档案数据资源库主题较为丰富，影响广泛的重大历史事件、重要历史人物、特定研究主题等可视为专题，主要围绕历史传承、文化传播、经济发展、科技创新等内容开展档案数据资源建设，发挥专题档案数据资源特有的社会价值。

第一，红色档案数据资源库。习近平总书记强调，"要把蕴含党的初心使命的红色档案保管好、利用好"[②]。历史是最好的教科书，红色档案记录着党的百年奋斗历史，蕴含着党的初心使命。保管好利用好红色档案，对于弘扬伟大建党精神、赓续红色血脉、把握党的执政规律具有重要作用[③]。为此，需要整合各类红色档案数据资源，建立红色档案数据资源库，强化红色档案数据抢救保护，提高红色档案数据开发利用水平，发挥红色档案的文化育人功能，为弘扬伟大建党精神、守好红色根脉提供鲜活教材。《"十四五"全国档案事业发展规划》指出，深入挖掘红色档案资源，建立"四史"教育专题档案资料库，传承红色基因，充分发挥档案在理想信念教育中的重要作用[④]。《上海市档案事业发展"十四五"规划》提出要加强红色档案传承弘扬，积极挖掘上海作为党的诞生地和初心始发地在革命、建设、改革开放中形成的红色档案资源，建立珍贵红色档案名录，加大红色档案保护、整理和开发力度，建设红色档案专题数据库，打造"红色记忆"档案文化品牌，用好用活红色档案资源，传承红色基因、赓续红色血脉，进一步发挥红色档案以史鉴今、资政育人的作用[⑤]。

①国家档案局档案馆（室）业务指导司. 紧扣八个关键词 全面推进档案事业"四个体系"建设[N]. 中国档案报, 2021-09-02(1).

②李波. 学习贯彻重要批示 奋力谱写新时代档案工作新篇章[N]. 中国档案报, 2021-09-16(3).

③国家档案局印发《通知》要求认真学习贯彻习近平总书记对档案工作重要批示[EB/OL]. (2021-07-29) [2023-06-21]. https://www.saac.gov.cn/daj/yaow/202107/4447a48629a74bfba6ae8585fc133162.shtml.

④中办国办印发《"十四五"全国档案事业发展规划》[J]. 中国档案, 2021(6): 18-23.

⑤上海市档案局关于印发上海市档案事业发展"十四五"规划的通知[EB/OL]. (2021-08-04)[2024-06-21]. https://www.archives.sh.cn/tzgg/202112/t20211213_62551.html.

　　第二，婚姻档案数据资源库。家庭是社会的细胞，婚姻档案真实地反映了社会和家庭的发展变化，是社会记忆的重要内容，建立婚姻档案数据资源库有助于揭示社会家庭变迁，更好满足民众档案利用需求。例如，广西壮族自治区梧州市对市档案馆、万秀区档案馆和长洲区档案馆的婚姻档案全文数据和目录数据进行收集、整理和汇总，并利用软件进行数据挂接，建成了全市婚姻档案专题数据库。该数据库汇总了梧州市原市区范围内1953年至2017年结婚、离婚、补办、撤销登记4类档案共13.9万卷，其中涉外婚姻档案2864卷。全市婚姻档案专题数据库建成后，市民在梧州市档案馆凭本人有效证件即可在几秒钟内完成婚姻档案的查询利用，实现了"一站式"查档[①]。

　　第三，古村落档案数据资源库。村落历史文化档案反映了农村社会历史变迁、经济生产、民俗风情等内容，是劳动人民宝贵的精神财富，也是不可多得的研究乡村历史和现状的素材，更是人们乡土归属感、认同感的重要精神载体[②]。建设古村落档案数据资源库有助于留存乡土记忆、保护历史遗产、传播优秀文化。例如，2016年6月，浙江省档案局联合省农业和农村工作办公室、省财政厅，在全省部署开展"千村档案"建设工作。该项工作以数据建库的形式对全省1306个历史文化村落的历史文化档案资源进行抢救和保护，设计了统一的村落建档指导方案，配套专用档案数据管理系统，并被纳入浙江省美丽乡村示范县考核指标体系。至2019年底，"千村档案"建设工作已全面完成，建成包含1410个历史文化村落档案数据的资源库，数据量达5 TB[②]。

　　第四，名人档案数据资源库。名人档案是著名人物在其个人、家庭和社会活动中直接形成的历史记录。建立名人档案数据资源库有利于整合名人档案资源，为社会历史研究、个人记忆保护、优秀文化传承提供针对性服务。例如，上海图书馆将盛宣怀的多种文献信息和档案数据进行整合，打造盛宣怀档案知识库，其包含15.7万件日记、文稿、信札、电报、账册、电文、合同、章程，是盛宣怀家族自1850年至1936年间的记录，内容涉及政治、经济、社会、军事、外交、金融、贸易、教育等各方面，被称为中国私人档案第一藏，是研究中国近代史的第一手史料宝库[③]。通过关系、时空、人物、公司等四个维度数据平台，提供档案数据目录和全文服务，运用数字人文、关联数据、时空分析、社会关系分析等技术，以知识地图、知识图

①梁志坚. 广西梧州建成婚姻档案专题数据库[N]. 中国档案报, 2021-05-03(2).

②孙昊. 全国人大代席文建议用好"千村档案"助力美丽乡村建设[N]. 中国档案报, 2021-03-08(1).

③盛宣怀档案知识库官网网址为 http://sd.library.sh.cn/sd/home/index。

谱等可视化手段予以呈现。盛宣怀档案知识库丰富和创新了历史人物档案的利用形式，为名人档案数据资源库的模块设计、功能规划、服务效果呈现等提供有益借鉴。

3. 建设成效：搭建档案数据共享利用平台

大数据环境下，档案数据共享利用强调内容丰富性、功能便捷性、数据实时性，追求基于档案数据内容深度挖掘的知识化智慧化服务。为此，需要以多类型档案数据资源库为基础，建立相关工作管理制度和技术标准规范，运用 Web 数据挖掘技术、全文检索技术、Push 技术、异构数据库整合技术、智能代理技术，知识仓库技术[1]，从资源层、处理层、服务层建设统一联动的档案数据共享利用平台。一方面，有助于打破部门之间的数据孤岛，实现不同类型档案数据资源汇聚，推动各个档案数据管理系统之间互联互通，提供一站式服务，节省用户时间成本，提高档案数据共享利用效率效能；另一方面，通过数据挖掘、语义分析、关联聚合、知识组织等技术方法发现档案数据隐藏的知识信息，打造档案知识库，形成知识产品，提供知识服务和决策服务，实现数据增值。

（1）资源层建设

资源层是知识服务平台的基础设施[2]，是档案数据共享利用平台建设的核心要素，需要汇聚各方档案数据资源，形成全国档案数据共享利用资源池。档案数据资源层主要由各站点档案数据库构成，依托平台系统，对物理分散的海量档案数据进行集成汇聚，构建逻辑集中统一的档案数据资源仓库。各站点根据档案资源特点，建设本单位的档案数据库，为了丰富档案数据资源，可设置不同类型的专题档案数据库，引导企业、行业组织、社会公众等参与档案数据资源建设，多渠道、多方式、多路径汇聚档案数据资源，夯实档案数据共享利用平台建设的资源基础。以需求为导向，以应用场景为牵引，进一步扩大开放数据集供给范围，提高开放数据集数据质量，更好地满足社会应用主体的需求[3]。

（2）处理层建设

处理层是档案数据共享利用平台建设的关键环节。处理层建设的主要任务是通过一系列技术手段，对档案数据资源进行数据分级、脱敏清洗、安全控制，对

---

①陈代春. 高校图书馆知识服务平台构建探析[J]. 情报科学, 2008(6): 841-844.

②廖志江. 知识发现及数字图书馆知识服务平台建设研究[J]. 情报科学, 2012(12): 1849-1853.

③上海市人民政府办公厅关于印发《2021 年上海市公共数据治理与应用重点工作计划》的通知[EB/OL]. (2021-03-21)[2023-08-01]. https://www.shanghai.gov.cn/nw12344/20210331/f378a8ba5f96452cb5644f5d1626cb37.html.

数据颗粒的知识单元进行提取、关联和分析，使档案数据库转化为信息库、知识库。一是原始档案数据的预处理。针对各站点分布式存储的档案数据，采取数据清洗、校核纠错、格式转化、著录标识、交换融合等操作，消除数据冗余及数据不一致现象，并保证数据完整性，最后形成有利于数据挖掘的数据库或数据仓库[①]。二是档案数据信息挖掘与知识发现。在档案数据资源层的基础上，有针对性地抽取知识单元，运用知识元标引与链接技术、主动推送的知识导航与服务技术、支持语义的知识检索技术、知识重组与整合技术[②]，发现档案数据之间的语义联系，依据特定的逻辑结构，构建便于计算机处理分析的本体数据集，促进档案知识元深度融合，打造档案数据知识库，推动档案数据深层次共享利用。三是加强安全防护，保障平台安全可靠运行。开展档案数据资源开放风险评估，明确数据开放主体和数据利用主体在开放平台上的行为规范和安全责任，对开放平台上开放数据的存储、传输、利用等环节建立透明化、可审计、可追溯的全过程管理机制[③]，完善身份认证、访问控制、脱密脱敏、监测预警、应急处置、数据备份等防控措施，管控数据开放各环节中的风险隐患，确保传输交换的档案数据信息安全和实体安全，严防敏感数据、保密数据和隐私数据泄密泄露。

（3）服务层建设

服务层是档案数据共享利用平台建设效果的呈现，是用户体验的重要渠道。档案数据共享利用平台服务层应具有信息查询与数据获取、数据分析与可视化、文化传播与知识供给、互动参与与反馈评价等功能，可通过档案网站、移动终端、微信公众号、应用小程序等途径查询利用，实现一窗受理、一网通办，提供便捷化、丰富化、智慧化的档案数据服务，使用户通过检索得到的不再是简单的档案目录信息，而是经过系统整合的全文信息和知识集合，提升用户体验满意度。借助平台的互动功能，引导行业组织、技术企业、社会公众对档案数据进行研究、分析、挖掘，推动档案数据创新开发和融合应用。例如，浙江省在全国率先推动省域"异地查档、跨馆服务"，建成运行浙江档案服务网，在全国率先实现全省范围内综合档案馆微信、"浙里办"APP 掌上查档，累计提供查阅利用 6.3 万人次，满意度 99.4%。牵头建成长三角民生档案跨区域查档平台，实现民生档案利

---

①廖志江. 知识发现及数字图书馆知识服务平台建设研究[J]. 情报科学, 2012(12): 1849-1853.

②司莉. 基于知识构建的知识服务的实现[J]. 图书馆论坛, 2009(6): 216-219, 88.

③《上海市公共数据开放暂行办法》(沪府令 21 号)[EB/OL]. (2019-08-29)[2023-08-01]. https://www.shanghai.gov.cn/nw48156/20200825/0001-48156_62825.html.

用跨省"一网通办"①。近年来，杭州市住房保障和房产管理局在数据共享便民服务方面，围绕"最多跑一次"改革工作，以创新服务举措，优化工作流程，最大化满足市民、政府部门间的档案利用需求为出发点，不断糅合先进技术和民生需求，致力打破部门业务壁垒，推动房产档案数据共享平台的构建，目前已相继实现与国土、民政、税务、教育等多部门间的信息共享和业务协同，将房产档案信息在线共享反馈，逐步取消部门间的证明材料，真正实现让数据多跑路，让群众少跑腿，甚至不跑腿②。

（四）推动档案数据深度开发与智慧利用

《中华人民共和国档案法实施条例》规定，"国家鼓励有条件的单位开展文字、语音、图像识别工作，加强档案资源深度挖掘和开发利用"③。当前，新一轮科技革命和产业变革席卷全球，新技术、新平台、新模式不断涌现，社会数字化、网络化、智能化水平不断提升，为档案事业转型发展注入新动力、新活力、新潜力，需要积极借助大数据、人工智能、数字人文、知识管理等新一代信息技术，对海量数据资源进行深度分析、知识聚合、动态呈现，在人机物三元智慧融合中不断增强档案数据利用能力和服务能力。

1. 数据挖掘与可视化

档案数据挖掘，即从档案数据中挖掘知识信息。大数据挖掘技术有效地解决了数据和知识之间的鸿沟，是将数据转变为知识的有效方式④。通过对来源广泛、类型多样的海量档案数据进行处理转化、语义分析、关联聚合，深度挖掘档案数据蕴含的信息、知识，将档案数据隐性价值转化为显性价值，充分释放档案数据潜能。例如，2017 年，浙江省档案局和丽水市档案局利用云计算、大数据分析、大数据挖掘等信息技术，提高各门类档案的检索利用的智能化水平，从海量档案数据中挖掘出有价值的信息，满足不同档案利用者的信息需求，将档案资源转化

①省发展改革委 省档案局关于印发《浙江省档案事业发展"十四五"规划》的通知[EB/OL]. (2021-06-24)[2023-06-21]. https://fzggw.zj.gov.cn/art/2021/6/24/art_1229539890_4671279.html.

②积极响应"最多跑一次"房产档案信息与民政部门实现数据共享[EB/OL]. (2018-07-24)[2023-07-12]. http://fgj.hangzhou.gov.cn/art/2018/7/24/art_1229268441_57485750.html.

③中华人民共和国档案法实施条例[N]. 人民日报, 2024-01-29(15).

④陶水龙. 大数据视野下档案信息化建设的新思考[J]. 档案学研究, 2017(3): 93-99.

为知识资源,建立更加精准、智能、高效的档案管理服务平台①。江苏核电有限公司通过大数据应用技术,对涵盖工程建设和生产运营活动中产生的数据、信息、文档进行资源整合,从海量数据中挖掘有价值的信息,利用信息技术提升档案服务水平,在保障信息安全的同时实现信息共享②。

可视化技术作为解释大数据最有效的手段之一最初是被科学与计算领域运用,它对分析结果的象化处理和显示,在很多领域得到了迅速而广泛的应用。数据可视化技术是指运用计算机图形学和图像处理技术,将数据转换为图形或图像在屏幕上显示出来,并进行交互处理的理论、方法和技术③。借助 VR、AR、MR 等数据可视化技术,对档案数据承载的知识信息以清晰明朗、高效直观的方式进行动态表达、多维呈现,发现档案数据背后的洞见与规律,创新档案服务方式,提高档案资源利用效率。例如,河南省高级人民法院深挖档案大数据应用,全力打造档案大数据可视化管理平台,努力实现档案工作监、控、管一体化管理,努力提升全省法院档案管理科学化、精细化、智能化管理水平。目前,河南法院档案大数据可视化平台已建设完成,初步具有归档情况查看、档案利用情况查看、库房情况查看、电子卷宗实际制作率显示、案件类型占比显示等功能,各项功能和数据分析正在优化完善中④。中国联通基于现有数字档案馆构建海量数据智能分析与挖掘平台,通过语义网、机器学习、数据关联可视化等技术构建的联通电子档案知识图谱系统,能够将档案数据之间的关联关系、分析结果直观展示,进而有效地展现企业电子档案价值,为电子档案的智能化管理以及辅助企业决策提供有力支撑⑤。

2. 智能分析与智慧服务

人工智能(artificial intelligence,AI)是研究、开发用于模拟、延伸和扩展人的智能的理论、方法、技术及应用系统的一门新的技术科学。人工智能涉及计算机科学、数据科学、心理学、伦理学、哲学、传播学等不同领域,通过自然语言处理、模式识别、语言图像识别、专家系统、机器神经网络、深度学习、模拟算

---

①丽水一科研项目通过国家档案局科学技术成果鉴定[EB/OL]. (2017-04-21)[2023-07-20]. http://daj.lishui.gov. cn/art/2017/4/21/art_1229395789_1672.html.

②查凤华, 杨强. 找准抓手助推田湾核电文档大发展[N]. 中国档案报, 2018-09-24(3).

③李红. 数据库原理与应用[M]. 北京: 高等教育出版社, 2003: 2.

④直击痛点补短板 创新亮点上水平: 河南省高级人民法院扎实开展档案管理规范化建设[EB/OL]. (2020-10-30)[2023-07-20]. https://jyt.henan.gov.cn/2021/10-21/2331150.html.

⑤杨茜雅. 中国联通电子档案数据挖掘与智能利用的研究[J]. 档案学研究, 2018(6): 105-109.

法、逻辑推理、智能聚合等技术方法，对人的意识、思维、行动进行仿真类比，探寻智能的实质，开拓人类智慧的全新空间。人工智能的快速发展得益于算法的不断演进、学习层级的不断增加、计算能力的提升、大数据的飞速发展等多种因素①。人工智能技术已应用到数据管理与档案管理中，在档案数据化处理、智能分析、智慧服务等方面前景广阔。

借助语音识别、人脸识别、OCR 识别、图像分析、篇章分析、语义理解、加工计算、自动标引、自动文摘、智能感知等技术方法，对纸质档案、照片档案、音视频档案进行识别分析、数据化处理、智能分类、编目著录、划控鉴定等，增强档案数据智能采集、智能捕获、智能处理、智能鉴定等智能化管理分析能力，提升档案数据运行效能。例如，上海浦东新区档案馆持续推进在线政务服务电子文件全流程实时归档，运用人工智能技术对电子文件进行自动分类整理、自动要素归集、自动线上归档、自动打包检测实现全自动管控②。中国移动通信集团江苏有限公司基于 TextCNN（利用卷积神经网络对文本进行分类的算法）人工智能算法开展档案保管期限鉴定工作；安徽省档案局与科大讯飞联合开展了国家档案局科技项目"人工智能技术在档案划控上的应用"，辅助档案管理人员开展档案划控鉴定工作③。

运用智能化挖掘开发工具，开展档案数据智能筛选、智能组配、智能推送、智能决策等服务，拓展档案数据智慧服务场景。通过智能匹配、智能拓展、智能运作等技术在档案数据检索中的应用，提高档案数据智慧检索能力，提升档案利用的精准度和快捷性；依托智能网络、智能交互、智能解读和智能研判技术，建立档案数据智能利用咨询系统，实现档案数据咨询服务自动筛选、自动推理、自动应答；通过手机档案馆等智能服务平台，开展档案数据菜单式、订单式和一站式服务，实现档案信息个性化、特色化、便捷化服务，随时随地方便用户利用档案数据资源④。例如，湖州市档案馆按照"整体智治"理念，系统性开展智慧档案建设，运用人工智能、互联网等技术手段提升档案公共服务智慧化水平，积极融入全省档案数据中心建设，坚决打破信息壁垒和数据孤岛，在构建全市档案馆的智能展示与服务协作

①于英香，赵倩. 人工智能嵌入档案管理的逻辑与特征[J]. 档案与建设，2020(1): 4-8.

②浦东新区持续发力在线政务服务电子文件归档，构建政府数字化转型坚实底座[EB/OL]. (2021-05-21) [2023-11-04]. https://www.bjroit.com/news/830-cn.html.

③祝成. 加快人工智能技术在档案管理工作中的应用[N]. 中国档案报，2021-01-14(3).

④金波，丁华东，倪代川. 数字档案馆生态系统研究[M]. 北京：学习出版社，2014: 394.

平台、民生和开放档案的利用服务平台、提供资政服务的智能决策辅助平台等升级融合上下功夫，合力合心共建档案资源库，从市域数字档案资源集成协同向省域甚至长三角地区延伸覆盖，构建省市县档案馆"共同体"[①]。

3. 数字人文与数字孪生

在人文和数字共融的时代背景下，数字人文蔚然兴起。随着大数据、人工智能、区块链等新一代信息技术的发展，"数字人文"在人文研究、新文科建设等方面的优势越来越突出。"数字人文"已从单纯的人文学科研究方法的补充，正式成为数字技术应用于人文学科的新兴学科，涉及图书馆学、档案学、博物馆学、社会学、人类学、历史学、文学、语言学、地理学、艺术学、传播学、计算机科学等学科领域，为展示人文情怀与知识创新、耦连历史经典与时代潮流、呈现文化魅力与技术发展提供探索空间与广阔舞台。数字人文借助数字技术再现历史情景、编织数字记忆，档案数据作为价值厚重的文化信息，为数字人文提供了丰富的人文资源。通过对档案数据进行上下文识别、元数据标注、要素提取、静态关联、动态聚合、深度计算、语义重组、叙事化表现等，挖掘和串联档案数据知识单元，促进档案数据人文价值发挥。例如，英国国家档案馆为纪念第一次世界大战 100 周年推出的"沃顿小镇"项目对英国国家档案馆馆藏文件、图像资料进行分析、挖掘，高度还原英国维多利亚时代爱德华时期的城镇建筑风格以及第一次世界大战期间各类兵种的制服和装备等。该项目运用计算机建模、关联数据等技术重现第一次世界大战时期英国小镇社会历史风貌，帮助公民从社会生活视角深入了解第一次世界大战的历史[②]。冯惠玲团队以台州古村落档案信息资源为基础，以"全息"数字化、数字音视频录制、多媒体叙事、数字文本阐释、全屏切换结构等技术为手段，建立在历史、文化、科技、艺术的完美融合之上，构建了古村落数字记忆建设的理念、方法和技术实现，开拓了依托档案资源构建数字记忆的新领域——乡土中国文化记忆的新模式[③]。上海市档案馆"跟着档案观上海"数字人文平台上线，该平台综合运用了人工智能、人机交互、知识图谱、数据库等技术，将档案知识图谱和时空地理信息系统、流媒体故事系统等有机融合，打造成

————————————

①黄丹华. 主动作为 谱写"重要窗口"浙江示范样本的档案新篇章[N]. 中国档案报, 2020-07-09(3).

②李子林, 王玉珏, 龙家庆. 档案与数字人文的"和"与"合"：国外开展档案数字人文项目的实践[N]. 中国档案报, 2018-10-15(3).

③冯惠玲, 梁继红, 马林青. 台州古村落数字记忆平台建设研究：以高迁古村为例[J]. 中国档案, 2019(5): 74-75.

一个独具海派特色的档案文化传播和档案查询平台[①]。

数字孪生（digital twin）是以数字化方式创建物理实体的虚拟模型，借助数据模拟物理实体在现实环境中的行为，通过虚实交互反馈、数据融合分析、决策迭代优化等手段，为物理实体增加或扩展新的能力[②]。数字孪生技术作为一种加速社会数字化转型的综合科技体系，对推动智慧档案馆资源数据化、提供数智服务、构建智能运作模式等具有重要意义[③]。2021 年，《国家图书馆"十四五"发展规划》提出全面提升数字化、网络化、智慧化发展水平，建设"数字孪生国家图书馆"[④]。数字孪生的基础是数据和建模。从数据中挖掘知识，以知识驱动生产管控的自动化、智能化，是数字孪生技术应用研究的核心思想[⑤]。借助协同计算、虚实映射、技术迭代、系统交互、物联感知、模拟仿真等技术方法，形成资源丰裕、准确可靠、格式规范、传输稳定的档案孪生大数据，构建要素丰富、数据驱动、交互映射、智能可控的智慧孪生档案馆，发挥连接物理世界和信息世界的桥梁和纽带作用，形成与现实空间相互联通、平行存在的档案"元宇宙"，促进档案数据互联互通和共建共享，提供更加实时、高效、智能的档案数据服务。目前，河北雄安新区坚持数字城市与现实城市同步规划，不断推进数字孪生城市建设，图书馆作为其数字孪生城市建设的重要组成部分，预计在 2035 年基本建成。全面打造全覆盖的数字化标识体系，构建物联网统一开放系统，搭建多源普惠计算设施，实现图书馆数据交换和预警实时推演，打造地上地下全通达、多网协同的泛在网络环境。构建图书馆全域智能化环境，推进智能化、数字化规划建设，建立用户全数字化个人诚信体系。构建大数据信用体系、数据资源开放共享管理体系和全量数据资源目录[⑥]。雄安新区孪生图书馆的建设经验为档案馆运用数字孪生技术进行数字转型、智能升级提供参考借鉴。

①张姚俊. 上海"跟着档案观上海"数字人文平台上线[N]. 中国档案报, 2023-06-15(1).

②陶飞, 刘蔚然, 刘检华, 等. 数字孪生及其应用探索[J]. 计算机集成制造系统, 2018(1): 1-18.

③展倩慧, 杨智勇, 杨鹏. 基于数字孪生技术的智慧档案馆模型建构研究[J]. 浙江档案, 2021(2): 50-52.

④国家图书馆"十四五"发展规划[EB/OL]. (2021-10-09)[2023-04-14]. https://www.nlc.cn/upload/attachments/2023-04-14/4dd2526a.pdf#:~:text=%E4%B8%BA%E8%B4%AF%E5%BD%BB%E8%90%BD%E5%AE%9E%E3%80%8A%E4%B8%AD%E5%8D%8E,%E5%B1%95,%E7%BC%96%E5%88%B6%E6%9C%AC%E8%A7%84%E5%88%92%E3%80%82.

⑤重磅发布|一图看懂《数字孪生应用白皮书》[EB/OL]. (2020-11-18)[2023-11-01]. http://www.cesi.cn/202011/7002.html.

⑥张兴旺, 王璐. 数字孪生技术及其在图书馆中的应用研究: 以雄安新区图书馆建设为例[J]. 图书情报工作, 2020(17): 64-73.

4. 知识组织与用户画像

知识竞争是 21 世纪知识经济时代的基本特征[①]，在此背景下，以知识转化和服务为核心的知识组织应运而生。知识组织是在信息组织的基础上，研究知识的获取、描述、整理、表达、控制、共享等整个知识组织过程的理论和方法，包括知识获取、知识表达、知识处理和知识共享四部分重要内容[②]。知识组织是揭示知识单元，挖掘知识关联的过程或行为，最为快捷地为用户提供有效的知识或信息[①]。随着信息技术发展和社会进步，用户信息素养不断提高，人们对档案服务的期望也在不断变化，迫切需要在档案展览这类被动式输出和"关键词输入、列表式呈现"的常规检索服务之外，提供层次更深、范围更广的知识服务[③]。现代信息技术、人工智能、知识工程技术的不断成熟，发现、提炼和挖掘蕴含在档案中的知识及其知识关联，已具有切实的可行性[④]。档案部门需要以社会需求为导向，利用分词标引、自动摘要、编码分析、分类聚类、数据挖掘、语义网络、超媒体等技术方法，对档案数据资源进行描述加工、整序优化、集成处理、提炼开发，挖掘蕴含在档案数据中的隐性知识单元，并对这些知识单元进行整合、组织与管理，形成各类知识产品，促进知识交流、知识传播、知识共享、知识增值和知识再生产，发挥档案馆的知识管理、知识开发、知识导航和知识创新功能，成为政府决策、科学研究、技术创新的重要知识库。例如，敦煌研究院院长樊锦诗提出构建"数字敦煌"，运用高科技手段为敦煌壁画、泥塑、洞窟建立档案，推动文化遗产数字化保护。"数字敦煌"的核心是建设一个敦煌学学术研究与保护，以及弘扬敦煌文化的信息资源总库，建立以文献和石窟研究对象为主的知识网络，其目的是消除"信息孤岛"，从而构建集学术研究、专业资源服务于一体的知识管理与服务平台，形成覆盖本行业的知识信息资源中心；目标是把各种不同载体、不同地理位置的文化信息资源用数字网络技术存储，可以进行跨区域的知识网络查询和知识传播[⑤]。2020 年，"青岛档案信息网"全新改版上线，积极推进档案资源数据化和历史信息知识化，率先建成档案信息资源服务型网站。"青岛历史知识库"版块收录了青岛历史知识词条近 8000 条，时间涵盖从古代到当代，内容包括政治

---

① 姚乐野, 蔡娜. 走向知识管理与知识服务: 数字档案馆建设研究[M]. 成都: 四川人民出版社, 2010: 130, 137.

② 柯平, 石婷婷, 胡娟. 2019 年国外图书馆学热点与前沿分析[J]. 文献与数据学报, 2020(3): 99-118.

③ 夏天, 钱毅. 面向知识服务的档案数据语义重组[J]. 档案学研究, 2021(2): 36-44.

④ 张斌, 魏扣, 郝琦. 面向决策的档案知识库构建研究[J]. 图书情报工作, 2016(5): 118-124.

⑤ 夏生平. "数字敦煌"再现古代丝绸之路的历史文明[N]. 中国档案报, 2016-02-22(3).

史、军事史、经济史等 10 个方面。通过知识词的关联帮助用户获取新的知识，搭建起面向社会用户的青岛历史知识公共服务平台①。

　　大数据时代充分挖掘发现用户的偏好、特征、需求等全貌信息有助于提升档案信息服务水平，而嵌入用户画像能精准捕捉用户信息、科学预测信息需求，为档案馆开展智能化档案信息服务提供方向②。用户画像最早由交互设计之父 Alan Cooper 提出，与数据挖掘、大数据分析相关，通过数据建立描绘用户的标签，具体而言通过分析消费者社会属性、生活习惯、消费行为等信息而抽象出该消费者需求偏好的一个标签化的过程③。通过对用户行为数据、网络浏览数据、档案利用统计数据等数据资源进行清洗转换、文本挖掘、标签抽取、分类描述、回归分析、相似度测算、模型建构等，在语义检索分析和用户行为理解的基础上，建构涵盖基本属性、行为特征、兴趣爱好和社交网络等内容的档案用户画像，掌握不同类型用户兴趣、习惯和利用需求，从而提供精准检索、自主推送、定点宣传、知识决策等定制化、个性化服务，改善用户体验，提升服务品质，拓展档案数据服务空间。例如，美国国家档案馆开发了一种在国家档案馆网站上聚合和显示社交媒体的工具，这个工具跟踪了大量国家档案馆社交媒体的网络大数据，从而了解用户最感兴趣的档案主题，使用这些主题建立过滤类别，让用户可以进行个性化订阅，并在国家档案馆网站上创建一个旗舰档案要闻，用户可从中选择自己感兴趣的档案故事报道④。

---

　　①魏福翠, 高菊梅. 档案实务|青岛档案信息网改版建设探索: 构建走向开放、共享、服务的资源型档案网站[EB/OL]. (2021-01-25)[2023-10-02]. https://mp.weixin.qq.com/s/kNrYMD654sEiewF5Q4-N9A.

　　②周林兴, 林腾虹. 用户画像视域下智能化档案信息服务: 现状、价值、运行逻辑与优化路径[J]. 档案学研究, 2021(1): 126-133.

　　③王庆, 赵发珍. 基于"用户画像"的图书馆资源推荐模式设计与分析[J]. 现代情报, 2018(3): 105-109, 137.

　　④张江珊. 美国国家档案馆社交媒体策略发展的比较研究及启示[J]. 档案学研究, 2018(4): 117-122.

第八章　档案数据安全保障研究

　　安全重于泰山，数据安全是国家重要的战略安全之一。档案安全工作是档案工作的底线，直接关系到档案工作的可持续发展和档案作用的有效发挥①。维护档案安全是推动档案事业科学发展的前提，是健全档案工作"四个体系"的重要保证。档案数据作为价值丰富的档案资源，是确凿的原始明证、可信的事实存照、有效的决策资鉴、珍贵的文化遗产和重要的社会记忆，是国家、企业、组织的基础支撑性信息资源和知识资产。档案数据安全关乎国家安全、社会安全和个人安全，无论是信息窃取泄露还是失真失读，都会给国家经济、社会民生和公民隐私带来巨大威胁。大数据时代，探索研究档案数据安全保障体系具有重要理论意义与实践价值。树立档案数据风险意识，聚焦档案数据安全主题，以信息安全为底线，系统分析档案数据在基础设施、运行过程、系统平台、规章制度等方面面临的风险要素，梳理档案数据管理风险成因，从法律规范、管理制度、技术措施等方面探索构建档案数据治理安全防范体系，切实保障档案数据安全可靠、真实可信、要素合规。

一、档案数据安全保障特征原则

　　大数据时代，黑客攻击、网络病毒、数据泄露、隐私侵犯、跨境传输威胁等安全风险日益加剧，全球数据安全事件频发，数据危机日益加深。据统计，仅是2019 年前 9 个月，全球披露的数据泄露事件就有 5183 起，数据泄露量高达 79.95

---

① 国家档案局印发《关于进一步加强档案安全工作的意见》的通知[EB/OL]. (2019-10-09)[2023-12-04]. https://www.saac.gov.cn/daj/gfxwj/201910/55d8388520734b2ab270bbd49b7b61d2/files/2a8ec9e8fe6b4340b0431fdb9c71fd8a.pdf.

亿条①。数据泄露给相关政府部门、企业组织、公民个人带来严重困扰。各种安全风险严重掣肘数据资源开发和价值释放，开展数据安全治理，保障数据安全刻不容缓。当下，国家层面持续加强数据安全顶层设计、战略指引和政策发力。2017年，习近平在中共中央政治局第二次集体学习时强调，"要切实保障国家数据安全。要加强关键信息基础设施安全保护，强化国家关键数据资源保护能力，增强数据安全预警和溯源能力"②。2020年，《关于构建更加完善的要素市场化配置体制机制的意见》强调要加强数据资源整合和安全保护，"探索建立统一规范的数据管理制度，提高数据质量和规范性，丰富数据产品。研究根据数据性质完善产权性质。制定数据隐私保护制度和安全审查制度。推动完善适用于大数据环境下的数据分类分级安全保护制度，加强对政务数据、企业商业秘密和个人数据的保护"③。中国提出的《全球数据安全倡议》指出，"各国有责任和权利保护涉及本国国家安全、公共安全、经济安全和社会稳定的重要数据及个人信息安全"④。2021年，《中华人民共和国国民经济和社会发展第十四个五年规划和 2035 年远景目标纲要》提出，"加强涉及国家利益、商业秘密、个人隐私的数据保护，加快推进数据安全、个人信息保护等领域基础性立法，强化数据资源全生命周期安全保护"⑤。《中华人民共和国数据安全法》颁布施行，第四条提出，"维护数据安全，应当坚持总体国家安全观，建立健全数据安全治理体系，提高数据安全保障能力"⑥。

档案部门必须从总体国家安全观高度认真研究与应对当前档案数据面临的复杂安全形势，充分认识维护档案数据安全的重要性和紧迫性，增强忧患意识和戒惧之心，提高责任感和使命感，加强顶层设计与战略规划，实施档案数据安全治理，多维度、全方位、立体化保障档案数据质量合规、运行安全，形成健康稳定、可持续发展的档案数据安全生态，构筑大数据时代坚不可摧的社会记忆殿堂。2016

---

①陈磊. 2019 年国内外数据泄露事件盘点：个人信息保护刻不容缓[EB/OL]. (2020-01-07)[2023-11-04]. http://blog.nsfocus.net/inventory-of-data-breaches-at-home-and-abroad-in-2019/.

②审时度势精心谋划超前布局力争主动 实施国家大数据战略加快建设数字中国[N]. 人民日报, 2017-12-10(1).

③中共中央 国务院关于构建更加完善的要素市场化配置体制机制的意见[EB/OL]. (2020-04-09)[2023-12-19]. http://www.gov.cn/zhengce/2020-04/09/content_5500622.htm.

④中方提出《全球数据安全倡议》[J]. 中国信息安全, 2020(9): 8-9.

⑤中华人民共和国国民经济和社会发展第十四个五年规划和 2035 年远景目标纲要[EB/OL]. (2021-03-13)[2023-03-13]. https://www.gov.cn/xinwen/2021-03/13/content_5592681.htm.

⑥中华人民共和国数据安全法[N]. 人民日报, 2021-06-19(7).

年,《关于进一步加强档案安全工作的意见》提出开展档案信息管理风险治理,"各部门各单位要在环境及设备安全、网络安全、系统安全、数据安全和数据载体安全等方面制定完善信息安全策略并贯彻执行,保障档案信息数据真实、完整、可用和安全"①。2017 年,国家档案局局长李明华在全国档案安全工作会议上强调,"确保档案数据、信息系统及网络始终可用可控"②。2020 年,新修订的《中华人民共和国档案法》明确了电子档案与纸质档案具有同等法律效力③。2021 年,《"十四五"全国档案事业发展规划》强调,"贯彻总体国家安全观,统筹发展和安全,坚持底线思维,强化风险防控,加强应急管理,压实安全责任,确保档案安全""提升档案数字资源安全管理能力"④。《浙江省档案事业发展"十四五"规划》提出,"探索构建档案数据安全风险预警与防控体系,健全重大公共安全事件档案数据应急采集和应用管理机制"⑤。2024 年,《中华人民共和国档案法实施条例》规定,"电子档案管理信息系统应当按照国家有关规定建设,并符合国家关于网络安全、数据安全以及保密等的规定"⑥。大数据时代,档案数据安全风险类型增多,安全防控难度加大,安全体系亟须重塑。需要借鉴国内外信息安全、数据安全、风险管理等理论,破解档案数据安全保障定义、特征、原则、目标等内涵,构建科学合理、系统完善、内涵丰富、要素齐全的档案数据安全保障体系。

(一)档案数据安全定义

新一代信息技术广泛应用,数字经济、在线政务服务等快速发展,档案工作环境、对象、内容发生巨大变化,在为档案事业创新发展带来机遇的同时,也使档案工作面临着资源分散流失、统筹发展和安全难度加大等诸多挑战⑦。档案数据在数据质量、集成管理、开放共享、信息伦理、安全保密等方面面临着越来越

---

① 国家档案局印发《关于进一步加强档案安全工作的意见》的通知[EB/OL]. (2019-10-09)[2023-12-04]. https://www.saac.gov.cn/daj/gfxwj/201910/55d8388520734b2ab270bbd49b7b61d2/files/2a8ec9e8fe6b4340b0431fdb9c71fd8a.pdf.

② 国家档案局关于印发李明华同志在全国档案安全工作会议上的讲话的通知[EB/OL]. (2017-06-26)[2023-06-27]. https://www.saac.gov.cn/daj/yaow/201706/b4aa6f797b6c4731a509c6060b4dfd33.shtml.

③ 中华人民共和国档案法[N]. 人民日报, 2020-07-16(16).

④ 中办国办印发《"十四五"全国档案事业发展规划》[J]. 中国档案, 2021(6): 18-23.

⑤ 省发展改革委 省档案局关于印发《浙江省档案事业发展"十四五"规划》的通知[EB/OL]. (2021-06-24)[2023-06-21]. https://fzggw. zj. gov. cn/art/2021/6/24/art_1229539890_4671279. html.

⑥ 中华人民共和国档案法实施条例[N]. 人民日报, 2024-01-29(15).

⑦ 陆国强. 推动档案事业在高质量发展轨道上迈出坚实步伐: 在 2020 年全国档案局长馆长会议上的报告[J]. 中国档案, 2021(1): 19-25.

多的安全隐患和安全风险，造成档案数据"不可知、不可控、不可联、不可取、不可用"，实施档案数据安全治理势在必行。

档案数据安全是指通过采取必要措施，对档案数据进行全生命周期的安全防护，确保档案数据运行安全和合法利用。档案数据安全一方面以档案数据资源为核心，资源属性是其本质属性；另一方面以安全保障和价值释放为目的，具有强烈的社会属性。其内涵既包括技术层面的物理安全和数据安全，又包括非技术层面的内容安全、知识安全和伦理安全，以及法律层面的国家安全和公共安全。

保障档案数据安全从三个方面开展：一是宏观上，档案数据安全具有全局性、系统性、综合性、交叉性、协同性等特点，需要坚持总体国家安全观，强化顶层设计和战略规划，以数据安全为核心、法治保障为前提、技术应用为支撑，建立健全党委政府领导、档案部门依法监管、各部门各单位全面负责的档案数据安全工作体制机制，形成多元共治、崇法尚理、高效运行、动态调整的档案数据安全保障体系，维护国家数据主权，加强对跨国跨境档案数据流动传输的安全防护，深入推进档案安全体系建设，筑牢平安中国的档案安全防线①。二是中观上，档案数据安全是组织安全、机构安全、社会安全、公共安全的重要组成部分，对档案数据安全诸多要素条件进行优化调整、科学配置、有机衔接，实施多层面、内容级、细粒度精准防护措施，构筑基于全流程、全周期、全场景的立体化安全防控网，确保档案数据互联互通、安全共享。三是微观上，遵循一定的社会规律、自然规律、管理规律、法治规律和技术规律，维护档案数据载体安全和信息安全。围绕档案数据权属界定与权益保护、海量存储与有序管理、多源异构与质量控制、载体脆弱与长期保存等重点难点问题，强化档案数据安全保障能力，通过人防、物防、技防的深度融合，针对不同的数据载体制定相应的保管方案，保证数据载体的可用和安全②，提升档案数据安全风险防治能力，营造健康平衡、可持续发展的档案数据安全态势。

（二）档案数据安全保障特征

档案数据与传统的档案信息相比，呈现出规模的海量集聚、内在的流动开放、

---

①中办国办印发《"十四五"全国档案事业发展规划》[J]. 中国档案, 2021(6): 18-23.

②国家档案局印发《关于进一步加强档案安全工作的意见》的通知[EB/OL]. (2019-10-09)[2023-12-04]. https://www.saac.gov.cn/daj/gfxwj/201910/55d8388520734b2ab270bbd49b7b61d2/files/2a8ec9e8fe6b4340b0431fdb9c71fd8a.pdf.

质性的精准靶向和价值的深度关联。档案数据安全保障具有主体联动化、过程联通化、要素联结化、技术迭代化等特征。

1. 主体联动化

档案数据来源广泛、结构复杂、类型多样、数量庞大，涉及多元主体、多方领域、多个行业，档案数据安全保障需要推动不同主体间的互动协作，实现多方联动、联手防护、协同共治。在数据驱动、网络链接和技术赋能下，档案部门能够与数据管理机构、公共安全部门、软件服务商、信息技术企业等主体资源共享、风险共担、安全共联①。通过构建纵横交错、互联互动、互助共赢的协作机制，打破不同区域、不同机构、不同部门、不同层级之间的沟通限制和体制障碍，建立健全职责明确、权责一致的档案数据安全管控体系，形成多元化、多层次、多维度的安全大联合、大行动，构筑档案数据安全责任共同体和档案数据安全协同联动新模式。

2. 过程联通化

流通之于数据就像血液之于肌体，数据一旦停止流动、静置和沉睡，就会失去活力、动力和生机。传统档案管理模式下，档案数据碎片分散、异构冗余突出，不同地区、不同层级的档案部门各自为政、彼此隔离阻阂，"数据孤岛""数据垄断""数据鸿沟"现象突出。实施档案数据安全治理，对内挖潜、对外寻联，发挥数据潜在的系统性、流动性、共享性特征，推动安全技术配合、安全业务整合、安全系统融合，打通数据流通链和安全管理链，由过去的碎片化、项目式安全管理方式向集约化、效能型安全治理模式转变，形成跨界融通、全程畅通、纵横贯通、治理顺通的档案数据安全保障体系。

3. 要素联结化

档案数据安全保障需要综合运用行政、法治、市场、社会等多种手段，通过理念、标准、制度、技术、工具、流程、人才、资金等要素多管齐下、多措并举，灵活有效地应对大数据情境下复杂多变的安全风险和环境，创建安全、可持续的档案数据生态环境，实现档案数据安全规范管理。通过引入市场化、社会化等新要素，结合大数据、人工智能、移动互联等新一代信息技术，创新档案数据安全

---

① 石火学, 潘晨. 大数据驱动的政府治理变革[J]. 电子政务, 2018(12): 112-120.

治理方式，弥补档案部门管理人员、技术力量、专业知识等方面的不足和缺陷，构建多要素联结机制，实现多要素科学配置、优势互补、共同发力。

4. 技术迭代化

信息科技为档案数据安全保障提供基础支撑。当前，大数据、云计算、人工智能、区块链、移动互联等现代信息技术日新月异，档案数据安全保障需要适应技术更迭、推动技术革新、加强技术升级，将新技术、新工具、新方法、新媒介不断应用于档案数据安全保障中，及时淘汰落后、陈旧、风险高、对外依赖性强的技术，实现关键核心技术自主研发和强有力控制，推动档案数据安全保障技术与时俱进、独立自主，及时监测、防御、处置来源于境内外的网络安全风险和威胁，保护关键信息基础设施免受攻击、侵入、干扰和破坏[①]。

（三）档案数据安全保障原则

档案数据安全保障遵循以防御为主、全程综治、高效应对和自主可控等原则，有效应对各种数据风险和威胁。

1. 以防御为主

凡事预则立，不预则废。坚持以防御为主是档案数据安全保障的首要原则，借助数据挖掘、分析和关联技术，整合档案数据安全生命周期的全方数据、全域数据、全程数据。从整体上对比分析数据之间的相关关系，依据数据总结风险形成动因、风险特征规律、风险发展轨迹、风险危害程度，更加客观地捕捉现状、梳理过程、预测未来，科学研判安全形势、分析归纳风险因素、度量把控潜在风险，提高风险预判、规划、识别、监测、规避的科学性、前瞻性、有效性和统筹性，从前端源头把控安全风险，防患于未然。把防御与应对有机结合，降低数据安全风险，将事故发生概率降到最低。健全风险防控体系、应急管理制度、容灾备份中心等，做好应对安全事故的准备，有预见性、规划性地做好防范应对和处置。加大安全检查力度，检查各个工作环节、部位是否存在安全漏洞和隐患，检查各种安全设施是否齐全有效等，及时发现和排除安全隐患，堵塞安全漏洞，严

---

①公布《关键信息基础设施安全保护条例》[EB/OL]. (2021-08-18)[2023-12-04]. http://paper.people.com.cn/rmrbwap/html/2021-08/18/nw.D110000renmrb_20210818_7-02.htm.

防档案安全事故发生[①]。

2. 全程综治

大数据时代，档案数据在不同场景、不同环境、不同阶段面临着复杂多样、强弱不一的安全风险，需要树立系统思维，进行整体治理，建立健全档案安全工作机制，加强档案安全风险管理，提高档案安全应急处置能力[②]。档案数据安全保障是涉及不同领域、不同主体、不同专业的综合性问题，需要贯穿档案数据采集、处理、存储、利用、传播全生命周期，综合运用各种法律、人员、技术、设备等资源进行系统化、全程化治理。对档案数据运行过程中的关键环节、敏感信息、薄弱领域、特殊时段、高风险部位（如档案数据迁移、传输、转载等容易出现问题的环节，档案数据系统和档案数据化外包等薄弱领域），进行重点管控，因地制宜、因时制宜、因人制宜，确保档案数据万无一失。

3. 高效应对

档案数据安全保障需要坚持高效应对，即强调高效率和高效能。保障效率是指在既定时间内为了应对、解决档案数据安全风险所能调动的各种资源，侧重过程的快速、便捷、及时。与之密切联系的是效能，即保障档案数据安全所能呈现的有效功能，强调效果的妥当、良好、优化、科学[③]。因此，需要加强风险监测，发现数据安全缺陷、漏洞等风险时，应当立即采取补救措施；发生数据安全事件时，应当立即采取处置措施[④]，发挥技术赋能效用，节约时间和能耗，提升档案数据安全保障绩效，确保档案数据安全利益最大化、安全损失最小化。

4. 自主可控

自主是安全的关键，可控是安全的前提。当前，国际国内形势日益复杂多变，实现国家安全产品、安全设备和安全技术的自主可控成为确保档案数据安全的关键屏障。为此，需要增强档案数据基础设施、管理平台、存储设备和长期保存等

---

①国家档案局印发《关于进一步加强档案安全工作的意见》的通知[EB/OL]. (2019-10-09)[2023-12-04]. https://www.saac.gov.cn/daj/gfxwj/201910/55d8388520734b2ab270bbd49b7b61d2/files/2a8ec9e8fe6b4340b0431fdb9c71fd8a.pdf.

②中华人民共和国档案法[N]. 人民日报, 2020-07-16(16).

③杨鹏. 善治视域下我国档案治理路径探析[J]. 浙江档案, 2019(10): 28-30.

④中华人民共和国数据安全法[N]. 人民日报, 2021-06-19(7).

关键软硬件产品和技术工具自主可控程度，健全以我国为主、国外为辅的档案数据安全体系，推进具有国产知识产权产品和技术的分期分批应用，推进档案数据化核心基础设施设备和系统软件自主安全可控。例如，俄罗斯联邦档案署发布的《2021—2023 数字化转型计划》提出，到 2022 年，档案部门信息系统中使用的国产软件和组件的份额达到 100%[①]。

（四）档案数据安全保障目标

档案工作的系统性、基础性、专业性，数据安全的广泛性、差异性、层次性决定了档案数据安全保障在不同纬度、不同坐标具有不同的主体和目标。从数据本体、公众个体、社会群体、国家主体四个层次揭示档案数据安全保障目标。

1. 数据本体：确保档案数据质量安全

数据安全是档案数据安全保障的核心内容，确保档案数据本体来源可靠、程序规范、要素合规，需要准确把握档案数据质量控制标准。档案数据质量具体指标有：真实性，指档案数据按照合法合规流程生成或修改，符合其形成目的，是机构业务活动的真实确凿、可信可靠的原始数据记录。准确性，指确保档案数据信息内容符合客观实际情况，吻合所记载的事实行为。完整性，指采集所有具有价值的档案数据，保证其内容、背景信息和逻辑结构完整，不被篡改，与档案数据有关的支持性、辅助性、工具性、链接性数据以及相关参数齐全。可读性，指档案数据在流转迁移后能够有效读取，不失真、不失效。可用性，指保障档案用户可以顺利查找、安全利用档案数据。保密性，指能够有效阻止对涉密档案数据的非法接触，确保重要、机密、秘密和敏感档案数据不泄密、不泄露。关联性，指能够揭示和维护一组或一系列相关档案数据之间的有机联系，避免信息离散、内容残缺或无法理解。及时性，指档案数据的采集、处理、存储、利用、传播等符合时间要求，不出现时滞、跳跃、错位、偏移等现象。一致性，指档案数据在生成、流转、存取和利用过程中不变更或变异；当某一组成部分发生合理变动时，其他与之相关的一切组成部分及相关参数、值域都发生相应的合法变动；不同载体上相同版本的档案数据内容、逻辑结构（非线性结构除外）、背景信息保持一致。

---

①行业动态|俄罗斯联邦档案署 2021—2023 数字化转型计划(上)[EB/OL]. (2021-05-27)[2023-12-28]. https://mp.weixin.qq.com/s/_ALwWDNBC_F0XpohUUoeHA.

2. 公众个体：培育公民档案数据安全素养

公民个体作为档案数据的生产者、利用者和消费者，也是档案数据安全保障的重要参与者、监管者。随着信息技术的广泛应用和经济社会的快速发展，数据对社会生活的广泛渗透与传播流动客观上赋予了公众包括数据权在内的个体权利[①]，公众个人档案数据权利意识不断提高。借助新闻媒体、多媒体、全媒体，宣传档案数据安全政策、公开档案数据安全案例、传播档案数据安全讯息，培育公民档案数据安全素养，有效保障公民隐私权、所有权、知情权、知识产权、利用权等档案数据权益，增强公民档案数据风险意识和安全技能。

3. 社会群体：形成群防群治群策群力氛围

档案数据安全涉及社会秩序安定、公共利益保障等方面，多层次主体和对象的交织将必然导致安全治理的复杂性、交互性。一方面，档案数据安全能够维护组织社会记忆、支持组织业务活动开展、保障组织合法权益、辅助组织科学决策，确保社会组织档案数据的真实完整、安全可靠是社会组织生存发展的重要支撑，因此，需要采取措施，维护社会群体的档案数据安全。另一方面，档案数据安全保障不能仅囿于档案部门发挥主导作用，也需要数据管理部门、社会组织、信息技术企业等多元主体发挥自身优势，形成群防群治、群策群力、共同维护档案数据安全的强大合力。例如，澳大利亚在政府档案数据治理过程中，形成了政府部门主导、社会组织等多元主体协同治理的良性格局。澳大利亚国家档案馆负责收集、管理、公开联邦档案数据，保障档案数据安全；社会组织通过协助档案部门制定数据标准规范、提供技术支撑、参与国际化合作等方式主动参与治理；社会公众则通过数据利用、数据上传、数据安全监督等形式积极参与治理[②]。

4. 国家主体：实现国家档案数据主权安稳

在经济、政治、文化、社会、国防、民生等各领域各行业各方面无不形成大量档案数据。档案数据作为国家数据资源的核心部分，作为战略性信息资源、基础性文化资源的价值越来越突出，对社会主义现代化国家各项事业的支撑作用越来越明显，能够捍卫国家利益、拉动经济增长、保障社会进步、促进科技创新和

---

①夏义堃. 试论政府数据治理的内涵、生成背景与主要问题[J]. 图书情报工作, 2018(9): 21-27.
②展情慧. 协同治理视域下档案数据开发模式探究[J]. 档案与建设, 2020(4): 33-37.

文化繁荣[①]，档案数据安全对国家政权稳固、国防建设、国家统一和民族团结具有重要意义。因此，保障档案数据安全对维护国家档案数据主权具有重要意义。档案数据主权是指一个国家对其政权管辖地域范围内国家机构、社会组织和个人等所产生的档案数据拥有的最高权力，即国家对本国档案数据的管理和控制[②]。关于档案数据安全保障，在国家层面，一方面，要坚持总体国家安全观，建立健全档案数据安全治理体系，研究制定、指导实施国家档案数据安全战略和有关重大方针政策，统筹协调国家档案数据安全的重大事项和重要工作，建立国家档案数据安全工作协调机制，提高档案数据安全保障能力；另一方面，要加强档案数据安全国际合作，提升档案数据安全国际话语权，确保国家档案数据跨境安全流动、平稳可靠运行、独立自主掌控、主权牢固安稳。

二、档案数据安全风险分析

信息技术环境下，档案数据急剧增长，安全事件时有发生。从 2009 年美国国家档案馆档案数据丢失到 2018 年印度公民重要生物数据大规模泄露，全球档案数据安全形势严峻。通过对档案数据相关安全事件进行剖析，探索档案数据安全风险的类型、成因和特点。

（一）档案数据面临的主要安全风险

古人云"欲思其利，必虑其害"。在档案数据运行过程中，要充分考虑其面临的各种内生和外源安全风险。风险可以被界定为"损失的不确定性"[③]，即致使事物价值减损的各种可能性，这种可能性是否发生、何时发生、如何发生、损失程度并不确定，正是由于这种"不确定性"，才有必要开展风险管理，确保事物安全。档案数据安全风险是指引发档案数据质量缺损、制约价值实现及其他负面损失的不确定性[③]。借助风险管理理论、信息安全理论、数据安全理论等分析档案数据管理中存在的各种安全风险，主要有以下几个方面。

①冯惠玲. 档案信息资源在国家经济社会发展中的综合贡献力[J]. 档案学研究, 2006(3): 13-16.

②沈国麟. 大数据时代的数据主权和国家数据战略[J]. 南京社会科学, 2014(6): 113-119, 127.

③冯惠玲, 等. 电子文件风险管理[M]. 北京: 中国人民大学出版社, 2008: 3-4.

1. 战略规划和法规体系不完善

当前，数据安全问题已经引起相关部门的重视，国家已出台《中华人民共和国数据安全法》《中华人民共和国档案法》《中华人民共和国网络安全法》《中华人民共和国个人信息保护法》《中华人民共和国保守国家秘密法》等相关法律法规。但是，档案数据安全的组织框架、决策机制、战略规划尚不系统完善，缺乏系统化的思路、科学合理的规划和明确可行的路线引导；针对档案数据安全的行业法规、标准规范尚不完备，档案数据的所有权、处置权、使用权以及涉及的主权、隐私权、知识产权、保密等问题也还没有具体详细的规定和执行办法，档案数据安全法律法规体系尚不健全，档案数据安全缺乏应有的法律保障。档案数据安全不仅涉及个人安危，更涉及公共安全、社会稳定与国家利益，必须上升到国家层面宏观把控、擘画蓝图，从整个安全架构体系出发完善档案数据安全政策法规，建立健全档案数据安全战略规划和制度体系，确保档案数据实体与信息安全。

2. 管理制度的安全风险

没有规矩，不成方圆。目前，档案数据安全分级、突发应急、保密备份、灾难恢复、安全监控等管理制度尚待完善。2006年，美国宇航局爆出记录人类首次登月详细资料的原始录像带已经丢失。据推测，可能是录像带在反复移交过程中的管理疏忽造成如此具有世界意义的重要历史档案数据丢失，这是全球文明发展史和人类记忆的重大缺失①。2009年，美国国家档案馆由于管理松懈，一块包含大量敏感历史档案数据的2 TB外接硬盘不慎丢失②。2017年，由于操作失误，美国陆军情报和安全司令部的大量最高密级文件被遗留在亚马逊公共云服务平台上的主存储库中，涵盖大约100 GB重要机密档案，获取部分数据不需要密码或用户名，这起泄露绝密档案数据的事件，主要是由于配置失误、操作违规、保密不当等造成的③。上述案例表明，造成档案数据丢失、泄露等现象发生的一个很重要原因就是管理意识薄弱、管理人员懈怠、管理程序不当、管理系统漏洞等管理制度不健全。调查显示，互联网接入单位由于内部重要机密通过网络泄密而造成重

---

①冯惠玲，等. 电子文件风险管理[M]. 北京: 中国人民大学出版社, 2008: 12.

②美国国家档案馆书数BT数据丢失: 云平台会更安全些吗? [EB/OL]. (2009-07-08)[2023-10-16]. http://www.ailab.cn/market/4723.html.

③美陆军100GB绝密文件网上泄露, 大部分为"最高机密"! [EB/OL]. (2017-11-30)[2023-10-16]. https://web.shobserver.com/news/detail?id=72566.

大损失的事件中，只有 1% 是被黑客窃取造成的，而 97% 都是由于内部员工有意或者无意之间泄露而造成的[①]。因此，要完善档案数据安全管理制度，强化档案数据安全防护，规避安全风险。

3. 运行过程的安全风险

档案数据在采集、处理、存储、利用、传播等全生命周期运行过程中也存在安全风险。首先，档案数据来源广泛、类型多样、结构复杂，既包括原生数据、衍生数据，也包括结构化数据、半结构化数据和非结构化数据，数据异构、数据残缺、数据冗余等质量问题突出。其次，大数据环境下，档案数据海量生成，关系型数据库存储存在数据处理效率低、读写性能低、保管容量有限、建设和运维成本高等问题，非关系型数据库存储存在数据管理模式和系统成熟度不够、数据冗余和分散、数据完整性难以保障等问题[②]。再次，网络环境下，档案数据依托自媒体、新媒体、融媒体进行传播，其传播媒介、传输环境、传递渠道等经常发生改变，档案数据面临着失密、泄露、窃取、丢失、损坏、失真等安全隐患。最后，大数据时代，档案数据跨域流动、跨界共享、跨国流通日益频繁，在此过程中往往出现主权归属、权益保障、伦理控制、知识产权保护等问题，威胁国家安全和社会稳定。例如，2021年 3 月，国家安全机关工作发现，国家某重要军事基地周边建有一可疑气象观测设备，具备采集精确位置信息和多类型气象数据的功能，所采集数据直接传送至境外[③]。

4. 技术应用的安全风险

随着全球互联网化程度加深，黑客入侵、系统平台漏洞、设备故障和失效、病毒传播等安全风险日益突出。世界经济论坛发布的《2018 年全球风险报告》指出，网络攻击已成为全球第三大风险因素[④]。网络具有联结形式的多样性、开放性、互联性等特征以及档案信息本身所具有的敏感性、价值高等特点，致使其易受黑客的攻击和病毒的入侵，造成档案信息的泄密、假冒、篡改等诸多问

---

①各级国家综合档案馆电子文件与电子档案管理系统在档案信息利用过程中安全保护功能需求与实现方式的研究 第一部分 [EB/OL]. (2021-01-08)[2024-02-10]. https://www.saac.gov.cn/daj/kjcgtg/202101/a5f0199e646241df9c049 b598868433a/files/42a8f42afb72489d8deb052d7189ee28.pdf.

②张尼, 张云勇, 胡坤, 等. 大数据安全技术与应用[M]. 北京: 人民邮电出版社, 2014: 68.

③国家安全部公布三起危害重要数据安全案例[EB/OL]. (2021-10-31)[2023-11-01]. https://news.cctv.com/2021/10/31/ARTI253eO5pn5Ht8dF3XfVeZ211031.shtml.

④梅宏. 数据治理之论[M]. 北京: 中国人民大学出版社, 2020: 39.

题①。如今网络攻击不再是单兵作战、单兵突进、单一战术，而是通过有组织、有计划的团体作战，造成数据锁定、篡改、窃取等。网络攻击导致重要数据泄露的事件层出不穷。2017年，美国三大老牌征信机构之一Equifax被曝泄露1.43亿用户信用记录，泄露数据涵盖用户姓名、社会保障号、出生日期、地址以及驾驶执照号码等信息。用户信用数据是征信机构最重要、最敏感的档案数据，在本次事件中，黑客通过利用系统漏洞发起远程网络攻击，并使用其他手段绕过了WAF（Web application firewall，Web应用防火墙）等网络端安全防御②。2018年，世界上最庞大最复杂的生物身份识别系统——印度国家身份认证系统Aadhaar被曝遭网络攻击，包括11.2亿印度人的生物识别数据（包括照片、指纹及虹膜等）、身份证明编号等数据被明码标价出售③。2020年1月，某航空公司向国家安全机关报告，该公司信息系统出现异常，怀疑遭到网络攻击。国家安全机关立即进行技术检查，确认相关信息系统遭到网络武器攻击，多台重要服务器和网络设备被植入特种木马程序，部分乘客出行记录等数据被窃取。国家安全机关经过进一步排查发现，另有多家航空公司信息系统遭到同一类型的网络攻击和数据窃取。经深入调查，确认相关攻击活动是由某境外间谍情报机关精心谋划、秘密实施，攻击中利用了多个技术漏洞，并利用多个网络设备进行跳转，以隐匿踪迹④。此外，大数据、人工智能等技术应用带来的虚假数据、恶意样本、算法滥用、算法黑箱等风险也威胁档案数据安全。

5. 存储载体的安全风险

2024年，《中华人民共和国档案法实施条例》规定，"电子档案移交接收网络以及系统环境应当符合国家关于网络安全、数据安全以及保密等的规定。不具备在线移交条件的，应当通过符合安全管理要求的存储介质向档案馆移交电子档案""档案馆对重要电子档案进行异地备份保管，应当采用磁介质、光介质、缩

① 各级国家综合档案馆电子文件与电子档案管理系统在档案信息利用过程中安全保护功能需求与实现方式的研究 第一部分 [EB/OL]. (2021-01-08)[2024-02-10]. https://www.saac.gov.cn/daj/kjcgtg/202101/a5f0199e646241df9c049b598868433a/files/42a8f42afb72489d8deb052d7189ee28.pdf.

② 美国信用机构 Equifax 遭黑客入侵 1.43 用户记录泄露[EB/OL]. (2017-09-08)[2023-08-13]. https://www.cs.com.cn/xwzx/hwxx/201709/t20170908_5463949.html.

③ 2018，网络安全热点盘点[EB/OL]. (2019-02-15)[2023-08-27]. https://www.sohu.com/a/294863017_99944114.

④ 国家安全部公布三起危害重要数据安全案例[EB/OL]. (2021-10-31)[2023-11-01]. https://news.cctv.com/2021/10/31/ARTI253eO5pn5Ht8dF3XfVeZ211031.shtml.

微胶片等符合安全管理要求的存储介质，定期检测载体的完好程度和数据的可读性。异地备份选址应当满足安全保密等要求"①。档案数据的载体介质也是影响档案数据安全的重要因素。存储媒介的寿命长短、材料性质、耐久程度等都会给档案数据安全带来风险。针对不同性能、不同介质、不同材料、不同环境的档案数据存储载体采取有针对性、具象化、可行性的防护策略十分重要。存储档案数据主要是磁记录载体、光记录载体和电记录载体，其寿命远低于纸质记录载体，需要不断备份，确保档案数据长期保存。此外，档案数据离线利用一般通过存储介质进行，存储介质在携带、使用时，往往缺乏标识认证和访问控制，导致移动介质无法安全管控。而且，这些存储介质若损坏或丢失，都将带来巨大的损失和外泄事件的发生②。

（二）档案数据安全风险成因

档案数据面临的安全风险是由多方面因素造成的，既有档案数据自身特性决定的内在因素，也有其他外界因素。可以运用 TOE 框架，进一步分析档案数据安全风险的形成原因，如图 8-1 所示。技术因素、组织因素和环境因素不是孤立单向存在的，而是互相影响、具有复杂联系的，形成多种风险因素叠加融合。借助 TOE 模型能够对档案数据安全风险进行系统化的成因剖解，深入探究档案数据安全风险源头，剥茧抽丝，对症下药，采取科学合理、标本兼治的防范对策。

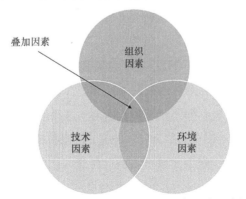

图 8-1　基于 TOE 框架的档案数据安全风险因素图

---

①中华人民共和国档案法实施条例[N]. 人民日报, 2024-01-29(15).

②各级国家综合档案馆电子文件与电子档案管理系统在档案信息利用过程中安全保护功能需求与实现方式的研究 第一部分 [EB/OL]. (2021-01-08)[2024-02-10]. https://www.saac.gov.cn/daj/kjcgtg/202101/a5f0199e646241df9c049b598868433a/files/42a8f42afb72489d8deb052d7189ee28.pdf.

1. 技术因素

信息技术是一把双刃剑，现代信息技术在带来档案数据管理便捷的同时，也带来系统差异、平台缺陷等问题，呈现出高技术、高风险的特征。档案数据的技术风险因素主要从各种技术障碍和档案数据自身技术风险两方面进行分析。一方面，大数据时代，档案数据面临一系列技术障碍，包括黑客攻击、网络病毒、设备故障和失效、系统操作平台漏洞、自主研发技术滞后等。由于档案数据体量巨大、时空场景广阔，为入侵者实施可持续的攻击提供了隐蔽场所，攻击代码难以及时甄别发现，黑客可以利用相关技术进行数据修改、数据替换、偏差分析结果、摇摆准确性等，造成档案数据关联挖掘和开发利用价值下降，损害档案数据的凭证价值和真实可靠性。另一方面，档案数据具有系统依赖性、信息与特定载体可分离性、多种信息媒体集成性等特征，随着各种新兴技术快速迭代，软硬件系统更新换代快，早期存储的档案数据存在系统不兼容现象，往往导致档案数据无法读取。

2. 组织因素

档案数据安全风险的组织因素主要指档案数据安全管理主体职责不明、管理漏洞、人才不足、资金欠缺等原因。一方面是主体职责不明。主要体现为档案数据多头管理，安全主体责任不明、分工混乱、职责空缺、重叠矛盾。当前，档案数据种类复杂、来源广泛、形式多样，其管理部门有档案部门、数据管理部门、信息中心、第三方数据平台等组织机构，保管主体不明确，安全责任不明晰。另一方面是管理制度不完善、不配套，存在档案数据安全意识和观念淡薄、管理制度缺乏、内部管控不严、人力财力欠缺等问题。2009年，美国国家档案馆从存储档案数据的外接硬盘遗失到整个档案数据存储设备丢失，显示出美国国家档案馆在人员管理、制度保障、安全监控、应急处理、数据备份等管理方面的诸多漏洞①。2017年，瑞士最大的电信运营商 Swisscom 的 80 万用户数据信息被销售合作公司窃取泄露。用户数据是电信运营商的核心数据资产，确保用户数据安全对企业形象、正常经营、信誉口碑至关重要。这次超大规模隐私数据泄露主要原因在于 Swisscom 作为用户档案数据采集、存储和管理者，存在诸多管理漏洞：缺乏对第三方获取用

---

① 档案馆数据丢失：云平台会更安全些吗[EB/OL]. (2017-09-12)[2023-12-12]. https://blog.csdn.net/weixin_33970449/article/details/90338042.

户数据的审查和使用的风险监控,以及专业人员技能不足和资金缺乏[①]。

3. 环境因素

生存环境是档案数据赖以存在的基础,主要包括自然环境和社会环境两方面。在自然环境方面,自然环境对档案数据的影响往往是持久的、长期的、不可抗拒的、灾难性的。一是保管场所,安全稳定的保管环境是保障档案数据安全的必要条件,不适宜的保管场地严重威胁档案数据安全,包括库房建筑物、温湿度、光线、电磁场等。二是不可抵抗的自然灾害、意外灾祸和突发公共事件,如地震、疫情、台风、洪水、战争、恐怖袭击、火灾等,给档案数据带来巨大威胁。在社会环境方面,社会环境包括政治环境、经济环境、法律环境、文化教育环境和科技环境等,直接决定着档案数据的运行安全、管理安全与利用安全。

4. 叠加因素

一是传统风险与新型风险叠加。作为档案的新形态,档案数据在很多方面延续了"模拟态""数字态"档案的风险,如管理失误、自然损毁、失真失读、信息伦理等;也带有档案数据特有的新型风险,如数据霸权、数据污染、数据异构、算法黑箱等。二是全生命周期风险叠加。网络环境下,档案数据采集、处理、存储、利用和传播等全流程时间大为缩短,各环节衔接密切,前阶段风险会遗传继承给后期阶段,产生系列式、链条式风险。例如,档案数据生成格式不标准,未加及时转换,就会给流转过程的迁移、交换、共享、存储、可读带来隐患。三是业务系统与管理系统风险叠加。依托现代信息技术,各类业务系统与数据管理系统呈现深度融合态势,归档整理的风险就会渗透进业务系统的相关结构和流程中,成为档案数据管理的底层风险。四是技术转型风险与制度转型风险叠加。大数据、人工智能、移动互联等技术,催动档案管理工具迭代、方式创新和手段智能,也驱动业务流程重组、管理体制变革和治理机制演变。技术发展推动档案形态从"模拟态"到"数字态",再到"数据态",档案生成、流转、存储、传递等可以由顺序依次推进转变为多项同步进行;制度转型推动管理机构多样、管理职能多维、管理责任交织,档案数据安全管理风险频出,安全风险可同时存在于不同管理节

---

① 瑞士最大电信运营商曝出信息泄露事件 80 万用户数据被盗[EB/OL]. (2018-02-08)[2023-11-12]. https://world. huanqiu.com/article/9CaKrnK6Eaz.

点上，由历时性转变为共时性①。由于电子档案数据与纸质数据相比有着不同的特性，从快速流转到易于存储，从多媒体编辑到远程调阅，电子档案数据既表现出了不可替代的优越性，也使得存在的风险大大增加。在电子档案利用的全过程中，每个环节都可能存在档案被调用、查看的操作，电子档案的易复制和难控制使得电子档案的调阅可能出现"一人借阅、众人共享""一次调阅、终身使用"等情况，也容易被窃取和篡改，导致数据的外流和档案信息的泄密②。

（三）档案数据安全风险特点

大数据时代，档案数据安全面临着诸多新挑战，其风险链、风险域、风险力都发生了新变化，呈现出隐蔽关联性、泛在模糊性、跨域渗透性、交叉复杂性、集群扩散性和虚拟现实性等特点③，如图 8-2 所示。

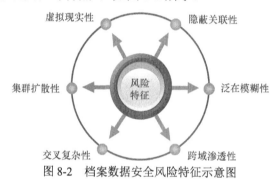

图 8-2　档案数据安全风险特征示意图

1. 隐蔽关联性

互联网环境下，黑客攻击、病毒散播、勒索软件等安全威胁常常潜伏在暗处，隐藏幅度深、伪装程度强、甄别难度大，在防御水平高、预防能力强的状况下往往潜藏下来，一旦防范薄弱便会发起攻击，呈现出攻击方式隐蔽化、攻击渠道隐秘化、攻击效果隐蔽化，给档案数据安全带来威胁。大数据时代，档案数据在生成加工、流动传播、开发利用、互联互通中数据关联共享程度高，数据管理流程环环相扣，涉及的软件和硬件多，安全风险关联性强，任何环节、设施、系统遭

---

①冯惠玲，等. 电子文件风险管理[M]. 北京：中国人民大学出版社，2008：42.

②各级国家综合档案馆电子文件与电子档案管理系统在档案信息利用过程中安全保护功能需求与实现方式的研究 第一部分 [EB/OL]. (2021-01-08)[2024-02-10]. https://www.saac.gov.cn/daj/kjcgtg/202101/a5f0199e646241df9c049b598868433a/files/42a8f42afb72489d8deb052d7189ee28.pdf.

③王世伟. 大数据与云环境下的信息安全[N]. 文汇报，2013-10-28(10).

受攻击或故障，都可能导致整体安全出现问题。

2. 泛在模糊性

一方面是风险因素的泛在性。大数据时代，影响档案数据安全的风险因素更加广泛、多样，除传统的自然、政策、经济、文化、社会等因素外，网络环境、技术迭代、软硬件设施更新、算法算力等新兴因素对档案数据安全的影响越来越突出，风险无处不在。另一方面是风险边界的模糊性。现代信息技术的应用和各种移动终端的生成，促使电子文件、社交媒体、数字文本、用户踪迹等移动泛在的"数据态"档案信息大规模生成，政府数据、社会数据和公众数据相互交融，档案数据管理中数据信息安全与政府数据开放、公共数据收集与个人信息保护、数据自由流动与信息违法传播交织在一起，会使一些原本普通的个人数据、社会数据上升为敏感的公共数据，公共安全和个人安全之间的边界更加模糊、更难区分。

3. 跨域渗透性

档案数据安全风险的跨域渗透性主要表现在三个方面：一是跨领域。档案事业是一项国家基础性工作，横跨百业，纵贯千年，涉及政治活动、经济运行、文化传承、科技创新、生态保护等各方面，关系国家、社会和个人等各主体，档案数据安全风险的影响程度、辐射范围早已超出机构自身和特定领域，受众面广、株连体多、牵连度强，波及国家安全、国防安全、经济安全、文化安全、社会安全、科技安全、网络安全等多领域。二是跨时域。互联网环境下，数据传播速度快、范围广、时效性强，档案数据安全风险的时间阻隔性明显减弱，在某一时间发生的安全事故，可以突破时间限制、快速传播、持续影响。三是跨疆域。档案数据安全不再局限和受控于特定的疆土区域，可以突破国家、地区的领土空间界限，将风险因素、风险危害渗透到其他国家和地区，成为关涉全球综合安全、共同安全、合作安全的战略问题，成为世界各国各地区双边、多边和全球经济政治共同体关注的重大问题[①]。

4. 交叉复杂性

在安全风险形成上，档案数据安全风险形成环境、形成因素和形成过程复杂

---

①王世伟. 大数据与云环境下的信息安全[N]. 文汇报, 2013-10-28(10).

多变，产生的各种安全事件中，攻击源头、攻击方式、攻击区域常常难以准确判定，追踪溯源难度大。在安全风险主体上，档案数据安全涉及档案数据形成单位、档案部门、数据管理机构、第三方数据平台、公众等不同主体，权利责任、利益关系交织掺杂。在安全风险处置上，档案数据安全处置技术要求高、协调关系多、治理难度大，需要多主体、多方式、多工具的协同配合、综合应用。在安全风险结果上，档案数据安全风险呈现多变易变特性，一旦应对迟滞、处置不当，就会衍生更加难以防范和控制的新风险、新问题。

5. 集群扩散性

大数据时代，档案数据只有通过整合集成、共享利用才能发挥更大的价值，提供更好的服务。在档案数据迅速膨胀、海量汇聚、云端集成的情境下，数据安全风险集群度也变得越来越大。相对于体量较小、分布存储、资源分散的传统档案管理模式，这种体量规模庞大、资源集中存储、共建共享的档案数据管理模式，使得局部、个体档案数据发生的小风险可能会扩散至整体、集成的档案数据中，影响范围广、扩散速度快、危害程度大，从而导致档案数据可能出现大泄露、大泄密、大失控的大风险，需要从整体上构筑更加严密的档案数据安全防范体系。

6. 虚拟现实性

依托网络空间构建的数据世界天然具有虚拟现实性。从来源看，数据虚拟世界的构建源于物理世界的数据化转型，档案数据赖以生存的网络空间是虚拟的，但运用网络的主体、承载数据的客体、数据运行的基础设施和软件系统是现实的，档案数据安全风险的虚拟性实际上来自现实世界。从内容看，档案数据各种安全风险既是物理世界对虚拟世界的间接再现、映射、延伸和成像，也是虚拟世界对现实世界的源起、归结、从属和衍生。档案数据的各种安全风险常常存在于无形的虚拟空间内，看不见、摸不着，但其根源仍是来自现实世界的各种因素、各种行为、各种成因。从相互作用上看，档案数据安全风险的虚拟性和现实性之间相互影响、相互联系和相互转化，需要通过虚拟现实双面、线上线下双向、静态动态双维开展档案数据安全治理，保障档案数据安全。

三、档案数据安全治理能力成熟度模型

能力成熟度模型（capability maturity model，CMM）是由美国卡内基·梅隆

大学软件工程研究所于 20 世纪 80 年代提出的，最初主要用于软件开发过程，侧重于软件开发过程的管理及能力的提高与评估①。能力成熟度模型是一个阶梯式进化架构，包括 5 个等级：初始级（initial）、可重复级（repeatable）、已定义级（defined）、已管理级（managed）、优化级（optimizing）。模型涵盖一个成熟的软件发展组织所应具备的重要功能与项目，同时，5 个层级由低到高描述了从毫无章法、不成熟的软件开发阶段到成熟软件开发阶段的过程②。后来，能力成熟度模型作为对相关领域进行评估的工具和持续改进的方法被广泛运用到政府管理、企业管理和数据管理等领域，衍生出政务大数据成熟度模型、政府大数据治理成熟度模型、IBM（International Business Machines Corporation，国际商业机器公司）数据治理成熟度模型、数据管理成熟度模型、数据管理能力成熟度评估模型、数据安全能力成熟度模型等。能力成熟度模型作为战略规划最有价值的工具之一，体现了事物从低到高发展的演化路径，是描述管理活动渐进式发展的过程图，也是对事物发展能力测评的重要依据③。以数据安全能力成熟度模型为参照，建构档案数据安全治理能力成熟度模型，为评估档案数据安全治理效果、制定档案数据安全治理策略、增强档案数据安全治理能力、提升档案数据安全治理能级提供路线指引。

（一）档案数据安全治理能力成熟度模型架构

通过对相关能力成熟度模型进行分析，适用于档案数据安全治理的主要是数据安全能力成熟度模型，该模型贯穿数据全生命周期，聚焦数据安全能力，划分能力成熟度等级，为数据安全管理水平提升提供参照。档案数据是数据资源的重要类型，保障数据安全的所需能力与确保档案数据安全依托的治理能力存在共同点；档案数据安全治理过程主要针对档案数据全生命周期展开，与数据安全管理过程存在共通处；数据安全能力成熟度等级体现了从弱到强、从萌芽到成熟的阶段历程，与治理行为能级提升类似，可以化用。综上，数据安全能力成熟度模型涉及的流程、周期、级别等要素与档案数据安全治理行为、过程、等级等内容匹配度高、兼容性强，依据数据安全能力成熟度模型，进行恰当延伸、合理拓展、适当修正，从而设计档案数据安全治理能力成熟度模型。

①叶兰. 研究数据管理能力成熟度模型评析[J]. 图书情报知识, 2015(2): 115-123.

②孙超, 吴振新. 国外数字资源长期保存成熟度模型及其分析与评价[J]. 图书情报工作, 2017(1): 32-39.

③迪莉娅. 政府数据开放成熟度模型研究[J]. 现代情报, 2019(1): 103-110.

1. 数据安全能力成熟度模型

大数据时代，数据安全是企业组织安全体系的重要组成部分。2019 年，国家标准化管理委员会颁布国家标准《信息安全技术 数据安全能力成熟度模型》（GB/T 37988—2019），其给出了组织数据安全能力的成熟度模型架构，规定了数据采集安全、数据传输安全、数据存储安全、数据交换安全、数据销毁安全、通用安全的成熟度等级要求，适用于对组织数据安全能力进行评估，也可作为组织开展数据安全能力建设时的依据①。数据安全能力成熟度模型架构如图 8-3①所示，主要由以下三个维度构成：一是安全能力维度，包括组织建设、制度流程、技术工具和人员能力；二是数据安全过程维度，主要包括数据采集安全、数据传输安全、数据存储安全、数据处理安全、数据交换安全、数据销毁安全六个阶段；三是能力成熟度等级维度，划分为五阶段，包括非正式执行级、计划跟踪级、充分定义级、量化控制级、持续优化级。数据安全能力成熟度模型为组织机构基于统一标准合理衡量与科学研判数据安全管理实践水平、发现数据安全能力短板、提升数据安全管理能力提供指导，也为档案数据安全治理能力成熟度模型构建提供参考依据。

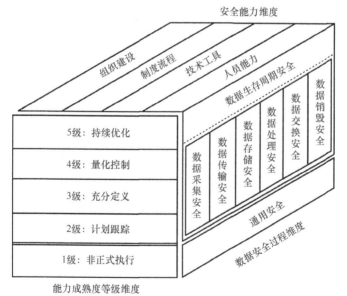

图 8-3　数据安全能力成熟度模型架构图

---

①国家市场监督管理总局, 中国国家标准化管理委员会. 信息安全技术 数据安全能力成熟度模型: GB/T 37988—2019[S]. 北京: 中国标准出版社, 2019: 1.

2. 档案数据安全治理能力成熟度模型构建

通过借鉴数据安全能力成熟度模型，结合治理理论，以档案数据安全为核心，以档案数据安全治理需求为导向，从数据安全能力成熟度模型的安全能力维度、数据安全过程维度、能力成熟度等级维度出发，构建由档案数据安全治理能力维度、档案数据安全治理过程维度、档案数据安全治理能级维度组成的档案数据安全治理能力成熟度模型，如图 8-4 所示。

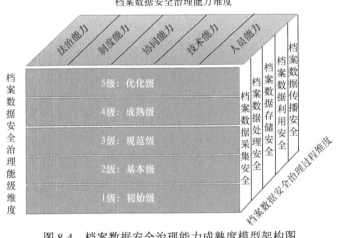

图 8-4 档案数据安全治理能力成熟度模型架构图

具体设计思路：一是吸收"法治""协同共治"等治理要素，将数据安全能力成熟度模型的安全能力维度设计成档案数据安全治理能力维度，主要涵盖法治能力、制度能力、协同能力、技术能力和人员能力五个关键要素。二是根据档案数据特点和管理流程，将数据安全能力成熟度模型的数据安全过程维度设计成档案数据安全治理过程维度，把档案数据安全治理全生命周期划分为采集、处理、存储、利用、传播等阶段。三是结合从初治到善治的治理过程，将数据安全能力成熟度模型的能力成熟度等级维度设计成档案数据安全治理能级维度，包括初始级、基本级、规范级、成熟级和优化级五个渐进式等级。档案数据安全治理能力成熟度模型体现了档案数据安全治理从萌芽到成熟、从起始到优化、从不完善到可持续的体系化发展路径和梯度成长框架，为评估档案数据安全状况、确立治理战略愿景、规划治理行动蓝图、构筑治理策略提供方向指引，助推档案数据安全善治。

（二）档案数据安全治理能力维度

档案数据安全治理能力是指通过采取一系列措施维持档案数据安全状态的能

力。能力维度涵盖法治、制度、协同、技术和人员五个能力域。

1. 法治能力

依法治理是现代国家治理的基本共识，完善的法治环境是国家档案事业可持续发展的内在要求。系统科学、健全完备的法治体系有利于保障档案数据规范运行，全面提升档案数据安全治理水平。档案数据安全法治能力主要包括档案数据主权维护能力、法规建设能力和权利保障能力。以总体国家安全观为指引，加速档案数据安全立法进程和档案数据标准化建设，构建档案数据权益保障体系，有效保障国家档案数据主权、社会公众档案数据权益和档案数据自身安全。

2. 制度能力

制度具有规类矩形、调理方圆的社会整合规训功能，是具有一定约束力的基本操守和行为遵循。档案数据安全管理制度的规范性、适用性、明确性和有效性是衡量档案数据安全治理能力的重要尺度。档案部门需要构建系统完备、结构清晰、高效运行的制度体系，制定科学合理、内容完善的档案数据安全管理制度，如安全分级、安全监控、安全评估、应急处置等，规范实施流程，提高执行效力，落实监督评价，将制度能力转化为治理效能。

3. 协同能力

协同能力是保障档案数据安全治理高效运转的重要支撑。协同能力主要由协同主体、协同过程、协同行为、协同方式等能力项组成。档案数据安全治理主体多样化，需要形成以档案部门为主导、其他主体协同共治的良性格局。其中，档案部门担负着"元治理"的重要角色，数据管理机构、信息技术企业、公众个人等则是安全治理的协同主体。档案数据安全治理需要引入市场化方式、社会化方式吸纳社会力量参与，科学配置各方权利义务，规范各治理主体行为，形成全社会群防群治、群策群力共同维护档案数据安全的良好治理生态。

4. 技术能力

技术能力是档案数据安全治理的基础能力域，主要指应用各类安全技术思维、产品、方法等化解档案数据安全风险的能力。档案数据安全治理需要严密有效、系统完备、科学适用的各种技术工具支撑。一方面，需要不断加强加密技术、访问控制技术、入侵检测技术、隐私保护技术等传统安全技术的巩固升级；另一方面，需要持续跟进前沿技术，重视发展自主可控的档案数据安全产品和产业体系，探索大数据、人工智能、区块链等新一代信息技术在档案数据安全保障中的应用场景和实施路线，形成大胆试验、科学验证、谨慎使用、持续优化的技术生态。

5. 人员能力

人才是档案数据安全治理的动力和支撑，人员能力是法治谋划、制度落实、协同共治、技术攻关的重要基础。人员能力主要包括两方面：一方面，表现为档案数据管理人员的安全知识和专业技能，需要档案数据管理人员既要有档案数据管理知识和能力，同时也要有档案数据安全意识和专业技能；另一方面，表现为档案数据安全管理人才的引育，既要加强档案数据管理人员安全治理能力培育，也要强化数据安全专业人才的引进，打造一支拥有广阔知识面、跨学科、高技能的档案数据安全保障人才队伍。

（三）档案数据安全治理过程维度

档案数据安全治理过程维度是针对档案数据采集、处理、存储、利用、传播等运行过程开展的治理活动。

1. 档案数据采集安全

档案数据采集的对象主要是档案数据化资源和电子档案等。一是拓展档案数据采集范围。按照有关法规要求，做到收集归档时应收尽收、应归尽归，移交接收时应交尽交、应接尽接，从源头上保障档案资源安全[①]。大数据时代，档案部门的核心竞争力在于其拥有的数据资源的丰富度，要树立大档案观、大数据观，以开放协同、集成共享的理念拓展档案资源建设渠道和采集范围，收集业务范围内的全面数据、全域数据和全景数据，形成数量丰富、结构合理的档案数据库，构建"大档案"资源体系，实现资源全方位保存，有效保障档案数据的齐全完备、馆藏丰裕。2020 年，杭州市档案局、市档案馆联合市数据局协同开展"城市大脑"运行数据归档工作，现已完成社会管控、城市运营、企业复工、健康码等 7 类共

---

① 国家档案局印发《关于进一步加强档案安全工作的意见》的通知[EB/OL]. (2019-10-09)[2023-12-04]. https://www.saac.gov.cn/daj/gfxwj/201910/55d8388520734b2ab270bbd49b7b61d2/files/2a8ec9e8fe6b4340b0431fdb9c71fd8a.pdf.

计 1.76 GB 的电子档案收集工作[①]。二是规范档案数据采集流程。明确档案数据采集渠道，对不同来源、不同类型的档案数据按照统一的采集目录和数据标准，规范数据格式和采集流程，推行"一数一源、一源多用、多源校核、动态更新"的采集机制，逐项确定数据责任部门、数据源头、更新机制、质量标准、使用方法等基本属性，编制面向使用方的数据应用指南，形成统一权威的数源目录[②]，实现一次采集、共享使用，避免重复多头采集、过度超范围归集，确保档案数据来源可靠、程序规范、要素合规，保障档案数据的真实性、完整性、可用性和安全性。三是确保档案数据化安全。档案数据化加工过程涉及较多的外部人员，在档案扫描、图像处理、数据质检、数据挂接、数据迁移、光盘备份等环节中都可能存在数据被拷走或被拍照的风险[③]，致使数据被盗或泄密。为此，需要建立规范的档案数据化操作程序和安全保密制度，对数据化服务机构、数据化场所、数据化加工设备、数据化操作人员等进行安全管理，将传统档案、数字档案转化为规范化、标准化、结构化的档案数据，保障档案实体与信息安全，维护他人著作权、知识产权和隐私权等合法权益，避免失泄密或者不正当扩散。

2. 档案数据处理安全

对于采集的档案数据，可能存在残缺冗余、多源异构等问题，为了保证数据质量、做到有序管理、方便挖掘利用，需要对档案数据进行分类整理、剔除冗余数据、填补关键信息、转换数据格式等，主要涵盖档案数据脱敏、清洗、抽取、集成、变换、纠正、标注等工序。一方面，依据档案数据属性、特征、功能等对档案数据进行科学合理、精细实用、广泛多元的分类；另一方面，档案数据来源广泛、形态多样、结构复杂、格式不一，冷数据、死数据、冗余数据普遍存在，数据质量不容乐观。需要对在线、离线接收的档案数据进行比对校验、清洗脱敏、统一格式、错误纠正，识别清除异常数据和重复数据，确保档案数据质量上乘。

---

①范飞. 档案信息化助推城市治理现代化: 杭州以"三个走向"重要论述为根本遵循积极发挥档案工作基础性作用[N]. 中国档案报, 2020-11-16(1).

②上海市人民政府办公厅关于印发《2021 年上海市公共数据治理与应用重点工作计划的通知[EB/OL]. (2021-03-05)[2023-08-01]. https://www.shanghai.gov.cn/nw12344/20210331/f378a8ba5f96452cb5644f5d1626cb37.html.

③各级国家综合档案馆电子文件与电子档案管理系统在档案信息利用过程中安全保护功能需求与实现方式的研究 第一部分 [EB/OL]. (2021-01-08)[2024-02-10]. https://www.saac.gov.cn/daj/kjcgtg/202101/a5f0199e646241df9c049b598868433a/files/42a8f42afb72489d8deb052d7189ee28.pdf.

3. 档案数据存储安全

档案数据存储阶段，面临着存储介质寿命有限、存储系统不成熟、数据存储离散、数据存储多重、数据存储失读失密等风险。例如，在数据集中化存储过程中，敏感数据如未设密，很容易受黑客攻击和后台运维人员权限滥用，造成数据泄露。为此，一是制定档案数据安全存储策略，建立健全档案数据安全存储制度和安全保密制度，设置科学存储架构，选择系统性能稳定的存储数据库，确保档案数据长期安全保存。二是结合档案数据类型特点和存储要求，选择存储容量大、安全性能强、防护级别高、载体寿命长的存储介质，如 WORM（write once read many，一次写入多次读出）盘、WORM 磁带等。三是制定档案数据安全备份策略，确定安全备份方案、备份系统和备份方式；建立档案数据存储安全监测监控系统，强化数据监管，及时查询安全漏洞和安全隐患。

4. 档案数据利用安全

档案数据利用是挖掘档案数据价值、发挥档案数据效益、满足社会利用需求的重要方式，主要涵盖档案数据开放公布、计算挖掘、关联分析、共享利用等内容。这一阶段也存在诸多安全风险，如档案部门在开展档案数据共享利用过程中，存在侵犯国家秘密、公民隐私、知识产权和违规使用等滥用误用问题。因此，要依据《中华人民共和国档案法》等相关法律法规要求，构建统一的档案数据开放平台，优先推动与民生紧密相关、社会迫切需要、经济增值潜力显著的高价值档案数据开放；正确处理档案数据开放与安全保密问题，严格制定保密制度，确保涉及国家利益、商业秘密、个人隐私等档案数据的安全保密；建立高强度或细粒度的访问控制机制，落实身份授权、数据留痕、权限审核等安全规定，合理限定用户访问范围，对滥用、未经许可和非授权使用、扩散、泄露档案数据的行为进行依法处置，确保档案数据正当利用。

5. 档案数据传播安全

互联网环境下，档案传播方式与报纸、期刊、广播等传统传播方式显著不同，档案网站、虚拟展厅、微媒体、融媒体等传播途径相继涌现，在拓展档案数据传播范围、提供丰富多彩个性化应用、提高服务效率的同时，也带来了相应的安全风险。一是档案数据通过移动互联、社交媒体进行网络传播时，易受黑客攻击和截取，造成数据失真失掉失密，无法查询利用。2014 年，黑客通过注入木马程序，恶意攻击陕西省档案信息网,致使网站在线浏览、数据查询等功能无法正常运行[①]。二是很多档案数据的系统依赖性极高,系统环境变化容易导致档案数据在迁移过程中丢失或无法读取[②]。为此,需要建立成熟稳定的密钥管理机制、可靠的传输协议和通道,利用身份认证和鉴别技术防止数据非法截获;要加强档案网站安全管理,定期对网站进行扫描监测,发现漏洞及时修正,发生篡改、入侵等事件及时断网修复,按照国家标准和相关规定配置信息环境及设备,基础设施和信息安全设施,应能保障电子档案管理系统的正常运行和内容管理、传输需要[③]。为确保档案数据信息系统安全运行,需要建立健全档案数据管理系统安全保护体系,确保档案数据信息系统与其他信息系统物理隔离;根据档案信息不同网络的传播范围、用户对象、敏感程度、保密等级等进行分域控制、分类防护、划控处理,保密机密类档案数据只能在涉密网开放流通,机构组织内部档案数据只能在内网传播(包括政务网和局域网等),开放档案数据可以在公众网或外网传播[④],内外网要进行物理隔离,保障内外网数据交换、传输和互联安全,严防将涉密档案信息传输到非涉密网络上。

(四)档案数据安全治理能级维度

随着档案数据安全治理能力的渐进式改善和持续性提升,档案数据安全治理能级呈现出从萌芽到成熟、从不完善到逐步优化的阶梯递进式发展历程,如图 8-5 所示。

1. 初始级

初始阶段,相关组织机构尚未意识到档案数据安全治理的重要性,安全治理理念、安全管理意识相对薄弱;尚未建立正式的安全法规标准、安全治理规划、安全治理架构和安全治理组织;尚未开展或只开展零星、碎化的安全治理活动,

---

①陕西档案信息网咋查不了馆藏 回应:遭到黑客攻击了[EB/OL]. (2014-10-09)[2023-11-25]. http://news.sina. com.cn/c/2014-10-09/022230959930.shtml.

②秦巧云,周枫,杨智勇. 大数据环境下数字档案馆信息安全研究[J]. 北京档案, 2017(6): 18-21.

③国家档案局印发《关于进一步加强档案安全工作的意见》的通知[EB/OL]. (2019-10-09)[2023-12-04]. https:// www.saac.gov.cn/daj/gfxwj/201910/55d8388520734b2ab270bbd49b7b61d2/files/2a8ec9e8f6b4340b0431fdb9c71fd8a.p df.

④《档案信息系统安全保护基本要求》[EB/OL]. (2024-09-05)[2024-12-22]. https://dag.ganzhou.gov.cn/gzdaj/ c102007/202410/4b412e8250ac4fd9a2c79c95de3799ab.shtml.

各种治理能力要素不可辨识或仅在特定情况下模糊显示出来；尚未健全安全管理制度，治理水平整体较低，治理能力十分有限，档案数据处于较高风险状态。处于初始级别，需要进行安全意识宣传、安全政策推广，尽快树立档案数据安全治理理念，加强对档案数据安全的重视，积极采取有效行动改变现状。

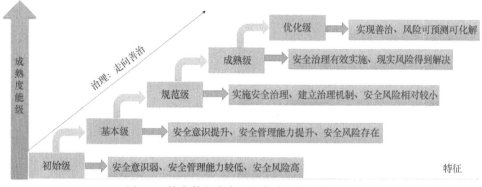

图 8-5　档案数据安全治理能力成熟度等级图

2. 基本级

这一级别主要是档案数据安全管理阶段。此阶段，档案数据安全意识提升，开始意识到档案数据作为关键性信息资产的重要性，不断投入人员、技术、设备、资金等资源，制定相应的档案数据安全策略、法规、章程，规范档案数据安全管理流程，设置相关安全责任岗位，建立档案数据安全管理体系。但在档案数据多元协同、整合集成、共建共享、互联互通等方面缺少统筹规划和政策协调，仍存在较大安全隐患，需要厘清档案数据安全风险症结，制定改进策略和行动规划，推进档案数据安全管理向安全治理转型。

3. 规范级

实施档案数据安全治理，以档案数据安全治理需求为导向，制定一系列制度、规章、标准进行规范化管理，统筹运用各种安全治理技术、工具和手段，建立档案数据安全治理组织架构和协作机制，形成可重复利用的标准化、稳健化治理经验。这一阶段是档案数据安全治理能力提升的关键期，通过能力评估、现状分析，找准治理难点、堵点、痛点，从政策制定、基础设施建设、管理流程优化等方面完善档案数据安全治理体系。在该等级，已经能够控制、处理、解决大部分安全风险，风险后果可以得到适当补救，档案数据得到较为有效的保护，面临的安全风险相对较小。

4. 成熟级

在成熟级阶段，各种安全法律、制度、标准、规范、策略已经相对成熟，各种治理能力域、能力项、能力要素得到合理使用、有效配置，各种可预估、可控制、可测度的安全指标已经建立，各项治理效果能够进行合理的量化分析和恰当评价，档案部门与其他机构间的协同共治机制发挥有效作用，档案数据安全治理有效实施，能够及时化解各种安全事故。同时，还具备一些额外的能力：如借鉴其他优秀、成功的档案数据安全治理实践，对自身治理模式进行调整、矫正和升级，实现科学合理嫁接。该等级已经解决档案数据面临的各种现实风险，但还难以完全准确预测和发现潜在风险。

5. 优化级

在风险多变和充满不确定的大数据环境下，档案数据安全治理需要不断创新。优化级是档案数据安全治理所能达到的最高水平，是档案数据安全善治。该阶段，档案数据安全治理能力得到显著增强，处于可持续发展态势，响应速度大幅提升，治理体系健全完备，能够精准侦察各种安全风险，动态调整治理策略方法，实现安全风险可预测、可研判、可消除，从事后被动走向事前主动，从事后应急式处置走向事前预防式化解，各种治理要素、资源、技术和工具得到有效发挥。依托科学有效的监测评估机制，实现对各种能力项的持续优化，治理实践得到广泛认可，成为可供其他组织机构学习借鉴、复制推广的典范。

（五）模型有效性验证：以"闪捷信息"政务数据为例

当前，档案数据安全治理尚处于初始阶段，直接相关的案例较少。大数据时代，政府是数据的最大拥有者，有 70%到 80%的数据由政府掌控。档案数据中相当一部分来源于政务数据，政务数据安全治理与档案数据安全治理联系密切、相关度高。闪捷信息科技有限公司（简称闪捷信息，也称 Secsmart）是一家专注数据安全的高新技术企业，曾获"2020 年度网络安全成熟度阶梯典型厂商"称号。2020 年数据安全高峰论坛上，《闪捷政务大数据平台数据安全方案》成功入选《2020 年数据安全典型实践案例》；2021 年，第四届行业信息化技术创新发展峰会发布《2021 行业信息化竞争力百强——2021 行业信息化推优成果》，闪捷信息斩获"2021 数据安全治理领军企业""2021 数据安全治理最佳解决方案"，数据安全领域领军者地位实至名归①，成为业界广泛认可、推广借鉴的数据安全治理模范。闪捷信息开展的政务数据安全治理活动与档案数据安全治理耦合关联程度较高，为验证档案数据安全治理能力成熟度模型可行性、有效性提供参考案例。

1. 能力维度分析

能力维度有法治、制度、协同、技术、人员五个维度，闪捷信息的政务数据安全治理能力也可从这五方面进行分析。在法治层，闪捷信息依据国家法律法规要求，参与设计政务数据行业标准规范，规范政务数据安全治理。在制度层，建立政务数据资产梳理、分级分类、风险评估等安全管理制度，规避数据安全风险。在协同层，以政府机构为服务主体，发挥自身技术优势，实现安全能力协同联动，保障政务数据安全。在技术层，闪捷信息将 TDE（transparent data encryption，透明数据加密）、量子加密、动态脱敏、智能分析等技术方法应用于政务数据加密存储、风险识别、攻击溯源等方面，推动治理自动化、智能化。2021 年，凭借基于人工智能的数据资产安全管理系统获中国国际大数据产业博览会"领先科技成果优秀项目奖"②。在人员层，闪捷信息拥有一支技术过硬、经验丰富、结构合理的资深团队，注重提升全体人员的数据安全能力。

2. 过程维度分析

闪捷信息对政务数据进行全栈安全保障、全程安全防护、全面细颗粒管控，为政府部门构建了全链条、全天候、全场景的数据安全防护体系。通过动态防护和全面防护一体化，对政务数据收集、传输、存储、使用、共享、删除、销毁全生命周期全流程进行全覆盖保护，重点围绕数据存储、使用、共享三大环节中的安全风险开展综合治理。此外，注重结构化数据和非结构化数据的双轨防护，确保不同类型、不同结构的政务数据安全可用。

3. 能级维度分析

闪捷信息通过实施政务数据安全治理，从治理初始级一步步过渡到优化级，

①接连揽获三项荣誉 | 闪捷信息上榜「2021 数据安全治理领军企业」[EB/OL]. (2021-09-30)[2023-11-04]. https://www.freebuf.com/company-information/290628.html.

②2021 数博会 | 闪捷 AI 创新实力斩获领先科技成果优秀项目奖[EB/OL]. (2021-05-27)[2023-05-31]. https://www.freebuf.com/company-information/275181.html.

实现政务数据安全治理目标。一是防止黑客攻击，确保重要政务数据安全；二是对政务数据流转及调用全程进行安全监控，严格管控内部人员及外包人员操作流程，防止政务数据被破坏、窃取和泄露；三是保障政务数据在开放共享、开发分析、决策服务过程中的安全可靠，消除数据孤岛，打破数据壁垒，促进政务数据互联互通，为政府部门高效运行和社会利用提供高质量数据资源。目前，闪捷信息在治理实践基础上完成《数据安全治理能力评估方法》《政务大数据平台数据安全体系建设指南》等研究报告，不断提升政务数据安全水平，治理能级成熟，实现政务数据风险最小化、价值最大化，得到行业广泛认可和肯定，为政务数据安全治理实践提供典型范例。

四、档案数据安全治理举措

依据档案数据安全治理能力成熟度模型的能力维度，从法治、制度、协同、技术、智力等五个层面出发，探索档案数据安全治理能级提升策略。以法治为基石，加强档案数据安全法治建设；以制度为保障，完善档案数据安全保障制度；以协同为途径，推进档案数据安全协同共治；以技术为支撑，打造档案数据安全技术高地；以智力为动能，培育档案数据安全专业人才，建立健全人防、物防、技防三位一体的档案数据安全工作新格局，形成严密有效、系统科学、立体多维的档案数据安全防治体系，不断提升档案数据安全治理能力，达到档案数据安全善治的目标。

（一）法治层：加强档案数据安全法治建设

夯基垒石，法治是关键。档案数据安全法治建设主要从档案数据法规标准制定与完善、档案数据权利保护、档案数据主权保障三方面入手。

1. 加速档案数据法规标准制定与完善

一方面要完善档案数据安全法规体系。德国是欧洲信息安全法治建设的典范，从公共权力约束、数据合法获取、数据处理利用程序正当、个人隐私免受侵犯等多角度构建了比较系统完备的数据法律保护体系，如《联邦数据保护法》等[1]。澳

---

①吕欣, 李洪侠, 李鹏. 大数据与国家治理[M]. 北京: 电子工业出版社, 2017: 30.

大利亚于 2015 年公布《我的健康档案法》，以保护患者隐私安全[①]。我国也颁布了《中华人民共和国网络安全法》《中华人民共和国数据安全法》《中华人民共和国个人信息保护法》等法律，保障信息安全和数据安全。档案部门要在《中华人民共和国档案法》等法规指导下，借鉴国外先进经验，加快制定档案数据安全管理规章条例，健全档案数据安全法规体系，为档案数据安全提供法治保障。《中华人民共和国档案法实施条例》规定，"建立健全科学的管理制度和查阅利用规范，制定有针对性的安全风险管控措施和应急预案""电子档案管理信息系统应当按照国家有关规定建设，并符合国家关于网络安全、数据安全以及保密等的规定"[②]。

另一方面要加快制定档案数据标准规范。当前，档案数据标准缺失、滞后等问题日益凸显，需要加紧制定档案数据标准规范，发挥标准导向作用。档案部门已制定了一些与档案数据相关的标准，如《档案数据硬磁盘离线存储管理规范》《基于文档型非关系型数据库的档案数据存储规范》《档案数据存储用 LTO 磁带应用规范》等。2020 年，国家档案局公布了《档案信息化标准体系建设指南（研究报告）》，为档案数据标准化建设提供参考依据。依据该指南总体框架，结合档案数据属性特点与管理实践，对档案数据标准体系进行创新设计，档案数据标准体系建设内容如表 8-1 所示。在档案数据标准制定过程中，需要国家档案局、国家标准化管理委员会、数据安全企业、科研院所等多主体的有效协作，立足国内现实，兼顾国际标准，按照需求优先、动态调整、开放包容、条理分明、衔接配套的建设原则，结合不同领域、不同类型档案数据管理特点，注重操作性和指导性相统一，建立涵盖基础共性、资源建设、服务体系建设、安全保障和应用操作五部分的档案数据标准体系，充分发挥标准在推进档案数据化转型中的指导、规范和保障作用。

表8-1　档案数据标准体系明细表

体系	分类	标准号	标准名称	状态
1 基础共性	术语定义		《档案数据管理基本术语》	待制定
	通用需求		《档案数据移交与接收规范》	待制定
			《数据归档与档案数据管理规范》	待制定
			《档案数据管理系统建设指南》	待制定
	测试与评估		《档案数据四性检测要求》	待制定
			《档案数据管理系统测试规范》	待制定

①钟其炎. 澳大利亚电子健康档案全生命周期隐私保护体系及借鉴[J]. 北京档案, 2019(2): 16-21.
②中华人民共和国档案法实施条例[N]. 人民日报, 2024-01-29(15).

续表

体系	分类	标准号	标准名称	状态
1 基础共性	管理	DA/T 57—2014	《档案关系型数据库转换为 XML 文件的技术规范》	已发布
		DA/T 75—2019	《档案数据硬磁盘离线存储管理规范》	已发布
		DA/T 82—2019	《基于文档型非关系型数据库的档案数据存储规范》	已发布
		DA/T 83—2019	《档案数据存储用 LTO 磁带应用规范》	已发布
			《档案数据存储管理要求》	待制定
			《档案数据长期保存规范》	待制定
2 资源建设	档案数据化		《档案资源数据化规范》	待制定
	档案数据质量控制		《档案数据质量控制标准》	待制定
	档案数据整合集成		《档案数据目录格式》	待制定
			《档案数据交换标准》	待制定
3 服务体系建设	服务平台		《档案数据服务平台建设指南》	待制定
	数据共享		《档案数据共享指南》	待制定
	数据利用		《档案数据利用指南》	待制定
4 安全保障	资源安全		《档案数据化外包安全规范》	待制定
			《档案数据风险治理规范》	待制定
			《档案数据异地异质备份要求》	待制定
			《涉密档案数据管理要求》	待制定
	系统运维		《档案数据管理系统运行维护规范》	待制定
	系统安全		《档案数据管理系统安全保护规范》	待制定
			《档案数据服务平台安全保护规范》	待制定
	网络安全		《档案数据网络安全总体要求》	待制定
5 应用操作	主要领域		《政务服务事项数据归档与管理规范》	待制定
			《企业数据归档与管理规范》	待制定
	主要专业		《建设项目档案数据管理规范》	待制定
			《会计档案数据管理规范》	待制定
			《电子票据档案管理规范》	待制定
			《科研数据档案管理规范》	待制定

2. 加大档案数据权利保护力度

习近平强调，"要制定数据资源确权、开放、流通、交易相关制度，完善数据产权保护制度。要加大对技术专利、数字版权、数字内容产品及个人隐私等的保护力度，维护广大人民群众利益、社会稳定、国家安全"[①]。数据确权是保障档案数据权利的重要内容。相较于传统载体档案，档案数据在物理属性上的可复制

---

① 审时度势精心谋划超前布局力争主动 实施国家大数据战略加快建设数字中国[N]. 人民日报, 2017-12-10(1).

性、易传播性，使其所有权、处置权和使用权相分离，在共享利用时面临着复杂的权属关系和处置难题。此外，档案数据在传播利用过程中涉及的产权、伦理等问题也没有明确规定，给公众隐私、企业秘密、社会安全等权益保障带来威胁。明确档案数据权利归属、划分档案数据权责边界是档案数据安全保护的重要内容。档案数据权利是指相关主体在不同条件下享有的以特定档案数据为客体对象的权利类型。相关主体可以是档案数据形成者、管理者和利用者，特定档案数据这一客体对象可以是档案数据，也可以是档案数据的衍生数据。根据财产权、知识产权和人格权等权属定位，将档案数据权利划分为档案数据所有权、档案数据知识产权和档案数据伦理权，如图 8-6 所示。

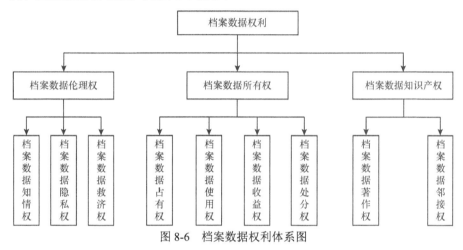

图 8-6 档案数据权利体系图

（1）档案数据所有权

《中华人民共和国民法典》第二百四十条规定，"所有权人对自己的不动产或者动产，依法享有占有、使用、收益和处分的权利"[①]。档案数据所有权是政府、企业、社会组织和公民对产生于自身或者合法采集的档案数据所拥有的权利，包括占有权、使用权、收益权和处分权。政务档案数据的所有者是国家，并不取决于是通过何种方式收集处理这些数据，即便是政府机关委托数据企业进行收集的政务档案数据，虽然数据企业是真正进行数据采集、清洗和加工的主体，但这些政务档案数据仍归国家所有。例如，政府机关在互联网上发布的社交媒体信息，大多数保存在新浪、腾讯、抖音等第三方服务商的数据平台上，服务商通过合法方式可以进行收集，但其所有者依然是政府。同样，社会组织、企业和个人产生

①中华人民共和国民法典[N]. 人民日报, 2020-06-02(1).

的档案数据,其所有者也分别是社会组织、企业和个人;针对档案数据开发利用产生的衍生数据则归开发利用者所有。

（2）档案数据知识产权

档案数据知识产权是档案数据所有人对档案数据中涉及知识产权作品的权利,按照成果是否含有独创性,可分为档案数据著作权和档案数据邻接权。档案数据著作权是档案数据所有人对档案数据中以数据化形式存在独创性智力成果的权利。档案数据中包含的商标、专利、发明、地理标志、商业秘密等信息应归档案数据所有者,在转换为数据形式的同时应当对相关信息所有者进行署名、标注等,维护所有者合法权益。针对重在搜集整理、含有单纯数值事实的档案数据库、数据集而言,其内在价值并非独创性、原创性,而在于保护作品传播过程中所投入的劳动,可以引入邻接权。数据是无形的,与知识产权客体的无形性特点吻合。无法用著作权保护的可以设计邻接权保护。根据对数据的选择和编排有无独创性而将数据库和数据集区分为两种情形,有独创性的产生著作权,否则在该数据库之上的产生邻接权①。数据库所包含的内容不限于享有版权的作品,还包括不享有版权的数据、事实等材料,此点也与邻接权保护的内容一致②。把邻接权制度引入档案数据保护中,基于独创标准与劳动尺度的不同判断,使有价值无独创性的档案数据受到档案数据邻接权的保护,避免用户在获取、浏览、查阅、复制、下载、推送档案数据时侵犯作者知识产权。

（3）档案数据伦理权

大数据时代,公众个人权利越来越受到关注。2021年,《中华人民共和国个人信息保护法》颁布,对保护个人信息权益,规范个人信息处理活动,促进个人信息合理利用具有重要意义。档案数据伦理权可以分为档案数据知情权、隐私权和救济权。档案数据知情权是指公民有知悉、获取、利用档案数据的自由与权利,在保障国家、社会、公众权益的前提下,加快推动与民众利益相关的档案数据开放。强化档案数据隐私保护,赋予个人对档案数据中涉及个人隐私的知悉、保密、修改、删除、利用等权利。档案数据救济权是捍卫公民权利的最后关卡。救济的方式一般分为公助经济,如仲裁、调解等;还有公力救济,即行政诉讼。当公民认为档案部门对自身的知情、隐私权益造成损害时,有权寻求法律救济。

---

①王渊, 黄道丽, 杨松儒. 数据权的权利性质及其归属研究[J]. 科学管理研究, 2017(5): 37-40, 55.

②王超政. 论数据库的邻接权保护[J]. 湖北社会科学, 2012(11): 157-161.

3. 加快档案数据主权保障步伐

大数据时代，基于网络空间形成的大数据场域成为各国主权竞争的角力场、比赛道。档案数据是重要的数据资源，也是重要的国家财富、历史资产和社会记忆，真实记录了国家历史、民族文化和领土利益等内容，是国家主权的鲜明印证和权威佐证。确保档案数据主权是维护国家安全、贯彻总体国家安全观的重要体现。档案数据主权是一个国家独立自主对本国档案数据进行管辖和控制的权力，是维护国家安全的核心能力。随着全球化深入发展，跨国公司、驻外机构、境外投资、出国留学等大量涌现，其中既有在我国开展业务活动的别国机构、公司和个人，也有我国赴境外开展业务的大型企业、机构、办事处，数据的双向流通和往返不可避免，风险也就接踵而至。《中华人民共和国档案法》第五十条规定，"擅自运送、邮寄、携带或者通过互联网传输禁止出境的档案或者其复制件出境的，由海关或者有关部门予以没收、阻断传输"[①]。为此，需要从全球发展战略层面出发，充分考虑世界各国法律规定的差异性、适用范围的不一致，以国际档案数据流通需求为导向，积极参与全球档案数据流通共享规则制定，加强档案数据跨境传输、跨国流动的安全管控，强化档案部门、海关、网信、国安等单位的联合执法，建立档案数据本地化存储制度，确保档案数据主权不受侵犯。

（二）制度层：完善档案数据安全保障制度

制度建设是档案数据安全治理的有力保障，各级各类档案馆要建立健全档案数据接收、处理、归档、保管、利用、移交、解密、鉴定销毁等基本制度，根据实践要求和形势发展需要不断修订完善本系统、本单位的档案数据管理办法，形成科学配套、齐全完备、成熟稳定、合理有效的档案数据安全管理制度体系，进一步落实档案数据安全评估和岗位责任制，将档案数据安全落实到每一个人员、每一个环节、每一个过程，不断查漏补缺，避免因为制度缺陷影响档案数据安全。

1. 实施档案数据安全分级制度

分级分类管理是保障档案数据安全的重要措施。要从馆藏实际和管理实际情况出发，根据资源价值和机密敏感程度，将档案数据划分为不同的安全级别，进

---

①中华人民共和国档案法[N]. 人民日报, 2020-07-16(16).

行针对性、多层次、定制化的分类保管和分级防护，严格按照《中华人民共和国保守国家秘密法实施条例》《各级国家档案馆馆藏档案解密和划分控制使用范围的暂行规定》《各级国家档案馆开放档案办法》等法规要求开展馆藏档案数据解密、划控和开放。按照国家信息安全等级保护标准和涉密档案信息系统分级保护管理规定建立档案数据管理系统和档案数据安全保密防护体系，加强对涉密档案信息系统、涉密计算机和涉密载体的保密管理。通过安全分级，对涉密档案数据进行物理隔离和安全防护，综合运用身份鉴别、数据加密、访问控制等技术方法对保密级档案数据的使用权限和获取内容进行严格把控，执行严格的安全保密管理制度，按照相关规范要求对涉密档案、重要档案的存储介质进行检验和认证，严防档案在传输过程中失密泄密。例如，浙江省档案馆积极开展系统等级保护工作，建设符合国家标准的涉密机房和涉密档案管理系统，确保涉密档案的安全保存和有效利用。涉密网络按涉密信息系统分级保护机密级要求规划和实施①。

2. 落实档案数据安全监控制度

大数据时代，档案数据呈现海量化趋势，随着数据存储技术和数据监控技术的发展，充分利用新一代信息技术，建立档案数据安全监控制度，对档案数据存储场景、利用空间、网络传输、数据平台和管理活动等进行全方位、全天候、全过程监控。借助实时监控和定时监控等数据监控技术，建立动态监控机制，对档案数据生成、采集、处理、存储、利用等运行全程进行安全监控，形成完整、准确的数据流转记录，及时发现档案数据在系统组件、运行平台、在线流动、操作流程中的安全盲点和安全隐患，对档案数据管理中存在的安全风险即时报警、实时响应，提升档案数据安全风险感知识别、监测预警和防护管控能力。

3. 建立档案数据安全评估制度

有效的评估是提升档案数据安全治理能力的重要渠道。坚持定性定量相结合、动态稳定相结合的原则，构建档案数据安全治理评估指标体系，定期开展安全评估认定，衡量档案数据安全治理成效，对存在问题进行督导解决。评估指标主要包括：一是管理安全，包括档案数据安全管理组织与管理制度、档案数据安全保密制度、专业人员配置等内容。二是数据安全，包括档案数据质量控制、档案数

---

① 郑金月. 建设融入数字政府大格局的新一代数字档案馆: 浙江省档案馆全国示范数字档案馆创建工作综述 [J]. 中国档案, 2020(1): 40-42.

据操作流程、档案数据备份制度、档案数据传输利用安全制度等内容。三是馆库安全，包括档案数据保管场所、存储载体、存储技术、软硬件系统、基础设施、运行平台、网站运维等内容。档案库房要配备齐全防火、防盗、防潮、防水、防日光及紫外线、防尘、防污染、防有害生物等设施设备，安装监控和门禁设施，并保障各种设施设备完好及正常运行，避免出现设施设备配备不全，或者设施设备不运行或间断运行的情况，影响档案安全①。四是档案数据化安全，包括档案数据化过程中的档案实体安全、档案信息安全、档案数据化质量、外包安全保密等内容。通过评估，制订整改方案和实施策略，完善权利义务相统一、风险责任相关联、激励惩戒相结合、评价反馈相协同的评估机制，确保档案数据安全。

4. 健全档案数据突发应急制度

一方面，地震、海啸、洪水、台风等自然灾害以及战争、火灾等突发事件会给档案带来巨大威胁和安全隐患。例如，2021 年 7 月 20 日，郑州大学第一附属医院，在郑州遭遇罕见特大暴雨时，被洪水围困，地下室进水，包括病案管理科等多个科室受损②，大量档案被水浸泡，如图 8-7 所示。为了防范突发事件发生，确保档案数据实体和信息不受损害，要按照《档案工作突发事件应急处置管理办法》《档案馆防治灾害工作指南》《重大活动和突发事件档案管理办法》等要求建立洪涝、台风、滑坡、地震等自然灾害及其他突发事件的防范和应急处置机制，制定档案数据安全应急管理制度和应急预案，确保档案数据安全。要设立档案安全应急处置协调小组，保证突发事件应急处置工作的有效进行，最大限度地预防和减少突发事件对档案造成的危害。要按照应急预案要求，经常开展演练，提高应急处置执行能力①。制定档案数据备份和迁移制度，确保档案数据能够及时恢复、安全利用；对重要核心数据和机密数据须建立异质异地备份制度，确保档案数据长期安全保存，维护国家利益和社会稳定。另一方面，国家机构、社会组织和个人等在突发事件发生过程中会形成大量具有保存和利用价值的各类数据记录。既包括在突发事件发生前预防、监测、告警形成的档案数据，也包括在突发事件发生过程中应急、处置、管控、救援形成的档案数据，还包括在突发事件发生后统

---

①国家档案局印发《关于进一步加强档案安全工作的意见》的通知[EB/OL]. (2019-10-09)[2023-12-04]. https://www.saac.gov.cn/daj/gfxwj/201910/55d8388520734b2ab270bbd49b7b61d2/files/2a8ec9e8fe6b4340b0431fdb9c71fd8a.pdf.

②郑大一附院晾晒被洪水浸泡的档案 铺满整个院子[EB/OL]. (2021-07-26)[2023-08-20]. https://baijiahao.baidu.com/s?id=1706336434799137280&wfr=spider&for=pc.

计、善后、恢复、整改形成的档案数据，需要及时归档保存、分析利用，为政府应对突发事件提供决策支持和参考咨询。

图 8-7　郑州大学第一附属医院的院子里铺满了晾晒的档案

（三）协同层：推进档案数据安全协同共治

多元主体协同共治是治理理论的核心理念之一。档案部门是档案数据管理的核心主体，是档案数据安全治理的主导因子。随着档案社会化的开展，档案数据安全治理主体多元化，构建以档案部门为元治、多元主体协同共治的良好格局，如图 8-8 所示。

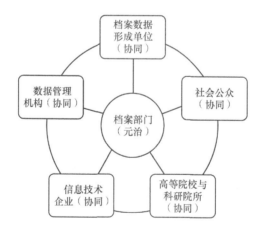

图 8-8　档案数据安全协同共治体系图

1. 档案部门"元治"

档案部门是档案数据的聚集地，是档案数据安全规则制定者、安全秩序监管者、安全措施落实者，在档案数据安全治理中担负着"元治"的主导地位。《中华人民共和国档案法实施条例》第四十三条规定，"档案馆应当积极创造条件，按照国家有关规定建设、运行维护数字档案馆，为不同网络环境中的档案数字资源的收集、长期安全保存和有效利用提供保障"①。一是立足档案数据安全实践，明确数据安全治理职责，构建科学合理、高效精准的组织架构，完善不同行业、不同领域、不同类型档案数据管理规则，对多源异构数据制定统一的操作融合标准，形成系统完备的档案数据安全治理体系。例如，湖州市档案馆通过实施体系化、系统化的档案数据安全保障措施，将馆内各管理平台上的重要数据全部纳入安全监管平台，切实提高了档案数据安全保障水平②。二是加强大数据、人工智能、区块链等新一代信息技术应用，加快数据基础设施建设，创新档案数据安全治理方法、手段和模式，实现网络设施、系统平台和数据资源的综合安全管理。例如，中石油数字档案馆不断适应新形势，利用数据管理技术和方法，加强数据转型和单轨切换。在安全管理方面，主要针对用户操作日志、系统运行日志、数据变更日志、接口调用日志、外部系统归档日志、流程监控、数据授权、搜索敏感词维护、在线用户管理、模拟用户登录、数据长久保存等技术措施进行全面管控，有效保障了档案数据安全③。三是为档案数据安全共治创造良好的环境，档案部门要完善档案治理法规制度，营造档案治理生态，为社会主体积极参与档案治理创造条件，提供政策支持。积极培育社会组织和公民个人参与档案事务决策和管理，通过分权和赋权为其提供更广阔的发展空间，使更多的社会组织和公民个人成为档案治理的合格主体④。

2. 多元主体协同治理

档案数据安全治理需要形成多方联动的协同治理机制，营造共商共策、共建共享、群防群治、群策群力的档案数据安全共治生态。主要包括档案数据形成单位、数据管理机构、信息技术企业、高等院校与科研院所、社会公众等主体。《中华人民共和国档案法实施条例》第九条规定，"国家鼓励和支持企业事业单位、社会组织和个人等社会力量通过依法兴办实体、资助项目、从事志愿服务以及开

①中华人民共和国档案法实施条例[N]. 人民日报, 2024-01-29(15).

②顾琪琪. 追求卓越 勇立潮头: 全国档案工作先进集体浙江省湖州市档案馆工作纪实[J]. 中国档案, 2020(11): 84-85.

③王强, 高强. 档案实务|数字转型单轨切换: 中国石油数字档案管理系统特色与功能实现[EB/OL]. (2020-07-17)[2023-12-20]. https://mp.weixin.qq.com/s/fVRPEu4NFdMsQDcVw8KqRg.

④金波, 晏秦. 从档案管理走向档案治理[J]. 档案学研究, 2019(1): 46-55.

展科学研究、技术创新和科技成果推广等形式，参与和支持档案事业的发展"①。

一是档案数据形成单位。档案数据形成阶段是产生档案数据安全风险的重要源头。这些风险和形成档案数据的业务程序有着密切的联系，只有形成单位才能有效地应对形成过程中的风险，其他管理机构无法越俎代庖。一方面，档案数据形成单位应建立数据质量控制体系，根据相关标准规范开展数据比对、核查、纠错，保证数据可读可用和质量安全，确保档案数据来源可靠、程序规范、要素合规。另一方面，要制定科学合理的数据操作处理程序，采用技术相对成熟、功能相对稳定的业务管理系统，确保数据生成、使用、流转、移交安全。

二是数据管理机构。当前，大数据局、数据管理局、大数据管理中心等各类数据管理机构不断涌现，如山东省大数据局、贵州省大数据发展管理局、广东省政务服务和数据管理局、上海市大数据中心等，均承担政务数据的归集融合和应用工作，给信息资源保管机构的档案部门带来巨大挑战。2023 年 10 月 25 日，国家数据局正式揭牌，负责协调推进数据基础制度建设，统筹数据资源整合共享和开发利用，统筹推进数字中国、数字经济、数字社会规划和建设等。国家数据局的成立将推动全面贯彻落实数字中国建设整体布局，提升数据要素市场化配置的系统性和协同性，充分发挥我国海量数据规模和丰富应用场景优势，做强做优做大数字经济②。数据管理机构与档案部门在档案数据管理上存在职能交叉与业务重叠，亟待建立协调机制，统筹双方发展。档案数据是人类社会发展的真实记录，既是档案也是数据，需创建档案数据安全管理架构和运行模式，明确数据管理机构与档案部门在档案数据归档保存、集成汇聚、共享利用等方面的职责边界，厘清双方在档案数据安全方面的职责任务，打破观念、机构、制度上的壁垒，协同制定档案数据采集、移交、开放、应用等方面的安全技术标准，形成跨部门协作共治机制，共同保障档案数据安全。2017 年，《浙江省公共数据和电子政务管理办法》规定，省人民政府办公厅所属的数据管理机构和设区的市、县（市、区）人民政府确定的有关机构，具体承担公共数据和电子政务管理工作，省档案行政管理部门负责制定公共数据和电子文件的归档、移交、保存、利用等具体规定。各级档案行政管理部门负责本行政区域内公共数据和电子文件归档统一平台建设③。

①中华人民共和国档案法实施条例[N]. 人民日报, 2024-01-29(15).

②郭倩, 杜益萌. 国家数据局揭牌 全面推进数字中国建设[N]. 经济参考报, 2023-10-26(1).

③浙江省公共数据和电子政务管理办法[EB/OL]. (2023-06-08)[2023-12-29]. https://www.zj.gov.cn/art/2023/6/8/art_1229621099_2478874.html.

2018 年，《广东省政务数据资源共享管理办法（试行）》提出，"政务数据主管部门负责统筹、协调、指导和监督本行政区域内政务数据资源管理工作""省级政务数据主管部门依托省政务大数据中心，实现全省政务数据资源统一归集和存储""省级档案行政管理部门负责制定政务数据资源的归档、移交、保存、利用等具体规定。各级档案行政管理部门负责指导和监督本行政区域内政务数据资源归档工作"[①]。杭州市档案局与杭州市数据资源管理局在政务信息资源归档移交、共享和长期保存等方面积极开展协作，成效显著。主要措施包括：一是准确划分管理范围，杭州市数据资源管理局保存政务信息，详细信息归杭州市档案局保存，5 年之后杭州市数据资源管理局的政务信息需要移交给杭州市档案馆；二是区分工作重点，杭州市数据资源管理局重点推动数据开放共享，但是也要为数据真实性负责，档案部门重点发挥数据查考和证据价值，确保数据完整、详细、可信、合法；三是确立两者可建立的合作点，包括数据质量、信息安全和数据合规性等方面的业务合作[②]。

三是信息技术企业。各类信息技术企业可通过市场经济调节、产业政策引导、社会资本引入、技术产品创新等方式加入档案数据安全治理阵营。运用信息技术专业知识与技能研发独立自主的软件工具和系统平台，保障档案数据管理系统安全运维、功能升级，为档案数据安全提供技术支撑。例如，档案管理软件供应商北京九州科源科技发展有限公司自主研发的 K6 数字档案管理平台，集档案业务管理、档案信息发布、电子档案管理于一体，将前端业务系统与档案系统精准对接，实现数据自动归档、流程同步，消除数据孤岛；通过底层安全防护设计、增强权限控制、档案信息防扩散机制等全方位保障档案数据安全[③]。

四是高等院校、科研院所。高等院校、科研院所是档案数据安全治理的"智库"，需要加强对档案数据安全理论、技术和方法的研究攻关，研发档案数据安全产品，为实践部门开展档案数据安全治理提供理论指导、政策咨询、标准制定、规划论证等，融入档案数据安全治理，不断提高档案数据安全的理论和技术保障能力。此外，高等院校、科研院所是培养档案学专业人才的主阵地，需要加强档

---

①广东省人民政府办公厅关于印发广东省政务数据资源共享管理办法(试行)的通知[EB/OL]. (2018-11-29)
[2024-04-02]. http://www.gd.gov.cn/zwgk/gongbao/2018/35/content/post_3366149.html.

②徐拥军, 王露露. 档案部门参与大数据战略的必备条件和关键问题: 以浙江省为例[J]. 浙江档案, 2018(11):
11-14.

③九州档案官网网址为 http://www.9zda.com/gou_x_tjs。

案数据安全专业人才培育，提高学生的数据科学素养、信息安全素养和多元文化素养；通过与实践部门联合开展人员培训、举办安全技能竞赛、组织学术研讨等方式，提升档案数据管理人员安全素养和技能。

五是社会公众。善治代表的是国家和社会之间、政府与公民之间形成的良好的协商合作的运行机制，因此，善治不能脱离政府，但更不能脱离公民①。社会公众既是接受档案数据服务的主体，也是档案数据安全治理的攸关者，没有社会组织和公民等社会主体的参与，档案数据安全善治就不可能实现。社会公众需要树立档案数据安全风险意识，通过志愿参与、民主监督、意愿表达等形式参与档案数据安全治理，督促、帮助组织机构规避档案数据安全风险，成为减少、抑制、防范档案数据风险事故发生的积极力量。

（四）技术层：打造档案数据安全技术高地

当前，信息技术发展日新月异，档案数据安全防护既需要传统安全技术，也需要应用大数据、人工智能、区块链等新一代信息技术强化安全治理，打造档案数据安全技术新高地，不断提高档案数据安全治理技术水平。

1. 传统安全技术

档案部门利用加密技术、防火墙技术、访问控制技术、信息备份技术、隐私保护技术等传统安全技术进行数据安全防护由来已久，技术体系、使用操作已普遍成熟。一是加密技术。加密技术是档案部门使用最普遍、最成熟的保护技术之一，主要有专用密钥、公开密钥、对称密钥和非对称加密技术等类型，通过为保密级档案数据设置加密算法和加密密钥，保障档案数据不被非法窃取和篡改。二是防火墙技术。防火墙技术是针对网络不安全因素所采取的一种保护措施，是阻挡外部不安全因素入侵内部网络的有力屏障，防止外部网络用户未经授权访问档案数据。三是访问控制技术。访问控制技术可根据档案数据保密等级，对敏感性、保密性程度较高的档案数据进行用户角色授权，核对校验用户身份，控制用户权限范围，防止非法人员越权访问、攻击和窃取档案数据。四是信息备份技术。信息备份是信息安全保障最重要的辅助措施，它可以为受损或崩溃的信息系统提供

---

① 俞可平. 治理和善治引论[J]. 马克思主义与现实, 1999(5): 37-41.

良好的、有效的恢复手段①。通过完善的备份技术和备份管理机制，运用镜像站点、服务器集群技术和灾难恢复方案，选择合理的备份方式，保障档案数据安全可用。

五是隐私保护技术。隐私保护技术通过隐私控制、匿名处理、敏感数据隐藏等方式，保障档案数据开放共享过程中公众隐私、商业秘密免受泄露侵犯。

2. 新兴安全技术

随着数字化、网络化和智能化深入发展，大数据、人工智能、区块链等新一代信息技术被广泛应用到档案数据保护中，大大提高了档案数据安全治理能力。

一是大数据技术。大数据技术是实现档案数据安全保障的重要技术。利用大数据挖掘、认证、监测、分析等技术方法，集成态势感知、综合分析、预测消解等功能，将传统的事中检测和事后响应防御体系转变为事前评估预防、事中检测应对和事后响应恢复的全面安全防护体系②。首先是针对安全威胁的预测分析技术。对于档案数据安全防护而言，提前预警是重要的保障手段。通过基于大数据的深度学习来替代传统入侵监测方法，对数据安全问题进行可行性预测。采用异常监测等新型技术实现对档案数据安全态势感知，提升网络病毒、恶意代码、勒索软件等潜在风险的识别度。其次是安全漏洞发现技术。通过数据集成、检测感知、漏洞分析测试和动态跟踪溯源，及时发现、修补、加固各种平台缺陷和系统漏洞。最后是大数据认证技术。利用大数据技术合法采集档案用户行为数据，通过数据挖掘分析，获得用户行为特征，从而鉴别操作者身份，实现身份认证③。

二是区块链技术。区块链技术是一种基于分布式数据存储架构的创新应用模式④。借助区块链技术的去中心化、分布式存储、时间戳能够有效防止档案数据被篡改和伪造，保障档案数据的原始性，降低数据泄露、数据盗取、数据丢失等风险。互联网环境下，个人隐私安全、私密信息泄露等安全风险日益加剧，区块链技术通过将数据流转过程上链，保障档案数据可追溯、可管控、可查考。2021年，安徽宝葫芦信息科技集团股份有限公司推出区块链智慧档案一体机，将软件、硬件以及区块链技术有机融合，该一体机具有全方位的信创方案集成能力，可轻松实现档案信息上链、数据可信传输、档案安全保密、文档一体化、节点可扩展，

---

① 金波, 丁华东. 电子文件管理学[M]. 上海: 上海大学出版社, 2015: 215.

② 大数据安全标准化白皮书(2018版)[EB/OL]. (2018-04-14)[2023-12-25]. https://www.yrcti.edu.cn/__local/D/5B/F0/4070F18A26BEF2F9BE45985D08F_D35889F5_528C98.pdf.

③ 张绍华, 潘蓉, 宗宇伟. 大数据治理与服务[M]. 上海: 上海科学技术出版社, 2016: 97.

④ 中国区块链技术和应用发展白皮书(2016)[R]. 北京: 中国区块链技术和产生发展论坛, 2016: 1.

确保了信息安全①。

三是人工智能技术。人工智能技术为档案数据安全治理赋能添智，能够推动档案数据安全智能化智慧化，促进档案数据安全智慧治理。一方面，借助人工智能技术，实现数据管控、安全防范、流程监管的智能化、可视化。例如，将指纹识别、人脸识别等智能识别技术应用于门禁系统、数据管理系统，加强档案库房、机房、管理系统和数据库安全②，有效保障档案数据存储安全。另一方面，借助人工智能技术构建智能云，加强档案数据安全防护。智能云是分布式计算、网络存储等云技术和人工智能技术结合的产物③。通过智能云，对分布式海量数据进行云端集成汇聚、存储空间拓展、安全备份管理，实现档案数据壁垒消解、资源集成、运行顺畅。

（五）智力层：培育档案数据安全专业人才

治国经邦，人才为急。人才是技术、工具、资金等各种资源辨物居方、适得其所的调配者。没有人才，任何资源与技术都无法被充分利用。人才是档案数据安全治理的关键要素，是引领档案数据安全治理持续推进的根本动力，要切实推进档案数据安全人才队伍建设。

一是强化档案数据安全意识。档案数据安全的实现离不开管理，人是一切管理活动的中心，需要档案数据人员超前识变、积极应变、主动求变，增强档案数据安全风险防范意识和保密意识，树立安全责任感，坚持以防为主、防治结合原则，推进档案数据安全文化建设，加大对档案数据安全的宣传教育力度，将安全思想贯穿于日常各项工作和各个环节中，引导相关人员将档案安全内化于心、固化于制、外化于行，把档案安全作为规范自觉的安全行为，运用广播、电视、报刊、互联网等多种形式普及档案安全知识，提高档案安全意识，引导公民正确认识和理解档案安全工作的重要作用和长远意义，激发社会开展档案安全工作的热情，营造良好的宣传舆论氛围④。通过建立档案数据安全组织架构和管理制度，强化档案数据安全治理能力，维护档案数据安全，塑造一支有激情、肯干事、敢担

---

①王春燕. 区块链智慧档案一体机产品发布会在京举行[N]. 中国档案报, 2021-06-24(2).

②胡国强, 杨彦荣, 李高峰. 基于信息链角度分析人工智能在档案馆的应用前景[J]. 北京档案, 2019(2): 34-36.

③陈亮. 人工智能技术在智慧档案馆建设中的应用初探: 以太仓市档案馆为例[J]. 档案与建设, 2016(7): 80-82.

④国家档案局印发《关于进一步加强档案安全工作的意见》的通知[EB/OL]. (2019-10-09)[2023-12-04]. https://www.saac.gov.cn/daj/gfxwj/201910/55d8388520734b2ab270bbd49b7b61d2/files/2a8ec9e8fe6b4340b0431fdb9c71fd8a.pdf.

当、业务熟、保密强的档案数据安全管理型人才队伍。

二是提高档案数据安全技能。现代科学技术的发展越来越趋于综合化，各门学科之间相互交叉、渗透，已经成为当今学科发展的特点①。在这一趋势下，需要对接信息技术革命，适应数字化、数据化转型，掌握大数据、云计算、人工智能、移动互联、区块链、物联网等新一代数据安全技术、方法和手段，增强安全管理操作技能和专业水平，提升档案数据人员的信息化管理能力和数据处理能力，适应数字化数据化生存，推进技能型人才培养，打造一支跨学科跨领域高水平的档案数据安全技术型人才队伍。

三是培养档案数据安全专业能力。全面确立人才引领发展的战略方向。实施人才强档工程，加大多层次人才培养力度。通过举办形式多样、内容丰富、针对实用的主题教育和培训活动，通过法规学习、模拟演练等形式，规范档案数据人员的操作行为，提高档案数据人员的安全业务能力，提升事故防范和处理能力。通过专题研讨和课题研究，培养更多创新型专业人才，全面提升档案数据人员的安全管理能力。强化档案数据安全管理人才的引育，提高专业人才待遇，营造良好的工作环境，吸纳数据安全专业人才涌进汇聚，打造适应档案事业数字化数据化转型需求的人才集群，培育一支专业素质过硬、安全治理能力突出的档案数据安全专家型人才队伍。

①金波, 蔡敏芳. 大数据时代档案学专业高等教育的变革与创新[J]. 档案学研究, 2016(6): 12-17.

第九章 档案数据治理运行机制研究

机制是指系统的结构功能、运转机理和运作方式。治理机制是档案数据治理有序运行的基础，是实现可持续发展的保障。档案数据治理涵盖互动、融合、多元等诸多新特点，需要秉持多维管控、多元参与、多点促进等理念，多管齐下，全面施策，构建一套系统完善、科学合理的档案数据治理运行机制，指导档案数据治理实践。围绕档案数据治理能力提升与治理实践开展，构建宏观多维度综合治理机制、中观多主体协同治理机制、微观多要素融合治理机制等运行机制，创建整体联动、相互协调的档案数据治理生态，优化档案数据建数、管数、用数环境，全面提升档案数据治理能力，实现档案数据善治。

一、档案数据治理运行机制构建

大数据环境下，档案资源正在从模拟态向数字态、数据态"质变"，档案数据逐渐成为大数据时代档案信息资源的重要存在形态。与此同时，档案数据急剧增长与管理缺失、社会需求与保管分散、服务创新与技术薄弱、海量资源与价值实现等之间的矛盾日益凸显，数据离散、数据壁垒、数据异构、数据冗余、数据质量、数据安全等问题普遍存在，造成档案数据不可控、不可联、不可用，给档案数据资源建设、互联互通、开放共享、安全保障带来巨大挑战。究其根源，在于档案数据治理的缺失、滞后和失衡，难以适应档案事业发展需求与国家治理要求，亟待加强档案数据治理研究。档案数据治理运行机制是档案数据治理体系的重要组成部分，是档案数据治理有效开展的基础和保障。聚焦档案数据善治目标，从宏观、中观和微观三个层次系统构建档案数据治理运行机制，进一步阐释档案数据治理运行机制的内涵特征、结构功能和作用原理，推动档案数据治理资源优化配置、治理主体协同互动、治理要素有机耦合，助力档案数据生态系统机体优化、健康发展与有序演进。

（一）档案数据治理运行机制内涵

"机制"（mechanism）一词产生于 1662 年[①]，由机器与制动两个科技术语各取一字构成，最先用于机械工程学，指代一种机械装置，后引申为工具或机器的构造方式和运作原理。后来生物学与医学运用类比方法，借"机制"喻指生物体尤其是人体的结构和功能，以探究生物机体内在运行、调节的方式和规律。而后，经济学借用"机制"概念，并开始被马克思主义经典作家引入社会科学领域。至现代，伴随着横断科学、系统科学的发展，"机制"一词跨越历史鸿沟，用以类比系统的构造、机能和相互关系，被广泛应用于各类学科之中[②]。在不断应用过程中，"机制"被引申为两种含义：一是系统组织结构及系统运行变化的规律；二是在社会科学领域，机制通常被解释为系统的组织关联以及构造部件之间相互作用的运作过程和结合方式。

通过对机制的内涵解读可以发现：第一，机制的存在以系统要素的存在为前提。机制描述了事物运动变化的内在联系，由于机制具有相互独立、多元分散、但彼此关联的系统构成要素和组成要件，各构成部分之间需要对内协调、对外发力，才能促成遵循系统变化规律，对各要素之间的关系进行协调、优化、组配，这是机制发挥效能的实现载体和作用对象，即系统的整体运作以微观具体要素的存在为前提。第二，机制的运转以具体的运行方式来驱动。机制作用的发挥需要通过一定的具体运作方式将系统各要素进行关联耦合，驱动各要素在生态系统中协调运作，所以机制往往在表象上显示为运作方式、方法或途径。第三，机制的机能以系统要素的合力去发挥。机制是驱动各组织、各部分协作运转的过程和方式，在机制的作用下，各组成部分共同承担着实现特定目标的责任，通过组件配合、要素联合、资源整合、关系融合，形成合力，发挥效能。

治理运行机制，即促进和保障治理活动正常运行的机制。治理运行机制是保证治理主体有效协同、治理要素合理调动、治理活动顺利推进、治理目标最终实

①靖继鹏, 张向先. 信息生态理论与应用[M]. 北京: 科学出版社, 2017: 96.
②罗晋辉, 郭建庆. 谈"机制"的内涵、演化和特性[J]. 社会, 1989(6): 5-6.

现的方法或者过程，强调动态的互动协同过程，具有行为上的引导性和制约性，是机制在治理领域的具体应用。档案数据治理运行机制是指在一定社会条件下，档案数据治理各因子的结构功能及其耦合关系，以及各因子间相互依存、相互制约、相互协调的作用过程与运作方式。机制是引导和规制档案数据各主体治理行为活动的基本准则和制度安排，也是主体间相互关联、相互合作、相互竞争的运作方式，它决定了档案数据治理的工作效率以及采取何种组织结构和运行模式开发档案数据资源，提供档案数据服务。档案数据治理运行机制强调系统中诸多构成部分的相互作用与耦合，通过对各组成因子促进、维持、激励、制约，实现功能上的协调互补与协同进化。治理运行机制是协调和带动档案数据治理活动的调节器和驱动器，不仅对政府机关、档案部门、数据机构、行业组织、社会公众参与档案数据治理起到协调和激励的作用，而且有利于推动档案数据生态系统平稳、有序、高效运行。档案数据治理运行机制是一系列构成因子及其相互作用形成的有机系统，反映出档案数据治理活动的多元性、全面性、关联性、协调性。

（二）档案数据治理运行机制特征

治理运行机制是系统有序运行的基础，是实现系统最大利益的基本保证。基于档案数据的独特性以及档案事业、档案工作的专业性，档案数据治理运行机制具有立体综合性、复杂关联性、开放包容性、协同互动性、动态交融性、调和自适性等特性。

1. 立体综合性

档案数据治理运行机制是由不同层域构成的生态集合，具有自身的时间结构、空间结构和资源结构，呈现出层次多重性、立体多维性等特征。由于档案数据治理运行机制既具有自身的层次结构，又是一个不可分割的有机整体，因此其具有系统性、立体性和综合性等特性。档案数据治理运行机制的运行不仅从宏观整体上对档案数据进行全方位治理，而且针对档案数据开展针对性、具象性治理，也围绕档案数据空间秩序、资源环境、系统平台等多方面、多场景、多要素，开展静态动态双维、线上线下双向、虚拟现实双面的综合性治理。此外，档案数据治理运行机制的综合性还体现在将机制的各组成子集、各独立要素、各单元模块、各治理方式有机调动组合，形成整体性治理大格局，发挥整体功能大于部分功能之和的规模溢出效应。

2. 复杂关联性

复杂性是档案数据治理重要的属性特征，主要表现在档案数据资源的广泛多样、治理生态环境的复杂多变、治理主体能力素养的参差不齐等方面。基于此，档案数据治理是一种多层级系统的生态体系，生态结构多元、生态因子多样、生态关系多种，各层级环环相扣、相互补充、交叉催化，各生态因子相互交织、相互制约、相互作用，共同形成一个连带的、多样的、关联的非线性关系网络。档案数据治理运行机制正是立足于这样一个生态网络而建构起来的复杂系统。英国著名理论物理学家霍金认为"21世纪将是复杂性的世纪"，作为继还原论、系统论之后的第三代系统思想——复杂理论，正是解决这类问题的前沿理论[①]。复杂理论的核心思想就是注重系统内外部的关联属性，用交叉思维、跨界思维等观点审视一系列复杂问题。

档案数据治理运行机制是一项主体多元、结构多样、内容复杂的机制复合体，涉及面广、牵涉因素多，权利责任、利益关系纷繁掺杂、交错叠加，呈现出跨行业、跨部门、跨系统纵横交织特征。档案数据治理运行机制的运行是一个探寻梳理、洞察发现复杂联系网络的过程，在独特差异中寻找共性关联，以"绣花针"穿起"千条线"，将错综复杂、盘根错节、头绪繁多的主客体关系理顺至井井有条、有条不紊，达到以简驭繁、大道至简的效果，使得档案数据治理从混沌无序到平稳有序运行。

3. 开放包容性

开放包容是治理理论中人本主义、普惠发展思想的直接体现。系统的开放性是系统与环境之间进行物质、能量和信息交换的过程，开放性为系统运行提供能量和发展的动力[②]。从治理角度看，档案事业是一项公共性事业，档案馆承担着重要的公共文化服务职能。当前，档案事业发展的最大阻碍在于"关门办档案"，档案工作系统相对封闭[③]。传统管理体制下，档案资源开放不足、档案事业开放不足，档案工作的社会化参与程度明显不够。现代治理体制下，推崇"大道之行也，天下为公"的治理思想，强调治理的开放透明、公平公正和灵活包容，档案数据治理运行机制同样秉持开放创新理念，推动治理决策科学、治理流程透明、治理信息公开，促进档案数据资源开放共享与互联互通。

①大数据战略重点实验室. 块数据2.0: 大数据时代的范式革命[M]. 北京: 中信出版社, 2016: 114.
②苏玉娟. 政府数据治理的五重系统特性探讨[J]. 理论探索, 2016(2): 71-75.
③金波, 晏秦. 从档案管理走向档案治理[J]. 档案学研究, 2019(1): 46-55.

档案数据治理运行机制的开放性还体现在档案数据来源广泛、档案数据利用对象包罗大众等方面。因此，档案数据治理运行机制必然是一个能够向外部环境开放、吸纳外因以赋予档案数据治理持续运转做功的开放性机制，是一个能够为多主体参与治理创造空间环境、为主体间开放式合作创造条件机会的包容性机制。坚持开放带动策略，树立大档案观，立足来源广泛多样的体制内体制外档案数据资源，面向社会大众的服务对象，推动档案系统不断与外界环境交流，"海纳百川，有容乃大"，借鉴吸收其他信息组织机构的特长，保持旺盛的生命力，促进档案事业走向开放、走向现代化。

4. 协同互动性

治理天然就具有社会中心主义色彩，多元主体协同共治是治理理论的核心要义。档案治理应秉持多元共治理念，扩展治理主体范围，形成多元、多层的治理主体体系，实现档案部门和社会的合作共治[①]。档案数据治理运行机制的协同互动是指各治理主体相互协调、相互合作、相互联动的整合作用和集体行为，是驱动档案数据治理演进发展的重要动力。档案数据建设发展涉及多元主体，档案数据治理不只是档案部门内部档案管理的狭隘性问题和内部之间的沟通协作问题，更牵涉到档案部门与政府、社会、企业、个人之间的多重复杂关系。创建档案数据多元主体协同治理机制，档案部门、数据管理机构、社会组织、信息技术企业、公众等多元主体通过合作、协商、认同、对话等方式开展共同治理，实现政府机制与日益壮大的市场机制的持续均衡互动，打造内外协同、上下互动、纵横互通、多向触达、共治共享的复合型治理形态，形成强大的档案数据治理合力，推动档案数据生态系统与其他社会信息生态系统、组织生态系统、文化生态系统等不同生态物种间的协同演进。

5. 动态交融性

从系统科学的角度看，系统的产生与发展是一个优胜劣汰、周而复始、循环往复的动态演化过程，一个健康的系统应处于动态融合、螺旋上升、阶梯进化的状态。档案数据治理是一项复杂的系统工程，其存在环境是动态的、不确定的，随着外部生态环境的变化和自身内在动力的驱动，档案数据治理的结构功能也会随新技术、新工具、新要素的介入融合而不断演化发展。同样，档案数据治理运行机制也不是一成不变的，而是持续优化的，具有动态交融性。

---

①金波, 晏秦. 从档案管理走向档案治理[J]. 档案学研究, 2019(1): 46-55.

第一，档案数据治理自身具有独特的动态演化规律，需要根据不同区域、不同行业、不同机构档案馆所处的阶段开展针对性治理，并根据演化态势动态调整治理策略，以引导、规制、调控档案数据治理演化路向。第二，档案数据治理运行机制的各因子始终处于动态变化中。不同因子在不同阶段会呈现出不同特点，发挥不同功能。例如，档案资源形态从"模拟态"到"数字态"，再到"数据态"，给档案资源建设带来深刻变革。由于档案馆核心生态因子的变化，档案数据治理势必要融入新理念、新技术、新平台、新媒介。第三，档案数据治理运行机制在动态变化中保持相对稳定的平衡状态。融合性是系统中各因子和谐共生的体现，包括内部融合与外部融合。对外部而言，档案数据治理与其他治理活动存在交叉重叠现象；对内部而言，档案数据治理运行机制存在信息资源系统、用户管理系统、网络环境系统等一系列彼此交融的子系统。档案数据治理运行机制平衡不仅体现为每一个子系统内部功能和结构的平衡，也体现为不同子系统之间关系的协调稳定，体现为与整个社会的和谐共生[①]。为此，档案数据治理运行机制必须根据环境的变化，吐故纳新，进行理念、技术、管理等方面的更新升级，推动法规、行政、市场、文化、伦理、技术等新旧手段的有效融合与相互耦合，与其他治理活动相互协调、互通有无、取长补短、逐步融合，共同推动档案事业高质量发展和经济社会健康运行。

6. 调和自适性

我国古代思想家荀子曾说："天行有常，不为尧存，不为桀亡。应之以治则吉，应之以乱则凶。"[②]这告诫我们，天道自有规律，顺应规律的治理才能获得成功。调节、控制和适应是自然界所有生物的生存智慧与生活法则。档案数据治理运行机制也是一种自适应系统。档案数据治理运行机制的运行需要把握系统发展的内在规律，根据系统环境的变化开展自组织治理，自治以自适，使档案数据治理运行机制朝着良性循环和理性平衡的方向发展。

一是意识自觉。在信息技术日新月异的背景下，档案数据治理各主体，尤其是作为主导因子的档案部门，需要树立自觉价值观，提高档案数据治理的自发主动性，从"任务驱动"转向"自觉行动"，强化数据思维、智慧理念、开放意识和创新精神，制定战略目标和规划愿景，为档案事业数据范式转型提供全新的思维方式和认知空间。二是行为自主。主体在适应环境变化的同时，也在积极促进

---

①邵培仁，等. 媒介生态学: 媒介作为绿色生态的研究[M]. 北京: 中国传媒大学出版社, 2008: 306.

②刘悦霄. 国学精华读本: 荀子[M]. 呼和浩特: 内蒙古人民出版社, 2006: 178.

其他生态因子或环境的变化，这就是自为机制①。档案数据治理在适应外界环境的变化进行被动调整适应时，还需要主动出击，开展刀刃向内的自我革命，寻求自主自强、自我突破，带动和拉动数据治理创新发展，推动和驱动社会信息与文化环境变革。三是活动自律。信息行为自律就是通过信息人道德自律和文化自省而对自己的信息行为进行自我约束、自我保护并对净化信息环境承担责任的行为②。档案数据治理运行机制的运行发展是一个不断自勉自省、自警自修、自学自持的过程，以自评和他评为监督反馈，针对治理过程中出现的失误、漏洞、风险、偏差和欠缺，自我警告、引以为戒，强化道德约束、伦理规范和行为制约。

（三）档案数据治理运行机制结构

档案数据治理运行机制是以档案数据建设管理为基础而建立的制度规则、组织方法和运行过程，对保证档案数据治理有序运行具有基础性支撑作用。档案数据治理运行机制是遵循一定原则路线而构成的治理系统，有其自身的组织秩序和运行规律，需要立足档案数据治理运行机制功能模块与整体架构，探索分析其框架结构，夯实档案数据治理运行机制理论基石。作为一项复杂的系统工程，档案数据治理运行机制是诸多生态因子的体系性功能集成和全方位作用发挥，覆盖宏观、中观、微观三个层级，如图 9-1 所示。

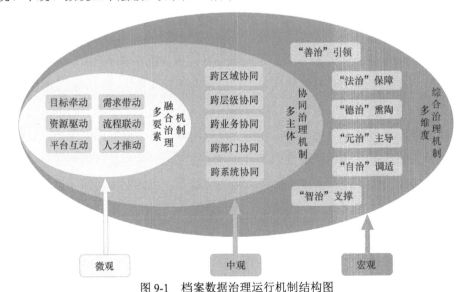

图 9-1　档案数据治理运行机制结构图

①金波, 丁华东, 倪代川. 数字档案馆生态系统研究[M]. 北京: 学习出版社, 2014: 339.

②赵云合, 娄策群, 齐芬. 信息生态系统的平衡机制[J]. 图书情报工作, 2009(18): 22-25.

宏观层面，是从整体统筹视角探索实施档案数据治理所需要的各种手段，根据治理的不同维度构建"善治"引领、"法治"保障、"德治"熏陶、"元治"主导、"自治"调适、"智治"支撑的多维度综合治理机制，擘画档案数据治理蓝图方向，优化档案数据治理环境。

中观层面，是从组织保障视角探索档案数据多主体协同治理方式，构建跨区域、跨层级、跨业务、跨部门、跨系统协同共治机制，促进档案部门、业务单位、数据管理机构、文化部门、社会组织、新闻传媒、信息技术企业、公众等多元主体的协同合作，提升档案数据整体治理合力。

微观层面，是从要素融合视角探究档案数据治理要素之间的内在关系和外部联系，构建目标牵动、需求带动、资源驱动、流程联动、平台互动、人才推动的多要素融合治理机制，推动多要素集成融合、联动配合、流通聚合，提升档案数据治理效率效能。

（四）档案数据治理运行机制功能

对于一项社会系统工程而言，如果它们没有有用的功能，那么它们就没有生存的机会[①]。档案数据治理运行机制功能是指通过机制运作所发挥的作用效能，主要表现在以下几个方面。

第一，组织协调功能。档案数据治理涉及众多主客体，既包括政府部门、档案部门，也涵盖企事业单位、社会组织和公众等，社会关系复杂多样，治理运行机制的重要作用就是通过组织规划、统筹协调，形成体系化的统一指挥调度系统，以协同合作的方式释放治理潜能。一方面是协调档案系统内部的各种权责利关系，有效化解和调和档案数据建设运行中出现的各种矛盾纠纷，推动档案数据治理纵向贯通、横向联通、互联互通，促进档案数据生态系统和谐发展、全面发展、均衡发展；另一方面是协调档案系统与社会系统间的"输入"与"输出"关系，统筹国家主体、社会群体、公众个体、档案馆本体等多重社会关系，寻求多部门、多系统、多主体协作融通、优势互补，激发社会参与活力，推动档案系统与社会系统协调发展。

第二，整合配置功能。档案数据治理运行机制旨在有效地配置各类资源（自然资源、经济资源、社会资源、知识资源等），通过优化选择以及动态、有效地集

---

①波普尔 K. 历史决定论的贫困[M]. 杜汝楫, 邱仁宗, 译. 上海: 上海人民出版社, 2009: 52.

成，构建并运行一个人工实在的物质性实践过程[①]，促进各治理要素的整合汇聚和有序联动。依据各组成部分或功能要素之间具有的关联属性，对各种资源要素进行识别、筛选、改造、重组，实现档案数据资源、系统平台、技术应用、标准规范、人才队伍、资金投入等不同因子的整合集成、耦合交融与优化配置，构建具有内在运行结构的动态治理体系，发挥综合效力和整体效能。

第三，激励信任功能。档案数据治理运行机制既是一种激励机制也是一种信任机制。一方面，通过监督、指导、考核、评价、反馈、奖励等多种方式，对档案数据治理过程、治理能力、治理成效进行综合评估，采取宣扬典型、树立模范、荣誉激励等方式，引导控制档案数据治理行为，调动治理主体积极性，发挥引领作用，形成模范带头、示范先行、共同发展的治理氛围。另一方面，治理机制的有效运行依赖于良好的信任环境。档案是可信的原始记录，档案馆是集中管理档案的文化事业机构，肩负着传承民族优秀文化、发展社会先进文化、传播科学技术文化的重要使命。通过治理理念的塑造、治理文化的培育，营造公平公正、开放透明、包容团结、互信互任的风尚，推动治理主体间形成彼此了解、沟通、认同与信赖的良好信用关系。打造档案文化品牌，树立档案文化自信，培植档案文化核心竞争力，提升档案馆的社会认同感与信任度。

第四，规制约束功能。秦始皇通过"车同轨、书同文"的治理举措实现了国家统一，通过制定统一的标准，形成了中国在历史上的超大规模优势[②]。根据新技术、新需求、新情况，对治理活动与行为进行规范、制约、管控、限制等是档案数据治理运行机制的重要功能。通过建立健全科学合理、内容完善、衔接配套、严格执行的法律标准规范体系，消除数据异构、系统异构、平台异构、格式异构等现实障碍，并借助文治教化、道德自律、伦理责任、非正式契约等方式的作用，合理约束治理行为，确保档案实体安全、信息安全、数据安全，使治理活动有序化、规范化，打造有条不紊的治理程序，发挥制度规则在建构档案数据治理秩序空间中的作用。

第五，保障支撑功能。档案数据治理运行机制对档案数据生态系统健康运行和动态平衡能够起到支撑与支持、维护与保护的功能。主要体现在政策保障、安全保障、权利保障与运维保障等方面。政策保障方面，体现在档案数据宏观规划、发展战略、法规制度等政策支持；安全保障方面，体现在档案数据资源安全、信

[①]殷瑞钰, 汪应洛, 李伯聪, 等. 工程哲学[M]. 2版. 北京: 高等教育出版社, 2013: 15.

[②]张建锋. 数字治理: 数字时代的治理现代化[M]. 北京: 科学出版社, 2021: 173.

息安全、管理安全、设施安全、保密安全等方面；权利保障方面，体现在维护档案数据建设运行中的主权、所有权、知识产权、公民隐私权等合法权益；运维保障方面，体现在档案数据资金投入、人才队伍引育、基础设施建设、新兴技术应用等方面。

第六，优化创新功能。创新是引领发展的第一动力。生态优化与创新变革是档案数据治理运行机制持续运行、不断发展的必备功能。面对信息技术环境的深刻变化、档案资源形态的数据转型、档案管理模式的数智变革，需要秉持面向现实、面向未来、面向世界的开放包容理念，瞄准国内外科技发展潮流与智慧档案馆建设态势，紧跟社会信息化步伐，对接数字中国与国家治理战略，鼓励、引导市场力量和社会力量积极参与治理过程，激发社会组织的创新热情，推动治理体制完善、治理制度健全、治理程序改进、治理模式革新、治理技术升级，有效破解治理瓶颈、化解治理困局、疏解治理障碍，形成共治型创新体系，引领治理机制持续优化，推动档案事业高质量发展。

（五）档案数据治理运行机理解析

机制是指复杂系统在运行过程中具有总体性特征的运行方式、运行规律，以及其系统组织结构与外部环境之间相互作用的方式与呈现的状态；机理是指系统运行的基本原理，是为实现某一特定功能系统结构中各要素的内在工作方式以及诸要素在一定环境条件下相互联系、相互作用的运行规律和原理[①]。"物无妄然，必由其理。"机理一词源于化学学科，意指为实现功能目标而秉持的规则原理。机理是机制的核心部分，是系统内在的、本质的运作规则和运行过程。从本质上理清档案数据治理兴起、发展和运作的缘由道理，对于构建科学合理、功能完善的档案数据治理运行机制十分必要。

1. 档案数据治理运行逻辑

档案数据治理运行机制是由各子机制相互结合、相互作用，共同构成的有机统一体。机制的构建运行并非各功能模块的简单叠加和拼凑，而是通过一定的运作方式与方法将档案数据治理因子进行整合集成、组合关联、耦合联动，使各因子既独立运行又协同发挥作用，是档案数据治理运行机制形成运作并转化为治理

---

①金波, 丁华东, 倪代川. 数字档案馆生态系统研究[M]. 北京: 学习出版社, 2014: 244.

效能的内在逻辑。依据不同视域，档案数据治理运行机制运行逻辑分析如下所示。

（1）总体与具体视角：统筹性设计与具象性对焦

从总体角度看，档案数据治理具有内在的结构，档案数据治理运行机制是立足于档案数据发展境况与管理实践而进行顶层设计、宏观统筹、战略规划的一项系统性工程。从具体角度看，在进行科学合理的总体擘画时，档案数据治理运行机制是由一个个微观元素组合而成的，本质上是一种问题解决机制，是对焦各种管理问题、建设困境、发展症结开展的有针对性和靶向性的治理活动，这种具象的治理动员、治理行为、治理对策和治理措施，是档案数据治理运行机制的运行基础和实施路径。因此，要统筹总体与具体双重视角，既注重机制架构体系、规划蓝图、实施方案的总体把握，也要聚焦各种具体治理活动、治理实践与治理场景，开展全面、系统、深入、细致的治理，做到总体与具体的有机统一。

（2）整体与部分视角：系统性重构与离散性解构

整体和部分相互区别、相互联系、互生共存，形成有机共同体。对于事物而言，整体居于主导地位，统率着部分，当各部分以合理组织架构形成整体时，整体功能和各个部分的功能也都能得到更好提升[1]。从整体与部分角度看，档案数据治理运行机制的各个子机制呈现相对隔离的状态，既发挥自身效能又有一定局限性和片面性。依托机制系统整体的从属逻辑以及治理活动的连续性，将分解离散的结构单元、构成要素进行关联、整合、排列、组配，实现治理机制多维度、全方位的重组重塑。主要包括：①理念重构，融合赋能理念、协同理念、竞合理念、监管理念、增值理念、平衡理念等，塑造治理机制的整体性治理文化；②重心重构，每一子机制都有分属的治理重点、难点、要点，进行重心整合，形成治理机制整体推进的核心方略；③向度重构，根据不同维度、不同取向，进行机制优化重组，形成覆盖多领域、具有多层次、体现多方位的立体性治理共同体，发挥协同综合效用；④价值重构，以治理目标和治理需求为导向，对子机制进行升级再造、优势互补、整体联动，打造全新的价值集合，从而实现价值升华与能级提升。

（3）张力与引力视角：伸张性活跃与聚合性链接

借助物理学概念知识，档案数据治理场域是一个多力交互的复杂磁场和力场，在一张一合、一收一放中实现治理的可持续化。一方面，各子机制具有相对独立

性与自治性，有特定的活动阵地与治理范围，具有独立运行与自我管理的能力。这种机制的多元性、延展性、伸张性、灵活性赋予治理活动更多的能量与活力，增强机制的开拓力与创造力，助力机体成长发育。另一方面，通过观念、文化、价值、行为的引导、操纵、控制，档案数据治理运行机制具有较强的引力和磁力，拉动和吸引各子机制聚拢、嵌入、连接，发挥集聚合力效能。这种结绳成网、点线成面的关联聚合方式，像"黑洞"一样产生强大的引力波，实现档案数据治理运行机制的一体化融合，形成群聚效应，从而释放更大的治理能量。因此，需要重"引力"聚"合力"，扩"张力"展"活力"，打造档案数据治理运行机制强大的动力、支力和能力。

（4）相同与相异视角：同质性融合与异质性协作

同质性与异质性是一对连体的双生子，是档案数据治理运行机制的一体两面。同质性是指档案数据生态系统具有相似功能、质性的生态因子，如地域相近、能级相仿、生态位相似的两个档案馆，可以通过抱团、互惠、联盟等形式进行融合发展，提升档案数据治理能力。在档案数据生态系统中，异质性则体现得更为普遍。无论是档案数据建设的基础设施和技术状况，还是档案数据各主体的治理能力、知识素养和专业技能，或是档案数据资源的结构、类型、数量、特色等，都千差万别、迥然相异。这种主客体的不同和差异决定了档案数据治理具有明显的异质性特征。为此，需要将能力水平、结构性质参差不齐的治理因子有机耦合起来，优势互补、取长补短，在协作共生中不断演化。通过同质性融合与异质性协作，使得档案数据治理运行机制的各功能要素各司其位、各尽其能，达到有序性治理。

（5）量变与质变视角：渐变性积累与突变性进阶

唯物辩证法认为，事物的发展表现为量变和质变两种状态，量变和质变的相互关系促使事物由一种质态转变为另一种质态，由此推动事物的发展[1]。质量互变规律作为唯物辩证法的三大基本规律之一，揭示了事物在对立统一的发展过程中渐进性和飞跃性的统一。渐变与突变规律同样也是档案数据治理运行机制演进的重要理论。对于档案数据治理运行机制而言，渐变性积累体现在治理能量的积攒、储存、富集、汇聚，只有当能量不断蓄积、酝酿、发酵到一定程度时，才会产生显著的效果，从而使得治理量变引起治理质变，提升档案数据治理质量。例如，

---

①张胜旺. 唯物辩证法中和谐社会的三维向度[J]. 湖北社会科学, 2012(4): 25-28.

档案馆在运行发展中，强化档案数据资源建设，通过档案数据数量的持续聚积、规模的不断拓展、质量的严格管控，借助现代信息技术进行深度挖掘处理、计算分析、可视化呈现，提供档案知识化、智慧化服务，推动数字档案馆向智慧档案馆转型发展，实现数字档案馆由量变到质变。

2. 档案数据治理运行规律

档案数据治理作为一项科学性、综合性、体系性很强的活动，其治理运行机制必然是在遵循档案事业基本原理与档案数据运行特征的基础上，集客观规律性、主观能动性与社会科学性于一体，将机制优势转化为治理效能，从而推动机制科学性和治理有效性同步提升。因此，在档案数据治理运行机制构造与治理活动开展过程中需要遵循社会发展规律、档案数据建设规律和治理活动规律，做到理论与实践相结合，宏观治理与微观治理相结合，科学构建档案数据治理运行机制理论分析体系与学术创新体系。

坚持辩证统一的社会运行规律。辩证统一，是唯物主义辩证法的基本观点。唯物辩证法认为，矛盾是普遍存在的，矛盾是事物内部及事物之间既对立又统一的两个方面，在认识事物的时候，既要看到事物统一的一面，又要看到事物对立的一面，要坚持全面的、发展的、运动的观点，即辩证统一。遵循辩证统一的社会客观规律是档案数据治理运行机制创建实施的重要思路。具体而言就是要坚持理论与实践的辩证统一，理论联系实践，一切从社会发展实际状况、档案数据管理与治理实践出发，增强理论研究的包容性和解释力，实现理论与实践有机统一。坚持整体与部分、全面与局部相统一，统筹宏观、中观、微观不同层次。坚持技术应用与人文价值、法治管控与伦理道德、安全保密与开放利用相统一，做到技术理性与人文关怀有机结合，法规标准与文化伦理齐头并进，档案数据安全与价值释放同向而行。

恪守档案数据建设运行规律。档案数据治理活动的开展与治理机制的创建目的就是促进档案数据管理运行的功能完善与健康发展，充分释放档案数据要素价值潜能，更好地服务社会档案文化与信息需求。充分把握档案数据建设运行中的管理规律、信息规律、技术规律等，是档案数据治理的现实基础和有力保障。尤其是在大数据、人工智能等新兴技术加速渗透背景下，档案管理模式与服务模式不断变化，正在向智慧档案馆迈进。在此情境下，需要立足档案数据建设状况与管理实践，通过实证调研、专家访谈、问卷调查、案例分析、理论融合等，对档案数据建设过程中涉及的基础设施、资源组织、系统运维、平台构建、规则制定、队伍培育等内容进行梳理分析，分析现有的管理措施、手段、方式与策略对档案数据治理的适用性与科学性，从而更好地指导档案数据建设与发展。另外，还要遵循数据生命周期规律，紧密结合档案数据资源生成、采集、处理、存储、利用等全流程环节开展档案数据资源治理，强化前端控制与全程综治，多维度、全方位、立体化打造档案数据治理运行机制。

秉持"管理→治理→善治"的治理运行规律。档案数据治理是档案治理体系的重要组成部分，是档案馆建设适应国家治理与大数据时代要求的战略转型，必然要遵循国家治理、社会治理、生态治理、组织治理、数据治理、文化治理等治理活动的一般规律。目前，有关治理运行过程的规律原理尚未形成共识，通常认为治理活动遵循从"管理"向"治理"转型，再从"治理"走向"善治"的过程。一方面，治理不是完全摒弃管理，是以管理为基础，对管理的深化与发展。档案数据治理运行机制创建不能脱离以往的档案管理经验、方法与流程，需要以传统档案管理为基石，对管理理念、方式、手段、模式进行再创新发展，对档案数据管理进行再造、优化和升级。相对于传统管理而言，档案数据治理呈现出理念从国家本位向社会本位转变，主体从一元为主向多元中心转变，过程从单一向度的垂直管理向多维向度的协同互动转变，更强调综合运用法律、行政、市场、社会、文化、技术等多种措施"软硬兼施""标本兼治"，提高治理效率效能。另一方面，善治是治理要达到的最佳状态，从治理走向善治是档案数据治理遵循的又一发展轨迹与活动脉络。档案数据善治目标的实现依赖于科学合理、功能齐备、结构完善、运行高效的治理机制，充分发挥"法治""德治""元治""自治""智治"等多种治理效能，促进多主体有效协同、多要素整体联动、多方式深度融合，营造公正合法、开放透明、高效协作、稳定和谐的治理生态[①]，实现档案数据治理现代化。

二、宏观多维度综合治理机制

全面提升档案数据治理能力是一项系统工程，需要协调整个档案生态系统内的各个环节，从法律、政策到制度与实施，全方位协调发展，形成一个结构合理的全面、统一、高效的系统[②]。作为一项复杂性、整体性的治理体系，档案

---

①杨鹏. 善治视域下我国档案治理路径探析[J]. 浙江档案, 2019(10): 28-30.
②张艳欣. 我国档案生态安全应急管理机制研究[M]. 北京: 人民出版社, 2021: 206.

数据治理需要强化宏观统筹与整体擘画，构筑多维度综合治理机制，提升治理效率效能，推动档案数据治理纵深发展。宏观层级的档案数据治理主要是指档案数据治理顺利开展所需要和依赖的各种手段，强调从治理的不同维度构建"善治"引领、"法治"保障、"德治"熏陶、"元治"主导、"自治"调适、"智治"支撑的多维度综合治理机制，在宏观上构筑档案数据治理的导向与蓝图，如图 9-2 所示。

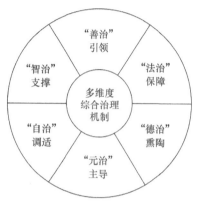

图 9-2　档案数据宏观多维度综合治理机制示意图

（一）"善治"引领

目标是一切工作的出发点和落脚点，能够指引个人、部门或整个组织的发展方向。善治作为现代治理的实践导向和目标选择，既是国家治理的价值追寻，也是社会治理的宗旨所在。档案数据治理作为新时期国家档案治理体系的重要构成，既要符合国家治理与社会治理现代化的总体要求，也要符合大数据环境下国家档案事业高质量发展的现实要求，其目标是实现档案数据善治，即推动档案数据治理现代化。正如修建房屋一样，档案数据治理运行机制旨在通过筑"地基"、架"横梁"、树"立柱"、砌"砖瓦"等一系列活动，构造和谐平衡的档案数据生态图景。

1. 筑台垒基：夯实档案数据资源建设

"九层之台，起于累土。"档案数据治理运行机制的基础性目标就是夯实档案数据资源建设质量。档案数据资源是档案数据生态系统形成、演化、运行和发展的基石，在档案数据生态系统建设中居于首要地位，是档案数据治理最重要的生态因子。档案数据治理是围绕着档案数据资源的生成、接收、组织、存储、保管、开发利用等展开的，如果没有优质、丰富、独特、大量的档案数据资源，档案数据治理就是"无本之木、无源之水"。因此，对档案数据资源的有效治理是档案数据治理运行机制的核心内容。

随着现代信息技术的迅猛发展，档案数据资源生成环境越来越广，形式种类越来越多，资源数量越来越大，呈现出来源广泛、结构复杂、系统异构、管理分散等特点，对于量大源广、价裕型多的新型档案数据资源，不能照搬传统的档案管理理论、技术和方法，需要系统分析档案数据资源建设现状与管理实践，探寻档案数据资源指数增长与管理滞后、信息孤岛与流通共享、海量资源与价值实现、长期保存与安全利用等之间的现实矛盾，揭示档案数据资源的来源形态、分布状况、运行机理和演化态势，创新档案数据资源建设模式与治理路径。数量是质量的前提和基础，没有一定的数量就没有质量。为此，树立大档案观，立足档案数据资源现状与管理实际，强化档案数据资源广泛收集与质量控制，应收尽收、应归尽归、应管尽管，实现数量规模与质量结构同步提升，确保档案数据资源的齐全完整、结构丰富、互联互通和高效利用，最大限度地实现档案数据资源的信息功能和要素价值，满足社会日趋多元的档案信息、文化和知识需求。

2. 搭梁立柱：健全档案数据治理架构

科学合理的体系架构是档案数据治理运行机制有序运行的重要保障，是治理运行机制建设的关键内容，主要包括法规标准体系、组织制度体系、协同治理体系、管理运维体系和安全保障体系，共同组成档案数据治理运行机制的横梁与支柱。

一是法规标准体系，大数据时代，新技术、新模式、新应用、新产业不断涌现，为档案数据治理注入新元素。面对不断变化的内外环境，迫切需要完善档案数据治理的宏观政策、发展规划、法律法规，建立健全档案数据建设运行的资源标准、技术标准和管理标准，为治理活动规范化开展提供指引。二是组织制度体系，有效的档案数据治理运行机制需要科学的组织制度保障，包括档案数据治理运行机制的组织结构、制度架构、职责分工、人才队伍等。三是协同治理体系，档案数据治理运行机制的重要使命之一就是协调和理顺多元主体的复杂关系，在时间、空间和层级上进行再造，改变治理主体内外部、治理主客体之间的关系架构，推动横向联通、纵向贯通、对外协同，建构治理主体多元、治理层级明确、治理要素联动、治理边界清晰的协同共治新体系。四是管理运维体系，这是档案数据治理运行机制的具体落脚点，包括业务管理、运行流程、监督管控、维护升级等管理内容的自主、集约和高效。五是安全保障体系，安全重于泰山，必须树立安全底线意识，打造人防、物防、技防于一体的档案数据安全保障动态体系，切实维护档案数据安全运行。

3. 铺地砌墙：推进档案数据全面全程治理

高楼大厦不是一蹴而就完成的，需要积跬步、至千里，把好过程关。档案数据治理运行机制是多面体结构，涉及内容广、涵盖领域多，需要扎实推进档案数据全方位、全维度、全要素的综合系统治理。从其结构功能、系统要素、过程结果等层面进行全周期统筹和全过程整合，以确保整个管理体系从前期预警研判、中期应对执行、后期复盘总结形成一个有机的闭环，真正做到环环相扣、协同配合、权责清晰、系统有序、运转高效①，构建"前沿岗哨""神经末梢"的双向触达立体式治理运行程序。

树立问题意识和目标导向，针对档案数据管理中的短板、弱项及缺陷，以系统集成的方式方法，通过静态动态双维、虚拟现实双面、常态非常态双向等多视域开展全周期治理，建构完整的治理链条，让治理各环节、各层次、各领域形成由点成线、由线成面的治理格局，提升治理运行机制的韧性和耐性。围绕档案数据运行全流程，综合运用各种政策、法律、技术、人员、设备等资源进行全程管控、全面施策，增强资源动员、应急处置、协调配合、服务创新等治理能力，构筑职责清晰、统分结合、简约高效的档案数据治理运行机制，提升治理精细、精确、精益能力。此外，要对档案数据治理运行机制的运转方式、要素组织、资源配置、实施程序、发展态势等进行统筹掌控、洞察分析与优化改进，不断革新治理运行机制的理念、手段和技术，提升档案数据治理运行机制的运行效率与总体效能。

4. 装饰美化：打造档案数据生态系统平衡图景

档案数据治理运行机制的最终目标是实现档案数据善治，使得档案数据生态系统生态位稳定、结构合理、功能完善，与社会生态环境协调发展，编织一幅档案数据生态系统动态平衡、持续演进的靓丽图景。

一是档案数据生态系统和谐发展。和谐发展是指档案数据生态系统中物质、能量、信息等各生态要素有序竞争、共生互促、高效运行，治理环境优化、治理

---

① 倪明胜. 以"全周期管理"重塑基层治理格局[N]. 光明日报，2020-03-31(2).

行为协调、治理功能完备，符合档案信息化发展要求。档案数据生态系统和谐发展的重要表现就是促进各种生态因子的有机耦合，推动档案数据生态系统时（时间）、空（空间）、量（数量）、质（质量）、构（结构）、序（秩序）的统筹发展，实现生态关系和社会关系的协调，使得档案数据生态系统与社会政治、经济、文化、科技、信息、生态等各项事业呈现和谐发展的态势。

二是档案数据生态系统健康发展。保障档案数据生态系统机体健康是平衡发展的又一体现。当前，档案数据生态系统正处于加速演化、快速发展的成长关键期，信息污染、病毒侵袭、系统瘫痪、消化不良、功能衰退等一系列生态疾病不断涌现，影响档案数据生态系统健康运行。生态系统健康作为一门科学而存在的理由就是为生态系统功能的完好性的诊断提供客观判据[①]。通过对档案数据生态系统健康状况进行健康评价、疾病诊断、风险分析等，实施档案数据生态系统平衡调控、生态修复、疾病疗愈等治理举措，促进档案数据生态系统保持稳定健康的运行状态，增强档案数据生态系统活力和动能，推进档案数据生态系统个体壮大与种群繁育。

三是档案数据生态系统可持续发展。1987 年，世界环境与发展委员会发布的报告——《我们共同的未来》，把可持续发展定义为既满足当代人的需要，又不对后代人满足其需要的能力构成危害的发展。这一定义在 1992 年联合国环境与发展会议上取得共识[②]。可持续发展作为一种全新的生态文明理念，是档案数据治理运行机制的重要实现愿景。通过档案数据综合治理、融合治理、协同治理，有效配置治理资源、规避治理赤字、弥合治理鸿沟、提升治理绩效，促进各能源要素循环再生、重复再造、新陈代谢、长期利用，提升档案数据智能化、节能化管理水平，打造绿色智慧档案馆，推动档案数据生态系统可持续发展。

（二）"法治"保障

国家治理的本质是依法治理，治理现代化要求良法善治。法治即法的统治（rule of law），它是以民主为前提和目标，以法律至上为原则，以严格依法办事为核心，以制约权力为关键的国家治理方式、社会管理机制、社会活动方式和社会秩序状态。法治是一种与人治相对立的治国方略，以理性价值精神为指导，维护法律的

---

① 张志诚，牛海山，欧阳华. "生态系统健康"内涵探讨[J]. 资源科学，2005(1): 136-145.

② 谷树忠，胡咏君，周洪. 生态文明建设的科学内涵与基本路径[J]. 资源科学，2013(1): 2-13.

至上权威，坚持法律原则，保证法律被普遍有效遵守，进而保障人们的正当权利，实现社会的良好有序状态①。在依法治国深入实施背景下，档案事业法治化进程不断推进。《"十四五"全国档案事业发展规划》提出，档案事业的发展目标是"档案治理效能得到新提升。党管档案工作体制机制更加完善，档案法律制度更加健全，依法治档能力进一步增强，档案工作在推进国家治理体系和治理能力现代化中的基础性、支撑性作用更加明显"②。档案法治建设是推动档案事业发展的有力保障。依法治档是指以档案法律规范为依据，科学地管理档案事务，合理地调整档案社会关系，推动档案事业进步，促进经济和社会发展的过程③。法规制度是维系社会和谐稳定的重要支柱，也是保证档案数据治理有序运行的重要基石。为此，需要强化法律法规引导、政策规划统筹和标准规范约束，营造良好的法治环境，推动档案数据治理有法可依、有法必依、执法必严、违法必究，切实提升档案工作法治化水平，实现"立治有体，施治有序"。

1. 法律保障

档案法治建设是国家档案制度的基础，它作为档案事业管理的重要手段，是发展档案事业的根本保证④。在依法治档背景下，档案事业管理正在走向法治化、规范化和制度化，档案法规体系是加强档案法治建设的重要任务之一。档案法制是国家机关为实现依法治档，根据宪法和法律所赋予的职权而进行的档案立法、档案行政执法和档案普法的有机体系，它是国家法制的一个组成部分④。2020 年，国家档案局局长陆国强在全国档案局长馆长会议上提出，"2021 年 1 月 1 日，新修订档案法将正式施行。各级档案部门要深入贯彻落实中央全面依法治国工作会议精神，以习近平法治思想为指引，认真抓好档案法贯彻实施各项工作，筑法治之基、行法治之力、积法治之势，真正把档案法确立的制度优势转化为档案治理效能"⑤。档案法治建设是保障档案数据治理有序运行必不可少的一环。为此，需要强化法律环境治理，及时修订档案法律法规、完善部门规章制度、对接相关法律体系，建立起结构合理、内容科学、衔接顺畅的档案数据法规制度，为档案数

---

①孙育玮. "法制"与"法治"概念再分析[J]. 求是学刊, 1998(4): 55-59.

②中办国办印发《"十四五"全国档案事业发展规划》[J]. 中国档案, 2021(6): 18-23.

③陈忠海, 刘东斌. 论依法治档[J]. 档案学研究, 2015(4): 41-45.

④金波. 档案学导论[M]. 上海: 上海大学出版社, 2018: 367, 369.

⑤陆国强. 推动档案事业在高质量发展轨道上迈出坚实步伐: 在 2020 年全国档案局长馆长会议上的报告[J]. 中国档案, 2021(1): 19-25.

据治理营造良好的法治环境。

（1）修订档案法律法规

2020 年 6 月 20 日，第十三届全国人大常委会第十九次会议审议通过了新修订的《中华人民共和国档案法》，国家主席习近平签署第四十七号主席令予以公布，自 2021 年 1 月 1 日起正式施行。这是《中华人民共和国档案法》自 1988 年 1 月 1 日施行以来的首次修订。这是我国档案法治建设进程中一个新的里程碑，是档案工作适应国家治理体系和治理能力现代化要求，走向依法治理、走向开放、走向现代化的重要标志，必将对新时代中国特色社会主义档案事业高质量发展产生重大而深远的影响[①]。这次修订调整幅度较大，新《中华人民共和国档案法》从原来的六章二十七条扩展至八章五十三条，增设"档案信息化建设"和"监督检查"两章。其中，"档案信息化建设"规定，"各级人民政府应当将档案信息化纳入信息化发展规划，保障电子档案、传统载体档案数字化成果等档案数字资源的安全保存和有效利用""档案馆负责档案数字资源的收集、保存和提供利用""国家推进档案信息资源共享服务平台建设，推动档案数字资源跨区域、跨部门共享利用"[②]。为了推进新《中华人民共和国档案法》贯彻实施，需要及时修订完善《中华人民共和国档案法实施办法》，做好《中华人民共和国档案法》相关配套法规的立改废释工作。2024 年 1 月，国务院正式公布《中华人民共和国档案法实施条例》，旨在贯彻落实新修订的《中华人民共和国档案法》各项规定，进一步优化档案管理体制机制，完善档案资源齐全收集、安全保管以及有效利用的制度措施，提升档案工作科学化规范化水平，科学精准保障《中华人民共和国档案法》有效实施，为档案事业创新发展提供有力的法治保障[③]。大数据时代，档案数据急剧增长、海量累积，成为档案信息资源新形态与档案管理新场域。根据档案事业数据化转型态势，在档案法律法规建设过程中，需要适时制定补充档案数据管理、档案数据治理等相关内容，保障档案数据建设有法可依、有序运行。

大数据环境下，数据权利成为一项新的权能，档案数据权利规制成为档案数据法治建设的重要内容。习近平强调，"要制定数据资源确权、开放、流通、交

---

①陆国强. 为新时代档案事业高质量发展提供坚强法治保障[J]. 中国档案, 2020(7): 18-19.

②中华人民共和国档案法[N]. 人民日报, 2020-07-16(16).

③李强签署国务院令 公布《中华人民共和国档案法实施条例》[EB/OL]. (2024-01-25)[2024-08-12]. https://www.gov.cn/yaowen/liebiao/202401/content_6928242.htm.

易相关制度，完善数据产权保护制度。要加大对技术专利、数字版权、数字内容产品及个人隐私等的保护力度，维护广大人民群众利益、社会稳定、国家安全"[①]。确权是保障档案数据安全的重要内容。相较于传统载体档案，档案数据在物理属性上的可复制性、易传播性，使其所有权、处置权和使用权相分离，在共享利用时面临着复杂的权属关系和处置难题。此外，档案数据在传播利用过程中涉及的主权、产权等问题也没有明确规定，给档案数据主权、隐私权、知识产权、著作权、知情权等权益保障带来风险，明确档案数据权利配置和权责边界成为档案数据法治建设的重要内容。例如，美国互联网档案馆实施"开放图书馆"项目，用户自由借阅通过该项目上传和存档的书籍的数字副本、公共领域的书籍和版权下的书籍。Hachette、Penguin Random House、John Wiley 和 Harper Collins 四家出版商提起对互联网档案馆的诉讼，称整个项目侵犯了其版权，要求互联网档案馆停止对图书进行数字化和借阅，并销毁 150 万册数字图书[②]。

（2）完善部门规章制度

档案规章包括国务院部门档案规章和地方政府档案规章。前者由国家档案局依据法定权限制定或者国家档案局与国务院其他专业主管机关或者部门联合制定，并由部门首长签署命令予以公布。后者由省、自治区、直辖市和较大的市的人民政府依据法定权限制定，并由省长或者自治区主席或者市长签署命令予以公布[③]。截至 2021 年 7 月，我国档案部门规章有 37 件，其中由国家档案局单独或牵头发布的有 20 件；我国拥有地方政府档案规章 135 件，其中省级 58 件，州市级77 件[④]。这些档案规章是根据各部门、系统和本地区的具体情况和实际需要制定的，具有较强的可操作性，对档案数据建设发展起到了良好的保障和促进作用。由于档案法律较为笼统概括，不能将具体事务全部涵盖，与之配套的档案部门规章可以实现档案法律的细化、深化与具化，便于档案法律的贯彻实施。为此，在遵循良法善治精神、确保国家法制统一的前提下，可以因地因时因事制宜，为档案数据治理提供制度补给，建立健全档案数据建设相关规章制度，以推动档案法律的有效实施，发挥对档案数据治理的指导规范作用。

①审时度势精心谋划超前布局力争主动 实施国家大数据战略加快建设数字中国[N]. 人民日报, 2017-12-10(1).

②李俊哲, 等. 国际视野 | 互联网档案馆建立 25 周年：网页存证、当下官司与未来之路？[EB/OL]. (2021-11-19)[2023-08-08]. https://mp.weixin.qq.com/s/XGmmboLvv-0oDTWLAssW4w.

③国家档案法规体系方案[J]. 中国档案, 2011(8): 28-30.

④抓紧完善档案法配套法规制度 推动档案法治建设步入新时代[N]. 中国档案报, 2021-07-16(1).

（3）衔接相关法律体系

近年来，除了新《中华人民共和国档案法》颁布实施以外，还有《中华人民共和国网络安全法》《中华人民共和国个人信息保护法》《中华人民共和国数据安全法》《中华人民共和国保守国家秘密法》等与档案领域密切相关的法律颁布。档案数据建设涉及范围广、内容多、技术新，需要遵循多领域法律条文，做好与相关法律之间的衔接，营造良好的档案数据法治环境，避免不同法律内容上的矛盾冲突。例如，王玉珏和吴一诺提出，当前，档案法律与数据法律存在割裂甚至冲突的情况，导致档案部门的生存空间被挤压，重要数据的长期保存难以得到保障；与此同时，档案法律对新型数据归档的解释力和应对力也不足，思考新《中华人民共和国档案法》及其配套法规、规章如何步调一致地融入数据法律体系，从法律层面厘清档案部门在数据治理中的权责边界，为数据管理与档案管理提供保障和支持，避免重复建设与矛盾冲突，对于完善数据法治体系、将档案工作全面纳入国家整体数据战略，均具有十分重要的现实意义[①]。

为优化档案数据法治环境，应加强对相关领域法律法规的对接融入、相辅相成，厘清各部门之间的权责关系，避免因管理对象重叠、权责关系混乱导致"九龙治水"乱象，解决档案法律和数据法律、信息法律之间的矛盾问题，形成内容互相支持、映射和关联的整体。以新《中华人民共和国档案法》为基础，以可持续发展思想为指导，综合考虑档案数据发展状况与管理实践，充分吸收其他相关法律法规中的合理成分，不断颁布修订适用于档案数据建设的法律法规。在设计档案数据管理法律体系时，应充分考虑其各方面的协调性，与经济、科技、文化、信息等其他领域的国家法律法规相互协调、互相促进，共同推动数字中国高质量建设。

2. 政策保障

一个国家的信息法规、政策，档案工作的法规、方针、政策、制度对档案价值的实现具有重要的甚至决定性的影响[②]。档案数据治理要实现可持续发展，有赖于国家政策规划的支持，只有健康积极的政策环境，才能为档案数据建设发展提供不竭动力。

（1）加强政策供给

2021 年，《"十四五"全国档案事业发展规划》提出要重点开展档案数据治

---

①王玉珏, 吴一诺. 档案法律融入数据法律体系的内在逻辑、问题与路径[J]. 档案学研究, 2022(3): 28-35.

②冯惠玲. 档案学概论[M]. 3 版. 北京: 中国人民大学出版社, 2023: 64.

理等重大课题研究，推进机关、团体、企业事业单位和其他组织建设与业务系统相互衔接的电子档案管理信息系统；加强大数据、人工智能等新一代信息技术在数字档案馆（室）建设中的应用，推动数字档案馆（室）建设优化升级。加强电子档案长期保存技术和管理研究，创建科学的可信存储与验证体系，保证电子档案真实性、完整性、可用性、安全性[①]。《上海市档案事业发展"十四五"规划》提出强化数字赋能，加强档案数据资源建设，推动档案信息数据化[②]。《浙江省档案事业发展"十四五"规划》提出，完善电子文件归档机制，优化电子档案管理流程，加强数据治理，提升档案数据质量；聚焦服务一体化智能化公共数据平台和党政机关整体智治、数字政府、数字经济、数字社会、数字法治五大综合应用，强化档案数据支撑[③]。这一系列政策规划在宏观整体上为档案数据建设发展指明了方向，后续应加强具体操作实施层面的政策供给，扎实推进规划实施，制定规划实施评估办法。加强制定档案数据治理相关政策规划。由于档案数据治理涉及多方主体，需要针对性的政策支持，但目前尚未制定专门针对档案数据治理的政策。国家或地方层面应出台具有战略引导和引领示范作用的政策文件，对档案数据治理进行方向指引，争取更多资源支持。

（2）促进政策执行

"法立，有犯而必施；令出，唯行而不返。"政策的生命力在于执行，良好的政策需要切实贯彻执行，才能真正促进档案数据治理有序开展。2022 年 8 月 4 日，国家档案局办公室向各省区市和新疆生产建设兵团档案主管部门印发《〈"十四五"全国档案事业发展规划〉实施情况评估办法》，对各地开展《"十四五"全国档案事业发展规划》实施情况评估工作作出规定。通过开展评估，国家档案局及地方各级档案主管部门可及时客观了解规划实施情况，掌握各项任务实施进度，以便总结经验、发现问题、补齐短板，更好更快推动档案事业高质量发展[④]。围绕档案数据高质量建设，切实加强相关政策规划的落实落地，强化主体责任意识，敢于亮剑、善于用剑，促进行政监督和业务指导，提高政策执行力度与效能。

---

①中办国办印发《"十四五"全国档案事业发展规划》[J]. 中国档案, 2021(6): 18-23.

②上海市档案局关于印发《上海市档案事业发展"十四五"规划》的通知[EB/OL]. (2021-08-04)[2023-09-13]. https://www.archives.sh.cn/tzgg/202112/t20211213_62551.html.

③省发展改革委 省档案局关于印发《浙江省档案事业发展"十四五"规划》的通知[EB/OL]. (2021-06-24) [2023-06-21]. https://fzggw.zj.gov.cn/art/2021/6/24/art_1229539890_4671279.html.

④王孖. 《〈"十四五"全国档案事业发展规划〉实施情况评估办法》解读之一[J]. 中国档案, 2022(9): 12-13.

（3）推动政策融入

档案数据治理需要对接国家重大战略，积极融入数字中国、国家文化数字化、国家信息化建设、智慧城市、大数据、政府数据开放等行动战略与发展规划，推进档案部门与信息部门、数据部门、文旅部门、新闻机构、信息技术企业等机构协作，充分借助政策力量促进档案数据建设与档案数据治理开展。例如，2020 年12 月，河南省人民政府印发《河南省数字政府建设总体规划（2020—2022 年）》，"建立电子档案管理系统"作为统一共享公共支撑体系中一项重要内容被纳入其中。河南省档案馆以此为契机，把电子档案管理系统作为河南省数字档案馆建设的重点内容，依据国家档案局印发的《电子档案管理系统基本功能规定》，投入专项经费，拟建成电子文件预归档管理系统，细化电子档案管理配套制度，进一步融入数字政府建设[①]。

3. 标准保障

档案工作标准与标准化，是档案工作现代化建设的一个十分重要的领域。加快档案工作标准体系建设、推进档案工作标准化，对于推动我国的档案工作规范化、高效化，不断提高档案工作的现代化管理水平具有积极意义[②]。档案工作标准化是一项系统工程，包括标准制定、实施、修订等内容。《"十四五"全国档案事业发展规划》提出，"制定和实施引领高质量发展的档案标准体系方案，加大对不同业务领域的档案标准供给，重点推进电子档案、科研档案、建设项目档案、医疗健康档案、档案资源共享服务、档案馆服务、档案安全保护及风险防控、数字档案馆（室）建设等标准供给"[③]。标准规范是档案数据治理的重要依据，需要加强档案数据标准化建设，强化档案数据标准环境治理，为档案数据建设发展提供行动指导。

（1）加强标准制定修订

我国已出台一系列与档案数据建设相关的标准规范，根据国家档案局官网，包括《CAD 电子文件光盘存储、归档与档案管理要求》（GB/T 17678—1999）、《中国档案机读目录格式》（GB/T 20163—2006）、《电子文件归档与电子档案管理规范》（GB/T 18894—2016）、《信息与文献 电子办公环境中文件管理原则与功能

①李珂. 河南电子档案管理纳入"数字政府"建设[N]. 中国档案报, 2021-01-11(1).

②冯惠玲. 档案学概论[M]. 3 版. 北京: 中国人民大学出版社, 2023: 147.

③中办国办印发《"十四五"全国档案事业发展规划》[J]. 中国档案, 2021(6): 18-23.

要求》（GB/T 34840—2017）、《党政机关电子公文归档规范》（GB/T 39362—2020）、《电子档案管理系统通用功能要求》（GB/T 39784—2021）、《政务服务事项电子文件归档规范》（GB/T 42727—2023）等国家标准；《缩微胶片数字化技术规范》（DA/T 43—2009）、《数字档案信息输出到缩微胶片上的规定》（DA/T 44—2009）、《文书类电子文件元数据方案》（DA/T 46—2009）、《版式电子文件长期保存格式需求》（DA/T 47—2009）、《基于 XML 的电子文件封装规范》（DA/T 48—2009）、《特殊和超大尺寸纸质档案数字图像输出到缩微胶片上的技术规范》（DA/T 49—2012）、《档案数字化光盘标识规范》（DA/T 52—2014）、《数字档案 COM 和 COLD 技术规范》（DA/T 53—2014）、《照片类电子档案元数据方案》（DA/T 54—2014）、《档案信息系统运行维护规范》（DA/T 56—2014）、《档案关系型数据库转换为 XML 文件的技术规范》（DA/T 57—2014）、《电子档案管理基本术语》（DA/T 58—2014）、《纸质档案数字化规范》（DA/T 31—2017）、《录音录像档案数字化规范》（DA/T 62—2017）、《录音录像类电子档案元数据方案》（DA/T 63—2017）、《档案密集架智能管理系统技术要求》（DA/T 65—2017）、《文书类电子档案检测一般要求》（DA/T 70—2018）、《纸质档案缩微数字一体化技术规范》（DA/T 71—2018）、《档案移动服务平台建设指南》（DA/T 73—2019）、《电子档案存储用可录类蓝光光盘（BD-R）技术要求和应用规范》（DA/T 74—2019）、《档案数据硬磁盘离线存储管理规范》（DA/T 75—2019）、《纸质档案数字复制件光学字符识别（OCR）工作规范》（DA/T 77—2019）、《政府网站网页归档指南》（DA/T 80—2019）、《基于文档型非关系型数据库的档案数据存储规范》（DA/T 82—2019）、《档案数据存储用 LTO 磁带应用规范》（DA/T 83—2019）、《档案馆应急管理规范》（DA/T 84—2019）、《档案服务外包工作规范 第 2 部分：档案数字化服务》（DA/T 68.2—2020）、《公务电子邮件归档管理规则》（DA/T 32—2021）、《档案级可录类光盘 CD-R、DVD-R、DVD+R 技术要求和应用规范》（DA/T 38—2021）、《产品数据管理（PDM）系统电子文件归档与电子档案管理规范》（DA/T 88—2021）、《实物档案数字化规范》（DA/T 89—2022）、《电子档案单套管理一般要求》（DA/T 92—2022）、《电子档案移交接收操作规程》（DA/T 93—2022）、《电子会计档案管理规范》（DA/T 94—2022）、《行政事业单位一般公共预算支出财务报销电子会计凭证档案管理技术规范》（DA/T 95—2022）、《电子档案证据效力维护规范》（DA/T 97—2023）等行业标准。今后，围绕档案数据资源建设与运行治理，加强档案数据建设标准研制，制定颁布具有科学性、针对性、适用性、可操作性的档案数据治理标准规范，构建结构完备、内容全面的档案数据标准体系；追踪信息技术发展步伐与档案事业转型态势，适时修订完善档案数据相关标准；立足时代前沿和世界潮流，积极采纳、申报国际标准，提高标准权威性和话语权。

（2）强化标准宣传推广

长期以来，档案标准宣传力度不够、范围有限、方式单一，掣肘档案标准贯彻实施，阻碍档案标准化工作的推进。因此，必须要做好档案标准宣传工作，对于不同群体采用差异化宣传教育手段，提高社会大众的重视度和支持度，实现档案管理标准化建设的有序进行[①]。一是加大宣传力度。档案部门需要组织专业队伍，提高档案数据治理标准规范宣传频度，开展常态化宣传教育，加强对档案数据治理标准规范的解释力度，确保档案数据治理人员了解、知悉、掌握相关标准规范。二是扩大宣传范围。档案部门需要扩大宣传对象，覆盖多层次、多类型、多领域档案馆（室）和业务单位，提升档案数据治理人员标准化意识，规范操作行为。三是创新宣传形式。档案部门需要创新宣传渠道，积极借助现代信息技术构建"报、网、端、微、屏"五位一体协同传播的全媒体矩阵，提升宣传推广的影响力和传播力。档案部门既要充分利用电视、广播、宣传墙、书刊、报纸等传统媒介，又要积极借助现代信息技术诸如网络、现代远程教育系统等新媒介，全方位开展档案普法宣传教育活动[②]。例如，重庆市印发《学习宣传贯彻新修订的档案法工作举措》，运用媒体平台和开设专栏等方式，刊载全市学习宣传贯彻情况。沈阳市举办"带您走近档案法"主题展览，组织档案干部作客沈阳网"微民生"直播间开展专题访谈，参与沈阳电视台"沈视晚报"栏目新修订的档案法实施专题报道。这些活动将新修订的档案法精神根植于人们的思想深处，为新修订的档案法实施营造了浓厚的舆论氛围[③]。

（三）"德治"熏陶

"法安天下，德润人心。"依法治国与以德治国相结合是我国的基本治国方略。治理国家、治理社会必须一手抓法治、一手抓德治，既重视发挥法律的规范作用，又重视发挥道德的教化作用，实现法律和道德相辅相成、法治和德治相得

①周丽. 档案管理工作标准化建设对策分析[J]. 中国标准化, 2022(16): 89-92.

②王琦. 我国档案法治现代化建设：内涵界定、问题检视与实现机制[J]. 档案与建设, 2022(5): 8-11.

③李瑞环. 新修订的档案法实施一周年 看依法治档新进展[N]. 中国档案报, 2022-04-18(1).

益彰[①]。档案馆作为文化事业机构，不仅需要法律制度、刚性指标的硬调控，也需要道德理念、文化伦理的软调节。在档案数据治理过程中，需要秉持德治引导，坚持党的领导与政治底色，树立正确的价值理念与思想认知，以社会公德、职业道德、个人品德为出发点，不断提升档案管理人员的道德品质，为档案数据治理提供强有力的精神支柱与文化力量，彰显档案数据治理的温度与深度，厚植档案馆文化底蕴与人文特性，促进档案数据治理现代化。

1. 厚植职业道德

（1）坚定政治方向

中国共产党是我国各项事业的领导核心，"以德治国"最根本的要求就是坚持中国共产党的领导。档案工作是维护党和国家历史真实面貌的基础性支撑事业，在中国共产党波澜壮阔的百年历程中，档案工作一路相伴，在为党管档、为国守史、为民记忆中谱写了中国档案事业成长壮大的伟大篇章[②]。中国共产党自诞生之日起就高度重视档案工作，从 1923 年毛泽东任党中央第一任秘书负责"管理本党文件"，到 1926 年党中央正式设立中央秘书处文件保管处专门负责中央机关的文件保管工作，再到 1931 年党中央制定《文件处置办法》《中央秘书处关于文件编目的规定》以规范档案文件的收集、整理、销毁、保管等，档案工作逐渐成为党的工作的重要组成部分[③]。新中国成立后，在党和国家领导人亲自谋划部署下，先后创办档案学专业高等教育、建立国家档案局和地方各级各类档案机构，形成世界上规模最大的现代化国家档案事业体系。在新一轮地方机构改革中，大部分省市的档案行政职能划归党委办公厅，党委办（档案局）成为档案主管部门，档案工作"姓党"的政治属性进一步强化。

《中华人民共和国档案法》第三条规定，"坚持中国共产党对档案工作的领导"[④]。在档案数据治理过程中，必须把牢政治方向，毫不动摇坚持党对档案工作的领导，明晰档案数据治理的政治定位、政治特质与政治功能，不断提高档案数据管理人员的政治觉悟、党性修养与保密意识，记录好、保管好、利用好新时代党领导人民实现中华民族伟大复兴的光辉历史，更好地服务党和国家工作大局。

---

①张文显. 治国理政的法治理念和法治思维[J]. 中国社会科学, 2017(4): 40-66.

②冯惠玲, 周文泓. 百年档案正青春: 为党管档, 为国守史, 为民记忆的伟大历程[J]. 档案学通讯, 2021(6): 4-12.

③张斌. 深刻认识档案工作的重要地位和独特作用[N]. 中国档案报, 2022-05-12(1).

④中华人民共和国档案法[N]. 人民日报, 2020-07-16(16).

围绕治党理政、党委决策、党史教育等主题，强化档案数据资源开发与红色档案数据留存利用，探索新媒体推广模式，全方位、多场景、立体式展现党的红色历史足迹，将档案馆打造成为数字时代党史记忆基因库与红色历史文库，通过真实确凿的档案文献回答好中国共产党为什么能、马克思主义为什么行、中国特色社会主义为什么好的时代之问，充分体现档案在党工作中的重要地位和独特价值。例如，江西省档案馆把红色档案的开发利用与党史教育、"四史"教育、革命传统教育和爱国主义教育相结合，坚持用档案讲好党的故事、革命的故事、英雄和烈士的故事。其积极拓展省档案馆爱国主义教育功能，与南昌大学、江西省社会主义学院等 11 所院校和单位签订了共建爱国主义教育基地、德育教育基地等协议，被江西省委宣传部定为党员干部党史学习教育参观学习点，被团省委列为"争做红领巾讲解员"实践体验活动场馆，成为青少年接受爱国主义教育的"第二课堂"，党员干部开展党性教育、党史学习教育的热门"打卡地"[①]。

（2）锤炼道德修养

国无德不兴，人无德不立。党的十九大报告提出，深入实施公民道德建设工程，推进社会公德、职业道德、家庭美德、个人品德建设，引导人们树立正确的历史观、民族观、国家观、文化观[②]。为此，需要强化档案数据管理人员思想道德建设，培育崇高的道德信念、道德意志与道德责任，将正确的道德判断、自觉的道德涵养、积极的道德实践紧密结合起来，修身立德、培根铸魂，为推动档案馆创新发展提供坚强的组织保障。

档案数据管理人员道德品质提升的关键内容是档案职业道德的锤炼升华。档案职业道德是指档案工作者在从事档案行政、档案保管和利用服务等职能活动中，应当遵守的基本行为准则，它是整个社会职业道德体系中的一个重要组成部分[③]。档案职业道德具有鲜明的思想性、时代性与社会性，是对档案工作者职业行为的基本要求。在档案数据治理过程中，要着重培养档案工作人员的职业道德准则和行为规范，包括忠于职守、爱岗敬业、严守机密、博学强闻、甘于寂寞、无私奉献等，切实维护档案数据安全完整，真诚为党、国家和人民服务。在增强档案工

①方维华. 用情梳理 用力呈现 让红色档案资源在新时代绽放璀璨光芒[J]. 中国档案, 2022(7): 23.

②习近平: 决胜全面建成小康社会 夺取新时代中国特色社会主义伟大胜利——在中国共产党第十九次全国代表大会上的报告[EB/OL]. (2017-10-27)[2023-06-22]. https://www.gov.cn/xinwen/2017-10/27/content_5234876.htm?eqid=c50f8720000003602000000003645999e1.

③冯惠玲, 张辑哲. 档案学概论[M]. 2 版. 北京: 中国人民大学出版社, 2006: 161.

作人员职业道德修养的同时，还要通过阅读书籍、专题讲座、学习榜样等方式不断提升个人道德素质、信息素养和专业技能，树立高尚的道德风范与道德情操，从而提高档案数据管理人员的整体道德水平，形成良好的组织道德氛围，增进档案职业的社会认同与社会声望。例如，2023 年，在国际档案理事会建议下，欧盟历史档案馆（Historical Archives of the European Union，HAEU）发布《档案职业道德守则》，指出，在日常工作中，HAEU 工作人员需遵守道德守则，保证所保管档案的完整性和真实性，并提供最先进的条件来保管和保护实体和数字档案。HAEU 的档案工作流程应符合 ISO 9001 质量管理体系要求。HAEU 要保护其注册用户的隐私和数据安全，同时确保尽可能广泛地访问[①]。

2. 加强文治教化

档案作为人类生产生活的原始记录，是文化资源的重要组成部分，被誉为文化的重要"母资源"[②]，其文化属性、文化价值、文化功能日益凸显。档案与文化紧密相联，档案是人类文明的产物，是历史文化遗产中必不可少的组成部分[③]，档案作为人类文明的一种特殊的存在，是人类社会文化不断发展、延续的纽带，是不同文明时代社会文化建设的基石，是人类文明不断进步的阶梯，是一个民族或国家得以繁荣和昌盛的智慧与经验的宝藏[④]。与此同时，档案馆作为我国重要的文化机构，既是文化治理对象，也是文化治理的手段，其本身也肩负着参与文化治理的职责，档案馆应充分利用自身优势，采取措施，积极参与和推进我国文化治理工作[⑤]。大数据时代，档案数据资源海量生成，其不仅是国家文化软实力的优质文化载体，而且是新时期国家文化软实力建设的可靠文化资源，为国家文化软实力内涵建设与提升战略等进一步夯实地基[⑥]。档案数据是文化的重要承载和固化形态，是珍贵的国家文化遗产与文化记忆，负荷着人类文化与文明的基本信息，是历史延续和文明演进的"活化石"。档案馆作为重要的文化事业机构，是社会文化集聚地，承担着保存人类文化遗产、传播利用文化信息的重要功能，根植着浓厚的文化性质。文化作为国家重要的软实力，理应在档案数据治理中发挥重要作

①常家源. 欧盟历史档案馆出台职业道德新规[N]. 中国档案报, 2023-11-02(3).

②杨冬权. 在全国档案工作暨表彰先进会议上的讲话[J]. 中国档案, 2012(4): 12-19.

③冯惠玲, 张辑哲. 档案学概论[M]. 2 版. 北京: 中国人民大学出版社, 2006: 55-56.

④王英玮. 档案文化论[M]. 北京: 中国人民大学出版社, 1998: 65.

⑤陈丽华. 新修订《档案法》实施背景下档案馆参与文化治理的启示[J]. 兰台世界, 2021(S1): 34-35.

⑥倪代川, 蔡丽华. 数字档案资源文化软实力建设探析[J]. 山西档案, 2021(6): 31-37, 14.

用。文化治理功能的发挥过程就是人的思想和行为从内而外的转化过程，具有稳定性和持久性，可以影响个人的行为方式以及社会的运行方式，具有社会价值建构功能、社会冲突整合功能与社会发展导向功能①。为此，需要对接国家文化数字化战略，明确档案馆文化职能与文化使命，健全组织文化，厚植生态文化，提升档案数据文化治理能力，加快档案数据文化建设与发展，培植档案文化核心竞争力，增强档案文化自信与文化自觉。

（1）健全组织文化

《中华人民共和国档案法》规定，"中央和县级以上地方各级各类档案馆，是集中管理档案的文化事业机构"②。因此，文化功能是档案馆的根本价值属性。然而受到诸多因素影响，当前档案馆文化功能未能得到充分彰显，在文化强国、数字文化、国家文化大数据战略中作用有待进一步加强。为此，亟待加强档案数据组织文化建设，充分释放档案馆文化价值，树立亲民、友善、先进、和谐、厚重的档案馆文化形象，提升档案馆社会生态位。

文化的重要作用在于其内在的精神导向与柔性的调和力量，无形中塑造着档案馆的品格特性与人文情怀。组织文化是档案馆长期以来形成的文化体系，是档案数据治理的精神力量源泉与宝贵无形资产。组织文化是组织的价值观和基本信念，这种价值观和信念指导组织的一切活动和行为③。档案数据治理组织文化是指在档案数据治理活动中逐渐形成的，各治理主体及其成员共同认可并遵循的思想观念、行为规范、制度安排等的集合。组织文化将共同价值观内化于心、外化于行，是组织生命力的具体体现，对档案数据治理起到导向、引领、激励、辐射作用。通过强化档案数据治理组织建设，完善组织体系，加强队伍建设，筑牢战斗堡垒，巩固组织优势，持续提升档案数据治理组织力。

围绕档案馆组织文化营建，一方面，要确立组织目标，明确档案馆文化机构属性与文化职能定位，主动融入国家文化数字化战略与国家文化大数据体系建设，树立良好的文化服务理念，构建数实融合、立体互动、全景覆盖、均等普惠的档案数据文化服务体系。例如，成都市档案馆围绕档案文化建设，积极发挥爱国主义教育基地功能，打造"读档时光""守护蓉档""珍档评选"档案文化品牌。深化培育精品展览，举办"成都故事""铭记，为了新中国""天府文脉·家风

---

① 向德平, 苏海. "社会治理"的理论内涵和实践路径[J]. 新疆师范大学学报(哲学社会科学版), 2014(6): 19-25, 2.
② 中华人民共和国档案法[N]. 人民日报, 2020-07-16(16).
③ 李成彦. 组织文化研究综述[J]. 学术交流, 2006(6): 183-185.

传颂""百年历程·档案记忆""档案见证：成都与世界""档案见证：砥砺前行的成都"等展览①。另一方面，要营造良好的档案馆文化氛围和精神风貌，创造档案数据管理人员共同认可遵守的文化习惯、价值规范与规章制度，发挥档案数据治理组织文化的内生力量，增强组织凝聚力、向心力、协同力与战斗力，激发档案数据管理人员的工作热情，打造档案数据文化品牌，推动档案数据生态系统可持续发展。例如，举办信息化技能比赛、档案网站设计比赛、档案创新科技作品比赛、创意摄影比赛、技术高端论坛等活动，鼓励档案管理者参与，展示广大档案管理者在工作、生活、学习、成长过程中的优秀科技作品，激励档案管理者不断进取，提高信息化技术能力，推动档案数据的建设与发展。

（2）深耕生态文化

2015 年，《中共中央 国务院关于加快推进生态文明建设的意见》提出，"坚持把培育生态文化作为重要支撑。将生态文明纳入社会主义核心价值体系，加强生态文化的宣传教育，倡导勤俭节约、绿色低碳、文明健康的生活方式和消费模式，提高全社会生态文明意识"②。档案数据生态系统是社会生态系统的有机组成部分，生态文化是其文化体系的重要内容。在档案数据生态系统平衡发展中，需要积极开展生态文化科普教育，厚植生态文明基因，强化档案数据生态治理，提高档案工作者生态文明意识，使生态文明成为档案数据建设发展遵循的主流价值观与普遍方法论，为档案数据治理营造良好的生态环境，推动档案数据生态系统平衡发展和健康运行。

面对资源约束趋紧、环境污染严重、生态系统退化的严峻形势，必须站在中国特色社会主义现代化强国建设和中华民族永续发展的战略高度，全面开展生态科普教育，高效推进环保全民行动，切实增强公众生态保护意识，尽早实现生态治理现代化③。生态文明是一种反映人与自然环境和谐发展的新型价值体系，是国家文明程度的重要标志。生态兴则文明兴，生态衰则文明衰，保护生态环境就是保护生产力、改善生态环境就是发展生产力④。在国家着力实现碳达峰与碳中和"双碳"目标背景下，需要进一步普及生态文明法律法规、科学知识等，发挥生态价值观的教化作用，提升档案工作人员的生态文明意识，促进档案数据建设理

①吕毅. "十三五"奋发有为 "十四五"再谱新篇[N]. 中国档案报, 2022-08-01(3).

②中共中央 国务院关于加快推进生态文明建设的意见[N]. 人民日报, 2015-05-06(1).

③孙特生. 生态治理现代化：从理念到行动[M]. 北京：中国社会科学出版社, 2018: 193.

④董峻, 王立彬, 高敬, 等. 开创生态文明新局面[N]. 人民日报, 2017-08-03(1).

念转变，用生态思维方法破解档案数据运行发展中遇到的瓶颈问题。围绕档案数据生态治理，大力推广无纸化办公、一站式服务、远程在线利用、环境绿化与低成本运转，走低碳环保、循环再生、节能减排、勤俭节约的发展路线，降低自然资源和社会资源的消耗，减少环境污染，提高工作效率，打造绿色型智慧档案馆，增强档案数据生态系统运行能力，促进档案数据生态系统可持续发展。

3. 强化伦理约束

伦理学是哲学研究的核心领域，是一门关注如何做人与如何行事的学说。伦理作为一种客观的人伦秩序，来源于社会实践活动，旨在处理人与人、人与社会及人与自然之间的关系时所应遵循的规范、准则、道理[1]。社会秩序是依靠伦理、道德和法律来维系的，三者概念相近，经常被混淆使用，其中，伦理即人伦关系的道理，道德即主体的内在品性与修为，法律则是强制性的规定，三者因评价标准、理念来源、存在形式、表现形态、作用范围、作用机理的不同存在着差别[1]。伦理作为一种动态性的价值关系，对维持档案数据治理平衡有序发展具有重要的内生作用。通过遵循一定的生态伦理、组织伦理、数据伦理，明确档案数据行业责任与社会责任，规范档案数据治理行为，塑造健康有序的档案数据伦理形态，推动档案数据治理和谐发展。

（1）遵循生态伦理

生态失衡的实质是伦理困境，即忽视、抗拒、破坏人与自然之间相互作用、相互制约、和谐统一的关系，片面追求经济效益，过度、超权限地行使人类索取、开发、利用、支配、驾驭自然生态的权利，未能对应地履行保护自然、维护生态系统平衡的义务，使得人与自然相互对立、相互伤害，究其根源在于违背生态伦理的价值准则，出现生态伦理危机。生态伦理是指用善恶标准去评价，依靠社会舆论、内心信念和传统习惯来维持的人与自然之间的道德关系以及调节这种关系应当遵循的原则或规范[2]。生态伦理反对无节制地掠夺自然资源与破坏生态系统，主张人与自然共生共荣，实现"天人合一""万物一体"。

人与自然关系是人类生存发展的基本关系，也是档案数据生态平衡调节的重要内容。以生态伦理观为指导，在档案数据建设发展中，树立尊重自然、敬畏自然、保护自然的价值理念，坚持人与自然和谐共生、协同进化，严格遵循自然发

---

①曹玉. 国家综合档案馆责任伦理研究[M]. 北京: 中国社会科学出版社, 2022: 序言 1, 36.
②孙特生. 生态治理现代化: 从理念到行动[M]. 北京: 中国社会科学出版社, 2018: 194-195.

展规律，广泛收集环境保护档案数据，强化环保档案数据的开发利用，助力社会环境污染防治、节约能源消耗、技术改造换代、淘汰落后产能，限制高消耗、高污染工业发展，发挥档案数据资源的生态效益，切实保护生态环境。例如，2014年，湖南省湘潭县档案馆为县内各生产企业建立内容翔实的环保档案"户口"，整理出档案6万多页约4000卷，逐一建立电子目录并全文扫描进入档案数据管理系统。这不但解决了湘潭县环保局各业务股室间各自收集信息、信息资源利用率低的问题，实现了环保信息资源共享，还加强了对县内各生产企业的宏观、微观管理，为提升环境监管水平提供了信息和技术支撑[①]。

（2）优化组织伦理

随着现代社会对组织社会责任的日益重视，从伦理道德的角度来评价组织行为显得日益必要[②]。组织伦理是组织结构设计与运行发展过程中蕴含的伦理价值规范，是构成组织软实力的重要基础，也是组织获得竞争优势的重要源泉。合理的伦理道德价值观念对于组织具有重要的意义，它有利于组织的运作和控制，有利于加强组织的团结与凝聚作用和对组织成员的激励与振奋作用；能够塑造组织形象，提升组织的社会地位；能够提高组织绩效[③]。组织伦理强调营造以人为本、忠诚信任、公平正义、民主友善、开放包容的组织氛围，规范组织成员行为，形成协调、稳健、良性的组织内外部关系。

据此，需要加强档案数据组织伦理建设，坚持人本理念，强化人文关怀与人格尊重，注重人的情感因素，塑造以关心型伦理氛围为主导的组织伦理体系，以保持组织均衡发展与协调运行，确保档案数据组织秩序稳定。对于档案数据组织内部而言，需要强化人的主体地位，加强对档案数据管理人员身心健康的关爱体贴，营造适宜其工作发展的人文环境，重视不同层次人员的利益诉求，形成有利于个性化发展的综合评价机制。对于档案数据组织外部而言，需要关心理解档案用户，维护档案用户合法权益，建设面向用户的档案数据资源体系，加强对社会弱势群体的权利救济，设计更加人性化、简易化、智能化的网络信息服务模式，满足不同用户的多元文化需求，提升用户体验满意度与服务质量。例如，美国创建"9·11"数字档案馆，档案来源以线上征集、公众捐献为主，同时注重线下主动联系与采访，避免弱势群体的声音被忽视；从人文关怀的角度来看，"9·11"

---

①周进，王建业. 湘潭县为生产企业建立环保电子"户口"[J]. 档案时空, 2014(10): 48.

②王雁飞，朱瑜. 组织伦理气氛的理论与研究[J]. 心理科学进展, 2006(2): 300-308.

③余卫东，龚天平. 组织伦理略论[J]. 伦理学研究, 2005(3): 17-21.

数字档案馆对于抚慰心灵创伤，增强身份认同也有独特作用①。

（3）维护数据伦理

随着海量数据的急剧增长与数据技术的快速发展，社会正在加速迈入以数据赋能为核心的大数据时代，掀起人类认知思维和行为方式的全新革命。在万物皆可量化的大数据环境下，不仅可以用数据刻画和描述真实时空推动世界群像数据化，还可以用数据投射和构造虚拟时空推动建设数据化世界。与此同时，大数据兴起带来的数据权利、数据泄露、数据崇拜、算法陷阱、算法霸权和算法歧视等问题开始涌现，叩问数据背后的人类自由、社会公正、道德良知。为此，需要重新审视数据管理活动，建构以人为本的数据伦理价值观和思想树。人本主义数据伦理要求从数本主义回归到人本主义，从数据自由回归到人的自由，主张人的自由高于数据自由、人的价值高于数据的价值②。数据伦理作为大数据时代重要的哲学命题，是技术本身被赋予主体意愿之后所显现出来的伦理特征，技术意向性融入了主体的意识倾向性。核心是道德、利益、风险三者之间的平衡，强调道德的主控作用，它是人性伦理的拓展、技术伦理的衍生③。档案数据是大数据的重要类型，具有真实可靠性、来源多样性、流动连通性、多元普惠性等特征，档案数据伦理是数据伦理的重要子集。通过借鉴数据伦理理论知识与方法体系，对档案数据运行过程中的价值评判、伦理冲突与道德抉择进行阐释分析，重组再造大数据环境下档案数据价值框架、伦理关系与道德规范，形成数据驱动的档案数据伦理治理机制。

（四）"元治"主导

开展档案数据治理，各级档案部门责无旁贷，需要承担起"元治"角色，发挥主导作用，强化档案数据治理顶层设计、战略规划、业务管理和行政监管，推进档案数据资源建设，形成与国家档案治理体系相适应、相协调的档案数据治理体系。

1. 元治理：治理的治理

公共管理的发展史表明，任何单一的治理模式，都可能走向失灵。在此背景

---

① 李雪彤. "9·11"数字档案馆公众记忆建构的特色与启示[N]. 中国档案报, 2020-10-26(3).
② 李伦. 数据伦理与算法伦理[M]. 北京：科学出版社, 2019: 10.
③ 宋吉鑫, 魏玉东. 大数据伦理学[M]. 沈阳：辽宁人民出版社, 2021: 29.

下，元治理的概念应运而生①。元治理是指治理的治理②，是由政府或其他治理主体承担统筹者（元治理者）的角色，通过直接干预和间接影响，构建治理环境与框架，形成统一的治理目标，协调治理主体间关系，促进治理模式的协作配合，实现治理的一致性、有效性、长期性和稳定性的一种治理模式③。元治理具有两个维度的内涵：一是制度上的设计，元治理通过提供各种机制，促进各方相互依存；二是战略上的规划，元治理建立共同的目标，推动治理模式更新与进化①。可以看出，元治理是一种崭新的协同逻辑，是对普通治理方式的整合、改进和超越，重视国家和政府作为核心主体的功能，强调国家应该在治理的监管、驾驭和协调方面发挥关键的作用，动员治理中所必要的资源，很好促成治理中的合法性和责任性④。元治理旨在依托良好的制度安排和政策指导，消除不同治理方式之间的失调、对立、冲突与矛盾，重新组合治理机制，确保政府、社会、市场等不同治理主体之间的协作沟通与良性互动。

2. 档案数据"元治理"

多主体协同共治并非无组织、无秩序，而是在档案部门主导下的多主体协同合作，从而保障协同治理的有序进行。根据档案工作的专业性、针对性、特殊性，拥有法律的授权和权威、完善的组织架构、公共财政的支持以及丰富的公共档案资源⑤的档案部门（包括档案主管部门与档案保管部门）是国家档案事业的主导力量，是档案数据管理规则制定者、运行秩序监管者、治理措施落实者，在档案数据治理中处于核心地位，在设计、干预、控制治理过程和治理环节中发挥第一责任者的主体作用，需要在档案数据治理中树立元治理理念。一方面，档案部门是集中保管档案数据资源的重要机构，档案数据治理事务只能由档案部门来主导；另一方面，当档案治理主体间众口难调、利益纷争、难以协调时，档案治理也会失灵，这时就需要发挥档案部门的元治理作用，有义务、有责任在档案治理中发挥主导作用⑥。因此，在档案数据治理中尽管强调"政府放权""社会本位"，但

---

①张建锋. 数字治理：数字时代的治理现代化[M]. 北京：科学出版社，2021：44.

②李澄. 元治理理论综述[J]. 前沿，2013(21)：124-127.

③张骁虎. "元治理"理论的生成、拓展与评价[J]. 西南交通大学学报(社会科学版)，2017(3)：81-87.

④孙珠峰，胡近. "元治理"理论研究：内涵、工具与评价[J]. 上海交通大学学报(哲学社会科学版)，2016(3)：45-50.

⑤陈建. 适度可控与合作互动：社会力量参与公共档案管理的多元主体分析[J]. 档案管理，2020(5)：16-19.

⑥金波，晏秦. 从档案管理走向档案治理[J]. 档案学研究，2019(1)：46-55.

并不意味着档案部门可以做"甩手掌柜"；相反，档案部门应强化元治意识，积极履行档案数据治理职能。

一是聚焦核心业务，健全治理体系。聚焦档案数据建设这一治理"元问题"，档案部门"元治者"需要明确治理职责，准确把握档案数据发展"元方向"，集中力量做好核心业务。尤其是在"政事分开""局馆分立"的档案机构改革之后，从以精兵简政提高效率为重点转为以有效发挥档案局（馆）职能为核心[①]，改革后多数档案局的主要职能聚焦于"管"，即战略规划、组织部署、标准法规制定等宏观管理层面，档案馆的主要职能聚焦于"办"，即收、管、存、用等微观业务实操层面[②]。由此，发挥档案部门在档案数据治理中的"元治"作用，一方面，需要档案主管部门主导档案数据治理，加强统筹规划、业务指导和监督检查，针对性地进行协调与安排，构建科学合理、高效精准的组织架构，明确治理目标，完善档案数据管理规则标准和政策制度，建设上下贯通、执行有力、运行通畅的档案工作体制机制，形成系统完备的档案数据治理体系。另一方面，需要档案保管部门做好本职工作，立足档案数据建设实践，充当档案数据治理的主阵地，承担档案数据资源收集存储、质量管控、开放利用、安全保障等方面的具体业务工作，创新档案数据开发服务形式，切实提高档案数据治理效能，充分发挥档案数据的存史资政育人利民功能。

二是加强技术应用，创新治理方式。档案部门需要加强大数据、人工智能、区块链、数字孪生、大模型、元宇宙等新一代信息技术在档案数据治理中的选择应用，强化档案数据管理系统、网络平台、算力算法等基础设施建设，创新档案数据治理方法、手段和模式。通过对档案数据资源进行集成聚合、分析处理、数据挖掘、可视化展演，开展数据化服务、精准式服务、一站式服务、知识化服务和智库型服务，提供开放的、针对性的、多样化的信息服务，满足档案用户的信息和知识需求[③]，减少数字鸿沟、数字壁垒、数字不平等等，开拓档案数据公共服务新空间。

三是营造良好环境，凝聚治理力量。档案部门要担负起档案数据治理制度设计、规范构建、关系协调、认同培育等方面的职责，为档案数据协同共治创造良好环境，从更高层次进行统筹，将多种治理模式进行整合，凝聚多元治理共同体，

① 徐拥军. 省级档案机构改革的特点、影响与展望[J]. 求索, 2019(2): 74-80.

② 钱毅. 机构改革背景下档案机构专业能力的建设[J]. 档案学通讯, 2019(5): 108-109.

③ 金波, 晏秦. 数据管理与档案信息服务创新[J]. 档案学研究, 2017(6): 99-104.

从整体上推动档案数据协同治理开展。档案部门要完善档案治理法规制度，营造档案治理生态，为社会主体积极参与档案治理创造条件，提供政策支持；积极培育社会组织和公民个人参与档案事务决策和管理，通过分权和赋权为其提供更广阔的发展空间，使更多的社会组织和公民个人成为档案治理的合格主体①。

（五）"自治"调适

系统具有自我调节、自我恢复、自我控制、自我治愈的能力。从系统发展演化角度来看，事物组织运行方式有自组织和他组织两种，自组织是一种无特定干预的自演化过程；而他组织是指在外界特定干预下的一种演化方式②。信息生态系统是典型的自组织系统。自组织系统就是指能够通过自身的发展和进化而形成具有一定结构和功能的系统③。信息服务生态系统的自组织是指一个信息服务生态系统在内在机制的驱动下，自行从简单向复杂、从粗糙向细致方向发展，不断地提高自身的复杂度和精细度的过程④。档案数据生态系统是重要的信息生态系统，档案数据治理具有较强的自组织功能，自调适是档案数据平衡调控的重要方式，通过观念自觉、环境自适、行动自为和过程自律进行自我调适，以抵抗外界干扰和压力，保持自身结构形态的稳定性和连贯性，实现档案数据治理动态平衡发展。

1. 观念自觉

理念是行动的先导，观念自觉是档案数据生态系统自我调节的前提，具有战略性、方向性、纲领性、引导性作用。2015 年，针对我国内外环境的发展变化，习近平总书记开拓性地提出了"创新、协调、绿色、开放、共享"的新发展理念⑤。新发展理念符合我国国情，顺应时代要求，在理论和实践上有新的突破，对破解发展难题、增强发展动力、厚植发展优势具有重大指导意义⑥。档案事业作为支撑国家治理体系和治理能力现代化的基础性工作，需要紧扣发展潮流，紧跟国家战

---

①金波, 晏秦. 从档案管理走向档案治理[J]. 档案学研究, 2019(1): 46-55.

②苗振青, 李良贤. 基于系统演化理论的企业集聚式共生发展研究[J]. 学术论坛, 2012(6): 144-148.

③娄策群, 等. 信息生态系统理论及其应用研究[M]. 北京: 中国社会科学出版社, 2014: 147.

④周承聪. 信息服务生态系统运行机制研究[M]. 北京: 中国社会科学出版社, 2015: 161.

⑤中共十八届五中全会公报（全文）[EB/OL]. (2015-11-02)[2024-12-07]. http://www.beijingreview.com.cn/special/2015/ssw/201511/t20151102_800041719.html.

⑥韩振峰. 五大发展理念是中国共产党发展理论的重大升华[J]. 思想理论教育导刊, 2016(1): 67-70.

略步伐，深入贯彻实施新发展理念，推动档案事业高质量转型升级。围绕新发展理念，结合档案数据建设实践与发展态势，自觉树立以下观念。

（1）生态协调观

生态文明建设是中华民族永续发展的千年大计，是档案事业健康发展与档案数据生态系统可持续发展必须秉持的基本原则。生态系统各构成要素相互协调是生态系统保持平衡的关键，在信息系统的交流或运动（运行）中，存在着信息位—信息场—信息能、信息生产—信息组织与处理—信息传播与利用、信息生产者—信息分解者—信息消费者等多条生态运动链，生态运动链及其各环节必须协调互动，系统才能有序健康运行，否则容易导致生态失衡和生态疾病[①]。

为此，立足协调发展、绿色发展理念，在档案数据生态系统平衡调适中需要主动树立生态协调意识，综合考虑档案数据生态系统自身发展与其他信息生态种群之间、与社会生态系统之间的协调互动关系，整合集成信息资源、技术资源、制度资源、文化资源、智力资源等要素，发挥整体效应，着重解决运行中不均衡、不协调、不匹配问题，以实现档案数据生态系统与社会发展的有机互促、和谐共生、共同发展。此外，还需要强化档案数据资源的协调建设。档案数据资源建设是一项跨部门、跨行业、跨地区的长期的系统工程，数字档案信息之间有着复杂、多维的联系，有关同一主题、同一事件的档案信息可能分布在不同单位、不同载体、不同形式的档案之中[①]。因此，档案数据资源建设需要整体协作、多方联动、通力配合，协调好档案部门与档案数据形成单位、数据管理机构以及其他信息资源管理主体之间的合作，确保档案数据资源及时收集归档、要素齐全完整、集中统一保管、安全有序流转。

（2）创新发展观

创新已经成为当今世界的最重要标签与时代最强音，必须把创新摆在国家发展全局的核心位置，不断推进理论创新、制度创新、科技创新、文化创新等各方面创新[②]。创新是档案数据治理秉持的重要理念，是保持档案数据治理可持续发展的动力源泉。针对档案数据建设出现的新情况、新挑战和新机遇，充分利用现代信息技术和管理科学知识，创新工作手段、管理内容和服务方式，打破不合理、不科学、不健康、不平衡状态，克服档案数据治理中的顽疾、瓶颈与难题，构建有利于系统整体发展的新平衡机制，促进档案数据治理向形态更高级、分工更优

①金波，丁华东，倪代川. 数字档案馆生态系统研究[M]. 北京: 学习出版社, 2014: 227, 312.

②张怡恬. 新发展理念引领发展新时代[N]. 人民日报, 2016-08-02(7).

化、结构更合理、能量更丰沛的层级演进，体现出高阶性和时代性。

一是技术创新。现代信息技术发展日新月异，大数据、人工智能、区块链、移动互联、大模型、元宇宙等新一代信息技术正成为新质生产力，驱动经济发展与社会进步。在档案数据治理中，信息技术占据着非常重要的地位，信息技术的掌握运用程度对档案数据治理高效运行与平衡发展具有重要意义。为此，需要不断引入成熟稳定、安全可靠的现代新兴技术，提升档案数据管理人员的信息素养和数据技能，扩大信息技术在档案数据采集、存储、组织、开发、分析、传播、利用等方面的应用广度和深度，助推档案馆转型发展和迭代升级。

二是管理创新。管理制度、管理体制、管理流程直接关系到档案数据治理的结构合理与功能优化。建立科学完备的体制机制与管理程序能够有效增强档案数据治理的自我恢复、自我控制、自我调节能力，提升系统稳定性。围绕档案数据治理能力创新，借助数据科学和现代管理知识，完善档案数据治理政策法规与标准制度，健全管理体制机制，合理配置管理机构职能岗位，优化组织流程与管理方法，避免出现档案数据治理法律法规滞后、功能生态位重叠与缺位、空间分布失衡等现象。

三是服务创新。信息服务生态失衡会对信息服务业和信息用户造成危害①。保持档案数据治理的平衡与稳定，离不开对档案数据治理资源的合理利用与有效开发。基于大数据时代档案用户需求的多样性与复杂性，充分利用数据挖掘、机器学习、语义分析、知识图谱等现代信息技术手段，创新档案数据治理资源开发服务模式，精准对焦每位用户的特定需求，推出主动化、个性化、专业化、综合化、动态化的服务方式，解决服务针对性不强、与用户需求匹配失衡的问题，充分激活档案数据要素价值潜能，实现档案数据治理资源供需平衡。

（3）开放共享观

开放共享是我国融入时代潮流、实现平等普惠的重要渠道，也是档案工作的重要目标和宗旨，是释放档案数据要素价值的关键方式。随着经济社会发展取得重大成就，综合实力显著提升，人民生活水平显著提高，社会各界和广大群众对档案信息、档案文化的需求日益增长，迫切要求加快档案开放、扩大档案利用、提供优质高效服务②。资源开放共享是档案数据治理的重要目标，也是社会公众信息获取权利实现的必然要求。当前，限于观念意识、体制机制、管理政策等因素

---

①娄策群, 等. 信息生态系统理论及其应用研究[M]. 北京: 中国社会科学出版社, 2014: 221.

②省委办公厅省政府办公厅印发《"十四五"甘肃省档案事业发展规划》[N]. 甘肃日报, 2021-09-02(6).

制约，档案馆各自为政、行业壁垒、信息垄断、重复建设现象依然比较突出，档案数据资源开放有限、共享困难；而且单个档案馆由于能力不足，档案数据开发利用程度不够，造成档案数据资源"深闺""冷藏""休眠"问题突出。

信息资源共享是一种复杂的信息交流运动过程，在信息资源的生产、销售、收集、组织、加工、储存、传播和利用等诸多环节都要受到政治因素、社会分工、知识产权保护、信息技术等多种因素的制约和限制，特别是利益分配机制的约束使得目前信息服务生态系统中信息资源的共享率较低[1]。为此，需要转变建设理念，摒弃信息封闭的陈旧观念，树立开放共享的大服务观，扩大档案数据资源开放范围和数量规模，推动档案数据在安全可控下最大限度地面向社会开放，平衡好开放与保密之间的关系，实现档案数据资源共享利用和安全可控。各档案部门之间要加强信息交流、分工合作与优势互补，统一技术标准与系统接口，打破区域、部门、机构、系统之间的条块分割，破除数据烟囱与信息孤岛，建立互联互通、集中汇聚的档案数据开放共享统一平台，加速馆际馆室资源快速流通与社会共享，推进档案服务的标准化和均等化，提高档案数据资源利用率，使档案馆建设成果更公平、更广泛地惠及全体人民。

2. 环境自适

生态适应是生物发展演化的重要机理，也是生态系统自组织能力的重要表现。生态适应是指生物随着环境生态因子变化而改变自身形态、结构和生理生化特性，以便与环境相适应的过程[2]，可分为趋同适应与趋异适应两种类型。生态适应是生物在长期自然选择过程中形成的自发行为，通过对自身生理结构、生活习性的调节改变，及时对周围环境做出反应，以抵御不良环境损害，克服物种竞争侵袭，实现自身新陈代谢和改良进化。"物竞天择，适者生存"这一生态学基本规律对于档案数据生态系统同样适用。从进化论的观点来说，信息服务生态系统的自组织是指一个信息服务生态系统在不断学习的过程中，其组织结构和运行模式不断地自我完善，从而不断提高其对于环境的适应能力的过程[3]。自适应性是信息主体的基本特征，面对外在环境的变化，档案数据生态系统主体能够不断调整自身结构与形态，修正、改进、优化自身行为，主动适应管理对象、管理方式、管理内

---

①娄策群, 等. 信息生态系统理论及其应用研究[M]. 北京: 中国社会科学出版社, 2014: 224.
②王洪珅. 中华龙舟文化演变的生态适应论绎[J]. 北京体育大学学报, 2017(6): 134-139.
③周承聪. 信息服务生态系统运行机制研究[M]. 北京: 中国社会科学出版社, 2015: 161.

容、管理技术的深刻变化，达到维系平衡和持续演进的目的。

（1）趋同适应

趋同适应是指不同生物，由于长期生活在相同或相似的环境中，接受同样生态环境选择，只有能适应环境的类型才得以保存下去，通过变异和选择，结果形成相同或相似的适应特征和适应方式的现象①。趋同适应表现为生物群体的同质性，即不同生物间具有相同或相近的形态特征、生活习惯和生理秉性。例如，生长在沙漠地区的生物群落由于雨水稀少、空气干燥、气候炎热、食物缺乏等环境影响，一般都具有耐高温、耐干渴、耐饥饿的生存适应能力。

对于档案数据生态系统而言，这种同质性体现为不同档案馆之间由于地理位置相近、馆藏结构相仿、社会功能相似，具有大体相当的生态位能级。例如，浙江省宁波市档案馆与嘉兴市档案馆，二者同属浙江沿海城市，位置毗邻，是同种同级别档案馆，在职能设置、管理体系、服务功能、平台建设等方面具有很大相似性，生态能级也比较类似。对于具有同质性的档案馆，面对信息生态环境的变化，需要加强档案馆之间的协同合作，整体规划、联合行动、共同受益、全面发展。通过合作联盟、品牌共建、资源共享等方式进行融合发展，加强经验分享与互利互惠，强化档案数据资源的整合集成，进行平台互联、系统对接与业务协同，推动档案数据互联互通、共建共享与开发利用，营造更有利于双方发展的生存环境。

（2）趋异适应

与趋同适应相对的是趋异适应，即不同生物，为了适应所在的环境，会在外形、习性和生理特性方面表现出明显差别，这种适应性变化被称为趋异适应①。趋异适应表现为生物群体的异质性，即不同生物间具有差异明显、大相径庭、截然不同的形态特征、生活习惯和生理特性。异质性源自地球生命成长过程中的随机性和偶然性②，是生物成长发育的普遍性规律。生活在沙漠地区和海洋地区的生物种群具有迥然不同乃至截然相反的生理特性，即使同样生活在海洋地区的不同生物在形态结构和生理特点等方面也可能有很大差异。例如，对于地球上生物最大的栖息地——海洋而言，生物种类纷繁多样、差异显著，既存在着体型庞大的捕食动物——鲸鱼，也存在着形态微小的摄食浮游生物——沙丁鱼。

在档案数据生态系统建设运行中，异质性十分普遍。无论是同种同级别、同种不同级别，还是不同种不同级别的档案馆，在馆藏类型、基础设施、建设理念、

①王洪珅，韩玉姬. 生态适应视域下武术文化的趋同适应研究[J]. 首都体育学院学报, 2016(1): 81-84.

②金波，丁华东，倪代川. 数字档案馆生态系统研究[M]. 北京：学习出版社, 2014: 141.

管理方式、人员结构等方面均存在显著差异。为此，需要在尊重档案数据生态系统异质性基础上，发挥各自特长优势，使长处更长、特色更特、亮点更亮，保持档案数据生态系统多样性、独特性、专有性。由于各个数字档案馆具有不同的馆藏特色，而且内在的独特性使它们具有不可替代的作用，加强数字档案馆馆际合作可以实现资源的优势互补，提高共同效益①。此外，还可以在技术研发、标准制定、资源建设、人员培训、服务创新等方面相互借鉴、加强协作、共同攻关，通盘应对、上下贯联、左右兼顾，从源头抓起，从规范起步，形成良好的联动机制②，充分发挥不同专业档案馆的特长，推动档案数据治理创新发展和精细实施。例如，中国电影资料馆创建于 1958 年，是我国顶级电影档案馆和电影国际交流的重要平台，拥有可供开发利用的海量电影文化资源。截至 2019 年，共保存电影 4 万余部、文字图片档案近 5 万卷。自 20 世纪初开始，中国电影资料馆即开始进行档案数字资源建设，同时开展中国电影数字化修复工程。电影档案不仅记录了电影这种艺术形式的发展历程，更记录了祖国发展的历史变迁。在推动社会进步、经济发展、满足人民群众精神文化需要、向全世界传播优秀中国文化等方面，电影档案做出了不可磨灭的贡献。由中国电影资料馆和连环画出版社编辑出版的《影画中国——庆祝中华人民共和国成立 70 周年电影连环画集》收录了 10 部影片，既有影史经典《五朵金花》《阿诗玛》，也有影坛最新的票房和口碑力作《红海行动》等。采用连环画这种平面的形式，为公众提供了不同的观看可能。同时，为了弥补电影作为视听艺术的遗憾，此套书中还嵌入了多个二维码，读者通过扫码即可观看精彩的影片短视频③。

3. 行动自为

"自为"一词最早来源于哲学领域，是指人的意识总在不断地否定他的"自在"的"存在"，这使得人总是认为其"存在"是欠缺的，他的"存在"总是"自为"地否定既定的存在境况，因此人总是有面向新的可能性④。简单而言，就是认识到自身缺陷并努力寻求新的突破。当前，自为的内涵进一步拓展，表示按照事物

①金波, 丁华东, 倪代川. 数字档案馆生态系统研究[M]. 北京: 学习出版社, 2014: 361.

②冯惠玲, 钱毅. 关于电子文件管理顶层设计的若干设想[J]. 中国档案, 2007(4): 7-9.

③薛宁. 光影七十年 荣耀映初心: 中国电影资料馆开发利用新中国成立 70 周年专题电影档案侧记[N]. 中国档案报, 2019-09-26(3).

④魏薇, 陈旭远, 高亚杰. 论我国高校教师专业发展"自为"的缺失与建立[J]. 国家教育行政学院学报, 2011(2): 17-20, 40.

运动发展规律积极主动作为，从而提升自身能力的过程。档案数据治理需要树立自觉意识，在不断适应环境发展变化的基础上，主动作为，精业务、强本领、练技能，不断提升组织建设能力、运行发展能力与平衡调适能力，助推档案数据治理现代化。

（1）业务自强

"打铁还需自身硬。"推动档案数据治理高质量发展的首要任务就是档案部门集中力量做好核心业务，强化自身能力建设，练就过硬的看家本领。档案机构专业能力既是档案机构赖以存在和持续发展的"压舱石"，又是档案管理机构履行档案管理职能的根本能力[1]。尤其是在新一轮档案机构改革背景下，档案局馆分立、政事分离，档案主管部门与档案保管部门更应明确自身职责，加强业务职能履行和业务素养提升，协同推动档案数据治理高效有序运行。《中华人民共和国档案法》第十一条规定："国家加强档案工作人才培养和队伍建设，提高档案工作人员业务素质。档案工作人员应当忠于职守，遵纪守法，具备相应的专业知识与技能，其中档案专业人员可以按照国家有关规定评定专业技术职称。"[2]

档案主管部门的基本职责是在统一管理党、政档案工作的原则下，分层负责掌管全国档案事务，对全国档案工作进行监督、检查与指导[3]。基于此，档案局作为档案主管部门，肩负着对档案数据进行统筹规划、组织协调、政策制定、行政监管与业务指导等职责，科学制定档案数据建设发展的政策法规标准，合理规划档案数据建设运行，加大资金投入和物质保障，在业务上指导档案数据工作，强化行政监督执法与档案安全审查，加强专业技术人才队伍建设，推动档案数据管理人员经验交流分享与业务技能培训等。

档案馆作为档案保管利用部门，是推进档案数据治理的主力军。推进局馆分离，有利于明晰档案馆文化事业机构属性，有利于档案馆收集保管利用职能的充分发挥，有利于更好地满足人民群众日益增长的档案文化需要[4]。围绕专业能力培育、专业技术钻研与专业知识提升，档案保管部门需要优化人才队伍结构，不断提升信息素养和数据技能，强化档案数据资源收集、处理、存储、利用和传播，丰富馆藏资源结构，控制馆藏资源质量，加强档案数据管理系统与服务平台运维升级，创新档案数据资源开发利用方式与服务模式，推动档案数据管理专业化与

①钱毅. 机构改革背景下档案机构专业能力的建设[J]. 档案学通讯, 2019(5): 108-109.
②中华人民共和国档案法[N]. 人民日报, 2020-07-16(16).
③冯惠玲, 张辑哲. 档案学概论[M]. 2版. 北京: 中国人民大学出版社, 2006: 92.
④徐拥军, 张臻, 任琼辉. 我国档案管理体制的演变: 历程、特点与方向[J]. 档案学通讯, 2019(1): 15-22.

服务社会化，真正激发档案数据要素的信息潜力与文化活力。

（2）技术自主

安全是档案工作的底线，也是档案数据治理的生命线。2020 年，俄罗斯联邦档案署发布的《2021—2023 数字化转型计划》提出，到 2022 年，档案部门信息系统中使用的国产软件和组件的份额达到 100%[①]。2021 年，《"十四五"全国档案事业发展规划》也强调，贯彻总体国家安全观，统筹发展和安全，坚持底线思维，强化风险防控，加强应急管理，压实安全责任，确保档案安全，提升档案数字资源安全管理能力[②]。自主是安全的关键，可控是安全的前提，需要加强档案数据安全治理能力建设，着力提升档案数据管理技术自主性，把安全牢牢掌握在自己手中，以应对国际国内日益复杂多变的安全形势。

档案数据是现代信息技术的产物，技术密集度高，技术依赖性强，技术安全风险大。围绕档案数据运行全程，需要增强档案数据基础设施、业务管理、存储设备、系统平台等关键软硬件产品和技术工具自主可控程度，健全以我为主、国外为辅的档案数据技术安全体系，推进具有国产知识产权产品和技术的分期分批替代应用，确保档案数据实体和信息安全，维护国家安全与社会稳定。例如，上海市长宁区数字档案馆在自主可控要求下全面开展建设，档案系统软件全部采用 Java 技术开发，在中标麒麟系统中运行，硬件设备全部采用自主可控产品，完成了档案数据的校核、迁移和系统软硬件的集成适配，档案系统运行良好；2020 年 9 月，上海市长宁区档案馆通过国家级数字档案馆系统测试，这标志着一个完全基于自主可控系统建设的国家级数字档案馆创建完成[③]。

4. 过程自律

自律就是自我遵守道德规范和行为法纪，是一种自我约束、自我规制、自我警醒的人格力量。行为自律就是相关主体通过遵守道德规范和伦理责任，对自身行为进行自我控制、自我规范、自我提升的过程。在档案数据治理过程中，自律发挥作用的机理是以社会公认的信息道德伦理为规范，通过营造社会舆论，对合乎信息道德伦理规范的信息行为给予褒扬，对违反信息道德伦理规范的信息行为

①中国人民大学电子文件管理研究中心. 行业动态|俄罗斯联邦档案署 2021—2023 数字化转型计划（上）[EB/OL]. (2021-05-27)[2023-08-01]. https://mp.weixin.qq.com/s/_ALwWDNBC_F0XpohUUoeHA.

②中办国办印发《"十四五"全国档案事业发展规划》[J]. 中国档案, 2021(6): 18-23.

③陈健. 信创建根基 档案保"长宁"：上海市长宁区国家级数字档案馆建设纪实[N]. 中国档案报, 2021-06-24(1).

给予谴责，使信息人自觉调整自己的信息行为，进而调整和维护着系统的平衡①。为此，需要建立档案数据治理自律机制，强化行业自律与职业自律，将自律意识贯穿于档案数据运行全过程，推动相关主体各司其职、各负其责、协力配合，营造健康稳定、平衡有序的档案数据治理生态。

（1）行业自律

自律是以道德规范深化为主体的内心信念，体现在各种行业系统上则主要表现为行业自律。行业自律是各种行业进行自我限制、自我约束、自我控制的重要形式。有效的行业自律能够规范行业行为，协调行业利益关系，维护行业间的公平竞争和正当利益，促进行业健康发展。2002 年，为有效促进和保障互联网行业可持续发展，我国制定了《中国互联网行业自律公约》，"倡议全行业从业者加入本公约，从维护国家和全行业整体利益的高度出发，积极推进行业自律，创造良好的行业发展环境"②。

网络的自主性特征要求网络行为具有较高的道德自律性③。档案数据依托网络环境运行，在档案数据建设发展过程中涉及档案部门、政府机关、信息技术企业、新闻传媒、档案中介机构等不同行业，行业主体多元、行业利益交织、行业约束难度大，各方应遵循档案法规要求与道德伦理规范，自觉承担行业责任，规范自身行为，恪守行业道德与行业规约，确保档案数据安全保密和有效利用，共同维护档案数据运行秩序。此外，要重视发挥行业协会的作用，行业协会是一种集生产指导、市场调研、行业管理、中介服务四位于一体的行业性组织④。以档案行业协会为例，能够为不同档案馆协同合作搭建服务平台，促进业务交流、经验分享、人才培训，提升行业内档案数据建设的整体水平。

（2）职业自律

1999 年，我国颁布《中华人民共和国职业分类大典》，其中图书资料与档案合为小类"图书资料与档案业务人员"，该小类下的细类有"图书资料业务人员""档案业务人员""缩微摄影人员""其他图书资料与档案业务人员"；修订的 2015 年版《中华人民共和国职业分类大典》首次将"档案专业人员"独立成为

①赵云合，娄策群，齐芬. 信息生态系统的平衡机制[J]. 图书情报工作, 2009(18): 22-25.

②沙勇忠. 信息伦理学[M]. 北京: 北京图书馆出版社, 2004: 347.

③王和平. 信息伦理论[M]. 北京: 军事科学出版社, 2006: 231.

④金波，丁华东，倪代川. 数字档案馆生态系统研究[M]. 北京: 学习出版社, 2014: 129.

小类，并在 1999 年版的基础上由"档案业务人员"更名为"档案专业人员"[①]。
2022 年，《中华人民共和国职业分类大典》再次进行全面修订，在保留"档案专业
人员"职业的同时，共标注数字职业 97 个，围绕数字语言表达、数字信息传输、
数字内容生产三个维度及相关指标综合论证得出。对档案领域来说，最大亮点是在
"4-13 文化教育服务人员"类别中新增职业"档案数字化管理师 S"（4-13-01-07），
归属于"社会文化活动服务人员"（4-13-01）类别[②]。《中华人民共和国职业分类
大典》对档案职业有了新拓展，体现了国家对档案数据管理的重视，也为档案数
据管理人员职业发展提出了新要求。

　　信息管理者是信息管理三要素（人员、技术、信息）中活的要素，它在信息
安全、信息伦理的建设中具有核心与能动的作用[③]。在档案数据建设运行中，档案
工作人员需要树立自律意识，加强专业人员素质培养和技能培训，明确自身职责
要求，自觉遵循职业准则操守，做好档案数据资源的收集、处理、保管、利用工作，
强化档案安全保密意识和服务意识，主动对档案数据资源进行科学、安全、有序的
管理，合法合规挖掘档案数据要素价值。例如，2023 年，中国人民大学信息资源管
理学院推出全国首个档案管理专业硕士（master of archives administration，MAA）
项目，以"培育奋进在时代前列的档案管理精英"为目标，旨在适应档案管理面
向数字连续性，档案文件的数据化管理、智能管理及知识服务等转型需求，有效
提升各级档案行政管理部门和综合档案馆的专职人员的学历层次和业务水平，并
为构建和完善具有中国特色的档案管理学科体系、学术体系和话语体系做出有价
值的探索[④]。通过不断提升自身职业技能和道德素养，增强信息分析和数据管理能
力，提高档案数据管理运行效率，自觉抵制违法违规行为，构筑起档案数据化生
存的自律空间。例如，2023 年，国际档案理事会宣布《印度的档案、伦理和法律：
印度档案工作者指南》（Archives, Ethics and the Law in India: A Guidebook for
Archivists in India）正式出版，旨在向印度的档案管理员和档案用户传播档案知识
并进行培训，帮助其应对档案、版权、所有权和访问权，以及公众信息权和隐私

①梁琨. "档案专业人员"首次单独列入新版《职业分类大典》小类[N]. 中国档案报, 2016-04-14(1).

②孙寒晗. 人才培养|《中华人民共和国职业分类大典（2022 年版）》全面修订公示征求意见："数字职业"成
亮点！"档案数字化管理师"来袭！[EB/OL]. (2022-07-16)[2023-08-02]. https://mp.weixin.qq.com/s/203GhDncMkCx
M9w8W bDUGw.

③吕耀怀, 等. 数字化生存的道德空间: 信息伦理学的理论与实践[M]. 北京: 中国人民大学出版社, 2018: 99.

④周文杰, 熊一璠. 人大档案学院推出全国首个档案管理专硕项目[N]. 中国档案报, 2023-09-21(1).

权等方面的问题①。

（六）"智治"支撑

"智治"也就是智慧治理，是指充分借助大数据、人工智能、云计算、互联网、区块链、大模型、元宇宙等现代信息技术进行治理，强调依托数智技术赋能档案数据治理创新发展。在信息技术飞速发展的数智环境下，档案事业技术环境不断变迁，面临着新的技术选择和技术风险，需要从技术应用、技术伦理两方面，构筑档案数据智慧治理体系，优化档案数据技术环境，推动档案数据技术放心使用、高效利用、安全可用。

1. 数智技术应用治理

档案管理具有天然的技术应用特质，信息技术是档案数据治理创新发展的原动力。技术环境变迁促使文档管理工作从模拟态相对单纯的载体管理，转换到数字态对文件尺度信息的整体管理，再过渡到数据态对数据尺度信息的关联管理②。数字化浪潮下的社会是一个高风险的社会，在信息技术日新月异的数智时代，档案数据技术环境面临着推广不足、应用有限、信息泄露、病毒侵袭、非法访问等问题，需要加强档案数据技术应用治理，强化技术应用与安全管控，确保新兴技术功能可发挥、系统可利用、风险可控制，提升档案数据治理效能。

（1）加强数智技术推广应用

2017 年，国家档案局局长李明华在全国档案局长馆长会议上指出，"档案科研要把推动档案工作转型发展作为主攻方向，加强规划，整合资源，集中攻关，形成一批优秀的创新型、实用型科技成果，加速成果转化，创新推广方式，为档案工作转型发展提供有力支撑"③。2020 年，新修订的《中华人民共和国档案法》规定，"国家鼓励和支持档案科学研究和技术创新，促进科技成果在档案收集、整理、保护、利用等方面的转化和应用，推动档案科技进步"④。2021 年，《"十四五"全国档案事业发展规划》提出"完善档案科技创新和应用机制。完善档案科技规划管理，改进科技项目组织、评价方式，加强科技项目全过程监管，提高

---

① 加小双, 王春蕾, 常家源, 等. 2023 年国际档案新闻大事件专题盘点（1）[N]. 中国档案报, 2024-01-22(3).

② 钱毅. 技术变迁环境下档案对象管理空间演化初探[J]. 档案学通讯, 2018(2): 10-14.

③ 李明华. 在全国档案局长馆长会议上的工作报告[J]. 中国档案, 2018(1): 18-25.

④ 中华人民共和国档案法[N]. 人民日报, 2020-07-16(16).

档案科技管理质量。建立档案科研成果转化应用机制，坚持集中攻关一批、示范试验一批、应用推广一批的档案科技创新发展路径，推动科研成果在档案工作中转化应用。实施科技兴档工程"①。数智环境下，加快新兴信息技术推广应用是档案数据治理大势所趋，也是档案事业高质量发展的支撑保障。

在确保档案数据安全保密前提下，加强档案数据技术研发、试验、推广、应用，综合考查技术的成熟性、可靠性及适用性，规划应用场景，审查应用环境，考量成本投入，加快新技术应用步伐，推动档案数据技术"用得上、用得好、用得对"，促进档案数据治理现代化、智能化、专业化。例如，2021年，福建福清核电有限公司以核电文档管理业务需求为出发点，采用"理论研究—技术研发—实践应用"的研究思路，从核电文档的知识工程建设方法入手，制定详细的数据处理流程，深入研究课题相关人工智能技术，包含文档结构化解析、专有名词识别、知识图谱构建、文本内容相似度比对、语义查询、知识检索等，最后将理论与技术相融合，以管理程序类的制度文档为实践数据对象，构建福清核电制度一点通平台②。

（2）强化数智技术风险管控

安全是档案工作的生命线，也是档案数据技术应用治理的底线。随着信息技术的广泛应用，数据泄露、网络病毒、版权侵害、系统漏洞、平台故障等技术安全风险不断涌现，威胁档案数据安全有序运行。例如，浙江省松阳县人民法院审结一起档案数据泄露案件，超过7亿条档案数据遭泄露，8000余万条档案数据被贩卖。经法院审理查明，这些档案数据来自被黑客入侵的某政府医疗档案数据服务信息系统和某省扶贫网站③；区块链技术的应用风险既有因技术特征和自身机制带来的安全风险、稳定性和应用效果尚未得到有效验证而带来的问题，又有该技术极为依赖网络节点、带宽资源等软硬件的附加风险，以及用户不当行为导致记录无法寻回的使用风险，网络空间的复杂性则无疑更增加了上述安全风险。作为原始记录，档案具有唯一性，安全事故给档案造成的损失具有不可逆性。得益于坚实的网络信息技术基础，美国政府无疑拥有强大的信息安全防御能力。但近年来也频频爆出核安全局、退伍军人事务部等联邦机构核心数据被盗取的事件，造

① 中办国办印发《"十四五"全国档案事业发展规划》[J]. 中国档案, 2021(6): 18-23.

② 中国人民大学档案事业发展研究中心. 中国人民大学档案事业发展研究中心2023年度档案事业发展十佳案例之：十佳档案利用创新案例(3)[N]. 中国档案报, 2023-11-02(4).

③ 张东华, 尹泷杰. 数据伦理视域下档案数据开放规范发展探析[J]. 档案与建设, 2022(3): 21-24.

成极为严重的个人信息泄露乃至国家安全危险[①]。

为确保档案数据实体与信息安全，需要强化技术风险管控，构建集人防、物防、技防于一体的档案数据安全防控体系，完善技术风险管理制度，科学规范技术应用环节，强化安全风险监测、评估、审查与分析，制定有针对性的风险应急预案，营造良好的档案数据技术环境，确保档案数据资源的真实、完整、安全、可用，促进档案数据治理平稳运行。例如，2020 年，宝葫芦集团推出 G6 区块链应用系统，该系统可挖掘档案管理流程场景，通过区块链技术将流转过程上链，保证各个环节完整记录，构建可信可靠的流程跟踪溯源；档案数据本地存储，利用区块链技术实现去中心化；构建档案共享许可链，实现共享区存储数据的安全（防篡改），通过上链设置的时效期限等技术手段，实现对数据的授权访问[②]。2023 年，澳大利亚亚瑟港历史遗址管理局发表声明，称其工作人员的私人信息和部分官方文件出现在塔斯马尼亚图书馆网站上，且已被下载 10 余次，原因是网站工作人员的失误。可见，档案部门应当建立严格的人事档案管理保密制度，强化工作人员保密观念，落实人事档案管理责任，不仅要重视实体空间中的人事档案管理活动的安全性，还要注意计算机和互联网环境下人事档案管理的规范性，确保人事档案实体和信息的绝对安全[③]。

2. 数智技术伦理治理

数智时代，大数据、人工智能、移动互联、ChatGPT 等现代信息技术飞速发展，在极大提高人类生产效率的同时，也带来隐私泄露、数字鸿沟、算法黑箱、技术依赖、数据霸权等诸多伦理问题，如何协调技术与人类之间的关系成为时代之问。技术伦理学是一门研究技术与社会、技术与人关系的学科，聚焦于人与信息、人与数据、人与机器的交互行为。技术之所以会产生伦理问题，一方面是因为技术的进步导致人类活动自由度扩大，自由度的扩大导致选择范围扩大，选择范围的扩大导致伦理问题出现可能；另一方面，技术的能动作用不是价值中立的，而是有价值负载的，技术的中介性决定了它是有伦理意蕴的[④]。档案数据是信息技术的产物，技术是驱动档案数据治理的核心引擎。在进行档案数据治理时，需要

---

①卢林涛. 关于在档案工作中应用信息技术的冷思考[N]. 中国档案报, 2019-03-25(3).

②宝宣. 宝葫芦集团推出 G6 区块链档案应用系统[J]. 中国档案, 2020(7): 35.

③姚静, 白路浩. 提升人事档案管理意识和水平[N]. 中国档案报, 2023-10-26(3).

④张卫. 技术伦理学何以可能?[J]. 伦理学研究, 2017(2): 79-83.

同步开展技术伦理治理，树立正确的技术伦理导向，防止技术盲从、规避技术保守、破除技术壁垒。

（1）防止技术盲从

科学技术是推动经济社会发展的决定性因素，是人类文明进步的标志。纵观人类漫长的文明史进程，从农业文明到工业文明，从刀耕火种到声光化电，每一次技术变革都带来了人类的组织方式、治理方式和制度体系的变革[①]。档案数据是现代信息技术的产物，技术因素是档案数据伦理失范的重要根源。技术是一柄"双刃剑"，信息技术在为档案数据治理赋能的同时，也引发技术盲从、技术崇拜、技术至上等问题，唯技术主义和技术中心主义倾向明显。技术乌托邦者认为，人类决定着技术的设计、发展与未来，因此，人类可以按照自身的需求来创新科技，实现科技完全为人类服务的目的。正是在技术乌托邦者的影响之下，一部分人认为大数据技术是完全正确的，不应加以任何的限制，它所涉及的伦理问题只是小问题，无关乎大数据技术发展[②]。

当前，信息技术处于快速发展阶段，难以摆脱先天固有缺陷与后天衍生缺陷所带来的负面效应，大数据技术的自由性、开放性、隐匿性等特质为虚假和不良信息的传播提供载体，为不法分子提供可乘之机；大数据技术甄别信息功能缺失，它不能够自动过滤无用、虚假信息，导致各类信息鱼龙混杂，信息源的真实性、规范性与稳定性很难得到保障[③]。档案工作是一项复杂的系统工程，在多种多样的工作实践中，先进的技术永远只是工具，档案工作涉及思想理念、法规制度、业务流程、人力资源等，技术背后的管理活动和社会环境才是档案工作的核心运作逻辑[④]。因此，过度依赖信息技术，一味追崇技术，忽视人的主体能动性、档案的安全保密性、技术的针对适用性，会导致一系列技术异化现象。唯有冷静，方能应变，必须理性地看到新兴信息技术的"超前"、"威胁"和"表象"，不能将新兴信息技术视为"万能神药"，不能不考虑当前档案工作的实际情况而一味追求最新技术潮流，不能盲目上马技术系统而不考虑技术应用可能带来的安全问题，不能妄想依托技术应用一劳永逸地解决所有问题而忽视深层次的管理活动和社会背景[④]。加强信息技术冷思考，尊重档案工作发展规律，认识到技术本身所具有的

①张建锋. 数字政府 2.0: 数据智能助力治理现代化[M]. 北京: 中信出版社, 2019: 3.
②林子雨. 大数据导论: 数据思维、数据能力和数据伦理(通识课版)[M]. 北京: 高等教育出版社, 2020: 169.
③梁宇, 郑易平. 大数据时代信息伦理的困境与应对研究[J]. 科学技术哲学研究, 2021(3): 100-106.
④卢林涛. 关于在档案工作中应用信息技术的冷思考[N]. 中国档案报, 2019-03-25(3).

工具性和中介性，发挥技术使用者的主观能动性，营建"大胆实验、反复论证、谨慎使用、成熟推广、自主可控"的档案数据技术伦理生态，建设稳定可靠的数据基础设施，制定技术应用管理标准，将工具理性和价值感性相结合，破解科技与人文剥离悖论，避免陷入唯技术论的泥潭，推动档案数据治理健康运行与高效发展。例如，大数据技术在科学分析的信度和效度上存在问题，"谷歌流感趋势"近年来多次误报、错报即是例证。单纯利用大数据分析、独立解决未知问题几乎是不可能的，因此，就档案工作中的应用而言，大数据分析只能作为档案编研等工作的补充而非替代手段[①]。

（2）规避技术保守

现代技术在重塑管理对象、业务流程和服务方式的同时，也在冲击已有的社会结构和关系模式，并对之前的公共秩序和权力格局产生颠覆性的影响[②]。新兴信息技术的广泛运用极大地推动了档案工作的创新发展。得益于网络通信技术的深入发展，电子文件管理成为可能，单轨制愿景渐行渐近。与此同时，得益于数据库技术的日臻成熟，数字档案馆建设走向纵深，"收管存用"更为科学，传统文件管理向内容管理和知识管理转变，借助知识库技术，档案不再是沉睡的记录，档案中所包含的巨大信息价值使其成为机构内部控制和开展业务活动的宝贵信息资源[①]。

档案事业的数字化数据化转型、智能化智慧化升级必然伴随观念更新、认知转变，传统思想观念无法走进新体系新时代。电子文件及其管理的发展一路携带着新的知识和技术，从元数据、备份、迁移、电子签名、数字封装到云存储、时间戳、区块链，人类保障电子文件"四性"的能力越来越强大，一些人的担心、害怕、躲避是源于对电子文件的陌生和无知，然而越是躲避，距离越大，隔膜越深，我们所从事的文件、档案管理和我们自己就越发跟不上时代的节奏[③]。出于档案人员自身知识能力、年龄结构、信息素养、安全考虑等原因，对现代信息技术和档案数据缺乏认知和管理能力，思想保守封闭，存在"不会用、不敢用、不想用"等现象，抵触、回避乃至拒绝新兴技术的引入应用，造成档案信息化技术落后，乃至档案数据治理的停滞不前。例如，墨守成规，躺在纸质文件的老窝里不看趋势的人，不可能阻止趋势的临近，只能被趋势抛得更远。电子文件管理先

---

①卢林涛. 关于在档案工作中应用信息技术的冷思考[N]. 中国档案报, 2019-03-25(3).

②常大伟. 理念、制度与技术: 治理现代化语境下档案事业高质量发展的三重审视[J]. 档案学通讯, 2022(2): 13-19.

③冯惠玲. 走向单轨制电子文件管理[J]. 档案学研究, 2019(1): 88-94.

进国家、地区和机构的所有探索都是以信任电子文件为基础的，我国还有相当一部分人对电子文件满腹怀疑、担心和惧怕，最终缩回传统管理体系中求保险。然而怀疑只是挡住了我们探索的脚步，却挡不住信息化进程中电子文件带来的更多挑战和风险[①]。

（3）破除技术壁垒

当前，国际国内形势日益复杂多变，技术垄断、技术霸权、技术打压不断凸显，威胁国家主权安全，打造自主可控、安全可信的技术产品设备是确保档案数据技术应用的重要屏障。2017年，习近平总书记在实施国家大数据战略第二次集体学习时强调，"集中优势资源突破大数据核心技术，加快构建自主可控的大数据产业链、价值链和生态系统"[②]。2021年，《"十四五"全国档案事业发展规划》强调要加强"自主可控环境下档案数字资源管理"等重大课题研究[③]。档案部门需要统一规划、统筹部署、协调推进，着力提升档案数据技术自主性、可信性、安全性，不断增强档案数据基础设施、管理平台、存储设备和长期保存等关键软硬件产品和技术工具自主可控程度，实现关键核心技术自主研发和强有力控制，避免重复研制、重复建设、重复投入，造成技术系统异构、标准格式异构、数据结构异构、业务流程异构、服务平台异构，导致技术壁垒、技术孤岛和技术鸿沟。

档案部门需要强化技术伦理治理，推动馆际协同、业务协同、管理协同、数据协同、服务协同，打破数据孤岛、数字鸿沟、信息烟囱与技术壁垒，搭建物理分散、逻辑集中、全国统一、集成联动的档案数据开放共享平台，促进档案数据资源互联互通与共建共享。例如，山东省日照市档案馆瞄准市域数字档案管理利用体系中存在的条块分割"岔口"现象和数据孤岛"短路"问题，以党政机关、企事业单位和人民群众的档案服务需求为主线，以补短板、强弱项为着力点，以全国示范数字档案馆创建为龙头，不断优化整合市域档案服务，积极构建方便快捷、公平普惠、优质高效的"互联网+档案"政务服务体系和基于移动互联网的民生档案服务体系，努力实现由被动服务向主动服务、由单一服务向综合服务的智慧转变，推动日照数字档案集成系统实现迭代升级、数字档案管理效能及服务水平实现较大突破[④]。

---

①冯惠玲. 走向单轨制电子文件管理[J]. 档案学研究, 2019(1): 88-94.

②审时度势精心谋划超前布局力争主动 实施国家大数据战略加快建设数字中国[N]. 人民日报, 2017-12-10(1).

③中办国办印发《"十四五"全国档案事业发展规划》[J]. 中国档案, 2021(6): 18-23.

④田伟. 积极推进档案数字化工作 打通服务群众"最后一公里"：山东省日照市档案馆推进全域数字档案一体化工作纪实[N]. 中国档案报, 2020-12-31(3).

三、中观多主体协同治理机制

协同治理是社会治理的一种重要范式，是自然科学中协同理论与社会科学中治理理论交叉融合的产物，对于社会系统协同发展有着较强的指导力。协同治理理论的诞生源于对治理理论的重新检视，而协同学的相关理论和分析方法则为这种检视提供了知识基础和方法论启示。在这一过程中虽然也强调各个组织的竞争，但更多的是强调各个组织行为体之间的协作，以实现整体大于部分之和的效果[①]。协同治理是指政府与企业、社会组织或公民等利益相关者，为解决共同的社会问题，以比较正式的适当方式进行互动和决策，并分别对结果承担相应责任[②]，具有公共性、多元性、互动性、动态性等特征。2024 年，《中华人民共和国档案法实施条例》规定："国家档案主管部门应当制定数据共享标准，提升档案信息共享服务水平，促进全国档案数字资源跨区域、跨层级、跨部门共享利用工作。""国家鼓励和支持企业事业单位、社会组织和个人等社会力量通过依法兴办实体、资助项目、从事志愿服务以及开展科学研究、技术创新和科技成果推广等形式，参与和支持档案事业的发展。"[③]中观层面的档案数据治理，旨在构建多主体协同共治机制，推动跨区域、跨层级、跨业务、跨部门、跨系统合作，强化局馆协同、馆际协同、馆室协同、馆社协同，促进档案部门、业务单位、数据管理机构、社会组织、新闻传媒、信息技术企业、公众等多元主体协同共治，建立相互协作、相互制约的共生关系，提升档案数据整体治理合力。档案数据中观多主体协同治理机制如图 9-3 所示。

图 9-3　档案数据中观多主体协同治理机制示意图

①李汉卿. 协同治理理论探析[J]. 理论月刊, 2014(1): 138-142.

②田培杰. 协同治理概念考辨[J]. 上海大学学报(社会科学版), 2014(1): 124-140.

③中华人民共和国档案法实施条例[N]. 人民日报, 2024-01-29(15).

（一）跨区域协同

21 世纪以来，我国区域协调发展战略稳步推进，尤其是西部大开发战略、东北振兴战略、中部崛起战略、东部率先发展战略等国家区域发展战略的稳步实施，推动着国家区域经济走上协调发展的良性轨道。党的十八大以来，国家又先后统筹推进京津冀协同发展、长江经济带发展、粤港澳大湾区建设、长三角一体化发展、黄河流域生态保护和高质量发展等区域重大发展战略，区域发展协调性显著增强，为全面建成小康社会奠定了坚实基础。基于国家区域发展战略，借鉴协同治理理论，探索构建档案数据跨区域协同治理模式，推动档案数据资源跨区域协作共享，更好发挥档案数据社会价值和潜在功能。

跨区域协同也就是不同区域的档案部门相互配合、相互协作、相互支持，利用信息技术打造优质档案数据资源库，建立一站式档案数据资源利用平台，促进档案数据资源跨区域协调均衡发展，实现档案数据资源共建共治共享。针对档案数据资源建设存在的区域差异、发展不平衡、信息壁垒等现象，强化档案数据区域协同治理，通过政策法规、标准制度、体制机制、信息技术、人力资源等治理路径，推动档案数据资源共建共享与互联互通，有效解决档案数据协调发展和价值实现问题，形成多方联动的区域协同治理机制，打造跨区域档案数据协同治理新生态，提升档案数据治理效能。档案数据跨区域协同治理能够有效对接国家区域协调发展战略，既是国家经济社会宏观发展的现实所需，也是国家档案事业高质量发展的内在要求。开展档案数据跨区域协同治理，首先，有利于拓展档案数据资源区域共建空间，通过区域资源整合、技术集成、平台联通，扩大档案数据资源区域合作范围，增强档案数据资源共建规模；其次，有利于提升区域档案数据共治能力，通过政策协调、机制创新、标准统一等方式，优化档案数据区域协同治理环境，提高档案数据治理效益效能；最后，有利于提高档案数据区域共享水平，充分利用现代信息技术，强化档案数据内容的语义化、结构化与数据化整合，打造档案数据区域共享平台与共享品牌，促进区域档案数据资源整合集成与高效利用，推动国家、地区档案信息资源共享平台一体化发展，促进档案信息资源共享规模、质量和服务水平同步提升，实现全国档案信息共享利用"一网通办"。目前，档案数据跨区域协同治理已经形成一批别具特色的治理案例，对深化推广档案数据跨区域协同治理模式具有一定的示范意义。

档案数据跨区域协同治理主要具有以下特征。

一是区域性。《"十四五"全国档案事业发展规划》提出："围绕促进区域协调发展，完善区域档案管理体制，加强对京津冀协同发展、长江经济带发展、粤港澳大湾区建设、长三角一体化发展、黄河流域生态保护和高质量发展等区域档案工作监管，创新协同监管模式。"①档案数据跨区域协同治理主要是一定行政区域范围内的档案数据治理，包括战略共建、政策共商、资源共享、技术共融、平台共通，为档案用户提供实时性、交互性、便捷性、特色性的档案数据服务。例如，2019年，长三角三省一市在上海正式签署《开展民生档案"异地查档、便民服务"工作合作协议》，旨在实现更大范围的档案资源共享利用服务，开创了全国档案跨省域档案资源利用的先河②。

二是协同性。跨区域档案数据治理需要各治理主体之间通力合作，通过目标协同、资源协同、机制协同、技术协同、人才协同、服务协同，破除体制机制障碍，整合集成区域档案数据资源，共建档案数据共享利用平台，优化档案数据治理环境，提升档案数据治理效果。例如，绍兴市研发集资源、管理、技术、服务于一体的跨馆协同工作平台，即绍兴市区域数字档案馆信息共享平台，针对绍兴市各级国家综合档案馆实际情况，采用"资源管理属地化、技术服务集中化、利用服务网络化"的模式，即各馆以各自的数字档案资源为基础，以统一的应用系统作支撑，采用统一的制度与规范，在不同的网络平台上协同工作，合作开展馆际联动的民生档案远程利用、就近出证服务，馆室之间的档案信息订阅和推送服务，以及政府信息公开文件和开放档案的"一站式"远程利用服务③。

三是共享性。《"十四五"全国档案事业发展规划》提出："各省（自治区、直辖市）综合档案馆加强本区域档案信息资源共享平台建设，实现本区域各级综合档案馆互联互通，推动共享平台向机关等单位延伸，促进档案信息资源馆际、馆室共建互通，推进档案信息资源跨层级跨部门共享利用。加大跨区域档案信息资源共享平台建设力度，扩大'一网查档、异地出证'惠民服务覆盖面。"①共建共享既是国家档案资源建设的工作导向，也是档案数据协同治理的基本原则，需要充分利用新一代信息技术，创新档案数据区域协同治理策略，推动跨区域档案数据整合汇聚与集成融通，打造物理分散、逻辑集中、互联互通的档案数据资源库群和区域档案数据中心，建立方便人民群众的档案资源利用体系，让数据多跑

①中办国办印发《"十四五"全国档案事业发展规划》[J]. 中国档案, 2021(6): 18-23.

②徐未晚. 互联互通加快促进长三角民生档案区域共享[N]. 中国档案报, 2019-05-23(3).

③严青云. 区域数字档案信息资源共享实践与思考[J]. 浙江档案, 2013(9): 52-53.

路,让群众少跑腿,激发档案用户利用需求,促进档案信息消费。例如,2023年,宜荆荆都市圈区域档案数据中心建设启动,不断探索"馆际联动、区域通办"新路径,着力解决企业和群众异地查档"多地跑""折返跑"等问题。目前,宜昌、荆州、荆门、恩施四地档案馆通过全国、全省档案资源共享利用平台和微信小程序,可以向群众提供档案查询线上服务①。

(二)跨层级协同

资源融合共享、互联互通是档案数据治理常见的协同合作形式,它既可以发生在相同层级档案部门之间,也可以发生在不同层级档案部门之间,包括档案信息资源、人才资源、技术资源、用户资源等多方面,重点是档案数据资源的集成整合和交换共享。传统社会管理强调政府的主体性,社会治理强调政府部门、社会组织、公众等多元化主体的广泛参与,激发社会有机体的活力,形成合作型的多中心、扁平式权力格局。跨层级主体协同有效规避了传统社会管理中常见的横向层级政府与纵向主管单位条块分割现象,是应对当前社会秩序调整和社会问题解决所采取的适应性办法和创新性措施②。档案数据跨层级协同治理是指具有隶属和指导关系的上下级档案部门在档案数据治理中的协同,包括各级档案行政管理部门和国家综合档案馆("中央—省—市—县"档案部门)、行业系统内各级档案部门等。这种基于行政链条的共治机制能够保证体制内的所有档案机构在档案数据治理中统一思想、统一行动、统一要求,保障档案数据治理的全域性和纵深性。不同层级档案部门之间进行合作,有利于打破部门藩篱、信息孤岛与数据壁垒,创新档案数据资源共享模式和信息服务方式,拓展和提升各自生态位。

档案数据跨层级协同治理强调克服层级约束,在现行体制框架下形成互动对话平台,弥补横向协同的局限,促进形成自发秩序下协商而非让渡权力的档案数据治理共同体。例如,浙江省从省级层面研究制定档案目录数据库结构标准和利用范围图解表,形成一体化、标准化的管理体系。打造了全国首个省级档案数据共享中心,2023年初步实现省、市、县101个综合档案馆民生数据全部联通③。无论是纵向跨层级还是横向跨区域,实质上都是档案部门作为治理节点在档案数

---

①李家字,李星. 群众"不跑路"查档"不见面":湖北宜昌拓展异地查档便民服务圈[N]. 中国档案报,2024-01-01(2).

②麦伟杰. 社会治理的基本内涵和实践启示[J]. 理论与现代化, 2019(2): 58-66.

③全国档案工作暨表彰先进会议论述之二 2亿余卷(件)开放档案, 如何利用好[N]. 中国档案报,2024-02-22(1).

据治理网络中的相互或多主体组合形式。为了让这种组合顺畅且稳定，还需要通过具体的协同机制来进行对接和维持，从而在不同层级档案部门之间形成有效、稳固、运行效率高的档案数据治理链条。

一是治理理念协同树立。通过加强政策导向、治理规划、典范宣传等方式，在档案数据治理中广泛树立起档案部门的"共建共治共享"协同理念，破除因条块分割而导致的各自为政现象，倡导团结协作精神和跨层级协作文化，从理念上促进跨层级协同向统一、有序、协调、高效的方向发展。二是治理工具协同运用。大数据时代，对于数据规范、数据技术、数据平台等数据治理工具的运用已经成为关键因素，在档案数据协同治理中，不同层级档案部门之间应当十分重视档案数据治理工具的协同运用。在档案数据治理规范上，针对不同层级馆藏档案数据，分门别类建立实施统一的档案数据质量标准、管理标准等，保证档案数据得以整合互联，弥合"数据缝隙"，解决档案馆际档案数据本身异构与统一、分散与集成的矛盾。在档案数据治理技术平台上，推动技术融合、业务融合、系统融合，打通数据壁垒，弥合不同层级和部门之间的鸿沟，重构碎片化的治理格局，形成覆盖全国、统筹利用、统一接入的档案数据共享大平台[1]，解决档案数据治理过程中无序与有序、孤立与互通的矛盾。三是治理布局协同展开。档案部门是档案数据的聚集地，应主导档案数据资源体系、管理体系和公共服务体系建设，每一个档案部门都是不可或缺的节点。档案部门要在实现和深化自身档案工作数字化和数据化转型的基础上，着眼大局，积极共同地融入国家档案数据治理一体化发展布局当中，在档案数据质量控制、整合集成、共享利用和安全保障等治理活动中协同施策、一致操作，实现档案数据跨层级协同管理和服务。例如，浙江"一网查档、百馆联动"档案利用馆际共享服务系统[2]、上海市民生档案远程协同服务[3]等，这些都彰显出档案数据跨层级协同治理的广阔前景。

（三）跨业务协同

跨业务协同主要是与档案数据形成业务单位的协同合作。业务单位也就是档案数据形成部门，档案数据形成阶段是产生档案数据治理问题的重要源头。诸如

---

①金波, 杨鹏. 大数据时代档案数据治理研究[J]. 档案学研究, 2020(4): 29-37.

②郑金月. 建设融入数字政府大格局的新一代数字档案馆: 浙江省档案馆全国示范数字档案馆创建工作综述[J]. 中国档案, 2020(1): 40-42.

③聂勇浩, 郭煜晗. 在信息时代构建民生档案远程协同服务: 以上海市为例[J]. 档案学通讯, 2016(2): 73-77.

数据移交不及时、数据归档不完整、数据质量不达标、数据安全不合规等，这些问题和档案数据形成的业务程序有着密切联系，只有形成部门才能有效地应对形成过程中的风险，其他机构无法越俎代庖。《中华人民共和国档案法》规定，"机关、团体、企业事业单位和其他组织应当积极推进电子档案管理信息系统建设，与办公自动化系统、业务系统等相互衔接""电子档案应当通过符合安全管理要求的网络或者存储介质向档案馆移交"①。《"十四五"全国档案事业发展规划》强调，"着力推进在业务流程中嵌入电子文件归档要求，在业务系统中同步规划、同步实施电子文件归档功能""完善政务服务数据归档机制，强化全流程一体化政务服务平台数据归档功能建设要求，切实推进政务服务数据归档"②。档案数据形成单位与档案数据管理部门二者是前端业务部门与后端保管部门之间的关系，目标都是维护档案数据价值，确保档案数据在不同阶段行使不同职能，双方在档案数据移交接收、质量监测、安全保障等方面联系密切，需要明确档案数据形成单位责任，建立档案部门与业务单位协同共治机制，增强档案数据业务流程整合与管理平台系统对接，强化档案数据全程治理。

一方面，档案数据形成部门需要与档案部门积极对接，推动文档管理一体化与馆室一体化。文档管理一体化是指将目前机关中的文书处理和档案管理工作，整合成为一个既统一又分工、既有联系又有区别的管理过程③。从档案工作的发展历史看，在相当长的一段时间内，档案工作、文书工作密不可分。电子文件及其管理的新特点要求在电子文件管理系统的设计阶段突破纸质文件管理环节分工程序上的常规，将有关管理内容重组后嵌入管理程序中③。当前，档案部门作为党委办公厅管理机构，使档案工作与党委系统的文书工作同时接受党委办公厅（室）的领导管辖，这为档案工作与文书工作之间"构建联动配合运行机制实现治理主体协同化"奠定了组织机构层面的基础，有助于在办公厅（室）层面对所辖文书机构与档案机构进行更深层次的整合优化④。在档案数据建设运行过程中，强化档案部门与文件形成部门主体间的协同合作，遵循相关的标准规范，运用集成整合方法，借助大数据、人工智能、区块链等先进技术，对文件与档案管理进行整体设计、统筹协调、流程重组，推动档案数据资源从形成处理到保存利用的全生命

---

①中华人民共和国档案法[N]. 人民日报, 2020-07-16(16).

②中办国办印发《"十四五"全国档案事业发展规划》[J]. 中国档案, 2021(6): 18-23.

③冯惠玲, 张辑哲. 档案学概论[M]. 2版. 北京: 中国人民大学出版社, 2006: 109, 111.

④杨霞. 档案机构改革后档案工作与文书工作协同机制探析[J]. 档案学通讯, 2020(2): 32-39.

周期管控，将传统的后端接收归档功能转变为各个业务环节的"形成即归档、归档即使用"，推动档案管理与数据管理业务工作的一体化融合。例如，湖北宜昌市档案馆在全市推广应用宜昌市电子文档一体化管理系统，实现了电子文件全生命周期管理和区域内数字档案室、数字档案馆的同步建设；加快推进档案利用便捷化、智能化，努力创建全国示范数字档案馆①；福建省档案馆积极推进文档一体化和馆室一体化，通过实现电子文件与电子档案不同阶段、不同部门（业务处室、机关档案室与档案馆）的一体化融合管理，最大限度地提高整体管理效益②。

另一方面，档案数据形成部门需要规范操作程序，强化档案数据质量控制。在生产过程中究竟有多大一部分原料变为废料，取决于所使用的机器和工具的质量，还取决于原料本身的质量。原料的质量又部分取决于生产原料的采掘工业和农业的发展，还部分取决于原料在进入制造厂以前所经历的过程的发达程度③，表明社会再生产过程中存在着一条质量链，从原材料到最终产品，不同环节的质量之间相互联系、相互影响、相互制约，档案领域也是如此。文件是档案的前端，档案是文件的归宿，因此前端数据文件质量的优劣直接影响到后续档案数据质量的高低。由于电子文件的来源信息主要存在于形成过程中，电子文件形成背景和环境对于长期保存具有重要影响，无论是采用集中保管还是部分分布式保管模式，档案馆都需要将管理工作延伸接入文件生成流程和管理活动，形成连贯的管理体系④。在前端业务工作中，由于规范缺失、操作不当、监管不严等多方面的原因，档案数据不完整、不准确、不一致、不可靠、不安全。为此，档案数据形成部门应建立数据质量控制体系，根据相关标准规范开展数据比对、核查、纠错、更新，保证数据可读可靠、可信可用，确保档案数据来源可靠、程序规范、要素合规，避免档案数据质量先天不足。通过制定科学合理的数据操作处理程序，采用技术相对成熟、功能相对稳定的业务管理系统，确保数据生成、使用、流转、移交安全，从源头上维护档案数据质量。

---

① 李家字, 李星. 湖北宜昌市档案馆减流程减手续减时长 为利用服务提质增效[N]. 中国档案报, 2021-11-08(2).

② 何思源. 会议速递|2022 年第十二届"中国电子文件管理论坛"[EB/OL]. (2022-04-17)[2024-04-20]. https://mp.weixin.qq.com/s/fPK1D_rHe8PpDqGQFBkZNQ.

③ 中共中央马克思恩格斯列宁斯大林著作编译局. 马克思恩格斯全集·第七卷[M]. 北京:人民出版社, 2009: 117-118.

④ 冯惠玲, 加小双. 档案后保管理论的演进与核心思想[J]. 档案学通讯, 2019(4): 4-12.

（四）跨部门协同

跨部门合作是两个或两个以上的机构从事的任何共同活动，通过一起工作而非独立行事来增加公共价值[①]。档案数据治理涉及范围广、牵涉部门多，不是某一个职能部门可以独自承担的责任，需要强化跨部门合作，协调档案部门与数据部门、媒体部门、文化部门的协同行动，建立合作联盟、开展合作项目、打造合作机制，发挥各部门在档案数据治理中的优势作用。

1. 数据局、大数据中心等数据部门

大数据时代，各类数据信息海量生成、急剧膨胀，数据局、大数据管理局、大数据中心、大数据管理中心等各类数据管理机构不断涌现，承担政府数据、公共数据的归集融合和服务利用工作，包括政务档案数据在内的大量数据资源汇聚到数据管理部门。2023 年 10 月 25 日，国家数据局正式揭牌，其负责协调推进数据基础制度建设，统筹数据资源整合共享和开发利用，统筹推进数字中国、数字经济、数字社会规划和建设等。国家数据局的成立将推动全面贯彻落实数字中国建设整体布局，提升数据要素市场化配置的系统性和协同性，充分发挥我国海量数据规模和丰富应用场景优势，做强做优做大数字经济[②]。国家数据局的成立，将对档案部门产生深刻影响。大数据环境下，档案部门不再是唯一的档案数据管理机构，给信息资源保管机构的档案部门带来巨大挑战。2018 年，《广东省政务数据资源共享管理办法（试行）》提出，"省级政务数据主管部门依托省政务大数据中心，实现全省政务数据资源统一归集和存储""省级档案行政管理部门负责制定政务数据资源的归档、移交、保存、利用等具体规定。各级档案行政管理部门负责指导和监督本行政区域内政务数据资源归档工作"[③]。2021 年，《"十四五"全国档案事业发展规划》提出，"推动档案全面纳入国家大数据战略""实现对国家和社会具有长久保存价值的数据归口各级各类档案馆集中管理"[④]，明确档案部门在档案数据资源治理中的作用。随着"数据态"档案信息大量生成，档案资源对象加速从数字档案向档案数据转变，数据管理部门与档案部门在档案数据资

①巴达赫 E. 跨部门合作: 管理 "巧匠" 的理论与实践[M]. 周志忍, 张弦, 译. 北京: 北京大学出版社, 2011: 13.
②郭倩, 杜益萌. 国家数据局揭牌　全面推进数字中国建设[N]. 经济参考报, 2023-10-26(1).
③广东省人民政府办公厅关于印发广东省政务数据资源共享管理办法(试行)的通知[EB/OL]. （2018-11-29）[2024-04-02]. http://www.gd.gov.cn/zwgk/gongbao/2018/35/content/post_3366149.html.
④中办国办印发 《 "十四五" 全国档案事业发展规划》[J]. 中国档案, 2021(6): 18-23.

源的收集、存储、保管、利用等方面存在职能交叉与业务重叠，形成了既独立又交叉、彼此竞合的关系。数据管理部门已成为大数据情境下档案数据治理格局中不可忽视的治理主体，需要重视数据管理部门的特殊地位和作用，使其成为档案数据治理重要的"协治者"。"协治者"，一方面在于"协"，即在档案部门"元治"的前提下，数据管理部门充分配合协同，推动数据档案化管理；另一方面在于"治"，即数据管理部门为档案数据治理提供数据管理的技术、方法和经验，推动档案数据化治理。

为此，需要明确数据管理部门在档案数据治理中"协治者"的地位作用，通过相互沟通、协作、配合，打破观念、机构、制度上的壁垒，厘清与协调档案部门与数据管理部门在档案数据治理中的关系，将二者结构功能耦合起来，建立协作机制，统筹双方发展，合理划分双方在档案数据权属界定、归档保存、集成汇聚、共享利用等方面的职责边界，避免冲突与摩擦。一方面，数据管理部门着眼于如何更好地利用已有数据，分析和加工成更容易被充分利用的数据和信息，以及通过扁平化统筹管理推进各级政府和部门信息资源的整合利用①，对于数据态信息有着专业管理经验和技术调配优势，在数据治理技术应用、数据清洗整合、数据存储交换、数据集成管理、数据共享利用、数据安全保障、数据资产变现等方面经验丰富、技术成熟，可以在建设数据仓储中心、数据处理平台、数据管理系统、数据操作标准等方面提供理论与实践指导。另一方面，档案部门在长期工作中积累了成熟的档案收集、整理、保护、利用经验，可以发挥档案管理优势，在政务数据、公共数据资源管理中引入档案工作的管理理念、原则方法和标准规范，充分发挥档案部门的专业功能，推动数据资源档案化管理，确保档案馆归档数据真实有效、安全可靠、合法合规、要素齐全。档案部门要与数据管理部门协同合作，共同制定档案数据治理流程、治理规则和治理方式，发挥各自优势，汲取对方特长，提升档案数据管理技术能力，推动档案数据有序流动、互联互通和高效运行，实现数据资源"聚能""融通""增效"。

例如，杭州市档案馆与杭州市数据资源管理局在政务信息资源归档移交、共享和长期保存等方面积极开展协作，成效显著。主要措施包括：一是准确划分管理范围，数据资源管理局保存政务信息，详细信息归档案馆保存，5 年之后数据资源管理局的政务信息需要移交给档案馆；二是区分工作重点，数据资源管理局

---

①刘华英, 申佳. 大数据背景下档案馆与大数据管理局协同发展的思考[J]. 资源信息与工程, 2020(4): 163-166.

重点推动数据开放共享，但是也要为数据真实性负责，档案部门重点发挥数据查考和证据价值，确保数据完整、详细、可信、合法；三是确立两者可建立的合作点，包括数据质量、信息安全和数据合规性等方面的业务合作[①]。成都市档案馆积极与成都市大数据和电子政务管理办公室沟通，依托政务网建设数字档案馆业务平台，实现了一体化协同办公平台与数字档案馆业务平台、数字档案馆集群系统的对接，打通了原生电子档案的接收通道[②]。嵊州市档案馆和嵊州市大数据中心积极开展数据要素在县域的探索和实践，针对公共数据存在数据多源、数据不一致、数据不完整、数据不合规等问题，迫切需要开展数据治理的现状，共同谋划建设个人全生命周期档案综合智治应用，通过先行先试，为县域公共数据的归集、治理和供给提供了一条可行路径[③]。

2. 广播电视、新闻传播等媒体部门

当前，我国社会大众的档案意识参差不齐，特别是我国经济发展相对滞后的地区，档案意识则相对薄弱[④]。大数据环境下，信息传播速度快、范围广、时效高，现代传媒因其较强的传播能力、较快的传播速度、较广的传播范围和较好的传播效果，是提高社会档案意识的重要手段。档案部门需要加强与广播电视、新闻传播等媒体部门协同合作，提升档案部门的传播力、感染力、影响力、吸引力与渗透力。通过与新闻传播媒体的合作，拓展业务范围，树立品牌形象，推动档案数据资源共享利用，传播档案文化，多方位扩大档案馆的社会影响，提升档案数据治理的社会效益，增强档案工作知名度与认同感。例如，建党百年之际，中央档案馆联合中央广播电视总台，以叙事化手段、融媒体方式隆重推出了百集微纪录片《红色档案——走进中央档案馆》，精选中央档案馆大量馆藏珍贵档案，生动讲述档案背后的人物和故事，从多个角度呈现中国共产党始终秉承的初心和使命[⑤]，充分彰显档案文化的"红色根脉""红色基因""红色底蕴"，在微博、微信、短视频等网络平台广泛传播，增强了档案文化的社会影响力。为深

---

①徐拥军，王露露. 档案部门参与大数据战略的必备条件和关键问题：以浙江省为例[J]. 浙江档案, 2018(11): 11-14.

②鲁永兵. 从"纸上成都"到"数字成都"：成都市档案馆创建全国示范数字档案馆纪实[N]. 中国档案报, 2020-10-12(1).

③汪伟民. 浙江嵊州："个人全生命周期档案"综合智治应用建设[J]. 中国档案, 2023(8): 30-31.

④周丽. 档案管理工作标准化建设对策分析[J]. 中国标准化, 2022(16): 89-92.

⑤李安涛. 百集微纪录片《红色档案——走进中央档案馆》重磅上线[N]. 中国档案报, 2021-03-11(1).

入挖掘档案资源，传播档案文化知识，展现与时俱进的浙江精神和浙江深厚的文化底蕴，推动档案文化事业发展，浙江省档案馆联合浙江电视台新闻频道推出了档案文化栏目《跟着档案去旅行》，自 2019 年 8 月开播至今，栏目已成为省档案馆档案文化建设工作的亮点与品牌①。德州市档案馆借助新媒体创新宣传形式，积极对接《中国档案报》《大众日报》，加强与《德州日报》等新闻媒体合作，开办"德州记忆""兰台史话"栏目，开设网上展厅，搭建服务社会公众、宣传档案事业的平台。在档案征集、公开展览等工作中，德州市档案馆邀请新闻媒体全程参与、全程报道，第一时间推送有价值、有感染力的档案文化信息，实现了精准发布和高效输出，档案工作社会影响力显著提升，并与业务建设形成了良性互动②。

3. 图书馆、博物馆等文化部门

档案馆与图书馆、博物馆、文化馆、纪念馆、美术馆、方志馆、版本馆等单位性质相近，管理内容、管理方式、服务手段相似，是档案数据治理的重要协作主体。《"十四五"全国档案事业发展规划》指出，要"推动档案馆与博物馆、图书馆、纪念馆等单位在档案文献资源共享方面加强合作，相互交换重复件、复制件或者目录等"③。档案馆馆藏主体是档案资源，其本质属性是历史活动的真实记录，具有凭证价值和参考价值。图书馆保存的是图书、期刊、资料，是一种知识类信息，具有知识参考价值。博物馆具有收藏、记录、研究、交流和宣传等基本功能，保存的是自然世界和人类社会文化遗产的实物，其所记录的历史事实的内容信息往往是不清晰的、不确定的。由此可见，档案馆同图书馆、博物馆等信息机构既有联系又有区别，结构、功能、性质类似，但保存的信息资源特点不同，各有所长，互补性强，具有天然的协作共生基础。

因此，档案馆、图书馆、博物馆等文化机构应坚守各自传统和优势，加强交流合作、互惠互利，走集群融合发展之路，集成多方信息资源，发挥各自专业特长，推动信息资源的优势互补和共同开发，实现馆藏档案数据资源的共享利用和集成化服务，产生双赢或多赢的效果。例如，江苏省为庆祝中国共产党成立 100

---

① 何秋琴, 雷飞. 建设融合共通的档案文化展示平台: 打造《跟着档案去旅行》品牌栏目的实践与思考[J]. 浙江档案, 2020(8): 28-30.

② 李纪三. 山东德州市档案馆不断推动档案事业高质量发展[N]. 中国档案报, 2021-01-28(2).

③ 中办国办印发《"十四五"全国档案事业发展规划》[J]. 中国档案, 2021(6): 18-23.

周年，举办"百年征程 初心永恒——中国共产党在江苏历史展（1921—2021）"活动，整合集成各类红色数字资源，丰富展陈内容，提升展陈效果。江苏省档案馆充分挖掘江苏红色档案资源，从全省各级各类档案馆、博物馆、纪念馆和爱国主义教育基地等单位甄选了大量的珍贵红色档案文献，展现了中国共产党在江苏的百年征程、巨大成就、宝贵经验和伟大精神[1]。湖南省档案馆创新红色档案资源开发利用模式，与相关党史陈列馆、博物馆、图书馆、媒体、影视机构、文创单位等深度合作，充分调动各方资源力量和专业优势，推出了展览陈列、影视作品、文献书籍、媒体专栏、专题网站、公益讲座、知识竞赛、演讲比赛等一系列产品和活动，立体式打造红色档案文化品牌[2]。

（五）跨系统协同

善治是人类社会管理公共事务的理想模式，是政府与社会对公共生活的合作管理，是政府与社会的最佳配合，更是公民与政府的良好合作。善治的过程就是一个还政于民的过程。从全社会的范围看，善治离不开政府，但更离不开公民[3]。《中华人民共和国档案法》第七条规定："国家鼓励社会力量参与和支持档案事业的发展。"[4]档案数据治理需要社会力量的广泛参与，吸纳信息技术企业、社会行业组织、社会公众等，构建档案系统与社会系统协同合作机制，推动档案数据治理的社会化发展。

1. 信息企业"辅治"

档案数据是现代信息技术的产物，档案数据治理技术难度大、技术要求高，需要充分借助信息技术企业的专业力量，提升档案数据治理效率效能。《关于构建数据基础制度更好发挥数据要素作用的意见》提出，"鼓励企业积极参与数据要素市场建设，围绕数据来源、数据产权、数据质量、数据使用等，推行面向数据商及第三方专业服务机构的数据流通交易声明和承诺制""规范企业参与政府信

① 王伟伟，张辉. 江苏省档案馆：为省级大型党史展提供 800 多件档案[EB/OL]. (2021-08-04)[2023-04-08]. http://www.zgdazxw.com.cn/news/2021/08/04/content_323444.html.

② 彭玉，沈岳. 学批示 见行动 开新局：湖南省档案馆贯彻落实习近平总书记重要批示精神实录（上）[N]. 中国档案报，2022-05-16(3).

③ 熊节春. 善治的伦理分析[M]. 北京：中国社会科学出版社，2014：148.

④ 中华人民共和国档案法[N]. 人民日报，2020-07-16(16).

息化建设中的政务数据安全管理，确保有规可循、有序发展、安全可控"[1]。档案数据治理主要涉及数据第三方平台、云服务商、档案中介机构、档案外包公司、档案软件信息技术公司等数据信息企业，需要明确数据信息企业的"辅治"角色，助力档案数据治理现代化。

信息技术企业在档案资源数据化加工、档案数据深度开发、档案数据共享利用、档案数据保密保全、档案数据可视化展演、档案数据智能鉴定、档案数据管理系统开发运维、档案数据产品创新、档案用户体验、档案网站建设等方面具有独特优势，既是对传统档案管理的有效补充，也弥补了体制内档案管理专业化力量不足。档案中介机构等信息技术企业需要严格遵守《中华人民共和国档案法》《中华人民共和国数据安全法》《中华人民共和国著作权法》《档案数字化外包安全管理规范》《档案服务外包工作规范》等相关法规标准要求，积极承担行业道德责任，严格把控档案数据化加工质量，提升业务人员专业技能和伦理素养，确保档案数据真实完整、安全保密。例如，档案管理软件供应商北京九州科源科技发展有限公司自主研发的 K6 数字档案管理平台，集档案业务管理、档案信息发布、电子档案管理于一体，将前端业务系统与档案系统精准对接，实现数据自动归档、流程同步，消除数据孤岛；通过底层安全防护设计、增强权限控制、档案信息防扩散机制等全方位保障档案数据安全[2]。山东省日照市档案部门与专注于提供数字档案系统解决方案的研发机构合作，建成日照市档案数据资源中心，从根本上解决县乡村推进数字档案馆室建设中的资金来源问题、投资不均衡问题和各自为战造成的发展停滞、低水平建设、系统不兼容等突出问题，实现投资集中化、平台统一化、资源数字化、控制标准化、服务网络化[3]。

2. 社会组织"助治"

随着改革开放的深入，档案工作开放性发展成为新常态。社会组织基于自身优势和专业分工，在档案数据治理中扮演着"助治者"角色。助治者是指社会组织一方面要发挥辅助性作用，成为档案数据治理的助力者、辅佐者；另一方面要施展创造力，成为档案数据治理的建设者、推动者。

---

[1]中共中央 国务院关于构建数据基础制度更好发挥数据要素作用的意见[EB/OL]. (2022-12-19)[2023-04-26]. https://www.gov.cn/zhengce/2022/12/19/content_5732695.htm.

[2]九州档案官网网址为 http://www.9zda.com/gou_x_tjs。

[3]葛长华. 探索实践全域档案一体化新模式 抢占新时代档案智治新高地[J]. 中国档案, 2022(2): 22-23.

首先，档案部门资源配置的有限性需要社会组织予以补充。长期以来，我国档案一元管理体制形成了一个悖论：档案部门垄断所有的档案事务，社会主体被不同程度地边缘化；但档案部门受自身能力的限制，又不可能完全承担起所有的档案事务[①]。档案数据治理作为一项长期性的复杂工程，需要治理的档案数据资源来自社会各个场域，需要运用的治理技术不断迭代更新，仅凭档案部门自身有限的人力、物力、财力、技术资源配置难以维系。社会组织拥有人力资源优势、技术实力优势，能够为档案数据治理输入资源、注入能量，减轻档案部门负担，解决档案部门资源有限性难题。同时，随着新业态档案管理、家庭档案管理、外资企业档案管理、社群档案管理、私人企业档案管理等体制外档案资源管理事务日益增多，档案部门需要吸纳社会组织参与体制外档案事务管理，与社会组织协同共治，共同应对全社会档案数据治理的挑战。

其次，社会组织的快速发育成长促使其成为"助治者"。一是档案专业性组织平稳发展。档案学会、档案行业协会是团结广大档案工作者、推动我国档案事业发展的学术社团组织。充分利用档案学会、档案行业协会的人才专业优势和学术影响力，协同档案部门开展业务交流、学术研究、专题研讨、继续教育、知识普及、项目合作、行业服务等，推广档案数据治理理念、经验、技术，助力档案数据治理现代化。二是档案科研性组织持续发力。高等院校、科研院所拥有一批高水平的档案专家、技术专家、管理专家，是档案数据治理的"智库"。通过理论指导、技术攻关、产品研发等为实践部门开展档案数据治理提供政策咨询、标准制定、规划论证、科学研究、人才培训等，推动政产学研融合，提高治理科学水平。例如，2022年，在第十二届"中国电子文件管理论坛"上，中国人民大学信息资源管理学院与上海鸿翼软件技术股份有限公司共同成立"人大鸿翼数字档案联合实验室"，发挥中国人民大学档案学科建设和鸿翼非结构化数据管理的优势，以档案领域的非结构化数据管理为切入点，聚焦智能化的开发，协力推动整个信息资源行业的共同发展[②]。

3. 社会公众"参治"

相比于以威权为基础的官僚制，协同治理不仅可以弥补传统民主模式的缺陷，

①金波, 晏秦. 从档案管理走向档案治理[J]. 档案学研究, 2019(1): 46-55.

②RUC 电子文件管理. 人大-鸿翼数字档案联合实验室成立 服务档案数字化转型[EB/OL]. (2022-04-17) [2023-04-20]. https://mp.weixin.qq.com/s/vraIXIpl-yritPZW8MUoyw.

增加民主的合法性，而且这种方式还进一步扩大与优化了政府之间、私人部门、社团、公民与公共机构之间的对话空间，社会与公共国家得到了双重建构①。公众崛起时代使得社会公众在档案事务决策和管理中不再满足于扮演被动的"看客"角色，而是越发表现出主动参与档案事务决策和管理的渴望与热情，更加希望身临其境，亲身参与、体验档案工作②。社会公众既是接受档案数据服务的消费主体，也是档案数据治理的助推器，档案数据治理的公众参与不仅是档案社会化的具体实践，也是档案治理下沉的时代要求，没有社会大众的参与，档案数据善治就不可能实现。

一方面，"档案权力"向"档案权利"的转向促进公众参与。当下，档案观念由"国家档案观"向"社会档案观"演变，推动"档案权力"向"档案权利"转变。这一转变意味着公众在档案领域的主体地位得到彰显，公民在档案管理利用中享有的权利得到进一步保障。同时，也为公众参与档案数据治理提供便利，有利于档案部门和社会公众的双向互动，使公民的主体地位得到回归。另一方面，档案数据治理的公共效益和服务效能要求公众参与。档案数据治理能够化解当前档案数据资源"建""管""用"中的各种矛盾，其中一项突出矛盾在于档案服务难以满足公众多元利用需求。档案数据治理的公众参与，不仅是在倾听和回应民众的档案利用诉求，更能得到公众的支持，是提高治理公共效益和服务质量的必要措施，有利于提升公众对档案数据治理的认可度、满意度，增强档案工作的社会认同感和影响力。

为此，档案部门要强化档案工作系统开放，降低公众参与档案数据治理的准入门槛，保证公众参与的正当性、合法性，规范公众参与治理活动的程序和路径，推动公民从"消费者"变为"开发者"和"生产者"。一是鼓励公众参与。公众既是档案数据资源的形成者、建设者与利用者，也是档案数据治理的参与者。档案部门应当建立激励机制，加大政策扶持力度，鼓励动员热爱档案事业的公民、具备专业特长的公民、拥有档案资源的公民参与到档案数据建设中，提高公众参与意识和行动自觉。二是创新参与形式。公众参与的实际效果，在很大程度上受制于参与方式，即公众以什么样的具体途径和具体方式参与档案工作③，档案部门应当积极利用网络技术、交互技术、现代传媒等信息化平台，

---

①蔡岚. 协同治理：复杂公共问题的解决之道[J]. 暨南学报(哲学社会科学版), 2015(2): 110-118.

②金波, 晏秦. 从档案管理走向档案治理[J]. 档案学研究, 2019(1): 46-55.

③朱宁, 郑金月. 档案工作公众参与问题研究[J]. 浙江档案, 2013(11):11-13.

为公众开辟多样化、便捷化的参与渠道，强化用户体验。三是提升参与效果。针对档案数据治理内容，提升参与层次，从低层次的档案信息获取性参与，向治理事务的协商式参与、共同生产建设式参与、志愿主动式参与转变；根据档案数据治理事务的特殊性，有针对性地吸纳相关专业人员参与，提高公众参与质量。例如，2023年，英国Mirrorpix出版公司档案馆招募志愿者对馆藏照片档案中的人物和地点进行识别，以便为数字化照片档案添加元数据。目前，志愿者已帮助识别了约700幅照片档案，提高了照片档案的著录效率，为后续照片档案的开发利用奠定基础[①]。

四、微观多要素融合治理机制

随着"互联网+"的全面推进，社会各行各业均在强化融合发展，不断创新融合发展路径，深化融合发展内涵，如产业融合、金融融合、文化融合、媒体融合、学科融合等，融合发展已经成为现代社会发展的显著特征。在微观层面，档案数据治理是一项融合多种治理要素的系统性整体工程，需要全面把握各治理要素之间的内在关系和外部联系，科学配置各种资源要素，推动多要素集成融合、联动配合、流通聚合，着力构建以目标牵动为引领、需求带动为导向、资源驱动为核心、流程联动为关键、平台互动为支撑、人才推动为根本的多要素融合治理机制（图9-4），塑造治理力量多方面凝聚、治理资源全方位协调、治理空间立体化延展的新局面、新格局，促进各治理要素相互联系、有机融合、共同发力，助推档案数据治理现代化。

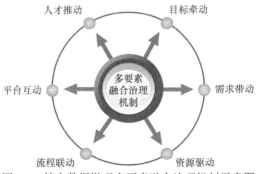

图9-4 档案数据微观多要素融合治理机制示意图

---

①管清潆. 更有效地构建档案馆与志愿者的互惠关系[N]. 中国档案报, 2023-07-06(3).

（一）目标牵动

目标是一切工作的出发点，能够指引个人、部门或整个组织的发展方向。融合具有目标一致的特征，不同主体构建某种关系，形成某种组织，必然以共同目标为主要纽带，通过共同目标把不同参与者凝聚起来[①]。因此目标是牵引档案数据治理的旗帜。目标引领是指根据档案事业发展总体战略分解形成的各项档案工作核心目标或任务相互协同、形成合力，发挥整体效应，共同支撑总体战略落地[②]。依据"管理学之父"彼得·德鲁克的目标管理理论，合理设置档案数据治理目标，明确各治理主体的地位、任务、责任和权利，强化目标实施过程管控和评价反馈，从而实现档案数据善治目标。

1. 目标管理理论

美国管理大师彼得·德鲁克于 1954 年在其名著《管理实践》中最先提出了"目标管理"（management by objectives，MBO）的概念[③]，后由乔治·奥迪奥恩、埃德温·洛克等学者不断完善，成为现代管理学理论体系的重要组成部分。几十年来，目标管理这一经典管理学方法被普遍应用在政府管理、企业运营、市场生产、体育竞争等各个领域，影响广泛而深远。目标管理是指高层管理者和低层管理者共同参与确定组织目标，根据目标对每个人的期望来定义每个个体主要职责，用这些目标确定的职责来指导每个工作单元的具体运作，最后对组织成员的目标完成的结果进行评估[④]。目标管理主要包括三个步骤：一是目标制定。设置目标是实施目标管理的第一步，也是最重要环节。通过调研分析、环境剖析，根据组织面临的机会和挑战，由组织领导者、管理者、员工等共同提出、商讨、预订、明确组织的发展方向和战略目标，并进行目标分解、职责分工、权责配置。二是目标控制。这一环节是对目标实现过程的管理，通过激励、奖惩、监督、检查等方式，发挥内部自觉与外部控制双重效力，提升目标实施过程的运行绩效。三是目标测评。对目标最后实施过程与达成效果进行合理评估，及时发现偏离目标的行

①张贤明，田玉麒. 论协同治理的内涵、价值及发展趋向[J]. 湖北社会科学，2016(1): 30-37.

②徐东华，李晓明. 档案协同治理运行机制与实现路径[J]. 中国档案，2018(8): 74-75.

③于娱，施琴芬，朱卫未. 高校科研团队内部隐性知识共享绩效实证研究[J]. 科学学与科学技术管理，2013(10): 21-30.

④郭燕芬，柏维春. 关于我国行政体制改革的反思：基于目标管理理论视角[J]. 广西社会科学，2014(7): 124-128.

为活动，进行调整、纠正、改进，确保目标达成效果。目标管理强调组织群体上下共同参与制定可行的、具体的、能够客观衡量的目标，把整个团队的理念、行动统一到同一个目标、同一个理想上来，对档案数据治理具有重要指导意义，有利于明确治理目标，凝聚各方力量，促进多元主体基于共同目标形成合作伙伴关系，提高档案数据融合治理绩效。

2. 档案数据治理目标管理

目标是利益主张的公开化，协同战略目标能够平衡主体之间的短期和长期利益，有助于防范、化解合作冲突；同时，清晰协同战略目标，也是对主体之间角色的明确界定，有益于主体关系结构的有序化[①]。目标是档案数据治理的旗帜导向，对治理活动开展具有重要意义。只有多元治理主体间在共同利益和共同目标的基础上，积极配合、一致行动才能有效整合治理资源，充分发挥多方优势，实现良好的治理[②]。依据目标管理理论，档案数据治理目标管理主要包括以下三个方面。

一是合理设置治理目标。治理过程中会将具有不同目标的成员聚合在一起，每个成员通常首先依据自我的目标在协同框架中展开活动，试图将自身的利益最大化，从而在不同参与者之间形成紧张关系[③]。为此，需要立足档案数据发展现状与管理实践，系统分析档案数据治理面临的生态环境，通过档案部门、政府部门、社会组织、公众等多元主体协商沟通，进行民主论证、专家咨询、头脑风暴等，制定可衡量、可操作、可执行的档案数据治理使命愿景、长远战略和整体目标，并合理划分、科学确定各子目标，统筹协调各子目标之间的关系，推动档案数据治理各子目标融合发展，形成"1+1>2"的整体合力。

二是管控目标实施过程。积极协调利用治理过程目标的差异性和多元性，找到最大利益点，坚持整体利益最大化、少数服从多数、个体目标服从整体目标的原则，调动各子系统高效运转、协作融合，引导各主体形成共同愿望，统一努力方向，在整体目标实现过程中促进各子目标的共同实现。在目标实施过程中，需要强化过程监管、资源配置、职责调整、关系协调，培养各治理主体精神层面的融合意识，形成共同的价值观和行为特征，保障档案数据治理整体目标的实现。

三是科学评价目标结果。针对档案数据治理目标结果需要开展科学测定和评

①吴春梅，庄永琪. 协同治理：关键变量、影响因素及实现途径[J]. 理论探索，2013(3): 73-77.
②李辉，任晓春. 善治视野下的协同治理研究[J]. 科学与管理，2010(6): 55-58.
③刘伟忠. 协同治理的价值及其挑战[J]. 江苏行政学院学报，2012(5): 113-117.

价，以评促改，以评促建，不断优化改进治理过程。为此，需要建立结构合理、内容完善、指标科学的档案数据治理评价机制，明确评价原则、评价方法和评价方式，合理度量治理目标完成程度，在效益反馈中不断改进治理策略、融合方式与运行程序，提高融合治理能力与水平。在评价过程中，应坚持科学实用、系统规范、动态灵活、针对有效、可操作性强的评价原则，综合采用定量评估、定性评估、实地调研、平台监测、组织访谈、问卷调查和第三方评价等评价方式，确保评价结果的科学性、全面性和客观性。

（二）需求带动

档案部门肩负着"为党管档，为国守史，为民服务"的职责使命，满足档案利用需求是档案工作的出发点和落脚点。大数据时代，社会公众需求日益多元化、丰富化、个性化、便捷化、动态化，迫切需要档案部门转变思维，从"重藏轻用"的以馆藏为中心到"藏用并举"的以用户为中心，以需求为导向带动档案服务能级提升。以档案用户利用需求为治理依据，充分利用现代信息技术，深度挖掘档案数据要素价值潜能，创新档案数据开发方式与服务模式，打造档案数据精品产品，满足新时期档案用户多元化、多样化、便捷化信息消费需求。需求带动是新时期档案数据治理的时代选择，为档案数据融合治理提供了新思路、新方法、新路径，既体现了档案数据来源复杂、分布广泛、形态多样等特点，又反映了大数据时代档案用户利用需求的转型要求。通过培育和推进我国档案信息资源建设工作朝着有利于满足社会各方面需求的方向发展，从而使我国档案信息资源建设真正做到面向社会、反映社会、记忆社会，为现实服务、为将来留史[①]。需求带动重在精准分析用户需求，面向社会、面向市场、面向大众，坚持以人为中心，想用户之所想，急用户之所急，从用户需求出发，如同"图书馆学五定律"之"为人找书""为书找人"，精准把握档案数据利用需求端，实现档案数据服务的"供给侧结构性改革"，提供精准式、一站式、知识化、智库型等档案数据融合服务，切实提升档案数据治理效能。

第一，精准式服务。档案精准式服务是以档案用户个性化需求为基础，以档案用户问题为导向而提供的服务，是一种以档案用户为中心的服务模式。档案馆掌握着大量的用户数据，如档案用户个人信息、访问日志数据、借阅数据、下载

---

① 周林兴. 面向社会的档案信息资源规划研究[M]. 北京: 人民出版社, 2019: 167.

数据、馆内行为视频数据等，通过对这些数据进行有效挖掘和全面分析，在复杂、零乱的数据背后找出档案用户的兴趣、偏好、利用方式和行为习惯，分门别类，构建"收集用户数据—洞察用户需求—优化服务方案—提供信息服务"的新模式，预测档案用户的信息需求及发展趋势，为精准式档案数据服务提供决策支持。此外，档案馆还可以基于用户移动设备发出的实时数据，为不同场景下的用户推送与其需求相适应的档案数据，增强档案数据服务的及时性。

第二，一站式服务。当前档案馆在馆藏资源建设上各自为政，馆藏档案数据资源保存在互不连通的数据库中，数据资源共享难以实现，档案数据孤岛现象十分严重。借助大数据、云计算强大的存储技术和计算能力，可以实现档案数据信息的共享联通，为档案数据一站式服务提供技术支持。例如，杭州市的"智慧档案"是以全市档案信息资源为基础，通过政务云平台纵向连接各区县（市）综合档案馆，横向连接各市级立档单位和社会公众，提供民生档案跨馆查阅和档案开放等服务，实现了全市档案信息资源的整合和共享利用，社会公众在任何一个服务站点都能获取到自己所需的档案信息[①]，使档案馆成为"智慧大脑"，真正实现了"让数据多跑路，让民众少跑腿"的目标。

第三，知识化服务。当前，我们淹没在信息的海洋中，却有着知识饥饿感，因此挖掘档案数据资源中隐藏的知识，为档案用户提供知识化服务成为档案信息服务的当务之急。借助数据处理和分析技术，洞察用户知识需求，充分挖掘开发档案数据资源中的隐性知识元素，创新档案知识服务模式。通过对档案用户行为数据的分析，掌握档案用户知识需求，将档案知识服务嵌入需求中，以实现知识与需求的绑定，保证知识服务的质量；借助虚拟现实、数字孪生技术，提供沉浸式服务，增强用户体验感与满意度；运用大数据处理、元宇宙技术对馆藏档案数据资源进行分析、集成和可视化，挖掘档案数据中隐性知识和"弱"信息（隐性的、随机的、非主流的信息），形成知识元。通过更加灵活、多样的方式对档案知识元进行连接、组合，建立档案知识库，构建知识地图，并通过云计算技术建立档案知识共享平台，为社会公众提供增值型知识产品，加快知识流动与知识传播，促进档案知识服务的良性开展，把"死档案"变成"活知识"。

第四，智库型服务。在建设中国特色智库的时代背景下，基于先进的数据管理技术，积极开展智库型服务，是档案馆充分发挥人才和资源作用，提高档案部

---

① 赵芳洲. 杭州"智慧档案"打造"升级版" [N]. 杭州日报，2014-09-26(A03).

门地位的重要机遇。首先，需要广泛收集和汇聚集成各类档案数据，包括社会档案资源、新媒体档案资源、非主流档案资源等，构建专题特色档案数据库，摆脱传统馆藏"四多四少"的窘境。基于云计算等技术可以实现馆际档案数据资源共享，这为智库型服务开展奠定了坚实的资源基础。其次，随着大数据技术的应用，档案馆可以根据政府和企业决策者的需求，对各类档案数据进行整合挖掘、提炼聚合，从中获取有价值的内容，为决策者提供专业化、系统化、智慧化的科学决策咨询服务，把档案库、数据库、信息库变成知识库、思想库、智库。

（三）资源驱动

档案资源是国家档案事业发展"四个体系"建设的战略支撑和物质基石。当前，全球数据量爆发式增长，数据发挥着越来越重要的赋能作用，被誉为"未来的新石油"。著名管理咨询公司麦肯锡认为，数据已渗透到当今每一个行业和业务职能领域，成为重要的生产因素。人们对于大数据的挖掘和运用，预示着新一波生产力增长和消费盈余浪潮的到来[①]，数据已然成为助力社会各领域建设发展的基础性战略性资源。随着国家档案事业数字化数据化转型加速，档案数据资源海量增长。截至2023年底，全国各级综合档案馆馆藏电子档案2289.6 TB，其中，数码照片211.4 TB，数字录音、数字录像1207.6 TB。馆藏档案数字化成果28 849.2 TB[②]。为此，需要直面国家档案事业发展的数据化转型，强化数据驱动，为档案数据治理提供数据思维、注入数据能量，推动档案馆资源重构、管理重组、价值重塑，有效提升档案数据治理能力。

1. 驱动档案资源转型

从档案资源形态看，档案信息资源正加速从"模拟态"向"数字态""数据态"嬗变。随着大数据作为新的基础设施正在重塑社会生态与生产要素，"数据化"开始接力"数字化"，推动着社会新一轮的、基于数据维度的空间与秩序变革[③]。从广度而言，数据化浪潮不断波及着现实社会的各个场域维度，数据疆域不

---

①Manyika J, Chui M, Brown B, et al. Big data: the next frontier for innovation, competition, and productivity [EB/OL]. (2011-05-01)[2023-08-23].https://www.mckinsey.com/capabilities/mckinsey-digital/our-insights/big-data-the-next-frontier-for-innovation.

②2023 年度全国档案主管部门和档案馆基本情况摘要（二）[EB/OL]. (2024-09-20)[2024-10-29]. https://www.saac.gov.cn/daj/zhdt/202409/a277f8b3bfe942ca88d3b7bcf6ddf120.shtml.

③金波, 添志鹏. 档案数据内涵与特征探析[J]. 档案学通讯, 2020(3): 4-11.

断拓展；从深度而言，数据化浪潮深刻改变着生产模式、工作业态和生活方式，数据渗透力不断加深，推动着档案工作从"实体空间"向"数字空间""数据空间"迁移。信息的处理由相对冗余和庞杂的文件尺度开始降维到更容易解析和处理的数据尺度①。因此，需要在档案数字化基础上持续推进档案数据化，将传统载体档案、数字化档案资源（包括经数字化加工转换形成的数字档案资源、电子档案等）转换为便于机器直接提取、关联、组织、解析、挖掘的细粒度结构化档案数据，推进档案信息资源从数字化形式控制递进为数据化内容控制。

从档案资源范围看，由"小数据"向"大数据""全数据"拓展。在小数据时代，囿于技术手段等限制，档案部门所获取的往往都不是全景式的综合信息，不能很好地进行定量分析决策。大数据时代，档案数据具有广源性特征，由档案数据全集中挖掘出的信息知识价值远大于单个档案数据价值之和。因此，在档案数据治理过程中，需要树立大档案观，注重数据全方位、多方面采集，构建全景式的档案数据资源生态圈，使得档案数据要素价值得以拓展和提升。发挥数据赋能作用，建设量大面广、全国统一的档案数据资源库群，在开展"存量数字化、增量电子化"基础上，逐步推进"总量数据化"，长期连续性地对传统档案资源进行全文本的数据转换、对电子档案和其他原生档案数据资源进行全要素的数据采集保存，应归尽归，应收尽收，尽可能收集多元数据、全面数据、全景数据、完整数据和综合数据，建立档案数据生态集群，构建覆盖人民群众的档案数据资源体系。

从档案资源构成看，"内容数据""管理数据""利用数据"并存。随着档案数据化加速推进，档案馆数据来源日益广泛，呈现出多元化发展态势，既包括传统载体档案转换数据、电子档案内容数据等，也包括数字环境下档案业务管理利用过程中产生的各类数据等。大数据时代的档案数据内涵不局限于档案的内容，还关注产生该数据内容的计算机软硬件环境，包括其软硬件平台、日志、维护信息等相关信息，即关注的是以数据包为单位的多元数据②。在此背景下，档案数据资源建设路径得以有效拓展，档案数据资源建设空间得以进一步拓宽，有利于大数据时代各类档案数据资源的整合集成。

2. 驱动档案业务重塑

大数据时代，档案部门既要"管档案"，也要"管数据"。档案馆履行数据

---

①钱毅. 技术变迁环境下档案对象管理空间演化初探[J]. 档案学通讯, 2018(2): 10-14.
②于英香. 从数据与信息关系演化看档案数据概念的发展[J]. 情报杂志, 2018(11): 150-155.

管理职能，不仅有利于保持人类记录的连续性、社会记忆的完整性，更有利于保障数据管理工作的有效性，能够使档案馆的业务场域、发展空间、社会价值得到有效扩展，对推动业务数据化与数据业务化具有重要作用。

（1）业务数据化

业务数据化是指将企业或组织业务活动以数据方式记录下来，所关注的是数据价值链的前端[①]。其本质上是用数据表现和解读业务。原生环境数据化、形成方式数据化、来源形态数据化的档案形成生态正在演化[②]，需要加大对档案馆相关业务的数据化控制。

在档案馆运行过程中，发挥数据赋能效用，强化业务数据化管控，业务数据化主要包括管理系统化、流程电子化和业务在线化。一是管理系统化。通过建立归档数据质量管控平台、电子档案资源整合平台、企业档案工作管控平台等，对档案馆运行重要环节进行数据化和指标化管控，并且依据管理过程数据的汇集及统计分析，用系统来实时监控、跟踪、记录、控制档案馆各项业务，驱动管理决策。二是流程电子化。实现档案馆各阶段不同业务处理的电子化，从而更加快捷、准确、全面地提供全流程的档案信息，真正做到档案馆全程动态管理和实时控制。三是业务在线化。逐步完善支撑各项工作的管理软件，整合包括与档案馆有关的文档一体化系统、信息采集系统、档案信息管理系统、档案信息利用服务系统和运行维护跟踪管理系统等，使得所有业务都可网上操作和线上办理，从根本上摆脱传统手工管理模式，推动档案馆高效运行。

（2）数据业务化

数据赋能档案馆业务不是简单地将线下的工作搬到线上，而是基于档案馆业务整体，对档案业务进行数据化重塑，对工作内容进行再造，实现档案业务数据化；再将业务工作中形成的数据进行捕获、归集、分析、加工和利用，推动档案业务重组与创新发展，实现数据业务化。与业务数据化不同的是，数据业务化是指如何基于数据定义和再造敏捷业务，属于数据价值链的后端[①]。其本质就是通过对档案业务系统中沉淀的数据进行二次加工，找出数据中的规律，让数据更懂业务，并用数据驱动各个业务的发展，将数据渗透到各个业务运行中，让数据反哺业务，释放数据价值，即强调数据对档案业务的理解、渗透和反馈。数据业务化就是档案馆利用数据说话、管理、决策和优化，推动档案馆管理从经验管理到"循数"

---

①朝乐门, 卢小宾. 数据科学及其对信息科学的影响[J]. 情报学报, 2017(8): 761-771.

②金波, 添志鹏. 档案数据内涵与特征探析[J]. 档案学通讯, 2020(3): 4-11.

治理升级。用档案数据说话就是科学的态度、科学的方法，是一种更合理的治理模式。让数据（这里的数据主要指档案管理数据、运维数据、利用数据等）赋能档案馆各项业务。例如，在档案馆管理中，通过设置数据分析看板，在大屏上进行实时展示，掌握档案馆运行状态、工作流程、服务效果等，发现分析档案数据运动规律，实现档案馆运行各环节信息可查询、来源可追溯、去向可跟踪、责任可追究。

长期以来，档案管理工作以经验管理居多，在此影响下，档案馆的运行大多也停留在经验管理阶段。一方面，档案部门基于经验和直觉自上而下做出管理决策，这种由经验或直觉驱动的管理，主观意志强，很容易做出不准确的判断以及不清楚档案用户到底需要什么，从而影响管理效能。另一方面，由于档案人员知识结构的限制，经验管理是属于小生产式的管理方法，不能适应并解决档案管理工作中出现的大量新情况与新问题，难以适应现代化、信息化需求。大数据时代，档案馆所要面对和处理的是更为复杂多变的数据环境和更多以数据形式呈现的现实问题，为适应大数据环境变化，实现更优质、更高效的治理，档案馆应该逐步改变经验决策管理模式，积极倡导依数决策、循数治理。通过数据发现问题、分析问题、解决问题，由（主观）经验驱动的管理决策转向（客观）事实驱动的治理决策。档案数据治理需要借力大数据，达到资源更开放、内部更协调、互动更透明、决策更精准的目标，挖掘大数据中有价值、可利用的关联数据，使收集数据成为日常行为，挖掘数据成为常态，分析数据成为常规，确保档案治理过程的公平公正、治理结果的科学客观，形成用数据说话、用数据决策、用数据管理和用数据创新的"循数"治理理念，提升档案数据治理效能。

业务数据化是数据的浅层应用，数据业务化是数据的深层应用，前者是前提和基础，后者是前者的延展与深化。业务数据化与数据业务化相辅相成，业务数据化是为了更好地开展数据业务化，数据业务化对业务数据化提出更高的要求，倒逼业务数据化的精细化，两者共同服务于档案馆业务运营和档案数据资源价值的释放。

3. 驱动档案价值释放

随着大数据时代的发展，档案形成生态发生新变化，档案数据的潜能被激发、活性被催化，逐渐成为档案信息资源的重要存在形式。档案数据作为一种新型生产要素和新质生产力，其价值体现与价值实现机制呈现多元化[①]，包括档案数据内

---

① 于英香. 从数据与信息关系演化看档案数据概念的发展[J]. 情报杂志, 2018(11): 150-155.

容的凭证价值和情报价值、档案数据关联融合产生的二次价值以及档案数据的潜在隐性价值等，在资政辅政、经济运行、文化休闲、科技创新、生态保护等方面发挥着基础支撑作用。数据赋能推动档案馆服务理念从供给导向向需求导向升级，以海量档案数据资源为基础，形成语义化、颗粒化的关联图谱，突破传统"全宗""案卷""文件"为管理单位的档案管理模式，实现档案数据的知识发现与知识增值，释放档案数据要素价值潜能，为档案用户提供知识服务、关联服务与隐性服务。

第一，档案数据的知识价值。在知识时代背景下，档案价值有了新的特质，开始注重知识属性，参与知识管理，提供知识服务，帮助用户解决实际问题。档案部门需要以社会需求为导向，利用分词标引、自动摘要、编码分析、分类聚类、数据挖掘、语义网络、超媒体等技术方法，对档案数据资源进行描述加工、整序优化、集成处理、提炼开发，挖掘蕴含在档案数据中的知识单元，并对这些知识单元进行整合、组织与管理，形成各类知识产品，促进知识交流、知识传播、知识共享、知识增值和知识再生产，发挥档案部门的知识管理、知识开发、知识导航和知识创新功能，成为政府决策、科学研究、技术创新的重要知识库。例如，2011 年开通运行的"青岛档案历史知识库"服务平台，收录了青岛历史知识词条近 7000 条，时间涵盖古代到当代，内容包括政治史、军事史、经济史等 10 个方面，集文字、数字、照片、音视频、论文目录和史料目录及全文链接于一体，是青岛历史知识的集成化结构化管理和网络化应用服务平台，形成了一个有关青岛历史的系统知识体系[①]。

第二，档案数据的关联价值。关联关系是资源发现和资源扩展的重要基础。在大数据环境下，档案数据的关联性挖掘一定是建立在全数据基础之上的，每份档案数据的价值一定是建立在另一份档案价值的基础之上的[②]。当一条档案数据或者一批档案数据孤立存在时并没有什么数据价值，只有与其他数据进行关联分析时才有新的应用价值，甚至需要进行跨领域的数据分析，才有可能形成真正的知识和智能，产生更大的价值[③]。基于关联规则，不仅可以通过记忆单元的语义关联，实现数字档案资源的关联，还可以通过多个记忆单元与数字档案资源的关系，实现记忆单元之间隐含关系的发现，由点到线，连线成面，提供档案开发的记忆线

①魏福翠. 青岛: 创新服务模式 提升服务能力[N]. 中国档案报, 2014-11-18(1).

②周林兴. 数字时代的档案认知[J]. 浙江档案, 2019(3): 11-13.

③郑金月. 数据价值: 大数据时代档案价值的新发现[J]. 浙江档案, 2015(12): 11-14.

索与记忆脉络①。例如，我国"青岛啤酒时光机"项目通过档案内容细粒度关联，建立员工关系、产品关系等数据知识网络，利用可视化工具、3D建模等技术，展现青岛啤酒厂的演变历程，还原员工工作的真实场景，为用户提供强沉浸感的档案服务体验②。

第三，档案数据的潜在价值。档案数据的价值不仅局限于内容表面，更多的在于深层次细粒度的记忆单元，因此档案数据资源开发朝着细粒化单元方向发展十分重要。将大粒度档案数据资源碎化为具有参考价值的细粒度单元的过程，需要将计算机技术、数据分析方法和领域专家智慧有机融合，从档案内容视角实现资源的深度语义挖掘与理解揭示③。另外，图像格式的档案数据运用人脸识别、拍照识别等技术，音视频格式的档案数据运用语音识别等技术，可以挖掘档案数据中的隐性知识、"弱"信息、"暗"数据，对其进行连接、组合，更好地发挥档案数据潜在价值。

（四）流程联动

档案数据治理涉及众多资源要素、生态因子，运行过程动态复杂，需要从"广种薄收"的粗放式管理向"精耕细作"的集约式治理转变，促进治理环节集成联通、治理过程集约能动，优化资源配置与要素组合，提升档案数据治理效率效能。

1. 治理环节集成联通

针对多元、复杂、差异的档案数据治理环境，需要强化治理环节的集中统一，形成综合效应，推动档案数据治理流程高效运行。一是理念先行。以国家利益和社会效益为导向，通过对治理要素的归集、调整、配置、重组，发挥档案数据组织要素、制度要素、环境要素、技术要素等方面的协同集合效应。二是整体联动。建立档案馆合作联盟和治理联盟，破除"条块分割"导致的各自为政、各行其是、资源分散、单兵作战等障碍，开展集团作战、群体作战、规模作战、融合作战，在资源共建、技术应用、人员培训、开发利用、标准制定等方面整合力量，形成良好的联动格局。三是环节畅通。集成管理是指对管理要素的科学重塑，要求不仅关注文件流，也要关注与文件流相关的业务流，关注其他信息流的统筹兼顾、

①牛力, 刘慧琳, 曾静怡, 等. 数字时代档案资源开发利用的重新审视[J]. 档案学研究, 2019(5): 67-71.
②靳文君. 数字技术赋能档案资源开发[N]. 中国档案报, 2022-12-26(3).
③王毅, 魏扣. 优化用户体验的数字档案资源服务策略研究[J]. 档案学通讯, 2017(1): 64-69.

功能整合，鲜明地体现了开放式、集约化的管理理念[①]。立足档案数据运行过程，围绕档案数据资源收集捕获、质量控制、整合集成、共享利用、安全保障全流程，建立综合、稳定、连贯的一体化治理机制，实现操作流程、管理利用集成化，形成具有要素群结构的融合治理体系。

2. 治理过程集约能动

"集约"最初是由李嘉图等英国古典政治经济学家在地租理论中相对于"粗放"提出来的。现代意义的"集约化经营"的内涵则是从苏联"引进"的。1958年苏联经济学家第一次引用"集约"一词，解释其义为在社会经济活动中，在同一经济范围内，通过经营要素质量的提高、要素含量的增加、要素投入的集中以及要素组合方式的调整来增进效益的经营方式[②]。集约化的"集"是指集中人力、物力、财力、管理等各种生产要素，进行统一配置、凝聚力量；集约化的"约"是指在集中统一组配生产要素的过程中，坚持高效、节俭、约束的价值取向，多、快、好、省，降低成本、提高质量、高效运行，增强组织能动性与竞争力。综合而言就是要集合要素优势、节约生产成本、提高管理效益。集约化从最初的经济活动被延伸运用于政治建设、工业生产、农业耕作等众多领域，成为一种经典的组织管理模式。

实际上集约化与粗放式的本质区别正在于治理效率的高低[②]。治理效率是指在治理过程中所达成的效果与所消耗的人力、物力、财力、时间等因素构成的成本之比，也就是治理绩效与治理成本之比，用公式表示为

$$治理效率＝治理绩效/治理成本$$

据此，在档案数据治理过程中，强调低投入、高产出，一是提升治理绩效。把治理质量放在首位，完善治理标准规则，建立健全治理制度，在档案数据资源建设质量、管理运行质量、用户服务质量等方面下大力气、练真功夫，塑造治理优势，提升治理绩效。二是发挥治理技巧。综合应用各种现代信息技术，创新治理手段和治理模式，"法治"与"德治"、"软治"与"硬治"、"共治"与"自治"齐头并进、多措并举，实现巧治理，发挥巧实力。三是节约治理成本。优化档案数据运行流程，精兵强将、减肥瘦身、优胜劣汰，整合多方机构、精简管理流程、缩短服务时效、加强预算审计，避免重复低水平建设、倡导绿色低碳无污染，及时淘汰落

---

①陈兆祦, 和宝荣, 王英玮. 档案管理学基础[M]. 北京: 中国人民大学出版社, 2005: 494.

②徐玉生. 试论党的集约化建设[J]. 上海经济研究, 2006(1): 34-39.

后陈旧的基础设施、资源要素和技术手段，简化档案利用的烦琐程序，实现档案数据治理的节能、简便和快捷。当前，电子文件单套制持续推进，推进电子发票、电子票据、电子合同、电子报告单等经济领域电子文件的规范管理和应用，有效降低社会交易成本，提高经济运营效能。比如，通过电子发票应用试点，有效规范电子发票开具、交付流通等环节，使纳税主体发票业务减少95%，促进市场交易便利化[①]。

（五）平台互动

系统平台是档案数据运行、流转、保存、利用的场域，是档案数据赖以生存的软硬件技术环境，档案数据治理的关键内容就是各类应用系统的整合对接、功能开发、升级完善。当前，档案数据建设中各自为政、条块分割现象严重，带来系统异构、数据壁垒、信息孤岛等问题，阻碍档案数据互联互通与开放共享，应加强新技术的协同开发和应用，共同研发档案数据管理系统和服务利用平台，避免重复投入、重复建设和资源浪费，消除信息孤岛和系统异构，提高档案数据管理能力和服务水平，实现互利共赢、共同发展。2021年，《上海市档案事业数字化转型工作方案》提出，整合现有系统和资源，将互联网端"数字档案公共查询平台"打造为全国档案查询利用服务平台重要节点，汇聚全市所有开放档案案卷级和文件级目录，形成一批具有上海地方特色的专题档案资料全文数据库[②]。

针对各档案馆存在的技术代差、技术异构、技术壁垒、技术鸿沟等问题，强化顶层设计与统筹规划，制定统一的技术标准和技术架构，提升技术应用规范性、科学性；加大大数据、云计算、区块链、人工智能、元宇宙等现代信息技术的课题研究，促进新兴技术的选用推广，推动科技创新与档案业务工作深度融合；持续优化档案数据管理系统平台结构功能，构建系统完备、高效实用、安全可靠的软硬件技术设施，优化管理流程，确保档案数据传递畅通、运行高效、互联互通、利用便捷。创建基于统一逻辑、统一接口、统一架构、统一标准的档案数据管理系统，保障系统具有良好的扩展性、对接性、关联性、耦合性、互通性，推动不同区域、不同层级、不同行业、不同部门档案资源联通共享，实现档案数据要素价值潜能。例如，2022年7月6日，全国档案查询利用服务平台上线，全国档案

①龙家庆. 会议速递|第十二届"中国电子文件管理论坛"云端相聚！开幕式精彩致辞传递哪些讯息？今天平行论坛精彩继续[EB/OL]. (2022-04-17)[2023-04-20]. https://mp.weixin.qq.com/s/gVgAF-VEOmW_szMhA5OLlw.

②上海市档案局关于印发《上海市档案事业数字化转型工作方案》的通知[EB/OL]. (2021-04-01)[2023-06-21]. https://www.archives.sh.cn/dayw/jszj/202301/t20230105_67869.html.

查询利用服务平台是依托互联网，为社会公众提供档案查询利用的跨区域、跨层级的公共服务平台。全国各省区市档案馆，各计划单列市、副省级市档案馆及新疆生产建设兵团档案馆都已接入全国档案查询利用服务平台，全国接入总数已超过 1000 家[①]，2023 年，新接入档案馆 684 家，全国各级综合档案馆接入率达 60%，档案查询利用"一网通办"不断提质扩面[②]。"十三五"期间，上海市档案馆牵头制定全市"一网通办"政务服务电子档案管理规定及技术标准，12 个区档案馆通过国家档案局组织的"示范级"和"国家级"数字档案馆测评，联通市、区两级国家综合档案馆和各市级机关的"上海档案目录共享平台"建成，市、区两级国家综合档案馆共建"数字档案公共查询平台"，汇集全市开放档案目录 100 余万条，信息化转型迈上新台阶[③]。

（六）人才推动

1964 年，美国著名管理大师彼得·德鲁克在《管理实践》一书中提出，"人力资源和其他资源相比较而言，唯一的区别就在于这种资源是人，它拥有其他资源所没有的素质、协调能力、融合能力、判断能力和想象能力"[④]。千古兴业，关键在人。人是档案数据治理中最活跃、最根本的生态因子，没有人才，任何资源与技术都无法发挥作用，人员思想理念的新旧、业务能力的高低将直接影响档案数据治理水平。《"十四五"全国档案事业发展规划》提出要"加快推进档案人才培养，提升档案智力支撑能力"[⑤]。在档案数据治理过程中，需要注入人本管理思想，以人为中心，把人作为最重要的资源、对象和手段，强化人力资源开发、培育、运用和维护，优化人才队伍结构，加大人才培养力度，助力档案数据治理能级提升。

1. 优化人力资源结构

围绕档案数据治理实施，聚焦档案数据建设发展愿景与目标，强化档案部门人力资源建设与人力资源结构优化。一是打造科学有序的人才梯队。秉持尊重人、关心人、依靠人的行为理念，科学设计档案数据治理人员的年龄梯队、专业技术

---

①郑艳方. 全国档案查询利用服务平台正式上线[N]. 中国档案报, 2022-07-07(1).

②全国档案工作暨表彰先进会议论述之二 2 亿余卷（件）开放档案, 如何利用好[N]. 中国档案报, 2024-02-22(1).

③上海市档案局关于印发《上海市档案事业发展"十四五"规划》的通知[EB/OL]. (2021-08-04)[2023-09-13]. https://www.archives.sh.cn/tzgg/202112/t20211213_62551.html.

④姚乐野, 蔡娜. 走向知识管理与知识服务: 数字档案馆建设研究[M]. 成都: 四川人民出版社, 2010: 143.

⑤中办国办印发《"十四五"全国档案事业发展规划》[J]. 中国档案, 2021(6): 18-23.

职务梯队和领导团队梯队，有效配置人力资源的年龄结构、学历结构、专业结构、知识结构、职称结构等，兼顾人力资源的背景、经验、价值观等方面因素，形成布局合理、梯次分明、青黄接续的组织架构。二是加强人才资源组织协调。因人制宜、人尽其用，根据不同人员的天赋、特长、爱好、秉性、技能等进行岗位设置与职位安排，形成领头羊、骨干组、后备军。加强信息技术人才和高层次人才的引进、选聘、录用等，及时补充新鲜血液，充分挖掘人才资源的潜力，为档案数据治理配备相应的决策者、执行者、监督者，发挥管理人才、技术人才和专业人才等的知识才干，营造团结向上的组织文化，提升团队向心力、凝聚力和战斗力。三是完善人才评价机制。推进绩效管理，突出业绩导向，建立考核制度，进一步完善档案人员岗位责任制，形成有利于档案数据治理的绩效文化和价值导向。建立激励制度，实施包括精神激励和物质激励在内的激励措施，全面调动档案人员的积极性、主动性和创造性，推动档案数据治理理念创新与服务创新，用事业留人、情感留人、待遇留人，不断提高人才队伍整体能力和专业素质。2022年，国家档案局发布国家级档案专家、全国档案工匠型人才和全国青年档案业务骨干"三支人才队伍"名单，通过各类专家型人才的遴选与推广，能够激发各地档案工作者的职业荣誉感与责任感，有效发挥专家型人才在档案业务精进与档案管理技术创新引领方面的作用[1]。

2. 培育专业人才队伍

信息化人才是推动档案信息化发展的动力，是档案信息化建设最宝贵的资源。重视信息化人才培养，提高档案从业者的信息素养和信息技能，是档案信息化建设的迫切任务[2]。现代信息技术日新月异，对档案管理者提出了新的要求。档案数据是现代信息技术应用发展的产物，信息技术集聚程度高，档案数据治理不仅要求档案管理者具有档案收集、鉴定、整理、保管、编研、利用等档案业务管理知识，同时还要求具备信息技术知识技能。档案学专业高等教育是培养国家档案事业管理人才的基地，承担着档案专业人才培养的历史责任，需要将档案数据理论知识、建设实践等列入档案学专业人才培养计划中，为档案数据治理输送专业人才。培训是我国档案人员培养和提高的一种重要形式，组织各方面技术专家，加强对档案人员进行技术培训，提升档案人员的信息素养和数据技能，为档案数据

---

①任越. 搭好人才队伍建设舞台 唱好档案事业现代化大戏[N]. 中国档案报, 2023-10-19(1).
②张照余. 档案信息化人才建设现状与对策[J]. 浙江档案, 2006(10): 9-11.

治理提供技术人才支持。加大人才"引智"力度，重点引进掌握计算机技术、云计算技术、移动互联技术、大数据技术、人工智能技术等现代信息技术人才，弥补档案数据治理技术人才队伍不足。

3. 打造专业人才联盟

人才是档案数据治理中最活跃的生态因子，档案数据治理的创新发展离不开人才主观能动性的发挥，通过专业人才联盟，凝聚多方力量，联合档案局、档案馆、高等学校、科研院所、信息技术企业等建立档案人才共育共享机制，充分发挥专业人才智力融合优势。

一是塑造档案馆馆际人才联盟。为推动人才共享，需要加强不同档案馆之间的交流合作，打造档案馆档案数据治理专业人才联盟，形成人才共同体，建立各级各类综合档案馆之间、行业系统内部档案馆之间、跨系统档案馆之间相互协作所形成的"馆际联盟"，推动档案馆人才资源共建共享，优势互补，提高共同效益。例如，2018年，沪苏浙皖三省一市档案部门签订民生档案"异地查档、便民服务"合作协议，建立长三角地区档案工作常态化交流合作机制，打造"一网查档、百馆联动"档案公共服务品牌，浙江档案部门积极推进档案科技创新互融、人才资源互通、产业平台共建，促进档案领域科技链、人才链、产业链的有机衔接。推动建立业务培训、技能教学、证书互认等人才培养机制[①]。

二是塑造档案馆与高校、科研院所、信息技术企业等机构人才联盟。通过科研合作、技术应用、系统开发、人员培训、专题讲座、标准研制、政策咨询、产品研制、操作培训等方式，密切高校教师、科研人员、信息技术公司与档案管理者之间的交流合作，打造人才集聚新高地，构建档案数据治理高端智库，为档案数据治理可持续发展提供智力支持。例如，在2023年档案数据产教融合大会上，由中国人民大学信息资源管理学院倡导，联合高校、档案馆和企业成员共36家单位组成的档案数据产教融合发展平台成立，旨在以问题为导向，联合学术界、产业界和行业领域的优势力量，勇于解决档案数据应用和管理中的核心挑战，推动档案数据应用和管理水平的持续提升[②]。

---

①浙江省档案局. 协力推进长三角区域档案工作一体化高质量发展[N]. 中国档案报, 2023-12-07(1).

②2023档案数据产教融合大会暨第十三届中国电子文件管理论坛在浙举办[EB/OL]. (2023-10-19)[2023-12-12]. https://www.saac.gov.cn/daj/c100206/202310/b2efe8d4e6bd4f0d9af1fd3b1f553e45.shtml.

参考文献

（一）著作

[1]蔡莉, 朱扬勇. 大数据质量[M]. 上海: 上海科学技术出版社, 2017.

[2]曹建军, 刁兴春. 数据质量导论[M]. 北京: 国防工业出版社, 2017.

[3]曹玉. 国家综合档案馆责任伦理研究[M]. 北京: 中国社会科学出版社, 2022.

[4]常大伟. 国家治理现代化视阈下我国档案治理能力建设研究[M]. 武汉: 武汉大学出版社, 2020.

[5]陈明红. 网络信息生态系统信息资源优化配置研究[M]. 北京: 科学技术文献出版社, 2019.

[6]DAMA 国际. DAMA 数据管理知识体系指南[M]. DAMA 中国分会翻译组, 译. 北京: 机械工业出版社, 2020.

[7]丁德胜. 电子档案管理理论与实务[M]. 北京: 中国文史出版社, 2023.

[8]丁华东. 档案学理论范式研究[M]. 上海: 世界图书出版公司, 2011.

[9]丁华东. 档案与社会记忆研究[M]. 北京: 人民出版社, 2016.

[10]杜小勇. 数据科学与大数据技术导论[M]. 北京: 人民邮电出版社, 2021.

[11]范德兰斯 R F. 数据虚拟化: 商务智能系统的数据架构与管理[M]. 王志海, 韩萌, 孙艳歌, 等, 译. 北京: 机械工业出版社, 2017.

[12]冯惠玲. 档案学概论[M]. 3 版. 北京: 中国人民大学出版社, 2023.

[13]冯惠玲, 等. 电子文件风险管理[M]. 北京: 中国人民大学出版社, 2008.

[14]冯惠玲, 刘越男, 等. 电子文件管理国家战略[M]. 北京: 中国人民大学出版社, 2011.

[15]国务院参事室国家治理研究中心, 山东大学国家治理研究院. 国家治理研究论纲[M]. 北京: 人民出版社, 2021.

[16]哈肯 H. 高等协同学[M]. 郭治安, 译. 北京: 科学出版社, 1989.

[17]洪大用, 马国栋, 等. 生态现代化与文明转型[M]. 北京: 中国人民大学出版社, 2014.

[18]胡昌平. 信息资源管理研究进展[M]. 武汉: 武汉大学出版社, 2017.

[19]黄萃, 彭国超, 苏竣. 智慧治理[M]. 北京: 清华大学出版社, 2017.

[20]黄如花. 数字信息资源开放存取[M]. 武汉: 武汉大学出版社, 2017.

[21]黄世喆. 档案管理学[M]. 北京: 高等教育出版社, 2016.

[22]黄子林. 档案信息资源开发[M]. 长沙: 湖南科学技术出版社, 1995.

[23]加小双. 档案资源社会化: 档案资源结构的历史性变化[M]. 杭州: 浙江大学出版社, 2019.

[24]靖继鹏, 张向先. 信息生态理论与应用[M]. 北京: 科学出版社, 2017.

[25]柯平, 等. 图书馆战略规划研究[M]. 北京: 社会科学文献出版社, 2014.

[26]Lee Y W, Pipino L L, Funk J D, 等. 数据质量征途[M]. 黄伟, 王嘉寅, 苏秦, 等, 译. 北京:
高等教育出版社, 2015.

[27]李红. 数据库原理与应用[M]. 北京: 高等教育出版社, 2003.

[28]李伦. 数据伦理与算法伦理[M]. 北京: 科学出版社, 2019.

[29]连志英. 数字档案资源社会化开发[M]. 北京: 中国人民大学出版社, 2023.

[30]林子雨. 大数据导论: 数据思维、数据能力和数据伦理(通识课版)[M]. 北京: 高等教育出版
社, 2020.

[31]刘媛妮, 赵国锋, 李昕, 等. 数据虚拟化: 多源异构数据集成之道[M]. 北京: 人民邮电出版
社, 2019.

[32]刘越男, 马林青. 2010—2015 年电子文件管理发展与前沿报告[M]. 北京: 电子工业出版社,
2016.

[33]Loshin D. 数据质量改进实践指南[M]. 曹建军, 江春, 等, 译. 北京: 国防工业出版社, 2016.

[34]陆阳, 等. 社会治理视角下的档案制度变迁研究[M]. 武汉: 武汉大学出版社, 2022.

[35]吕廷君. 大数据时代政府数据开放及法治政府建设[M]. 北京: 人民出版社, 2019.

[36]吕欣, 李洪侠, 李鹏. 大数据与国家治理[M]. 北京: 电子工业出版社, 2017.

[37]马尔特比 E, 等. 生态系统管理: 科学与社会问题[M]. 康乐, 韩兴国, 等, 译. 北京: 科学
出版社, 2003.

[38]马费成, 赵一鸣. 大数据环境下的知识组织与服务创新[M]. 武汉: 武汉大学出版社, 2021.

[39]梅宏. 数据治理之论[M]. 北京: 中国人民大学出版社, 2020.

[40]欧阳静. 强治理与弱治理: 基层治理中的主体、机制与资源[M]. 北京: 社会科学文献出版社,
2018.

[41]单志广, 房毓菲, 王娜. 大数据治理: 形势、对策与实践[M]. 北京: 科学出版社, 2016.

[42]舍恩伯格 V M, 库克耶 K. 大数据时代[M]. 盛杨燕, 周涛, 译. 杭州: 浙江人民出版社, 2013.

[43]司莉, 邢文明. 科学数据管理与共享的理论与实践[M]. 武汉: 武汉大学出版社, 2017.

[44]孙发锋. 当代中国社会组织治理研究[M]. 北京: 中国社会科学出版社, 2020.

[45]孙特生. 生态治理现代化: 从理念到行动[M]. 北京: 中国社会科学出版社, 2018.

[46]唐义. 我国公共数字文化资源整合模式研究[M]. 武汉: 武汉大学出版社, 2017.

[47]童星. 中国社会治理[M]. 北京: 中国人民大学出版社, 2018.

[48]涂子沛. 大数据: 正在到来的数据革命, 以及它如何改变政府、商业与我们的生活[M]. 桂林: 广西师范大学出版社, 2012.

[49]王浦劬, 臧雷振. 治理理论与实践: 经典议题研究新解[M]. 北京: 中央编译出版社, 2017.

[50]王文建, 夏金华. 治理理论研究新探[M]. 北京: 科学出版社, 2018.

[51]王益民, 等. 数据论[M]. 北京: 中共中央党校出版社, 2021.

[52]王印红. 数字治理与政府改革创新[M]. 北京: 新华出版社, 2019.

[53]王兆君, 王钺, 曹朝辉. 主数据驱动的数据治理: 原理、技术与实践[M]. 北京: 清华大学出版社, 2019.

[54]沃科特 K A, 戈尔登 J C, 瓦尔格 J P, 等. 生态系统: 平衡与管理的科学[M]. 欧阳华, 等, 译. 北京: 科学出版社, 2002.

[55]吴宝康. 档案学概论[M]. 北京: 中国人民大学出版社, 1988.

[56]徐华, 薛四新. 云数字档案馆安全风险评估研究[M]. 北京: 中国社会科学出版社, 2022.

[57]薛四新. 档案馆现代化管理: 从数字档案馆到智慧档案馆[M]. 北京: 电子工业出版社, 2019.

[58]杨安莲. 中国特色电子文件管理理论体系的建构[M]. 上海: 世界图书出版公司, 2017.

[59]杨蕾, 袁晓光. 数据安全治理研究[M]. 北京: 知识产权出版社, 2020.

[60]杨学山. 论信息[M]. 北京: 电子工业出版社, 2016.

[61]杨智勇. 智慧城市背景下的档案信息服务模式研究[M]. 武汉: 武汉大学出版社, 2021.

[62]姚乐野, 蔡娜. 走向知识管理与知识服务: 数字档案馆建设研究[M]. 成都: 四川人民出版社, 2010.

[63]于英香. "区域-国家"电子文件管理整合研究[M]. 上海: 世界图书出版公司, 2018.

[64]俞可平. 治理与善治[M]. 北京: 社会科学文献出版社, 2000.

[65]俞可平. 中国治理变迁30年(1978—2008)[M]. 北京: 社会科学文献出版社, 2008.

[66]俞可平. 走向善治[M]. 北京: 中国文史出版社, 2016.

[67]张建锋. 数字治理: 数字时代的治理现代化[M]. 北京: 科学出版社, 2021.

[68]张莉. 数据治理与数据安全[M]. 北京: 人民邮电出版社, 2019.

[69]张尼, 张云勇, 胡坤, 等. 大数据安全技术与应用[M]. 北京: 人民邮电出版社, 2014.

[70]张绍华, 潘蓉, 宗宇伟. 大数据治理与服务[M]. 上海: 上海科学技术出版社, 2016.

[71]张绍荣. 网络文化生态场域治理研究[M]. 北京: 人民出版社, 2020.

[72]张占斌, 薛伟江. 当代中国国家治理概论[M]. 北京: 中共中央党校出版社, 2021.

[73]中国质量协会. 全面质量管理[M]. 3 版. 北京: 中国科学技术出版社, 2010.

[74]周承聪. 信息服务生态系统运行机制研究[M]. 北京: 中国社会科学出版社, 2015.

[75]周耀林, 常大伟. 大数据资源规划理论与统筹发展研究[M]. 武汉: 武汉大学出版社, 2023.

[76]周耀林, 赵跃, 等. 面向公众需求的档案资源建设与服务研究[M]. 武汉: 武汉大学出版社, 2017.

[77]朱兰 J M, 德赞欧 J A. 朱兰质量手册[M]. 6 版. 焦书斌, 苏强, 杨坤, 译. 北京: 中国人民大学出版社, 2014.

[78]Batini C, Scannapieco M. Data and Information Quality: Dimensions, Principles and Techniques[M]. Switzerland: Springer International Publishing, 2016.

[79]Bhansali N. Data Governance: Creating Value from Information Assets[M]. New York: Auerbach Publications, 2013.

[80]Davenport T H, Prusak L. Information Ecology: Mastering the Information and Knowledge Environment[M]. New York: Oxford University Press, 1997.

[81]de Guise P. Data Protection: Ensuring Data Availability[M]. New York: Auerbach Publications, 2017.

[82]Hu F. Big Data: Storage, Sharing, and Security[M]. New York: Auerbach Publications, 2016.

[83]Loshin D. The Practitioner's Guide to Data Quality Improvement[M]. San Francisco: Morgan Kaufmann, 2010.

[84]Mahanti R. Data Governance and Data Management: Contextualizing Data Governance Drivers, Technologies, and Tools[M]. Singapore: Springer Nature, 2021.

[85]Mahanti R. Data Quality: Dimensions, Measurement, Strategy, Management, and Governance[M]. Milwaukee: ASQ Quality Press, 2019.

[86]Malhotra Y. Information Ecology and Knowledge Management: Toward Knowledge Ecology for Hyperturbulent Organizational Environments[M]. Oxford: UNESCO/Eolss Publishers, 2002.

[87]Potts J. Use and Reuse of the Digital Archive[M]. Gewerbestrasse: Springer Nature Switzerland AG, 2021.

[88]Soares S. Data Governance Tools: Evaluation Criteria, Big Data Governance, and Alignment with Enterprise Data Management[M]. Boise: MC Press, 2015.

[89]Stielow F. Building Digital Archives, Descriptions, and Displays: A How-to-Do-It Manual for Archivists and Librarians[M]. New York: Neal Schuman Publishers , 2003.

（二）论文

[1]巴志超, 李纲, 周利琴, 等. 数据科学及其对情报学变革的影响[J]. 情报学报, 2018(7): 653-667.

[2]蔡盈芳. 数据管理业务与档案融合管理研究[J]. 档案学研究, 2021(3): 40-46.

[3]常大伟. 档案治理的内涵解析与理论框架构建[J]. 档案学研究, 2018(5): 14-18.

[4]常大伟. 理念、制度与技术: 治理现代化语境下档案事业高质量发展的三重审视[J]. 档案学通讯, 2022(2): 13-19.

[5]常大伟, 潘娜. 档案数据治理能力的结构体系与建设路径[J]. 浙江档案, 2020(2): 27-29.

[6]朝乐门. 信息资源管理理论的继承与创新: 大数据与数据科学视角[J]. 中国图书馆学报, 2019(2): 26-42.

[7]朝乐门, 卢小宾. 数据科学及其对信息科学的影响[J]. 情报学报, 2017(8): 761-771.

[8]陈代春. 高校图书馆知识服务平台构建探析[J]. 情报科学, 2008(6): 841-844.

[9]陈辉. 治理视域下的档案工作发展对策探究[J]. 档案学研究, 2017(4): 22-25.

[10]陈永生. 档案开放利用情况的数据分析: 档案充分利用问题研究之二[J]. 档案学研究, 2007(4): 15-17.

[11]陈永生, 王沐晖, 苏焕宁, 等. 基于互联网政务服务平台的文件归档与管理: 治理观[J]. 档案学研究, 2019(6): 4-11.

[12]陈展. 档案数据开放推进路径探略[J]. 浙江档案, 2019(1): 20-22.

[13]陈忠海, 宋晶晶. 档案治理: 理论根基、现实依据与研究难点[J]. 档案学研究, 2018(2): 28-32.

[14]陈忠海, 宋晶晶. 论档案治理视域下的公民利用档案权利实现[J]. 北京档案, 2018(5): 12-15.

[15]迪莉娅. 政府数据开放成熟度模型研究[J]. 现代情报, 2019(1): 103-110.

[16]丁家友. 大数据背景下的档案数据保全探析[J]. 档案学通讯, 2019(1): 34-39.

[17]丁宁. 参与治理: 档案馆公共文化服务运行模式的创新[J]. 档案学研究, 2016(5): 81-85.

[18]丁依霞, 徐倪妮, 郭俊华. 基于 TOE 框架的政府电子服务能力影响因素实证研究[J]. 电子政务, 2020(1): 103-113.

[19]范灵俊, 洪学海, 黄晁, 等. 政府大数据治理的挑战及对策[J]. 大数据, 2016(3): 27-38.

[20]冯惠玲. 面向数字中国战略的档案数据产教融合[J]. 档案与建设, 2023(10): 4-6.

[21]冯惠玲. 融入数据管理做电子文件管理追风人[J]. 北京档案, 2020(12): 6-7.

[22]冯惠玲. 数字记忆: 文化记忆的数字宫殿[J]. 中国图书馆学报, 2020(3): 4-16.

[23]冯惠玲. 学科探路时代: 从未知中探索未来[J]. 信息资源管理学报, 2020(3): 4-10.

[24]傅华. 国家档案资源的增长规律[J]. 档案学研究, 2006(6): 8-12.

[25]傅华, 冯惠玲. 国家档案资源建设研究[J]. 档案学通讯, 2005(5): 41-43.

[26]傅荣校. 论"档案信息孤岛"产生的可能性[J]. 浙江档案, 1998(2): 5-6.

[27]葛泽钰. 基于 PDCA 循环的档案数据质量控制探究[J]. 档案与建设, 2023(8): 40-43.

[28]龚天平, 饶婷. 习近平生态治理观的环境正义意蕴[J]. 武汉大学学报(哲学社会科学版), 2020(1): 5-14.

[29]顾敏华, 潘瑜, 吴云花. 树立大档案理念 创资源整合新模式: 苏州市相城区建设专业档案中心的探索和思考[J]. 档案与建设, 2018(1): 76-77, 72.

[30]国家档案馆档案开放办法[J]. 中国档案, 2022(7): 36-38.

[31]何思源, 刘越男. 科学数据和科研档案的管理协同: 框架和路径[J]. 档案学通讯, 2021(1): 49-57.

[32]胡志斌, 李鹏达, 罗贤明. 江西: 档案大数据分析应用[J]. 中国档案, 2023(8): 28-29.

[33]华林, 赵局建, 成灵慧. 基于档案安全体系构建的档案中介服务机构依法治理研究[J]. 档案学通讯, 2018(2): 100-105.

[34]黄璜. 数字政府: 政策、特征与概念[J]. 治理研究, 2020(3): 6-15, 2.

[35]黄蕊. 国外档案部门数字转型举措探析[J]. 中国档案, 2020(4): 72-73.

[36]黄霄羽, 管清潆. 顺应数字变革 展望职业前景 强调多元价值: 2020 档案年会主题折射国内外档案工作的最新特点和趋势[J]. 档案学研究, 2020(5): 92-100.

[37]加小双, 安小米. 数字档案资源建设中的参与式图景[J]. 档案学研究, 2016(2): 83-88.

[38]加小双, 徐拥军. 中国"城市记忆"理论与实践述评[J]. 档案学研究, 2014(1): 22-32.

[39]贾琼, 王萍. 数字人文视角下 LAM 资源整合路径研究[J]. 情报科学, 2021(4): 157-164.

[40]蒋颖. 欧洲社会科学数据的服务与共享[J]. 国外社会科学, 2008(5): 84-89.

[41]靖继鹏. 信息生态理论研究发展前瞻[J]. 图书情报工作, 2009(4): 5-7.

[42]库克 T, 刘越男. 电子文件与纸质文件观念: 后保管及后现代主义社会里信息与档案管理

中面临的一场革命[J]. 山西档案, 1997(2): 7-13.

[43]李宝玲, 李珂. 电子政务背景下河南省数字档案馆建设与实践[J]. 中国档案, 2020(8): 74-76.

[44]李汉卿. 协同治理理论探析[J]. 理论月刊, 2014(1): 138-142.

[45]李梅, 张毅, 杨奕. 政府数据开放影响因素的关系结构分析[J]. 情报科学, 2018(4): 144-148.

[46]李明华. 奋力开创全国档案事业发展新局面[J]. 中国档案, 2018(7): 17-19.

[47]李明华. 关于建立国家电子档案战略备份中心的提案[J]. 中国档案, 2022(3): 20.

[48]李明华. 在全国档案局长馆长会议上的工作报告[J]. 中国档案, 2018(1): 18-25.

[49]李明娟, 吴建华, 沈芳. 数字时代档案资源整合的理论研究与实践模式评析[J]. 档案与建设, 2014(5): 4-8.

[50]李振华, 陈梦玲. 高校档案数据治理的区域联盟发展模式研究[J]. 档案管理, 2021(2): 44-45.

[51]李宗富, 董晨雪, 杨莹莹. 国家档案治理: 研究现状、未来图景及其实现路径[J]. 档案学研究, 2021(4): 17-24.

[52]连志英. 数字档案资源社会化开发内涵及模型建构[J]. 档案学通讯, 2019(6): 27-34.

[53]廖志江. 知识发现及数字图书馆知识服务平台建设研究[J]. 情报科学, 2012(12): 1849-1853.

[54]刘家真. 我国图书馆、档案馆与博物馆资源整合初探[J]. 中国图书馆学报, 2003(3): 35-37.

[55]刘庆悦, 杨安莲. 档案数据: 概念、分类及特点初探[J]. 档案与建设, 2019(10): 4-7.

[56]刘石, 李飞跃. 大数据技术与传统文献学的现代转型[J]. 中国社会科学, 2021(2): 63-81, 205-206.

[57]刘炜, 夏翠娟, 张春景. 大数据与关联数据: 正在到来的数据技术革命[J]. 现代图书情报技术, 2013(4): 2-9.

[58]刘小瑛. 我国图书馆、档案馆、博物馆数字资源整合面临的主要问题及应对策略[J]. 图书馆学研究, 2014(12): 63-66, 45.

[59]刘越男. 大数据政策背景下政务文件归档面临的挑战[J]. 档案学研究, 2018(2): 107-114.

[60]刘越男. 数据治理: 大数据时代档案管理的新视角和新职能[J]. 档案学研究, 2020(5): 50-57.

[61]刘越男, 杨建梁, 何思源, 等. 计算档案学: 档案学科的新发展[J]. 图书情报知识, 2021(3): 4-13.

[62]卢芷晴. 元治理视阈下档案行政部门治理能力现代化策略探析[J]. 档案与建设, 2020(6): 25-28, 33.

[63]陆国强. 推动档案事业在高质量发展轨道上迈出坚实步伐: 在 2020 年全国档案局长馆长会议上的报告[J]. 中国档案, 2021(1): 19-25.

[64]陆国强. 为新时代档案事业高质量发展提供坚强法治保障[J]. 中国档案, 2020(7): 18-19.

[65]罗军. 我国档案管理体制改革研究[J]. 档案学通讯, 2009(5): 46-49.

[66]吕元智. 数字档案资源知识"关联"组织研究[J]. 档案学研究, 2012(6): 44-48.

[67]马费成, 李志元. 新文科背景下我国图书情报学科的发展前景[J]. 中国图书馆学报, 2020(6): 4-15.

[68]马费成, 卢慧质, 吴逸姝. 数据要素市场的发展及运行[J]. 信息资源管理学报, 2022(5): 4-13.

[69]马费成, 吴逸姝, 卢慧质. 数据要素价值实现路径研究[J]. 信息资源管理学报, 2023(2): 4-11.

[70]马海群. 档案数据开放的发展路径及政策框架构建研究[J]. 档案学通讯, 2017(3): 50-56.

[71]马文峰. 数字资源整合研究[J]. 中国图书馆学报, 2002(4): 63-66.

[72]马岩, 徐文哲, 郑建明. 我国数字图书馆协同管理研究进展[J]. 图书馆学研究, 2014(12): 2-7.

[73]莫纪宏. 国家治理体系和治理能力现代化与法治化[J]. 法学杂志, 2014(4): 21-28.

[74]倪代川, 金波. 数字记忆视域下档案数据治理探析[J]. 档案管理, 2021(1): 41-44.

[75]倪丽娟. 档案治理问题思考[J]. 档案学研究, 2021(1): 58-63.

[76]牛力, 高晨翔, 张宇锋, 等. 发现、重构与故事化: 数字人文视角下档案研究的路径与方法[J]. 中国图书馆学报, 2021(1): 88-107.

[77]牛力, 王为久, 韩小汀. "档案强国"背景下的档案知识服务"云决策平台"构建研究[J]. 档案学研究, 2015(5): 74-77.

[78]奥利弗 G, Chawner B, Liu H P, 等. 数字档案馆实施: 信任问题[J]. 档案学通讯, 2013(4): 48-51.

[79]祁天娇, 冯惠玲. 档案数据化过程中语义组织的内涵、特点与原理解析[J]. 图书情报工作, 2021(9): 3-15.

[80]钱毅. 从"数字化"到"数据化": 新技术环境下文件管理若干问题再认识[J]. 档案学通讯, 2018(5): 42-45.

[81]钱毅. 基于三态视角重新审视档案信息化建设[J]. 浙江档案, 2019(11): 18-21.

[82]钱毅. 数据态环境中数字档案对象保存问题与策略分析[J]. 档案学通讯, 2019(4): 40-47.

[83]全国档案事业发展"十三五"规划纲要[J]. 中国档案, 2016(5): 14-17.

[84]全国档案信息化建设实施纲要[J]. 中国档案, 2003(3): 35-37.

[85]沈国麟. 大数据时代的数据主权和国家数据战略[J]. 南京社会科学, 2014(6): 113-119, 127.

[86]沈洋, 赵烨橦, 张卫东. 现代化档案治理体系构建研究: 以国家档案馆为主体的视角[J]. 浙江档案, 2020(10): 17-19.

[87]石火学, 潘晨. 大数据驱动的政府治理变革[J]. 电子政务, 2018(12): 112-120.

[88]司莉, 李鑫. 基于关联数据的科学数据集成与共享研究: 以 Bio2RDF 项目为例[J]. 图书馆学研究, 2014(21): 51-55.

[89]苏玉娟. 政府数据治理的五重系统特性探讨[J]. 理论探索, 2016(2): 71-75.

[90]孙超, 吴振新. 国外数字资源长期保存成熟度模型及其分析与评价[J]. 图书情报工作, 2017(1): 32-39.

[91]孙钢. 推进档案治理体系和治理能力现代化: 2014 年国家档案局档案馆(室)司工作重点[J]. 中国档案, 2014(1): 35.

[92]孙洁. 当前我国档案馆馆藏建设的挑战及策略分析[J]. 档案学通讯, 2013(3): 67-70.

[93]孙俐丽, 吴建华. 关于国家数字档案资源整合与服务机制顶层设计的初步思考[J]. 档案学研究, 2016(1): 57-61.

[94]孙珠峰, 胡近. "元治理" 理论研究: 内涵、工具与评价[J]. 上海交通大学学报(哲学社会科学版), 2016(3): 45-50.

[95]覃丹. 英美社会科学数据管理与共享服务平台调查分析[J]. 图书情报工作, 2014(16): 67-75, 142.

[96]谭必勇, 徐拥军, 张莹. 档案馆参与非物质文化遗产数字化保护的模式及实现策略研究[J]. 档案学研究, 2011(2): 69-74.

[97]谭海波, 周桐, 赵赫, 等. 基于区块链的档案数据保护与共享方法[J]. 软件学报, 2019(9): 2620-2635.

[98]谭军. 基于 TOE 理论架构的开放政府数据阻碍因素分析[J]. 情报杂志, 2016(8): 175-178.

[99]陶飞, 刘蔚然, 刘检华, 等. 数字孪生及其应用探索[J]. 计算机集成制造系统, 2018(1): 1-18.

[100]陶水龙. 大数据视野下档案信息化建设的新思考[J]. 档案学研究, 2017(3): 93-99.

[101]童楠楠. 我国政府开放数据的质量控制机制研究[J]. 情报杂志, 2019(1): 135-141.

[102]汪伟民. 浙江嵊州: "个人全生命周期档案" 综合智治应用建设[J]. 中国档案, 2023(8): 30-31.

[103]王芳, 赵洪, 马嘉悦, 等. 数据科学视角下数据溯源研究与实践进展[J]. 中国图书馆学报, 2019(5): 79-100.

[104]王国才. 广域数字档案馆数据治理与区块链[J]. 中国档案, 2020(6): 40-41.

[105]王欢, 颜祥林. 数字档案馆项目风险成因的理论探析[J]. 档案与建设, 2015(2): 10-14.

[106]王金玲. 档案数据的智慧管理与应用研究[J]. 中国档案, 2018(4): 61-63.

[107]王露露, 徐拥军. 澳大利亚政府信息治理框架的特点研究及启示[J]. 图书情报工作, 2017(8): 33-42.

[108]王宁, 刘越男. 档案学视角下的科学数据管理: 基于国际组织相关成果的研究[J]. 图书情报工作, 2021(5): 88-97.

[109]王平, 陈秀秀, 李沐妍, 等. 区块链视角下档案数据质量管理路径研究[J]. 档案学研究, 2023(2): 120-127.

[110]王强. 企业档案工作数字化转型: 实践探索与理论框架[J]. 浙江档案, 2020(9): 16-20.

[111]王强, 高强. 业务系统数据归档研究: 以中国石油业务系统数据归档实践为例[J]. 浙江档案, 2019(12): 36-39.

[112]王绍忠. 全面提高档案工作质量和服务水平 为推进强国建设民族复兴伟业贡献力量: 在全国档案工作暨表彰先进会议上的报告[J]. 中国档案, 2024(2): 8-13.

[113]王协舟, 王露露. "互联网+" 时代档案工作改革的几点思考[J]. 档案学通讯, 2016(5): 94-100.

[114]王玉珏, 吴一诺. 档案法律融入数据法律体系的内在逻辑、问题与路径[J]. 档案学研究, 2022(3): 28-35.

[115]王渊, 黄道丽, 杨松儒. 数据权的权利性质及其归属研究[J]. 科学管理研究, 2017(5): 37-40, 55.

[116]王志宇, 熊华兰. 语义网环境下数字档案资源关联与共享模式研究[J]. 档案学研究, 2019(5): 114-119.

[117]吴宝康. 档案、档案工作和档案学概说提纲[J]. 档案学通讯, 1993(6): 18-22.

[118]吴加琪. 智慧城市建设背景下区域档案信息资源共建共享的思考[J]. 浙江档案, 2014(12): 9-11.

[119]吴金红, 陈勇跃, 胡慕海. e-Science 环境下科学数据监管中的质量控制模型研究[J]. 情报学报, 2016(3): 237-245.

[120]吴艺博. 我国档案信息资源整合实践探索行为研究[J]. 档案学研究, 2012(4): 41-45.

[121]夏天, 钱毅. 面向知识服务的档案数据语义化重组[J]. 档案学研究, 2021(2): 36-44.

[122]夏义堃. 试论政府数据治理的内涵、生成背景与主要问题[J]. 图书情报工作, 2018(9): 21-27.

[123]肖秋会. 俄罗斯联邦档案署的开放机制建设与开放数据方案[J]. 档案与建设, 2017(4): 21-23, 35.

[124]谢国强, 黄新荣, 马云, 等. 基于档案数据观的企业档案治理创新[J]. 档案与建设, 2020(8): 49-52.

[125]徐东华, 李晓明. 档案协同治理运行机制与实现路径[J]. 中国档案, 2018(8): 74-75.

[126]徐华. 基于 ISO 9000 的档案数字资源质量管理分析及术语释义[J]. 档案学研究, 2017(6): 39-44.

[127]徐拥军, 熊文景. 档案治理现代化: 理论内涵、价值追求和实践路径[J]. 档案学研究, 2019(6): 12-18.

[128]徐拥军, 张臻, 任琼辉. 国家大数据战略背景下档案部门与数据管理部门的职能关系[J]. 图书情报工作, 2019(18): 5-13.

[129]许海云, 董坤, 隗玲, 等. 科学计量中多源数据融合方法研究述评[J]. 情报学报, 2018(3): 318-328.

[130]晏秦. 论档案治理的内涵、特征和功能[J]. 档案管理, 2017(4): 4-7.

[131]杨冬权. 在全国档案安全体系建设工作会议上的讲话[J]. 档案学研究, 2010(3): 4-12.

[132]杨冬权. 在全国数字档案馆(室)建设推进会上的讲话[J]. 中国档案, 2013(11): 16-21.

[133]杨红, 胡正秋. 长三角地区民生档案"异地查档、便民服务"未来可期[J]. 中国档案, 2018(11): 43-45.

[134]杨晶, 康琪, 李哲. 美国《联邦数据战略与2020年行动计划》的分析及启示[J]. 情报杂志, 2020(9): 150-156, 94.

[135]杨来青, 崔玉华, 王晓华. 数字档案馆数据质量控制方法研究[J]. 中国档案, 2016(1): 66-67.

[136]杨力, 姚乐野. 基于知识管理的数字档案馆服务体系构建[J]. 档案学通讯, 2010(1): 58-60.

[137]杨智勇, 贺奕静. 全球化背景下中国参与国际档案治理的路径探析[J]. 档案学研究, 2020(2): 37-42.

[138]杨智勇, 金波, 周枫. "智慧型"档案信息服务模式研究[J]. 档案管理, 2018(6): 21-25.

[139]叶兰. 研究数据管理能力成熟度模型评析[J]. 图书情报知识, 2015(2): 115-123.

[140]于英香. 从数据与信息关系演化看档案数据概念的发展[J]. 情报杂志, 2018(11): 150-155.

[141]于英香. 大数据视域下档案数据管理研究的兴起: 概念、缘由与发展[J]. 档案学研究, 2018(1): 44-48.

[142]于英香, 孙逊. 从文件结构演化看电子文件数据化管理的发展: 基于技术变迁的视角[J]. 档案学通讯, 2019(5): 20-26.

[143]余辉, 梁镇涛, 鄢宇晨. 多来源多模态数据融合与集成研究进展[J]. 情报理论与实践, 2020(11): 169-178.

[144]俞可平. 《走向善治》[J]. 理论学习, 2017(4): 64.

[145]俞可平. 全球治理引论[J]. 马克思主义与现实, 2002(1): 20-32.

[146]俞可平. 治理和善治引论[J]. 马克思主义与现实, 1999(5): 37-41.

[147]袁刚, 温圣军, 赵晶晶, 等. 政务数据资源整合共享: 需求、困境与关键进路[J]. 电子政务,

2020(10): 109-116.

[148]袁勇, 王飞跃. 区块链技术发展现状与展望[J]. 自动化学报, 2016(4): 481-494.

[149]张斌, 魏扣, 郝琦. 面向决策的档案知识库构建研究[J]. 图书情报工作, 2016(5): 118-124.

[150]张斌, 杨文. 中国档案学研究热点与前沿问题探讨[J]. 图书情报知识, 2020(3): 28-40, 62.

[151]张东华. 网络环境下档案信息资源整合探讨[J]. 档案学通讯, 2005(3): 74-77.

[152]张东华, 尹泷杰. 数据伦理视域下档案数据开放规范发展探析[J]. 档案与建设, 2022(3): 21-24.

[153]张帆, 吴建华. 国家治理现代化视域下档案治理概念体系研究[J]. 档案学研究, 2021(1): 23-31.

[154]张江珊. 美国国家档案馆社交媒体策略发展的比较研究及启示[J]. 档案学研究, 2018(4): 117-122.

[155]张克. 省级大数据局的机构设置与职能配置: 基于新一轮机构改革的实证分析[J]. 电子政务, 2019(6): 113-120.

[156]张林华, 蔡莉霞. 长三角"一网通办"档案服务: 民生档案远程服务的新格局[J]. 浙江档案, 2020(2): 33-35.

[157]张宁. 主数据驱动视角下的企业档案数据资产管理[J]. 档案学研究, 2019(6): 47-52.

[158]张宁, 袁勤俭. 数据治理研究述评[J]. 情报杂志, 2017, 36(5): 129-134, 163.

[159]张卫东, 张乐莹. 我国档案治理能力评价体系研究[J]. 浙江档案, 2021(4): 26-28.

[160]张卫东, 左娜, 陆璐. 数字时代的档案资源整合: 路径与方法[J]. 档案学通讯, 2018(5): 46-50.

[161]张骁虎. "元治理"理论的生成、拓展与评价[J]. 西南交通大学学报(社会科学版), 2017(3): 81-87.

[162]张旭, 毕诗秀. "生态系统的稳态"中核心概念梳理及案例分析[J]. 生物学通报, 2017(2): 38-41.

[163]赵跃. 大数据时代档案数据化的前景展望: 意义与困境[J]. 档案学研究, 2019(5): 52-60.

[164]郑金月. 从档案治理体系视角看新修订档案法[J]. 浙江档案, 2020(7): 14-17.

[165]郑金月. 建设融入数字政府大格局的新一代数字档案馆: 浙江省档案馆全国示范数字档案馆创建工作综述[J]. 中国档案, 2020(1): 40-42.

[166]郑金月. 数据价值: 大数据时代档案价值的新发现[J]. 浙江档案, 2015(12): 11-14.

[167]中办国办印发《"十四五"全国档案事业发展规划》[J]. 中国档案, 2021(6): 18-23.

[168]周枫, 杨智勇. 基于5W1H分析法的档案数据管理研究[J]. 档案学研究, 2019(4): 21-25.

[169]周林兴, 崔云萍. 大数据视域下档案数据质量控制实现路径探析[J]. 档案学通讯, 2022(3): 39-47.

[170]周林兴, 韩永继. 档案数据安全治理能力成熟度模型构建研究[J]. 档案与建设, 2020(7): 24-27, 19.

[171]周文泓, 代林序, 贺谭涛, 等. 计算档案学的内涵解析与展望[J]. 档案学研究, 2021(1): 49-57.

[172]周文泓, 张宁, 加小双. 澳大利亚的信息治理能力构建研究与启示[J]. 情报科学, 2017(8): 113-117, 152.

[173]周文彰. 数字政府和国家治理现代化[J]. 行政管理改革, 2020(2): 4-10.

[174]周耀林, 常大伟. 我国档案大数据研究的现状分析与趋势探讨[J]. 档案学研究, 2017(3): 34-40.

[175]周毅. 公共信息服务质量问题研究: 基于建立政府与公民信任关系的目标[J]. 情报理论与实践, 2014(1): 17-21.

[176]朱琳, 赵涵菁, 王永坤, 等. 全局数据: 大数据时代数据治理的新范式[J]. 电子政务, 2016(1): 34-42.

[177]朱荣基. 论馆藏的质与量[J]. 上海档案, 1999(2): 16-19.

[178]左晋佺, 张晓娟. 基于信息安全的双区块链电子档案管理系统设计与应用[J]. 档案学研究, 2021(2): 60-67.

[179]Akmon D, Zimmerman A, Daniels M, et al. The application of archival concepts to a data-intensive environment: working with scientists to understand data management and preservation needs[J]. Archival Science, 2011(3): 329-348.

[180]Alreshidi E, Mourshed M, Rezgui Y. Requirements for cloud-based BIM governance solutions to facilitate team collaboration in construction projects[J]. Requirements Engineering, 2018(1): 1-31.

[181]Banat-Berger F, Meissonnier A. Records management in health sector in digital era[J]. Medecine & Droit, 2015(2): 36-49.

[182]Beaujardière J D L. Noaa environmental data management[J]. Journal of Map & Geography Libraries, 2016(1): 5-27.

[183]Bhandarkar M, Masand H, Kumar A, et al. Archiving and retrieval of experimental data using SAN based centralized storage system for SST-1[J]. Fusion Engineering and Design, 2016, 112: 991-994.

[184]Borglund E, Engvall T. Open data? Data, information, document or record?[J]. Records Management Journal, 2014(2): 163-180.

[185]Bountouri L, Gergatsoulis M. The semantic mapping of archival metadata to the CIDOC CRM ontology[J]. Journal of Archival Organization, 2011(3/4): 174-207.

[186]Caron B, Toole D, Wicks P, et al. DigitalOcean: building a platform for scientific collaboration and social and media sharing on the Drupal content management system[J]. Earth Science Informatics, 2011(4): 191-196.

[187]Chi M, Liu J, Yang J. ColdStore: a storage system for archival data[J]. Wireless Personal Communications, 2020, 111: 2325-2351.

[188]Chiang J K, Huang K. Developing governmental archival system on semantic grid[J]. Journal of Internet Technology, 2012(5): 749-755.

[189]Chorley K M. The challenges presented to records management by open government data in the public sector in England: a case study[J]. Records Management Journal, 2017(2): 149-158.

[190]Chytry M, Hennekens S M, Jimenez-Alfaro B. European Vegetation Archive(EVA): an integrated database of European vegetation plots[J]. Applied Vegetation Science, 2016(1): 173-180.

[191]Clough P, Tang J, Hall M M, et al. Linking archival data to location: a case study at the UK National Archives[J]. Aslib Proceedings, 2011(2/3): 127-147.

[192]Cunningham A, Phillips M. Accountability and accessibility: ensuring the evidence of e-governance in Australia[J]. Aslib Proceedings, 2005(4): 301-317.

[193]Evans J, McKemmish S, Rolan G. Participatory information governance: transforming recordkeeping for childhood out-of-home care[J]. Records Management Journal, 2019(1/2): 178-193.

[194]Fukuyama J, Tanner S. Impact assessment indicators for the UK Web archive[J]. Performance Measurement and Metrics, 2022(1): 13-25.

[195]Fusco F, Vlachos M, Stoecklin M P. Real-time creation of bitmap indexes on streaming network data[J]. The VLDB Journal, 2012, 21: 287-307.

[196]Giralt O, Vidal-Pijoan C, Perez-Soler C. Seguridad de los documentos de archivo: estudio de caso del Archivo del Ayuntamiento de Barcelona[J]. EI Profesional de la Información, 2011(2): 202-205.

[197]Harris J D. Financial misrepresentation: antecedents and performance effects[J]. Business & Society, 2008(3): 390-401.

[198]Hjelholt M, Schou J. Digital lifestyles between solidarity, discipline and neoliberalism: on the historical transformations of the danish IT political field from 1994 to 2016[J]. TriplecC: Communication, Capitalism & Critique Open Access Journal for a Global Sustainable Information Society, 2017(1): 370-389.

[199]Janes A. Linked data for libraries, achives and museums: how to clean, link and publish your metadata[J]. Archives and Records, 2015(1): 96-99.

[200]Javed M, Nagabhushan P, Chaudhuri B B. A review on document image analysis techniques directly in the compressed domain[J]. Artificial Intelligence Review, 2018(4): 539-568.

[201]Jayabal C P, Bhama P R K S. Performance analysis on diversity mining-based proof of work in bifolded consortium blockchain for internet of things consensus[J]. Concurrency and Computation: Practice and Experience, 2021(16): 1-18.

[202]Jin R L, Mi J H, Yim J H. A study on the improvement legal system for next-generation records management[J]. The Korean Jouranl of Archival Studies, 2018, 55: 275-305.

[203]Kargbo J A. The Connection between good governance and record keeping: the Sierra Leone experience[J]. Journal of the Society of Archivists, 2009(2): 249-260.

[204]Kim J T, Kang U G, Lee Y H, et al. Security of personal bio data in mobile health applications for the elderly[J]. International Journal of Security and Its Applications, 2015, 9: 59-70.

[205]Krishnan S, Teo T S H, Lymm J. Determinants of electronic participation and electronic government maturity[J]. International Journal of Information Management, 2017(4): 297-312.

[206]Krishnan S, Teo T S H. Moderating effects of governance on information infrastructure and e-government development[J]. Journal of the American Society for Information Science and Technology, 2012(10): 1929-1946.

[207]Larsen S, Hamilton S, Lucido J M, et al. Supporting diverse data providers in the open water data initiative: communicating water data quality and fitness of use[J]. Journal of the American Water Resources Association, 2016(4): 859-872.

[208]Link G J P, Lumbard K, Conboy K, et al. Contemporary issues of open data in information systems research: considerations and recommendations[J]. Communications of the Association for Information Systems, 2017, 41: 587-610.

[209]Lowe C V. Promoting transformative encounters in libraries and archives[J]. Journal of Documentation, 2023(2): 431-441.

[210]Malin B, Karp D, Scheuermann R H. Technical and policy approaches to balancing patient

privacy and data sharing in clinical and translational research[J]. Journal of Investigative Medicine, 2010(1): 11-18.

[211]Marcum D. Archives, libraries, museums: coming back together?[J]. Information & Culture, 2014(1): 74-89.

[212]McDonald J, Léveillé V. Whither the retention schedule in the era of big data and open data?[J]. Records Management Journal, 2014(2): 99-121.

[213]McKay E, Mohamad M B. Big data management skills: accurate measurement[J]. Research and Practice inTechnology Enhanced Learning, 2018(1): 5.

[214]Mosweu T. Accountability for governance of liquid communication generated through the use of social media in Botswana: whose duty is it?[J]. Archival Science, 2021, 21: 267-280.

[215]Mullon P A, Ngoepe M. An integrated framework to elevate information governance to a national level in South Africa[J]. Records Management Journal, 2019(1/2): 103-116.

[216]Mallet-Poujol N. Internet and the right to digital oblivion[J]. Revista Ibero-Americana de CiênciaCiencia da Informação, 2018(1): 145-171.

[217]Moles N. Preservation for diverse users: digital preservation and the "designated community" at the Ontario Jewish Archives[J]. Journal of Documentation, 2022(3): 613-630.

[218]Neto A L D S, Marcondes C H, Pereira D V, et al. Using open data technology to connect libraries, archives and museums: a Machadian case[J]. TransInformação, 2013(1): 81-87.

[219]Newman J. Revisiting archive collections: developing models for participatory cataloguing[J]. Journal of the Society of Archivists, 2012(1): 57-73.

[220]Ngulube P, Tafor V F. The management of public records and archives in the member countries of ESARBICA[J]. Journal of the Society of Archivists, 2006(1): 57-83.

[221]Perryman S, Castells-Brooke N, Glendining M J, et al. The electronic Rothamsted Archive (e-RA), an online resource for data from the Rothamsted long-term experiments[J]. Scientific Data, 2018, 5: 180-192.

[222]Poole A H. How has your science data grown? Digital curation and the human factor: a critical literature review[J]. Archival Science, 2015(2): 101-139.

[223]Poole A H. The conceptual landscape of digital curation[J]. Journal of Documentation, 2016(5): 961-986.

[224]Rajala T, Savio S, Penttinen J, et al. Development of a research dedicated archival system (TARAS) in a university hospital[J]. Journal of Digital Imaging, 2011(5): 864-873.

[225]Rani M, Bekedam H, Buckley B S. Improving health research governance and management in the Western Pacific: a WHO expert consultation[J]. Journal of Evidence-Based Medicine, 2011(4): 204-213.

[226]Sayahi I, Elkefi A, Amar C B. Crypto-watermarking system for safe transmission of 3D multiresolution meshes[J]. Multimedia Tools and Applications, 2019(10): 13877-13903.

[227]Schafer V, Truc G, Badouard R, et al. Paris and Nice terrorist attacks: exploring Twitter and Web archives[J]. Media War & Conflict, 2019(2): 153-170.

[228]Schellnack-Kelly I S, Van der Walt T B. Role of public archivists and records managers in governance and local development under a democratic dispensaton[J]. ESARBICA Journal: Journal of the Eastern and Southern Africa Regional Branch of the International Council on Archives, 2015, 34: 1-20.

[229]Seol M W. Quality criteria for measuring authenticity, reliability, integrity and usability of records[J]. The Korean Journal of Archival Studies, 2005, 11: 41-89.

[230]Shabou B M. Digital diplomatics and measurement of electronic public data qualities: what lessons should be learned?[J]. Records Management Journal, 2015(1): 56-77.

[231]Solís B S, Budroni P. E-infrastructures Austria-a national project for the preparation, sustainable provision and re-use of data at scientific institutions[J]. Information Wissenschaft & Praxis, 2015(2/3): 129-136.

[232]Stepanov V A. Classified and declassified records management: structure and activities of the Information Security Oversight Office of the U.S. National Archives and Records Administration[J]. Herald of an Archivist, 2017(1): 76-90.

[233]Sterzer W, Kretzer S. Archivierungsstrategien anpassen–herausforderungen und lösungen für die archivierung und sekundärnutzung von ethnologischen Forschungsdaten[J] Bibliothek Forschung und Praxis, 2019(1): 110-117.

[234]Upward F. The monistic diversity of continuum informatics: a method for analysing the relationships between recordkeeping informatics, ethics and information governance[J]. Records Management Journal, 2019(1/2): 258-271.

[235]Usha S, Tamilarasi A. Retracted article: a trust based security framework with anonymous authentication system using multiple attributes in decentralized cloud[J]. Cluster Computing, 2019, 22: 3883-3892.

[236]Vassilev K, Ruprecht E, Alexiu V, et al. The Romanian Grassland Database(RGD): historical

background, current status and future perspectives[J]. Phytocoenologia, 2018(1): 91-100.

[237]Vera L A, Dillon L, Wylie S, et al. Data resistance: a social movement organization autoethnography of the Environmental Data and Governance Initiative[J]. Mobilization, 2018, 23(4): 511-529.

[238]Vera L A, Walker D, Murphy M, et al. When data justice and environmental justice meet: formulating a response to extractive logic through environmental data justice[J]. Information Communication and Society, 2019(7): 1012-1028.

[239]Wiktor K. Between the "tradition" and "modernization": Ukrainian nomenclature in 1946-1964[J]. Pamiec I Sprawiedliwosc, 2017, 30: 319-339.

[240]Woolfrey L. Knowledge utilization for governance in Africa: evidence-based decision-making and the role of survey data archives in the region[J]. Information Development, 2009(1): 22-32.

（三）报纸

[1]崔珍珍. 美国国家档案与文件署推出印第安人电子照片检索平台[N]. 中国档案报, 2020-12-28(3).

[2]范飞. 档案信息化助推城市治理现代化: 杭州以"三个走向"重要论述为根本遵循积极发挥档案工作基础性作用[N]. 中国档案报, 2020-11-16(1).

[3]公布《关键信息基础设施安全保护条例》[N]. 人民日报, 2021-08-18(1).

[4]管清漾. 更有效地构建档案馆与志愿者的互惠关系[N]. 中国档案报, 2023-07-06(3).

[5]国家档案局档案馆（室）业务指导司. 紧扣八个关键词 全面推进档案事业"四个体系"建设[N]. 中国档案报, 2021-09-02(1).

[6]国家档案局科技信息化司. 推进档案信息化建设 实施好"强基工程"[N]. 中国档案报, 2021-09-20(1).

[7]胡建略. 从"管档案"到"管数据"[N]. 中国档案报, 2013-11-08(2).

[8]胡可征. 从美、英、澳、加、新5国看网上档案馆资源建设发展方向[N]. 中国档案报, 2014-12-24(3).

[9]胡小娟. 将发展大数据上升为国家战略, 打造"数据中国"[N]. 人民邮电, 2013-03-06(1).

[10]黄丹华. 主动作为 谱写"重要窗口"浙江示范样本的档案新篇章[N]. 中国档案报, 2020-07-09(3).

[11]李波. 学习贯彻重要批示 奋力谱写新时代档案工作新篇章[N]. 中国档案报, 2021-09-16(3).

[12]李珂. 河南电子档案管理纳入"数字政府"建设[N]. 中国档案报, 2021-01-11(1).

[13] 李珂. 提升档案信息化发展水平 实现远程利用社会共享: 河南省数字档案馆建设概述[N]. 中国档案报, 2020-06-11(1).

[14] 李克强. 深化简政放权放管结合优化服务 推进行政体制改革转职能提效能[N]. 人民日报, 2016-05-23(2).

[15] 李龙, 任颖. "治理"一词在中国古代的使用[N]. 北京日报, 2017-11-20(15).

[16] 李子林, 王玉珏, 龙家庆. 档案与数字人文的"和"与"合": 国外开展档案数字人文项目的实践[N]. 中国档案报, 2018-10-15(3).

[17] 梁志坚. 广西梧州建成婚姻档案专题数据库[N]. 中国档案报, 2021-05-03(2).

[18] 刘海波. 动起来, 数据才能创造价值[N]. 人民日报, 2015-06-04(5).

[19] 刘双成. 国际档案理事会发布 2021 年至 2024 年战略规划[N]. 中国档案报, 2020-12-03(1).

[20] 刘晓春. 全面加强档案资源体系建设[N]. 中国档案报, 2023-08-24(1).

[21] 刘笑雪. "十四五"湖南省档案事业发展规划[N]. 湖南日报, 2021-08-13(1).

[22] 刘新如. 从"管理"到"治理"意味着什么[N]. 解放军报, 2013-11-26(9).

[23] 梅宏. 构建数据治理体系 培育数据要素市场生态[N]. 河北日报, 2021-06-18(5).

[24] 聂文胜. 档案工作要在中国式现代化建设中奋发有为[N]. 中国档案报, 2023-04-13(3).

[25] 秦德君. 国家治理能力现代化的维度与层级[N]. 学习时报, 2014-07-14(6).

[26] 邱文峰. 构建档案协同管理系统 提升档案治理现代化水平[N]. 中国档案报, 2020-03-30(2).

[27] 芮振. 江苏太仓市档案馆共享档案数据助力退役军人事务[N]. 中国档案报, 2019-09-09(2).

[28] 沈友志. 湖南湘潭市建立数据资源管理长效机制[N]. 中国档案报, 2014-02-24(2).

[29] 审时度势精心谋划超前布局力争主动 实施国家大数据战略加快建设数字中国[N]. 人民日报, 2017-12-10(1).

[30] 省委办公厅省政府办公厅印发《"十四五"甘肃省档案事业发展规划》[N]. 甘肃日报, 2021-09-02(6).

[31] 孙昊. "建立档案数据中心并将其纳入国家数据中心建设": 访全国人大代表、农工党湖南省委专职副主委蒋秋桃[N]. 中国档案报, 2016-03-07(1).

[32] 孙昊. 全国人大代表席文建议用好"千村档案"助力美丽乡村建设[N]. 中国档案报, 2021-03-08(1).

[33] 孙昊. 我国电子档案移交接收工作亟待突破: 访中国人民大学信息资源管理学院院长刘越男[N]. 中国档案报, 2023-12-11(1).

[34] 田伟. 积极推进档案数字化工作 打通服务群众"最后一公里": 山东省日照市档案馆推进全域数字档案一体化工作纪实[N]. 中国档案报, 2020-12-31(3).

[35]王春燕. 区块链智慧档案一体机产品发布会在京举行[N]. 中国档案报, 2021-06-24(2).

[36]王红敏, 柴培, 张巾. 美国国家档案与文件署 2018—2022 年战略规划（上）[N]. 中国档案报, 2021-04-05(3).

[37]王强. 推动档案事业现代化 赋能世界一流企业建设：中石油的实践与探索[N]. 中国档案报, 2023-12-14(1).

[38]王世伟. 大数据与云环境下的信息安全[N]. 文汇报, 2013-10-28(10).

[39]王小峰. 运用"联盟区块链"技术创新社会治理应用研究[N]. 深圳特区报, 2019-12-24(B05).

[40]王原. 浙江省档案馆 启动省档案数据中心建设[N]. 中国档案报, 2020-07-20(1).

[41]王允永. 聚焦主责主业 全面提升新时代档案馆业务建设水平[N]. 中国档案报, 2020-11-02(3).

[42]习近平. 共谋绿色生活, 共建美丽家园[N]. 人民日报, 2019-04-29(2).

[43]习近平. 决胜全面建成小康社会 夺取新时代中国特色社会主义伟大胜利[N]. 人民日报, 2017-10-28(1).

[44]夏生平. "数字敦煌"再现古代丝绸之路的历史文明[N]. 中国档案报, 2016-02-22(3).

[45]杨太阳. 掌握国际前沿项目话语权 展示专题研究阶段性成果[N]. 中国档案报, 2017-05-01(1).

[46]姚静, 白路浩. 提升人事档案管理意识和水平[N]. 中国档案报, 2023-10-26(3).

[47]叶建强, 武毅田. 福建省政府发布《数字档案共享管理办法》[N]. 中国档案报, 2018-02-08(1).

[48]伊部. 国家档案局印发《关于加强民生档案工作的意见》[N]. 中国档案报, 2008-02-07(1).

[49]伊部. 国家档案局印发《通知》要求认真学习贯彻习近平总书记对档案工作重要批示[N]. 中国档案报, 2021-07-29(1).

[50]詹锐. "五争共建"高质量推进数字档案馆建设：宁波市数字档案馆建设综述[N]. 中国档案报, 2021-04-08(1).

[51]张斌. 深刻认识档案工作的重要地位和独特作用[N]. 中国档案报, 2022-05-12(1).

[52]张乔. 俄罗斯联邦国家档案馆纵览[N]. 中国档案报, 2021-03-04(3).

[53]张晓峰, 喻峰. 直击痛点补短板 创新亮点上水平：河南省高级人民法院扎实开展档案管理规范化建设[N]. 中国档案报, 2020-12-24(3).

[54]张姚俊. 上海"跟着档案观上海"数字人文平台上线[N]. 中国档案报, 2023-06-15(1).

[55]浙江省保障"最多跑一次"改革规定[N]. 浙江日报, 2018-12-12(7).

[56]浙江省公共数据和电子政务管理办法[N]. 浙江日报, 2017-04-24(9).

[57]郑富豪. 进一步提升档案管理智能化水平[N]. 中国档案报, 2023-09-25(3).

[58]郑国. "一网统管"提升城市治理能力[N]. 青岛日报, 2020-08-07(8).

[59]郑金月. 将数字档案馆纳入数字政府大格局中统筹建设[N]. 中国档案报, 2019-12-23(3).

[60]中办国办印发《国家信息化发展战略纲要》[N]. 人民日报, 2016-07-28(1).

[61]中共中央关于坚持和完善中国特色社会主义制度 推进国家治理体系和治理能力现代化若干重大问题的决定[N]. 人民日报, 2019-11-06(1).

[62]中共中央关于全面深化改革若干重大问题的决定[N]. 人民日报, 2013-11-16(1).

[63]中共中央国务院关于构建更加完善的要素市场化配置体制机制的意见[N]. 人民日报, 2020-04-10(1).

[64]中共中央国务院印发《数字中国建设整体布局规划》[N]. 人民日报, 2023-02-28(1).

[65]中国人民大学档案事业发展研究中心. 中国人民大学档案事业发展研究中心 2023 年度档案事业发展十佳案例之: 十佳档案利用创新案例（3）[N]. 中国档案报, 2023-11-02(4).

[66]中华人民共和国档案法[N]. 人民日报, 2020-07-16(16).

[67]中华人民共和国档案法实施条例[N]. 人民日报, 2024-01-29(15).

[68]中华人民共和国国民经济和社会发展第十四个五年规划和 2035 年远景目标纲要[N]. 人民日报, 2021-3-13(1).

[69]中华人民共和国民法典[N]. 人民日报, 2020-06-02(1).

[70]中华人民共和国数据安全法[N]. 人民日报, 2021-06-19(7).

[71]重大活动和突发事件档案管理办法[N]. 中国档案报, 2021-01-14(2).

[72]周文杰, 熊一璠. 人大档案学院推出全国首个档案管理专硕项目[N]. 中国档案报, 2023-09-21(1).

[73]祝成. 加快人工智能技术在档案管理工作中的应用[N]. 中国档案报, 2021-01-14(3).

后　记

　　随着大数据、云计算、物联网、人工智能等现代信息技术的快速发展与广泛应用，社会数字化、网络化、智能化发展日趋深入，数据资源指数增长、海量汇聚，成为数字中国建设的战略信息资源和新质生产力发展的关键生产要素。《全国数据资源调查报告（2023 年）》指出，2023 年，全国数据生产总量达到 32.85 ZB，同比增长 22.44%；我国数据"产–存–算"规模优势基本形成，数据"供–流–用"主体逐渐丰富，海量数据和丰富场景优势潜力仍待释放。在数据化浪潮驱动下，档案资源形态加速从传统纸质模拟态向数字态、数据态质变，档案数据急剧增长、不断累积，成为档案资源新对象，档案数据治理日渐兴起，开展大数据时代档案数据治理研究成为档案事业面临的新课题。

　　"大数据时代档案数据治理研究"（19ATQ007）是金波主持的国家社科基金重点项目的研究成果，结项等级为"优秀"（20220934）。本书聚焦档案数据赋能新质生产力发展和数字中国建设战略目标，综合应用数据科学与社会治理理论，探索创建档案数据治理理论知识体系和学术话语体系，开辟档案数据治理研究新论域，推动档案数据要素价值释放，助力档案事业数字化数据化转型与智能化智慧化升级。本书主要研究内容如下。

　　一是档案数据形成环境与管理状况研究。通过实证调研与案例剖析，对档案数据来源和管理状况进行全面梳理，揭示档案数据的来源形态、形成环境、类型结构与分布状况，分析考察档案数据管理现状，总结档案数据管理经验与存在的问题。探寻档案数据指数增长与收管不足、形态更新与管理失配、跨界流通与机制失调、体量庞大与价值创升之间的矛盾，探究造成档案数据异构、分散、孤立的技术因素、行业因素、制度因素及管理因素，找准档案数据管理"痛点""难点""堵点",解析档案数据生态平衡与失衡的动因,运用调控手段方法推动档案数据生态系统可持续发展。

二是档案数据治理理论与治理体系研究。从治理理论出发,对档案数据治理的概念、特征、功能等进行全方位揭示,分析档案数据管理与档案数据治理间的逻辑关联,探索从档案数据管理走向档案数据治理的动因及实现路径,厘清档案数据治理的研究内涵,夯实档案数据治理理论基础。聚焦档案数据的治理环境、治理对象、治理主体、治理目标,创建大数据时代档案数据治理体系,以质量控制为基础,构建档案数据质量管控新规范;以整合集成为核心,探索档案数据资源建设新范式;以共享利用为牵引,创新档案数据公共服务新路径;以档案安全为基石,构筑档案数据安全保障新举措;以协同共治为导向,建立多维度、多主体、多要素于一体的档案数据治理运行新机制,形成科学合理的档案数据治理理论体系,指导档案数据治理实践。

三是档案数据质量控制研究。档案数据作为大数据时代档案信息资源新形态,是具有高价值的数据资源,有着较高的质量要求。质量控制是档案数据治理的关键,是档案数据规范管理与有效开发的基础。立足档案数据运行环境与管理实践,归纳剖析档案数据存在的质量问题,探索分析档案数据质量影响因素,深入解析档案数据质量控制内涵,系统探析档案数据全流程质量控制路径,确保档案数据来源可靠、程序规范、要素合规、安全可用,以优质档案数据赋能新质生产力发展。

四是档案数据资源整合研究。当前,数据资源急剧增长、海量产生,多种格式和类型的档案数据被分散保存在各个存储系统和平台中,档案数据资源管理与共享难度大。通过对档案数据资源现状与管理实践进行分析,探究档案数据资源管理无序与有序、分散与集成、孤立与互通、异构与统一之间的矛盾,探索档案数据资源整合动力、整合模式和整合策略,力争将异构、多元、离散的档案数据资源通过逻辑方式或物理方式组织成一个有机整体,填平不同层级、不同区域、不同系统之间的"数据鸿沟""数据壁垒",构筑档案数据资源流通共享空间,促进档案数据资源集成管理与互联互通。

五是档案数据共享利用研究。共享利用是实现档案数据要素价值的重要渠道,是档案数据治理的关键内容。聚焦大数据时代用户需求,探索新时期档案数据公共服务转型与创新路径,促进档案数据资源的深度开发及有效利用。围绕大数据时代档案数据资源开放、挖掘及服务创新等主题,分析档案数据共享利用现实阻碍,探究档案数据资源共建共享路径,构建精细、精简、精准、智慧的档案数据公共服务体系，优化档案数据服务生态环境，把档案"资源库""数据库"变成"知识库""思想库""智库"。

六是档案数据安全保障研究。安全是档案工作的底线和红线，也是档案数据治理的生命线。聚焦档案数据安全主题，以总体国家安全观为引领，高度认识维护档案数据安全的重要性和紧迫性，科学分析档案数据安全保障定义，系统梳理档案数据安全风险因素，建构档案数据安全治理能力成熟度模型，多维度、全方位、立体化综合开展档案数据安全协同治理，营造健康稳定的档案数据安全生态，构筑大数据时代坚不可摧的社会记忆殿堂。

七是档案数据治理运行机制研究。档案数据治理是一项涵盖"多元""互动""融合"等诸多新要素的系统性工程，需要建立一套科学系统、体系完备、行之有效的运行机制，指导档案数据治理实践，创建良好的"建数""管数""用数"生态，推进档案数据治理现代化。综合应用数据科学与治理理论，揭示档案数据治理运行机理，探索构建以宏观多维度综合治理机制、中观多主体协同治理机制、微观多要素融合治理机制为主体的档案数据治理运行机制，从而促进档案数据治理各生态因子的体系性功能集成和全方位作用发挥，保障档案数据治理健康有序发展。

课题研究团队持续关注档案数据理论研究与建设实践，通过文献梳理、实践调研、网络跟踪等途径，密切关注档案数据治理发展动态，把握档案数据治理研究前沿，不断提升学术研究的理论性与实践性；同时，坚持科研与教学相结合，将课题研究与人才培养密切关联，指导硕士研究生、博士研究生参加课题研究，围绕档案数据治理相关内容开展学术探索，撰写学术论文和学位论文。金波统筹课题研究计划的设计与制定、课题研究方案的组织与实施；金波、杨鹏负责课题研究和成果撰写；添志鹏、周枫、陈坚、李佳男、邢慧、海啸等参与课题研究和文献整理。全书由金波负责统稿。

本书在研究过程中，得到信息资源管理学科同仁的大力支持和帮助；书中参阅并引用了中外档案学、数据科学及相关学科诸多学术文献和研究成果，为课题研究奠定了理论和实践基础，注入了思想活力和创新源泉；科学出版社的魏如萍编辑为本书出版给予大力支持。付梓之际，在此一并表示诚挚感谢！欢迎广大读者批评指正。

金　波

2024 年 7 月